# 全过程工程咨询服务
# 实务要览

雷开贵　雷冬菁　李永双　编著

中国建筑工业出版社

**图书在版编目（CIP）数据**

全过程工程咨询服务实务要览 / 雷开贵，雷冬菁，
李永双编著 . —北京：中国建筑工业出版社，2021.2 （2021.7重印）
ISBN 978-7-112-25734-8

Ⅰ. ① 全… Ⅱ. ① 雷… ② 雷… ③ 李… Ⅲ. ① 建筑工
程—咨询服务 Ⅳ. ① F407.9

中国版本图书馆 CIP 数据核字（2020）第 250175 号

责任编辑：周方圆 封 毅
责任校对：张 颖

**全过程工程咨询服务实务要览**

雷开贵 雷冬菁 李永双 编著

\*

中国建筑工业出版社出版、发行（北京海淀三里河路 9 号）
各地新华书店、建筑书店经销
北京建筑工业印刷厂制版
北京富诚彩色印刷有限公司印刷

\*

开本：880 毫米×1230 毫米 1/16 印张：32¾ 字数：963 千字
2021 年 3 月第一版 2021 年 7 月第二次印刷
定价：**98.00** 元
ISBN 978-7-112-25734-8
（36743）

# 作者简介

雷开贵，博士，重庆联盛建设项目管理有限公司创始人。先后毕业于四川大学和西北工业大学流体力学与固体力学专业，获工学博士学位。

现任：

重庆联盛建设项目管理有限公司董事长

现兼任：

中国建设监理协会副会长

重庆市建设监理协会会长

西北工业大学讲座教授

曾兼任：

四川大学兼职教授

中国项目管理研究委员会第四届副秘书长

国际项目管理资质认证（IPMP）评估师、培训师

从事设计、监理、招标、造价、项目管理等工作二十余年，践行全过程工程咨询服务十五年。作为项目总负责人带领团队管理的基于BIM技术的全过程工程咨询服务项目——内蒙古少数民族群众文化体育运动中心项目获得2018年国际项目管理卓越大奖金奖。

# 编 著 说 明

**编 著：**雷开贵　雷冬菁　李永双

本书由重庆联盛建设项目管理有限公司与重庆渝阳建筑设计有限公司部分员工参加部分内容撰写。

**参加撰写人员：**

第3章设计管理部分内容撰写人员：张珂嘉（建筑专业）、谢刚（暖通专业）、罗飞（给水排水专业）、姜璐（智能化专业）、吕峰（环境工程专业）、毛彪（强电专业）。

雷昊参加第4章、第8章部分内容撰写。

汪红、张全兴、张翔参加第6章造价管理部分内容撰写。

田毅、张翼、陶鹏、肖福民、杨作明、刘援参加第7章现场管理（监理）部分内容撰写。

# 前　言

1988 年以来，中国的监理制度伴随着改革开放而诞生，投资决策咨询、造价咨询、项目管理等咨询服务应社会需求而产生，在工程建设领域中已经形成了专业咨询服务门类齐全的工程咨询行业，工程咨询行业为城市建设保驾护航，保障建筑工程的质量与安全，为维护公众利益做出了不可磨灭的贡献。

目前，中国的工程建设项目占据世界总量相当大的比例，并完成了一系列堪称世界奇迹的工程项目。工程建设能力已步入国际先进行列，伴随国家经济的快速发展，工程建设的总量持续稳定地增长，"四新技术"与信息化技术不断提升，现有工程咨询管理模式中工程咨询行业处于相对分散的状况，已经不能适应国家大规模建设的需求。国家为了完善工程建设领域的市场体系，要更加准确地定位市场主体责任、清晰地定义市场客体的特征、维护市场运行机制、培育市场要素、建立健全市场保障体系，以适应工程建设领域的快速发展和信息化技术的广泛应用。通过整合工程咨询资源提升行业的整体水平，国家推行全过程工程咨询服务管理模式，以满足国家工程建设领域高质量发展，实现国际化战略。

全过程工程咨询服务管理模式是国家工程建设领域改革的一项重要举措，这种模式有利于工程咨询企业转型升级，有利于提升从业人员的执业水平，有利于高端人才和复合型人才的快速成长，有利于整个咨询行业的水平提升。

当前，设计企业、监理企业、造价咨询企业、投资咨询企业都在探索怎样提升综合实力，力图抢占全过程工程咨询服务的市场先机，着力培养能够精技术、懂经济、善管理的复合型人才，解决人才严重短缺的状况。

本书撰稿团队成员中，多数有十多年全过程工程咨询服务的工作经验，至今为止，积累了近 100 余个项目的经验与教训。早在 2006 年就开始为社会提供集工程投资咨询、设计管理、招标代理、造价咨询、工程监理一体化的咨询服务。最为典型的是 2008 年援建四川地震灾区的崇州市人民医院及妇幼保健院项目，受业主（重庆市建委与市卫生局）委托，承接了项目的一体化咨询服务，取得了非常好的管理效果。项目从 2008 年 11 月开始启动，2010 年 9 月医院开业，建设周期 22 个月，前期包括拆迁、立项、可研、设计，严格按照建设程序报批报建，历时 7 个月，开工至竣工 12 个月，医疗设备安装调试 3 个月。项目实现了"质量合格、无安全事故、工期满足合同工期要求、投资控制在概算范围以内，政府审计一次通过"的目标。

此后团队对一体化咨询服务进行了归纳总结，提炼了一套行立有效的方法体系，特别是在 2015 年中标承揽的内蒙古少数民族群众文化体育运动中心项目中，不仅提供了一体化咨询服务，同时还将 BIM 技术应用于设计、施工与管理全过程，出色地完成了这项难度非常大、工期极短、技术特别复杂的项目。该项目被选定为国家举办"内蒙古自治区 70 周年庆典"的主会场，项目建设周期两年半，2015 年 1 月启动，2016 年 2 月开工，2017 年 7 月完工，施工工期 15 个月，概算控制在批准的范围内，通过设计优化与管理，为项目节约投资 3800 万元。该项目获得了国际项目管理协会（IPMA）2018 年度大型项目卓越大奖的金奖（是 2001 年设奖以来，该项目管理企业是全世界唯一获此殊荣的咨询管理企业）。

本书没有对定义与概念作详解,也没有对知识体系作系统阐述,仅针对全过程工程咨询服务的重点、难点和特点进行剖析,力图以最少的文字和最简捷的方式通过案例说方法,即"以案说法",试图为全过程工程咨询服务提供一个参考模板。

本书内容共8章,第1章至第7章分别按全过程工程咨询服务涉及的范围分章阐述,第8章通过"内蒙古少数民族文化体育运动中心项目"国际项目管理卓越大奖的申报与评审过程阐述国际项目管理的评价体系与评审报告、程序与评审要点,供国内取得优异成果的项目并有意向参与国际竞争的建设方、承包商和咨询企业参考。

在本书撰写过程中重庆渝阳建筑设计有限公司和重庆联盛建设项目管理有限公司肖庆、周贤蓉、黄勇、陈婷婷提供了一些素材,在第7章现场管理中参考了中国建筑第八工程局有限公司施工组织设计中的部分内容,在此一并致谢!

# 目　　录

# 第1章 全过程工程咨询服务概述

全过程工程咨询服务包含项目决策咨询与实施阶段的全过程工程咨询服务。项目决策咨询是根据国家宏观经济与地方经济的发展趋势，对社会需求、市场条件、规划条件、宗地条件、投融资情况等进行深入分析，对项目的经济效益和社会效益充分论证，从而为项目提供决策依据。实施阶段的咨询服务包括项目前期管理、设计管理、造价咨询、招标管理、监理与项目管理，通过全过程工程咨询服务，达到提高项目的功能价值和节约投资的目的，实现项目的最佳性价比。全过程工程咨询服务涉及技术、经济、管理、法律法规等诸多方面的知识、经验与技能。

技术专业类别广而难，按阶段划分为规划设计，概念性方案设计，方案设计、初步设计与施工图设计，专项技术评审，现场施工工艺技术及建造，设备采购与调试等阶段性工作；按专业分类有建筑、规划、岩土、结构、水、暖、电、信等专业。阶段之间，专业之间的界面存在很多需要协调与协同工作的管理问题，同时也有与投资紧密相关的经济问题。

经济方面精而细，分匡算、估算、概算、预算、结算与审计；按专业划分为投资融资、工程造价、技术经济，涉及招标与合同、市场价格波动变化、与技术相关的措施计价等问题，投资的多少取决于方案与各专业技术的优劣。

管理方面杂而繁，分建安工程、精装修工程、环境工程等专业工程，管理工作分为计划、组织、协调、控制。管理咨询机构采用组织措施、合同措施、技术措施、经济措施，利用程序化、体系化、动态化的方法，以系统化、制度化、信息化为手段，通过沟通协调机制最大限度地发挥参建各方的积极作用，使参建各方按照合同约定的义务和责任，共同去实现项目的目标。

建设法律法规多而严，有行政法规和技术法规，有国家的、地方的、行业的、部门的等，在项目实施过程中必须严格按照建设程序及法规执行。

项目实施时限要求苛刻，每一份合同、每一项工作都有明确的开始时间与完成时间，时间的作用和价值是至关重要的因素。

全过程工程咨询服务涉及经济、技术、管理三个空间维度与法规、时间两个约束条件，项目实施过程中大多数工作事项都涉及这五大方面的问题。

在项目实施过程中须把"以法规为准绳，以技术为灵魂，以经济为核心，以管理为保障"作为指导思想。通过全过程工程咨询服务机构的智慧劳动，使项目满足功能要求，提升项目的品质，充分体现项目的文化内涵。

项目咨询机构集技术、经济、管理人才为一体，介入时间早、信息全，并处于管理平台的核心地位，可以最大限度发挥作用。彻底改变过去将技术、经济与管理割裂，切分为投资咨询、造价、招标、监理咨询，以单向思维和简单化的方法去解决复杂问题的情况。

## 1.1 全过程工程咨询服务的理念体系

### 1.1.1 价值理念

全过程工程咨询服务咨询的产品不是建（构）筑物实体，而是通过智慧劳动为项目提供咨询"服务"。这种服务产生的价值是整合各种资源，为项目创造附加值（使用功能价值和经济价值），使项目更加科学而顺利地完成质量、工期和成本控制三大目标，咨询服务机构的价值创造是通过科学管理、设计优化、工期优化、精心组织与管理，最大限度地提升项目的功能价值和节约项目投资。

### 1.1.2 项目成功的标准

树立"项目成功的唯一标准是利益相关者都满意"的观念，并把这一观念深入项目机构中的每一个成员，影响到参建各方的每一个团队。彻底打破过去把合同双方视为博弈对手的观念，认为一方赢一定以另一方输为代价，没有认识到项目可以实现双赢和多赢。为业主担当、替参建各方着想，把换位思考形成参建各方的思维习惯，建立起共商机制，共同出谋划策，寻找最佳工作方案和解决问题的途径。首先统一思想，统一认识，参建各方团队密切配合，共享资源，相互理解，减少纠纷和矛盾。通过科学管理，最大限度减少浪费，节约成本，提升功能价值来实现共赢，达到"利益相关方都满意"的效果与境界。

### 1.1.3 角色

咨询工程师的角色应定位为"管家、智囊、协调人"。所谓管家便是当家理事在业主授权范围以内做主；智囊的作用是在业主未授权的重大事项上从技术、经济、管理方面提供多方案比较和论证的建议，供业主选择决定；协调人的主要作用是调动和激发参建各方的积极性，发挥其主观能动性，使各项工作顺利开展，项目咨询机构中的每个成员，遵循"到位、不缺位、不错位、不越位"的准则。

业主根据自身能力情况，在业主充分信任的基础上，可以把合同中的部分职责授权委托给咨询方，可将不涉及投资金额的技术问题与管理事项部分委托甚至全部委托，涉及会增加投资金额的事宜可以在约定限额（单笔及累计额）的基础上授权委托。但是，涉及金额较大或者建筑功能及建筑造型等重大技术问题须由咨询方作出技术与经济多方面的比较，以及重大管理事项须作深度分析，阐明对项目的影响程度，将结论提供给业主，由业主方决案（图1-1）。

图1-1 利益相关方满意的角色与方法

### 1.1.4 合作意识

业主与承包商之间，存在很多的利益冲突和矛盾。承包商通常利用业主提供的设计文件不全；招标文件中的缺陷；未按合同约定交付施工场地、未及时办理施工所需各种证件和批文、未按合同约定时间支付工程款；因施工图中的错、漏、碰、缺问题引起的变更，提出劳动力及机具设备闲置等原因向业主索赔；合同条款规定用语含糊、不够准确、存在歧义、国家和地方政策法规的变化；业主代表、项目咨询机构代表和设计代表的失误等。有经验的承包商提供索赔的理由非常多，而且累计的金额相当大。通常以低价竞争夺标，通过索赔的手段获利，现在对索赔问题的认识有偏颇，错误地认为是承包商不诚信，认为上述一切都是承包商所设的陷阱。

由于业主履约不到位，设计者的工作不完善，项目咨询机构的能力与尽职情况存在的不足和工作失误，导致承包商有机可乘或有利可得。以这种方式获取利益是承包商不诚信，以这种对立或博弈的思维去认识这种常见情况，必然会产生矛盾与纠纷。如果我们换一种思维方式，换一种工作方式：业主不恶意压价，按市场规律价格招标，按合同约定支付工程款；设计单位完善设计，细化图纸，最大限度减少图纸中的问题和变更；咨询机构真正发挥作用，认真履职履责，站在相对公平的立场处理问题。参建各方都付出其诚，按规则办事，各方齐心协力，优势互补，信息资源共享，最大限度地减少浪费，尽最大可能缩短工期，拒绝质量与安全事故，真正实现项目利益相关者都满意，将过去博弈对手转化为实现共同目标的合作伙伴。

### 1.1.5　思维与方法

全过程工程咨询服务要根据项目的特点，采用技术、经济、管理、组织等措施对项目全方位、全过程、多维度、整体、系统地实施管理。对错综复杂的问题进行分析与整理、抽象与提炼，揭示问题的本质，注重和强调逻辑关系、整体与局部、分与合的关系，把工作一层一层分解，进行分类，然后按一定的规则再进行打包合并，形成不同类别和不同层次的工作包，找出工作包之间的逻辑关系、时间顺序、时空关系，配以恰当的资源，最大限度地实现定量化、数字化管理。把这种思路贯穿到整个过程，做项目管理策划与计划，使项目有序地推动（图 1-2）。

图 1-2　思维与方法

### 1.1.6　管理体系

项目咨询管理的传统模式要求为"三控制、三管理、一协调"，全过程工程咨询服务机构应引入国际上通行的"进度、质量、成本、范围、采购、沟通、风险、人力资源、综合"九大管理体系实施咨询管理。随着对环境、安全与健康的认识提高，可以将健康、安全与环境管理体系（HSE，Health Safety and Environment）纳入其中，即十大管理，管理的深度、广度及范围与传统模式有很大的差异和提升，见表 1-1、图 1-3。

管理体系表　　　　　　　　　　　　　　　　　　　　　　　表 1-1

| 序号 | 管理内容 | 主要工作内容简述 |
| --- | --- | --- |
| 1 | 质量管理 | （1）制订并审核质量管理计划；<br>（2）质量控制；<br>（3）质量管理制度；<br>（4）质量保证措施 |
| 2 | 进度管理 | （1）建立计划体系；<br>（2）制订进度计划管理措施；<br>（3）设立进度控制点；<br>（4）动态检查进度实施情况 |
| 3 | 成本管理 | （1）分析匡算、估算的影响因素；<br>（2）根据业主对项目的定位和用地条件制定限额设计指标；<br>（3）精确计算工程量、预算值和结算；<br>（4）过程控制 |
| 4 | 采购管理 | （1）确定招标方式；<br>（2）制订招标文件；<br>（3）掌握市场供需情况与动态变化信息；<br>（4）按照项目进度制订采购计划 |
| 5 | 人力资源管理 | （1）根据项目特点作出人力需求计划，并动态配置；<br>（2）制订激励和约束措施；<br>（3）制订评价与考核办法；<br>（4）明确各团队及各岗位职责，工作标准；<br>（5）明确边界工作的协同原则 |

| 序号 | 管理内容 | 主要工作内容简述 |
|---|---|---|
| 6 | 沟通管理 | （1）收集项目内、外信息，为决策和计划提供依据；<br>（2）建立和改善人际关系，将独立的个人、团队、参建各方组织联系起来，形成一个有机整体；<br>（3）上传下达，正确理解工作指令，提高执行力，及时获取信息 |
| 7 | 风险管理 | （1）风险分析<br>① 风险识别，② 风险估计，③ 风险评价。<br>（2）风险管理<br>① 风险规划，② 风险控制，③ 风险监督 |
| 8 | 范围管理 | （1）对项目进行结构分解，分清工作类别；<br>（2）划清合同范围；<br>（3）划分工作界线；<br>（4）明确责任分工 |
| 9 | 综合管理 | （1）找出涉及面广，需要跨团队、跨阶段、跨专业才能完成的工作事项；<br>（2）制订协同工作的要求、流程；<br>（3）制订会审与沟通的要求 |
| 10 | HSE 管理 | （1）环境管理计划；<br>（2）环境管理制度与控制；<br>（3）职业健康安全重大危险源辨识；<br>（4）职业健康安全保证措施 |

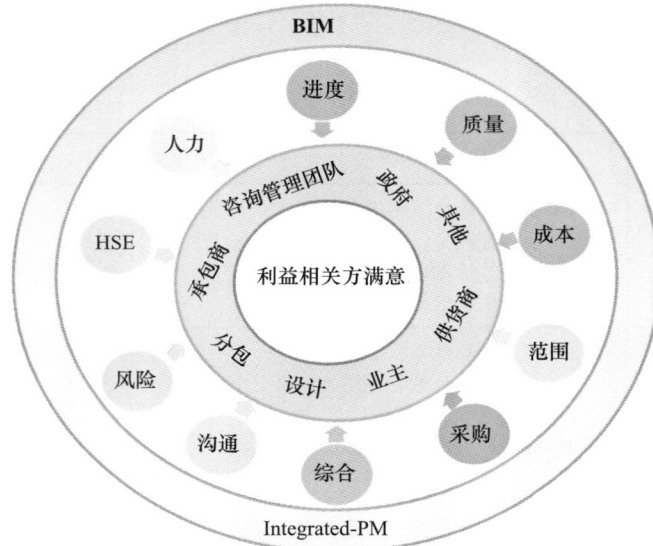

图 1-3　管理体系及关系

### 1.1.7　治理机制与管理平台

企业按矩阵式管理模式，分别在投资咨询部、造价部、招标代理部、监理部及设计管理部抽调骨干员工组建现场咨询机构，如图1-4所示。项目咨询机构按直线式模式管理，图1-5所示。如果仅靠现场咨询机构独立地去完成全过程工程咨询服务还显不足，所以，咨询公司为避免现场咨询机构形成资源不足的"孤岛"、能力不够的问题，应采取企业与项目两个层次的管理，组建支撑团队，支撑团队由精英骨干组成，现场和公司总部密切配合。保持信息畅通，通过视频系统召开会议、微信群方式实时沟通，支撑团队成员必要时到现场解决重大疑难问题。

**1. 矩阵式组织机构（图 1-4）**

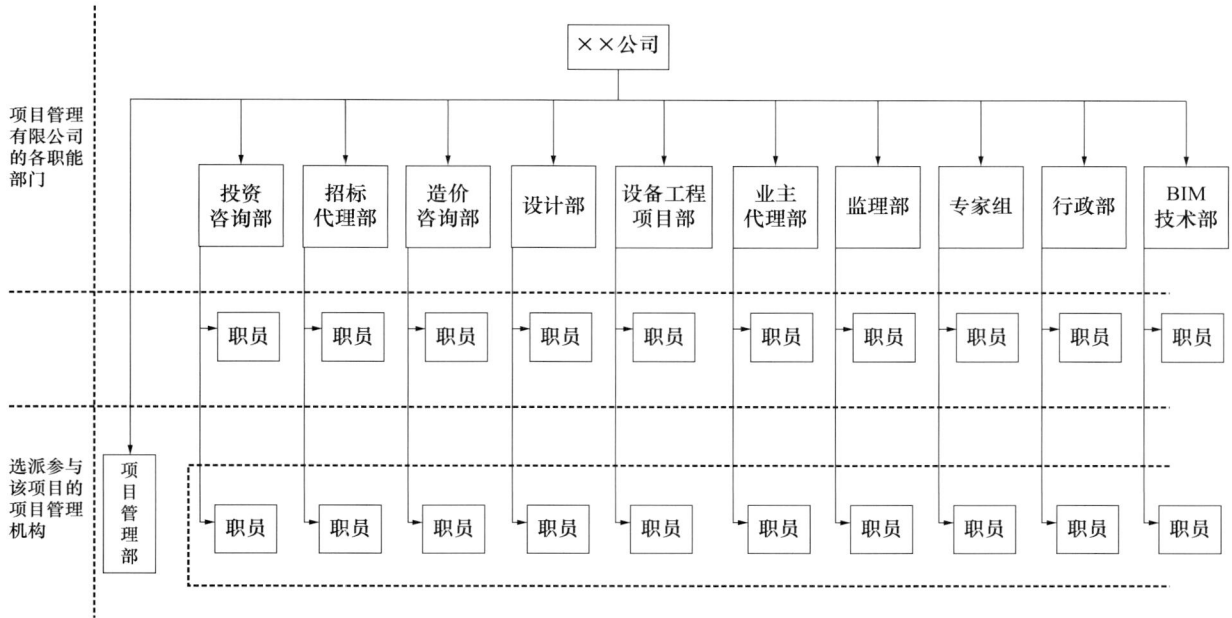

图 1-4　矩阵式组织机构

**2. 项目直线式组织机构（现场派驻机构）（图 1-5、图 1-6）**

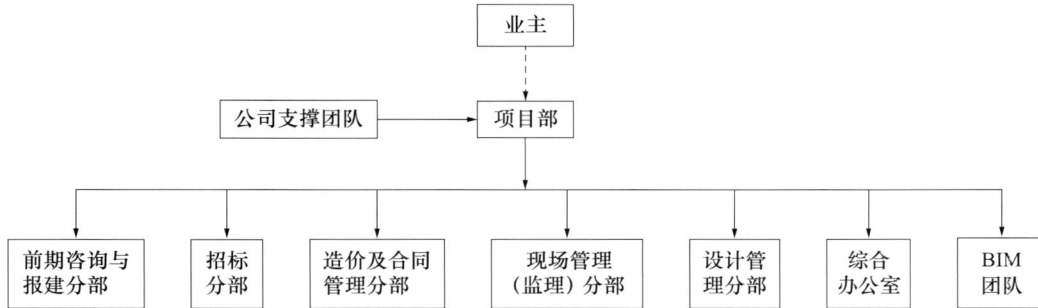

图 1-5　项目直线式组织机构

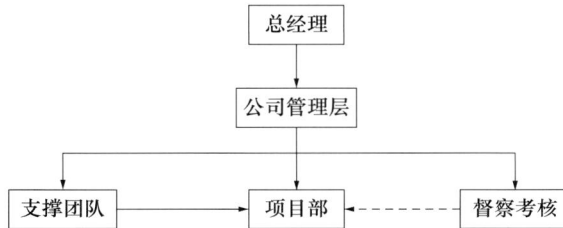

图 1-6　直线式组织

**3. 管理平台**

全过程工程咨询服务咨询工作是分阶段的，有些工作的工作时间是间断的，人力资源配置是动态的，另外，高级人才是稀有而紧缺的，任何一个项目都不可能也完全没有必要配置过多的专业高级人才，最好的办法就是组建项目的支撑虚拟团队，在重要工作及重大事项的关键时刻发挥其作用，对派驻团队支撑、指导、帮助，使咨询企业的人力资源发挥其最大作用，虚拟团队的工作到位，可以极大地提高管理咨询的水平，加上全过程咨询团队从项目的开始就介入咨询，掌握所有的项目信息，对项目的系统与整体情况占据着优势，如果高度重视沟通管理，付之真诚，搭建如图 1-7 所示管理平台，打下了良好的基础，实现"博弈对手"为"合作伙伴"的目的。

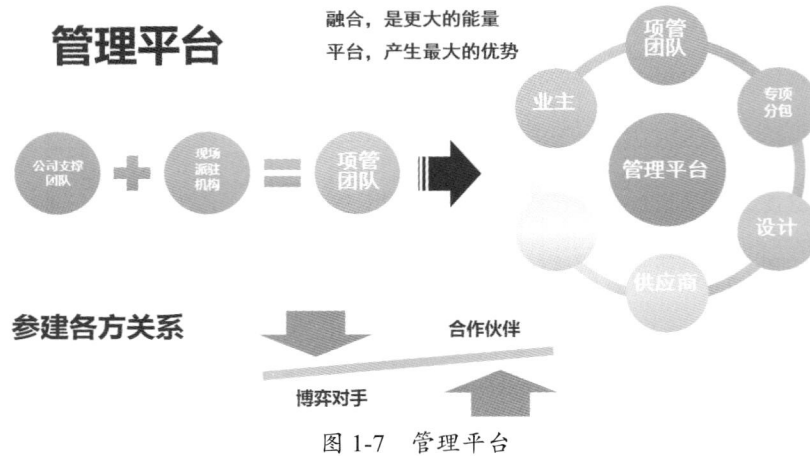

图 1-7　管理平台

# 1.2　咨询服务管理模式

## 1.2.1　传统咨询管理模式

传统咨询管理模式分为投资咨询、招标代理、造价咨询、工程监理等若干个咨询门类，参与各方"自扫门前雪"，形成"铁路警察各管一段"的局面，导致咨询服务的工作没法统筹与系统管理，工作范围不清、工作深度不够、职责界限不明，推诿现象尤为严重，影响管理工作正常开展，导致咨询服务效果差，社会评价低。

按照如图 1-8 所示的传统咨询管理模式，一个建设项目仅中介服务单位就有若干家。业主要委托代理单位实施项目管理；要委托招标代理单位编制招标文件，按照程序组织开标，选择中标单位，协助签订承发包合同；还要委托造价单位审限价或编制工程量清单，审核结算；须委托监理单位驻场进行工程监理，监理单位有控制成本的职责与义务，在现场进行隐蔽工程收方、计量、处理设计变更、工程洽商单和索赔事件。由于工程造价与招标文件及工程量清单、合同、现场签证等紧密相关，是一个完整的系统，但分属 3、4 个单位负责工作，关系复杂，工作界面不清楚，合同体系被肢解，难免出现纠纷和矛盾，出了问题不知找谁负责。

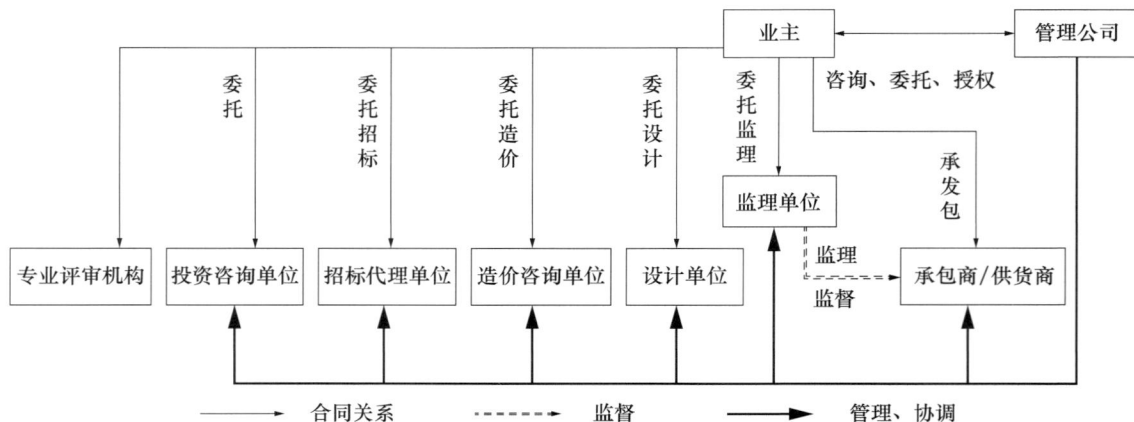

图 1-8　传统咨询管理模式

通过表 1-2 可以看出职责划分存在的矛盾和冲突很多，比如：

（1）投资咨询企业负责在可行性研究阶段编制估算，但是大多数投资咨询企业由于严重缺乏市场和现场管理经验，很难把技术、经济、管理结合起来编制估算。

咨询服务工作内容对照表　　　　　　　　　　　　　　表 1-2

| 类别 | 文件 | 工作内容 |
|---|---|---|
| 监理 | 《工程建设监理规定》（建监〔1995〕737 号） | 第九条：<br>工程建设监理的主要内容是控制工程建设的投资、建设工期和工程质量；进行工程建设合同管理，协调有关单位间的工作关系 |
| 投资咨询 | 《工程咨询单位资格认定办法》（国家发展和改革委员会令第 29 号） | 第十四条：<br>工程咨询单位资格服务范围包括以下八项内容：<br>（一）规划咨询：含行业、专项和区域发展规划编制、咨询；<br>（二）编制项目建议书（含项目投资机会研究、预可行性研究）；<br>（三）编制项目可行性研究报告、项目申请报告和资金申请报告；<br>（四）评估咨询：含项目建议书、可行性研究报告、项目申请报告与初步设计评估，以及项目后评价、概预决算审查等；<br>（五）工程设计；<br>（六）招标代理；<br>（七）工程监理、设备监理；<br>（八）工程项目管理：含工程项目的全过程或若干阶段的管理服务 |
| 项目管理 | 《建设工程项目管理试行办法》（建市〔2004〕200 号） | 第六条：<br>（一）协助业主方进行项目前期策划，经济分析、专项评估与投资确定；<br>（二）协助业主方办理土地征用、规划许可等有关手续；<br>（三）协助业主方提出工程设计要求、组织评审工程设计方案、组织工程勘察设计招标、签订勘察设计合同并监督实施，组织设计单位进行工程设计优化、技术经济方案比选并进行投资控制；<br>（四）协助业主方组织工程监理、施工、设备材料采购招标；<br>（五）协助业主方与工程项目总承包企业或施工企业及建筑材料、设备、构配件供应等企业签订合同并监督实施；<br>（六）协助业主方提出工程实施用款计划，进行工程竣工结算和工程决算，处理工程索赔，组织竣工验收，向业主方移交竣工档案资料；<br>（七）生产试运行及工程保修期管理，组织项目后评估；<br>（八）项目管理合同约定的其他工作 |
| 招标代理 | 《工程建设项目招标代理机构资格认定办法》（建设部令 154 号） | 第二条：<br>是指招标代理机构接受招标人委托，从事工程的勘察、设计、施工、监理以及与工程建设有关的重要设备、材料采购招标的代理业务 |
| 造价咨询 | 《工程造价咨询企业管理办法》（建设部令第 149 号） | 第三条：<br>接受委托，对建设项目投资、工程造价的确定与控制提供专业咨询服务的企业 |

（2）"投资控制"是监理机构的基本职责之一，而造价咨询单位的职责是"造价确定与控制"，监理单位与造价咨询企业的投资控制的职责混淆不清。监理机构的现场签证和设计变更与技术核定单的处理是否恰当，直接影响造价咨询机构的成果。

（3）监理单位与招标代理的合同管理的职责混淆不清，招标代理机构在招标时已将合同文件确定，工程量清单及组价原则确定，由于合同的缺陷导致监理合同管理无法真正发挥管理作用。

（4）监理单位与项目管理单位的投资控制及现场协调职责混淆。

（5）招标代理单位与造价咨询单位的责任更是混淆：招标代理编制招标文件，划分标段，建立合同体系。工程造价的主要因素已经被招标单位确定，造价咨询负有项目投资控制与确定的职责，很大程度上就依托于招标代理的能力和水平。

## 1.2.2　全过程工程咨询服务模式的优势

业主委托一家具有综合实力的大型咨询企业，实行项目管理、招标代理、造价咨询、监理一体化管理，如图 1-9 所示。

图 1-9　一体化管理委托

（1）项目管理组织形式简化，管理链短，工作效率高；

（2）管理目标一致，思想统一，政令畅通，执行力强；

（3）信息沟通顺畅，解决问题及时；

（4）团队精神强，磨合期短，进入角色快；

（5）便于协调，考虑问题全面，工作深入；

（6）项目统筹管理得以体现。

便于对项目统筹管理，把横向与纵向的问题有机地结合起来，协同解决，统一制定总体目标与分项目标，把技术与经济、时间与空间、进度与质量进行综合协调管理。

### 1.2.3　全过程工程咨询服务存在的问题

目前，供需矛盾非常尖锐，一方面市场对全过程工程咨询服务需求量很大，另一方面能提供全过程工程咨询服务的企业凤毛麟角，尤其是复合型人才严重短缺，人才成长过程是相当漫长的，所以，要平衡供求关系需要相当长的一段过程。

### 1.2.4　资质资信要求

资质（资信）条件　　　　　　　　　　　　　　　表 1-3

| 企业资质 | 前期咨询 | | 勘察 | | 设计 | | 招标 | | 造价 | | 现场管理 | |
| --- | --- | --- | --- | --- | --- | --- | --- | --- | --- | --- | --- | --- |
| | 规划咨询 项目咨询 评估咨询 | 报批报建 | 勘察 | 勘察管理 | 设计 | 设计管理咨询 | 招标管理咨询 | 招标代理 | 造价咨询服务 | 造价管理 | 管理咨询 | 监理 |
| 投资咨询企业（按专业类别） | √ | √ | × | √ | × | √ | √ | × | × | √ | √ | × |
| 具有造价甲级资质的企业 | × | √ | × | √ | × | √ | √ | × | √ | √ | √ | × |
| 具有监理甲级资质的企业 | × | √ | × | √ | × | √ | √ | × | × | √ | √ | √ |
| 勘察 | × | √ | √ | √ | × | √ | √ | × | × | √ | × | × |
| 具有设计甲级资质的企业 | × | √ | × | √ | √ | √ | √ | × | × | √ | × | × |
| 招标代理企业 | × | √ | × | √ | × | √ | √ | √ | × | √ | × | × |

注：①具有以上两个或两个以上资质的企业，在承接业务中可以叠加；
②规划咨询：含总体规划、专项规划、区域规划及行业规划的编制；
③项目咨询：含项目投资机会研究、投融资策划，项目建议书（预可行性研究）、项目可行性研究报告、项目申请报告、资金申请报告的编制，政府和社会资本合作（PPP）项目咨询等；
④评估咨询：各级政府及有关部门委托的对规划、项目建议书、可行性研究报告、项目申请报告、资金申请报告、PPP项目实施方案、初步设计的评估，规划和项目中期评价、后评价，项目概预决算审查，以及其他履行投资管理职能所需的专业技术服务。其中根据国发〔2015〕58号文规定，项目建议书、可行性研究报告需有设计资质的咨询单位涉及。

## 1.3　管理纲要

实施项目全过程工程咨询服务须树立"为项目创造价值"的核心理念。做到"以目标为导向"

"以计划为基础""以控制为措施"。以"程序化、动态化、体系化、信息化"为手段,"制度化"为保障。具体而言,"程序化"是要求遵循时间顺序与逻辑关系,按步骤一步一步地进行工作;"动态化"是指工作过程中情况不断变化,要随着变化不断调整;"体系化"强调用综合与系统的思维去处理问题;"可视化"要求用视频、图像、图表等直观表达方式;"信息化"是指应用现代先进的信息手段快速准确地传输信息,做到信息共享;"制度化"是要求按规则而工作。为了保证上述要求得以实现,须真正做到"工作界面清晰""责任落实""责权分明"。"工作界面清晰"是利用工作结构分解(WBS)与责任分配矩阵方法把工作层次与工作界面划分清楚,把各项工作事项落实到参建各方。在咨询机构各团队之间、各岗位之间也同样要把工作界面、工作深度划分清晰;"责任明确"是指参建各方按合同约定及按法规规定履行其职责,合同没有约定的事宜通过沟通协调方式解决,咨询管理机构按企业标准与项目的岗位责任落实到人;"责权分明"是项目管理模式的一种基本原则,强调在责任落实的基础上必须赋予相应的权力。

## 1.3.1　项目管理咨询主要工作与总流程

项目管理咨询主要工作与总流程如图 1-10 所示。

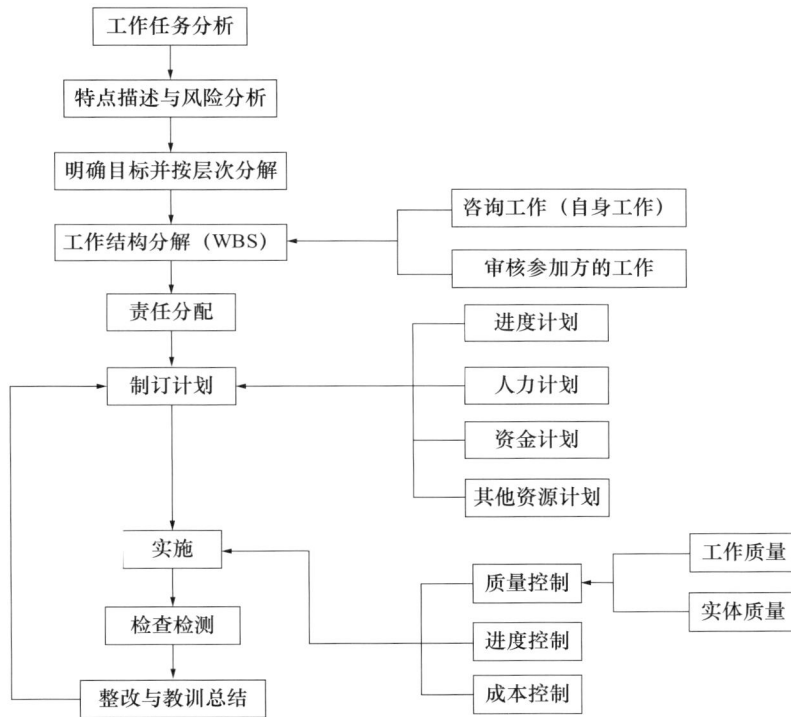

图 1-10　项目管理咨询总流程

### 1. 明确工作任务

全过程工程咨询服务的任务要根据业主的需求来确定,可以按表 1-4、表 1-5 选择,"√"表示委托。

(1)项目决策咨询

全过程工程咨询服务表(一) 　　　　表 1-4

| 规划咨询 | | | | 项目咨询 | | | | 评估咨询 | 专业技术服务 | | | | | |
|---|---|---|---|---|---|---|---|---|---|---|---|---|---|---|
| 总体 | 专项 | 区域 | 行业 | 机会研究 | 投资融资策划 | 可行性研究报告 | 项目估算 | 政府及有关部门对规划研究等评估 | 环境影响 | 节能 | 地质灾害 | 地震 | 安全 | 水资源 | …… |
| | | | | | | | | | | | | | | | |

（2）实施阶段咨询

全过程工程咨询服务表（二）　　　　　　　　　　　　　　　　表 1-5

| 报批报建 | 设计与勘察 | | | 设计管理 | 招标 | | | 招标管理 | 造价咨询 | | | 造价管理 | 现场管理（监理） | |
|---|---|---|---|---|---|---|---|---|---|---|---|---|---|---|
| | 方案设计 | 初步设计 | 施工图设计 | | 设计 | 工程 | 设备 | | 审估算 | 审概算 | 办理结算 | | 监理 | 项管 |
| | | | | | | | | | | | | | | |

### 1.3.2 项目特点特征分析

承接委托咨询任务之后，要从以下几个方面（不限于）认真研究分析，挖掘各个方面对项目的影响，找出管理的重点与难点，从而加强措施解决。

（1）项目的定位，国家（国际）一流或示范项目，区域性的标志性建筑等。

（2）文化特点，民族与地域文化，公众心目中的历史文化要求。

（3）社会关注度大，影响大，项目具有的政治意义。

（4）纪念意义的建筑。

（5）建筑造型独特性。

（6）技术工艺复杂，功能设备系统科技含量高对项目实施的难度。

（7）新技术，新工艺，新设备，新材料的运用要求。

（8）气候和地质条件恶劣的影响。

（9）存在超限设计事宜。

（10）项目用地条件对设计、报建、造价的影响。

（11）施工条件，周边环境对项目实施制约大。

（12）因施工对交通等的影响大。

（13）市场供应情况（特定时期）。

（14）受公用基础设施条件的限制条件。

（15）其他。

### 1.3.3 项目的风险分析（表 1-6）

项目风险分析表　　　　　　　　　　　　　　　　表 1-6

| 序号 | 风险类别（不限于） | 风险的影响 | 备注 |
|---|---|---|---|
| 1 | 项目决策风险 | 项目业态与市场定位不准，无竞争力，工期延误，因利息增加，成本费用超支，收益推迟或减少，出现亏损 | EPC 尤显重要 |
| 2 | 需求不明确 | 设计者对设计产品的功能及配套、功能定位、建筑风格难以把握，导致变更多，重复工作量大 | |
| 3 | 地质、地貌 | 存在不良地质情况，地基处理费用高，地貌高差过大，产生高切坡或高回填与深基坑 | |
| 4 | 选址与规划 | 限制条件多，处理代价大，如高压电线塔等市政基础设施拆迁，保护或退让距离大 | |
| 5 | 功能与规范矛盾 | 结构、消防超限，论证时间长，处理措施成本加大 | |
| 6 | 气候气象 | 实施阶段发生洪水、酷暑、严寒，导致施工受阻 | |

| 序号 | 风险类别（不限于） | 风险的影响 | 备注 |
|---|---|---|---|
| 7 | 工期过短 | 因政治因素须压缩工期或因前期工作耗时太长，影响正常施工工期 | |
| 8 | 技术风险 | 设计质量低，功能设备选型不当，系统性差，功能不全，档次不够 | |
| 9 | 质量与安全风险 | 出现较为严重的质量缺陷，发生质量与安全事故 | |
| 10 | 拆迁问题 | 纠纷大，矛盾尖锐，影响项目按计划进行 | |
| 11 | 市场变化大 | 人力紧张，材料设备价格波动性大 | |
| 12 | 审计风险 | 建设程序违规，行为不规矩，管理不规范，依据不充分，结算问题严重 | |

根据表 1-6 所罗列的风险类别深入研究分析，进一步作风险评估，制订风险防范措施。

### 1.3.4　管理目标与目标体系

通过目标与目标体系的确立，明确工作思路和方向，是咨询机构必须遵循的基本原则。

目标很容易理解为只是承包商的责任。全过程工程咨询服务的目标容易自身被淡化或忽略，项目咨询机构针对"全过程"与"咨询服务"设立目标。首先应该明确自身的工作指标与工作标准，利于激励咨询工程师发挥主观能动性，从而认真履行咨询职责，在完成每一项工作任务时都有自己明确的责任、工作范围及工作深度，知道自己可以使用的资源（时间、人力等），应该实现和达到的效果。如果仅有一个概念性的目标或者依附在其他主体上而被动工作或者盲目工作，咨询方的价值就难以体现。

项目咨询机构要建立项目总目标与分级目标，并形成层级分明的目标体系，目标体系可按自上而下分解、自下而上调整，做到目标清晰明确，目标也具有多重性的特点，所以资源分类按层级设定，包括完成时间目标、人力资源分配指标等，需要根据业主意图与委托任务、市场供应情况和当前生产能力与管理水平为基础，并依据合同条件，要求参建各方制订总目标，审核参建各方制订的分级目标。

一级目标：实现投资额不增加而提升项目的使用功能和档次；功能不改变而节约投资；投资额有所增加，而使用功能及档次大幅度提升，充分利用已有资源，达到最佳的性价比。二级目标、三级目标内涵见表 1-7。

**目标分级表**　　　　　　　　　　　　　　　　　　　　表 1-7

| 目标层级 | 咨询阶段 | 目标内容 |
|---|---|---|
| 一级目标 | | 整合各种资源为项目创造价值（功能和经济价值） |
| 二级目标 | | （1）投资控制在批准的概算内；<br>（2）工程质量合格；<br>（3）无安全事故；<br>（4）工期满足合同约定时限；<br>（5）设计达到坚固、经济、环保要求；<br>（6）建设程序合法合规，顺利通过审计 |
| 三级目标 | 前期咨询分部 | （1）分析规划条件，宗地条件，与周边环境条件；为项目设计提供有价值的依据；<br>（2）完成项目所需各项专业评审与中介服务或中介服务管理咨询；<br>（3）及时完成各项行政审批，获取相关许可；<br>（4）保障项目合法开工 |
| | 设计管理分部 | （1）满足业主的功能需求与定位要求；<br>（2）充分利用规划与宗地条件；<br>（3）限时限额完成设计图纸及设计文件；<br>（4）建筑美观，结构合理，设备系统匹配 |

| 目标层级 | 咨询阶段 | 目 标 内 容 |
|---|---|---|
| 三级目标 | 招标管理分部 | （1）招标方式合法，程序合规；<br>（2）合同包与标段划分合理；<br>（3）招标文件制订合理，符合市场行情；<br>（4）满足项目进度要求，把握时空关系 |
| | 造价管理分部 | （1）估算相对准确，内容完整，符合项目实际情况；<br>（2）概算金额精准<br>（3）工程量计算准确；<br>（4）顺利通过审计 |
| | 现场管理<br>（监理）分部 | （1）施工组织与施工方案科学合理，管理制度落实到位；<br>（2）质量管理方案与控制措施严格，质量合格，无安全事故；<br>（3）资源配置合理，进度满足合同工期；<br>（4）现场成本控制有效 |
| | 综合管理办公室 | （1）资料完整，及时归档；<br>（2）缺陷责任期责任到位；<br>（3）财务决算与在建工程转固及时；<br>（4）完成项目后评估 |

## 1.3.5 工作分解（WBS）（图 1-11）

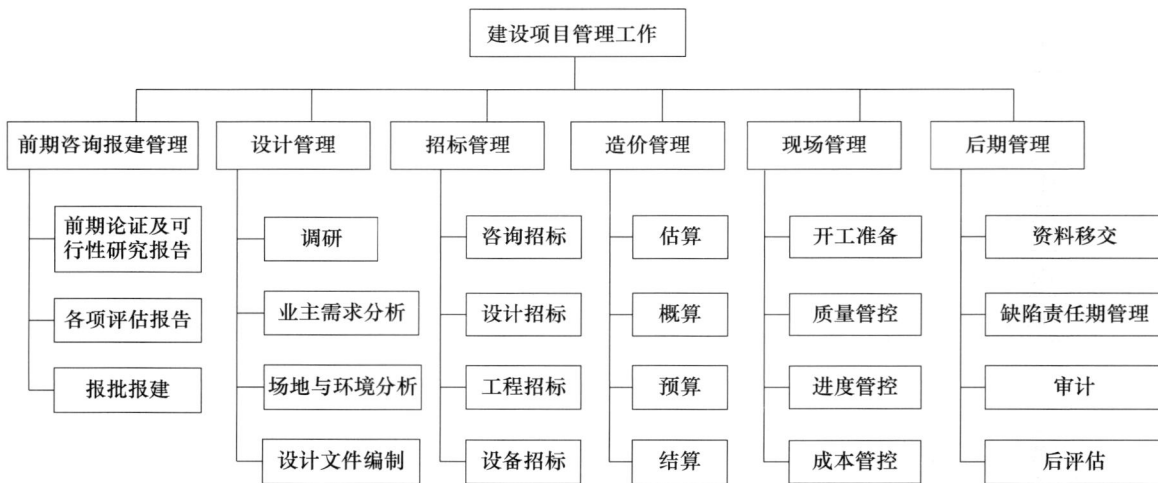

图 1-11 工作分解图

## 1.3.6 责任矩阵（表 1-8）

**项目咨询机构管理责任矩阵表**　　　　　　　　　　　　　表 1-8

| 管理阶段 | 工作事项 | 业主 | 总咨询师 | 全过程咨询机构 | | | | |
|---|---|---|---|---|---|---|---|---|
| | | | | 报批报建<br>分部 | 设计管理<br>分部 | 招标管理<br>分部 | 造价管理<br>分部 | 现场管理<br>（含监理）<br>分部 |
| | 策划方案制定 | S | F | C | C | C | C | C |
| | 一级目标确立 | S | F | C | C | C | C | C |
| | 里程碑计划制订 | S | F | C | C | C | C | C |
| | 总进度（二级）计划制订 | S | F | C | C | C | C | C |

续表

| 管理阶段 | 工作事项 | 业主 | 总咨询师 | 全过程咨询机构 | | | | |
|---|---|---|---|---|---|---|---|---|
| | | | | 报批报建分部 | 设计管理分部 | 招标管理分部 | 造价管理分部 | 现场管理（含监理）分部 |
| | 组织月底例会 | S | F | C | C | C | C | C |
| | 检查、考核、评价工作 | S | F | C | C | C | C | C |
| | 协调业主与政府工作 | | F | C | C | C | C | C |
| 报批报建 | 收集整理相关依据文件 | X | | F | | | | |
| | 确定行政审批方式 | | | F | | | | |
| | 调研项目特性 | | S | F | C | | | C |
| | 确定评估事项 | q | P | F | C | | | C |
| | 确定中介服务工作内容 | q | S | F | C | | | |
| | 委托中介机构 | P | S | | C | F | C | |
| | 按程序报审 | | P | F | C | | | |
| 设计管理 | 需求分析 | | S | | F | | C | C |
| | 设计任务书及技术要求 | P | S | | F | | | |
| | 设计方案 | P | X | | S | | C | |
| | 初步设计 | q | X | | S | | C | |
| | 施工图 | q | X | | S | | C | C |
| | 二次设计 | q | | | S | | C | C |
| | 设计变更 | P | | | F | | C | S |
| | 设计后的现场服务 | | | | S | | C | F |
| 招标管理 | 招标方式 | P | | | | F | S | |
| | 合同包及标段划分 | P | X | C | C | F | | C |
| | 招标文件及所附合同 | q | P | | | F | S | |
| 造价管理 | 合同体系建立 | P | q | | C | | F | C |
| | 估算 | q | | | C | | S | |
| | 概算 | q | | | C | | S | |
| | 预算 | q | | | C | | S | |
| | 工程量清单与限价 | P | S | | C | C | F | C |
| | 过程控制 | q | P | | C | | S | F |
| | 结算 | P | S | | C | | F | C |
| | 审计 | C | C | | C | C | F | C |
| 现场管理（监理） | 质量与安全管控 | | S | | C | | | F |
| | 成本管控 | P | S | | | | F | C |
| | 进度管控 | P | S | | C | | | F |
| | 组织协调 | | X | | C | C | C | F |
| | 验收 | | S | | C | | | F |

注：P：批准；q：确认；S：审核；F：负责实施；C：参与；X：协调。

### 1.3.7 项目咨询机构人力资源岗位任职条件

#### 1. 任职条件（表1-9）

岗位任职条件表                                                                表 1-9

| 管理内容 | 工作职责 | 职务 | 任职条件 | 工作时间 | | | | 备注 |
|---|---|---|---|---|---|---|---|---|
| | | | | 持续 | 阶段连续 | 短期或间断 | 一次性 | |
| | 项目总负责人 | 总咨询师 | 具备注册资格并有丰富经验的技术管理复合型人才 | √ | | | | |
| 前期咨询管理 | 前期咨询管理 | 分部经理 | 技术经济管理专业注册投资咨询工程师 | | √ | | | |
| | 规划咨询 | 规划师 | 注册规划师或具10年规划工作经历的工程师 | | | √ | | |
| | 投融资咨询 | 经济师 | 有3个类似项目工作经验及以上项目咨询的经济师 | | | √ | | |
| | 专业技术评估 | 评审专家 | 对应专业的高级工程师（可以外聘） | | | | √ | |
| | 报建 | 报建员 | 熟悉报建程序与流程的人员 | | √ | | | |
| 设计管理 | 设计管理负责人 | 分部经理 | 一级注册建筑师或从事建筑设计10年以上的工程师 | | √ | | | |
| | 需求分析 | 各专业工程师 | 对应专业的注册师或从事10年以上设计工作的工程师 | | | √ | | |
| 招标管理 | 招标管理负责人 | 分部经理 | 注册造价工程师并持招标师资格 | | √ | | | |
| | 招标 | 招标师（员） | 有3年以上工作经验 | | | √ | | |
| | 设备招标 | | 对应专业的工程师 | | | √ | | |
| 造价管理 | 造价管理负责人 | 分部经理 | 注册造价工程师 | | √ | | | |
| | 合同管理 | 工程师 | 注册造价工程师 | | | √ | | |
| | 土建预算安装预算 | 造价员 | | | √ | | | |
| 现场管理 | 现场管理负责人 | 总监理工程师 | 注册监理工程师 | | √ | | | |
| | 土建监理与安装监理 | 工程师 | 持培训证的工程师 | | √ | | | |
| | | 监理员 | 持培训证的监理员 | | √ | | | |
| | 收方工作 | 造价员 | 有2年造价工作经验 | | √ | √ | | |

#### 2. 咨询机构负责人岗位职责

（1）总咨询师岗位职责

总咨询师是咨询公司派驻项目的第一负责人，组织并带领团队履行委托合同的职责和义务，其主要工作如下：

① 负责编制全过程工程咨询服务总体方案；

② 负责对项目的特点、难点、重点作深入分析，对重大风险作评估；

③ 负责确定咨询管理目标；

④ 负责制订里程碑计划与主要工作计划；

⑤ 负责制订咨询服务的总流程；

⑥ 负责协调参建各方的关系，搭建沟通管理平台；

⑦ 负责制订项目管理制度；

⑧ 负责组建咨询服务团队；

⑨ 负责对团队成员的工作考核评价。

（2）项目咨询总设计师岗位职责

在项目咨询总咨询师领导下负责设计管理工作。

① 负责设计管理与现场技术管理工作；

② 负责协调管理设计单位；

③ 负责编制设计管理计划；

④ 负责对设计质量控制；

⑤ 负责组织各阶段设计文件的会审和审核；

⑥ 负责业主需求分析，负责编制设计任务书；

⑦ 负责管理设计单位现场技术服务工作；

⑧ 负责对施工过程中的重大技术处理。

（3）招标师岗位职责

在项目总咨询师领导下负责项目的招标管理工作。

① 负责主持项目招标分部日常管理工作；

② 负责招标工作策划与计划工作；

③ 按法规要求确定招标方式；

④ 负责提供招标标段的合理划分建议；

⑤ 负责组织招标文件编制。

（4）总造价师岗位职责

在总咨询师领导下负责造价管理工作，其具体工作如下：

① 编制造价管理方案；

② 制订投资管理目标；

③ 制订造价管理工作计划；

④ 造价团队参加方案设计会审会议，负责估算审核，提出限额设计建议；

⑤ 组织造价团队参加初步设计文件会审，负责概算审核；

⑥ 组织造价团队参加施工图图纸会审，审核施工图预算；

⑦ 负责提出建立合同体系与招标标段的划分的建议；

⑧ 负责合同包的工作范围与合同包之间的工作界面清理及清标；

⑨ 协助业主签订各类合同；

⑩ 在工程开工之前作交底；

⑪ 负责工程实施阶段的成本动态控制；

⑫ 负责估算工作和协助审计工作。

（5）总监理工程师岗位职责

在总咨询师领导下负责现场管理（含监理）工作。

① 履行总监理工程师的法定职责；
② 负责现场咨询管理工作职责；
③ 组织各类各项会审与交底工作；
④ 负责各类承发包合同管理。

### 1.3.8 计划与计划体系

通过计划去理清工作结构及工作的层级关系，以计划为基础去实施、组织、协调、控制，保障目标实现。可分为进度时间计划、人力资源计划、资金计划等。

各种不同层次和不同性质组成的计划，形成计划体系。计划是极其重要的工作，不偏执地讲，总咨询师应该至少用一半或者更多的时间与精力作计划和调整计划。更要强调的一点，计划不是花拳绣腿用来看的，而是用来不折不扣执行的行动纲领。计划中的每一项工作都与需要的资源（所耗的时间、人力、工具、机具等）紧密联系，计划作得越细，开展工作就越有序。

计划一方面是项目咨询机构自身的工作计划，同时也要严格审核其他参加各方工作计划，应当把参建各方编制的计划植入管理咨询工作计划之中，制订能够落到实处的总体计划（含各方的计划）。

**1. 编制工程进度计划的基本要求**

（1）工作内容，工作之间的逻辑关系、时间顺序、需要的工作时间。
（2）工作计划需要解决几方面问题：
① 工作深度，工作边界；
② 工作量有多少，需要哪些资源（时间，人力，资金等）；
③ 工程进度计划的编制工具。

进度计划的编制一般用 Project 软件编制。项目经理和编制计划的专业工程师要能熟练运用 Project 软件。

**2. 进度计划分级**

（1）里程碑计划

里程碑计划是用于各级领导关注的关键节点完成情况，以便领导层掌握全局并及时知晓情况并调动资源，保障重要环节上工作顺利而及时完成。

（2）总进度计划

里程碑计划（一级计划）及总进度计划（二级计划）工作内容如表 1-10 所示。

计划工作内容表 表 1-10

| 管理内容 | 里程碑计划 | 总进度计划 |
|---|---|---|
| 报批报建管理 | （1）立项批复；<br>（2）可研批复；<br>（3）获取施工许可证 | （1）立项批复；<br>（2）可研报告批复；<br>（3）概算批复；<br>（4）获取工程规划许可证；<br>（5）获取施工许可证 |
| 设计管理 | （1）需求分析与设计任务书完成；<br>（2）方案设计成果交付；<br>（3）初步设计成果交付；<br>（4）施工图成果交付 | （1）业主需求分析与设计任务书完成；<br>（2）概念性方案成果交付；<br>（3）初勘成果交付；<br>（4）方案文件成果交付；<br>（5）详勘成果交付；<br>（6）初步设计成果交付；<br>（7）施工图设计成果交付；<br>（8）施工图审查 |

| 管理内容 | 里程碑计划 | 总进度计划 |
|---|---|---|
| 招标管理 | （1）全过程工程咨询服务招标，确定中标单位；<br>（2）设计总包招标确定中标单位；<br>（3）施工总包单位招标完成 | （1）全过程工程咨询服务招标；<br>（2）设计招标；<br>（3）专业设计招标；<br>（4）施工招标；<br>（5）各专业工程招标；<br>（6）各类大型设备招标；<br>（7）大型材料招标 |
| 造价管理 | （1）估算编制完成；<br>（2）概算编制完成；<br>（3）工程量清单与限价工作完成；<br>（4）结算完成 | （1）匡算完成；<br>（2）估算完成；<br>（3）概算完成；<br>（4）预算（工程量清单与限价）完成；<br>（5）结算完成；<br>（6）审计完成 |
| 现场管理（监理） | （1）"三通一平"完成；<br>（2）开工；<br>（3）基础验收；<br>（4）主体完成；<br>（5）竣工验收合格 | （1）"三通一平"完成；<br>（2）开工前准备工作完成；<br>（3）开工；<br>（4）基础验收；<br>（5）主体完工；<br>（6）各安装工程开工；<br>（7）各安装工程完工；<br>（8）精装修工程开工；<br>（9）精装修工程完工；<br>（10）各专业工程开工；<br>（11）各专业工程完工；<br>（12）竣工验收 |

### 1.3.9　信息化工具及软件

#### 1. BIM 技术

建筑信息化模型应用（BIM）主要意义及功能：

（1）BIM 是国家行业强力推行的建筑行业改革的措施；

（2）为城市及建筑设计提供效率及品质提升支撑；

（3）优化设计成果，降低工程造价，减少行业浪费及污染；

（4）为城市后期运维的可视化、信息化提供数据支撑；

（5）利用 BIM 技术可实现：数据采集、方案比选、成果分析、高效快捷地寻求最优的解决方案；

（6）可实现设计各专业碰撞、设计变更、设计深化、节点优化、图形成果算量、进度管控等。

#### 2. 倾斜摄影技术

城市及区域测绘——倾斜摄影技术主要意义及功能：

（1）宏观记录项目所在开发区域范围的原始地貌信息；

（2）为城市规划及方案设计提供必要地形数据；

（3）为城市信息模型建立提供场地信息；

（4）为工程开发土方优化及控制提供三维信息依据。

#### 3. GIS/GPS 技术

地理信息／定位系统（GIS/GPS）主要意义及功能：

（1）为项目实施管理过程提供准确的位置坐标信息；

（2）辅助项目实施现场的安全及质量管理；

（3）为项目实施过程资源与能源调配提供准确的依据；

（4）为项目后期运维提供准确的地理信息系统支撑。

### 4. 物联网（RFID）技术

物联网技术应用——核心 RFID 主要意义及功能：

（1）为项目提供有效的构件生产管理及质量追溯系统；

（2）为项目实施过程资源与能源调配提供系统支撑；

（3）为项目建成后资产管理等提供网络系统平台支撑；

（4）为项目建成后能源及环境监控管理提供网络技术支撑。

### 5. Project/P6 进度控制软件

项目计划及进度控制软件主要意义及功能：

（1）快速、准确地创建项目计划；

（2）可以帮助项目经理实现项目进度、成本的控制；

（3）分析和预测项目动态工期，使项目工期大大缩短；

（4）资源配置与调配，提高经济效益。

### 6. VR/AR 虚拟现实仿真系统

虚拟现实仿真系统主要意义及功能：

（1）项目设计及深化设计辅助校验与优化；

（2）项目空间三维校核、实施品质提升；

（3）项目现场可视化技术交底；

（4）项目现场技术会议现场情况远程交互。

### 7. 无人机航拍技术

无人机航拍——项目动态监管主要意义及功能：

（1）快速掌控施工现场质量、安全情况；

（2）动态了解工程项目形象进度；

（3）辅助项目技术交底、阶段问题处理；

（4）辅助现场安全管理。

### 8. 资产及人员动态管理技术

资产、人员动态管理系统主要意义及功能：

（1）有效控制设备资产、人员安全性；

（2）有效提升项目资源使用效率；

（3）有效提升工程项目的整体经济性、安全性。

### 9. ZOOM 远程会议系统

Zoom——远程会议系统主要意义及功能：

（1）项目远程会议组织及管理；

（2）项目多方会议及现场技术交流；

（3）提升项目交流效率；

（4）降低项目参建方差旅等成本支出。

### 10. 虚拟扫描数字预拼装技术

虚拟扫描数字予拼装技术主要意义及功能：

（1）虚拟扫描技术与数字技术综合应用；

（2）项目关键节点的予拼装实施应用；

（3）提升项目实施效率，提升项目施工品质；

（4）降低项目放样及拼装建造成本。

**11．设计管理软件**

（1）建筑：AutoCAD、sketchup、Photoshop、3DS MAX 等；

（2）结构：PKPM、Satwe、YJK、3D3S、Xsteel、Sap2000、Etabs、Midas、Abaqus 等；

（3）设备：DeST、Electric、Rebro 等；

（4）BIM：Revit、Bentley、Micstain、AchiCAD、MigciCAD、Tkela 等。

### 1.3.10　现场监理工器具（表 1-11、表 1-12）

房屋建筑工程监理工器具配置　　表 1-11

| 工程类别 | 配置 | 全站仪 | 经纬仪 | 水准仪 | 楼板厚度测定仪 | 钢筋位置测定仪 | 钢筋保护层厚度测定仪 | 裂缝观测仪 | 回弹仪 | 涂层厚度仪 | 激光扫平仪 | 激光测距仪 | 游标卡尺、千分尺 | 多功能质量检测工具包 | 角度尺、靠尺、钢卷尺 | 温湿度仪 | 螺纹通规、止规、环规 | 电阻测试仪 | 万用表 | 扭矩扳手 | 测绳 |
|---|---|---|---|---|---|---|---|---|---|---|---|---|---|---|---|---|---|---|---|---|---|
| 一般公共建筑 | 单位 | ● | ● | ● | ● | ● | ● | ● | ● | | | | | | | | | | | | |
| | 项目 | | | | | | | | | ● | ● | ● | ● | ● | ● | ● | ● | ● | ● | ● | ● |
| 高耸构筑工程 | 单位 | ● | ● | ● | ● | ● | ● | ● | ● | | | | | | | | | | | | |
| | 项目 | | | | | | | | | ● | ● | ● | ● | ● | ● | ● | ● | ● | ● | ● | ● |
| 住宅工程 | 单位 | ● | ● | ● | ● | ● | ● | ● | ● | | | | | | | | | | | | |
| | 项目 | | | | | | | | | ● | ● | ● | ● | ● | ● | ● | ● | ● | ● | ● | ● |

注：① 工业建筑参照执行；

　　② "●" 应配置；

　　③ 多功能质量检测工具包内主工具要有：直角检测尺、楔形塞尺、百格网、响鼓锤、吊线锤、焊接检测尺、检测镜、对角尺等。

市政公用工程监理工器具配置　　表 1-12

| 工程类别 | 配置 | GPS测量仪 | 全站仪 | 经纬仪 | 水准仪 | 钢筋位置测定仪 | 钢筋保护层厚度测定仪 | 裂缝观测仪 | 回弹仪 | 激光测距仪 | 游标卡尺、千分尺 | 多功能质量检测工具包 | 平整度检测仪 | 测温仪 | 螺纹通规、止规、环规 | 电阻测试仪 | 万用表 | 扭矩扳手 | 有害有毒气体检测仪 | 测绳 |
|---|---|---|---|---|---|---|---|---|---|---|---|---|---|---|---|---|---|---|---|---|
| 城市道路工程 | 单位 | ● | ● | ● | ● | ● | ● | ● | ● | | | | | | | | | | | |
| | 项目 | | | | | | | | | ● | ● | ● | ● | ● | ● | ● | ● | ● | ● | ● |
| 城市桥梁工程 | 单位 | ● | ● | ● | ● | ● | ● | ● | ● | | | | | | | | | | | |
| | 项目 | | | | | | | | | ● | ● | ● | ● | ● | ● | ● | ● | ● | ● | ● |
| 城市隧道工程 | 单位 | ● | ● | ● | ● | ● | ● | ● | ● | | | | | | | | | | | |
| | 项目 | | | | | | | | | ● | ● | ● | ● | ● | ● | ● | ● | ● | ● | ● |

注："●" 应配置。

## 1.3.11 制度化

建立健全各类制度有利于项目咨询管理及项目的顺利实施,制度是合同以外必须共同遵守的原则,有些特别重要的制度可以作为合同的补充条款（表1-13）。

制度分类表　　　　　　　　　　　　　　　　　　　　　表1-13

| 类　别 | 文件与制度名 |
|---|---|
| 会审类 | 估算成果 |
|  | 招标文件 |
|  | 监理规划 |
|  | 阶段性设计成果 |
| 交底类 | 设计技术交底 |
|  | 施工设计会审制度 |
|  | 监理规划 |
|  | 合同与招标交底文件 |
|  | 现场技术管理制度 |
| 沟通类 | 例会制度 |
|  | 专题会制度 |
|  | 报告类制度 |
|  | 函告类制度 |
| 复核类 | 各专业技术评估报告制度 |
|  | 各类报审文件与资料管理制度 |
|  | 设计两审三校制度 |
|  | 地质勘探报告审核制度 |
| 审核类 | 施工专项方案 |
|  | 固化图 |
|  | 样板单元制度 |
|  | 原材料检测（检验样批）计划 |
|  | 费用索赔 |
|  | 设计变更 |
|  | 现场收方、计量 |
|  | 技术核定、洽商 |
|  | 超限结构施工专项方案 |
|  | 进度款支付 |

# 第2章 前期咨询与报批报建

　　前期咨询为项目决策提供依据，报批报建工作须遵循建设行政法规，按照法定程序获取各种批文与许可证，以最短时间完成各类审批事项，促使项目尽早合法合规开工。目前，普遍存在把前期论证作为一种形式，把可行性研究报告当成可批报告来完成，重视程度远远不够。没有针对项目的情况进行全面的调研分析，在情况未弄清的情况下盲目工作，导致前期报建耗时太长。一般中大型项目建设期通常为三年，大多数项目前期工作耗时都会在一年及其以上，项目实施阶段只剩两年或不足两年的时间，通常是以抢工或违法施工为代价。抢工会额外付出措施费甚至增加质量与安全的风险，如果不按建设程序实施的"三边工程"会有较大的违法风险。前期报建工作虽然不产生直接经济价值，会耗费大量时间，会影响项目的滞后实施，所以缩短报批报建工作对推行项目顺利实施是非常重要的一项工作。最有效的措施是事先根据项目建设的宗地条件、土地状况、所处环境以及项目的分类性质等，弄清楚项目需要做的所有评估事项，尽可能同步委托评估报告编制单位，相对集中地进行专家评审，使得可行性研究报告顺利获得批准。

　　本章编写依据为《国务院办公厅关于全面开展工程建设项目审批制度改革的实施意见》（国办发〔2019〕11号）。

## 2.1 常见问题

　　（1）可行性研究报告流于形式，研究问题不深刻、不全面、不透彻。

　　（2）作报批报建工作时间计划时，误认为行政审批总时限就是报批报建的工作累计时间。

　　（3）不区分建设项目的分类及流程。

　　（4）没有细分项目的属性类别、土地状况以及场地内周边影响情况，而不知道需要做哪些专项评估。

　　（5）对专项评估事项未做认真分析，缺少专项评估整体工作计划。

　　（6）提交的资料不完整或不合格，导致工作反复。

## 2.2 报批报建工作目标

目标分解表
表 2-1

| 序号 | 分 解 内 容 |
| --- | --- |
| 1 | 可行性研究报告及各项评估报告依据充分，论证深入，分析问题全面、详实 |
| 2 | 在最短的时间完成报批报建，使得项目尽早合法开工 |
| 3 | 完成第一阶段审批，立项、可研批复、快速获得用地预审意见 |
| 4 | 完成第二阶段审批，获得用地规划许可证，土地权属证 |
| 5 | 完成第三阶段审批，获取建设工程规划许可证 |
| 6 | 完成第四阶段审批，获取施工许可证 |

## 2.3 报批报建工作结构分解 WBS

图 2-1 报批报建工作结构分解

## 2.4 建设项目分类与审批通用流程

### 2.4.1 项目分类及审批流程（表 2-2）

项目分类与流程表 表 2-2

| 序号 | 项目分类流程 | 立项阶段 | | | 用地规划阶段 | | 工程规划阶段 | | 施工许可阶段 | | | | |
|---|---|---|---|---|---|---|---|---|---|---|---|---|---|
| | | 立项 | 可研审批 | 备案 | 测绘用地范围 | 核发用地规划许可证 | 方案审查 | 核发工程规划许可证 | 审核初步设计 | 审核初设概算 | 质检站介入 | 安监站介入 | 办理施工许可 |
| 1 | 一般社会投资工程建设项目 | | | √ | √ | √ | √ | √ | × | × | √ | √ | √ |

续表

| 序号 | 项目分类流程 | 立项阶段 | | | 用地规划阶段 | | 工程规划阶段 | | 施工许可阶段 | | | | |
|---|---|---|---|---|---|---|---|---|---|---|---|---|---|
| | | 立项 | 可研审批 | 备案 | 测绘用地范围 | 核发用地规划许可证 | 方案审查 | 核发工程规划许可证 | 审核初步设计 | 审核初设概算 | 质检站介入 | 安监站介入 | 办理施工许可证 |
| 2 | 小型社会投资工程建设项目 | | | √ | √ | √ | √ | √ | × | × | √ | √ | √ |
| 3 | 带方案出让土地工程建设项目 | | | √ | × | √ | √ | √ | × | × | √ | √ | √ |
| 4 | 一般工业建设项目 | | | √ | √ | √ | √ | √ | × | × | √ | √ | √ |
| 5 | 一般政府投资房屋建筑和市政工程建设项目 | √ | √ | | √ | √ | √ | √ | √ | √ | √ | √ | √ |
| 6 | 政府投资线性市政工程建设项目 | √ | √ | | √ | √ | √ | √ | √ | √ | √ | √ | √ |

注：× 表示不需要办理的事项。

### 2.4.2　审批方式

**1. 审批制**

（1）审批范围

审批制适用于政府投资项目。政府投资项目是指全部或部分使用中央预算内资金、国债专项资金、省级预算内基本建设和更新改造资金投资建设的地方项目。

（2）投资方式

政府投资主要用于社会公益事业、公共基础设施和国家机关建设，改善农村生产生活条件，保护和改善生态环境，调整和优化产业结构，促进科技进步和高新技术产业化。

政府投资采取直接投资、资本金注入、投资补助、贴息等投资方式。

**2. 核准制**

企业投资国务院《政府核准的投资项目目录》中所列重大项目和限制类项目的，均应当向当地投资主管申请核准，例如电网、发电站、炼油、隧道、煤矿等项目。在《政府核准的投资项目目录》中，属于核准制项目。核准制项目如果是划拨土地，应和审批制项目类似。但是不需要初步设计审批和概算审批（核准制是企业投资）。核准制项目如果是出让土地，与备案制项目流程类似，详见《企业投资项目核准和备案管理条例》。进行核准的项目，应当向核准机关提交申请报告。申请报告应当由具备相应工程资质的机构编制。

**3. 备案制**

凡属于《政府核准的投资项目目录》以外的企业投资项目，均实行备案制。总投资在 1 亿元以上的项目，由省发展改革部门备案；总投资在 1 亿元以下的项目，由市（州）发展改革部门备案。

**4. 三者的区别**

备案制、核准制与审批制的区别主要体现在三个方面。第一，适用的范围不同。审批制只适用于政府投资项目；核准制则适用于企业不使用政府资金投资建设的重大项目和限制类项目；备案制适用于企业投资的中小项目。第二，审核的内容不同。过去的审批制是对投资项目的全方位审批，而核准制只是政府从社会和经济公共管理的角度审核，不负责考虑企业投资项目的市场前景、资金来源、经济效益等因素。第三，程序环节不同。过去的审批制一般要经过项目建议书、可研报告、初步设计等多个环节，而核准制、备案制只有项目申请核准或备案一个环节。

## 2.5 责任分配

责任分配表    表2-3

| 序号 | 工作内容 | 现场咨询机构 | | | | | |
| --- | --- | --- | --- | --- | --- | --- | --- |
| | | 总咨询师 | 前期咨询分部 | 设计管理分部 | 招标管理分部 | 造价管理分部 | 现场管理（监理）分部 |
| 1 | 完整收集政府相关会议文件 | | F | X | X | X | C |
| 2 | 调研分析涉及评估的事项 | P | S | C | | | F |
| 3 | 委托中介机构编制文件 | | | | F | S | |
| 4 | 协助组织专业评审 | S | C | F | X | X | |
| 5 | 按程序办理报批报建事项 | S | F | C | X | X | X |
| 6 | 分阶段整理报审资料 | S | F | S | X | X | |

注：P：批准；F：负责；S：审核；C：参与；X：协助。

前期咨询与报批报建工作计划表    表2-4

| 序号 | 工作内容 | 工作时间 | | | 备注 |
| --- | --- | --- | --- | --- | --- |
| | | 开始时间 | 完成时间 | 持续工作时间 | |
| 1 | 政府（上级主管部门）相关文件与会议纪要收集 | | | | |
| 2 | 项目特性分析 | | | | |
| 3 | 确定需作的专项评估事项 | | | | |
| 4 | 确定审批方式 | | | | |
| 5 | 委托中介咨询服务 | | | | |
| 5.1 | 项目建议书编制 | | | | |
| 5.2.1 | 可行性研究报告编制 | | | | |
| 5.2.2 | 项目备案申请报告及编制 | | | | （备案制项目） |
| 5.3 | 各项评估报告编制 | | | | 应根据评估事项的专业类别委托不同的机构，尽可能委托给综合实力强的企业 |
| 5.4 | 相关土地的委托协议 | | | | |
| 5.5 | 初勘、详勘报告编制 | | | | |
| 5.6 | 概念性方案设计 | | | | |
| 5.7 | 方案设计文件编制 | | | | 概念性方案设计、方案设计、初步设计、施工图设计最好是同一家设计单位 |
| 5.8 | 初步设计文件编制 | | | | |
| 5.9 | 施工图文件编制 | | | | |
| 5.10 | 施工图审查 | | | | |
| 5.11 | 工程量清单与限价编制 | | | | |
| 5.12 | 施工招标、监理招标 | | | | |
| 6 | 第一阶段立项与可研报审 | | | | |
| 7 | 第二阶段用地规划许可 | | | | |
| 8 | 第三阶段工程规划许可 | | | | |
| 9 | 第四阶段施工许可 | | | | |

## 2.6 可行性研究报告编制工作流程图

### 2.6.1 可行性研究报告编制工作流程图（图 2-2）

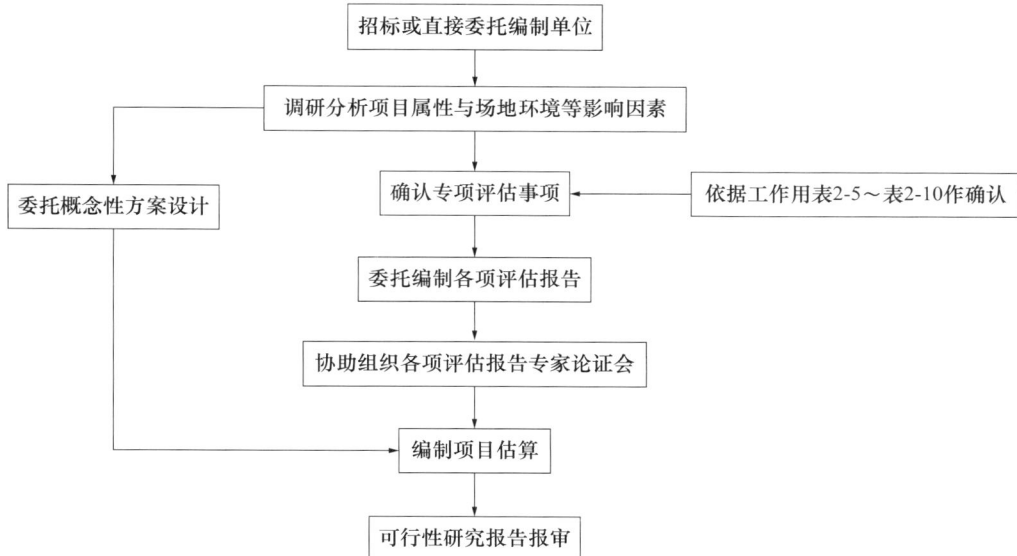

图 2-2 可行性研究报告编制工作流程

### 2.6.2 专项评估确认事项工作用表（表 2-5 ～表 2-10）

#### 1. 根据土地状况判断

工作用表（一）　　　　　　　　　　　　　　　　　　　　　　表 2-5

| 评估事项 | 地质灾害评估报告 | 建设项目压覆重要矿产资源评估报告 | 使用林地可行性报告（或林地现状调查表） | 地震安全性评价报告 |
|---|---|---|---|---|
| 有"√"，无"×" | | | | |

注：土地已作一次开发、经整治的地块不需作表中评估，根据表 2-19 确定。

#### 2. 工业项目

工作用表（二）　　　　　　　　　　　　　　　　　　　　　　表 2-6

| 评估事项 | 环境影响报告书（表） | 节能评估报告 | 建设项目安全评价报告 | 生产建设项目水土保持方案报告书 |
|---|---|---|---|---|
| 有"√"，无"×" | | | | |

注：参照表 2-20 确定。

#### 3. 对周边产生影响的项目

工作用表（三）　　　　　　　　　　　　　　　　　　　　　　表 2-7

| 评估事项 | 社会稳定性风险评估报告 | 交通影响评价报告 | 洪水影响评价报告 | 生产建设项目水土保持方案报告书 | 环境影响报告书（表） | 建设项目水资源论证报告书 | 工程对文物影响评估报告或措施设计 | 航道通航条件影响评价报告 |
|---|---|---|---|---|---|---|---|---|
| 有"√"，无"×" | | | | | | | | |

注：参照表 2-20 确定。

**4. 场地内存在影响因素的项目**

工作用表（四）　　　　　　　　　　　　　　　　　　　　　表 2-8

| 评估事项 | 建设项目对既有市政设施安全影响评估报告 | 轨道交通控制保护设计专篇 | 市政排水污水结构设施安全评估报告 | 保障公路、公路附属设施质量和安全的技术评价报告 | 市政设施安全影响评估报告 | 红线范围内保留铁塔保护方案说明，超长高压走廊对建／构筑物的影响报告 | 危害气象台站气象探测环境的报告 |
|---|---|---|---|---|---|---|---|
| 有"√"，无"×" | | | | | | | |

注：参照表 2-21 确定。

**5. 功能设计特殊性项目**

工作用表（五）　　　　　　　　　　　　　　　　　　　　　表 2-9

| 评估事项 | 建设项目安全评价报告 | 建设项目职业病危害预评价报告 | 建筑结构工程超限设计的可行性论证报告 | 防雷装置设计技术评价报告 | 消防超限设计的可行性论证报告 | 高边坡项目支护方案设计安全专项论证及可行性评估报告 |
|---|---|---|---|---|---|---|
| 有"√"，无"×" | | | | | | |

注：参照表 2-22 确认。

**6. 场地内有特殊情况**

工作用表（六）　　　　　　　　　　　　　　　　　　　　　表 2-10

| 评估事项 | 项目内涉及桥梁、河道、码头 | 场地内有通信、电缆、雨水、污水、中水、供水、燃气、输油管线等 | 场地内有坟墓、建筑物、地下建筑物等 | 项目场地内涉及铁轨、公路、地铁线 | 项目场地内涉及军队营房、军事管辖区 | 项目场地内涉及危岩整治区、生态保护区等 |
|---|---|---|---|---|---|---|
| 有"√"，无"×" | | | | | | |

注：参照表 2-23 确认。

# 2.7　报批报建四级计划（以审批制项目为例）

## 2.7.1　项目立项、可研批复（第一阶段）

第一阶段计划表　　　　　　　　　　　　　　　　　　　　　表 2-11

| 序号 | 审批／协议事项 | 持续时间 | 审批部门 | 中介机构 | $a_1$ | $a_1 + 10$ | $a_1 + a_2 + 10$ | $a_1 + a_2 + 20$ | $a_1 + a_2 + a_3 + 20$ | $a_1 + a_2 + a_3 + 25$ |
|---|---|---|---|---|---|---|---|---|---|---|
| 1 | 收集政府相关会议纪要文件 | | | | | | | | | |
| 2 | 项目建议书 | 编制 | | 中介服务单位 | $a_1$ | | | | | |
| | | 审批 | 发展改革委员会 | | | 10 | | | | |
| 3 | 可行性研究报告 | 可行性报告编制 | | 中介服务单位 | | | $a_2$ | | | |

续表

| 序号 | 持续时间 / 审批·协议事项 | 审批部门 | 中介机构 | $a_1$ | $a_1+10$ | $a_1+a_2+10$ | $a_1+a_2+20$ | $a_1+a_2+a_3$ $+20$ | $a_1+a_2+a_3$ $+25$ |
|---|---|---|---|---|---|---|---|---|---|
| 3 | 可行性研究报告　各项评估报告编制 | | 中介服务单位 | | | —— | | | |
| | 各项评估报告专家论证评审 | 对应的政府部门 | | | | — | | | |
| | 概念性方案 | | 中介服务单位 | | | —— | | | |
| | 审批 | 发展改革委员会 | | | | | 10 | | |
| 4 | 拟供用地规划图 | | 政府指定测绘单位 | | | | | $a_3$ | |
| 5 | 项目用地预审意见 | 规划自然资源局 | | | | | | | 5 |

注：$T_1 = 35 + \sum\limits_{i=1}^{3} a_i$（日历天），$T_1$ 为第一阶段所需持续时间，$a_i$ 为中介服务合同约定时限。

## 2.7.2　用地规划许可（第二阶段）

第二阶段计划表　　　　　　　　　　　　　　　表 2-12

| 序号 | 持续时间 / 审批·协议事项 | 审批部门 | 中介机构 | $a_4$ | $a_4+a_5$ | $a_4+a_5+17$ | |
|---|---|---|---|---|---|---|---|
| 1 | 1∶500 现状地图 | | 政府指定测绘单位 | $a_4$ | | | |
| 2 | 勘测定界报告书及划拨红线图 | | 政府指定测绘单位 | | $a_5$ | | |
| 3 | 建设用地规划许可核发 | 规划自然资源局 | | | | 17 | |
| 4 | 划拨审查、用地批准核发 | 规划自然资源局 | | | | | —— |
| 5 | 土地权属证 | 规划自然资源局 | | | | | —— |

注：划拨审查、用地批准核发，土地权属证不在关键线路上，不影响后续报建。
$T_2 = a_4 + a_5 + 17$，$T_2$ 为第二阶段持续工作时间。

## 2.7.3　工程规划许可（第三阶段）

第三阶段计划表　　　　　　　　　　　　　　　表 2-13

| 序号 | 持续时间 / 审批·协议事项 | 审批部门 | 中介机构 | $a_6$ | $a_6+a_7$ | $a_6+a_7+25$ |
|---|---|---|---|---|---|---|
| 1 | 初步勘察报告编制 | | 中介服务单位 | $a_6$ | | |
| 2 | 方案设计文件编制 | | 中介服务单位 | | $a_7$ | |
| 3 | 建设工程规划许可证核发 | 规划自然资源局 | | | | 25 |

注：$T_3 = a_6 + a_7 + 25$，$T_3$ 为第三阶段持续工作时间。

## 2.7.4 施工许可（第四阶段）

第四阶段计划表　　　　　　　　　　　　　　　　表 2-14

| 序号 | 审批/协议事项　持续时间 | 审批部门 | 中介机构 | $a_9$ | $a_9+5$ | $a_9+8$ | $a_9+a_{10}+8$ | $a_9+a_{10}+a_{11}+8$ | $a_9+a_{10}+a_{11}+a_{12}+8$ | $a_9+a_{10}+a_{11}+a_{12}+a_{13}+8$ | $a_9+a_{10}+a_{11}+a_{12}+a_{13}+10$ | $a_9+a_{10}+a_{11}+a_{12}+a_{13}+18$ |
|---|---|---|---|---|---|---|---|---|---|---|---|---|
| 1 | 详勘报告编制 | | 中介服务单位 | $a_8$ | | | | | | | | |
| 2 | 初步设计文件编制 | | 中介服务单位 | $a_9$ | | | | | | | | |
| 3 | 初步审查 | 住房和城乡建设委员会 | | | 5 | | | | | | | |
| 4 | 概算审批 | 发展改革委员会 | | | | 3 | | | | | | |
| 5 | 施工图设计文件编制 | | 中介服务单位 | | | | $a_{10}$ | | | | | |
| 6 | 施工图审查 | | 中介服务单位 | | | | | $a_{11}$ | | | | |
| 7 | 工程量清单编制与限价 | | 中介服务单位 | | | | | | $a_{12}$ | | | |
| 8 | 施工、监理招标 | | 中介服务单位 | | | | | | | $a_{13}$ | | |
| 9 | 安监、质监备案 | 安监站、质监站 | | | | | | | | | 2 | |
| 10 | 施工许可证 | 住房和城乡建设委员会 | | | | | | | | | | 8 |

注：$a_8$，$a_9$ 的天数包含在设计合同中，按设计单位编制的设计时间计算。

$$T_4=\sum_{i=9}^{13} a_i+18\times\frac{7}{5}，T_4 为第四阶段工作持续时间。$$

关于 $a_i$ 的说明　　　　　　　　　　　　　　　表 2-15

| 序号 | 所代表工作持续时间（天） | 说　明 |
|---|---|---|
| $a_1$ | 项目建议书 | |
| $a_2$ | 可行性研究报告编制 | 含专项评估报告编制和专家评审与概念性方案设计时间 |
| $a_3$ | 拟供用地规划图 | 政府指定单位提供 |
| $a_4$ | 1:500 现状地图 | |
| $a_5$ | 勘测定界报告书及划拨红线图 | |
| $a_6$ | 初步勘察报告编制 | |
| $a_7$ | 方案设计文件编制 | 如果以设计总包方式，则 $a_7$、$a_9$、$a_{10}$ 与设计单位约定 |
| $a_8$ | 详勘报告编制 | $a_8$ 可以与 $a_9$ 同步，$a_8 < a_9$ |
| $a_9$ | 初步设计文件编制 | |
| $a_{10}$ | 施工图设计文件编制 | |

| 序号 | 所代表工作持续时间（天） | 说　　明 |
|---|---|---|
| $a_{11}$ | 施工图审查 | |
| $a_{12}$ | 工程量清单与限价编制 | |
| $a_{13}$ | 施工与监理招标 | |

注：报批报建工作持续时间为 $T=\sum\limits_{i=1}^{4}T_i$。

## 2.8　备案制

**备案制第一、二阶段计划表**　　　　　　表 2-16

| 行政审批／中介服务事项 | 审批部门／中介服务单位 | 工作日 | 备注 |
|---|---|---|---|
| 根据土地规划条件摘地、获取土地成交确认书、缴纳土地出让价款 | 规划自然资源局 | 20 | |
| 1：500 现状地形图，红线图测绘 | 政府指定测绘单位 | 协议约定 | |
| 国有建设用地使用权出让合同签订、建设用地批准及用地规划许可 | 规划自然资源局 | 4 | |
| 编写备案申请报告 | 中介服务单位 | 协议约定 | |
| 投资备案证核发 | 发展改革委员会 | 1 | |
| 土地权属 | 规划自然资源局 | 不影响后续报建 | |

**备案制第三阶段计划表**　　　　　　表 2-17

| 行政审批／中介服务事项 | 审批部门／中介服务单位 | 工作日 | 备注 |
|---|---|---|---|
| 地勘报告编制 | 中介服务单位 | 协议约定 | |
| 建筑工程规划设计方案编制 | 中介服务单位 | 协议约定 | |
| 建设工程规划许可证核发 | 规划自然资源局 | 25 | |

**备案制第四阶段计划表**　　　　　　表 2-18

| 行政审批／中介服务事项 | 审批部门／中介服务单位 | 工作日 | 备注 |
|---|---|---|---|
| 详细地勘报告编写 | 中介服务单位 | 协议约定 | |
| 施工设计图编制 | 中介服务单位 | 协议约定 | |
| 施工图审查合格书编制 | 中介服务单位 | 协议约定 | |
| 监理单位招标 | 中介服务单位 | 协议约定 | |
| 承包商招标 | 中介服务单位 | 协议约定 | |
| 安监站受理 | 安监站 | 2 | 同步进行 |
| 质监站受理 | 质监站 | | |
| 建设工程施工许可证 | 建设局（委） | 6 | 施工许可阶段共 8 个工作日 |

## 2.9 确定专项评估事项的依据

项目的类别、用途、性质，项目土地状况不同，项目要做的评估事项也不相同。

### 2.9.1 土地状况（表2-19）

项目没有经过一级土地开发，则需要业主自行组织评估工作。

未做土地一级开发项目所需作评估报告 表2-19

| 序号 | 评估报告 | 专家评估方式 | | 审批部门及时限 | | 适用情况 | 备注 |
|---|---|---|---|---|---|---|---|
| | | 政府审批部门指定 | 评估主体组织 | 部门 | 审批时限（工作日） | | |
| 1 | 地质灾害评估报告 | 是 | | 规划自然资源局 | 7 | 土地一级开发内容，一般由政府进行评估。没有做土地一级开发的项目由建设单位组织评估 | |
| 2 | 建设项目压覆重要矿产资源评估报告 | 无专家 | | 规划自然资源局 | 20 | 土地一级开发内容，一般由政府进行评估。没有做土地一级开发的项目由建设单位组织评估 | |
| 3 | 使用林地可行性报告（或林地现状调查表） | 是 | | 林业局 | 20 | （1）进行勘查、开采矿藏和各项建设工程占用林地；（2）建设项目临时占用林地；（3）森林经营单位在所经营的林地范围内修筑直接为林业生产服务的工程设施占用林地。土地涉及林地的项目，在土地一级开发时需要做该评估，一般由政府进行评估。没有做土地一级开发的项目由建设单位组织评估 | |
| 4 | 地震安全性评价报告 | 是 | | 地震局 | 5 | （1）国家重大建设工程；（2）受地震破坏后可能引发水灾、火灾、爆炸、剧毒或者强腐蚀性物质大量泄露或者其他严重次生灾害的建设工程，包括水库大坝、堤防和贮油、贮气、贮存易燃易爆、剧毒或者强腐蚀性物质的设施以及其他可能发生严重次生灾害的建设工程；（3）受地震破坏后可能引发放射性污染的核电站和核设施建设工程；（4）省、自治区、直辖市认为对本行政区域有重大价值或者有重大影响的其他建设工程 | 现有地震烈度无法满足工程项目需要时，需做地震安全性评价，评价结果纳入设计要求 |

### 2.9.2 工业类项目

工业类对环境有污染的项目，需要做环境影响评价；能源消耗较大的项目，需要做节能评估；所在地区取水需要审批的项目，需要做水资源论证；河道、泄洪区项目，需要做洪水影响评价；涉及危险化学品项目，需要做安全评估等。这些项目或因为自身特殊性，或因为对周边环境造成一定影响，或因为项目用地范围场内因素，需要做专项评估，递交各自主管部门专项审批。

### 2.9.3　对周边环境产生影响的项目需作评估报告（表 2-20）

对周边环境产生影响的项目需作评估报告

表 2-20

| 序号 | 评估报告 | 审批部门及时限 | | 适 用 情 况 | 备注 |
| --- | --- | --- | --- | --- | --- |
| | | 部门 | 审批时限（工作日） | | |
| 1 | 社会稳定性风险评估报告 | 项目所在地人民政府 | 20 | （1）易发生社会不稳定问题的重点领域建设项目：① 交通运输；② 环境设施；③ 能源；④ 工业；⑤ 社会事业；⑥ 农业；<br>（2）涉及土地与房屋征收的建设项目；<br>（3）在项目规划、环评公示阶段发生过社会不稳定问题且尚未化解的建设项目；<br>（4）在居民密集区建设且对周边群众生产、生活具有一定影响的建设项目；<br>（5）重大地质勘察和矿产资源开发项目 | 通常由人民政府指定评估主体，评估主体组织专家论证 |
| 2 | 交通影响评价报告 | 交通局 | 10 | 建设项目有以下情形的，在核发《建设工程选址意见书》或《建设用地规划条件函》和《建设用地规划许可证》时，应明确需作建设项目交通影响评价，其成果随方案设计同步提交审查：<br>（1）总计容建筑面积超过 40 万 m² 且平均容积率大于等于 4.0 的；<br>（2）总计容建筑面积超过 60 万 m² 且平均容积率大于等于 3.0 的；<br>（3）单个地块容积率达到《技术规定》附表一中指标上限三倍及以上的；<br>（4）大型场馆和交通换乘枢纽项目；<br>（5）48 个班及以上的新建、改建、扩建中小学校；<br>（6）其他有必要进行交通影响评价的。<br>控制性详细规划修改时已完成交通影响评价的，在方案设计阶段，如对交通组织无重大的调整可不再进行交通影响评价 | 根据项目实际情况，在规划方案许可阶段，或者在可研审批阶段，专家参与论证 |
| 3 | 生产建设项目水土保持方案报告书 | 水利局 | 10 | （1）矿业开采；<br>（2）开办大中型工业企业；<br>（3）修建铁路、公路；<br>（4）水利工程、电力企业；<br>（5）城镇建设包括新建农村小城镇（含移民区）、大中城市扩建改建、经济开发区与旅游开发区建设等；<br>（6）开发荒地；<br>（7）在 5 度以上坡地上造林、抚育幼林、经营经济林木 | 根据项目实际情况，在规划方案许可阶段，或者在可研审批阶段，专家参与论证 |
| 4 | 洪水影响评价报告 | 水利局 | 10 | 在洪泛区、蓄滞洪区内建设非防洪建设项目，应当就洪水对建设项目可能产生的影响和建设项目对防洪可能产生的影响作出双向评价，编制洪水影响评价报告，提出防御措施。跨河、穿河、穿堤、临河的桥梁、码头、道路、渡口、管道、缆线、取水、排水等工程设施均需完成河道管理范围内建设项目工程建设方案审批 | 专家参与论证 |
| 5 | 环境影响报告书（表） | 生态环境局 | 35 | 编制有关开发利用规划、建设对环境有影响的项目，应当依法进行环境影响评价 | 专家参与论证 |

续表

| 序号 | 评估报告 | 审批部门及时限 | | 适 用 情 况 | 备注 |
|---|---|---|---|---|---|
| | | 部门 | 审批时限（工作日） | | |
| 6 | 航道通航条件影响评价报告 | 交通局 | 6 | 航道类工程项目依据《中华人民共和国航道管理条例》《中华人民共和国航道管理条例实施细则》《航道通航条件影响评价审核管理办法》《中华人民共和国航道法》 | |
| 7 | 工程对文物影响评估报告或措施设计 | 文化委 | 6 | 根据《中华人民共和国文物保护法》（主席令第28号颁布、2017年11月修订）、《重庆市实施〈中华人民共和国文物保护法〉办法》，涉及大型基本建设工程及地下文物保护控制地带内建设工程，需要进行单独审批 | |

### 2.9.4　场地内存在影响因素的项目需作评估报告（表2-21）

被场地内因素影响的项目需作评估报告 表2-21

| 序号 | 评估报告 | 审批部门及时限 | | 适 用 情 况 | 备注 |
|---|---|---|---|---|---|
| | | 部门 | 审批时限（工作日） | | |
| 1 | 涉及结构设施安全的须有安全评估报告 | 建委 | 7 | 根据《城镇排水与污水管理条例》《城市供水条例》，因工程建设需要拆除、改动、迁移排水与污水处理设施，需要专项申报审批，涉及结构设施的需提交安全评估报告 | |
| 2 | 轨道交通控制保护设计专篇 | 建委 | 6 | 根据轨道交通控制保护区范围内建设项目《重庆市轨道交通条例》《重庆市轨道交通控制保护区管理办法（试行）》，项目用地内涉及轨道交通需要的，做保护性设计并提交审批 | |
| 3 | 保障公路、公路附属设施质量和安全的技术评价报告，影响高速公路交通的须提交交通组织方案设计 | 交通局 | 10 | 根据公路安全保护条例、重庆市公路管理条例，项目占用公路、公路用地或令公路改道，需专项申报 | |
| 4 | 提交申请、图纸等 | 城市管理局 | 6 | 根据《重庆市城市园林绿化条例》《城市绿化条例》，工程建设涉及城市绿地、树木审批，工程项目绿化指标审查 | |
| 5 | 市政设施安全影响评估报告 | 城市管理局 | 6 | 根据城市道路管理条例，因工程建设需要挖掘城市道路审批和变更的、临时占用市管城市道路的、在市管桥梁上架设管线的或在市管城市道路、建设各种管线、杆线等设施的项目，需做安全评估 | |
| 6 | 项目情况及申请表 | 民航局 | 6 | 申请表根据重庆市民用机场管理办法，项目用地涉及机场净空保护区，专项提交申请表 | |
| 7 | 工程与气象设施或观测场的相对位置示意图，专项申请表 | 气象局 | 6 | 根据《新建扩建改建建设工程避免危害气象探测环境行政许可管理办法》（中国气象局令第29号）、《中华人民共和国气象法》，项目位置危害气象台站气象探测环境，需要专项审查 | |

续表

| 序号 | 评估报告 | 审批部门及时限 | | 适用情况 | 备注 |
|---|---|---|---|---|---|
| | | 部门 | 审批时限（工作日） | | |
| 8 | 红线范围内保留铁塔保护方案说明，超长高压走廊（铁塔间距大于 200 m）对建 / 构筑物的影响报告 | 电力局 | 6 | 根据《重庆市供用电条例》《重庆市城市规划管理技术规定》，项目用地内涉及电力设施或项目在电力设施保护区内，需要专项申报 | |

### 2.9.5　具有特殊性及有超限设计的项目需作评估报告（表 2-22）

下列特殊情况的项目需作评估报告 　　　　　　　表 2-22

| 序号 | 评估报告 | 审批部门及时限 | | 适用情况 | 备注 |
|---|---|---|---|---|---|
| | | 部门 | 审批时限（工作日） | | |
| 1 | 建设项目安全评价报告 | 应急局 | 22 | （1）非煤矿矿山建设项目；<br>（2）生产、储存危险化学品（包括使用长输管道输送危险化学品的建设项目）；<br>（3）生产、储存烟花爆竹的建设项目；<br>（4）金属冶炼建设项目；<br>（5）使用危险化学品从事生产并且使用量达到规定数量的化工建设项目（属于危险化学品生产的除外）；<br>（6）法律、行政法规和国务院规定的其他建设项目 | 专家参与论证 |
| 2 | 建设项目职业病危害预评价报告 | 卫生健康委 | 15 | 可能产生职业病危害的建设项目，建设单位在可行性论证阶段应当进行职业病危害预评价。例如医疗机构放射性职业病危害建设项目 | 评估单位组织专家论证 |
| 3 | 建设项目水资源论证报告书 | 水利局 | 10 | 根据地方法规，需要取水许可的项目。取水许可需要水资源论证：<br>（1）建设项目目取地表水 500m³ 以上或地下水 300m³ 以上的，应当委托具有相应资质的单位编制水资源论证报告书<br>（2）建设项目取地表水 500m³ 以下 100m³ 以上、地下水 300m³ 以下 50m³ 以上的，可不编制论证报告书，但应当委托具有相应资质的单位填写水资源论证表 | 需要取水许可审批的项目才做，专家参与论证 |
| 4 | 建筑结构工程超限设计的可行性论证报告 | 建委 | 8 | 超限高层建筑工程 | |
| 5 | 防雷装置设计技术评价报告 | 气象局 | 5 | 申请单位具有以下场所的：油库、气库、弹药库、化学品仓库、烟花爆竹、石化等易燃易爆建设工程和场所，雷电易发区内的矿区、旅游景点或者投入使用的建（构）筑物、设施等需要单独安装雷电防护装置的场所，以及雷电风险高且没有防雷标准规范、需要进行特殊论证的大型项目，需要单独申报防雷技术评价 | 通常由政府部门负责评估，个别地区项目由建设单位评估 |

续表

| 序号 | 评估报告 | 审批部门及时限 | | 适用情况 | 备注 |
|---|---|---|---|---|---|
| | | 部门 | 审批时限（工作日） | | |
| 6 | 规划方案及人防设计专篇 | 人防办 | 6 | 根据《重庆市人民防空条例》，项目修建人防设施的，单项申报涉及防空地下室设置事项审批，不修建人防设施的，缴纳易地建设费 | |
| 7 | 项目与周边环境500m范围的红线图 | 国安局 | 6 | 根据《重庆市实施国家安全法规定》第17、18条，涉及国家安全项目单独申报 | |
| 8 | 项目情况及申报表 | 经济和信息化委员会 | 6 | 根据《中华人民共和国无线电管理条例》《重庆市无线电管理办法》，涉及无线电管理项目单独申报 | |
| 9 | 高边坡项目支护方案设计安全专项论证及可行性评估报告 | 建委 | 15 | 根据《重庆市房屋建筑工程和市政基础设施工程施工图联合审查管理办法（试行）》，高边坡项目在审图时提供高边坡项目支护方案设计安全专项论证及可行性评估报告 | 联合审查图纸的工作日为15工作日 |

### 2.9.6 受场地内设施影响需作的评估报告（表2-23）

场地内特殊情况审批一览 表2-23

| 序号 | 特殊情况说明 | 审核部门 | 需要开展的工作 |
|---|---|---|---|
| 1 | 项目内涉及桥梁、码头、河道 | 码头管理办公室、交通局、水利局 | 对应主管部门逐级审批 |
| 2 | 场地内有通信、电缆、雨水、污水、中水、供水、燃气、输油管线等 | 权属单位 | 联系权属单位迁改 |
| 3 | 场地内有坟墓、建筑物，地下建筑物等 | 权属单位 | 联系权属单位拆迁 |
| 4 | 项目场地内涉及铁轨、地铁、公路 | 交通局、建委 | 联系权属单位 |
| 5 | 项目场地内涉及军队营房、军事管辖区 | 军区 | 联系权属单位 |
| 6 | 项目场地内涉及危岩保护区 | 权属主管部门 | 制定对危岩的保护措施及治理措施，对该保护区进行治理 |

# 2.10 资料清单表

## 2.10.1 项目立项、可研批复阶段（表2-24）

资料清单表（一） 表2-24

| 序号 | 行政审批事项 | 审批部门 | 所需资料 | 备注 |
|---|---|---|---|---|
| 1 | 政府投资项目建议书/核准立项申请审批 | 发展改革委员会/经济和信息化委员会 | （1）审批项目建议书的申报文件原件1份；（2）项目建议书原件1份 | 审批制项目 |
| 2 | 用地批准书、国有建设用地使用权出让（出让合同）审查 | 规划自然资源局 | （1）受让人关于签订土地出让合同的申请原件1份；（2）土地出让价款缴款发票复印件1份；（3）竞得人身份证明材料复印件1份；（4）国有建设用地使用权成交确认书复印件1份 | 备案制项目 |

续表

| 序号 | 行政审批事项 | 审批部门 | 所需资料 | 备注 |
|---|---|---|---|---|
| 3 | 投资备案证核发／核准立项申请审批 | 发展改革委员会／经济和信息化委员会 | （1）立项申请报告原件1份；<br>（2）国土出让合同复印件1份，验原件；<br>（3）项目情况说明原件1份 | 备案制项目 |
| 4 | 用地预审意见 | 规划自然资源局 | （1）项目建设依据复印件电子版1份；<br>（2）节地评价报告及评审论证意见原件1份；<br>（3）土地利用总体规划修改方案（暨永久基本农田划拨方案）原件1份；<br>（4）项目建设单位营业执照复印件1份；<br>（5）标注项目用地范围的图件原件1份；<br>（6）建设项目用地预审申请表原件1份；<br>（7）区县规划自然资源主管部门初审意见电子版1份；<br>（8）建设项目用地预审申请报告原件1份；<br>（9）项目用地边界拐点坐标表原件1份；<br>（10）踏勘论证报告原件1份 | 未做土地一级开发项目适用 |
| 5 | 选址意见书 | 规划自然资源局 | （1）建设项目规划管理报建申请表复印件原件各1份；<br>（2）申请人身份证明材料复印件1份，验原件；<br>（3）现状地形图及地下管网图纸原件1份，含电子版；<br>（4）市政道路、管线工程提供选线总平面图原件1份；<br>（5）项目建议书批复或者项目已被纳入对外公布的中长期规划证明文件原件1份；<br>（6）主城区外区县项目提供规划部门选址初审意见；<br>（7）报盘资料原件1份 | 未做土地一级开发项目适用 |
| 6 | 项目可行性研究报告审批 | 发展改革委员会 | （1）项目可行性研究报告原件1份；<br>（2）用地预审意见原件1份；<br>（3）选址意见书原件1份 | |

## 2.10.2 用地规划许可阶段（表2-25）

**资料清单表（二）** 表2-25

| 序号 | 行政审批事项 | 审批部门 | 所需资料 | 备注 |
|---|---|---|---|---|
| 1 | 建设用地规划许可证核发 | 规划自然资源局 | （1）建设项目规划管理报建申请表原件1份；<br>（2）申请人身份证明材料原件、复印件各1份；<br>（3）主管部门的批准、核准文件；<br>（4）各区县（自治县）规划自然资源主管部门初审意见原件1份〔仅限跨区县（自治县）的政府投资线性工程〕；<br>（5）区、县（自治县）人民政府（管委会）关于划拨用地的请示原件1份；<br>（6）农用地征、转用批文等土地来源证明原件1份；<br>（7）征地办出具的征收补偿安置完毕证明原件1份；<br>（8）用地情况说明（定额）／节地评价原件1份；<br>（9）划拨土地价款发票原件1份；<br>（10）地质灾害危险性评估报告原件1份（仅限需要地质评估的项目）；<br>（11）1：500现状地形图（含地下管网及地下建筑物、构筑物） | |
| 2 | 划拨审查（划拨决定书） | 规划自然资源局 | （1）征地办或征收中心出具的征收补偿安置完毕证明复印件1份，验原件，加盖征地办或征收中心鲜章；<br>（2）地质灾害危性评报告复印件1份，验原件（需做地灾评估的项目）； | 审批制项目 |

续表

| 序号 | 行政审批事项 | 审批部门 | 所 需 资 料 | 备注 |
|---|---|---|---|---|
| 2 | 划拨审查（划拨决定书） | 规划自然资源局 | （3）用地单位的用地申请原件电子版1份；<br>（4）建设用地规划许可证及其附图复印件1份；<br>（5）农用地征收、转用批文等土地来源证明复印件1份；<br>（6）"非营利性"证明复印件1份；<br>（7）用地单位身份证明材料复印件1份；<br>（8）用地情况说明（定额）/节地评价原件电子版1份；<br>（9）拟申请地块的实测地形蓝图或数字化图原件1份；<br>（10）划拨土地价款发票复印件1份；<br>（11）发改委立项批复文件或投资备案证明或核准证明复印件1份；<br>（12）区人民政府（管委会）划拨请示文件原件1份 | 审批制项目 |
| 3 | 国土证 | 规划自然资源局 | （1）土地成交确认书或划拨决定书；<br>（2）国土出让合同复印件或用地批准书；<br>（3）土地勘界报告、踏勘报告、国土线图（委托有资质测绘所出具） | |

## 2.10.3 工程规划许可阶段（表2-26）

资料清单表（三） 表2-26

| 序号 | 行政审批事项 | 审批部门 | 所 需 资 料 | 备注 |
|---|---|---|---|---|
| 1 | 建设工程规划许可证核发 | 规划自然资源局 | （1）建设工程设计方案原件2份；<br>（2）国土权属证明及附图复印件1份；<br>（3）国土部门意见原件1份（仅限进行地质灾害评估的项目）；<br>（4）三维仿真建筑精模电子文档1份（限特别、重点管控区内项目和一般管控区内重要项目）；<br>（5）建设工程技术经济指标计算书原件1份，加盖设计单位和建设单位公章，电子档1份；<br>（6）建筑放线测量合同，地下管线工程提供跟踪测量合同，复印件1份，验原件；<br>（7）建设工程建筑面积及计容建筑面积明细表原件2份，加盖设计单位建设单位公章；<br>（8）外立面装饰细化设计图原件1份；<br>（9）彩色渲染图和工程模型电子档2份，原件1份（限城乡规划主管部门要求的重要项目）；<br>（10）属地政府、用地权属单位等意见原件1份；<br>（11）涉及主城区外区县的规划部门工程规划许可初审意见原件、复印件各1份 | |
| 2 | 工程规划阶段特殊项目由对应审批部门协办 | 对应部门协办 | （1）协办部门：水利部门（涉及河道范围内修建项目）。<br>办理资料：洪水影响评价报告原件8份，重庆市河道管理范围内有关活动申请表原件2份；<br>（2）协办部门：城乡建设部门（涉及重大市政公用设施工程，轨道交通控制保护区范围内建设项目）。<br>办理资料：建设项目规划方案设计阶段轨道安全保护设计专篇复印件1份，验原件，建设项目与轨道交通位置关系总平面图原件2份，复印件2份，重庆市轨道交通控制保护区范围内建设项目方案设计专项审查申请表原件、复印件各1份；<br>（3）协办部门：人防部门（涉及防空地下室设置事项审批）。<br>办理资料：民用建筑配套建设防空地下室申请表原件1份； | |

续表

| 序号 | 行政审批事项 | 审批部门 | 所 需 资 料 | 备注 |
|---|---|---|---|---|
| 2 | 工程规划阶段特殊项目由对应审批部门协办 | 对应部门协办 | （4）协办部门：国安部门（涉及国家安全的项目）。<br>办理资料：能反应周边500m现状的地块规划图红线图原件1份，涉及国家安全事项的建设项目方案设计审查申报表原件、复印件各1份；<br>（5）协办部门：交通部门（跨（穿）越高速路等的审批）。<br>办理资料：申请说明原件1份；<br>（6）协办部门：文化部门（涉及大型基本建设工程及地下文物保护控制地带内建设工程）。<br>办理资料：建设单位申请函原件1份、复印件2份，工程对文物影响评估报告或措施设计原件1份、复印件2份，建设工程范围内考古调查、勘探报告原件1份、复印件2份；<br>（7）协办部门：城管部门（涉及园林绿地指标事项审查，危及市政公用设施安全的建设项目规划审查）。<br>办理资料：绿化平面图原件1份，申请说明原件1份；<br>（8）协办部门：经济信息部门（涉及无线电管理事项审查）。<br>办理资料：申请说明原件1份；<br>（9）协办部门：民航部门（涉及机场净空保护区内项目）。<br>办理资料：机场净空及电磁环境保护区拟建项目情况表原件1份；<br>（10）协办部门：气象部门（危害气象台站气象探测环境审查）。<br>办理资料：新建、改建、扩建建设工程避免危害气象探测环境行政许可申请表原件1份，新建、改建、扩建建设工程与气象设施或观测场的相对位置示意图原件、复印件各1份，委托代为申请的提供委托协议原件1份；<br>（11）协办部门：电力部门（涉及电力设施保护区内项目）。<br>办理资料：红线范围内保留铁塔保护方案说明原件、复印件各1份，超长高压走廊（铁塔间距大于200m）对建/构筑物的影响报告原件、复印件各1份；<br>（12）协办部门：安监部门（涉及生产、储存危险化学品建设项目）。<br>办理资料：建设项目安全设施设计审查申请书原件、复印件各1份，建设项目安全条件审查申请书原件、复印件各1份 | |

## 2.10.4　施工许可阶段（表2-27）

资料清单表（四）　　　　表2-27

| 序号 | 行政审批事项 | 审批部门 | 所 需 资 料 | 备注 |
|---|---|---|---|---|
| 1 | 初步设计审查 | 建设局（委） | （1）工程勘察报告和审查合格书复印件1份，含电子档；<br>（2）设计资料原件1份；<br>（3）初步设计审批申报表原件1份；<br>（4）建设、勘察、设计单位三方项目负责人《法人代表授权书》《质量终身责任承诺书》复印件1份；<br>（5）勘察、设计合同复印件1份；<br>（6）建设工程规划许可证及附图复印件1份；<br>（7）可行性研究报告的批复复印件1份；<br>（8）市政基础设施工程抗震设防专项论证意见复印件1份，限抗震设防审核项目；<br>（9）高边坡项目支护方案设计安全专项论证及可行性评估报告复印件1份，限涉及高切坡、深开挖、高填方的项目 | 审批制项目 |

续表

| 序号 | 行政审批事项 | 审批部门 | 所需资料 | 备注 |
|---|---|---|---|---|
| 2 | 政府投资项目投资概算审批 | 发展改革委员会 | （1）项目投资概算书原件1份；<br>（2）初步设计文件及批复1份；<br>（3）审批初步设计投资概算的申报文件原件1份 | 审批制项目 |
| 3 | 安监站受理 | 安监站 | （1）《建设工程安全管理报监书》；<br>（2）承包商法定代表人与该项目经理签订的安全生产、文明施工责任书；<br>（3）大中型施工机具设备安全性能状况资料；<br>（4）建筑承包商安全生产业绩评定证书；<br>（5）安全生产文明施工组织设计方案和技术措施 | |
| 4 | 质监站受理 | 质监站 | （1）质量安全登记表；<br>（2）中标通知书；<br>（3）施工图设计文件审查报告及备案书复印件；<br>（4）地质勘察报告及工程勘察审查意见书；<br>（5）承包商、勘察单位、设计单位、监理单位副本资质证书及项目经理、注册建筑师、注册结构师、项目所有监理人员资格证书复印件；<br>（6）施工、监理、预拌混凝土供应合同；<br>（7）预拌混凝土质量保证措施；<br>（8）五种责任主体责任人签署责任书；<br>（9）工程规划许可证复印件 | |
| 5 | 建设工程施工许可证 | 建设局（委） | （1）建筑工程施工许可证申请表原件3份；<br>（2）建设工程规划许可证复印件1份；<br>（3）施工企业主要技术负责人签署已经具备施工条件的意见原件1份；<br>（4）中标通知书或施工合同协议书部分复印件1份；<br>（5）审图合格的施工图纸原件1份；<br>（6）危险性较大的分部分项工程清单和安全管理措施原件1份；<br>（7）建设资金已经落实承诺书原件1份；<br>（8）承包商为该工程办理保险的凭证或承诺书原件复印件各1份 | |

## 2.11　前期中介服务收费依据与参考

收费依据参考表见表2-28。

前期工程咨询服务取费明细及收费依据 表2-28

| 序号 | 咨询工作名称 | 取费依据 | |
|---|---|---|---|
| | | 计费文件名称 | 文件文号 |
| 1 | 地质灾害危险性评估报告 | 地质灾害危险性评估及咨询评估预算标准 | T/CAGHP031-2018 |
| 2 | 建设项目压覆矿产资源评估报告 | 吉林省压覆矿产资源情况评估项目预算参考标准（2005年） | — |
| 3 | 地震安全性评价报告 | 各地均有各自的标准 | 如：川价发〔2007〕112号；京发改〔2009〕507 |
| 4 | 项目建议书 | 国家计委关于印发建设项目前期工作咨询收费暂行规定的通知 | 计价格〔1999〕1283号文 |

续表

| 序号 | 咨询工作名称 | 取费依据 | |
| --- | --- | --- | --- |
| | | 计费文件名称 | 文件文号 |
| 5 | 可行性研究报告 | 国家计委关于印发建设项目前期工作咨询收费暂行规定的通知 | 计价格〔1999〕1283 号文 |
| 6 | 社会稳定性评估报告 | 社会稳定风险分析评估报告收费标准 | 如：沪发改投〔2012〕130 号文 |
| 7 | 节能评估报告 | 上海市固定资产投资项目节能评审费用和政府投资项目节能评估文件编制费用支付标准的通知 | 如：沪发改环资〔2012〕043 号 |
| 8 | 建设项目安全预评价，安全专篇（安全评价报告） | 各地均有各自的指导价 | 如：内安监发〔2007〕12 号 |
| 9 | 环境影响报告书（表） | 国家计委、国家环境保护总局关于规范环境影响咨询收费有关问题的通知 | 计价格〔2002〕125 号 |
| 10 | 水土保持方案评估报告（水土保持方案报告编制与设计） | 水利部司局函《关于开发建设项目水土保持咨询服务费用计列的指导意见》 | 保监〔2005〕22 号 |
| 11 | 洪水影响评价审批（"非防洪建设项目洪水影响评价报告审批"、"水工程建设规划同意书审核"、"河道管理范围内建设项目工程建设方案审批"、"国家基本水文监测站上下游建设影响水文监测工程的审批"） | 无国家收费文件，部分地方有指导价（北京、湖南） | 湘价服〔2013〕134 号文 |
| 12 | 建设项目水资源论证报告书编制 | 建设项目水资源论证收费暂行办法 | — |
| 13 | 职业病危害预评价 | 四川省建设项目职业病危害评价收费标准 | 川价函〔2005〕7 号 |
| 14 | 使用林地可行性报告（或林地现状调查表） | 中国林业工程建设协会关于印发《林业行业调查规划项目收费指导意见》的通知 | 林建协〔2018〕15 号 |
| 15 | 建设项目交通影响评价 | 中国城市大型建设项目交通影响分析指南 | — |
| 16 | 防雷工程设计审查费 | 地方经营性收费，如重庆市物价局关于防雷工程设计审核施工监审收费标准的通知 | 渝价〔2001〕402 号 |
| 17 | 防雷工程施工监审费 | 地方经营性收费，如重庆市物价局关于防雷工程设计审核施工监审收费标准的通知 | 渝价〔2001〕402 号 |
| 18 | 规划设计及修建性详规 | 中国城市规划协会《关于发布城市规划设计计费指导意见的通知》 | （2004）中规协秘字第 022 号 |
| 19 | 地质勘察 | 国家计委、建设部关于发布《工程勘察设计收费管理规定》的通知 | 计价格〔2002〕10 号文 |
| 20 | 工程设计 | 国家计委、建设部关于发布《工程勘察设计收费管理规定》的通知 | 计价格〔2002〕10 号文 |
| 21 | 专业工程设计 | 国家计委、建设部关于发布《工程勘察设计收费管理规定》的通知 | 计价格〔2002〕10 号文 |
| 22 | 工程监理 | 建设工程监理与相关服务收费管理规定 | 发改价格〔2007〕670 号 |
| 23 | 造价咨询服务 | 地方收费标准 | 如：渝价〔2013〕428 号文 |
| 24 | 招标代理 | 国家计委关于印发《招标代理服务收费管理暂行办法》的通知 | 计价格〔2002〕1980 号 |
| 25 | 项目物业管理服务 | 地方政府指导价 | — |

| 序号 | 咨询工作名称 | 取费依据 | |
|---|---|---|---|
| | | 计费文件名称 | 文件文号 |
| 26 | 工程建设招标投标交易服务收费 | 重庆市物价局关于重庆市公共资源交易中心交易服务费试行收费标准的通知 | 渝价〔2018〕54号 |
| 27 | 施工图设计文件审查收费 | 重庆市物价局关于建筑工程施工图设计文件审查收费标准的通知 | 渝价〔2013〕423号 |
| 28 | 城市建设配套费 | 重庆市人民政府关于城市建设配套费征收标准的通知 | 渝府发〔2015〕53号 |
| 29 | 人防易地建设费 | 重庆市物价局、重庆市财政局关于重新发布我市结合民用建筑修建防空地下室易地建设费收费标准的通知 | 渝价〔2010〕230文 |
| 30 | 白蚁防治费 | 重庆市物价局关于规范白蚁防治服务收费的通知 | 渝价〔2013〕426号 |
| 31 | 地籍测绘 | 关于重庆市地籍、房产测绘，地价评估及土地代办服务收费标准的通知 | 渝价〔2000〕368号 |
| 32 | 房产测绘 | 关于重庆市地籍、房产测绘，地价评估及土地代办服务收费标准的通知 | 渝价〔2000〕368号 |

# 2.12 案例应用

### 【案例1】内蒙古少数民族群众文化体育运动中心

本中心是政府投资的公益性房建项目，属审批制，按审批制流程办理。经对该项目的特性分析，得知该项目所需单项评估工作如表2-29所示，报批报建工作汇总如表2-30所示。

评估事项表　　　　　　　　　　　　　　　　　　　　　　　表2-29

| 序号 | 行政审批/中介服务事项 | 审批部门/准备事项/中介服务单位 | 工作日 | 案例文件 | 文件号 |
|---|---|---|---|---|---|
| 1 | 地质灾害评估审查 | 规划自然资源局 | 5 | 关于《内蒙古少数民族群众文化体育运动中心项目不在大青山山前断裂带上的函》 | 呼和浩特市地震局发，文件时间2015年，因地区、时间原因由地震局下发函件 |
| 2 | 社会稳定性评估 | 项目所在地人民政府 | 20 | 新城区人民政府关于《内蒙古少数民族群众文化体育运动中心项目社会稳定风险评估报告》备案的函 | 新政字〔2015〕143号 |
| | | | | 关于《内蒙古少数民族群众文化体育运动中心建设项目用地被征地农（牧）民落实社会保障情况审核的意见》 | 呼人社发〔2015〕60号 |
| 3 | 节能审查 | 发展和改革委员会 | 10 | 呼和浩特市发展和改革委员会关于《内蒙古少数民族群众文化体育运动中心一期工程项目节能评估报告书的批复》 | 呼发改环资字〔2015〕316号 |
| 4 | 建设项目环境影响评价审批 | 生态环境局 | 35 | 新城区环境保护局关于《呼和浩特城发投资经营有限责任公司内蒙古少数民族群众文化体育运动中心一期工程建设项目环境影响报告表的批复》 | 新环批字〔2015〕47号 |

续表

| 序号 | 行政审批／中介服务事项 | 审批部门／准备事项／中介服务单位 | 工作日 | 案例文件 | 文件号 |
|---|---|---|---|---|---|
| 5 | 洪水影响评价报告审批 | 水利局 | 10 | 呼和浩特市水务局关于《内蒙古少数民族群众文化体育运动中心防洪意见的函》 | 呼和浩特市水务局发 |
| 6 | 消防超限可研评估 | | | | |
| 7 | 高支模方案论证 | | | | |

### 内蒙古少数民族群众文化体育运动中心报批报建工作汇总表　　表 2-30

| 序号 | 资料名称 |
|---|---|
| 1 | 政府相关会议文件 |
| （1） | 关于《新赛马场项目建设有关事宜的请示》 |
| （2） | 关于《研究蒙古部落、新赛马场筹建工作的专题会议纪要》 |
| （3） | 关于《尽快深化设计内蒙古少数民族体育竞技中心项目规划方案的函》 |
| （4） | 关于《内蒙古少数民族群众文化体育运动中心项目建设规模等问题的函》 |
| 2 | 项目立项、可研批复（第一阶段） |
| （5） | 关于《申请内蒙古少数民族群众文化体育运动中心项目建议书的函》 |
| （6） | 关于《内蒙古少数民族群众文化体育运动中心项目建议书的申请》 |
| （7） | 关于《内蒙古少数民族群众文化体育运动中心项目建议书的批复》 |
| （8） | 关于《内蒙古少数民族群众文化体育运动中心项目可研的函》 |
| （9） | 一期工程项目可行性研究报告 |
| （10） | 关于《内蒙古少数民族群众文化体育运动中心一期工程项目可行性研究报告的批复》 |
| （11） | 土地勘测定界技术报告书 |
| （12） | 地质灾害危险性评估说明书 |
| （13） | 关于《内蒙古少数民族群众文化体育运动中心建设项目用地被征地农（牧）民落实社会保障情况审核的意见》 |
| （14） | 建设项目环境影响报告表 |
| （15） | 一期工程噪声现状监测 |
| （16） | 关于《内蒙古少数民族群众文化体育运动中心一期工程项目节能评估报告书的批复》 |
| （17） | 关于《内蒙古少数民族群众文化体育运动中心一期工程建设项目环境影响报告表的批复》 |
| （18） | 关于《拨付内蒙古少数民族群众文化体育运动中心项目前期费用请示》 |
| （19） | 关于《内蒙古少数民族群众文化体育运动中心防洪意见的函》 |
| （20） | 关于《内蒙古少数民族群众文化体育运动中心项目不在大青山山前断裂带上的函》 |
| （21） | 关于印发《内蒙古少数民族群众文化体育运动中心一期工程亮马圈项目特殊消防设计专家评审会会议纪要》的通知 |
| 3 | 用地规划许可（第二阶段） |
| （22） | 关于《查询内蒙古少数民族群众文化体育运动中心项目用地事宜的函》 |
| （23） | 关于《办理内蒙古少数民族群众文化体育运动中心建设项目用地预审意见的函》 |

| 序号 | 资料名称 |
|------|----------|
| （24） | 关于《内蒙古少数民族群众文化体育运动中心建设项目用地被征地农民社会保险落实情况的函》 |
| （25） | 关于《内蒙古少数民族群众文化体育运动中心用地的请示》 |
| （26） | 关于《内蒙古少数民族群众文化体育运动中心建设项目用地的预审意见》 |
| （27） | 关于《内蒙古少数民族群众文化体育运动中心项目选址意见的批复》 |
| （28） | 关于《内蒙古少数民族群众文化体育运动中心申请办理建设用地规划许可证的函》 |
| （29） | 关于《内蒙古少数民族群众文化体育运动中心项目建设用地规划许可证的批复》 |
| （30） | 建设用地规划许可证 |
| （31） | 关于《内蒙古少数民族群众文化体育运动中心项目范围内权属复核的函》 |
| （32） | 关于《内蒙古少数民族群众文化体育运动中心项目范围内权属情况的复函》 |
| （33） | 关于《内蒙古少数民族群众文化体育运动中心一期工程建设项目划拨用地方案的批复》 |
| （34） | 关于《呼和浩特市呼和浩特市城发投资经营有限责任公司划拨国有建设用地使用权的批复》 |
| （35） | 国有建设用地划拨决定书 |
| （36） | 建设用地批准书 |
| 4 | 工程规划许可（第三阶段） |
| （37） | 关于《内蒙古少数民族群众文化体育运动中心红山口村庄改造工程、甲兰板村庄改造工程规划设计方案专家咨询会会议纪要》 |
| （38） | 关于《办理内蒙古少数民族群众文化体育运动中心项目建设工程规划许可证的函》 |
| （39） | 关于《同意调整内蒙古少数民族群众文化体育运动中心一期工程建筑面积的批复》 |
| （40） | 关于《呼和浩特市城发投资经营有限责任公司公司内蒙古少数民族群众文化体育运动中心一期建设工程规划许可证的批复》 |
| （41） | 建设工程规划许可证 |
| 5 | 施工许可（第四阶段） |
| （42） | 呼和浩特市建设工程安全监督审查书 |
| （43） | 关于《办理内蒙古少数民族群众文化体育运动中心一期工程施工许可证的函》 |

## 【案例 2】重庆红岩村桥隧工程

### 红岩村桥隧 PPP 项目工程简介

红岩村桥隧 PPP 项目是重庆市快速路"三纵线"居中的一段，起点位于红岩村嘉陵江大桥北桥头，终点位于三纵线与石杨路的交叉点，即五台山立交。工程道路等级为城市快速路，主线双向 6 车道，设计车速 80km/h，线路总长共 4.95km，整个路线在红岩村大桥段与轨道五号线共轴线，采用上下层交通，红岩村隧道段采用左、右线分行交通，红岩村立交与轨道五号线车站重叠。项目建安总投资为 20.02 亿元。

工程地点：重庆市江北区、渝中区、沙坪坝区、高新区、九龙坡区（图 2-3 ～图 2-6）。

图 2-3　红岩村嘉陵江大桥

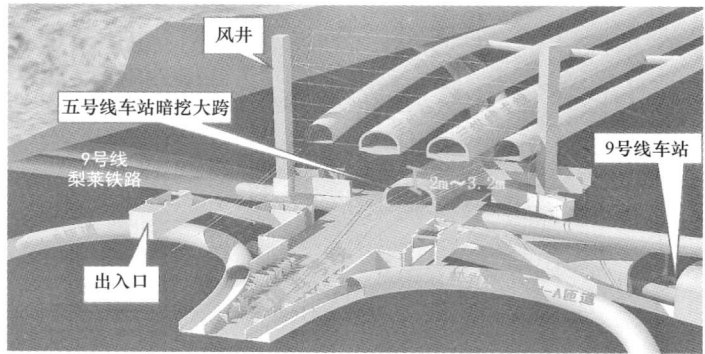

图 2-4　红岩村隧道群洞段

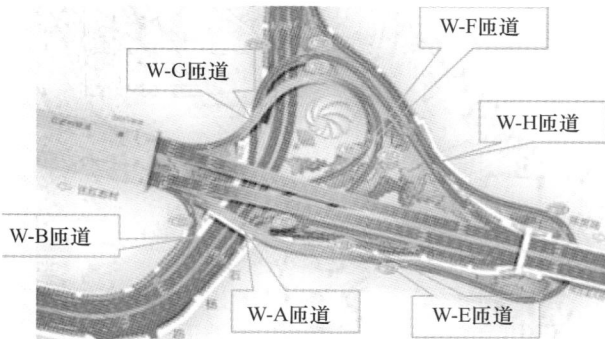

图 2-5　五台山立交工程

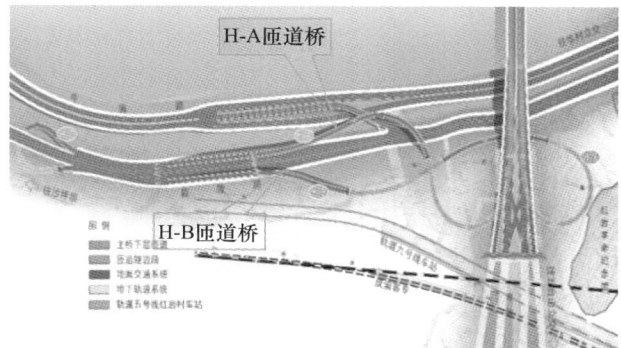

图 2-6　红岩村立交工程

该案例比较复杂，在实施过程中有很多问题，例如拆迁民居、驾校、坟墓，穿越军事营区、文物保护区，架设桥梁涉及河道，电缆、变压器迁改，燃气、输油、供水污水管道迁改，穿越铁路轨道、城市交通。这类项目因为情况复杂，需要尽可能提前规划，逐项工作落实到人，预留解决时间，耐心、准确地处理相关问题，尽量避免或减轻对项目整体进度的影响（表 2-31）。

红岩村隧道工程协调事项表

表 2-31

| 序号 | 类别 | 需协调解决的问题 | 处理措施 | 实际案例介绍<br>（红岩村桥隧工程） | 备注 |
|---|---|---|---|---|---|
| 1 | 既有建筑物拆迁 | 拆迁补偿费用存在争议，权属用户情绪严重，有关部门畏难情绪推诿 | （1）找准权属方的需求；<br>（2）充分沟通负责该地区拆迁的部门；<br>（3）了解上级督管部门的渠道，必要时申请协调 | 拆除分属于长安公司、石油路街道、高新区的建筑物 2378m²，搬迁 1 所驾校 | |
| 2 | 施工区域穿越既有建筑物地下 | 通常为隧道、隧道顶部有建（构）筑物 | 专业评估工程到地表距离，对既有建筑物的影响，对工程施工措施及质量管控的影响 | 隧道穿越渝中区、高新区的局部小区、工厂、学校、医院及 1700 多栋民用建筑地下，最近点，隧道顶部距离地表 11m | |
| 3 | 施工区域涉及军队 | 军队性质特殊，常规部门不具备权限 | 上报部门向部队有关渠道反应，申请协调 | 歇台子工区隧道段穿越后勤部营房区，通过军委协调，顺利完成施工 | |
| 4 | 涉及河道，架设桥梁 | 桥梁通航技术论证，涉及河道相关部门报批手续 | 报批河道相关部门，水利局、水利委员会、码头管理办公室、交通局。对桥梁技术参数进行专家论证，组织通航安全评估论证 | 完成红岩村嘉陵江、长江大桥及匝道设计与施工 | |

| 序号 | 类别 | 需协调解决的问题 | 处理措施 | 实际案例介绍<br>（红岩村桥隧工程） | 备注 |
|---|---|---|---|---|---|
| 5 | 城市绿化带 | 树木名贵，移栽手续对口部门不明确 | 跟园林绿化局沟通，处理移栽事宜 | 移栽244株乔木，21446m²灌木 | |
| 6 | 穿越文物保护区 | 文物的保护措施能否通过主管部门审核 | 专业评估对文物影响，上报有关部门组织专家方案论证，制定保护措施，监测变形 | 300m隧道穿越红岩村纪念馆 | |
| 7 | 穿越危岩保护区 | 对危岩的保护措施及治理措施能否通过主管部门审核 | 对影响区域进行治理 | 200m隧道影响滴水岩危岩区 | |
| 8 | 坟墓迁移 | 费用不容易谈妥 | 充分沟通墓主需求，避免引起反感，登报纸公示，进行坟墓迁移 | 登《重庆晨报》公示，迁坟9个 | |
| 9 | 电力设施及电缆 | 权属对象错误，申请格式、形式和所需资料各个区差别大 | （1）根据现场踏勘结果，找到最低一级的电力部门现场确定权属；<br>（2）主动协调，明确办理申请的要素、格式、所需资料、递交部门，最好拿到填写样本 | 拆除长安公司1台10kV变压器，迁改九龙坡区供电局700m10kV电缆，迁改江北区供电局1000m10kV电缆 | |
| | | 可研、初步方案和费用的确定 | （1）具有一定专业性，须预计到方案与施工图可能发生的变化、周边环境影响等，现场条件不满足迁改需要的尽量协调修改；<br>（2）费用中有两类不能按照一般工程进行计算（折旧、残值回收，终端企业损失包含生产企业和供电企业的损失） | | |
| | | 设计、施工、监理单位的确定 | 最好要按照电力部门的要求进行，需要公开招标的项目尽量是电力部门推荐的企业 | | |
| | | 实施过程及验收 | 实施过程中应尽量主动联系电力部门到现场指导，并做好接待工作，为后期验收打好基础 | | |
| | | 迁改过程中的工期把控 | 迁改过程中，主动联系电力主管部门，充分借力迁改实施单位积极协调 | | |
| | | 迁改费用支付 | 按照合同约定及时办理，不能拖延 | | 企业损失尽量协调，必要时按产权单位意见办理，协商空间不大 |
| 10 | 燃气管道 | 权属对象错误，申请格式、形式和所需资料各个区差别大，多个权属对象 | （1）根据现场踏勘结果找到燃气部门现场确定权属；<br>（2）主动协调，明确办理申请的要素、格式、所需资料、递交部门，最好拿到填写样本 | 拆除长安公司及石油路街道1818m管道、气表，迁改中国石油西南油气田公司及重庆凯源燃气公司540m管道 | |

续表

| 序号 | 类别 | 需协调解决的问题 | 处理措施 | 实际案例介绍（红岩村桥隧工程） | 备注 |
|---|---|---|---|---|---|
| 10 | 燃气管道 | 设计迁改方案和费用的确定 | （1）设计需了解施工周边环境影响，现场条件不满足迁改需要的尽量协调修改，施工过程中如何满足燃气供应，是否需要另行建设临时管道；（2）充分考虑迁改管道的费用，如果有停气，考虑停气的损失，包含用户损失和燃气公司损失 | 拆除长安公司及石油路街道1818m管道、气表，迁改中国石油西南油气田公司及重庆凯源燃气公司540m管道 | |
| | | 设计、施工、监理单位的确定 | 最好委托燃气公司进行，需要公开招标的项目尽量和燃气主管部门报备 | | |
| | | 实施过程及验收 | 实施过程中主动沟通燃气主管部门工程进度，为后期验收打好基础 | | |
| | | 迁改过程中的工期把控 | 迁改过程中，迁改实施单位积极协调出现的问题，保证工期 | | |
| | | 迁改费用和企业损失支付 | 充分沟通，协商费用，按照合同约定及时办理，不能拖延 | | 企业损失尽量协调，必要时按产权单位意见办理，协商空间不大 |
| 11 | 供水及污水管道 | 权属对象错误 | （1）根据现场踏勘结果找到相应管理部门现场确定权属；（2）主动协调，明确办理申请的要素、格式、所需资料、递交部门，最好拿到填写样本 | 拆除长安公司及石油路街道882m供水管道、水表，迁改九龙坡区供水公司1800m供水管道，迁改市设施局3处60m污水管网 | |
| | | 拆除、迁改方案和费用的确定 | （1）设计方案考虑施工对周边环境影响等，施工期间临时措施如何保证供水及排水，现场条件不满足迁改需要的尽量协调修改；（2）施工的费用考虑周全，拆除水表是否还能再利用，权属单位派驻现场人员的出工费等 | | |
| | | 实施过程及验收 | 实施过程中应尽量主动联系相应部门到现场指导，并做好接待工作，为后期验收打好基础 | | |
| | | 迁改过程中的工期把控 | 迁改过程中，随时关注临时措施，保证供排水正常，积极协调出现的问题 | | |
| | | 迁改费用和企业损失支付 | 充分沟通，协商费用，按照合同约定及时办理，不能拖延 | | 企业损失尽量协调，必要时按产权单位意见办理，协商空间不大 |

| 序号 | 类别 | 需协调解决的问题 | 处理措施 | 实际案例介绍（红岩村桥隧工程） | 备注 |
|---|---|---|---|---|---|
| 12 | 通信管道 | 权属对象不清，多个权属对象混杂 | （1）根据现场踏勘结果找到通信公司确定权属；<br>（2）主动协调，明确办理申请的要素、格式、所需资料、递交部门，最好拿到填写样本 | 迁改移动、联通、电信三家公司共12400m通信管线 | |
| | | 施工方案和费用的确定 | （1）具有一定专业性，须预计到方案与施工图可能的变化、周边环境影响等，现场条件不满足迁改需要的尽量协调修改；<br>（2）费用中充分考虑折旧、残值回收，权属单位损失等费用 | | |
| | | 实施过程及验收 | 实施过程中应尽量主动沟通权属单位工程进度，为后期验收打好基础 | | |
| | | 迁改过程中的工期把控 | 迁改过程中，随时沟通权属单位，积极协调出现的问题 | | |
| | | 迁改费用和企业损失支付 | 充分沟通，协商费用，按照合同约定及时办理，不能拖延 | | 企业损失尽量协调，必要时按产权单位意见办理，协商空间不大 |
| 13 | 输油管道 | 权属对象错误，申请格式、形式和所需资料各个区差别大，多个权属对象 | （1）根据现场踏勘结果找到输油管理部门现场确定权属；<br>（2）主动协调，明确办理申请的要素、格式、所需资料、递交部门，最好拿到填写样本 | 迁改输油管道 | |
| | | 设计迁改方案和费用的确定 | （1）设计需预计到方案与施工图可能的变化、周边环境影响等，现场条件不满足迁改需要的尽量协调修改；<br>（2）费用中考虑折旧，权属单位损失，用户损失 | | |
| | | 设计、施工、监理单位的确定 | 最好要按照直属管理部门的要求进行，需要公开招标的项目都要尽量是相关部门推荐、认可实力的企业 | | |
| | | 实施过程及验收 | 实施过程中应尽量主动联系管理部门到现场指导，并做好接待工作，为后期验收打好基础 | | |
| | | 迁改过程中的工期把控 | 迁改过程中，主动联系主管部门，充分借力。积极协调出现的问题 | | |
| | | 迁改费用及企业损失支付 | 充分沟通，协商费用，按照合同约定及时办理，不能拖延 | | 企业损失尽量协调，必要时按产权单位意见办理，协商空间不大 |

续表

| 序号 | 类别 | 需协调解决的问题 | 处理措施 | 实际案例介绍（红岩村桥隧工程） | 备注 |
|---|---|---|---|---|---|
| 14 | 铁路和轨道交通交叉 | 保护措施、方案审批 | 摸清现状交通线与在建工程的关系，按相应的行业编制，制定保护方案及措施，必要时组织专家论证（专家一般要请被保护产权单位推荐人员）、修改在建工程设计，以尽早通过保护方案或措施 | 跟重庆轨道交通1号、9号、环线三条线路存在交叉 | |
| | | 实施过程中的协调 | 实施过程中应按批准的方案施工，且需要对保护对象进行监测，确定施工期间的变形位移量，并随时与产权单位沟通 | 跟成渝客运专线400m交叉，方案经成都铁路局审核认可后实施 | 造成损坏时产权单位的维保费用，一般要按产权单位的要求支付 |
| | | 在实施过程中可能涉及的费用处理 | 要考虑产权单位值守人员费用 | | |
| 15 | 既有交通干道 | 交通导改方案的审批 | （1）应按照交通管理部门、市政道路管理部门、交通警察、产权单位的要求以及相关的行业标准进行编制；（2）主要在方案中加设安全措施、指引标志的设置思路；（3）如有中断交通的要求，还应提出中断大致时间和阻断时长；（4）应组织行业专家对方案进行论证 | 上跨沙滨路、石杨路、牛滴路，下穿高九路、渝州路 | |
| | | 在实施过程中可能涉及的费用处理 | （1）要考虑产权单位值守人员费用；（2）造成损坏时产权单位的维保费用，一般要按产权单位的要求支付 | | |

# 第3章 设计管理

工程项目设计是设计机构以项目建议书或可研报告等资料为基础，以规划设计条件和设计任务书为依据，运用工程技术理论与美学原理，研究项目的建筑造型、功能布局、形体组合、建筑构造、结构选型及体系、生产工艺流程、材料设备选型、周围环境的相互联系等技术和经济问题，做出完整的建设及实施方案，编制系统的设计图纸和技术标准的生产过程。设计管理是一种社会需要，是社会分工与分工细化的产物，是改革的一项有力措施。

设计管理全过程工程咨询团队受项目业主（业主）的委托，通过与业主充分沟通，弄清业主对项目的构思与意图、定位以及功能要求，在项目业主与设计单位之间发挥桥梁纽带作用，并代表项目业主对设计机构实施协调管理。对所选的建设地点的规划条件、宗地条件及周边环境条件的深入分析和调研，对概念性方案、方案设计、初步设计、施工图设计起审核作用，对施工过程中的设计服务起到协调与管理作用，对设计质量和设计进度进行控制。设计阶段是影响建筑工程造价和品质最重要的环节，通过在设计阶段管理过程中对设计关键点的有效预控，在设计阶段为提高建设项目的品质并控制项目工程造价，实现最佳的性价比。

通过设计管理使设计成果实现以下目标：

设计方在规划条件、宗地条件及周边环境的约束下，充分发挥设计者的创意，使设计产品体现业主对非物质文化的精神层面需求，满足业主对建筑的功能的需求，准确把握业主对项目的定位，为设计方准确及时传递业主意图，使设计产品达到以下效果。

（1）坚固、经济、环保；

（2）比例协调，造型均衡美观；

（3）安全可靠，技术运用；

（4）功能合理，性价比合理。

## 3.1 设计管理常见问题

（1）设计需求问题：

① 委托方的需求不明，定位不准，功能不明确，建筑风格与档次不确定；

② 设计任务表达不完整，中途随意改变；

③ 项目业主与设计单位缺乏充分的沟通或者沟通障碍，设计单位对项目业主的意图不尽理解，导致设计者反复修改。

（2）设计质量问题：

① 建筑造型、立面、平面、结构形式方案单一，未做多方案比较和优化；

② 设备选型不当，专业之间不匹配，系统性不强，不满足项目使用功能需求或业主的档次定位要求；

③ 建筑设计与专业设计界面不清，设计总承包与专业分包各自为政，设计成果错、漏、碰、缺问题多；

④ 设计深度不够，图纸不完整，节点不详细，导致工程量不能精确计算，影响招标限价；

⑤ 水（供水、雨水、污水）、电、气、信、路等外部协调工作滞后，导致设计工作反复及修改；

⑥ 设计变更多或设计变更严重滞后，现场技术指导与服务不到位，影响现场施工。

（3）设计文件资料不完备或不及时提交。

（4）对规划条件与宗地条件分析不够，有利条件利用不充分，限制条件考虑不周全，除规划条件载明的事项以外的限制条件没落实。

（5）业主提供给设计单位的资料不完整或不及时。

（6）其他方面常见设计问题。

## 3.2　设计管理工作主要内容及职责

### 3.2.1　设计管理工作结构分解（WBS）（图3-1）

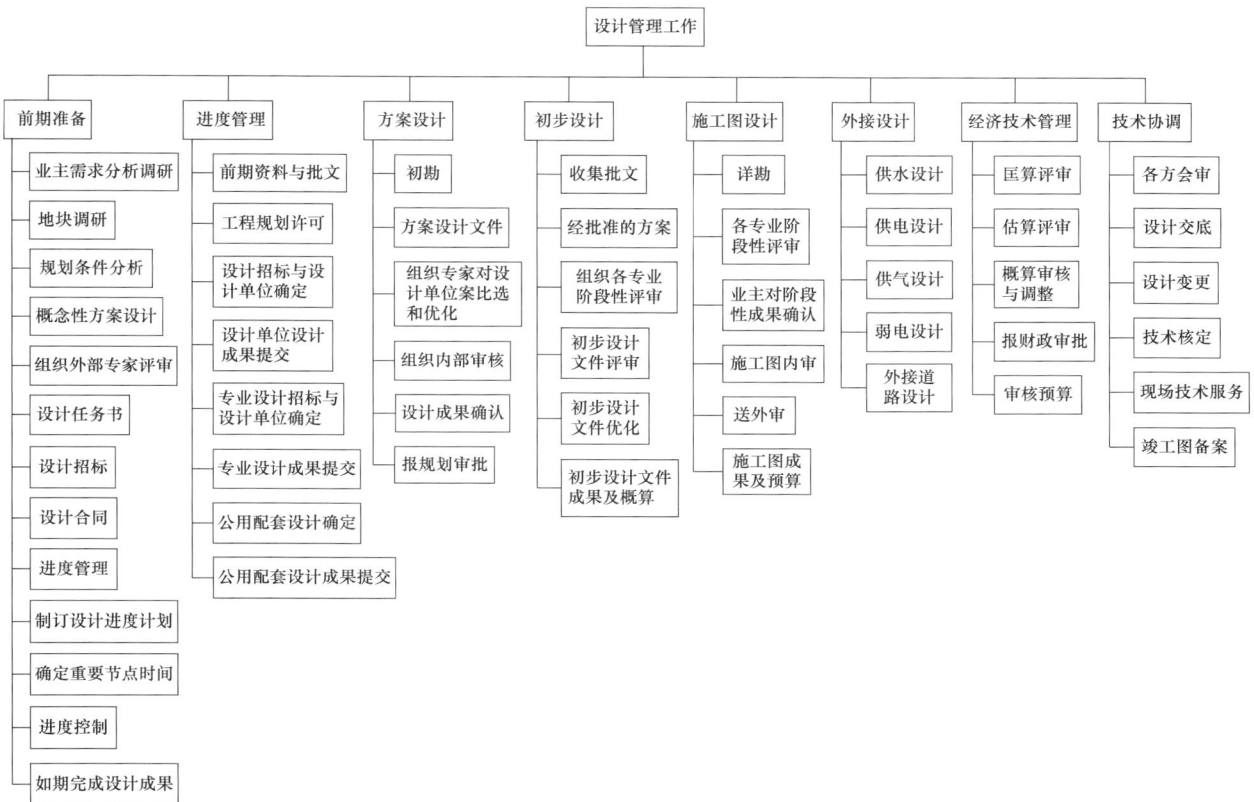

图 3-1　设计管理工作结构分解

### 3.2.2　设计管理工作主要职责（表3-1）

主要工作表　　　　　　　　　　　　　　　　　　　　　表 3-1

| 序号 | 主要工作职责 | 备注 |
| --- | --- | --- |
| 1 | 项目需求分析（功能／工艺需求），编制项目需求分析表 | |
| 2 | 对规划条件、宗地条件作调研和分析，编制场地调研分析表 | |
| 3 | 编制设计任务书（主导完成或协助业主完成） | |
| 4 | 协助业主制定项目限额设计目标 | |

续表

| 序号 | 主要工作职责 | 备注 |
|---|---|---|
| 5 | 向业主提出设计招标方式的建议，作出设计招标标段划分的合理方案，协助招标管理团队组织工程勘察设计招标 | |
| 6 | 协助业主进行设计合同审核及洽谈，在业主授权下对设计合同实施管理 | |
| 7 | 编制设计管理工作计划，对设计进度进行控制，保障设计工作按合同约定时间完成 | |
| 8 | 协助业主组织内外部专家对设计单位案、初步设计、施工图设计进行评审；督促设计单位进行工程设计优化、技术经济方案比选并进行投资控制 | |
| 9 | 对设计质量严格把关，提出设计深度、设计质量的要求，减少设计变更 | |
| 10 | 管理和协助设计单位为估算提供充分合理的技术与经济指标、提供准确的概算报告，确保施工图深度达到编制工程量清单的要求 | |
| 11 | 协助业主及设计单位组织项目超限审查沟通及评审工作（若有） | |
| 12 | 协助设计单位完成施工图外审送审及沟通工作 | |
| 13 | 协助监理团队组织项目施工图多方会审及设计单位技术交底 | |
| 14 | 协调设计单位参与项目专项施工方案评审工作 | |
| 15 | 负责对项目设计变更从设计及技术角度进行审查，对重大设计变更组织专家进行评审 | |
| 16 | 协调并管理设计单位派驻设计代表为现场施工过程提供技术指导与服务 | |
| 17 | 建立设计文件的管理系统，确保更新设计文件及时发放和旧文件及时回收，整理完整合格的设计文件归档 | |
| 18 | 其他有关项目设计及技术管理工作 | |

### 3.2.3 设计管理分部协助其他分部职责（表 3-2）

协同工作内容表      表 3-2

| 受理方（其他分部） | 序号 | 工 作 内 容 | 工作界面 | 备注 |
|---|---|---|---|---|
| 前期咨询分部 | 1 | 提供设计图纸 | | |
| | 2 | 提供节能、消防、人防、防雷等相关参数 | | |
| | 3 | 提供政府各职能部门的协办意见 | | |
| | 4 | 提供规划设计条件，并按规划设计条件审核设计单位方案设计，并将审核意见返回 | | |
| | 5 | 对设计单位设计成果优化，设计成果是否满足业主需求审核 | | |
| 招标分部 | 1 | 在项目的设计招标工作中提供标段划分意见 | | |
| | 2 | 协助提供设计任务书等技术资料 | | |
| | 3 | 协助招标分部审核设计招标控制价的合理性 | | |
| | 4 | 负责施工招标过程 BIM 技术标的编写 | | |
| 造价咨询分部 | 1 | 负责督促设计单独施工设计图深度达到编制工程量清单的要求 | | |
| | 2 | 负责管理及审核设计成果，施工图完整不漏项，满足工程量清单编制要求 | | |
| | 3 | 针对造价工程量清单编制过程需求、解答图纸疑问 | | |
| | 4 | 审核设计变更的必要性，协助造价咨询分部控制项目投资控制风险 | | |
| | 5 | 负责管理设计单位按时提供施工图（含电子版本） | | |

| 受理方（其他分部） | 序号 | 工 作 内 容 | 工作界面 | 备注 |
|---|---|---|---|---|
| 造价咨询分部 | 6 | 基于 BIM 技术对造价工作算量提供必要支撑 | | |
| 现场管理分部 | 1 | 管理深化设计进度，组织设计单位对专业深化设计成果确认 | | |
| | 2 | 参与审核施工组织方案，对施工技术提出合理化建议 | | |
| | 3 | 负责制定项目施工阶段 BIM 实施目标 | | |
| | 4 | 负责指导和管理承包商阶段 BIM 实施工作 | | |
| | 5 | 负责组织施工图图纸会审、技术交底工作 | | |
| | 6 | 负责管理设计单位提供主要设备／材料的选型或参数等工作 | | |
| | 7 | 督促设计院完善设计变更／洽商单等资料，督促设计院不因设计变更文件处理滞后影响施工进度 | | |
| | 8 | 深入施工现场，跟踪设计文件的实施情况 | | |
| | 9 | 组织并主持建设管理工作技术和专业质量协调会议 | | |
| | 10 | 涉及的若干设计单位之间的工作协调 | | |
| | 11 | 参加施工组织方案及施工专项方案专家论证会 | | |
| | 12 | 根据现场项目部安排、突击提供对口技术支撑 | | |

## 3.3　设计管理流程及责任矩阵

### 3.3.1　设计管理主要流程

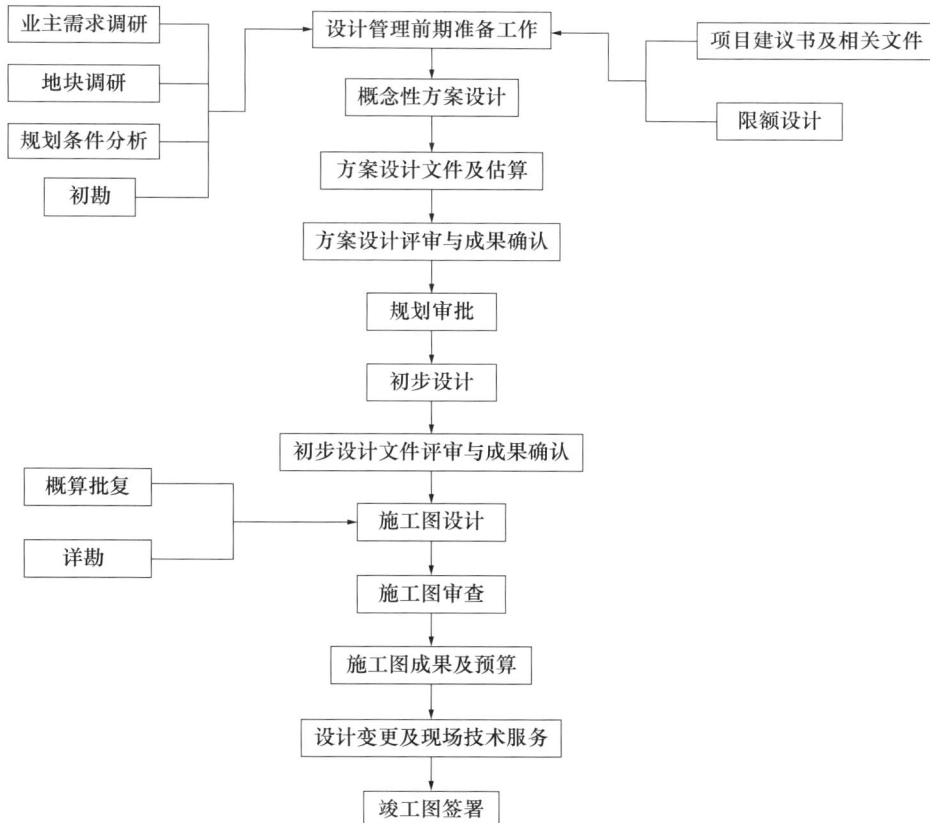

图 3-2　设计管理工作流程

### 3.3.2　设计管理责任分配矩阵（表 3-3）

责任分配表　　　　　　　　　　　　　　　　　　　　　　　表 3-3

| 序号 | 工作类别及内容 | 责任单位 | | | | | | | |
|---|---|---|---|---|---|---|---|---|---|
| | | 业主单位 | | 设计单位 | 全工程咨询项目管理部 | | | | |
| | | 批准 | 确认 | | 报批报建分部 | 设计管理分部 | 造价管理分部 | 招标管理分部 | 现场管理分部 |
| 1 | 业主需求分析 | P | q | | | | | | |
| | 1.1　考察调研同类或相似项目 | | | | | F | C | | |
| | 1.2　场地调研，编制分析表 | | | | | S | C | | F |
| | 1.3　需求分析表确认 | | | | | F | C | | C |
| 2 | 2.1　委托概念性方案设计 | | q | F | | S | C | | C |
| | 2.2　组织专家评审会优选概念性方案 | | q | F | | S | C | | C |
| | 2.3　论证估算 | P | | q | | C | F | | C |
| | 2.4　规划条件及公用配套条件调研 | | | q | | F | | | C |
| 3 | 设计任务书编制 | P | | q | | F | | | C |
| 4 | 设计合同模式确定 | P | | | | S | F | C | |
| | 4.1　设计招标 | | q | | C | S | | F | |
| | 4.2　设计合同签订 | P | | q | | S | F | C | |
| 5 | 方案设计管理 | P | | q | | | | | |
| | 5.1　审核设计计划 | | q | | | F | | | |
| | 5.2　方案文件审核 | | | | | F | | | |
| | 5.3　邀请知名专家评审 | | q | | | F | | | |
| | 5.4　修订方案设计文件 | | q | | | F | | | |
| | 5.5　确定方案设计成果 | P | | q | | F | | | |
| 6 | 报规划审批 | | q | | F | S | | | |
| 7 | 初步设计管理 | | | | | | | | |
| | 7.1　初步勘察并提交报告 | | | | | F | | | S |
| | 7.2　编制与提交初步设计文件 | P | | F | | S | | | |
| | 7.3　组织审核初步设计文件 | | q | | | F | C | | C |
| | 7.4　审核概算 | | q | | | S | F | | C |
| | 7.5　概算会审 | | q | F | | C | S | C | C |
| | 7.6　修订初步设计文件 | | q | F | | S | | | |
| | 7.7　概算报审 | | | | F | | C | | |
| 8 | 施工图设计管理 | | | | | | | | |
| | 8.1　施工图设计 | | | F | | | | | |
| | 8.2　施工图审核 | | | | | F | C | | S |
| | 8.3　预算及预算会审 | | | | F | C | S | | C |
| | 8.4　施工图外审 | | | | F | | S | | |
| | 8.5　施工图修订 | | | F | | S | | | C |

续表

| 序号 | 工作类别及内容 | 业主单位 | | 设计单位 | 全工程咨询项目管理部 | | | | |
|---|---|---|---|---|---|---|---|---|---|
| | | 批准 | 确认 | | 报批报建分部 | 设计管理分部 | 造价管理分部 | 招标管理分部 | 现场管理分部 |
| 9 | 专项设计管理 | P | | F | S | | | C | |
| | 9.1 | 专业设计发包工作界面清理 | | q | F | S | | | C |
| | 9.2 | 质量、进度、投资控制 | | q | | | F | C | | C |
| | 9.3 | 组织评审 | | q | F | S | | | C |
| | 9.4 | 专业设计成果 | P | | F | S | | | C |
| 10 | 公用配套设计管理 | | | | | | | | |
| | 10.1 | 配合功能设备及专业设备 | | q | F | S | | | C |
| | 10.2 | 设备基础设计 | | q | F | S | | | C |
| | 10.3 | 预留预埋件 | | q | F | S | | | C |
| | 10.4 | 供配电 | | q | F | S | | | C |
| | 10.5 | 供水、排水 | | q | F | S | | | C |
| 11 | 现场技术服务 | | | | | | | | |
| | 11.1 | 设计变更 | P | | F | S | C | | C |
| | 11.2 | 技术核定 | P | | q | C | S | | F |
| | 11.3 | 重大技术问题指导 | | | S | C | | | F |
| | 11.4 | 处理质量安全相关设计事宜 | | q | | S | | | F |

注：p：批准；q：确认；F：负责；S：审核；C：参与。

# 3.4　业主需求分析及案例

项目的最大风险是项目功能与项目的定位事先不确定而在实施过程中不断变化，要减少或者排除这一风险的最有力的措施就是设计管理全过程工程咨询团队要尽早与业主充分沟通，理解和把握业主的构想和意图，挖掘业主对项目的定位、理念、设计指导思想，项目功能及配套功能设计要求，设计原则，对品质、品味的追求。对品质定位的策略，产品市场定位，建筑标准档次定位和客户类型的定向，建筑风格定位，室内户型定位及户型配比定位，全过程工程咨询单位应缜密思考后引导和协助业主编制出需求分析表。

需求分析及管理的主要目的是使设计单位尽早明确业主意图，避免反复修改，或者因业主多次变化导致设计工作反复，引起矛盾和冲突。编制需求表应由全过程咨询团队以提示性和选择性的方式，使业主可以循序渐进对项目的理解，进入角色，并为业主提供清晰的思路以便决策。通过对业主从意图意向和感觉的表达转化为专业术语时，全过程咨询团队应准备较为充分的资料，让业主作出选择和决定，做出需求分析表，供业主选择确认。全过程咨询团队根据业主需求分析表的内容整理提炼出对设计单位有价值的信息，作出设计任务书。

把业主的构想和意图及时而准确地传递给设计单位是一项非常重要工作环节，如果忽视或重视程度不够，设计单位必将提供毫无特色和有针对性的方案，或者业主不断改变想法和意图，出现设计单位反复修改方案的现象。

## 3.4.1 项目需求分析调研表（表3-4）

业主需求表

表3-4

| 一、项目概况 | |
| --- | --- |
| 项目名称 | |

| 二、设计理念 | |
| --- | --- |
| 理念 | ·理念、意境、精神<br>□有 □无<br>·文化特征<br>□区域文化特征 □城市文化特征<br>□企业文化特征 □行业文化特征 |
| 建筑风格 | □artdeco建筑风格 □现代建筑风格<br>□新中式建筑风格 □欧式建筑风格<br>□其他 |
| 档次定位 | ·品质定位的示范性和领导性<br>□国际 □国家 □区域 □城市 □行业<br>□标志性 □象征性 □在地性 □专业性 □生态性 □前瞻性 |
| 形象定位 | ·建筑形象（建筑功能、技术和艺术内容的综合表现）<br>由建筑体型、立面样式、建筑色彩、材料质感、细部装饰综合反映<br>□雄伟庄严 □朴素大方 □简洁明快 □生动活泼 □绚丽多姿 |

| 三、功能需求 | |
| --- | --- |
| 主要功能 | ·业态定位<br>商业 □办公 □酒店 □住宅 □文化教育 □体育 □宗教 □医疗<br>□交通 □工业 □公共管理 □市政设施 □其他<br>·业态档次<br>□高端 □中端 □低端<br>·物业类型<br>□居住 □商业 □政府类物业 □其他 |
| 附属功能 | ·行政许可文件要求配建的设置<br>·项目运行所需的配套设施<br>□高端 □中端 □低端 |
| 功能区块配比 | ·功能配比<br>·地下建筑<br>·配套设施 |

| 四、总体规划 | |
| --- | --- |
| 总体布局 | ·土地利用合理<br>□因地就势，高低错落 □平坦，统一标高<br>·总平面布置<br>□单体组合 □主楼带裙楼 □主楼与单体组合<br>□中庭绿化 □外广场绿化 |
| 交通组织 | ·人车同道，设置人行道，地面设置停车位□<br>·人车分流，设在地下车库□ |
| 项目分期需求 | ·一次性建设 □<br>·分期建设：分一期□ 分二期□ 分三期□ 分期间隔为几年 □<br>·投入侧重<br>强调运营期费用少 □<br>建设期投入适可，运营费用可高 □ |

| 绿建及环保要求定位 | □一星　□二星　□三星<br>建议：根据现行绿色建筑评价标准，将建筑分为不同的等级，综合当地优惠政策，对项目整体绿建成本做评估，选择最优方案 |
|---|---|

**强电专业需求调研表**

一、设计前需落实的业主需求

| 营运是否有不能停电的需求： | □是　□否 |
|---|---|
| 是否有采用新能源的需求： | □充电桩　□太阳能发电　□电力发电 |
| 需业主提供的工艺设备清单： | □餐饮设备　□娱乐设备　□实验设备　□其他特种设备等 |
| 是否需景观照明： | □是　□否 |
| 是否需泛观照明： | □是　□否 |
| 是否有专业接地需求： | □是　□否 |
| 是否有营运计量要求： | □是　□否 |
| 是否有精装修照明： | □是　□否 |

二、设计中需满足的业主需求

| 一级负荷的供电方案比较： | □双路独立市电<br>□一路市电＋柴油发电机 |
|---|---|
| 大容量配电干线方式比较： | □电缆＋桥架方式<br>□母线槽方式 |

三、设计中需满足的业主需求

| 进线电缆： | □普通品牌　□名优品牌 |
|---|---|
| 变压器： | □是　　　　□否 |
| 高压断路器： | □进口品牌　□合资品牌　□国产品牌 |
| 补偿元件： | □进口品牌　□合资品牌　□国产品牌 |
| 低压断路器： | □进口品牌　□合资品牌　□国产品牌 |
| 智能仪表： | □进口品牌　□合资品牌　□国产品牌 |
| 电机保护开关： | □进口品牌　□合资品牌　□国产品牌 |
| 母线槽： | □普通品牌　□名优品牌 |
| 电、扶梯： | □进口品牌　□合资品牌　□国产品牌 |

**给水排水专业需求调研表**

一、给水系统

| 可选功能 | □绿化浇灌　□道路浇洒　□水景补水　□车库冲洗 |
|---|---|
| 绿化道路浇洒 | 水源　□市政水（成本低）（推荐）<br>　　　□中水／雨水（环保，绿建评分高，造价高） |
| 景观水景 | 水源　　　□市政水（成本低）（推荐）<br>　　　　　□中水／雨水（环保，绿建评分高）<br>水泵形式　□集水坑潜水泵提升（系统简单，投资较少）（推荐）<br>　　　　　□水景泵房提升（管理方便，投资较高） |

| 车库冲洗 | 水源 □ 市政水（成本低）（推荐）<br>□ 中水／雨水（环保，绿建评分高） |
|---|---|
| 给水加压系统选择 | □ 无负压设备增压（机房面积小，叠压供水节能，初始投资少，没二次污染，但可靠性差，断水时无法使用。）（需要供水公司认可才可行，办公楼推荐）<br>□ 水箱变频供水设备（供水稳定，停水时仍然可以保证供水，可靠性高；但初始投资高，后期运行费用高，有二次污染，管理不便。）<br>□ 屋顶水箱重力供水（可靠性最高，但是有二次污染，投资高，机房占用面积最大）（不推荐） |
| 停水后持续供水需求 | □ 需要（针对商业对用水需求较高的情况建议采用，例如餐饮，卫生间冲洗等）<br>□ 不需要 |
| 销售商业给排水预留 | □ 全部预留给水排水并按重餐标准预留水量<br>□ 部分预留给水排水（一般按一半预留一半不预留）<br>□ 全部不考虑给水排水（不能做餐饮功能） |
| 自持商业给排水预留 | □ 全部预留给水排水并按重餐标准预留水量<br>□ 只餐饮功能商铺预留（并预留厨房位置）<br>□ 全部不考虑给水排水（不能做餐饮功能） |
| 餐饮的分类重餐、轻餐、快餐的比例分配；以上三种餐饮形式水量差异很大。 | □ 1∶1∶1（在没有数据支持的前提下，建议采用此比例，平均分配）<br>□ 2∶1∶1（重餐居多的情况，但水量要求大）<br>□ 2∶2∶1<br>□ 其他 |
| 抄表方式 | □ 远传<br>□ 人工 |

二、热水系统　□ 采用　□ 不用　机组造价 50～150W

| 热源选择 | □ 市政供热（北方地区有市政热源可用）<br>□ 太阳能（日照充沛的地区采用，清洁能源，运行成本低）<br>□ 燃气锅炉（常用热源，运行成本低，供热稳定）<br>□ 电锅炉（运行成本高，供热稳定，在不能用燃气的地区使用）<br>□ 热泵（□ 水源热泵，地下水充沛、水文地质条件适宜推荐使用）<br>（□ 空气源热泵，在夏热冬暖地区使用） |
|---|---|
| 供水方式 | □ 集中热水供应系统（□ SPA　□ 茶水间　□ 餐饮厨房　□ 公共卫生间）<br>优点：管理方便，供热温度均衡，舒适性高，供热效率高，供热成本低，出热水速度快，建议客房，大型洗浴，厨房等采用。<br>缺点：造价高，机房占用面积大。<br>□ 局部热水供应系统（□ SPA　□ 茶水间　□ 餐饮厨房　□ 公共卫生间）<br>优点：价格便宜，管道系统简单，热损失小，维护方便，改建灵活，方便；建议茶水间，公共卫生间洗手处采用。<br>缺点：热效率低，供热成本高，使用不方便，出热水慢 |
| 循环方式（集中） | □ 干管循环（优点：管网造价低，热损耗少；缺点：出热水慢）<br>□ 支管循环（优点：出热水快一般 5 秒内；缺点：造价较高，热损耗多） |
| 抄表方式 | □ 远传 |
| | □ 人工 |

三、排污系统

| 合流与分流 | □ 污废合流（通常情况采用） |
|---|---|
| | □ 污废分流（设中水系统采用） |
| | □ 局部分流（厨房餐饮含油废水采用） |

| 污废水处理 | 污水预处理<br>□ 化粪池（常用且便宜，但清掏周期短，管理不便）<br>□ 生化池（出水水质好，清掏周期长，但初始投资较高）<br>含油废水处理<br>□ 岗位隔油→室外隔油池（大量地上餐饮，且室外场地大推荐）<br>□ 岗位隔油→室内油水分离器（大量地下餐饮推荐） |
|---|---|
| 污废水提升 | □ 采用传统污水泵提升（造价便宜，但需要日常清通，卫生条件差，异味较大，建议低端商业采用）<br>□ 一体化设备提升（造价较高，但没有异味，舒适性高，卫生条件好，不用经常清通） |
| 四、雨水系统 | |
| 系统形式 | □ 传统重力式<br>□ 虹吸式（对大面积屋面采用，面积超过 1 万 $m^2$ 推荐） |
| 五、雨水回用系统　□ 采用 | □ 不用（一般绿建评两星以上采用） |
| 雨水用途 | □ 绿化浇灌（含屋顶花园）　□ 道路冲洗　□ 车库冲洗　□ 车辆冲洗　□ 冲厕 |
| 雨水收集池 | □ 放室外埋地（无地下车库时选择）<br>□ 放地下车库（通常做法） |

**弱电智能化专业需求调研表**

| 一、弱电智能化专业系统定位 | |
|---|---|
| 智能化系统定位 | □ 实用，不追求高新技术，质量可靠，性价比高<br>□ 产品技术先进，质量好，可靠性和稳定性要求非常高，费用合理 |
| 二、通常应建设的系统 | |
| 1. 综合布线及网络系统 | □ 一般网页浏览、办公需求　□ 大量且稳定的数据传输　□ 稳定的实时视频图像传输<br>□ 无线局域网覆盖及区域_____　□ 是否有内部专网及其区域_____ |
| 2. 信息接入系统 | □ 自行设计、建设　□ 运营商设计、建设 |
| 3. 移动通信室内信号覆盖 | □ 自行设计、建设　□ 运营商设计、建设 |
| 4. 有线电视 | □ 卫星电视接收　□ 有线电视接收　□ 自办节目 |
| 5. 公共广播 | □ 公共广播及背景音乐系统　　区域：_____ |
| 6. 智能卡 | □ 门禁　□ 考勤　□ 食堂　□ 消费　□ 停车　□ 其他 |
| 7. 物业管理 | □ 物业管理公司是否有自己的管理系统　□ 是否同时有几家物业管理公司分区域管理 |
| 8. 综合安防系统 | |
| （1）数字视频监控系统 | □ 除主要通道及出入口以外还有哪些位置需设置监控点_____<br>特殊功能需求：<br>□ 客流统计　□ 越界侦测　□ 场景变更侦测（突发事件侦测并报警）<br>□ 人脸侦测（危险人脸侦测并报警）　□ 音频异常侦测　□ 其他 |
| （2）入侵报警 | 对重点区域（例如：主要通道、前台、财务室、收银台等部位）进行智能报警防范。<br>需要建设的区域：<br>□ 建筑楼出入口　□ 收银台　□ 档案室　□ 出纳室　□ 数据中心机房　□ 可燃物仓房<br>□ 难燃物仓房　□ 试验室　□ 领导办公室　□ 其他需要的区域 |
| （3）巡更系统 | □ 接触式　□ 非接触式 |
| （4）门禁管理系统 | 设置门禁系统的部位：□ 会议室　□ 数据中心机房　□ 出纳室　□ 建筑物出入口<br>　　　　　　　　　　□ 小区出入口　□ 其他<br>身份识别：□ 磁卡　□ 射频卡　□ 指纹　□ 指静脉　□ 人脸识别　□ 其他要求： |

| （5）停车管理系统 | 需管理的位置：□ 对外车库　□ 地面停车场　□ 内部车库　□ 货运车库 |
| --- | --- |
| | 感应方式选择：□ 车牌自动识别　□ 蓝牙卡（远距离）　□ IC/ID 卡　□ 其他 |
| | 其他可选配功能有：<br>□ 停车收费的方式：　□ 现金（人工收费）　□ 银行卡及信用卡　□ 微信<br>□ 支付宝　□ 自动缴费系统　□ 其他支付方式　□ 车位引导系统　□ 反向寻车系统 |

### 三、宜建设的系统

| 1. 楼宇设备自控系统 | □ 冷热源系统监控　□ 空调机组和新风机组监控　□ 送/排风机系统监控<br>□ 照明系统监控　□ 变配电系统监视　□ 电梯系统监视　□ 给排水系统监视 |
| --- | --- |
| 2. 无线对讲 | □ 不需要　□ 需要　□ 覆盖区域 |
| 3. 程控交换 | □ 网络电话　□ 专线或红线需求 |

### 4. 信息发布及多媒体信息查询系统

| （1）位置 | □ 主要通道口　□ 电梯前室　□ 电梯内　□ 大厅墙面<br>□ 下沉广场　□ 水景　□ 车库通道　□ 客户服务中心<br>□ 室外花园　□ 建筑外立面　□ 其他 |
| --- | --- |
| （2）大屏 | □ LCD 拼接屏　□ LED 拼接屏　□ 电视屏 |
| （3）其他 | □ 是否接入有线电视　□ 触摸屏查询系统及位置　□ 其他 |
| 5. 智能建筑集成管理 | □ 楼宇自控　□ 视频监控　□ 入侵报警　□ 巡更系统　□ 公共广播　□ 机房<br>□ 智能卡管理系统（一卡通系统）　□ 其他 |
| 6. 其他系统 | □ 客房控制及酒店管理系统　□ 梯控系统　□ 会议系统　□ 远程视频会系统<br>□ 报告表演大厅音响扩声及舞台灯光系统　□ 同声翻译系统　□ 指挥控制中心系统<br>□ 标准时钟　□ 其他 |

### 暖通专业需求调研表

### 一、项目概况

| 项目所在地能源状况 | □ 城市电网供电充足<br>□ 执行分时电价、峰谷电价<br>□ 有可供利用的废热或工业余热<br>□ 有城市或区域热网<br>□ 燃气供应充足<br>□ 有天然地表水、浅层地下水可供利用<br>□ 有可再生能源（风能、太阳能、地热能等） |
| --- | --- |

### 二、供暖系统

| 能源选择 | □ 废热或工业余热（临近火力发电厂、工业厂房等）<br>□ 城市或区域热网（有城市或区域热网的地区）<br>□ 天然气（城市电网供电不足，但燃气供应充足的地区）<br>□ 煤（城市电网及燃气供应不足的地区，需满足当地环保要求）<br>□ 汽柴油（城市电网及燃气供应不足的地区，需满足当地环保要求）<br>□ 电<br>□ 新能源（太阳能、地热能等） |
| --- | --- |
| 供暖形式 | 常用：<br>□ 散热器　□ 热水地板采暖　□ 空调采暖<br>不常用：<br>□ 电散热器　□ 电热地板采暖<br>□ 其他： |
| 热计量方式 | □ 分户计量<br>□ 楼栋设总表<br>□ 其他： |

| 三、空调系统 | |
|---|---|
| 能源选择 | ☐ 废热或工业余热（临近火力发电厂、工业厂房等）<br>☐ 城市或区域热网（有城市或区域热网的地区）<br>☐ 天然气（城市电网供电不足，但燃气供应充足的地区）<br>☐ 煤（城市电网及燃气供应不足的地区，需满足当地环保要求）<br>☐ 汽柴油（城市电网及燃气供应不足的地区，需满足当地环保要求）<br>☐ 电<br>☐ 新能源（太阳能、地热能等） |
| 空调系统选择 | ☐ 集中空调系统<br>☐ 多联式空调机组<br>☐ 单元式（分体）空调<br>☐ 方案比选后确定 |
| 主要设备档次定位 | ☐ 高档<br>☐ 中档<br>☐ 低档 |
| 空调计量方式 | ☐ 分户计量<br>☐ 楼栋设总表<br>☐ 其他： |
| 四、通风及防排烟系统 | |
| 风机设备档次定位 | ☐ 高档<br>☐ 中档<br>☐ 低档 |
| 车库通风控制方式 | ☐ 一氧化碳气体浓度控制（绿建要求，运行经济节能，造价较高）<br>☐ 人工定时启停控制（通常做法，管理不便，造价较低） |

**室内精装修风格色调与档次需求分析**

| 地区 | ☐ 国内　☐ 国外 |
|---|---|
| 色调 | ☐ 暖色　☐ 冷色　☐ 混合色调 |
| 风格 | ☐ 复古　☐ 民俗　　☐ 自然　☐ 大唐　☐ 苏氏徽派　☐ 乡土<br>☐ 精致　☐ 优雅　　☐ 清风　☐ 柔风　☐ 朴素　　　☐ 美式乡村<br>☐ 北欧　☐ 地中海　☐ 日式　☐ 泰式　☐ 蒙古族　　☐ 伊斯兰<br>☐ 中西结合　☐ 东南亚 |

**景观需求调研表**

| 一、项目概论 | |
|---|---|
| 项目性质 | ☐ 住宅小区　　☐ 商业街区　☐ 办公写字楼　☐ 酒店　☐ 工业园区　☐ 物流园区<br>☐ 疗养度假区　☐ 其他 |
| 总占地面积 | m² |
| 建筑面积 | m² |
| 景观面积 | m² |
| 二、景观风格 | |
| 泛亚洲风格 | ☐ 泰式风格　　　☐ 日式风格　　　☐ 巴厘岛风格 |
| 泛欧洲风格 | ☐ 北欧风格　　　☐ 地中海风格　　☐ 美式风格　☐ 德式风格　☐ 西班牙式风格<br>☐ 新古典风格　　☐ 古典意大利风格　☐ 英伦风格 |

| 现代风格 | ☐ 现代简约风格　☐ 现代自然风格　☐ 现代亚洲风格 |
|---|---|
| 中式风格 | ☐ 传统中式风格　☐ 现代中式风格 |
| 其他风格 | ☐ 主题风情园　☐ 其他_____ |

**三、硬景部分**

| 围墙 | ☐ 竹木围墙　☐ 砖墙　☐ 混凝土围墙　☐ 金属围墙　☐ 开敞式围墙　☐ 组合式围墙 |
|---|---|
| 亭 | ☐ 防腐木　☐ 钢结构　☐ 钢筋混凝土　☐ 其他 |
| 廊 | ☐ 半廊　☐ 空廊　☐ 复廊　☐ 直廊　☐ 回廊 |
| 棚架 | ☐ 植物爬藤架　☐ 艺术棚架　☐ 功能性棚架（非机动车、机动车等） |
| 假山 | 天然石材：☐ 石灰岩　☐ 细砂岩　☐ 沉积岩　☐ 花岗石<br>人工砌叠：☐ 混凝土或混合砂浆与砖　☐ 混合砂浆、钢丝网或GRC |
| 水景 | 驳岸类型：☐ 整形式驳岸　☐ 自然式驳岸　☐ 流水　☐ 大面积水池（人工湖）<br>　　　　　☐ 池水<br>喷水：☐ 水池喷水　☐ 旱池喷水　☐ 浅池喷水　☐ 舞台喷水　☐ 盆景喷水<br>　　　☐ 自然喷水　☐ 水幕（可做水幕电影）<br>跌水：☐ 瀑布　☐ 涩水 |
| 雕塑 | 雕塑主题：☐ 宗教　☐ 纪念　☐ 主题标志　☐ 装饰<br>雕塑形式：☐ 人物　☐ 动物　☐ 植物　☐ 壁画　☐ 书法　☐ 石刻　☐ 图腾柱<br>　　　　　☐ 抽象　☐ 纪念石、碑<br>雕塑类型：☐ 圆雕　☐ 浮雕　☐ 透雕 |
| 道路及硬质铺装 | 硬质地面形式：☐ 透水地面　☐ 不透水地面　☐ 局部透水地面<br>车行道路：　☐ 沥青　　☐ 混凝土（压印混凝土）　☐ 彩色混凝土　☐ 石材<br>人行道路：　☐ 沥青　　☐ 混凝土（压印混凝土）　☐ 彩色混凝土<br>　　　　　☐ 广场砖、地砖　☐ 石材　☐ 柔性材料<br>广场：　　　☐ 沥青　　☐ 混凝土（压印混凝土）　☐ 彩色混凝土<br>　　　　　☐ 广场砖、地砖　☐ 石材　☐ 柔性材料<br>休憩平台：　☐ 混凝土（压印混凝土）　　☐ 彩色混凝土　☐ 广场砖、地砖<br>　　　　　☐ 石材　　☐ 防腐木<br>健身步道：　☐ 沥青　　☐ 混凝土（压印混凝土）　☐ 彩色混凝土　☐ 柔性材料 |
| 健身、游乐场所 | 室外健身器材：☐ 普通钢管（适用普通小区、小型公园）<br>　　　　　　☐ 优质钢管（适用高端小区、公园、办公场所）<br>　　　　　　☐ 铝木钢（适用高端小区、公园）<br>室外儿童游乐器材：☐ 塑胶材料（适用普通小区、小型公园）<br>　　　　　　　☐ 金属材质（适用中、高端小区、公园）<br>　　　　　　　☐ 优质防腐木（适用高端小区、公园） |
| 便民设施 | ☐ 音响设施　☐ 自行车架　☐ 饮水器　☐ 座椅（具）　☐ 书报亭　☐ 邮政信报箱<br>☐ 公用电话　☐ 其他<br>（建议成品选型；如需专业设计另做说明） |

**四、软景部分**

| 面积配比需求（括号中为建议配比） | 软景面积与景观面积_____（55%～67%）<br>硬景面积与景观面积_____（33%～45%）<br>水景面积与景观面积_____（0～1.5%） |
|---|---|
| 造价配比需求（括号中为建议配比） | 软景造价比例_____（住宅20%～30%，商业10%～20%，工业25%～45%）<br>硬景造价比例_____（住宅60%～70%，商业70%～85%，工业55%～85%）<br>水景造价比例_____（住宅5%～15%，商业3%～8%，工业2%～5%） |

续表

| 植物配置需求 | 植物限高：_____m（特殊区域需要限高：如高压线下、视线、采光遮挡）<br>禁忌乔木：_____<br>意向乔木：_____<br>禁忌灌木：_____<br>意向灌木：_____<br>禁忌地被：_____<br>意向地被：_____<br>（禁忌植物如：有毒、有害、有刺或不喜欢的植物；意向植物如：吸尘、防风、吸毒等功能性植物或特别喜爱的植物） |
|---|---|
| 五、配套部分 | |
| 休息设施 | □ 成品购买　　□ 设计定制　　□ 木材　　□ 石材　　□ 混凝土　　□ 陶器<br>□ 金属材料（一般为铸铁）　　□ 塑料 |
| 垃圾转运站 | □ 数量_____　　□ 面积（≥80m²） |
| 公共卫生间 | □ 独立式　　　　　□ 非独立式<br>□ 数量_____　　□ 面积（≥30m²）<br>装修标准：□ 一星级　　□ 二星级　　□ 三星级　　□ 四星级　　□ 五星级 |
| 垃圾收集点 | □ 数量_____　　□ 面积（≥5m²）<br>装饰标准：□ 简单装饰　　□ 个性化装饰 |
| 门卫房（保安亭） | □ 数量_____　　□ 面积（≥3m²）<br>形式：　□ 现场砌筑　　□ 成品选样 |
| 户外照明 | □ 传统供电　　□ 风力供电　　□ 太阳能供电　　□ 组合式供电 |
| 智慧园区 | □ 一卡通系统　　　□ 视频监控系统　　□ 楼宇对讲系统<br>□ 出入口管理系统　□ 设备管理系统　　□ 巡更系统<br>□ 智能导览系统　　□ 其他 |
| 灌溉系统 | 水源：　　□ 接小区自来水系统　　□ 抽水灌溉<br>灌溉方式：□ 人工灌溉　　　　　　□ 自动微喷灌溉 |

## 3.4.2　功能用房需求调研表（表 3-5～表 3-6）

功能用房面积分配需求表（一）　　　　　　　　　　　　　　　表 3-5

| 序号 | 功能用房名称 | 面积（m²） | 使用人数（人） | 尺寸需求（m） | | |
|---|---|---|---|---|---|---|
| | | | | 开间 | 进深 | 层高 |
| 一 | 地下车库 | | | | | |
| 二 | 大空间区域一 | | | | | |
| 三 | 大空间区域二 | | | | | |
| 四 | 大空间区域三 | | | | | |
| 五 | 功能分区一 | | | | | |
| 1 | 功能用房一 | | | | | |
| 2 | 功能用房二 | | | | | |
| …… | …… | | | | | |
| $n-1$ | 功能用房 $n-1$ | | | | | |
| $n$ | 功能用房 $n$ | | | | | |

功能用房弱电智能化需求表（二）　　　　　　　　　　　　　表 3-6

| 序号 | 功能用房名称 | 弱电智能化需求明细 | | | | | | | | | | | | | | | | | | | | | | |
|---|---|---|---|---|---|---|---|---|---|---|---|---|---|---|---|---|---|---|---|---|---|---|---|---|
| | | 有线电视及卫星接收 | 电话通信 | 宽带系统 | 综合布线 | 防雷与接地系统 | 广播音响系统 | 机房工程 | 视频监控系统 | 火灾报警 | 消防联动控制系统 | 门禁及巡更系统 | 防盗报警系统 | 数据传输网络 | 视频会议系统 | 一卡通系统 | LED显示系统 | 楼宇设备控制系统 | 停车库管理系统 | 物业管理系统 | 电梯运行监控系统 | UPS系统 | 多媒体教学系统 | 呼叫系统 | 导视系统 | 排队叫号系统 | 备注其他系统 |
| 1 | 功能用房一 | | | | | | | | | | | | | | | | | | | | | | | | | |
| 2 | 功能用房二 | | | | | | | | | | | | | | | | | | | | | | | | | |
| 3 | 功能用房三 | | | | | | | | | | | | | | | | | | | | | | | | | |
| 4 | 功能用房四 | | | | | | | | | | | | | | | | | | | | | | | | | |
| …… | …… | | | | | | | | | | | | | | | | | | | | | | | | | |
| $n-1$ | 功能用房 $n-1$ | | | | | | | | | | | | | | | | | | | | | | | | | |
| $n$ | 功能用房 $n$ | | | | | | | | | | | | | | | | | | | | | | | | | |

### 3.4.3　案例

**【案例 1】内蒙古少数民族文化体育运动中心（节选）**

（1）意境：雄鹰展翅翱翔

（2）精神："忠于职守、甘于奉献、坚韧不拔、勇往直前"的蒙古马精神

（3）文化特征：蒙古民族文化

（4）项目定位

本项目围绕国际赛马场打造集国际赛马、马匹培育、赛手培训、马术俱乐部、结合蒙古族赛马和马文化研究以及与马相关产品营销为一体的赛马综合体，可承接国际赛马、蒙古赛马、马术训练及马术表演。

本项目不仅是发展文化旅游体育传承的重点技术项目，也定位为亚洲一流、国际领先水平的大型群众性文化体育休闲场馆，成为内蒙古文化旅游的新亮点、市民休闲度假的新场所、展示民族特色和社会进步的新窗口。

（5）总体设计要求

① 坚固、经济、环保原则：根据建筑物的功能，按照相应的设计规范进行设计，突出安全可靠、功能合理、技术适用的特点，体现地域文化或空间氛围，满足生态节能环保的要求。

② 比例与均衡原则：建筑设计考虑建筑物的美观性，对于建筑物的外形构造、表面装饰、色彩搭配均要做合理的设计，强调建筑物整体、局部以及各个局部之间、局部与整体之间的比例关系。

③ 以人为本，强调人与人、人与自然、建筑与自然、人与建筑的和谐与交流。实现自然与人文的双重关怀。

④ 场地交通组织设计要求：拟建项目主入口设置于地块西侧。结合场地外交通现状和建筑功能特点，对人流、物流、车流集散进行平面组织和立体组织，以车行在外、人行在内为原则组织交通系统，合理安排交通流线，解决好城市道路与本项目用地交通的关系。

⑤ 绿化景观设计要求：本项目的绿化景观设计在符合城市总体景观要求的前提下，运用合适的形式手段组织场地内的各类绿化及景观设施，使其和建筑自身且与原有景观融为一体，既满足使用需要，

又要营造出具有亲和力和想象力的空间和人文环境，最大限度地提升环境品质。

⑥ 停车场广场设计要求：能满足日常使用要求同时兼顾重大赛事期间对停车位的要求；永久硬化停车位与临时绿化停车位面积比例合理；且广场设计能体现蒙古民族的文化特色等地域文化；交通布置合理，便于集散。

（6）建筑单体设计

建筑设计总则：本项目以自然景观为主，以体育事业和旅游业为基础，结合蒙古族特色的地域性文化，打造以体育文化、特色文化、旅游文化为核心的民族体育基地和综合性旅游基地。

① 文化性：体现现代文化建筑的内涵和内蒙古地区建筑的地域风格。

② 地域性：考虑呼和浩特市的地域环境所具有的文化和生态特征，使特定的建筑具有此时此地的场所感，场所的营造使建筑具有更多象征意义，设计中力求通过空间组织、造型设计等手段实现场所的营造和延续。

③ 适用性：功能布局应符合使用要求，设计应考虑各分区间的相互联系，应避免其间的噪声干扰，考虑城市交通的噪声影响。

④ 灵活性：设计应充分考虑技术和业务发展，空间设计应考虑通用性、灵活性、方便性。

⑤ 设计必须满足《城市道路和建筑无障碍设计规范》《民用建筑设计通则》《民用建筑节能设计标准》等国家和地方相应法规和规范。

## 【案例 2】崇州人民医院及妇幼保健院

（1）基本要求：

① 理念：以人为本；

② 意境："川渝一家"；

③ 风格：简洁、清新、典雅、创造亲切、朴素、丰富的意境；

④ 文化特征：通过重庆元素的方式体展现巴渝文化。

（2）设立海扶刀专科门诊（防辐射设计）。

（3）为解决当时当地电力供应与降低运行费用问题，要求采用地源热泵方式供暖。

（4）受援建医院的发展规划拟提升为三甲医院，希望与正在运行的原医院综合设计，鉴于二甲医院国家有严格配置标准，援建方必须按国家政策与标准建设，通过双方沟通协商，要求设计单位综合上述两种因素进行医院的功能配置设计。

其他需求已在设计任务书中体现。

## 【案例 3】深圳改革开放展览馆（节选自深圳工务署全过程咨询服务招标文件）

（1）项目定位

深圳改革开放展览馆（以下简称"改革馆"）将打造成为国际一流、中国特色、专题性的大型现代化历史展览馆，以展示和宣传改革开放重要成果的"窗口"、接待国内外贵宾的重要场所、改革开放的专门研究机构为三大基本功能，致力于建设成为全国领先的大型现代化历史展览馆、改革开放研究机构、科普教育中心，建设成为深圳现代化国际化创新型城市标志性建筑。

成为深圳市公共文化、城市文明形象展示的重要窗口。

以"改革开放"为主题，真切回顾改革开放的伟大历程，总结改革开放的宝贵经验，展现改革开放的重大意义和伟大成就，收藏展示各类突出反映我国改革开放过程中发生的重大事件、重要人物、重要举措等物证的历史展览馆。

（2）设计原则

坚持"世界眼光、国际标准、中国特色、高点定位"，按照国际一流的标准开展改革馆的规划设计。

建筑方案应体现"绿色生态、低碳节能、智慧展览馆"的规划设计理念，符合"国际化、智慧化、品质化、数字化"的总体要求。

（3）标志性

设计应充分体现项目所具有的权威性、唯一性和政治性。改革馆是党中央、国务院批准设立的唯一一座改革开放专题展览馆。强调建筑的象征意义，体现改革开放独特文化精神，建筑形象与深圳城市语境和谐相融，符合作为国宾接待重要场所的门户形象，成为深圳独特的城市名片。

（4）象征性

建筑风格应沉稳大气，体现深圳改革开放的气质和中华人民共和国的大国形象。设计应体现改革开放历史进程与未来前进方向，体现深圳作为社会主义先行示范区的标杆地位。

（5）在地性

建设应符合深圳市及香蜜湖片区城市规划的要求，充分考虑项目与香蜜湖片区的整体协调关系，从空间形态、建筑界面、交通网络、组合方式、景观环境等方面做出综合的考量，对周边城市生态环境、人居环境的发展产生积极的引领作用。

（6）专业性

展陈区域应避免自然光线的直射，应考虑超高跨层空间，满足巨型宏大布展需求；尽量避免过长封闭式流线设计，考虑缓解观众在大型博物馆中的观展疲劳。同时，作为深圳市五大"城市新客厅"之一，满足开展外事接待的功能要求，保证重要接待场所的独立性和安全性；重要接待区域与会议区域，考虑打造具有仪式感的空间。

（7）生态性

摒弃华而不实的绿色建筑措施，切实利用自然环境，因地制宜、科学合理地使用建筑材料，打造一个实用高效的绿色建筑。

设计应从自然、人文、生态等多维度充分考虑方案在地性，发挥地块优越的地理位置，体现山海绿廊的景观价值，打造成绿色可持续的建筑典范营造舒适宜人的空间场所体验。

（8）前瞻性

对标国际一流建筑，设计应前瞻未来社会及生活方式的变革，充分结合时代发展和科技进步，使建筑空间和功能具有适应未来的可变性，满足空间的开发利用的可持续发展。并结合智能化设计、考虑最新科技前沿技术，实现建筑物从设计、施工到运营全生命周期的高效运作，打造智慧场馆。

（9）公共性

注重建筑的公共性、开放性，注重考虑公众的参与性、体验性、平等性，提升市民与建筑的互动关系，充分考虑为多元文化活动提供灵活的室内、外场所和空间，考虑部分区域的运营便利性。

应充分考虑改革馆的礼仪性、规制性与周边的城市公园的亲民性、开放性的平衡。以公众视角营造充满社会活力的场所氛围，使改革馆更具吸引力和亲和力。

（10）经济性

设计应遵循适用、经济、美观的原则。应用全生命周期成本理念开展设计，充分考虑建筑艺术、技术与经济的平衡，使方案具有较高的落地性和实际操作性。

# 3.5　场地调研与分析

## 3.5.1　规划条件

首先核对规划局提供图纸是否为最新版本、其资料（市政道路、市政管线、市政设施）是否与地块现状吻合，然后分析规划条件，结合现状地形、市政道路及周边环境对地块进行合理的竖向设计，确定合理的场地标高，降低成本节约造价的同时，可以丰富建筑空间，尽量做到土石方平衡。在符合城市总体景观要求及项目自身定位的前提下，尽可能利用场地内的各类绿化及景观设施，既满足使用需要，又最大限度地提升环境品质。

### 3.5.2　宗地基础条件

对宗地条件、土地权属类别、占地面积、地形、地貌、标高、坡度、降水量、日照、风向、工程地质、场地内高差、高切坡、回填土层厚度、地质构造、地基承载能力，查询地质水文资料。通过对土地的基础条件、规划要求、用地性质及周边现状的综合分析构思，如何提高土地利用率空间，怎样体现达到土地价值最大化，根据土地使用价值，合理进行功能布置分区，结合项目及土地使用实际情况，实现建筑空间布局的均好性和利好性，达到项目建筑空间使用价值及市场价值的最大化。

### 3.5.3　场地环境条件

**1. 场地限制条件**

除项目规划条件的严格限制以外，宗地自然条件、宗地社会条件及周边环境对设计影响也很大。所以应深入调研，比如宗地周边的既有建筑及高压线、变电站、垃圾场、排污沟及构成不利因素的周边建筑物，不利地质情况，地下管线（电缆、光纤、城市供水主管）、管沟（冲沟、暗河）等，城市道路及其他基础设施，如高压线铁塔、在地铁影响线范围内，跨越铁路、高速公路、河流、军事设施、航线限高范围内的地块。

**2. 周边用地、建筑、道路概况**

（1）周边用地性质及使用情况；

（2）周边建筑现状；

（3）周边道路等级、宽度等现状条件。

**3. 场地内情况**

（1）地上及地下建（构）筑物；

（2）地表植被保留要求；

（3）用地内（地面地下）市政管网现状；

（4）用地内道路现状。

**4. 市政条件**

提供接入接出点、路由、管理、标高等条件及相关主管部门的批复手续，给水、雨排、污排、供热、电力、电信、燃气。

对以上情况的调研，是规划条件必不可少的补充，这类似的问题越早发现，会对设计起到尤为重要的作用，也使报批报建工作得以顺利开展。

### 3.5.4　项目场地条件分析调研表（表 3-7）

地块条件调研表　　　　　　　　　　　　　　　　　　　　　　　　表 3-7

| 场地内条件 | 地貌 | 高回填土层 □　高低坡 □　高差大 □　平地 □ |
| --- | --- | --- |
| | 地质 | 冲沟 □　暗河 □　不良地质状况 □　其他 □ |
| | 水文 | 河流 □　沟渠 □　地下水 □　其他 □ |
| | 地面 | 须拆出建（构）筑物 □　保留建（构）筑物 □　其他设施 □　砍伐树木 □<br>移栽 □　地表植被保留 □ |
| | 地下 | 地下管线 □　缆口、光纤、供水 □　输油（气）管 □ |
| | 上部空间 | 电力输电线 □　其他 □ |

| | | |
|---|---|---|
| 周边环境条件 | 有利条件 | 公园 □　市政景观 □　配套商业 □　其他 □ |
| | 不利条件 | 建筑物 □　其他设施 □ |
| | | 垃圾站 □　污染源 □　噪声源 □ |
| | | 变电站 □　加油（气）站 □　其他基础设施 □ |
| | | 道路等级 □　宽度状况 □ |
| 市场条件 | 电 | 开闭所距离 _____　接驳点 _____ |
| | 接驳位置（距离） | 给水 _____　排水 _____　雨水 _____　污水 _____ |
| | | 供热 _____　供气 _____　电信 _____ |
| 其他限制条件 | | 地铁 □　铁路线 □　高速公路、航线 □　其他 □ |

### 3.5.5　案例

## 深圳市第三儿童医院（节选自深圳工务署全过程咨询服务招标文件）
### ——深圳市第三儿童医院宗地及场地条件

1. 区位介绍

本项目位于龙岗区，深圳市东北部，东临大亚湾、大鹏湾，南接深圳经济特区、香港，西连宝安区，北通惠州市和东莞市，是深圳通往福建、惠州、汕头等地的必经之路。项目具体地理位置见图 3-3。

图 3-3　区位

2. 项目选址及用地现状条件

用地及周边环境相关附件：

（1）深圳市第三儿童医院用地预审与选址意见书；

（2）深圳市第三儿童医院项目用地航拍成果（含 720° 全景）；

（3）深圳市第三儿童医院项目地形图；

（4）深圳市第三儿童医院项目综合管线图（图 3-4）。

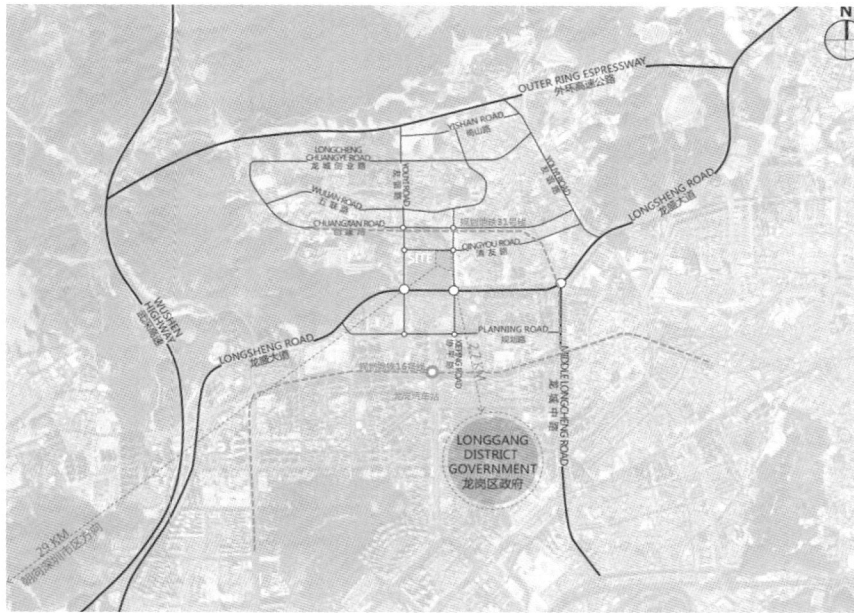

图 3-4　交通环境

（5）规划了路线包括规划地铁 31 号线，规划地铁 16 号线，龙岗汽车站，朝向深圳市区方向。

根据《建设项目选址意见书（深规土选 GM-2019-0016 号）》，深圳市第三儿童医院建设用地面积 35319.04m²。项目用地选址位于龙岗区龙城街道五联社区，证券山公园东北侧，东临协平路，北临清友路（规划），东北角临一栋待拆建筑（红线外）。场地现状为空地，场地内有一条宽度约 7m 的河道，河道管理范围内不得修建构筑物。设计充分利用场地高差，设置不同出入口，使功能布局合理化。

3. 具体地理位置和现状：

（1）用地红线示意图（图 3-5）

图 3-5　用地红线示意

（2）建设用地内河道情况

1号位置：红框内建筑位于用地外东北角，将会被拆除（图3-6）。

图3-6　1号位置

2号位置：在用地红线范围内，五联河河道穿越地块东侧（2号位置）（图3-7）。

图3-7　2号位置

4. 用地现状整体鸟瞰图

项目用地东北侧为证券山公园，东临协平路，北临清友路（规划），东北角临一栋待拆建筑（红线外）（图3-8）。

图3-8　用地现状鸟瞰

# 3.6　设计合同体系与设计招标

### 3.6.1　设计标段的划分方式

**1. 模式一：设计总承包模式**

由一家设计单位总包承担全部设计任务。各专业设计由总包单位进行分包（图 3-9）。

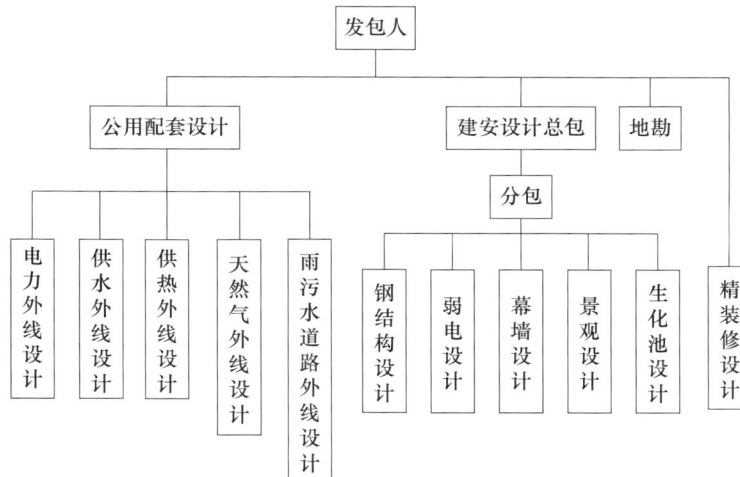

图 3-9　设计总承包模式

设计总包单位负责对专业分包设计单位进行管理，做好各专业设计的界面协调问题，并对设计成果质量负总责，并承担相应法律责任。

**2. 模式二：平行发包模式**

仍须确定一家总包设计单位，负责建安设计任务，各专业设计由业主另行发包。业主委托总包设计单位牵头负责，各专业的设计成果要委托总包设计单位协调管理，技术衔接之处由总包组织双方沟通协商解决，此义务和责任应在总包设计合同中约定（图 3-10）。

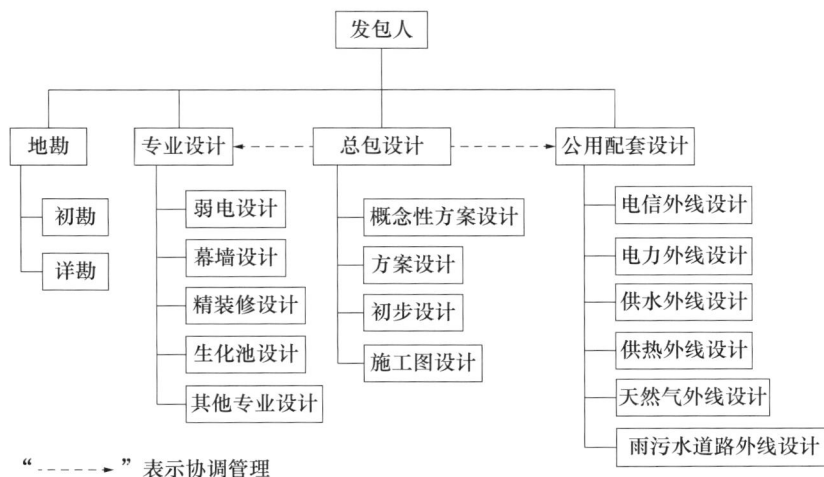

"-----▶"表示协调管理

图 3-10　平行发包模式

**3. 模式三：EPC 模式**

EPC 模式是业主将项目设计、施工、采购整体发包给一家或多家单位组成的联合体。EPC 总包商可以是设计单位，也可以是总承包商。设计、施工、采购的承包范围由 EPC 总包单位负责（图 3-11）。

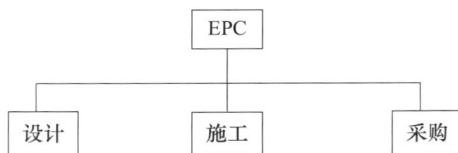

图 3-11  EPC 模式

### 3.6.2  设计合同洽谈过程中业主授权委托约定事项表（表 3-8）

设计合同洽谈过程中业主授权委托约定事项表 表 3-8

| | 序号 | 合同条款及重大事项 | 业主职责及义务内容 | 授权委托 | 有条件授权委托 | 备注 |
|---|---|---|---|---|---|---|
| 设计管理 | 1 | 工程设计范围、设计内容 | （1）清理项目所有设计内容。<br>（2）明确拟签合同的设计范围及设计工作内容 | | √ | |
| | 2 | 工程设计周期 | 以项目总进度计划为依据，编制设计部分的进度计划，确定相关设计内容的设计周期 | √ | | |
| | 3 | 合同价格及价格形式 | （1）设计合同形式有总价合同、单价合同。<br>（2）委托设计前，应根据项目实际明确应采用何种费用计算方式。<br>（3）尽量避免实施过程中就合同价格的争议。<br>（4）合同价格应与设计范围及设计内容相对应。确保合同权利与义务对等 | | √ | |
| | 4 | 设计质量要求 | （1）设计成果内容要求。<br>（2）各部分内容设计成果深度要求 | √ | | |
| | 5 | 设计成果提交 | （1）提交时间要求。<br>（2）提交形式要求。<br>（3）成果的著作权要求。<br>（4）服务要求 | √ | | |
| | 6 | 设计费支付 | （1）是否支付预付款或定金，比例或金额。<br>（2）与成果提交进度挂钩。<br>（3）与成果质量挂钩。<br>（4）与项目投资控制效果挂钩。<br>（5）与设计单位的服务质量挂钩。<br>（6）与设计单位的相关违约挂钩。<br>（7）与可预见的设计风险挂钩。<br>（8）在满足合同要求的前提下，及时支付应支付的设计费 | | √ | |
| | 7 | 投资控制责任 | （1）设计应对投资控制承担首要责任。<br>（2）设计应对其编制的初步设计概算负责。<br>（3）落实限额设计。<br>（4）投资目标实现与设计费支付挂钩 | √ | | |
| | 8 | 设计违约情形 | （1）清理设计常见的违约情形。<br>（2）制订相应的合同违约条款。<br>（3）明确告之并按合同执行 | √ | | |
| | 9 | 设计服务保证措施 | （1）建议向设计单位收取履约担保。<br>（2）收取比例。<br>（3）收到形式。<br>（4）递交时间。<br>（5）退还时间 | | √ | |

备注：此表可以在咨询合同中约定，也可以在实施工程中约定或者根据情况调整。

### 3.6.3　设计合同管理重点条款与管理措施（表 3-9）

设计合同管理重点条款与管理措施　　　　表 3-9

| 序号 | 重点内容 | 涉及合同条款 | 关注原因 | 解决措施 | 备注 |
|---|---|---|---|---|---|
| 一 | 设计承包范围、设计内容的清理与约定 | 1. 协议书：第二条第 1 条：工程设计范围；<br>2. 协议书第二条的第 3 条：工程设计内容；<br>3. 合同附件 1：工程设计范围、阶段与服务内容 | （1）设计合同中，往往存在对设计范围和内容的描述不清晰，存在理解争议或歧义；<br>（2）设计院出具的设计成果中，存在大量的需专业深化设计、二次深化设计、业主另行委托设计、厂家深化等内容，且可能对委托人未作任何提示或说明，将导致对项目的进度控制、投资控制、管理协调带来较大难度；<br>（3）对于政府投资项目，前期设计费用（或设计限价）的确定，基本是按投资总额进行，那么相应的设计费用或限价，其对应的设计范围与内容应是整个项目的所有设计内容；<br>（4）出现上述情形，如合同未作约定，委托人无法或难以从合同的角度追究设计责任；导致项目业主所支付的酬金与所取得的成果严重不对称；同时也加大项目业主的设计成本 | ① 认真预估并疏理项目所属的专业深化设计、二次设计等内容，明确无误地反映在招标合同内容中，达到告知并提醒的目的，避免设计单位的理解歧义；<br>② 明确相应的合同权利与义务 | |
| 二 | 设计服务阶段 | 1. 协议书：第二条第 2 条：工程设计阶段；<br>2. 合同条款 9. 施工现场配合服务；<br>3. 合同附件 1：工程设计范围、阶段与服务内容 | （1）设计阶段包括方案设计阶段、初步设计阶段、施工图设计阶段、施工服务阶段；<br>（2）委托人往往忽略施工服务阶段，特别对大型项目，现场需设计处理的问题很多，因此对设计单位驻场应有具体要求，不然会影响工程实施进度 | ① 对设计驻场进行约定，主要涉及驻场开始时间、驻场人员数量、驻场人员专业、驻场人员工作内容、驻场费用；<br>② 明确未按要求驻场的违约责任等；<br>③ 要有对应合同违约处罚措施 | |
| 三 | 工程设计周期 | 1. 协议书第三条：设计周期；<br>2. 附件 5：设计进度表 | （1）在设计阶段中的方案设计阶段、初步设计阶段、施工图设计阶段涉及工程设计周期；<br>（2）由于专业深化设计成果的出具时间，对工程招标进度有重大影响，进而影响施工进度，应予重点关注 | ① 在合同中对专业深化设计成果的提供时间节点作出要求；<br>② 在合同中就专业设计成果出具进度与设计费用的支付挂钩，形成对设计单位的有效合同约束 | 为确保设计成果质量，委托人应尽可能对设计的时间要求合理 |
| 四 | 设计合同价格形式 | 1. 协议书第四条；<br>2. 合同条款 10.2 合同价格形式 | （1）一般有固定总价形式、单价形式（面积单价、费率单价）；<br>（2）需要关注的是：前期设计招标时，基本按投资估算额确定限价；<br>（3）对于投资较大的项目，由于前期投资估算与实际投资误差较大，正负偏差均有可能，导致设计费用与设计工作可能不相符 | ① 当项目较大时，建议采用单价的形式，从而确保设计费合理，对合同双方都公平公正；<br>② 合同价格一定要与设计范围与内容对应；<br>③ 注意设计价格所包含的相关合理风险，并在合同中明确 | |

| 序号 | 重点内容 | 涉及合同条款 | 关注原因 | 解决措施 | 备注 |
|---|---|---|---|---|---|
| 五 | 设计进度款支付 | 1. 合同条款 10.3 定金或预付款；2. 附件 6：设计费明细及支付方式 | （1）存在不及时支付设计费情况，如不支付预付款或定金；少支付进度款或定金；不按进度支付设计款；（2）存在设计费超付情况，如预付款或定金支付过高；未按合同约定提交支付；未提交成果就支付等 | ① 前期设计有大量的调研工作、大量的自身设计工作、大量专业深化设计的协调工作，建议给予不低于合同价格 20% 的预付款；② 在设计总包模式下，为确保设计成果的完整有效出具，并配合诸如图纸报批、清单编制、招标等相关工作，建议设计费支付与工程进度的阶段成果挂钩，如在单项工程或单位工程招标完毕，再支付该部分应有的设计费的约定 | |
| 六 | 因设计变更原因造成的设计索赔 | 1. 合同条款 11 工程设计变更与索赔；2. 附件 7：设计变更计费依据和方法 | 设计变更一般是针对在建设项目的方案设计和初步设计已获得批准，在工程招标或实施阶段存在。常存在以下原因：（1）项目业主的设计功能需求不明确、不详细、不具体；（2）项目业主对已明确的内容，因相关原因对设计进行调整；（3）设计单位的施工图设计成果粗糙，如：不按设计成果深度要求进行设计；设计单位经验或水平不足；设计单位对强制性规范、规范、国家标准、地方标准等理解存在差异或错误；设计单位内部专业之间统筹协调不到位；设计责任心不足；设计单位任务过多，应接不暇等；（4）设计单位不重视或根本就不考虑投资成本，后被委托人或相关咨询单位要求优化造成 | ① 在方案设计、初步设计已批复的前提下，对于施工图阶段的设计变更，建议在合同中将此作为设计单位承担的合理风险。避免设计单位以此为由向委托人索赔；② 如确实因项目业主原因导致，且预估工作量的大小，且在征询项目业主同意见的前提下，在合同条款中就委托人的索赔按公正合理原则处理；③ 对确因设计单位不负责原因导致的，应加重对设计单位处罚措施，也就是反索赔 | |
| 七 | 设计成果形式提交要求 | 合同条款 7.1.2：发包人要求设计单位提交电子版设计文件的具体形式 | 在实践中，设计单位存在以著作权为由不提供 CAD 软件电子版，即使提供，也是加密提供，导致造价单位、承包商、委托人等无法进行相关设计信息提取，影响相关工作及效率 | ① 建议在合同中就提供未加密的 CAD 文件进行明确约定；② 鉴于项目业主已支付报酬，著作权的问题可以在合同中约定为项目业主 | |
| 八 | 设计违约处理措施 | 合同条款 14.2 设计单位违约责任 | 一般说来，项目业主由于对设计合同管理的重视不够或根据就没想到设计的违约，或设计合同粗糙，往往导致当设计违约时，项目业主届时无法或无依据追究设计责任的情形。特别是在投资控制、成果质量、提交时间、现场配合等方面 | ① 加强对设计的主动管理；② 管理的手段是落实细化明确对设计的违约情形及违约责任；③ 追究违约责任扣除设计费用不是目的，是促进设计提供优质服务的保证；④ 一般说来，违约涉及的主要方面包括：设计对投资的有效控制方面；专业超概的配合处理方面；违反强制性条文方面； | |

续表

| 序号 | 重点内容 | 涉及合同条款 | 关注原因 | 解决措施 | 备注 |
|---|---|---|---|---|---|
| 八 | 设计违约处理措施 | | | 设计说明与设计图之间，不同专业设计之间相互矛盾方面；<br>设计错漏碰缺方面；<br>设计配合现场解决问题方面；<br>施工过程中设计变更等资料的设计手续完善方面；<br>设计图纸的深度达不到国家规定方面；<br>设计派驻现场人员的履约方面；<br>设计单位编制的投资估算、初步设计概算的质量方面；<br>…… | |
| 九 | 投资控制要求 | 专用条款 18. 其他 | （1）由于设计阶段对项目投资的影响非常大，因此应重视设计阶段，设计单位对投资应承担的主体责任；<br>（2）强调设计单位应对其编制的投资估算、设计概算的质量负责。因为对于财政投资项目，设计概算一经批准，则是整个项目的投资控制目标，因此设计单位应高度重视投资的控制 | ① 建议在合同中对设计单位应有限额设计的要求及违约时的处理措施，特别专业深化设计部分；<br>② 应强调设计单位对投资控制的重视，同时在合同中将投资控制、限额设计与设计费的支付挂钩、与违约处理挂钩 | |
| 十 | 履约担保 | 专用条款 18. 其他 | 示范文本中，对设计履约未涉及，原因为示范文本存在行业偏向性 | 为加强对设计的履约管理，建议在设计合同中要求设计提供履约担保，这也符合市场经济原则 | |

# 3.7　设计任务书及案例

## 3.7.1　设计任务书内容要求（表 3-10）

设计任务书内容表　　　　　　　　　　　　　表 3-10

| 1 | 建设依据和项目规模 |
|---|---|
| 2 | 工程设计目的和设计范围 |
| 3 | 设计条件和要求 |
| 4 | 工程主要功能和使用要求以及主要技术标准要求 |
| 5 | 有关行政主管部门对规划方面的要求 |
| 6 | 技术经济指标 |
| 7 | 平面布局要求 |
| 8 | 建筑形式的要求 |
| 9 | 结构设计的要求 |

| 10 | 工艺与设备设计的要求 |
|----|----------------------|
| 11 | 生态环境保护、城市规划、防震、防洪、文物保护等要求 |
| 12 | 特殊工程的要求 |
| 13 | 工程设计阶段及完成设计的时间 |
| 14 | 工程勘察设计文件编制内容、深度与成果要求 |
| 15 | 工程勘察设计大纲、工作大纲的编制要求 |
| 16 | 批准的项目建议书或可行性研究报告中各项指标要求 |
| 17 | 建筑场地周边情况概述 |

### 3.7.2 设计任务书编制

#### 《建筑工程设计任务书》

**1. 项目概况及周边条件**

（1）项目概况

① 地理位置（附项目区位图）

② 建设规模

③ 城市总规划及区域控规

④ 地块现状

a. 地块周边现状（附实景照片）；b. 地块内部现状（附实景照片）。

（2）周边条件

① 周边区域交通及道路

② 周边区域或环境设施

a. 主要楼盘（附照片）；b. 商业餐饮；c. 学校；d. 医疗。

③ 周边基础设施

a. 供水；b. 供电；c. 燃气；d. 供热；e. 电信；f. 排污。

（3）其他情况

① 地块基础条件评估

② 项目优劣势分析

a. 优势：地形优势、主题概念优势、周边生态环境景观（如公园、古迹、自然景观等）优势、周边公共交通系统（如已有或正在建设中或规划中的公交站点、轻轨站点、客运站、机场等）优势、周边各类公共配套设施（如医院、学校、商场、体育场等）优势、其他特殊优势。

b. 劣势：地形劣势、环境影响劣势、周边不良景观（如治理不当的水体等）劣势、周边公共交通系统（如公交站点、轻轨站点不易到达等）劣势、周边各类公共配套设施（如医院、学校、商业稀少等）劣势、其他劣势。

③ 实际踏勘

对场地进行实地调研，充分了解后补充场地条件的分析说明。

④ 其他特殊情况说明

**2. 规划控制条件**

（1）规划设计控制条件

① 规划设计参数、指标

② 建筑退界控制要求

项目中所有的地下建筑、地上建筑、围墙、大门等各类建筑的建筑间距及建筑退距要求。

③ 建筑限高等要求

（2）配套功能设置要求

① 行政许可文件要求配建的设置（如公共卫生间、垃圾转运站、体育设施、停车位等）

② 项目运行所需的配套设施（如设备用房、管理用房、值班房、卫生间等）

③ 配套功能定位（□ 高端　□ 中端　□ 低端）

（3）日照及通风要求

设计要求需满足相关的设计规范，并能在可调控范围内增加日照时长以及通风舒适性。

**3. 设计依据及设计原则**

（1）设计依据

① 用地红线图

② 政府批文

③ 相关法规

④ 国家、当地规范、规程、标准及行政主管部门文件

⑤ 方案设计任务书

⑥ 甲方的相关设计意见及要求

⑦ 其他

设计应符合消防、卫生、防疫、交通、环保、人防等国家及地方有关法规、规范方面的要求。

（2）设计原则

① 坚固、经济、环保原则

根据建筑物的功能按照相应的设计规范进行设计，突出安全可靠、功能合理、技术适用的特点，体现地域文化或空间氛围，满足生态节能环保的要求。

② 比例与均衡原则

建筑设计考虑建筑物的美观性，对于建筑物的外形构造、表面装饰、色彩搭配均要做合理的设计，强调建筑物整体、局部以及各个局部之间、局部与整体之间的比例关系。

③ 解决功能问题，并将设计理论和概念集成

**4. 设计工作范围**

（1）规划设计阶段

本文件适用于项目全阶段设计。

（2）设计内容

确定设计功能包含的内容：

□ 建筑（含节能保温）　　　□ 结构（含平场和边坡支护）

□ 给水系统　　□ 排水系统　□ 消防系统　□ 电气系统

□ 智能化系统　□ 幕墙　　□ 暖通系统　□ 燃气工程

□ 专业供电设备工程

□ 室内装饰（含地下停车库画线、标识标牌）

□ 室外装饰（含广告屏、广告位）

□ 室外工程（含边坡支护、生化池、道路管网、路灯、景观绿化等）

□ 灯饰工程　　　□ BIM

□ 其他

### 5. 方案设计

（1）总体规划原则

前瞻性、均好性、人性化、经济性、规范性。

通过对土地的基础条件、规划要求、用地性质及周边现状的综合分析对项目进行构思，提高土地利用率，达到土地价值最大化。

根据土地使用价值，合理进行功能布置分区，结合项目及土地使用实际情况，实现建筑空间布局的均好性和利好性，达到项目建筑空间使用价值及市场价值的最大化。

场地设计需结合现状地形、市政道路及周边环境对地块进行合理的竖向设计，确定合理的场地标高，降低成本节约造价的同时可以丰富建筑空间，尽量做到土石方平衡。

在符合城市总体景观要求及项目自身定位的前提下，运用合适的形式手段组织场地内的各类绿化及景观设施，既满足使用需要，又最大限度地提升环境品质。

（2）项目定位

① 整体定位：项目有无特指的理念、意境、追求精神效果或某种非物质层面的效果。

② 业态定位：项目产品定位（包含业态类型、业态面积配比等）。

③ 品质定位：□ 高端　□ 中端　□ 低端

（3）形象定位

① 项目的形象定位，要深入挖掘项目的特点和优势对于消费者来说其中深层的意义，找到投射在消费者心中的情感感应点，用感性的语言，把感觉具体化、提纯。通过项目标识性的确立，核心竞争力的挖掘，确立一个符合项目本身的形象定位。

② 将理性原则和直观感受相结合，理性美和现实美相结合，追求精神效果或某种非物质层面效果。

③ 有无特指的理念、意境、追求精神效果或某种非物质层面的效果。

④ 基于以上因素结合项目自身条件提出项目形象定位建议。

（4）规划设计要求

① 功能区块划分

a. 项目中包含的各类功能配比；

b. 地下建筑设计规模及要求；

c. 配套设施类型及规模。

② 规划布局

通过对地块基础条件及规划条件研究，采取合理的布局方式对地块进行整体布局，整体布局满足：

a. 土地利用合理；

b. 考虑地形，处理建筑物与场地环境及周边建筑的关系合理；

c. 功能区块划分合理；

d. 建筑空间布局的均好性和利好性；

e. 绿化景观布局合理。

③ 交通组织及停车方式

a. 停车方式：依照项目用地实际情况区分，停车综合考虑全地下或者地下与地上相结合的方式。在局部特殊山地地形中可考虑增加自然采光通风的区域作生态地下车库；巧妙利用半地下、架空空间和地面场地作停车场。

b. 出入口布置：（描述入口的位置数量及管理方式）应注重处理场地主要出入口的位置，考虑公共区域与私密区域的关系，解决好区内各种流线（生活后勤服务、临时访客、消防疏散等）之间的关系。

（a）内部交通与消防车道结合设置，使土地利用最大化。

（b）保证消防车道及扑救面对坡度的要求。

c. 合理解决地形高差对行人在交通上造成的不利影响，考虑残疾人无障碍设计。

d. 各种功能与地下车库之间要建立方便的联系。

e. 合理解决配套公建设施的停车及交通疏散问题。

④ 道路系统

描述不同级别道路，如入口道路、主干道、组团路、入户路及步行路的宽度及断面设计要求。

⑤ 景观及绿化系统

a. 结合项目主题文化进行环境设计；

b. 营造与众不同、具冲击力的个性化产品；

c. 把握环境重心，对景观主轴进行重点设计，最大限度地展现项目卖点；

d. 处理好各种环境空间的有机组合与过渡；

e. 注重景观细部设计。在组团景观节点、社区交通枢纽和局部小环境、架空层等代表产品细部的方面，充分表现产品的精细度、质量、档次；

f. 多层次的立体景观设计；

g. 其他。

⑥ 公建配套设施

满足行政许可配套要求的同时依据项目自身定位在用地允许情况下合理设置与项目匹配的其余配套设置。

⑦ 项目分期开发计划

项目是否需要分期实施，如需分期实施则提供分期开发规模及分期实施的各功能配比情况。

⑧ 项目可持续发展

项目是否有后续开发计划，如有后续计划则提供预留用地或后续开发地块的实施概念性实施方案。

（5）建筑单体设计

① 设计总原则

a. 满足城市设计要求。建筑总体布局、造型、色彩应注重城市设计，应充分考虑与周围地块的关系；

b. 充分体现均好性原则；

c. 合理处理建筑物与环境场地之间的关系；

d. 合理处理各种建筑空间的有机组合、过渡；

e. 在总体布局时应充分考虑入口空间的展示作用，集中体现项目主题；

f. 住宅群体布置要避免建筑物之间的相互遮挡，要满足住宅对日照、间距、自然采光、自然通风的要求，要充分考虑对小区内部环境及外部远景的利用；

g. 充分考虑地块周边噪声对本项目的影响，要提出合理的规划布置方案，避免或减低噪声对主要房间的污染，要尽量减少通过使用技术手段来降低噪声（会带来建设成本的提高）。

② 住宅设计要点

a. 产品要求（档次定位为 □高端 □中端 □低端）；

b. 交房标准（是否精装修）；

c. 户型配比（结合当地政策要求的户型配比及市场调研获得的数据综合考量后提出适合项目的户型配比）；

d. 户型设计要点（户型格局、层高、各使用空间要求、飘窗、景观等）；

e. 公共空间设计要点（住宅大堂、车库大堂、架空层、信报箱等）；

f. 其他。

③ 商业设计要点

a. 产品要求（档次定位为□高端 □中端 □低端）；

b. 商业模式（如是否包含商业街、购物中心、配套商业）；

c. 商业业态配比（各类商业业态如超市、影院、主题商业、零售、餐饮、KTV 等各种商业业态规模配比）；

d. 商业层高要求（是否有特殊净高要求）；

e. 商铺设计要求（常规开间进深比例、特殊商业业态所需柱网、面积及楼面地面荷载要求）；

f. 其他。

④ 办公设计要点

a. 产品要求（档次定位为□ 高端　□ 中端　□ 低端）；

b. 办公面积配比（办公面积与其他配套功能的面积配比）；

c. 平面功能（合理布置核心筒提高得房率）；

d. 主要空间层高（是否有特殊净高要求）；

e. 配套设施要求（如多功能厅、大会议室的面积及数量、可容纳人数要求）；

f. 立面要求（立面有无特殊风格及效果要求）；

g. 其他。

⑤ 酒店设计要点

a. 产品要求（是否为星级酒店）；

b. 酒店面积配比（大床房、标间配比，是否需要总统套房）；

c. 设计标准（按酒店星级划分确定不同的设计标准）；

d. 平面功能（合理布置核心筒及合理组织各功能交通流线使公共空间和客房空间流线互不交叉）；

e. 主要空间层高（是否有特殊净高要求）；

f. 配套设施要求（如宴会厅、会议室所需面积、数量及容纳人数要求；配套商业所需面积及经营类型要求）；

g. 立面要求（立面有无特殊风格及效果要求）；

h. 其他。

⑥ 配套公建设计要点

配套公建包括车库、配套商业、会所、学校、幼儿园、垃圾中转站、物业管理用房等，在符合行政规划许可条件的前提下根据项目自身定位可增设部分配套设置提高项目品质和价值。

应明确公建的分类、面积指标、设置位置等。

⑦ 其他建筑设计要点

其他建筑均应根据其使用特点，结合地形和总体规划布局合理设计。

⑧ 建筑外立面

建筑风格、材料、色彩（特殊建筑如单独委托设计应结合市场调研另行编写专项设计任务书）专门篇章描述。

（6）结构专业设计要求

方案阶段结构专业应配合建筑专业评判建筑方案的结构可行性，对平面布置、层高、建筑总高度等提出合理建议，并进行多种结构方案的比选。

（7）电气专业设计要求

① 描述项目概况及本工程拟设置的电气系统。

② 变、配电系统

a. 确定负荷级别：1、2、3 级负荷的主要内容；

b. 整体负荷估算：面积指标估算项目总用电容量；

c. 电源：根据负荷性质和容量，要求外供电源的数量、容量、电压等级；

d. 变、配电所：各变电站应编号，并交代其位置、供电范围、变压器配置。

③ 应急电源系统：确定备用电源及应急电源型式。

④ 交代照明方式、防雷措施、接地措施。

⑤ 建筑弱电智能化设计设置内容、机房选址。

⑥ 火灾报警及漏电报警保护措施。

（8）暖通专业设计要求

① 冷热负荷及燃气用量估算

a. 方案设计阶段，可根据经验及项目情况，对空调及供暖负荷进行估算。

b. 若项目设有燃气锅炉、餐饮厨房等用气点，需对燃气用量进行估算。

② 冷热源选择

供暖、空调冷热源应根据项目情况及所在地能源状况，经技术经济比较后确定。

③ 冷热源比选要求

a. 根据项目情况及所在地能源状况，选用三种及以上技术可行的供暖空调冷热源，作为备选方案；

b. 针对每个方案，从技术、初投资、运行费用、使用维护等各方面进行比较；

c. 综合比较后，设计单位应提出最优方案，并给出优选理由；

d. 比选方案以 PPT 的形式进行提交。

（9）方案设计总说明

① 除规定应反映的各种说明外，着重阐述从总体规划设计、建筑设计到景观设计、公共设施的主导设计构思、设计理念及设计手法；简述结构、给水排水、电气、暖通等专业的初步设计构思，并对环境保护、消防、节能等作相应的说明；对海绵城市有要求城市及地区或项目应做专项设计。

② 说明中的经济技术指标达到经济准确。

（10）方案设计深度要求

应满足《建设工程设计文件编制深度规定》的编制要求。

**6. 初步设计**

（1）设计依据

国家与地方颁布的各种规范、规程和强制性条文或规划主管部门的意见和要求。

① 规划主管部门给定的规划设计条件；

② 测绘部门提供的地形图和地质水文勘测资料；

③ 市政管网配套条件；

④ 规划主管部门审批通过后的设计单位案；

⑤ 甲方提供的设计任务书（本书）；

⑥ 双方签订的设计合同内所包括的服务性条款和要求；

⑦ 经过甲方认可的方案设计文件以及方案设计优化报告。

（2）设计范围

具体设计范围（因篇幅所限，此处技术要求内容略）

（3）建筑专业设计要求

（因篇幅所限，此处技术要求内容略）

（4）建筑设计成果及深度要求（因篇幅所限，此处技术要求内容不展开）

满足《建设工程设计文件编制深度规定》的编制深度要求，其中，应重点注意如下事项：

① 总平面图；

② 总图竖向布置；

③ 设计说明；

④ 平面图设计；

⑤ 立面设计；

⑥ 剖面设计。

（5）结构专业设计要求（因篇幅所限，此处技术要求内容略）

（6）电气专业设计要求（因篇幅所限，此处技术要求内容略）

（7）暖通专业设计要求（因篇幅所限，此处技术要求内容不展开）

① 供暖系统；

② 空调系统；

③ 通风系统。

### 7. 施工图设计

（1）总则

① 目的

为保证该项目施工图设计阶段的顺利进行，使设计成果达到相应的使用及后期维修要求，减少施工过程中的返工与改动，有效避免项目设计中的常见问题，特制定本任务书。

要求施工图设计单位认真参阅我司相关标准化文件及常用做法要求，因地制宜，改进提高，保证工程设计质量。

② 项目概况

a. 项目名称；b. 用地位置；c. 建设规模。

③ 设计依据

本任务书作为施工图设计指导手册，是在国家相应标准及规范的基础之上，结合我公司以往类似项目开发的实践经验，对设计中的一般要求和常用做法进行必要的明确、补充和完善后编制而成。施工图应在初步设计图纸及相关资料的前提下进行深化设计，施工图的各种指标及使用功能等应符合相关部门对本项目的前期批复。不得随意改变相关的指标及使用功能。

④ 适用范围

承接本项目的建筑设计单位，在施工图设计中应遵照本任务书。

⑤ 图纸要求（因篇幅所限，此处技术要求内容不展开）

a. 图面要求；

b. 设计成果数量要求；

c. 其他要求。

（2）建筑专业设计要求（因篇幅所限，此处技术要求内容不展开）

① 总平面布置图；

② 设计说明；

③ 建筑单体平面：

a. 地下室；

b. 标准平面图；

c. 统一做法要求：

（a）公共部分；

（b）住宅；

（c）构造做法。

④ 立面；

⑤ 外立面装修设计深度；

⑥ 室内装修设计深度；

⑦ 环境；

⑧ 详图；

⑨ 其他。

其他未尽事宜，按国家相关规定、规范执行，或与我司共同商议解决、确定。

（3）结构专业设计要求（因篇幅所限，此处技术要求内容不展开）

① 须按照国家及地方现行设计标准、规范、规程及规定进行结构设计，并符合初步设计审批文件及委托方的相关要求；

② 结构体系；

③ 荷载取值；

④ 构件布置；

⑤ 梁下净高；

⑥ 结构墙、柱尺寸及配筋应控制在合理范围内；

⑦ 需详细说明对施工有特殊要求以及施工时需特别注意的地方；

⑧ 楼层标高；

⑨ 结构设计中应注意北方地区的采暖和防冻要求，并按规范采取相应措施。

（4）给水排水专业设计要求

① 给水系统（因篇幅所限，此处技术要求内容不展开）

a. 给水方式与系统分区

（a）基本原则；

（b）方案比选；

（c）分区方式；

（d）功能管理区域分合原则；

（e）管路布置形式。

b. 水的储存

c. 计量

d. 室外给水系统

② 热水系统

a. 生活热水定额确定，按规范要求，凡是有明确的运营商指标参数均按该参数确定；

b. 热水管路系统。

③ 排水系统

a. 污废合流与分流；

b. 系统设计要求；

c. 室外污水处理构筑物的要求。

④ 雨水系统

a. 室内重力雨水系统设计要求；

b. 室外雨水设计要求；

c. 虹吸雨水系统设计要求；

d. 雨水回用系统设计要求；

e. 消防各系统：

（a）消防泵房水池消防水箱设计要求；

（b）消火栓系统；

（c）喷淋系统。

（5）电气专业设计要求

① 高、低压变配电系统

a. 负荷分级及负荷计算；

b. 高压配电系统；

c. 低压配电系统；

d. 备用及应急电源系统；

e. 电能计量；

f. 无功功率补偿；

g. 电力监控系统。

② 动力及照明配电系统

a. 动力配电系统；

b. 照明配电系统。

③ 建筑防雷、接地及安全措施

a. 防雷；

b. 接地及安全措施。

④ 电气节能设计

a. 配电系统节能；

b. 照明系统节能；

c. 设备节能控制；

d. 分项计量系统。

⑤ 电气消防

a. 火灾自动报警系统；

b. 电气火灾监控系统；

c. 消防设备电源监控系统；

d. 防火门监控系统。

（6）暖通专业设计要求

① 供暖系统；

② 空调系统；

③ 监测及控制；

④ 节能设计；

⑤ 绿色建筑设计；

⑥ 环境保护措施；

⑦ 主要材料选择；

⑧ 设备表；

⑨ 系统流程图；

⑩ 供暖平面图；

⑪ 通风、空调、防排烟平面图；

⑫ 通风、空调、制冷机房平面图和剖面图；

⑬ 计算书。

（7）弱电智能化专业设计要求

① 弱电智能专业系统定位；

② 设计范围；

③ 设计内容要求：

a. 综合布线系统；

b. 计算机网络系统：IP 子网的互通，有效控制网络流量，增加网络安全。

c. 程控交换机系统；

d. 楼宇设备自控系统；

e. 综合安防系统：

（a）视频监控系统；

（b）防盗报警系统；

（c）巡更系统；

（d）门禁管理系统；

（e）停车管理系统。

f. 智能卡管理系统；

g. 信息发布及多媒体查询系统；

h. 广播及背景音乐系统；

i. 有线电视系统；

j. 机房工程；

k. 智能建筑集成管理系统。

**8. 项目设计进度计划**

根据《全国建筑设计周期定额》对本设计阶段进行取值，取值最低不小于规定设计周期的 0.8，确定汇报交流及成果提交时间和地点，把控好设计节奏。

### 3.7.3　案例

#### 崇州市人民医院及崇州市妇幼保健院设计任务书

1. 建设依据和项目规模

根据《渝援崇办规（2008）9 号》文件，由于崇州市人民医院和崇州市妇幼保健院在"5·12"汶川大地震中严重受损，重庆市对口援建崇州市人民医院和崇州市妇幼保健院项目，并作为重庆市重点工程。

崇州市人民医院和崇州市妇幼保健院拟建用地位于崇州市崇阳镇仁里社区 2、3、4 组，是崇州市南河路规划片区中心区，道路呈网状结构，交通便利。场地四面临街，东临江源南路，南临蜀南路，北面与城市主干道（永康东路）相接。规划净用地面积为 65825.23m²（98 亩），用地南端需保留 33726.75m²（50.6 亩）医院预留发展用地。拟建用地呈长方形，南北方向长度约 240m，东西方向宽度约 280m。场地内部道路平坦，场地标高在 532.0m 左右。

本工程建设包括崇州市人民医院及崇州市妇幼保健院 2 个子项，崇州市人民医院建设标准为三级甲等，崇州市妇幼保健院建设标准为二级甲等。要求相对独立设置，其中崇州市人民医院用地，占地约 5.2hm²，建筑面积约 4.7 万 m²；崇州市妇幼保健院，占地约 1.3hm²，建筑面积约 1.2 万 m²；预留用地作为崇州市人民医院用地，作为行政办公用房、感染病房、高压氧舱、实习生宿舍、学术厅等待建。

2. 工程设计目的和设计范围

崇州市人民医院项目的建设内容主要包括门诊部、急诊部、医技部、住院部、后勤楼等。妇幼保健院项目的建设内容主要包括门诊部、急诊部、医技部、住院部等。预留用地不在本次设计范围以内（表 3-11）。

设计范围一览表                                    表 3-11

| 设计界面 | 本次设计单位的设计范围 | 备 注 |
|---|---|---|
| 主体设计 | 包括总体设计,以及建筑、结构(钢结构)、给水排水、电气、暖通、消防、围护、节能装饰装修等 | 不包括钢结构深化设计 |
| 专业设计 | 室内精装饰、智能弱电化、室外景观绿化、室外精装修、室外道路管网 | 不包括智能弱电化、室外精装修深化设计及室外标识设计 |
| 专项设计 | 手术部洁净、医用气体、直饮水、热水、放射防护、医用防护和屏蔽、污水处理 | 不包括手术部洁净、医用气体、污水处理深化设计 |
| 市政配套设计 | 供电、供水、通信、网络、燃气、排污 | |
| 设备配套设计 | 医疗设备厂家技术图纸与建筑结构之间的配套;公用设备厂家技术图纸与建筑结构之间的配套 | 包括电梯、柴油发电机、厨房设备、核磁共振、体外冲击波碎石机、X光机设备等 |

3. 设计条件和指导思想

(1)设计条件

崇州市人民医院和崇州市妇幼保健院已办理完成项目立项、规划设计条件书、用地红线图、选址意见书等。目前,正进行现场详细地质勘察。

(2)设计指导思想

① 以人为本:规划设计坚持以人为本的原则,注重关注人的生理和心理需求,注重领域感、归属感、成就感以及开放性、私密性等方面的内容,将人文关怀贯穿医疗、护理、服务和环境的全方位、全过程,最大限度地方便患者,为患者服务。

② 功能完善:严格按医院的功能定位规划设计,在保证医疗、教学、科研、防保、康复、急救"六位一体"功能的同时要注重现代化医院的运行辅助功能、后勤保障功能、科技服务功能、安全防范功能的规划和设计。各功能之间要相辅相成、相互协调。

③ 布局科学:在医疗布局上要做到动静分区、洁污分流、上下呼应、内外相连、集分结合、流程便捷的科学布局,以有利于医疗、有利于保障、有利于安全。在建筑布局方面要做到最大限度的资源共享,减少人流、物流对患者的影响,同时合理考虑整合周边医疗资源。

④ 便捷适用:充分体现方便适用的原则,便于资源共享;地下停车场与人防工程结合设计、平战兼顾、节省空间;各医疗区既相对独立,又内外双通,平常时期能相互联系,非常时期能做到区域隔离,独立应对,便于管控,最大限度地满足医院运行和患者就医。

⑤ 节能环保:尽可能增加绿地面积,树草兼植,考虑停车位的合理设置,数量超前,同时采用节能、环保措施,减少医院的运营费用和成本。

⑥ 适度超前:充分考虑医院可持续发展、医疗技术和设备更新发展的需求。

4. 工程主要功能和使用要求以及主要技术标准要求

(1)工程主要功能和使用要求

① 根据重庆市对口支援崇州市地震灾后恢复重建规划援助项目内容,并整合崇州市人民医院和崇州市妇幼保健院,其中崇州市人民医院设住院病床数450张,妇幼保健院有住院病床数120张。

② 建筑形式以简洁、清新、典雅的建筑风格为设计原则,创造亲切、朴素、丰富并充满现代气息的医疗特色建筑。

③ 医院各个区域的医疗流线便捷,避免各科室间互相穿越,缩短医务人员的路线,同时考虑内部空间面积,使空间丰富舒适,设计人性化。其中,门诊流线将健康人群与病患分流;体检中心、预防保健、儿童保健、儿科等单独设置出入口,防止交叉感染;综合医疗区均单独设置医生专用入口,并设置医生流线,合理组织各功能科,做到医患分流、洁污分流。

④ 医院各个区域充分考虑医院的自然通风和自然采光需要，保证不受视线干扰且具有良好的视线景观。

⑤ 设计时应考虑医院节能减耗需要，采用节水型卫生设备产品、选用高效率设备，能进行节能运行管理。

⑥ 消防设计应充分贯彻预防为主、防消结合的方针，力求消防设施的培植和系统切实可行，做到安全使用、技术先进、经济合理，并满足相关消防法规的要求。

⑦ 生活污水通过排水立管会集到室外污水管网后，再经医院污水处理装置处理消毒达标后排放到市政污水管网。放射性污水的排放应符合《电离辐射防护与辐射源安全基本标准》GB 18871 的要求处理达标后排放。厨房及餐厅排水单独排出至室外隔油池，经隔油池处理后排至医院内污水处理站。

⑧ 以人为本，应设置无障碍设计和医患运输专用通道。

⑨ 崇州市人民医院和崇州市妇幼保健院，设计时应充分考虑晚上单独开放使用要求。

⑩ 崇州市人民医院和崇州市妇幼保健院要求相对独立设置，兼顾医疗资源共用。

⑪ 根据医疗卫生的特点，遵照国家规范，妥善处理好防潮、防噪声、防尘、保温等问题。

（2）主要技术标准要求（因篇幅所限，此处技术要求内容略）

5. 规划技术经济指标（表3-12）

技术经济指标表　　　　　　　　　　　　　　　　　　　表 3-12

| 序号 | 项目 | | | 计量单位 | 规划要求 指标 | 备注 |
|---|---|---|---|---|---|---|
| 1 | 工程总用地面积 | | | m² | 65825.23 | 不含城市绿化带 |
| | 工程总建筑面积 | | | m² | 57000 | |
| | （1） | 崇州市人民医院 | | m² | 45000 | |
| | | 其中 | 地上 | m² | 41000 | |
| | | | 地下 | m² | 4000 | |
| | （2） | 崇州市妇幼保健院 | | m² | 12000 | |
| | 总床位数 | | | | | |
| | （1） | 崇州市人民医院 | | 个 | 450 | |
| | （2） | 崇州市妇幼保健院 | | 个 | 120 | |
| 2 | 崇州市人民医院 | | | | | |
| | 分项总建筑面积 | | | m² | 45000 | |
| | （1） | 地上建筑面积 | | m² | 41000 | |
| | （2） | 地下建筑面积 | | m² | 4000 | |
| 3 | 崇州市妇幼保健院 | | | m² | 12000 | |
| 4 | 机动车停车泊位 | | | 辆 | 457 | |
| 5 | 自行车停车位 | | | 辆 | 858 | 室外自行车棚，按 1.5 辆/100m² |
| 6 | 建筑密度 | | | % | 21.35 | |
| 7 | 绿地率 | | | % | 35.78 | |
| 8 | 容积率 | | | | 0.82 | |

6. 平面布局要求

（1）总平面布置应满足医院建筑功能布置要求，从功能出发充分考虑功能分区合理，强调医院建筑群的条理性，同时为发展留有余地。

（2）医疗流线布局合理，充分考虑医院各科室、各区域医疗路线便捷，交通脉络清晰。

（3）建筑应注重医院感染分区以及前后动静分区。医院主入口设置应靠近城市主干道。崇州市人民医院和崇州市妇幼保健院分别设置单独的出入口及停车场地。

（4）在合理考虑医院建筑布局的同时，在景观布置上应考虑人的活动分布设置，应设置病患康复绿化区域。

（5）崇州市人民医院和崇州市妇幼保健院分别设置交通组织，应充分考虑工程地质特点及工程造价，停车位以满足医院未来发展需要。同时，医院所有物流和污物流线应考虑在建筑外侧设置专用通道，就近进入城市道路；通过定时作业，不与其他医疗流线冲突，避免交叉感染。

（6）根据城市规划与防火规范要求，合理确定建筑物的位置，所有建筑间距均应满足消防要求，消防环道与城市道路共同构筑成流畅的路网，以满足消防要求。

（7）建筑布局疏密有致，应规划地震避难场所。

（8）以满足总体规划范围为前提，充分考虑该项目周边环境的影响及医院的特点，因地制宜，合理安排各类用地，组织内外交通，做到人车分流，合理控制建筑密度和间距，处理医疗建筑与周边环境的空间关系，强化区内景观设计，创造具有现代与自然融合特色的生态景观环境。

7. 建筑形式的要求

（1）建筑物立面造型在简约的建筑形体上构筑具有细部的丰富立面，通过建筑形体本身错落形成丰富的形体关系。力求现代、清新、亲切、统一，具有地域标识性，成为城市街道的亮点。

（2）建筑外墙设计应充分考虑外墙装饰、开窗方式与局部的变化的结合，使立面流畅稳重又不失亲切。

（3）规划空间平衡布局，保证功能区域流线简洁明确，紧密联系各功能分区，避免规划的空间形态单一。

8. 结构设计的要求

（1）本工程应按现行国家和四川省有关规范条文进行结构设计。根据本工程技术特点和工程特征，确定合理的结构方案，满足建筑的使用功能、构造简单、利于抗震，表现建筑的空间形体，为使用者提供安全可靠、技术先进、经济适用的结构设计。并要求采用中国建筑科学研究院2009年新版规范程序SATWE进行整体结构计算分析。

（2）结构设计应充分优化钢筋、混凝土等主材的设计，在保证结构符合国家有关规范和安全的前提下，严禁浪费。

（3）选用新材料、新技术、新设备、新工艺的应在设计说明中专题说明。

9. 工艺与设备设计的要求

（1）电梯满足医患人流、物流使用要求，满足洁污分流、医患分设要求；电梯的位置和数量，应按规范和需要合理设置。

（2）空调系统应依据不同的功能进行合理分区，选择恰当地位置设立装置，便于节能、操作维修以及管理，不同的部位应根据医院设计规范的要求设置，并考虑洁净区域通风设计要求和净化空调设计要求，传染病区的排风，应进行滤后排放要求。

（3）本工程由城市供电网引来两路独立10kV电源，崇州市人民医院和崇州市妇幼保健院分别设置备用电源。

（4）本工程排水采取雨、污分流制，屋面雨水均采用有组织排水。

（5）本工程医疗气体系统，包括医用氧气、负压吸引、压缩空气等，采用集中供应方式，特殊房间应设置笑气、氮气等独立供气系统。气体管路布局必须符合安全要求，并有防堵技术设施。

（6）医院的贵重设备房，如 CT、核磁共振、直线加速器和肠胃造影、柴油发电机房、储油间、变配电房等贵重设备室，以及面积大于 80m² 的病案、信息中心（网络）机房室等，应重点考虑消防设计。

（7）崇州市人民医院及崇州市妇幼保健院弱电智能化范围，包括电话和网络综合布线、网络设备系统、LED 电子显示屏、触摸屏系统、有线电视系统、病房呼叫系统、紧急广播系统、视频安防监控系统、入侵报警系统、中央空调制冷站系统、医院气体监测、消防弱电系统、银行一卡通系统、手术示教系统等。

（8）医院采用双回路不间断供电系统，保证用电安全、节能、可靠。整体建筑群设可靠防雷设施，应按国家标准考虑等电位接地。

10. 特殊工程的要求

（1）本工程应设置热水系统，热水温度按 60℃计。

（2）本工程应设置饮用水系统，其开水供应按每层或每个护理单元、每个科室设置，并进行过滤处理。

（3）由于检验科、放射科、手术室、HIV 实验等区域室内环境要求和工艺布置要求与设备有直接联系，设计单位应配合专业医疗设备厂家完成该部分施工图设计。

（4）本工程应对放射科等具有辐射房间，进行防辐射防护设计。

（5）本工程应进行职业病防护设计。

（6）本工程应进行医院实验室工艺设计。

（7）设立海扶刀技术专科。

（8）采用地源热泵方式供暖。

11. 工程设计阶段及完成设计的时间

（1）工程设计阶段要求

崇州市人民医院和崇州市妇幼保健院工程设计阶段，包括方案设计、初步设计、施工图设计、施工阶段设计服务、保修期设计服务。

（2）设计工期节点要求

设计工期详见建设工程勘察设计合同。

① 2009 年 4 月 20 日完成方案设计，并组方案设计审查完成。

② 2009 年 5 月 4 日完成施工图设计。

③ 2009 年 5 月 10 日完成施工图审查，并取得施工图审查合格证。

12. 工程设计文件编制成果、内容与深度要求（因篇幅所限，此处技术要求内容略）

13. 其他要求

（1）设计单位配合施工进度，在施工阶段负责派驻设计代表在施工现场办公，代表设计单位解决施工中发现的设计图纸问题，并及时处理设计变更、技术洽商，进行设计复核、验算，随时接受各参建单位的设计咨询。

（2）在进行方案设计、初步设计和施工图设计时，设计单位应根据使用方提供的有关资料及要求，保持与使用方的密切接触，随时调整、改进设计。

（3）设计单位参加图纸会审、技术交底、验收工作，并配合确认材料样板，参加有关设计的相关会议。参加工程预验收、专项验收、竣工验收工作，竣工验收前，提交设计评价报告。

（4）设计单位参加医院专项检测，配合参加医疗系统的专项验收。

（5）设计单位参加对专项设计任务书或技术要求的研讨会议，并共同确认。设计单位必须对深化设计单位的钢结构施工图、外立面施工图等进行书面复核、确认，同时配合各设备专业厂家完成专项设计。

（6）设计单位积极配合本工程招标阶段、报建报批阶段、造价阶段的相关工作。

# 3.8 提交设计单位资料管理（表3-13）

资料清单表                                                                                                     表 3-13

| 序号 | 需向设计单位提交的资料 |
|---|---|
| 1 | 提供项目方案设计所需前置资料（政府及上级主管部门会议纪要、立项批复、项目选址意见书、项目规划许可证等各种批文） |
| 2 | 提供项目方案设计所需技术条件（国土红线图、规划红线图、红线内保留建构筑物及管网现状图等） |
| 3 | 经业主确认的设计任务书 |
| 4 | 批准的规划设计通知书 |
| （1） | 附业主需求调研表 |
| （2） | 宗地调研分析表 |
| （3） | 规划条件调研分析表 |
| 5 | 规划部门核准的地形图 |
| 6 | 场地总平面图和现状图 |
| 7 | 原有场地管线及新签订的拆改协议书 |
| 8 | 当地气象、风向、风荷、雪荷及地震级别 |
| 9 | 水文地质和工程地质勘查报告，对采光、照明、供气、供热、给水排水、空调、电梯的要求 |
| 10 | 建筑构配件的适用要求 |
| 11 | 各类设备选型、生产厂和设备构造及设备安装图纸 |
| 12 | 建筑物的装饰标准及要求 |
| 13 | 对"三废"处理的要求 |
| 14 | 绿建星级标准设计及建设要求 |
| 15 | 市政供电条件，可供本项目的电源位置、回路数量、每回路的最大容量，现有成规划的线缆通道 |
| 16 | 供水、排水、供气等协议 |
| 17 | 其他有关项目设计要求与限制条件 |

# 3.9 场地勘察管理

## 3.9.1 工程勘察阶段划分

工程地质勘察宜分阶段进行，勘察阶段应与设计阶段相适应。选址勘察（或可行性研究勘察）应符合选择场址方案的要求；初步勘察应符合初步设计的要求；详细勘察应符合施工图设计的要求；场地条件复杂或有特殊要求的工程，宜进行施工勘察。

（1）选址勘察（或可行性研究勘察）：是对应于可行性研究设计阶段的勘察，其目的是根据工程特点及场地地质条件对拟选场地稳定性和适宜性进行技术经济评价，提出选址建议，以满足可行性研究设计需要。

（2）初步勘察：是对应于初步设计阶段的勘察，其目的是场地内建筑的地段的稳定性作出评价，并为确定建筑物总平面布置、主要建筑物的地基基础方案及不良地质现象的防治工程提供地质资料，以满足初步设计的需要。

（3）详细勘察：是对应于施工图设计阶段的勘察，其目的是按单体建筑或建筑群提出详细的工程地质资料和设计、施工所需的岩土参数，对建筑地基作出工程地质评价，对基础设计、地基处理、基坑支护、边坡治理、不良地质现象防治等具体方案提出建议，以满足施工图设计和施工的需要。

（4）施工勘察：编制建（构）筑物的施工设计而进行的补充工程地质勘察。

### 3.9.2　工程勘察任务要求

（1）查明场地地层岩性、地质构造、岩土类别、岩土体结构、厚度、分布、工程特性及其物理力学性质。

（2）查明不良地质现象的成因、类型、分布范围、发展趋势和危害程度，并提出整治方案建议。

（3）评价场地稳定性及地基均匀性，评价场地稳定性及建筑适宜性。

（4）评价场地和地基地震效应，划分场地类别和划分对抗震有利、不利或危险地段。

（5）查明地下水的埋藏条件及水位变化幅度与规律；判定水和土对建筑材料的腐蚀性，评价土和水在施工过程中可能产生的变化及对工程、环境和相邻建筑的影响。

（6）提供地基持力层选择及基础型式建议，提供地基承载力等设计所需的岩土参数。

（7）提供有关基础施工的建议。

### 3.9.3　勘察单位招标与合同签订

#### 1. 勘察单位选择与确定

选择勘察单位一般应选择在业界声誉比较好、制度和管理体系健全的大中型企业；一般应通过招投标的方式进行确定，且把勘察方案作为主要的评审因素；一般应选择具有工程所在地有相应地勘丰富经验的勘察单位。

#### 2. 勘察单位招标进场的前置条件

（1）场地基本平整，需达到钻机车能够就位要求；

（2）项目业主应负责与地方村民的协调工作，保证顺利施工；

（3）场地内应有水源；

（4）提供场地建筑物总平图及勘察技术要求；

（5）提供场地附近的测量基准点（带坐标和高程）；

（6）需要基础埋深等资料、结构形式、估算的荷载情况、拟采用的基础形式；

（7）地勘任务委托书。

#### 3. 勘察合同的签订

合同对于勘察现场和报告内容及质量应该有比较明确的技术要求，以确保勘察报告提供的技术参数不仅能够满足设计的需要，更能够起到优化设计的作用。勘察报告既要考虑设计的需要，还应考虑施工阶段对于施工勘察的要求（比如重庆地区的旋挖桩及挖孔桩桩底一定范围内深度地质勘察；又如岩溶地区的一桩一勘和勘察深度要求等）。

勘察取费建议采用包干的形式，以避免现场的收方签订和勘察单位不断地加深钻探深度。费用支付建议采用按照完成工程量情况、并分阶段支付。

### 3.9.4　工程地质勘察任务委托书

一般由全过程工程咨询管理单位主导编写，设计单位确认后，业主下达。依据设计单位方案重点是对勘察阶段、勘察深度、勘察范围、勘察用途和勘察报告等方面内容的明确，且应符合相关技术标志深度和强制性标准的要求，内容尽可能地详细。

**1. 委托单位项目基本要求**

不同行业的委托书不完全相同，应依据行业规范的相关要求。

**2. 委托单位应提供的有关资料**

（1）批准兴建的有关批文（复印件）。

（2）安全等级为一级的高层建筑，详勘应有初设的底层平面图、负层平面图。

（3）拟建场地下埋设物及其有关数据（深度、尺寸、高程等）：

① 地形图 1：500；

② 总平面图 1：500；

③ 地下管网图 1：500；

④ 临街占道许可证；

⑤ 地下洞室。

### 3.9.5 勘察实施过程现场管理

（1）业主提供的依据资料必须准确、齐全。

（2）业主对现场无论是否进行收方，现场代表或者委托监理单位应按照勘察方案进行现场的监督检查。重点检查是否按照方案实施，主要包括勘探点位放线、点位数量、钻探深度、见证取样和现场的试验等。

（3）现场取样的试样保护和送检检测情况。

（4）勘察单位选择的勘察报告审查单位应经业主审定，业主主要依据设计单位的意见确定，应选择技术力量雄厚、行业信誉好的审查单位。

（5）当选择的不是工程所在地的设计和勘察单位时，必须要求两个单位对于工作所在地的地方性规范特别是关于勘察、设计单位面的要求详细了解，并制定应对方案。

### 3.9.6 工程勘察成果报告审核重点

（1）勘察工作的目的、任务、要求是否正确；

（2）勘探点的数量、间距、深度是否满足规范要求；控制性勘探点、采取试样及原位测试勘探点布置的比例是否适当；

（3）取样的质量、数量、方法是否正确；

（4）测试的方法是否正确；

（5）地层划分、描述是否合理；

（6）地表水及地下水的量测方法是否合理，地下水参数提供是否合理；

（7）提供的抗震设防烈度、设计地基基本加速度、设计地震分组是否正确；

（8）场地类别划分是否正确，不良地质作用的判断是否合理；

（9）提供的岩土参数是否合理；

（10）建议的地基基础方案是否合理；

（11）基坑支护方案是否合理。

### 3.9.7 案例

中科院绿色智能研究院（重庆）建设项目分为 A、B 两地块：A 地块为科研用地，总规划用地面积约为 0.138km²，规划建设有综合科研楼（包括主楼、附楼及地下室）、学生公寓、食堂及文体用房；B 地块为产业用地，总规划用地面积约为 0.07km²，规划建设有孵化楼 1 和厂房 1（表 3-14）。

**各单体建筑物详细情况表**　　　　　　　　表 3-14

| 功能分区 | | 序号 | 名称 | 建筑高度（m） | ±0.00 标高 | 建筑层数（层） | 结构型式 | 单柱荷载（kN/单柱） |
|---|---|---|---|---|---|---|---|---|
| A 地块 | 科研区 | 1 | 综合科研楼 | 68 | 285.6 | 16F/-1F | 框架-剪力墙结构 | 21750 |
| | 支撑配套服务区 | 2 | 学生公寓 1 | 28.05 | 260.8 | 9F | 剪力墙结构 | 4000 |
| | | 3 | 学生公寓 2 | 28.05 | 260.8 | 9F | 剪力墙结构 | 4000 |
| | | 4 | 学生公寓 3 | 28.05 | 260.8 | 9F | 剪力墙结构 | 4000 |
| | | 5 | 学生公寓 4 | 25.05 | 259.3 | 8F | 剪力墙结构 | 4500 |
| | | 6 | 学生公寓 5 | 22.05 | 259.3 | 7F | 框架-剪力墙结构 | 5400 |
| | | 7 | 学生公寓 6 | 25.05 | 259.3 | 8F | 剪力墙结构 | 4500 |
| | | 8 | 食堂及文体用房 | 9.6 | 274.5 | 2F/-1F | 框架结构 | 4833 |
| B 地块 | 产业区 | 1 | 孵化楼 1 | 28.8 | 284.8 | 7F | 框架-剪力墙结构 | 8510 |
| | | 2 | 厂房 1 | 9.6 | 284.7 | 1F/-1F | 框架结构 | 5000 |

　　根据拟建物及环境整平高程，场地将在综合科研楼地下室及厂房一地下设备用房产生基坑边坡，高度 4.5～6.9m，孵化楼 1 与自然环境及厂房 1 与市政道路和自然环境之间形成挖方边坡，高度 0～17m，食堂、篮球场、学生公寓及小区道路周边形成填方边坡，高度一般 0～10m，综合楼东北角小区道路与环境形成最大 33m 的填方边坡，厂房 1 东南角 4 号及 5 号挡墙位置小区道路与环境之间形成最大 15.7m 的填方边坡。

　　1. 勘察等级的确定

　　工程重要性等级为二级，场地复杂程度为中等复杂，地基复杂程度为中等复杂，综合确定本次工程地质详细勘察等级为乙级。

　　2. 勘察工作目的与任务及执行技术标准

　　（1）勘察目的

　　根据《建设工程勘察合同》，本次勘察的主要目的是查明拟建物场区的工程地质条件，为施工图设计提供依据。

　　（2）勘察任务

　　查明场地工程地质条件，为施工图设计提供详细可靠的工程地质依据，其具体任务及要求是：

　　① 搜集甲方提供的场区附有坐标网的建筑总平面图、场区环境高程及拟建物相关设计资料；

　　② 查明拟建工程场地范围内地形地貌、地层岩性、地质构造，地震和水文地质条件，评价场地整体稳定性及拟建物建设适宜性；

　　③ 查明拟建工程场地的岩土类型、结构、厚度、工程特性，分析和评价地基的稳定性、均匀性和承载力，对建筑地基作出工程地质评价，提供设计和施工所需的岩土技术参数；

　　④ 查明场地不良地质现象，查明地基岩土层中是否存在软弱夹层或特殊性土层，并提出防治措施建议；

　　⑤ 查明抗震设计所需的场地土类型，确定场地类别，评价场地的地震效应；提供抗震设计的有关参数；

　　⑥ 查明地下水分布、水质情况，判定环境水、地下水和土对建筑材料的腐蚀性，判断地基岩土和地下水在建筑施工和使用中可能产生的变化及其对工程、环境和相邻建筑物的影响，为施工排水措施提出建议；

　　⑦ 选择适宜的基础持力层，提供经济合理的基础设计单位案及相关计算参数，并对设计与施工应注意的问题提出建议（表 3-15）。

完成工作量统计表　　　　　表3-15

| 工作项目 | | | 单位 | 数量 |
|---|---|---|---|---|
| 工程测绘 | 勘探点定位 | | 个 | 138 |
| | 剖面测绘 | 剖面 | m/条 | 6188.76/70 |
| 现场施工 | 工程钻探 | | m/孔 | 2220.57/138 |
| | 提水试验 | | 孔 | 1 |
| 物探 | 波速测试 | | m/孔 | 69.0/4 |
| 室内试验 | 土样 | 常规测试 | 组 | 5 |
| | 水样 | 简分析 | | 2 |
| | 岩样 | 单轴抗压 | | 16 |
| | | 三轴剪 | | 5 |
| | | 单轴压缩变形 | | 3 |
| | | 抗拉强度 | | 5 |

3. 结论及建议

（1）结论

① 场地无滑坡、崩塌、泥石流等不良地质现象，现状总体稳定，适宜拟建物建设。

② 场区上覆第四系覆盖物为素填土和粉质黏土，下伏基岩为侏罗系中统上沙溪庙组砂泥岩，岩层分布稳定，岩体较完整，岩体基本质量等级砂泥岩均为Ⅳ级。

③ 场地拟建物持力层选择中风化基岩，中风化泥岩地基承载力特征值为2570kPa，中风化砂岩地基承载力特征值为8082kPa。

④ 场地地下水不发育，仅在地表水体附近及低洼填土较厚地段存在基岩裂隙水和上层滞水，水、土对混凝土及钢筋混凝土结构中的钢筋均有微腐蚀性。

⑤ 场地类别及抗震地段划分见表3-16。

场地类别划分表　　　　　表3-16

| 拟建物编号 | 工程地质条件 | 等效剪切波速ves（m/s） | 场地类别 | 地段类别 | 设计特征周期 |
|---|---|---|---|---|---|
| 综合楼 | 拟建物现状地面高程为285～287m，地形平缓，第四系覆盖物为素填土，场地整平后形成填土厚度最大6.7m | 132 | Ⅱ | 不利地段 | 0.35 |
| 学生公寓 | 拟建物现状地面高程为255～258m，上覆土层为残坡积粉质黏土，土层厚度1.2～1.9m，建筑物设计高程260.80m，整平后上覆土层厚度4～7m | 131 | Ⅱ | 一般地段 | 0.35 |
| 孵化楼1 | 拟建物现状地面高程为291～303m，上覆土层为素填土，土层厚度0.7～1.4m，建筑物设计高程284.80m，整平后上覆土层全部清除 | 1468 | I₀ | 有利地段 | 0.20 |
| 厂房1 | 拟建物现状地面高程为278～299m，上覆土层为残坡积粉质黏土和素填土，土层厚度0.6～2.1m，建筑物设计高程284.70m，整平后拟建物东侧为填土，厚度0～11m。 | 132 | Ⅱ | 不利地段 | 0.35 |
| 地面停车场 | 拟建物区域现状地面高程为285～287m，上覆土层为素填土，土层厚度0.5～5.9m，设计整平高程为284.00～285.30，整平后东南角为填土，厚度0～5.90m | 132 | Ⅱ | 一般地段 | 0.35 |

（2）建议

① 场地拟建建筑物基础型式见表 3-17。

基础类型表　　　　　　　　　　表 3-17

| 名称 | 层数 | 安全等级 | 结构类型 | 平场后土层厚度（m） | 中风化基岩埋深 | 基础型式 |
|---|---|---|---|---|---|---|
| 综合楼 | 16F/-1F | 二 | 框架－剪力墙结构 | 0～6.7 | 0～13 | 桩基 |
| 学生公寓 | 9F | 二 | 剪力墙结构 | 4～7 | 6～9 | 桩基 |
| 食堂及文体用房 | 2F/-1F | 二 | 框架结构 | 4～8 | 6～10 | 桩基 |
| 孵化楼1 | 7F | 二 | 框架－剪力墙结构 | 0 | 0 | 独立柱基 |
| 厂房1 | 1F/-1F | 二 | 框架结构 | 0～7 | 0～9 | 桩基 |

② 场地岩土设计参数建议值见表 3-18。

设计参数表　　　　　　　　　　表 3-18

| 项目 | 岩土名称 | 填土 | 粉质黏土 | 强风化泥岩 | 中风化泥岩 | 强风化砂岩 | 中风化砂岩 |
|---|---|---|---|---|---|---|---|
| 天然重度 | （kN/m³） | 20.5 | 19.9 | | 25.5 | | 23.7 |
| 岩石抗压强度（MPa） | 天然 | | | | 7.8 | | 31.28 |
| | 饱和 | | | | 5.09 | | 23.09 |
| 岩体抗拉强度 | （MPa） | | | | | | 0.55 |
| 岩土体抗剪强度 | C（kPa） | 0 | 29.2 | | | | 1098 |
| | φ（°） | 25 | 11.12 | | | | 35.42 |
| 压缩变形 | 弹性模量 | | | | | | 0.48 |
| | 泊松比 | | | | | | 0.17 |
| 基底摩擦系数 | | 0.35 | 0.3 | 0.35 | 0.40 | 0.40 | 0.50 |
| 岩体水平抗力系数 | | 6MN/m³ | | | 120MN/m³ | | 250MN/m³ |
| 地基承载力特征值（kPa） | | | | 300 | 2570 | 450 | 8082 |
| 放坡坡率值建议 | | 1:1.5 | 1:1.5 | | | 1:0.75 | 1:0.5 |
| 岩体等效内摩擦角 | Ⅱ | | | | 50 | | 60 |
| | Ⅲ | | | | | | 55 |
| 岩体破裂角 | | | | | | | 63 |
| 负摩阻力 | | 0.25 | | | | | |
| 土对挡土墙墙背的摩擦角 | | 0.33 | 0.33 | | | | |
| 压实系数 | | 0.95 | | | | | |
| 与锚固体粘结强度特征值 | | | | | | | 500kPa |

③ 建议场地内挡墙边坡高度小于 8m 采用重力式挡墙进行支挡，挡墙基础置于基岩中，挡墙基底摩擦系数强风化砂岩取 0.40，中风化砂岩取 0.50。填方边坡高度大于 8m 采用桩板式挡墙，挖方边坡有放坡条件时采用坡率值放坡，无放坡条件时岩质边坡采用锚杆挡墙，土质边坡采用桩板式挡墙。

④ 综合楼与食堂之间现有地形为低洼沟谷，坡肩部分（综合楼南侧，食堂北侧）填土较厚，根据初勘资料填土体暴雨工况下欠稳定，建议对坡肩土体进行削坡，坡谷进行回填，有利于两侧建筑物填

方边坡的稳定，回填高程宜保证上游水体的正常导排。

⑤ 拟建学生公寓场区地形较为平缓，按红线范围考虑，均有放坡条件，建议可采用坡率法放坡，坡率值建议取 1∶1.5 ～ 1∶1.75，坡脚做护脚挡墙。

⑥ 场地内 B 地块南侧建筑物环境高程与拟建市政道路设计高程形成较大高差，目前市政道路尚未形成。施工时若道路未形成，建议按照坡率值 1∶0.75 放坡；若施工时市政道路已形成，建议采用重力式挡墙对边坡进行支挡。

⑦ 场地 A 地块综合楼南侧停车场南侧 2 号挡墙底部向南 5 ～ 10m 距离内为天然气管道，施工时应加强监管，避免破坏管道。

⑧ 综合楼东北角 2 号边坡及厂房 1 东南角 4 号及 5 号挡墙位置有道路形成的高填方边坡，边坡支护难度较大，建议道路采用架空方式通过。

⑨ 综合楼东北角及厂房 1 东北角位于边坡附近的基础要同时满足边坡桩底间应力扩散角及桩底距边坡安全距离要求。

⑩ 桩基础建议采用人工挖孔灌注桩，施工中应及时浇筑护壁，做好通风排水措施，基坑和边坡在开挖时应采用逆作法施工，分段开挖，分段治理，并做好坡面防护，防止地表水进入坡体。

⑪ 施工时如出现异常情况，应及时与地勘单位、设计单位联系。应及时通知有关单位验槽（桩）。

# 3.10 设计计划及进度管理

## 3.10.1 设计进度计划编制

### 1. 设计进度计划编制原则

（1）设计进度计划须以项目里程碑计划、工程总进度计划为依据编制；

（2）设计进度计划编制中考虑报批报建、招标采购、施工等周期因素；

（3）编制计划要重视各专业设计搭接。

### 2. 设计进度计划编制方法

（1）首先，需要根据项目具体特征、实施进度，合理地进行设计标段划分；

（2）其次，对项目设计内容、专业组成进行 WBS 分解；

（3）再次基于方案设计、初步设计、施工图设计三个阶段，分别考虑设计周期和成果审核周期；

（4）最后使用 EXCEL 或 Project 等工具，基于项目设计内容 WBS 基本构架对设计进度计划进编制。

## 3.10.2 设计进度管理要点

（1）审核并完善设计单位的"进度计划"：科学合理确定设计周期，按住房和城乡建设部 2016 版《全国建筑设计周期定额》执行，原则上定额周期不少于周期定额的 80%。

（2）充分理解业主意图，认真编制需求分析表与设计任务书，减少返工和盲目动工，避免因业主随意改变想法，导致不断地返工。

（3）设置阶段性成果控制点提供审核和业主确认须审核确认的重要节点。

（4）概念性方案、设计单位案、初步设计与设计概算、施工图设计、专项图纸设计完成是设计的里程碑工作，严格控制其完成时间。

## 3.10.3 设计进度控制节点

设计单位应将表中各阶段节点提供设计工作进度计划，经全过程工程咨询团队审核后业主确认，并将表中节点完成的时间作为设计合同补条款（表 3-19）。

关键工作节点表

表 3-19

| | 设计关键节点 | 开始时间 | 完成时间 | 提交时间 | 审核与确认时限（天） |
|---|---|---|---|---|---|
| 概念性方案设计阶段 | 1. 提交前期项目资料（包含地形图、红线图、行政规划许可文件、立项批文），明确项目定位、产品设计思路、进行沟通确认 | | | | |
| | 2. 总平面布局确定 | | | | |
| | 3. 建筑主要单体平面设计、立面风格选型确定 | | | | |
| | 4. 概念性方案设计成果初稿 | | | | |
| | 5. 设计成果多方充分沟通、修改 | | | | |
| | 6. 提交正式报规概念性方案设计文本 | | | | |
| 方案设计阶段 | 1. 前期项目资料交接与沟通（资料包含项目基础资料、行政规划许可文件、已通过审查的概念性方案文本、提交方案设计任务书） | | | | |
| | 2. 总体布局及功能结构、交通组织、地形地块合理利用确定 | | | | |
| | 3. 建筑使用功能确定；单体平面布局、规模大小确定；立面风格确定；明确项目经济技术指标 | | | | |
| | 4. 提交方案设计成果初稿 | | | | |
| | 5. 设计成果多方充分沟通、修改 | | | | |
| | 6. 提交正式报建方案设计文本 | | | | |
| 初步设计阶段 | 1. 前期项目资料交接与沟通（资料包含项目基础资料、已通过审查的方案设计文本、提交初步设计任务书、地勘资料等基础设计资料） | | | | |
| | 2. 建筑主要材料确定；结构基础选型确定；结构主体形式确定；结构主要技术参数确定；主要设备选型 | | | | |
| | 3. 提交初步设计成果初稿 | | | | |
| | 4. 设计成果多方充分沟通、修改 | | | | |
| | 5. 提交初步设计文本 | | | | |
| 施工图设计阶段 | 1. 前期项目资料交接与沟通（资料包含已通过审查的初步设计文本、提交施工图设计任务书） | | | | |
| | 2. 建筑各节点处理方式确定；建筑材料选型；结构特殊节点或构件处理确定；结构设计优化方式；管道、设备的基础、留洞相互配合复核；设备计算、选型确定；系统、设备、构筑物的调试、运行参数确定；各专业图纸协调性 | | | | |
| | 3. 总设计图 | | | | |
| | 4. 土方开挖平场设计图 | | | | |
| | 5. 地下室基坑开挖施工设计图 | | | | |
| | 6. 地下室基坑边坡支护设计图 | | | | |
| | 7. 地下降水施工图 | | | | |
| | 8. 室外停车场、道路、综合管网设计图 | | | | |
| | 9. 室外边坡及挡墙设计图 | | | | |

| | 设计关键节点 | 开始时间 | 完成时间 | 提交时间 | 审核与确认时限（天） |
|---|---|---|---|---|---|
| 施工图设计阶段 | 10. 大门及围墙设计图 | | | | |
| | 11. 建筑物基础设计图 | | | | |
| | 12. 建筑物结构设计图 | | | | |
| | 13. 建筑物建筑设计图 | | | | |
| | 14. 建筑物给水排水设计图 | | | | |
| | 15. 建筑物电气设计图 | | | | |
| | 16. 建筑物暖通空调设计图 | | | | |
| | 17. 建筑物消防系统设计图 | | | | |
| | 18. 建筑物机电设备设计图 | | | | |
| | 19. 建筑物人防设计图 | | | | |
| | 20. 建筑物节能设计图 | | | | |
| | 21. 建筑物绿建设计 | | | | |
| | 22. 设计人自行委托的专业深化设计施工图（或设计人自行设计） | | | | |
| | （1）外墙门窗与幕墙设计图 | | | | |
| | （2）钢结构设计图 | | | | |
| | （3）室内二次精装修设计图 | | | | |
| | （4）弱电智能化系统设计图 | | | | |
| | （5）厨房设备工艺设计图 | | | | |
| | （6）建筑物泛光亮化设计图 | | | | |
| | （7）视觉识别系统设计图 | | | | |
| | （8）室外园林景观绿化设计图 | | | | |
| | （9）污水处理系统设计图 | | | | |
| | （10）环保设计图 | | | | |
| | 23. 设计成果初稿 | | | | |
| | 24. 设计成果多方充分沟通、修改 | | | | |
| | 25. 提交施工图全套图纸 | | | | |
| | 26. 组织多方技术交底 | | | | |

## 3.10.4 案例

### 【案例1】南宁园博园项目

（1）总体设计进度计划——EXCEL（表3-20）

表 3-20

## 南宁园博园项目设计总进度计划表

| 序号 | 类别 | 工作内容 | 方案阶段 | | | 初设阶段 | | 施工图阶段 | | | | 备注 |
|---|---|---|---|---|---|---|---|---|---|---|---|---|
| | | | 方案完成 | 审核方式 | 审核完成 | 初设完成 | 审查完成 | 招标图完成 | 施工图完成 | 外审完成 | 施工图出图 | |
| 1 | 总图 | 一级园路（含路灯） | 完成 | 专家评审会 | 2017年1月4日 | 联审 | （同施工图） | 2017年3月22日 | 2017年4月16日 | 2017年5月1日 | 2017年5月4日 | |
| 2 | | 园区市政（给水排水、线缆套管） | — | — | | 联审 | （同施工图） | 2017年3月22日 | 2017年4月16日 | 2017年5月1日 | 2017年5月4日 | |
| 3 | | 竖向设计（平场） | 已完成 | 已完成 | 已完成 | 联审 | （已完成） | 已完成 | 2017年1月26日 | 完成 | 2017年2月27日 | |
| 4 | 景区景观设计 | 园区围墙 | 2017年2月28日 | 指挥部内审 | 2017年2月28日 | 联审 | （同施工图） | 2017年3月22日 | 2017年4月16日 | — | 2017年4月16日 | |
| 5 | | 主入口景区 | 2017年2月28日 | 指挥部内审 | 2017年3月1日 | 联审 | （同施工图） | 2017年4月5日 | 2017年4月30日 | 2017年5月15日 | 2017年5月17日 | |
| 6 | | 展园景区 | 2017年2月28日 | 指挥部内审 | 2017年3月1日 | 联审 | （同施工图） | 2017年4月5日 | 2017年4月30日 | 2017年5月15日 | 2017年5月17日 | |
| 7 | | 滨水画廊 | 2017年2月28日 | 指挥部内审 | 2017年3月1日 | 联审 | （同施工图） | 2017年4月5日 | 2017年4月30日 | 2017年5月15日 | 2017年5月17日 | |
| 8 | | 玲珑湖景区 | 2017年2月28日 | 指挥部内审 | 2017年3月1日 | 联审 | （同施工图） | 2017年4月5日 | 2017年4月30日 | 2017年5月15日 | 2017年5月17日 | |
| 9 | | 清泉湖景区 | 2017年2月28日 | 指挥部内审 | 2017年3月1日 | 联审 | （同施工图） | 2017年4月5日 | 2017年4月30日 | 2017年5月15日 | 2017年5月17日 | |
| 10 | | 七彩湖景区 | 2017年2月28日 | 指挥部内审 | 2017年3月1日 | 联审 | （同施工图） | 2017年4月5日 | 2017年4月30日 | 2017年5月15日 | 2017年5月17日 | |
| 11 | | 二级服务景区 | 2017年2月28日 | 指挥部内审 | 2017年3月1日 | 联审 | （同施工图） | 2017年4月5日 | 2017年5月20日 | 2017年6月4日 | 2017年6月7日 | |
| 12 | 景区配套服务建筑 | 茶室 | 2017年2月28日 | 指挥部内审 | 2017年3月1日 | 联审 | （同施工图） | 2017年4月5日 | 2017年5月20日 | 2017年6月4日 | 2017年6月7日 | |
| 13 | | 码头（浮动码头） | 2017年2月28日 | 指挥部内审 | 2017年3月1日 | 联审 | （同施工图） | 2017年4月5日 | 2017年5月20日 | 2017年6月4日 | 2017年6月7日 | |
| 14 | | 电瓶车驿站 | 2017年2月28日 | 指挥部内审 | 2017年3月1日 | 联审 | （同施工图） | 2017年4月5日 | 2017年5月20日 | 2017年6月4日 | 2017年6月7日 | |
| 15 | | 生态厕所 | 2017年2月28日 | 指挥部内审 | 2017年3月1日 | 联审 | （同施工图） | 2017年4月5日 | 2017年5月20日 | 2017年6月4日 | 2017年6月7日 | |
| 16 | | 可移动售卖亭 | 2017年2月28日 | 指挥部内审 | 2017年3月1日 | 联审 | （同施工图） | 2017年4月5日 | 2017年5月20日 | 2017年6月4日 | 2017年6月7日 | |
| 17 | 桥梁专项 | 车行桥 | 已完成 | 专家评审会 | 2017年2月20日 | 联审 | （同施工图） | 2017年3月25日 | 2017年4月10日 | 2017年4月25日 | 2017年4月28日 | |
| 18 | | 人行桥 | 已完成 | 专家评审会 | 2017年2月20日 | 联审 | （同施工图） | 2017年3月25日 | 2017年4月10日 | 2017年4月25日 | 2017年4月28日 | |

续表

| 序号 | 类别 | 工作内容 | 方案阶段 | | | 初设阶段 | | 施工图阶段 | | | | 备注 |
|---|---|---|---|---|---|---|---|---|---|---|---|---|
| | | | 方案完成 | 审核方式 | 审核完成 | 初设完成 | 审查完成 | 招标图完成 | 施工图完成 | 外审完成 | 施工图出图 | |
| 19 | | 基础绿化工程 | 已完成 | 指挥部内审 | 已完成 | 联审（完成） | | 2017年1月24日 | 2017年1月24日 | 完成 | — | |
| 20 | 种植工程 | 特色植物花园（8） | 已完成 | 指挥部内审 | 已完成 | 联审 | （同施工图） | 2017年4月15日 | 2017年4月30日 | 2017年5月15日 | 2017年5月18日 | |
| 21 | | 建筑周边绿化 | 2017年4月9日 | 指挥部内审 | 2017年4月10日 | 联审 | （同施工图） | — | 2017年4月30日 | 2017年5月15日 | 2017年5月18日 | |
| 22 | | 矿坑岩生花园 | 2017年2月28日 | 指挥部内审 | 2017年3月1日 | 联审 | （同施工图） | 2017年4月15日 | 2017年4月30日 | 2017年5月15日 | 2017年5月18日 | |
| 23 | | 其他公共绿化 | 2017年2月28日 | 指挥部内审 | 2017年3月1日 | 联审 | （同施工图） | 2017年4月15日 | 2017年4月30日 | 2017年5月15日 | 2017年5月18日 | |
| 24 | 园区智慧工程 | 智慧景区（含弱电系统） | 2017年4月1日 | 专家评审会 | 2017年4月30日 | 联审 | （同施工图） | 2017年6月10日 | 2017年6月25日 | 2017年7月10日 | 2017年7月13日 | |
| 25 | | 音乐喷泉 | 2017年4月1日 | 指挥部内审 | 2017年4月30日 | 联审 | （同施工图） | 2017年6月10日 | 2017年6月25日 | 2017年7月10日 | 2017年7月13日 | |
| 26 | 园区照明工程 | 景观照明工程 | 2017年2月28日 | 专家评审会 | 2017年3月1日 | 联审 | （同施工图） | 2017年4月5日 | 2017年4月30日 | 2017年5月15日 | 2017年5月17日 | |
| 27 | | 艺术/特色照明 | 2017年2月28日 | 专家评审会 | 2017年3月1日 | 联审 | （同施工图） | 2017年4月5日 | 2017年4月30日 | 2017年5月15日 | 2017年5月17日 | |
| 28 | | 游客服务中心（主入口） | 2017年2月23日 | 专家评审会 | 2017年2月28日 | 2017年3月25日 | 2017年4月9日 | 2017年4月15日 | 2017年5月20日 | 2017年6月4日 | 2017年6月7日 | |
| 29 | | 演艺中心 | 2017年2月23日 | 专家评审会 | 2017年2月28日 | 2017年3月25日 | 2017年4月9日 | 2017年4月15日 | 2017年5月20日 | 2017年6月4日 | 2017年6月7日 | |
| 30 | | 园林艺术馆 | 2017年2月23日 | 专家评审会 | 2017年2月28日 | 2017年3月25日 | 2017年4月9日 | 2017年4月15日 | 2017年5月20日 | 2017年6月4日 | 2017年6月7日 | |
| 31 | 建筑工程 | 东盟馆 | 2017年2月23日 | 专家评审会 | 2017年2月28日 | 2017年3月25日 | 2017年4月9日 | 2017年4月15日 | 2017年5月20日 | 2017年6月4日 | 2017年6月7日 | |
| 32 | | 体验馆 | 2017年2月23日 | 专家评审会 | 2017年2月28日 | 2017年3月25日 | 2017年4月9日 | 2017年4月15日 | 2017年5月20日 | 2017年6月4日 | 2017年6月7日 | |
| 33 | | 清泉阁 | 2017年2月23日 | 专家评审会 | 2017年2月28日 | 2017年3月25日 | 2017年4月9日 | 2017年4月15日 | 2017年5月20日 | 2017年6月4日 | 2017年6月7日 | |
| 34 | | 配套商业用房 | 2017年2月23日 | 专家评审会 | 2017年2月28日 | 2017年3月25日 | 2017年4月9日 | 2017年4月15日 | 2017年5月20日 | 2017年6月4日 | 2017年6月7日 | |
| 35 | | 其他入口大门（4） | 2017年2月23日 | 专家评审会 | 2017年2月28日 | 2017年3月25日 | 2017年4月9日 | 2017年4月15日 | 2017年5月20日 | 2017年6月4日 | 2017年6月7日 | |

续表

| 序号 | 类别 | 工作内容 | 方案阶段 | | | 初设阶段 | | | 施工图阶段 | | | | 备注 |
|---|---|---|---|---|---|---|---|---|---|---|---|---|---|
| | | | 方案完成 | 审核方式 | 审核完成 | 初设完成 | 审查完成 | 招标图完成 | 施工图完成 | 施工图完成 | 外审完成 | 施工图出图 | |
| 36 | 建筑工程 | 公园管理用房 | 2017年2月23日 | 专家评审会 | 2017年2月28日 | 2017年3月25日 | 2017年4月9日 | 2017年4月15日 | 2017年5月20日 | 2017年5月20日 | 2017年6月4日 | 2017年6月7日 | |
| 37 | | 其他 | 2017年2月23日 | 专家评审会 | 2017年2月28日 | 2017年3月25日 | 2017年4月9日 | 2017年4月15日 | 2017年5月20日 | 2017年5月20日 | 2017年6月4日 | 2017年6月7日 | |
| 38 | | 幕墙工程 | 2017年2月23日 | 专家评审会 | 2017年2月28日 | 2017年3月25日 | 2017年4月9日 | 2017年4月15日 | 2017年5月20日 | 2017年5月20日 | 2017年6月4日 | 2017年6月7日 | |
| 39 | 建筑配套工程 | 展陈设计（部分展馆） | | 专家评审会 | | | | | | | | | |
| 40 | | 精装修工程（非展陈区域） | 2017年4月15日 | 专家评审会 | 2017年5月15日 | 联审（同施工图） | 联审（同施工图） | 2017年6月25日 | 2017年6月25日 | 2017年6月25日 | 2017年7月10日 | 2017年7月13日 | |
| 41 | | 智能化工程 | — | — | — | 联审（同施工图） | 联审（同施工图） | 2017年4月15日 | 2017年5月20日 | 2017年5月20日 | 2017年6月4日 | 2017年6月7日 | |
| 42 | | 泛光照明 | 2017年4月15日 | 专家评审会 | 2017年5月15日 | 联审（同施工图） | 联审（同施工图） | 2017年6月25日 | 2017年6月25日 | 2017年6月25日 | — | 2017年6月28日 | |
| 43 | | 城市展园（45） | 2017年4月15日 | 专家评审会 | 2017年7月3日 | 2017年8月17日 | — | — | 2017年9月16日 | | 2017年9月30日 | 2017年10月3日 | |
| | | | | 专家评审会 | | 企业园方案修改 | 企业园方案二次评审 | | | | | | |
| 44 | 展园设计 | 企业园（11个） | 2017年8月28日 | 专家评审会 | 2017年9月27日 | — | 2017年10月12日 | — | 2017年11月26日 | 2017年11月26日 | — | 2017年11月26日 | |
| 45 | | 广西园（1个） | — | 专家评审会 | — | — | — | — | — | — | — | — | |
| 46 | | 设计师园（5个） | 2017年4月30日 | 专家评审会 | 2017年5月10日 | 2017年7月29日 方案修改完成 | 2017年8月13日 | 初设修改完成 2017年8月28日 | 2017年10月27日 | 2017年10月27日 | — | 2017年10月27日 | |
| | | | | | | 方案深化设计完成 | 方案深化设计完成 | 方案二次评审完成 | 方案二次修改完成 | 2017年8月27日 | | | |
| 47 | | 东盟园（10个） | — | 专家评审会 | 2017年5月29日 | 2017年6月13日 | 2017年7月28日 | 2017年8月12日 | 2017年8月27日 | 2017年8月27日 | — | 2017年10月26日 | |

续表

| 序号 | 类别 | 工作内容 | 方案阶段 | | | 初设阶段 | | 招标图完成 | 施工图阶段 | | 施工图出图 | 备注 |
|---|---|---|---|---|---|---|---|---|---|---|---|---|
| | | | 方案完成 | 审核方式 | 审核完成 | 初设完成 | 审查完成 | | 施工图完成 | 外审完成 | | |
| 48 | 展园设计 | 丝路园（8个） | 2017年4月1日 | 专家评审会 | 2017年5月29日 | 2017年6月13日 | 2017年7月28日 | 2017年8月12日 | 2017年8月27日 | | 2017年10月26日 | |
| 49 | 标识系统 | 室外标识 | 2017年4月1日 | 专家评审会 | 2017年5月1日 | 联审（同施工图） | | 2017年7月15日 | 2017年7月15日 | — | 2017年7月18日 | |
| 50 | | 室内标识 | 2017年4月1日 | 专家评审会 | 2017年5月1日 | 联审（同施工图） | | 2017年7月15日 | 2017年7月15日 | — | 2017年7月18日 | |
| 51 | | Logo展示 | 2017年4月1日 | 专家评审会 | 2017年5月1日 | 联审（同施工图） | | 2017年7月15日 | 2017年7月15日 | — | 2017年7月18日 | |
| 52 | 专项工程设计 | 绿建专项设计 | — | — | — | — | | — | — | — | — | |
| 53 | | 矿坑花园专项 | 2017年2月28日 | 专家评审会 | 2017年3月1日 | 联审（同施工图） | | 2017年4月5日 | 2017年4月30日 | 2017年5月15日 | 2017年5月17日 | |
| 54 | | 健康花园专项 | 2017年2月28日 | 专家评审会 | 2017年3月1日 | 联审（同施工图） | | 2017年4月5日 | 2017年4月30日 | 2017年5月15日 | 2017年5月17日 | |
| 55 | | 水厂及提灌站改造 | 2017年5月31日 | 指挥部内审 | 2017年6月10日 | 联审（同施工图） | | 2017年6月30日 | 2017年6月30日 | — | 2017年7月3日 | |
| 56 | | 既有建筑改造 | 2017年5月31日 | 指挥部内审 | 2017年6月10日 | 联审（同施工图） | | 2017年6月30日 | 2017年6月30日 | — | 2017年7月3日 | |
| 57 | | 雕塑专项 | — | — | — | — | | — | — | — | — | |
| 58 | | 海绵（方案）专项 | 2017年2月28日 | 专家评审会 | 2017年3月1日 | 联审（同施工图） | | — | — | — | — | |
| 59 | | 防灾（方案）专项 | 2017年2月28日 | 专家评审会 | 2017年3月1日 | 联审（同施工图） | | — | — | — | — | |
| 60 | | 无障碍（方案）专项 | 2017年2月28日 | 专家评审会 | 2017年3月1日 | 联审（同施工图） | | — | — | — | — | |
| 61 | 其他配套工程 | 高低压配电工程 | | | | | | 2017年5月26日 | 2017年5月26日 | 2017年6月12日 | 2017年6月15日 | |
| 62 | | 燃气工程 | | | | | | 2017年5月26日 | 2017年5月26日 | 2017年6月12日 | 2017年6月15日 | |
| 63 | | 临时配套服务区建设工程 | 2017年2月28日 | 指挥部内审 | 2017年3月1日 | 联审（同施工图） | | 2017年4月5日 | 2017年4月30日 | 2017年5月15日 | 2017年5月17日 | |
| 64 | 关联工程 | 防洪堤（园区内段）工程 | — | — | — | — | | — | — | — | 2017年5月1日 | |
| 65 | | 八尺江环境综合整治（那蒙河）工程 | — | — | — | — | | — | — | — | 2017年5月1日 | |

（2）总体设计进度计划——PROJECT（图 3-12）

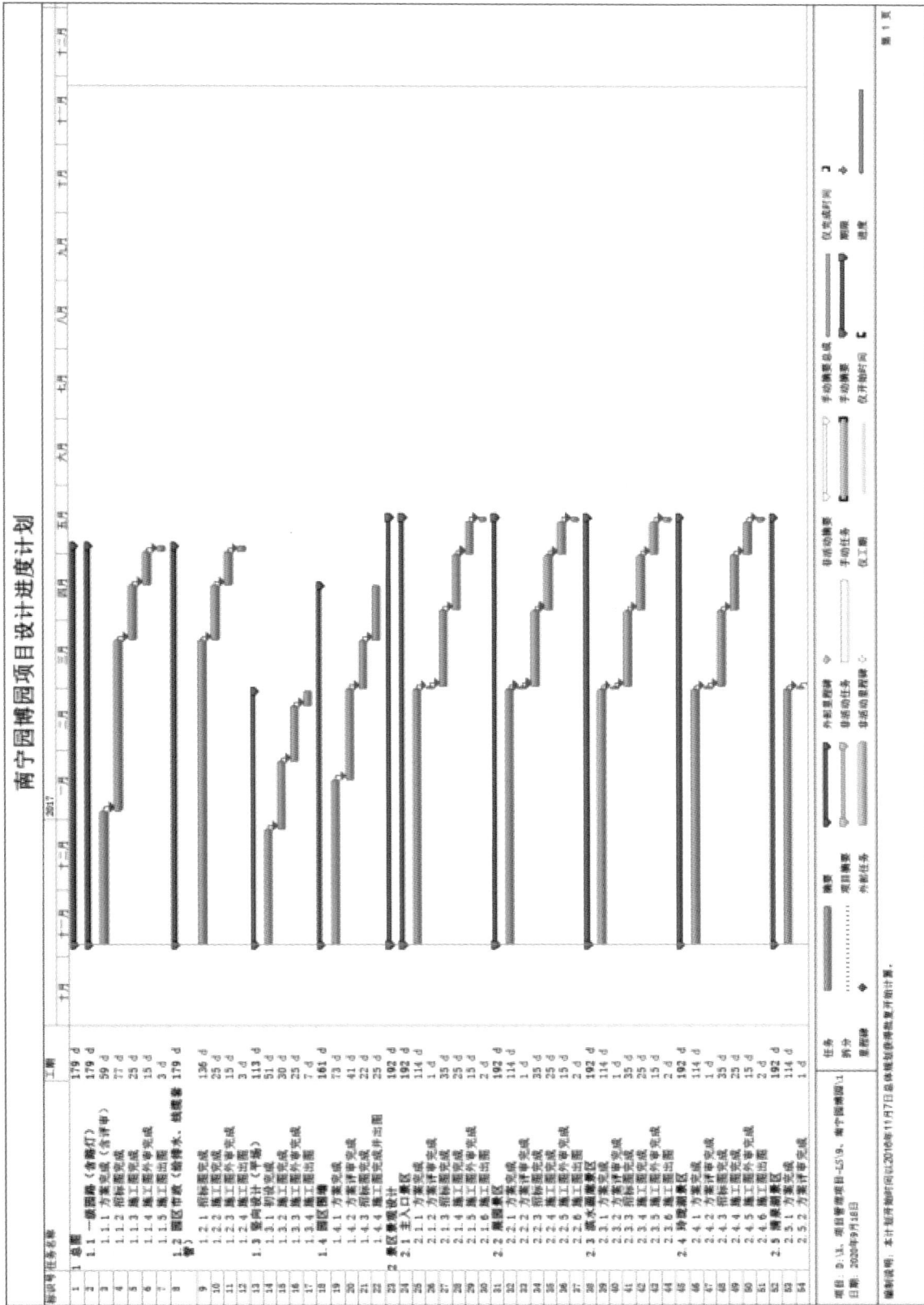

图 3-12　设计进度计划甘特图（一）

图 3-12 设计进度计划甘特图（二）

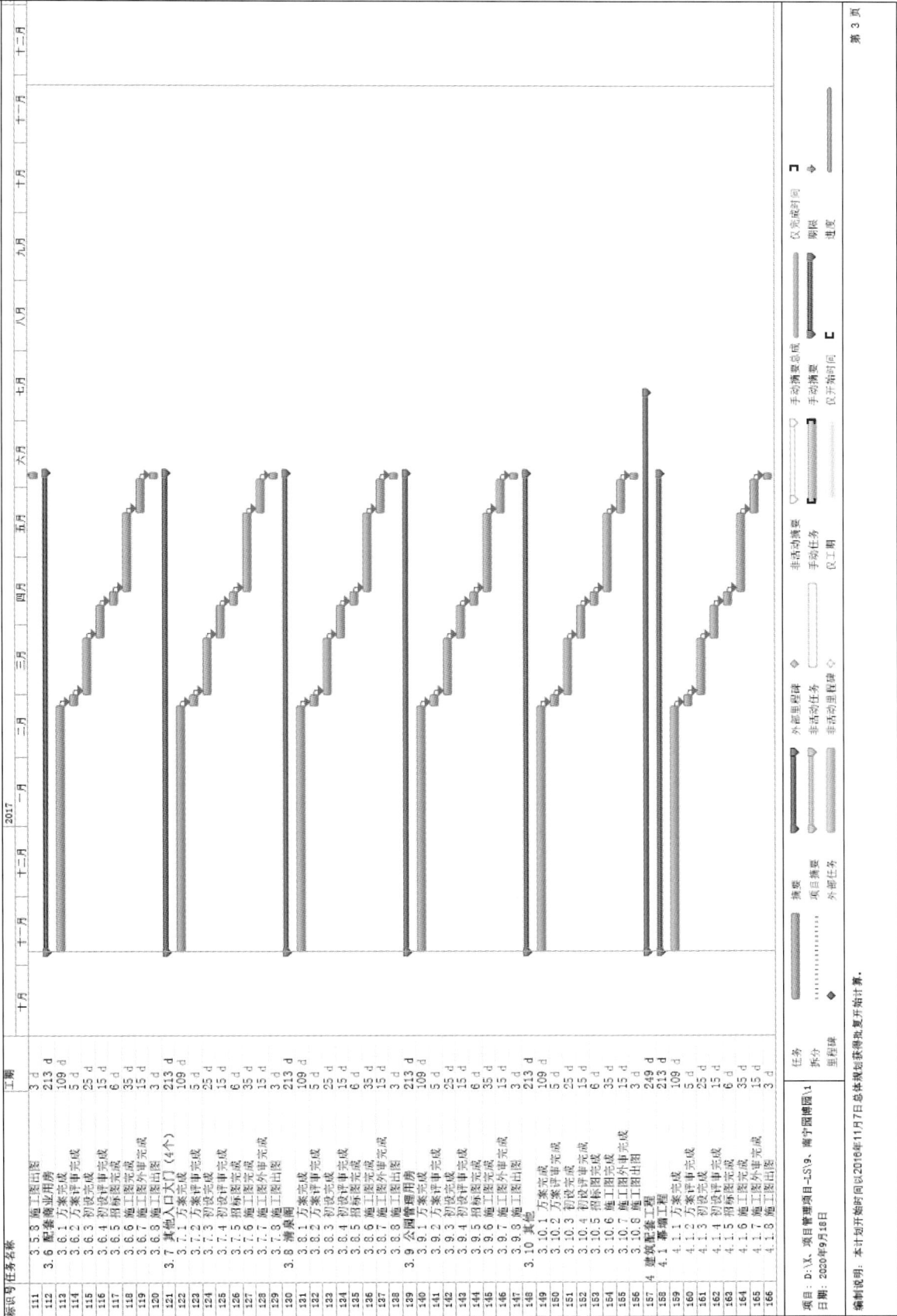

图 3-12 设计进度计划甘特图（三）

南宁园博园项目设计进度计划

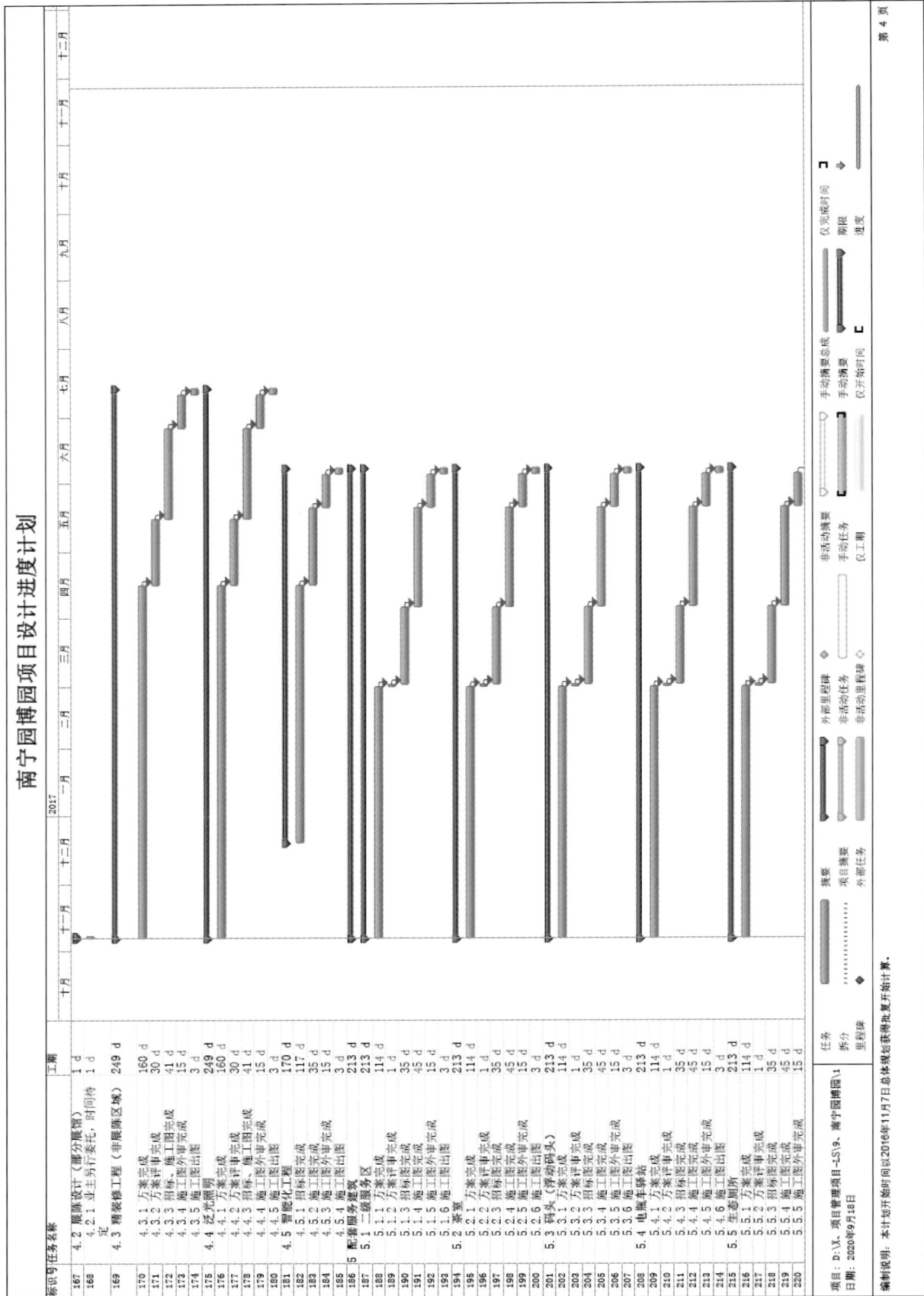

图 3-12 设计进度计划甘特图（四）

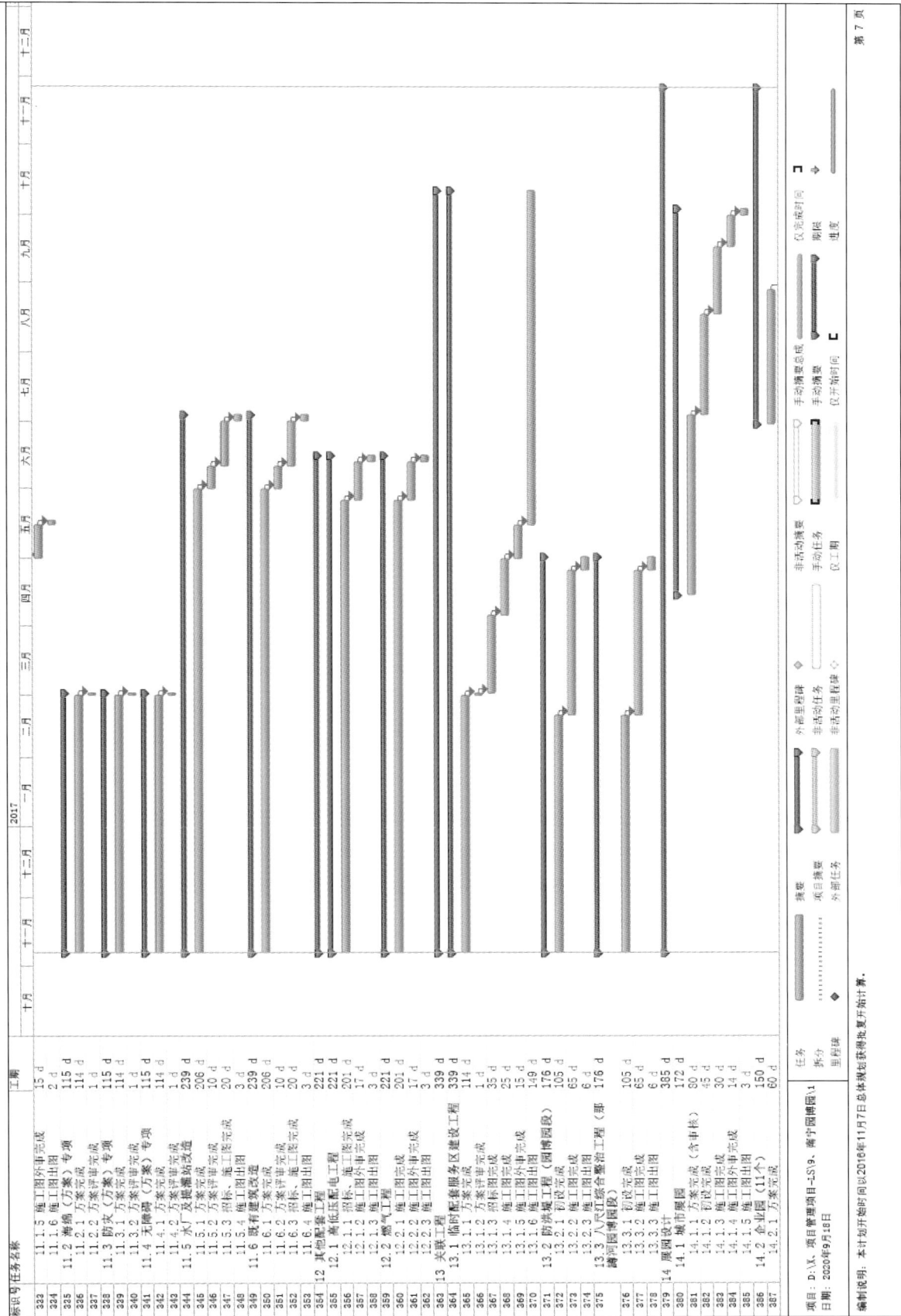

图 3-12 设计进度计划甘特图（五）

图 3-12 设计进度计划甘特图（六）

（3）方案设计进度跟踪（表 3-21）

### 南宁园博园项目方案设计进度计划表

表 3-21

| 序号 | 专项 | 工作细项 | 主责单位 | 完成方式 | 方案阶段 | | 住房和城乡建设厅 | | 设计小组 | |
| --- | --- | --- | --- | --- | --- | --- | --- | --- | --- | --- |
| | | | | | 进度 | 审核部门/方式 | 组织评审 | 备案 | 小组负责人 | 具体负责人 |
| 1 | 总规 | 园博园总体规划 | 中建院 | 自主完成 | 已完成 | 组委会 | | √ | | |
| 2 | 总图 | 一级园路（含路灯） | 中国院 | 自主完成 | 已完成 | 专家评审会 | | | | |
| 3 | | 园区市政（给排水、线缆套管） | 中国院 | 自主完成 | — | — | | | | |
| 4 | | 竖向设计（平场） | 中国院 | 自主完成 | 已完成 | 已完成 | | | | |
| 5 | | 园区围墙 | 中国院 | 自主完成 | 初稿 | 指挥部内审 | | | | |
| 6 | 景区景观设计 | 主入口景区 | 中国院 | 自主完成 | 初稿 | 指挥部内审 | | | | |
| 7 | | 展园景区 | 中国院 | 自主完成 | 初稿 | 指挥部内审 | | | | |
| 8 | | 滨水画廊 | 中国院 | 自主完成 | 初稿 | 指挥部内审 | | √ | | |
| 9 | | 玲珑湖景区 | 中国院 | 自主完成 | 初稿 | 指挥部内审 | | | | |
| 10 | | 清泉湖景区 | 中国院 | 自主完成 | 初稿 | 指挥部内审 | | | | |
| 11 | | 七彩湖景区 | 中国院 | 自主完成 | 初稿 | 指挥部内审 | | | | |
| 12 | 景区配套服务建筑 | 二级服务区 | 中国院 | 自主完成 | 初稿 | 指挥部内审 | | | | |
| 13 | | 茶室 | 中国院 | 自主完成 | 初稿 | 指挥部内审 | | | | |
| 14 | | 码头（浮动码头） | 中国院 | 自主完成 | 初稿 | 指挥部内审 | | | | |
| 15 | | 电瓶车驿站 | 中国院 | 自主完成 | 初稿 | 指挥部内审 | | | | |
| 16 | | 生态厕所 | 中国院 | 自主完成 | 初稿 | 指挥部内审 | | | | |
| 17 | | 可移动售卖亭 | 中国院 | 自主完成 | 初稿 | 指挥部内审 | | | | |
| 18 | 种植工程 | 基础绿化工程 | 中国院 | 古今院 | 已完成 | 专家评审会 | | | | |
| 19 | | 特色植物花园（8） | 中国院 | 古今院 | 初稿 | 指挥部内审 | | √ | | |
| 20 | | 建筑周边绿化 | 中国院 | 古今院 | — | 指挥部内审 | | | | |
| 21 | | 矿坑岩生花园 | 中国院 | 多义景观＋古今院 | — | 指挥部内审 | | | | |
| 22 | | 其他公共绿化 | 中国院 | 古今院 | — | 指挥部内审 | | | | |
| 23 | 桥梁专项 | 车行桥 | 中国院 | 自主完成 | 已完成 | 专家评审会 | | √ | | |
| 24 | | 人行桥 | 中国院 | 自主完成 | 已完成 | 专家评审会 | | | | |
| 25 | 园区智慧工程 | 智慧景区（含弱电系统） | 中国院 | 外包 | — | 专家评审会 | | | | |
| 26 | | 音乐喷泉 | 中国院 | 外包 | — | 指挥部内审 | | | | |
| 27 | 园区照明工程 | 景观照明工程 | 中国院 | 方案外包 | — | 专家评审会 | | | | |
| 28 | | 艺术/特色照明 | 中国院 | 方案外包 | — | 专家评审会 | | | | |
| 29 | 建筑工程 | 游客服务中心（主入口） | 中国院 | 自主完成 | 已完成评审 | 专家评审会 | | | | |
| 30 | | 演艺中心 | 中国院 | 自主完成 | 已完成评审 | 专家评审会 | | | | |
| 31 | | 园林艺术馆 | 中国院 | 自主完成 | 已完成评审 | 专家评审会 | | | | |
| 32 | | 东盟馆 | 中国院 | 自主完成 | 已完成评审 | 专家评审会 | | | | |
| 33 | | 体验馆 | 中国院 | 自主完成 | 已完成评审 | 专家评审会 | | √ | | |
| 34 | | 清泉阁 | 中国院 | 自主完成 | 已完成评审 | 专家评审会 | | | | |
| 35 | | 配套商业用房 | 中国院 | 自主完成 | 已完成评审 | 专家评审会 | | | | |
| 36 | | 其他入口大门（4） | 中国院 | 自主完成 | 已完成评审 | 专家评审会 | | | | |
| 37 | | 公园管理用房 | 中国院 | 自主完成 | 已完成评审 | 专家评审会 | | | | |
| 38 | | 其他 | 中国院 | 自主完成 | 已完成评审 | 专家评审会 | | | | |

| 序号 | 专项 | 工作细项 | 主责单位 | 完成方式 | 方案阶段 | | 住房和城乡建设厅 | | 设计小组 | |
|---|---|---|---|---|---|---|---|---|---|---|
| | | | | | 进度 | 审核部门/方式 | 组织评审 | 备案 | 小组负责人 | 具体负责人 |
| 39 | 建筑配套工程 | 幕墙工程 | 中国院 | 自主完成 | — | 专家评审会 | | | | |
| 40 | | 展陈设计（部分展馆） | 业主另委 | — | — | 专家评审会 | √ | √ | | |
| 41 | | 精装修工程（非展陈区域） | 中国院 | 自主完成 | | 专家评审会 | | | | |
| 42 | | 智能化工程 | 中国院 | 自主完成 | | 专家评审会 | | | | |
| 43 | | 泛光照明 | 中国院 | 方案外包 | | 专家评审会 | | | | |
| 44 | 其他配套工程 | 高低压配电工程 | 专业单位 | 专业单位 | | — | | | | |
| 45 | | 燃气工程 | 专业单位 | 专业单位 | | — | | | | |
| 46 | 展园设计 | 城市展园（45） | 城市自主 | 邀展 | 已邀展 | 专家评审会 | √ | √ | | |
| 47 | | 企业园（11个） | 企业自主 | 邀展 | — | 专家评审会 | | | | |
| 48 | | 广西园（1个） | 中国院 | 概念方案＋自主 | 开展征集＋定向委托 | 专家评审会 | √ | √ | | |
| 49 | | 设计师园（5个） | 业主另委 | 概念方案＋自主 | 开展征集 | 专家评审会 | | | | |
| 50 | | 东盟园（10个） | 中国院 | 邀展＋自主 | — | 专家评审会 | | √ | | |
| 51 | | 丝路园（8个） | 业主另委 | 邀展 | 已邀展 | 专家评审会 | | √ | | |
| 52 | 标识系统 | 室外标识 | 中国院 | 外包 | | 专家评审会 | | | | |
| 53 | | 室内标识 | 中国院 | 外包 | | 专家评审会 | | | | |
| 54 | | Logo展示 | — | — | | 专家评审会 | | | | |
| 55 | 专项工程设计 | 绿建专项设计 | 中国院 | 外包 | — | 专家评审会 | | | | |
| 56 | | 矿坑花园专项 | 中国院 | 多义景观 | 已完成评审 | 专家评审会 | | | | |
| 57 | | 健康花园专项 | 中国院 | 外包 | | 专家评审会 | | | | |
| 58 | | 水厂及提灌站改造 | 中国院 | 自主完成 | | 指挥部内审 | | | | |
| 59 | | 既有建筑改造 | 中国院 | 自主完成 | | 指挥部内审 | | | | |
| 60 | | 雕塑专项 | 业主另委 | 创作成形一体化 | — | — | | | | |
| 61 | | 海绵（方案）专项 | 中国院 | 自主完成＋配合 | | 专家评审会 | | | | |
| 62 | | 防灾（方案）专项 | 中国院 | 自主完成 | | 专家评审会 | | | | |
| 63 | | 无障碍（方案）专项 | 中国院 | 自主完成 | | 专家评审会 | | | | |
| 64 | 顶狮山遗址公园设计 | 总规 | 市文新局 | — | 已完成 | 国家文物局 | | | | |
| 65 | | 本体保护 | 中国院 | — | — | 国家文物局 | | | | |
| 66 | | 展览展示 | 市文新局 | — | — | 专家评审会 | | | √ | |
| 67 | | 遗址博物馆 | 中国院 | — | — | 国家文物局 | | | | |
| 68 | | 遗址考古公园 | — | — | — | 国家文物局 | | | | |
| 69 | 关联工程 | 临时配套服务区建设工程 | 五象投资集团 | | 初稿 | 指挥部内审 | | | | |
| 70 | | 防洪堤（园区内段）工程 | 交投集团 | | 已完成评审 | 珠江水利委员会 | | | | |
| 71 | | 八尺江环境综合整治（那馥河）工程 | 交投集团 | | 初稿 | 市规划局 | | | | |

**【案例 2】内蒙古赛马场项目（表 3-22）**

内蒙古少数民族群众文化体育运动中心工程设计进度计划表

表 3-22

| 序号 | 类别 | 设计工作项目 | 设计任务书 | 方案设计 | 施工图设计 | 施工图图审 | 施工图出图 | 施工图备案 | 施工招标（发标） | 技术交底 |
|---|---|---|---|---|---|---|---|---|---|---|
| 1 | 总图 | 总图设计（场地标高、市政给水排水设计、道路管网设计） | — | — | 2015 年 11 月 15 日 | 2015 年 11 月 30 日 | 2015 年 12 月 5 日 | 2015 年 12 月 10 日 | 2015 年 11 月 28 日 | 2016 年 1 月 15 日 |
| 2 | 主体混凝土 | 主体建筑（多功能主楼、竞马圈、看台楼）混凝土 | — | — | 2015 年 11 月 15 日 | 2015 年 11 月 30 日 | 2015 年 12 月 5 日 | 2015 年 12 月 10 日 | 2015 年 11 月 28 日 | 2016 年 1 月 15 日 |
| 3 | | 马厩、标准赛道 | — | — | — | 2015 年 11 月 30 日 | 2015 年 12 月 5 日 | 2015 年 12 月 10 日 | 已完成招标 | 2015 年 11 月 3 日 |
| 4 | | 室外停车场设计 | — | — | 2015 年 11 月 15 日 | 2015 年 11 月 30 日 | 2015 年 12 月 5 日 | 2015 年 12 月 10 日 | 2015 年 11 月 28 日 | 2016 年 1 月 15 日 |
| 5 | | 主体建筑（多功能主楼、竞马圈、看台楼）钢结构 | — | — | 2015 年 11 月 15 日 | 2015 年 11 月 30 日 | 2015 年 12 月 5 日 | 2015 年 12 月 10 日 | 2015 年 11 月 28 日 | 2016 年 1 月 15 日 |
| 6 | 主体钢结构 | 主体建筑钢结构支座及预埋件设计 | — | — | 2015 年 11 月 15 日 | 2015 年 11 月 30 日 | 2015 年 12 月 5 日 | 2015 年 12 月 10 日 | 2015 年 11 月 28 日 | 2016 年 1 月 15 日 |
| 7 | | 主体建筑钢结构深化设计 | — | — | 2015 年 11 月 15 日 | 2015 年 11 月 30 日 | 2015 年 12 月 5 日 | 2015 年 12 月 10 日 | 2015 年 11 月 28 日 | 2016 年 1 月 15 日 |
| 8 | | 主体建筑屋面系统施工图设计 | — | — | 2015 年 11 月 15 日 | 2015 年 11 月 30 日 | 2015 年 12 月 5 日 | 2015 年 12 月 10 日 | 2015 年 11 月 28 日 | 2016 年 1 月 15 日 |
| 9 | | 主体建筑外墙幕墙施工图设计 | — | — | 2015 年 11 月 15 日 | 2015 年 11 月 30 日 | 2015 年 12 月 5 日 | 2015 年 12 月 10 日 | 2015 年 11 月 28 日 | 2016 年 1 月 15 日 |
| 10 | 内外装修 | 主体建筑外墙幕墙结构深化设计 | — | — | 2016 年 2 月 13 日 | 2016 年 2 月 28 日 | 2016 年 3 月 4 日 | 2016 年 3 月 9 日 | — | — |
| 11 | | 主体建筑外墙幕墙结构深化设计 | — | — | 2016 年 2 月 13 日 | 2016 年 2 月 28 日 | 2016 年 3 月 4 日 | 2016 年 3 月 9 日 | — | — |
| 12 | | 主楼公共区域精装修设计 | — | — | 2015 年 11 月 15 日 | 2015 年 11 月 30 日 | 2015 年 12 月 5 日 | 2015 年 12 月 10 日 | 2016 年 1 月 24 日 | 2016 年 2 月 3 日 |

续表

| 序号 | 类别 | 设计工作项目 | 设计任务书 | 方案设计 | 施工图设计 | 施工图图审 | 施工图出图 | 施工图备案 | 施工招标（发标） | 技术交底 |
|---|---|---|---|---|---|---|---|---|---|---|
| 13 | 内外装修 | 搏击馆、射箭馆精装修设计 | #REF! | 2016年7月12日 | | 2016年9月25日 | 2016年9月30日 | 2016年10月5日 | 2016年11月22日 | 2017年1月9日 |
| 14 | | 演艺大厅精装修设计 | #REF! | 2016年7月12日 | | 2016年9月25日 | 2016年9月30日 | 2016年10月5日 | 2016年11月22日 | 2017年1月9日 |
| 15 | | 主体空调系统设计 | — | — | 2015年11月15日 | 2015年11月30日 | 2015年12月5日 | 2015年12月10日 | 2015年11月28日 | 2016年1月15日 |
| 16 | | 除三馆外的主体智能化设计 | — | — | 2016年3月14日 | 2016年3月29日 | 2016年4月3日 | 2016年4月8日 | 2016年5月23日 | 2016年6月2日 |
| 17 | 配套设计 | 搏击馆、射箭馆、演艺大厅智能化设计 | 2016年4月15日 | 2016年6月29日 | 2016年8月31日 | 2016年9月15日 | 2016年9月20日 | 2016年9月25日 | 2016年11月22日 | 2017年1月9日 |
| 18 | | 场地景观绿化设计 | — | — | 2015年12月15日 | 2015年12月30日 | 2016年1月4日 | 2016年1月9日 | 2016年2月23日 | 2016年3月4日 |
| 19 | | 泛光立面照明设计 | — | — | 2016年3月14日 | 2016年3月29日 | 2016年4月3日 | 2016年4月8日 | 2016年5月23日 | 2016年8月1日 |
| 20 | | 赛马场赛事运营转播智能化系统设计 | 2016年4月15日 | 2016年6月29日 | 2016年8月31日 | 2016年9月15日 | 2016年9月20日 | 2016年9月25日 | 2016年11月22日 | 2017年1月9日 |
| 21 | 专有系统 | 搏击馆、射箭馆转播智能赛事运营化系统设计 | 2016年4月15日 | 2016年6月29日 | 2016年8月31日 | 2016年9月15日 | 2016年9月20日 | 2016年9月25日 | 2016年11月22日 | 2017年1月9日 |
| 22 | | 演艺大厅声学设计、舞台机械、灯光设计 | 2016年4月15日 | 2016年6月29日 | 2016年8月31日 | 2016年9月15日 | 2016年9月20日 | 2016年9月25日 | 2016年11月22日 | 2017年1月9日 |
| 23 | 其他 | 高低压配电设计 | — | — | 2016年3月15日 | 2016年3月29日 | 2016年4月3日 | 2016年4月8日 | — | — |
| 24 | | 项目LOGO、标识标牌设计 | 2016年6月11日 | 2016年8月10日 | 2016年9月10日 | 2016年9月25日 | 2016年9月30日 | 2016年10月5日 | 2016年9月23日 | 2016年9月28日 |

# 3.11　限额设计目标设定及管控

项目结构工程包括地基及基础工程、基坑及支护工程、地下工程、地上主体工程，也包括二次结构、幕墙结构工程、大跨度屋面工程等内容。结构工程占项目建安成本一般在 1/3 ~ 1/2。因此，结构设计的经济性对项目整体经济性影响比较大。通过对结构设计的经济性控制产生对项目建安成本的控制与优化，这就是结构限额设计的主要目的和意义。

## 3.11.1　限额设计目标设定依据

结构限额设计过程中，确定合理的限额设计目标首要环节。限额设计目标过高，会失去其成本控制的意义；相反，限额设计目标确定过低，则难以实现、带来设计单位的抵触及一系列不利的影响。目前，对于一般公共建筑或住宅类工程，结构设计限额目标已经比较成熟，比如国内知名品牌开发商一般都有自身一套项目开发建设的结构限额设计目标，项目限额设计目标确定可以参照已有工程经验积累。

虽然如此，限额设计目标仍然与建设地点的抗震设防烈度、场地特征周期以及项目自身特征相关。比如即使是同一地点、同一类场地的同类型项目，其限额设计目标也会受到结构方案关键参数（比如说结构高宽比）产生较大的变化。因此，项目设计管理工作对结构限额设计目标的设定应参考已有工程经验的同时，充分考虑项目自身特性，科学合理地确定限值。

## 3.11.2　限额设计目标提出时间

关于限额设计目标提出时间，目前不同的项目差异性很大，有些项目比较早，比如在方案设计前就提出来了；有些项目又比较晚，施工图设计已经开始还未确定。我们建议限额设计目标提出应该在项目方案设计深化完成后、初步设计开始之前确定，过早则会不准确，过晚则会失去管控的意义。此时，结构方案设计已经完成，项目结构自身特性已经基本确定，并且为开始进入结构措施和主要构件设计阶段，因此是限额设计目标提出最佳时机。

## 3.11.3　限额设计过程管控

限额设计目标的设定与提出并不是结构限额设计工作的结束，而应是限额设计工作的开始。

首先，项目设计管理工作应该建立项目设计的奖惩制度，约定对设计单位的奖罚方式，使结构"限额设计"真正成为设计单位设计的目标和成果考量的"红线"。其次，设计管理工作应伴随项目设计深度，与设计阶段全过程造价咨询工作协同，阶段性对设计单位设计成果进行综合评价，我们建议把限额设计目标提出后的考核工作划分为四个阶段：初步设计、50% 施工图设计、90% 施工图设计、100% 施工图设计。最后，限额设计目标的管控与考核不应以损失设计进度和工程进度为代价，因此过程中的优化控制工作，应以问题"早发现、早解决""随发现、随解决"为基本原则，避免结构设计成果大范围的反复与修改。

最后，需要强调结构限额设计师业主（管理单位）与设计院为提升设计水平、控制项目成本而制定和实施的共同目标，而不是业主（管理单位）与设计单位的分歧点，更不是角逐点。因此，业主（管理单位）在制定和管控限额设计目标过程中应充分尊重设计单位的意见；而设计单位在共识的限额设计目标制定后，应依托自身的技术能力，并充分利用技术手段，尽可能保障目标的实现。

### 3.11.4 案例

**【案例1】北京某项目限额设计指标（表3-23）**

施工图设计结构材料限额指标表　　　　　　　　　　　　　表3-23

| 楼号或部位 | 钢筋含钢量（kg/m²） | 混凝土含量（m³/m²） | 备　注 |
|---|---|---|---|
| 地上办公楼 | 85 | 0.43 | 含量计算基数：办公建筑面积约105197.508m²，建筑高度不超过100m |
| 地上裙房商业 | 58 | 0.35 | 含量计算基数：商业计容建筑面积约21734.492m² |
| 地下商业（负一层） | 120 | 0.8 | 含量计算基数：商业不计容建筑面积约30024.55m² |
| 地下室人防区域 | 220 | 1.6 | 含量计算基数：地下室人防建筑面积，约9719.49m² |
| 地下室非人防区域 | 160 | 1.2 | 含量计算基数：地下室非人防建筑面形，约50329.61m² |

注：（地下室面积加权计算后综合用钢量145kg/m²）

① 地下室材料含量指标包括±0.000（含）以下、基础垫层（不含）以上所有结构的钢筋和混凝土含量，桩（如有）及基底处理（如有）的材料不包含在材料含量中。

② 地下室顶无建筑部分绿化填土厚度考虑1m，地下负3层考虑核5、6级人防相结合。

③ 地下室底板基础暂按桩基础考虑。

**【案例2】广西某项目限额设计指标（表3-24）**

限额设计指标表　　　　　　　　　　　　　表3-24

| 序号 | 单位工程名称 | 楼层数 | 高度 | 结构形式 | 混凝土含量（m³/m²） | 型钢含量（kg/m²） | 钢筋含量（kg/m²） | 典型活载（kPa） |
|---|---|---|---|---|---|---|---|---|
| 1 | 沿街商业 | 3 | 11.1 | 框架 | 0.4 | / | 50 | 5.0 |
| 2 | 金融总部办公 | 52 | 250 | 框架－核心筒 | 0.44 | 20 | 80 | 2.0 |
|  |  | 39 | 173.1 |  |  | 14.0 | 75 |  |
|  |  | 34 | 152.1 |  |  | 14.0 | 70 |  |
| 3 | 金融展示交易中心 | 3～4 | 11.1～22.2 | 框架 | 0.36 | / | 48 | 3.5 |
| 4 | 酒店 | 47 | 196.7 | 框架－核心筒 | 0.42 | 18.0 | 70 | 2.0 |
| 5 | 公寓式酒店 | 38 | 150 | 框架－核心筒 | 0.44 | 13.0 | 75 | 2.0 |
| 6 | 地下室（不含人防） | 4～6 | 17.5～20.9 | 框架 | 1.1 | / | 140 | 4.0 |
| 7 | 人防地下室 | 1 | 5.1 | 框架 | 1.25 | / | 165 | 50 |

注：以上限额指标的地震设防烈度为7度，地下室限额指标不含基础面以下部分。

## 3.12　项目设计超限审查管控与配合

在项目全过程工程咨询管理过程中，对于部分规模较大、高度较高、建筑方案异形、结构方案不规则、大跨度空间结构无法进行防火分区、防火间距不满足要求等特征的项目，可能存在超限问题，这时就需要进行项目超限审查工作。

对于项目是否存在超限，规范及项目成果审查标准有明确的规定。比如，对于项目结构是否超限问题，主要依据为《超限高层建筑工程抗震设防专项审查技术要点》，该技术要点对超限审查的范围、内容要求和申报流程进行了明确的规定。对于项目消防超限，2020 年 4 月 1 日住房和城乡建设部颁布了《建设工程消防设计审查验收管理暂行规定》中也有明确规定。

### 3.12.1  结构超限审查管理

#### 1. 结构超限的主要管理工作

结构超限审查是项目结构设计中最关键的环节，它既代表了专项分析设计等的技术和成本投入，又代表了 1～2 个月的项目设计周期增加，还代表了项目主要设防标准（对结构设计成本影响是较大），因此对项目进度、质量和成本影响都是巨大的。

结构超限审查的主要工作应由设计单位完成。也有一些情况，业主将超限审查编制及汇报工作单独委托给另一家工程咨询单位完成。无论是采用哪种方式，项目结构设计管理工程师都要对结构超限审查进行有效的管控和配合，主要包括以下几个方面：

（1）确定项目是否归属于超限高层建筑。超限高层建筑工程抗震设防专项审查的几个关键词包括高层建筑、超限工程、抗震设防，其目的是对于高层建筑中超限结构工程的抗震设防专项审查及管控工作。换言之，超限审查是针对高层建筑的，笔者也曾碰到过类似工程，本身没有达到高层建筑标准，也在谈超限审查问题，就没有必要了。

（2）应尽量避免出现结构超限的情况。《超限高层建筑工程抗震设防专项审查技术要点》规定的范围包括高度超限和结构不规则超限两大类，而结构不规则超限又分为"一大条超限"和"三小条超限"，因此，结构是否超限也要基于结构方案和分析结果、并且是可以研究的。在某种情况下可能会是超限的，但经过方案的合理选择、调整和计算参数的合理判定，就有可能做到不需要超限设计。因此，结构设计管理工程师首先管控的是监督设计单位，尽可能将结构设计控制在不超限的范围，如果无法避免时，也要降低超限程度，为审查奠定基础。

（3）选择合适的技术分析手段，确定合理的抗震性能目标。管理和支撑设计单位（或专项咨询单位）对结构进行必要的补充分析，合理编制抗震专项审查报告。在此过程中，一方面，必要的补充计算、技术手段和成果汇总是十分重要的；另一方面，针对结构特征、考虑规范要求的合理抗震性能目标设定也非常重要。合理的抗震性能目标设置将带来以下两点影响：① 超限审查是否能够顺利通过；② 业主需要为抗震专项设计付出多少成本。合理的、恰到好处的抗震性能设计可以为项目和业主节约很多成本费用。

（4）协助业主及设计单位组织超限审查专家会议。设计管理工程师需要对接政府超限审查主管部门，管理和配合设计（或咨询单位）进行超限审查汇报工作。地方超限审查机构隶属于住房和城乡建设厅（委），负责省内工程超限审查工作，这是项目超限审查的一级组织；国家住房和城乡建设部也下设有全国超限审查委员会，负责全国工程超限审查工作，是项目超限审查的最高组织。地方一般超限项目通过省内超限审查工作就可以了，如果项目规模、影响力、复杂度均比较高，可能被地方推荐到全国超限审查委员会进行审查。进入项目超限管理的第三环节，项目结构设计管理工程师的唯一目的就是项目超限审查可以按时召开，并力争一次通过审查，为项目节约成本投入和减小二次审查周期带来的进度滞后影响。

#### 2. 结构超限技术要点

（1）房屋高度（m）超过下列规定的高层建筑工程（表 3-25）

**结构超限分类表**　　　　　　表 3-25

| 结构类型 | | 6 度 | 7 度（含 0.15g） | 8 度（0.20g） | 8 度（0.30g） | 9 度 |
|---|---|---|---|---|---|---|
| 混凝土结构 | 框架 | 60 | 50 | 40 | 35 | — |
| | 框架－抗震墙 | 130 | 120 | 100 | 80 | 50 |
| | 抗震墙 | 140 | 120 | 100 | 80 | 60 |
| | 部分框支抗震墙 | 120 | 100 | 80 | 50 | 不应采用 |
| | 框架－核心筒 | 150 | 130 | 100 | 90 | 70 |
| | 筒中筒 | 180 | 150 | 120 | 100 | 80 |
| | 板柱－抗震墙 | 80 | 70 | 55 | 40 | 不应采用 |
| | 较多短肢墙 | | 100 | 60 | 60 | 不应采用 |
| | 错层的抗震墙和框架－抗震墙 | | 80 | 60 | 60 | 不应采用 |
| 混合结构 | 钢外框－钢筋混凝土筒 | 200 | 160 | 120 | 120 | 70 |
| | 型钢混凝土外框－钢筋混凝土筒 | 220 | 190 | 150 | 150 | 70 |
| 钢结构 | 框架 | 110 | 110 | 90 | 70 | 50 |
| | 框架－支撑（抗震墙板） | 220 | 220 | 200 | 180 | 140 |
| | 各类筒体和巨型结构 | 300 | 300 | 260 | 240 | 180 |

注：当平面和竖向均不规则（部分框支结构指框支层以上的楼层不规则）时，其高度应比表内数值降低至少 10%。

（2）同时具有下列三项及以上不规则的高层建筑工程（不论高度是否大于表 3-26）

**不规则的高层建筑类型表（一）**　　　　表 3-26

| 序号 | 不规则类型 | 简 要 涵 义 |
|---|---|---|
| 1a | 扭转不规则 | 考虑偶然偏心的扭转位移比大于 1.2 |
| 1b | 偏心布置 | 偏心率大于 0.15 或相邻层质心相差大于相应边长 15% |
| 2a | 凹凸不规则 | 平面凹凸尺寸大于相应边长 30% 等 |
| 2b | 组合平面 | 细腰形或角部重叠形 |
| 3 | 楼板不连续 | 有效宽度小于 50%，开洞面积大于 30%，错层大于梁高 |
| 4a | 刚度突变 | 相邻层刚度变化大于 70% 或连续 3 层变化大于 80% |
| 4b | 尺寸突变 | 竖向构件位置缩进大于 25%，或外挑大于 10% 和 4m，多塔 |
| 5 | 构件间断 | 上下墙、柱、支撑不连续，含加强层、连体类 |
| 6 | 承载力突变 | 相邻层受剪承载力变化大于 80% |
| 7 | 其他不规则 | 如局部的穿层柱、斜柱、夹层、个别构件错层或转换 |

注：序号 a、b 为不重复计算不规则项。

（3）具有下列某一项不规则的高层建筑工程（不论高度是否大于表 3-27）

**不规则的高层建筑类型表（二）**　　　　　表 3-27

| 序号 | 不规则类型 | 简 要 涵 义 |
|------|-----------|------------|
| 1 | 扭转偏大 | 裙房以上的较多楼层，考虑偶然偏心的扭转位移比大于 1.4 |
| 2 | 抗扭刚度弱 | 扭转周期比大于 0.9，混合结构扭转周期比大于 0.85 |
| 3 | 层刚度偏小 | 本层侧向刚度小于相邻上层的 50% |
| 4 | 高位转换 | 框支墙体的转换构件位置：7 度超过 5 层，8 度超过 3 层 |
| 5 | 厚板转换 | 7 ～ 9 度设防的厚板转换结构 |
| 6 | 塔楼偏置 | 单塔或多塔与大底盘的质心偏心距大于底盘相应边长 20% |
| 7 | 复杂连接 | 各部分层数、刚度、布置不同的错层<br>连体两端塔楼高度、体型或者沿大底盘某个主轴方向的振动周期显著不同的结构 |
| 8 | 多重复杂 | 结构同时具有转换层、加强层、错层、连体和多塔等复杂类型的 3 种 |

注：仅前后错层或左右错层属于表 3-27 中的一项不规则，多数楼层同时前后、左右错层属于本表的复杂连接。

（4）其他高层建筑（表 3-28）

**不规则的高层建筑类型表（三）**　　　　　表 3-28

| 序号 | 简称 | 简 要 涵 义 |
|------|------|------------|
| 1 | 特殊类型高层建筑 | 抗震规范、高层混凝土结构规程和高层钢结构规程暂未列入的其他高层建筑结构，特殊形式的大型公共建筑及超长悬挑结构，特大跨度的连体结构等 |
| 2 | 超限大跨空间结构 | 屋盖的跨度大于 120m 或悬挑长度大于 40m 或单向长度大于 300m，屋盖结构形式超出常用空间结构形式的大型列车客运候车室、一级汽车客运候车楼、一级港口客运站、大型航站楼、大型体育场馆、大型影剧院、大型商场、大型博物馆、大型展览馆、大型会展中心以及特大型机库等 |

### 3. 结构超限审查申报表（表 3-29）

**《超限高层建筑工程初步设计抗震设防专项审查申报表》**　　　　　表 3-29

编号：　　　　　　申报时间：

| 工程名称 | | 申报人联系方式 | |
|----------|--|----------------|--|
| 建设单位 | | 建筑面积 | 地上　　万 m² 地下　　万 m² |
| 设计单位 | | 设防烈度 | 度（　　g），设计　　组 |
| 勘察单位 | | 设防类别 | 　　类 |
| 建设地点 | | 建筑高度，层数 | 主楼　　m（n＝　　）出屋面<br>地下　　m（n＝　　）相连裙房　　m |
| 场地类别液化判别 | 类，波速　　覆盖层<br>液化等级　　液化处理 | 平面规则性 | 长宽比 |
| 基础持力层 | 类型　　埋深　　桩长（或底板厚度）<br>名称　　承载力 | 竖向规则性 | 高宽比 |
| 结构类型 | | 抗震等级 | 框架　　墙、筒<br>框支层　　加强层　　错层 |

| | | | |
|---|---|---|---|
| 计算软件 | | 材料强度（范围） | 梁　　　　柱<br>墙　　　　楼板 |
| 计算参数 | 周期折减　　楼面刚度（刚弹分段）<br>地震方向（单　双　斜　竖　） | 梁截面 | 下部　　　剪压比<br>标准层 |
| 地上总重剪力系数（%） | $GE=$　　　平均重力<br>$X=$<br>$Y=$ | 柱截面 | 下部　　　轴压比<br>中部<br>顶部 |
| 自振周期（s） | $X$:<br>$Y$:<br>$T$: | 墙厚 | 下部　　　轴压比<br>中部<br>顶部 |
| 最大层间位移角 | $X=$　　（$n=$　　）扭转比<br>$Y=$　　（$n=$　　）扭转比 | 钢梁柱支撑 | 截面形式　　　长细比 |
| 扭转位移比（偏心5%） | $X=$　　（$n=$　　）位移角<br>$Y=$　　（$n=$　　）位移角 | 短柱穿层柱 | 位置范围　　剪压比<br>位置范围　　穿层数 |
| 时程分析　波形峰值 | 1　　　2　　　3 | 转换层刚度比 | 位置 $n=$　　　梁截面<br>$X$　　　$Y$ |
| 时程分析　剪力比较 | $X=$　　（$n=1$），$X=$　　（$n>$　）<br>$Y=$　　（$n=1$），$Y=$　　（$n>$　） | 错层 | 满布　　局部（位置范围）<br>错层高度　　平层间距 |
| 时程分析　位移比较 | $X=$　　（$n=$　　）<br>$Y=$　　（$n=$　　） | 连体含连廊 | 数量　　　支座高度<br>竖向地震系数　　　跨度 |
| 弹塑性位移角 | $X=$　　（$n=$　　）<br>$Y=$　　（$n=$　　） | 加强层刚度比 | 数量　　　形式（梁桁架）<br>$X$　　　$Y$ |
| 框架承担的比例 | 倾覆力矩 $X=$　　　　$Y=$<br>总剪力　$X=$　　　　$Y=$ | 多塔上下偏心 | 数量　　形式（等高对称大小不等）<br>$X$　　　$Y$ |
| 大跨空间结构 | 结构形式　　尺寸　　支座高度　　支座连接方式　　最大位移<br>控制荷载　　竖向振动周期　　竖向地震系数　　构件应力比 | | |
| 超限设计简要说明 | （性能设计目标简述；超限工程设计的主要加强措施，有待解决的问题等） | | |

### 3.12.2　消防超限审查管理

公共建筑设计的空间越来越大，相互之间的关系也越来越复杂，为了保证工程的消防防火安全，建筑消防设计及审查要求也越来越严格。当项目建筑空间、距离存在特殊要求和情况时，项目就有可能出现消防超限的问题。为了明确建筑工程消防审查要求，2020年4月1日住房和城乡建设部颁布了《建设工程消防设计审查验收管理暂行规定》，该文件明确把建设工程分为两类：

其一，特殊建设工程实行消防设计审查、消防验收；

其二，其他建设工程实行消防验收备案、抽查的制度。

**1. 实行消防设计审查、消防验收的特殊建设工程**

特殊建设工程，是指具有下列情形之一的建设工程：

（1）总建筑面积大于20000m²的体育场馆、会堂，公共展览馆、博物馆的展示厅；

（2）总建筑面积大于15000m²的民用机场航站楼、客运车站候车室、客运码头候船厅；

（3）总建筑面积大于10000m²的宾馆、饭店、商场、市场；

（4）总建筑面积大于 2500m$^2$ 的影剧院，公共图书馆的阅览室，营业性室内健身、休闲场馆，医院的门诊楼，大学的教学楼、图书馆、食堂，劳动密集型企业的生产加工车间，寺庙、教堂；

（5）总建筑面积大于 1000m$^2$ 的托儿所、幼儿园的儿童用房，儿童游乐厅等室内儿童活动场所，养老院、福利院，医院、疗养院的病房楼，中小学校的教学楼、图书馆、食堂，学校的集体宿舍，劳动密集型企业的员工集体宿舍；

（6）总建筑面积大于 500m$^2$ 的歌舞厅、录像厅、放映厅、卡拉 OK 厅、夜总会、游艺厅、桑拿浴室、网吧、酒吧，具有娱乐功能的餐馆、茶馆、咖啡厅；

（7）国家工程建设消防技术标准规定的一类高层住宅建筑；

（8）城市轨道交通、隧道工程，大型发电、变配电工程；

（9）生产、储存、装卸易燃易爆危险物品的工厂、仓库和专用车站、码头，易燃易爆气体和液体的充装站、供应站、调压站；

（10）国家机关办公楼、电力调度楼、电信楼、邮政楼、防灾指挥调度楼、广播电视楼、档案楼；

（11）设有（1）～（6）所列情形的建设工程；

（12）本条（10）、（11）规定以外的单体建筑面积大于 40000m$^2$ 或者建筑高度超过 50m 的公共建筑。

**2. 实行备案抽查的其他建设工程**

其他建设工程是指特殊建设工程以外的其他按照国家工程建设消防技术标准需要进行消防设计的建设工程。对其他建设工程实行备案抽查制度（备注：依法不需要取得施工许可的其他建设工程也应申请竣工验收消防备案）。

建设单位申请施工许可或者申请批准开工报告时，应当提供满足施工需要的消防设计图纸及技术资料。

对备案的项目按照"双随机、一公开"制度抽取检查对象，抽中项目将按照消防验收有关规定执行检查。

**3. 消防超限专项设计及审查**

《建设工程消防设计审查验收管理暂行规定》文件中的第十七条对哪些项目需要消防超限审查做出了明确的规定：

"**第十七条**　特殊建设工程具有下列情形之一的，建设单位除提交本规定第十六条所列材料外，还应当同时提交特殊消防设计技术资料：

（一）国家工程建设消防技术标准没有规定，必须采用国际标准或者境外工程建设消防技术标准的；

（二）消防设计文件拟采用的新技术、新工艺、新材料不符合国家工程建设消防技术标准规定的。"

**4. 消防超限专项设计审查形式及要求**

该文件第二十一条明确规定了消防超限的评审形式是"专家评审会"，并明确了评审专家的形成和组成要求。

"**第二十一条**　省、自治区、直辖市人民政府住房和城乡建设主管部门应当在收到申请材料之日起十个工作日内组织召开专家评审会，对建设单位提交的特殊消防设计技术资料进行评审。

评审专家从专家库随机抽取，对于技术复杂、专业性强或者国家有特殊要求的项目，可以直接邀请相应专业的中国科学院院士、中国工程院院士、全国工程勘察设计大师以及境外具有相应资历的专家参加评审；与特殊建设工程设计单位有利害关系的专家不得参加评审。

评审专家应当符合相关专业要求，总数不得少于七人，且独立出具评审意见。特殊消防设计技术资料经四分之三以上评审专家同意即为评审通过，评审专家有不同意见的，应当注明。省、自治区、直辖市人民政府住房和城乡建设主管部门应当将专家评审意见，书面通知报请评审的消防设计审查验收主管部门，同时报国务院住房和城乡建设主管部门备案。"

### 3.12.3 案例

**【案例1】某项目结构超限审查申报表（表3-30）**

某项目超限审查申报表　　　　　　　　　　　　表3-30

| | | | |
|---|---|---|---|
| 工程名称 | ××××用地项目 | 申报人<br>联系方式 | |
| 建设单位 | ××××开发有限公司 | 建筑面积 | 总17.28万m²，其中地上12.4万m²地下4.88万m²（含商业1万m²） |
| 设计单位 | 初步设计：×××研究院；<br>施工图设计：××××有限公司 | 设防烈度 | 8度（0.2g），设计第一组 |
| 勘察单位 | ××××有限公司 | 设防类别 | 丙类 |
| 建设地点 | ×××商圈，东至×××路，南至×××路，西×××路，北至×××路 | 建筑高度和层数 | 结构高度221.5m（n=46），出屋面9.5m，建筑高度229.99m；地下-16.4m（n=4） |
| 场地类别<br>液化判别 | Ⅱ类，波速330m/s，覆盖层>5m，不会发生地震液化 | 平面尺寸和规则性 | 长72.3m，宽54.9m；长宽比1.32<5 |
| 基础持力层 | 类型：筏板，埋深-20m，底板厚度2400mm（主楼区域）和800mm（纯地下室区域），持力层：⑤卵石层，承载力550kPa | 竖向规则性 | 规则<br>高宽比3.69<6 |
| 结构类型 | 筒体-单侧弧形框架的两个单塔与椭圆形腰桁架组成的结构体系 | 抗震等级 | 圆钢管混凝土框架柱：1级；<br>钢筋混凝土核心筒：特1级；<br>钢结构框架梁：2级 |
| 计算软件 | PKPM2010V2.1系列；<br>SATWE；<br>JCCAD；<br>SAP2000；<br>Etabs 9.7.4 | 材料强度（范围） | （1）梁：B4-B1，C40；其他楼层钢梁Q345B；<br>（2）柱：钢材Q345C，混凝土：B4-18层，C60；第19及以上层C50；<br>（3）墙及连梁：型钢Q345B，混凝土：B4-18层，C60；19-28层C50；29层及以上：C40；<br>（4）楼板：B4-B1，C40；其他楼层C30；<br>（5）钢筋：HRB400；直径小于10的箍筋为HPB300 |
| 计算参数 | 周期折减0.85，楼面刚度（刚□弹□分段√）地震方向（单□双√斜√竖√） | 梁截面 | 下部400×800，600×1150，剪压比<0.2；<br>标准层：钢梁 |
| 地上总重剪力系数（%） | GE=190334t，平均重力1.46t/m²；<br>X=2.76%（限值为3.06%）；<br>Y=2.34%（限值为2.82%） | 柱截面 | 圆钢管混凝土柱，<br>下部φ1200×24，轴压比0.78；<br>中部φ1000×20，轴压比0.75；<br>顶部φ800×16，轴压比0.53 |
| 自振周期（s） | X：4.26；<br>Y：3.66；<br>T：2.75 | 墙厚 | 下部：800 轴压比0.30；<br>中部：600 轴压比0.36；<br>上部：400 轴压比0.17 |
| 最大层间位移角 | X=1/833（n=29）对应扭转比1.02；<br>Y=1/654（n=27）对应扭转比1.06；<br>按高度插值，位移角限值为1/640 | 钢梁柱支撑 | 钢梁：外框梁H800×300×14×25；<br>框架梁H600×200×12×25；<br>次梁H500×200×12×20；<br>柱：圆钢管混凝土柱；<br>B1-20层φ1200×24，最大长细比36；21-32层φ1000×20，最大长细比为25；33层及以上φ800×16，最大长细比为31；<br>连桥：圆钢管φ600×20 |

| 扭转位移比<br>（偏心 5%） | | $X = 1.11$（$n = 1$）对应位移角 1/5478，<br>$Y = 1.26$（$n = 1$）对应位移角 1/5136 | 短柱<br>穿层柱 | 无 |
|---|---|---|---|---|
| 时程<br>分析 | 波形<br>峰值 | 1:70gal，2:59.5gal，<br>7 组波平均 | 转换层<br>刚度比 | 无 |
| | 剪力<br>比较 | $X = 1.11$（底部），$X = 1.22$（顶部），<br>$Y = 1.12$（底部），$Y = 1.09$（顶部） | 错层 | 无 |
| | 位移<br>比较 | $X = 1/919$（$n = 31$），<br>$Y = 1/739$（$n = 30$） | 连体<br>含连廊 | 数量4，支座高度51m，97.1m，143.8m，185.8m，<br>竖向地震系数 0.1 跨度 |
| 弹塑性位<br>移角 | | $X = 1/104$（$n = 22$），<br>$Y = 1/106$（$n = 33$） | 加强层<br><br>刚度比 | 数量4位置第13，24，35，45层，<br>形式（梁□桁架√），<br>$X$：1.52，2.10，1.77，1.05，<br>$Y$：1.85，2.65，2.57，1.32 |
| 框架承担的<br>比例 | | 倾覆力矩 $X = 15.17\%$，$Y = 21.4\%$，<br>总剪力　$X = 11.39\%$，$Y = 12.69\%$ | 多塔<br>上下偏心 | 数量2形式（等高√对称√大小不等□）<br>$X$：9%　$Y$：23% |
| 超限设计<br>简要说明 | | 参考混合结构的钢管混凝土框架－钢筋混凝土核心筒结构，在8度区的限值高度为150m，本建筑结构高度为195.5m，超高30.3%。结构体系复杂。<br>结构的抗震性能目标选为"C"。<br>多遇地震下的性能水准为"1"。<br>设防烈度地震下的性能水准为"3"，剪力墙等主要构件为中震不屈服，钢管混凝土柱落地斜柱中震弹性。<br>预估的罕遇地震下的性能水准为"4"，剪力墙抗剪截面、Y形柱满足大震不屈服；整体结构满足"大震不倒"，大震下弹塑性位移角＜1/100 | | |

## 【案例 2】某结构超限审查项目

项目位于北京市朝阳区望京地区，项目总建筑面积 521265m²，地上建筑面积 392265m²（图 3-13）。

地上包括三座塔楼，其中塔 1（T1）地上 25 层，主要楼层层高 3.6m，总高 95.2m；塔 2（T2）地上 26 层，主要楼层层高 3.6m，总高 98.8m；塔 3（T3）地上 45 层，层高 3.8m、4.2m，总高 178.97m。地下 3 层局部地下 4 层，底板顶建筑标高地下 3 层为 −13.100m，地下 4 为 −19.300m。主体结构 T1、T2 采用钢筋混凝土框架——剪力墙结构，T3 采用钢管混凝土框架——钢筋混凝土剪力墙结构。

图 3-13　项目外观图

本项目三个塔楼结构设计均比较复杂，项目设计之初按三个塔楼均为超限结构进行准备，后经过项目结构布置方案的不断优化、计算结果的多软件对比分析、并与审图单位及超限委员会专家深度讨论沟通，最终结论：

（1）塔1、塔2结构高度不超限，结构不规则项（按前表超限统计要求）未超过3条，可不作为超限高层建筑；

（2）塔3结构高度超过型钢（钢管）混凝土框架—钢筋混凝土筒体混合结构房屋适用的最大高度150m，为超限高层建筑，需要进行结构超限抗震专项审查。

**【案例3】消防审查项目案例解析**

例1：某多层办公建筑设置自动灭火设施，规范最大防火分区面积为 $2500 \times 2m^2 = 5000m^2$，该建筑首层建筑面积 $6000m^2$，但因功能需要首层必须设置为一个防火分区，该防火分区超过规范允许最大面积。则该建筑在报相关机构审核时，该机构需按规定报省级相关部门组织专家审核，并审核专家在2/3以上人数同意该消防设计文件，该消防文件方可认为通过审核。

例2：某项目的单个展厅、交通大厅面积一级疏散距离均较大，超过现行规范要求，若按照规范要求强制采取分隔措施将对项目的空间效果和布展功能造成严重影响。参照国内同类工程采取防火卷帘分隔措施（现行规范防火卷帘长度不能超过防火墙长度的1/3且不能大于20m）将超过现行规范的要求，那么消防技术文件需要专家评审，且必须2/3以上专家同意。

例3：某项目由于功能特殊性，在消防文件设计过程中采用了现行规范以外新技术、新工艺、新材料且可能影响消防安全，那么消防技术文件需要专家评审，且必须2/3以上专家同意。

例4：拟采用国际标准或者境外消防技术标准的。某市新建一项目，该项目在消防给水系统中某些关键设备为国际进口设备，该设备参数均是按国际标准设计，那么该消防技术文件需要专家评审，且必须2/3以上专家同意。

# 3.13 设计成果内审及外审管理

## 3.13.1 设计成果内审

设计评审是通过系统地综合地技术、经济、法规约束进行评价，对设计阶段（概念性方案设计、方案设计、初设和施工图设计）的成果进行评价，识别并找出设计成果中存在的问题，及时发现潜在的设计缺陷和设计的薄弱环节，从而提高设计的质量，降低决策风险，保证设计产品符合可靠性要求。

评价设计是否满足合同及设计任务书的要求，是否符合设计规范及有关标准，对设计产品进行技术与经济性评价，性价比是否科学，项目一次性投入与项目运营费用是否兼顾平衡原则。

**1. 内部评审主要目的**

（1）是否满足了功能和使用要求，功能价值与投入的资金价值是否得以较好的体现；

（2）设计是否满足所有预期的环境条件和载荷条件，可靠性是否能充分保证，设计模型与计算能否保证正确无误；

（3）各专业设备系统是否匹配，是否考虑并规定了容量性、互换性和可以更换，部件或辅件是否进行了标准化；

（4）采购、生产、安装、检验和试验的技术是否便于可行；

（5）其他方面项目的主要问题。

**2. 内部评审的主要方式**

（1）要求设计单位严格执行"三校两审"制度；

（2）组织全过程工程咨询团队的各专业设计工程师、造价工程师、现场工程师会审；

（3）邀请相关专家召开评审会，提出评审意见；

（4）组织设计竞赛优选；

（5）业主组织各方会审，综合评审意见后确认。

**3．内部评审的主要原则**

（1）业主从需求定位、使用功能、投资额、后期运营管理的角度评审；

（2）设计管理工程师从建筑造型、结构体系、设备选型、建筑材料的合理性评审，从满足设计规范及深度要求方面复核，从消防、节能、绿色建筑等的符合性审核；

（3）造价工程师从经济性角度，从施工图中的各专业间的界面划分，从材料与设备的市场价格方面进行审核；

（4）现场工程师从实施角度审核图纸的错、漏、碰、缺，从施工工艺方面审核；

（5）专家从科学合理、系统、先进、"四新"技术、创意和创新的角度评审。

### 3.13.2　施工图外审协调对接

最近一段时间，"建筑工程施工图强制外审未来将取消"成为设计行业内的热门话题。此前，很多地区已经出台了试用性文件，尝试取消或部分取消施工图纸外审工作，比较有代表性的包括：

（1）《深圳市住房和建设局关于做好我市建设工程施工图审查改革工作的通知》（深建规〔2020〕9号）；

（2）2019年国务院办公厅印发《关于全面开展工程建设项目审批制度改革的实施意见》（国办发〔2019〕11号），明确提出"探索取消施工图审查（或缩小审查范围）"。

关于工程设计图纸外审制度的合理性以及此项制度存在的价值和意义不是本书要讨论的问题，因此在此不做过多评论。施工图外审制度已经存在较长时间，已经是项目设计成果输出前最后一个环节，也是很重要的环节。当然，另外一个方面施工图外审专家对规范的理解不尽相同，可能在审查过程中形成与项目设计者的意见分歧。甚至有些时候，部分专家对于某些规范条文的理解过于僵化导致设计师自身设计理念无法实施的问题。

虽然如此，但这样的问题并非普遍现象，目前施工图外审仍然是工程设计合理性、安全性的最后一道屏障。此外，一种制度的合理与否不是一个简单的问题，利与弊总是同时存在的，即便是认定它不合理，确实要取消，也要有更加合理的制定、方案、措施来很好地替代它。在工程设计施工图外审取消之前，它仍然是工程设计一个重要的里程碑节点，因此，项目设计管理工作应该重视图纸外审管理协调和对接工作。

目前，笔者的经验：不同的省份和城市对于施工图外审的要求差异性比较大，有些地方施工图外审已经完全市场化了，有些地方则将其更好地定位为第三方角色，有些地方审图中心则仍然隶属于住房和城乡建设委系统，仍然将其视为政府主管行为。以北京为例，早在十几年前施工图外审就已经纯市场化了，前几年对施工图外审进一步规范化，取消了大部分审图资质，仅保留了现在的5家比较权威的外审单位，项目采用抽签制决定外审单位，外审费用不需要业主支付，而是由政府补贴。

项目设计管理工作需要充分重视施工图外审对接和管理工作，主要包括：

（1）外审工作的进度管理与控制。虽然，对施工图外审时间周期主管部门有明确的最长时间要求，但由于近些年工程项目多，很多地方施工图外审单位项目非常多，很难保证审查周期内完成，因此与外审单位对接协调，满足项目进度要求，就成为非常重要的工作。

（2）尽量避免颠覆性修改意见出现。施工图外审是在项目施工图已经基本完成的情况下提交的，此时颠覆性的修改无论对于项目业主、还是对于涉及单位都是很难接受的。因此，在图纸外审阶段，要尽量避免出现颠覆性修改意见，比如结构形式、地基基础方案等问题。往往这一类问题都会出现在比较复杂的工程项目中，要有效避免这一点，前期结构技术和方案的把控很重要，同时，必要的外审专家提前沟通也十分必要。

（3）关键设计措施及参数的沟通。施工图外审，专家有可能提出某些审查意见，对于设计图纸修改量和项目成本都会带来非常大的影响。这时，设计管理工程师就需要协助设计单位与审图专家进行协调对接，有利于问题的及时、合理解决。

### 3.13.3 多方会审组织与管理

小节 3.13.2 主要讨论了项目施工图外审管理工作，很多业主会问到我们：项目设计施工图进行了图纸外审，是否意味着万事大吉了，可以开工了，不需要图纸的内部审核工作了，答案是否定的。

施工图强制外审的确从项目设计的安全性、合理性设置了一道屏障，但其主要目的：一方面，是保证项目设计的安全性，比如说消防安全性、结构安全性等；另一方面，是复核项目设计过程中规范的执行情况，特别是对规范强制性条文的执行情况，而规范及强制性条文更多是从项目安全性和最低设计要求出发的。换言之，不满足设计规范最低设计要求，图纸外审会审，而超规范要求的不经济问题，图纸外审是不会审查的。

因此，项目设计管理工作应组织参建单位，包括项目管理单位、监理单位、施工总承包单位在开工前对项目施工图设计成果进行多方会审工作。并且，项目管理单位需要依托自身的技术力量，对施工图纸进行全面内部审核工作及优化工作，设计施工图审核和优化的重点包括：

（1）设计的安全性、规范执行情况审核；

（2）设计的经济性、合理性审核，是否存在不必要的超规范设计情况；

（3）设计是否考虑项目场地情况，是否考虑有利于施工因素；

（4）其他有关项目设计经济性问题。

开工之前的项目管理单位的设计成果内审以及组织各参建单位的图纸会审工作是非常重要的过程，这一过程可以解决诸多施工过程中可能出现的设计问题、多专业设计成果不一致的问题，俗话说"磨刀不误砍柴工"，如果对于这一环节稍加忽视，将带来施工开工之后不断的设计变更、设计洽商问题，不仅使工程进度大大受到影响，也会带来成本的浪费。

此外，项目设计管理单位组织图纸内部审核和多方会审工作，应充分利用自身技术能力，并采用先进的管理方案、采取 BIM 等先进的信息技术手段，有效、有序地组织施工图会审工作。这一点在下面案例分享中可以被充分验证。

# 3.14 概念性方案设计管理

一般情况下，项目方案设计应分为概念性方案设计和实施性方案设计两个主要阶段。项目概念性方案设计在国家标《建设工程咨询分类标准》GB/T 50852—2013 第 9.1.2 条中进行了定义与描述，其工作内容包括：按照设计委托要求，进行概念性方案构思和研究，编制概念性方案设计文件以及本阶段投资估算；第 9.2.2 条说明实施性方案的咨询工作包括：根据行政审批意见及公用事业配套条件，调整完善设计单位案编制实施性方案设计文件及本阶段投资估算。

### 3.14.1 概念性方案主要任务

概念性方案设计要满足项目的特征，业主的策划意图与构想，更要充分发挥设计者的灵感和想象力，展示设计意图。概念性方案是设计者由分析理解，挖掘业主需求，通过创造性的智慧劳动形成概念性成果，也是把一个模糊的想法演变成清晰可见的直观效果的演化过程。

概念性方案设计的主要任务为以下三点：

（1）业主利用概念性方案设计的效果图和动态效果的画面可以验证对项目的构思与设想，使业主、全过程咨询团队、设计者对项目的理解、评审与评价有基本条件。

（2）设计单位通过概念性设计单位案对接交流，赢得更多的论证和思考的时间，并为业主决策提供条件。

（3）相对准确地作好估算，让业主对项目投资金额早日有把握。

### 3.14.2 概念性方案委托方式

建设项目建议书审批获准后，即可委托概念性方案设计。概念性方案设计可以单独招标或委托设计单位完成，也可以与方案设计招标同步进行，但须由设计单位提交两个阶段成果，先提交概念性方案设计成果，经专家论证提出优化与修改意见，设计单位整改后并经业主确认后可以进行方案设计。

大型项目的概念性方案设计可以通过竞赛优选方案，咨询服务方应协助委托方组织设计单位案竞赛活动，并应参与设计合同谈判及签订工作。

概念性方案设计一般采取邀请招标方式确定设计单位，有针对性地选择有实力、有类似经验的设计单位，也可以通过方案竞赛方式择优选择方案。应提供以下资料给设计单位：

（1）业主的需求分析报告；

（2）政府相关的会议纪要或上级单位的批文；

（3）拟选址地块的修建性详细规划。

确定了概念性方案之后，业主意图更为明确清晰，对此前的"业主需求分析"进一步研究，为实施方案提供依据，并将修订后的"业主需求分析"的重要事项写出设计任务书，或作为设计任务书的附件。

如果项目采取EPC（设计—施工总承包）模式，概念性设计单位案及专家论证意见尤为重要，依据概念性设计单位案、估算及专家论证意见，方案编制单位提交可行性研究报告，向住房和城乡建设主管部门申请进行EPC招标。

### 3.14.3 概念性方案主要成果

概念性方案设计成果文件包含的主要内容有：

**1. 文件**

（1）规划总平面；

（2）道路交通分析；

（3）景观分析；

（4）竖向分析；

（5）土方平衡测量；

（6）市政管线设计；

（7）项目综合技术经济指标表；

（8）建筑风格、风格类型、整体色调、主要用材用料。

**2. 交付成果**

分析图草图，总平面及单体建筑图，透视效果图，模型，电脑动画或BIM动画效果。

**3. 投资估算**

概念性方案设计应该解决设计理念与建筑设计中的纲要性设计单位案，据此确定主要技术经济指标，从而编制项目的估算。虽说概念性方案允许一定的估算误差，但可以根据拟定地块及详规条件作宗地条件分析以及公事配套条件分析，可以将估算做得更接近实际，减少估算误差。

一般情况下，至少应有三个及三个以上的概念性设计单位案文件，供业主比较选择，综合咨询团队要从专业角度上作技术、经济比较分析，提出咨询意见，应对项目一次性投资与建成运营效果进行分析，比较一次性投入与运营累计成本方面。各专业设计师要对所有方案进行分析评价，比较提出的优劣，并对相应专业估算进行审核评价，项目经理要组织会议综合团队意见，提供分析报告，供业主参考选择。

### 3.14.4 概念性方案设计成果审核

**1. 审核方式**

设计管理团队各专业工程师初审，再经外聘知名专业评审通过方案。

**2. 审核原则**

满足业主的意图，符合业主的构想，通过择优选择。

**3. 审核主要内容**

（1）实现业主对项目概念及文化主题，有鲜明的文化风格。

（2）规划布局达到要求，总体布局结构清晰，功能分区合理，用地配置紧凑，土地利用率高，地形充分利用。

（3）交通系统框架清楚，道路分级明确，主次入口设置恰当，停车场设置合理。

（4）空间组织科学，群体空间组织合理，房间通风朝向采光好，景观环境设计整体协调，性价比高。

（5）公共服务设施齐备，市政配套齐全，便于物业管理。

### 3.14.5 案例

#### 崇州人民医院及妇幼保健院概念性方案设计审核意见

（1）根据地质勘察报告，设计单位案文件中未对地下降水、水源热泵设计要求、参数等进行说明。

（2）设计单位案文本中建筑设计内容，未对室外装修材料、精装修材料进行说明和要求。

（3）设计单位案文本中建筑设计内容，未明确洁净手术室等洁净房间洁净等级及具体相关要求。

（4）设计单位案文本中未对各建筑物外墙及屋面具体设计的材料、参数要求未做说明，且外墙材质说明与效果图不一致。

（5）设计单位案文本中未对各建筑物外墙及屋面节能要求、参数、材质未做说明。

（6）设计单位案文本中结构设计内容，未对室内砌体及构造柱、过梁等进行说明，且结构设计中是否只有钢筋混凝土结构。

（7）设计单位案文本中结构设计内容，未对人防工程等级、具体要求进行说明。

（8）设计单位案文本中对医疗气体系统中压缩空气站的位置与效果图不一致。

（9）设计单位案文本中未对热水供应进行设计和说明。

（10）设计单位案文本中应对智能系统实施子系统及范围进行明确，以便弱电建安工程费准确。

（11）从节约高低压干线、室外电缆沟费用及减少施工难度考虑，建议高低压室位置及布置应结合市电接口位置，低压室位置及布置和发电机房设置及布置应结合考虑。

（12）设计单位案应考虑到以后建设用地需要，建议将妇幼保健院后面的疗养花园、景观大树、休闲亭等进行简单的绿化处理。

（13）设计单位案中所选树种、灌木、花卉、植被等，应符合崇州地方特性。

（14）设计单位案文本中污水处理工程工艺设计未做具体说明，应按按照二甲医院相关指标和环境影响报告内容（含批复）进行设计，同时设计单位案应结合周边污水处理厂处理考虑。

（15）设计单位案文本中未对厨房的排烟处理做出说明。

（16）设计单位案文本中未对医院污物处理流程和处理做出说明。

（17）设计单位案文本中应对医院各功能性房间洁污分流情况、处理措施做出具体说明和要求。

（18）设计单位案估算投资中单位工程综合估算表，未考虑医用气体工程、人防工程、地源热泵工程、污水处理工程、挡土墙、地下降水等建安工程费，未考虑厨房设备、柴油发电机等设备采购安装费。

（19）设计单位案估算投资中总估算表，对规划放线费用、"三通一"平费用、放射防护评价费用、勘察审查费等未进行考虑，且医疗设备购置费包括的医疗设备具体内容和范围未做详细说明。

（20）设计单位案估算投资中单位工程综合估算表，对室外环境、道路、绿化（含场地整治）建安工程费、强、弱电均为合计费用，应进行单项分解，且变配电建安工程费估算不足。

（21）设计单位案估算投资中单位工程综合估算表，室内精装修费用中是否包括洁净工程费用（如手术室等）。

## 3.15　方案设计管理

### 3.15.1　方案设计阶段管理的任务

（1）按设计合同的时间敦促设计单位按时提交方案设计文件。

（2）组织设计管理团队对方案设计质量进行审核，清出不满足规范要求的问题，提出整改意见。

（3）审核方案设计成果。

### 3.15.2　成果文件深度审核

按《建筑工程设计文件编制深度规定》逐一审核（表 3-31）。

方案设计文件深度审核表

表 3-31

| 条、款、项 | 内　　容 | |
|---|---|---|
| 2.1.1.1 | 设计说明书，包括各专业设计说明以及投资估算等内容；对于涉及建筑节能设计的专业，其设计说明应有建筑节能设计专门内容 | |
| 2.1.1.2～3 | …… | |
| 2.1.2.1～5 | …… | |
| 2.2.1.1 | 与工程设计有关的依据性文件的名称和文号，如选址及环境评价报告、用地红线图、项目可行性研究报告、政府有关主管部门对立项报告的批文、设计任务书或协议书等 | |
| 2.2.1.2～7 | …… | |
| 2.2.2.1～2 | …… | |
| 2.2.3.1～7 | 建筑方案的设计构思和特点 | |
| 2.2.3.2～7 | …… | |
| 2.2.4.1 | 工程概况 | |
| 2.2.4.2～7 | …… | |
| 2.2.5.1 | 工程概况 | |
| 2.2.5.2～5 | …… | |
| 2.2.6.1～3 | …… | |
| 2.2.7.1 | 工程概况及采暖通风和空气调节设计范围 | |
| 2.2.7.2～11 | …… | |
| 2.2.8.1～4 | …… | |
| 2.2.9.1～3 | …… | |

| 条、款、项 | 内　容 | |
|---|---|---|
| 2.3.1.1 | 场地的区域位置 | |
| 2.3.1.2 | 场地的范围（用地和建筑物各角点的坐标或定位尺寸） | |
| 2.3.1.3～7 | …… | |
| 2.3.2.1～3 | …… | |
| 2.3.3.1～3 | …… | |

### 3.15.3　各专业方案审核要点

**1. 总图专业**

（1）建筑总平面图

① 是否符合规划、规范及甲方要求，是否经济合理；

② 是否符合本项目批示的规划设计条件；

③ 总平面布置是否合理并能满足使用功能、规划要求；

④ 设计文件深度是否符合设计委托书的要求。

（2）室外总图

① 室外总图的道路和管线等是否符合建筑总平面图的布置要求；道路和管线的接口位置和标高，与城市道路和管线及各建筑单体道路和管线是否相符；

② 各管线排布、地下管线间竖向标高是否符合各专业管线技术要求，是否方便施工组织；

③ 人流、车流的组织是否合理，出入口、道路、停车场（库）的布置及停车位数量是否满足要求，消防车道及高层建筑消防扑救场地是否符合规范要求；

④ 室外给水排水管道管径、管材、布置、坡度、埋深和标高是否满足给水排水、车辆通行及其他管线布置的要求，是否满足使用和安全等要求。

**2. 建筑专业（表3-32）**

建筑专业审核要点表　　　　　　　　　　　　　　　　　　表3-32

| 编号 | 审核要点 | 是否满足（打√或×） | 问题描述 |
|---|---|---|---|
| 1 | 地块限制性条件（地下水、冲沟、暗河、轨道交通、变电站、高压线、古墓等） | | |
| 2 | 规划限制条件（经济技术指标、建筑退线退距、政府下发的规划设计条件等） | | |
| 3 | 层高设计及走道宽度设计（综合管网布置时不影响净高） | | |
| 4 | 防火设计中建筑的耐火等级、防火防烟分区的划分、安全疏散，以及无障碍设计、节能、人防、智能化等设计情况和所采取的措施是否满足规范要求 | | |
| 5 | 核实经济技术指标是否满足规划部门要求 | | |
| 6 | 对市政资料进行确认，应满足设计要求，场地标高是否影响管道敷设 | | |
| 7 | 合理设置挡墙、边坡、基础、组织道路、回填土、建筑竖向的最优方案 | | |
| …… | …… | | |

### 3. 结构专业（表 3-33）

结构专业审核要点表

表 3-33

| 编号 | 审 核 要 点 | 是否满足（打√或×） | 问题描述 |
|---|---|---|---|
| 1 | 主体结构选型是否合理 | | |
| 2 | 主体结构体系方案（体系限高、抗侧能力）是否合理 | | |
| 3 | 地基及基础方案是否合理 | | |
| 4 | 是否为塔楼＋裙楼形式，塔楼、裙楼结构体系是否合理 | | |
| 5 | 结构单元划分、结构缝设置是否合理 | | |
| 6 | 是否为大地盘多塔形式、塔楼是否存在偏置 | | |
| 7 | 结构高度、地下室层数，结构埋深是否合理 | | |
| 8 | 结构平面布置（简单、规则、对称）是否合理 | | |
| 9 | 是否存在连体、是否存在大跨度连桥，方案是否合理 | | |
| 10 | 结构核心筒大小、布置是否合理 | | |
| 11 | 结构体型及立面（规则、均匀）是否合理 | | |
| 12 | 结构竖向抗侧体系是否贯通（是否存在错层、转换层），方案是否合理 | | |
| 13 | 结构竖向刚度是否存在突变（是否存在加强层、薄弱层），方案是否合理 | | |
| 14 | 是否存在大跨度、长悬挑，局部方案是否合理 | | |
| 15 | 结构方案是否超限，是否可以避免超限 | | |
| …… | …… | | |

### 4. 强电专业（表 3-34）

强电专业审核要点表

表 3-34

| 编号 | 审 核 要 点 | 是否满足（打√或×） | 问题描述 |
|---|---|---|---|
| 1 | 内容完整性 | | |
| 2 | 规范时效性 | | |
| 3 | 负荷分级的合规性 | | |
| 4 | 容量的估算或计算方法 | | |
| 5 | 供电条件的落实 | | |
| 6 | 业主需求 | | |
| 7 | 其他专业主要设备负荷 | | |
| 8 | 供电方案的技术经济论证 | | |
| 9 | 拟采用的开关设备的技术经济论证 | | |
| 10 | 拟采用的干线材料的技术经济论证 | | |
| 11 | 变配电室选址论证 | | |
| 12 | 项目实施的风险评估 | | |
| …… | …… | | |

**5. 给水排水专业（表 3-35）**

给水排水专业审核要点表 　　　　　　　　　　　　　　　　　　　表 3-35

| 编号 | 审 核 要 点 | 是否满足（打√或×） | 问题描述 |
|---|---|---|---|
| 1 | 核实室外给水进水接驳市政管道，位置、管径与水压是否正确 | | |
| 2 | 根据任务书，核实室内热水系统分区加压是否合理，并应与生活给水系统分区方式一致 | | |
| 3 | 核实热用水池的总储水量是否符合水量计算表中的计算值，并按规范核实是否满足要求 | | |
| 4 | 核实雨水量计算是否是按当地的暴雨强度公式计算，并且核实其重现期，径流系数选择是否正确 | | |
| 5 | 核实排水体制是否合理（污废分合流，雨污分合流） | | |
| 6 | 核实室外市政管网接驳的排水管道位置、管径是否合理 | | |
| 7 | 核实室内重力排水管道、通气管道的描述是否能代表整个项目的排水机制 | | |
| 8 | 核实压力排水系统的提升方式，以及集水坑的设置等描述是否满足规范要求 | | |
| 9 | 核实室内消火栓系统分区方式是否合理 | | |
| 10 | 核实消防屋顶水箱的总容积 | | |
| 11 | 核实消防水池的总容积以及分格情况 | | |
| 12 | 核实自喷系统的系统形式是否合理（如开式，闭式，干式，湿式，预作用等） | | |
| 13 | 核实自动喷淋的危险等级，喷水强度，喷水时间等设计参数 | | |
| 14 | 核实各种喷头（直立型、下垂型、边墙型）的使用是否正确 | | |
| 15 | 核实各房间各分区的气体灭火设计用量的计算是否正确 | | |
| …… | …… | | |

**6. 暖通专业（表 3-36）**

暖通专业审核要点表 　　　　　　　　　　　　　　　　　　　表 3-36

| 编号 | 审 核 要 点 | 是否满足（打√或×） | 问题描述 |
|---|---|---|---|
| 1 | 设计说明中空调及供暖负荷估算指标是否在合理范围内 | | |
| 2 | 设计说明中供暖空调的冷热源形式是否经技术经济比较后确定 | | |
| 3 | 设计说明中供暖形式是否与项目的面积、高度、装修程度、舒适性要求、项目业主要求等相适应 | | |
| 4 | 设计说明中空调形式是否与项目的面积、高度、装修程度、舒适性要求、项目业主要求等相适应 | | |
| 5 | 设计说明中是否正确表述各区域采用的通风形式，换气次数是否符合相关规范规定 | | |
| 6 | 设计说明中是否正确表述各区域采用的防排烟形式 | | |
| 7 | 冷热源方案比选中各备选方案是否选用得当 | | |
| 8 | 冷热源方案比选中各备选方案的技术经济比较是否真实可靠 | | |
| 9 | 冷热源方案比选中设计单位提出的最优方案是否由充分 | | |

| 编号 | 审核要点 | 是否满足（打√或×） | 问题描述 |
|---|---|---|---|
| 10 | 制冷机房、锅炉房、空调机房、通风机房等暖通专业设备房是否均有预留，位置及面积是否合理 | | |
| 11 | 通风井、新风井、正压送风井、排烟井、水井、尾气井、油烟井等暖通专业井道是否均有预留，位置及面积是否合理 | | |
| …… | …… | | |

### 7. 弱电（智能化）专业（表3-37）

弱电（智能化）专业审核要点表　　　　　　　表3-37

| 编号 | 审 核 要 点 | 是否满足（打√或×） | 问题描述 |
|---|---|---|---|
| 1 | 弱电智能化系统定位是否与业主需求一致 | | |
| 2 | 主要功能、技术、经济指标是否满足业主需求及设计任务书要求 | | |
| 3 | 设计依据是否按政府部门认定的批复为设计依据进行设计 | | |
| 4 | 安全保护等级是否明确，等级确定是否正确 | | |
| 5 | 各系统与原有系统或上级主管部门系统或其他平台的接口描述是全面和准确，数据传输方式是否合理 | | |
| 6 | 信息发布系统是否明确信息发布的内容、方式及效果等 | | |
| 7 | 视频监控系统是否清楚说明接入公安部门的方式 | | |
| 8 | 安全防范各系统联动方式、条件是否描述清楚且合理 | | |
| 9 | 停车管理系统是否说明与其他系统联动及联动条件 | | |
| 10 | 楼宇设备自控系统的控制目标是否节能要求 | | |
| 11 | 程控交换机及矩阵主机容量是否明确 | | |
| 12 | 周界防护系统造型是否满足需求，主要功能是否描述清楚 | | |
| 13 | 智能建筑集成管理系统软件架构是否具有可兼容性和可扩展性 | | |
| …… | …… | | |

### 3.15.4　方案阶段估算审核

（1）造价咨询分部对设计单位提交的估算进行审核，对照《建筑工程设计文件编制深度规定》第2.2.9条要求审核，并提出意见。

（2）邀请专家并组织专家评审。

（3）整理审核（质量与估算）及专家评审意见，提出优化要点，经业主确定，设计单位确认。

（4）设计单位按共同确定的审核与评审意见修订方案设计文件，按合同约定时间提交。

### 3.15.5　案例

某项目椭圆形的中庭顶部屋盖，中庭屋盖平面投影为短轴26.7m、长轴53.8m的椭圆形。

根据以往的工程设计经验，可供选择的结构体系有网架结构体系、单层网壳结构体系、张弦梁结构体系、索网结构体系等。由于索网结构体系较前述几种结构体系均要贵很多，因此首先被排除。同时建筑需要突出屋盖的轻巧、薄的特性，因此造价相对便宜的网架结构体系也被排除。方案设计阶段着重研究单层网壳结构体系和张弦梁结构体系两种方案。

另一方面，由于甲方目前提供的屋面吊挂荷载为 2.0kN/m²，此吊挂荷载是否有必要吊在如此轻巧的屋盖结构体系上还可以再考虑，因此本报告考虑了两种吊挂荷载条件：① 吊挂荷载为 2.0kN/m²，② 吊挂荷载为 0.5kN/m²（一般的照明用灯等荷载），以期对比其对结构和建筑效果的影响。基于以上基本结论和条件，设计管理单位协助设计单位进行了以下方案比选工作：

1. 方案一：单层网壳结构体系

网壳外形采用抛物面，抛物面几何形成过程见图 3-14。网壳单元格尺寸为 2.0m×2.0m：

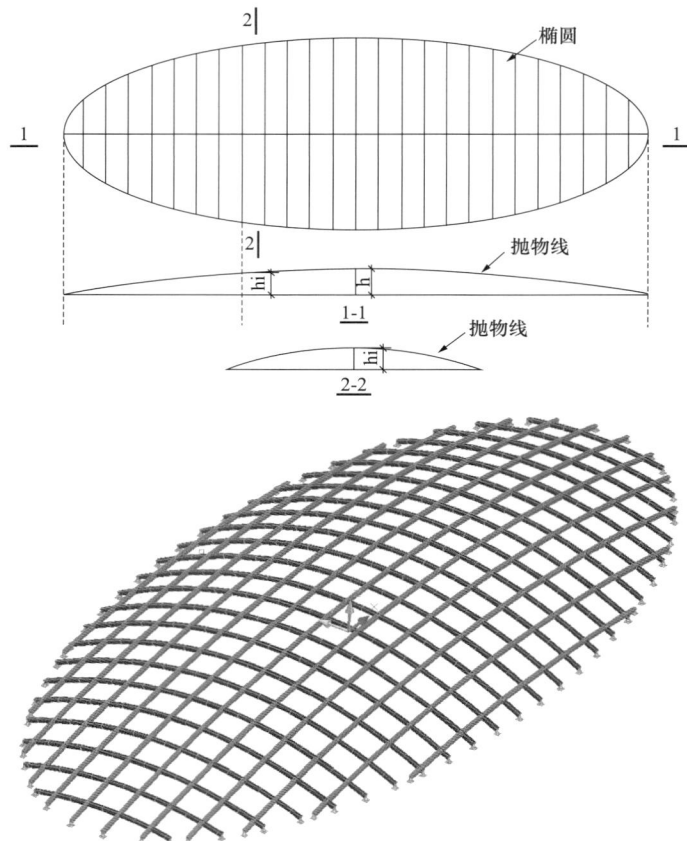

图 3-14　单层网壳结构体系

2. 方案二：张弦梁结构体系

网壳外形采用抛物面，抛物面几何形成过程见图 3-15：

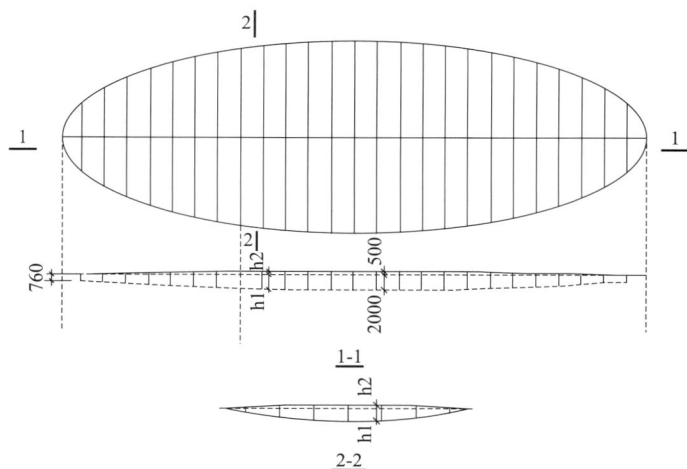

图 3-15　张弦梁结构体系（一）

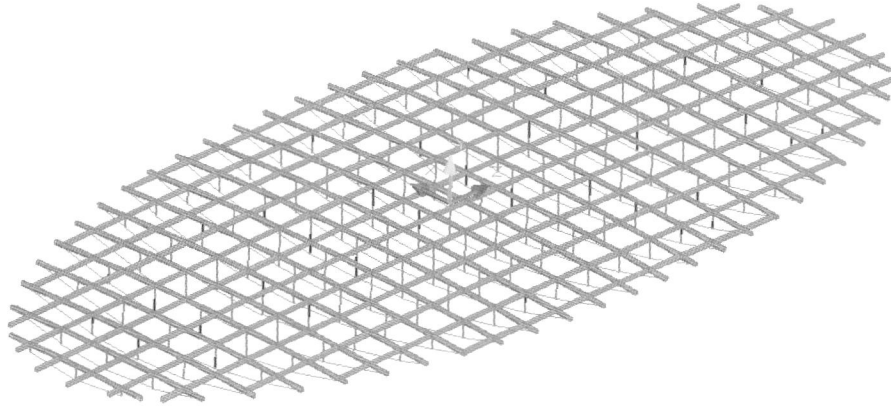

图 3-15　张弦梁结构体系（二）

3. 经济性比较

表 3-38 为采用单层网壳结构体系时，不同矢高的材料用量统计；表 3-39 给出了张弦梁结构方案材料用量统计。

单层网壳体系用材统计表　　　　　　　　　　　　　　　　表 3-38

| 矢高 | 短方向构件 | 长方向构件 | 用钢量（kg/m²） |
|---|---|---|---|
| 矢高 3.0m | □ 250×200×8×8 | □ 250×120×8×8 | 63.5 |
| 矢高 3.5m | □ 250×200×8×8 | □ 250×200×6×6 | 44.6 |
| 矢高 4.0m | □ 250×200×8×8 | □ 250×200×6×6 | 44.9 |

张弦梁体系用材统计表　　　　　　　　　　　　　　　　表 3-39

| 构　件 | 截　面 | 重量（t） |
|---|---|---|
| 张弦梁上弦 | □ 200×160×6×8 | 18.8 |
| 张弦梁下弦索 | $\phi40$ | 5.0 |
| 撑杆 | $\phi75.5×3.75$ | 1.4 |
| 张弦梁上弦联系构件 | □ 200×160×6×6 | 16.2 |

索的造价按钢结构 3 倍计算，其总用钢量为 44kg/m²，大致与网壳结构体系持平。

4. 方案比较分析

通过以上采光屋顶方案对比分析，可以得出如下结论：

（1）基于经济性对比分析，采用单层网壳结构和张弦梁结构，材料用量综合测算的工程造价基本接近。

（2）虽然材料用量接近，但张弦梁施工更复杂，且从建筑实现效果来看，单层网壳结构体系较张弦梁结构体系更适合本项目空间净高要求。

（3）当采用单层网壳时，矢高为 3.0m 时材料用量较大，矢高增至 3.5m 时材料用量降低明显，且该矢高满足建筑不超过相邻上一层层高的要求，因此如果是单层网壳方案优先选择 3.5m 矢高。

结论：综合以上因素对比，项目实施方案确定为单层网壳结构体系方案，矢高建议为 3.5m，采用 2.0m×2.0m 网格。

# 3.16 初步设计管理

## 3.16.1 技术输入文件

向设计单位提交以下文件，协助办理城市规划审批文件及相应审批事项：

（1）规划审批意见；

（2）工程用地许可；

（3）初步勘察报告。

## 3.16.2 成果输出文件

按设计合同约定时间敦促设计单位提交初步设计文件，包括：

### 1. 初步设计说明

总说明及建筑篇、结构篇、给水排水篇、电气篇（强电、弱电）、空调与通风篇、消防篇、人防篇、环境设计与保护篇、劳动安全篇、概算篇等各专业篇章说明。

### 2. 初步设计图纸

（1）建筑设计图纸，包括：目录、总平面图、各层平面、各向立面图、剖面。

（2）结构设计图纸，包括：目录、基础平面图、地下室结构平面图、各层结构平面图、新型结构的构造要求或节点简图。

（3）给水排水设计图纸，包括：目录、总平面、各层平面、给水系统图、排水系统图、主要设备及材料表。

（4）电气设计图纸，包括：目录、供电总平面图、变配电站、电力平面、系统图、建筑防雷、各弱电项目系统图（方框图）、主要设备及材料表。

（5）采暖、空调与通风设计图纸，包括：目录、各空调、通风平面图、主机房、热交换间主要冷热源机房平面图（设备位置及规格）、特殊自控系统原理图、主要设备及材料表。

（6）热能动力设计图纸，包括：目录、设备平、剖面布置图、原则性热力系统图、燃料及除渣系统布置图、区域布置图、管道平面布置图、主要设备及材料表。

（7）消防设计图纸，包括：建筑各层平面防火及防烟分区、疏散路线图；消防给排水总平面图、各层消防平面图、消防给水系统示意图；电气消防系统图、各层消防平面图；消防排烟通风各层平面图、前室、楼梯间、内廊加压系统图、各工种主要设备及材料选型。

（8）环境设计图纸，包括：建筑首层平面加室外绿化、小品、雕塑等布置。

（9）人防设计图纸图纸（若有）。

### 3. 技术经济与概算

设计概算文件必须完整地反映工程项目初步设计的内容，严格执行国家有关的方针、政策和制度，实事求是地根据工程所在地的建设条件（包括自然条件、施工条件等影响造价的各种因素）、按有关的依据性资料编制。

概算设计文件应包括：编制说明（工程概况、编制依据、建设规模、建设范围、不包括的工程项目和费用、其他必须说明的问题等）、总概算表、单项工程综合概算书、单位工程概算书、其他工程和费用概算书和钢材、木材和水泥等主要材料表。

总概算书是确定一个建设项目从筹建到竣工验收交付使用所需全部建设费用的总文件，包括三个部分：建筑安装工程费和设备购置费、其他费用（如土地征购费、房屋拆迁费、研究试验费、勘察设计费等）、预备费（不可预见的工程和费用）。

### 3.16.3　成果文件深度审核

按《建筑工程设计文件编制深度规定》逐条审核，清出不满足的条、款、项，提出整改意见表3-40。

初步设计深度审核表　　　　　　　　　　　　　　　　　表 3-40

| 条、款、项 | 内　　容 | |
|---|---|---|
| 3.1.1.1 | 设计说明书，包括设计总说明、各专业设计说明。对于涉及建筑节能设计的专业，其设计说明应有建筑节能设计专项内容 | |
| 3.1.1.2～5 | …… | |
| 3.1.2.1～6 | …… | |
| 3.2.1.1 | 政府有关主管部门的批文，如该项目的可行性研究报告、工程立项报告、方案设计文件等审批文件的文号和名称 | |
| 3.2.1.2～6 | …… | |
| 3.2.2.1～3 | …… | |
| 3.2.3.1～2 | …… | |
| 3.2.4.1～2 | …… | |
| 3.2.5.1 | 有关城市规划、红线、拆迁和水、电、蒸汽、燃料等能源供应的协作问题 | |
| 3.2.5.2～5 | …… | |
| 3.3.1 | 在初步设计阶段，总平面专业设计文件应包括设计说明书、设计图纸 | |
| 3.3.2.1～6 | …… | |
| 3.3.3.1～3 | …… | |
| 3.4.1 | 在初步设计阶段，建筑专业设计文件应包括设计说明书和设计图纸 | |
| 3.4.2.1～7 | …… | |
| 3.4.3.1～4 | …… | |
| 3.5.1 | 在初步设计阶段，结构专业设计文件应包括设计说明书和设计图纸 | |
| 3.5.2.1～9 | …… | |
| 3.5.3.1～4 | …… | |
| 3.5.4 | 计算书。计算书应包括荷载统计，结构整体计算、基础计算等必要的内容，计算书经校审后保存 | |
| 3.6.1 | 在初步设计阶段，建筑电气专业设计文件应包括设计说明书、设计图纸、主要电气设备表、计算书 | |
| 3.6.2.1～19 | …… | |
| 3.6.3.1～8 | …… | |
| 3.6.4 | 主要电气设备表。注明设备名称、型号、规格，单位、数量 | |
| 3.6.5.1～8 | …… | |
| 3.7.1 | 在初步设计阶段，建筑工程给水排水专业设计文件应包括设计说明书、设计图纸、主要设备器材表、计算书 | |
| 3.7.2.1～12 | …… | |
| 3.7.3.1～3 | …… | |
| 3.7.4 | 主要设备器材表。列出主要设备器材的名称、性能参数、计数单位、数量，备注使用运转说明（宜按子项分别列出） | |
| 3.7.5.1～4 | …… | |

续表

| 条、款、项 | 内　　容 | |
|---|---|---|
| 3.8.1 | 在初步设计阶段，采暖通风与空气调节设计文件应有设计说明书，除小型、简单工程外，初步设计还应包括设计图纸、设备表及计算书 | |
| 3.8.2.1～11 | …… | |
| 3.8.3 | 设备表。列出主要设备的名称、性能参数、数量等 | |
| 3.8.4.1～5 | …… | |
| 3.8.5 | 计算书。对于采暖通风与空调工程的热负荷、冷负荷、风量、空调冷热水量、冷却水量及主要设备的选择，应做初步计算 | |
| 3.9.1 | 在初步设计阶段，热能动力专业设计文件应有设计说明书，除小型、简单工程外，初步设计还应包括设计图纸、主要设备表、计算书 | |
| 3.9.2.1～8 | …… | |
| 3.9.3.1～3 | …… | |
| 3.9.4 | 主要设备表。列出主要设备名称、性能参数、单位和数量等，对锅炉设备应注明锅炉效率 | |
| 3.9.5 | 计算书。包括负荷计算、主要设备选型计算、水电和燃料的消耗量计算、主要管道的水力计算等，并将主要计算结果列入设计说明书中有关部分 | |
| 3.10.1 | 建设项目设计概算是初步设计文件的重要组成部分。概算文件应单独成册。设计概算文件由封面、签署页（扉页）、编制说明、建设项目总概算表、其他费用表、单项工程综合概算表、单位工程概算书等内容组成 | |
| 3.10.2 | 封面、签署页（扉页），参照第3.1.2条 | |
| 3.10.3.1～5 | …… | |
| 3.10.4～6 | …… | |
| 3.10.7.1～4 | …… | |

### 3.16.4　专业内部审核要点

**1. 建筑专业（表3-41）**

建筑专业审核要点表　　　　　　　　　　　　　　　　表3-41

| 编号 | 审　核　要　点 | 是否满足（打√或×） | 问题描述 |
|---|---|---|---|
| 1 | 是否满足政府各部门批文要求（规划、消防、绿环、市政等） | | |
| 2 | 主要建筑设备的位置是否科学合理，面积是否能满足使用要求 | | |
| 3 | 场地四邻原有及规划的道路的位置和主要建筑物及构筑物的室内外设计标高、位置、名称、层数，建筑间距等是否满足规范要求，保温层计入建筑高度 | | |
| 4 | 建筑物及构筑物的总图定位坐标、±0.000标高、道路坡度及标高和总图定位是否准确、合理，构筑物外墙做法，退距是否足够 | | |
| 5 | 消防车道道宽、登高面部分道宽、消防车道的坡度、回车场地的尺寸、距建筑物外墙距离均应满足国家及地方相关规范要求 | | |

| 编号 | 审 核 要 点 | 是否满足（打√或 ×） | 问题描述 |
|---|---|---|---|
| 6 | 防火设计中建筑的耐火等级、防火防烟分区的划分、安全疏散，以及无障碍设计、节能、人防、智能化等设计情况和所采取的措施是否满足规范要求，安全疏散宽度计算书，最不利因素疏散宽度标注 | | |
| 7 | 初步设计文件是否按照方案相关批文执行 | | |
| 8 | 建筑平立剖面表达是否一致 | | |
| 9 | 应符合国家及地方相应的初步设计文件深度的规定 | | |
| 10 | 核查建筑进排风井、设备吊装孔洞、泄爆面、人防出入口、机动车出入口等各类出地面建（构）筑物的位置、体量、立面设计处理，使之既符合相关强制性设计规范要求，又满足各业态的交通、景观、噪声、环境控制等经营要求 | | |
| …… | …… | | |

## 2. 结构专业（表 3-42）

结构专业审核要点表　　　　　　　　　　　　　　　　　　表 3-42

| 编号 | 审 核 要 点 | 是否满足（打√或 ×） | 问题描述 |
|---|---|---|---|
| 1 | 结构设计基本参数是否合理（设计使用年限、安全等级、抗震设防分类等） | | |
| 2 | 结构初步地勘参数：场地类别信息是否合理 | | |
| 3 | 结构初步地勘参数：地下水及抗浮设计水位要求是否合理 | | |
| 4 | 结构初步地勘参数：岩土构成数据、地基承载力信息是否清晰 | | |
| 5 | 结构初步地勘参数：地基及基础结论及建议是否合理，是否符合项目设计基本情况 | | |
| 6 | 结构分析软件选择和使用是否合理 | | |
| 7 | 结构地震参数是否合理 | | |
| 8 | 结构恒荷载、活荷载取值是否准确合理 | | |
| 9 | 结构抗震等级是否合理 | | |
| 10 | 场地持力层选择是否合理，地基承载力是否满足要求 | | |
| 11 | 场地是否需要地基处理，地基处理方案是否合理 | | |
| 12 | 结构地基基础截面是否合理、布置是否合理 | | |
| 13 | 项目是否存在抗浮设计、抗浮分析设计是否合理 | | |
| 14 | 结构地基基础计算模型是否合理，参数确定是否合理 | | |
| 15 | 地下室结构选型是否合理、防水设计是否合理 | | |
| 16 | 是否存在人防设计，人防布置是否合理 | | |
| 17 | 结构主要竖向构件截面（框架柱、剪力墙）是否合理 | | |
| 18 | 结构柱网布置是否合理，是否满足建筑功能要求 | | |
| 19 | 结构剪力墙布置是否合理，剪力墙间距是否满足规范要求 | | |

| 编号 | 审 核 要 点 | 是否满足（打√或×） | 问题描述 |
|---|---|---|---|
| 20 | 结构转换层位置是否合理，是否避免高位转换 | | |
| 21 | 结构是否存在穿层柱、斜柱，方案是否合理 | | |
| 22 | 结构框架梁截面是否合理、布置是否合理 | | |
| 23 | 结构次梁截面是否合理，布置是否合理 | | |
| 24 | 结构是否存在宽扁梁、变截面梁、设计是否合理 | | |
| 25 | 结构是否存在转换梁，转换梁截面是否合理 | | |
| 26 | 结构是否存在悬挑梁，悬挑梁截面是否合理 | | |
| 27 | 结构楼板选型是否合理、经济 | | |
| 28 | 结构楼板截面、布置方式是否合理 | | |
| 29 | 结构楼层净高是否满足建筑要求 | | |
| 30 | 结构布置是否满足建筑功能、机电专业要求 | | |
| …… | …… | | |

### 3. 强电专业（表3-43）

**强电专业审核要点表** 表3-43

| 编号 | 审 核 要 点 | 是否满足（打√或×） | 问题描述 |
|---|---|---|---|
| 1 | 深度 | | |
| 2 | 强制性条文 | | |
| 3 | 供电方案 | | |
| 4 | 变配电室位置 | | |
| 5 | 配电方式 | | |
| 6 | 与电力专项设计的界面划分 | | |
| 7 | 与精装修设计的界面划分 | | |
| 8 | 与智能化设计的界面划分 | | |
| 9 | 与景观、泛光照明设计的界面划分 | | |
| …… | …… | | |

### 4. 给水排水专业（表3-44）

**给水排水专业审核要点表** 表3-44

| 编号 | 审 核 要 点 | 是否满足（打√或×） | 问题描述 |
|---|---|---|---|
| 1 | 核实计算书中水泵机组流量扬程是否计算正确，应按秒流量计算水泵流量 | | |
| 2 | 核实计算书喷淋水泵计算的作用面积框选是否正确，作用面积内各喷头的流量水压计算是否正确 | | |
| 3 | 核实室外给水进水接驳市政管道，位置、管径与水压是否正确 | | |
| 4 | 核实生活用水池的总储水量是否符合水量计算表中的计算值，并按规范核实是否满足要求 | | |
| 5 | 核实设计说明室内消火栓箱内的各配置是否满足使用要求 | | |

| 编号 | 审 核 要 点 | 是否满足（打√或×） | 问题描述 |
|---|---|---|---|
| 6 | 核实各种湿式喷头的玻璃球颜色选用是否正确，普通温度 68℃为红色，厨房喷头 93℃为绿色 | | |
| 7 | 核实自动喷淋系统的自动控制与手动控制是否满足规范要求 | | |
| 8 | 核实各房间各分区的气体灭火设计用量的计算是否正确 | | |
| 9 | 核实本工程采用的灭火器配置级配、灭火器选型、危险等级是否满足规范要求 | | |
| 10 | 核实绿建说明给水、消防、绿化等用水是否分质分户计量 | | |
| 11 | 核实给水系统进水处的总管径是否满足整个建筑的生活用水量要求 | | |
| 12 | 核实生活给水系统不能与非饮用水系统直接连接，如果有连接必须采取防止倒流的措施 | | |
| 13 | 核实生活给水系统各立管，横干管的管径及标高是否满足要求 | | |
| 14 | 核实各非生活水箱的进水口与有效水位的空气隔断必须大于 0.15m | | |
| 15 | 核实热水加压设备，加热设备，分集水器，循环水泵等是否按要求设置，并且设备参数是否与设计说明，设计材料表一致 | | |
| 16 | 核实减压阀、倒流防止器、过滤器、安全阀、膨胀管等的应用是否满足规范要求 | | |
| 17 | 核实直饮水系统各供回水立管，横干管的管径及标高是否满足要求 | | |
| 18 | 核实直饮水供回水管路是否按照同程方式布置 | | |
| 19 | 核实重力排水立管转位时，横干管的长度要求是否满足规范要求，检查口是否按规范要求设置 | | |
| 20 | 核实超高层重力排水立管是否采用了消能措施，常见的消能措施是用"乙"字管 | | |
| 21 | 核实压力排水系统水泵的压力是否满足排水可以顺利排出到室外 | | |
| 22 | 核实雨水立管最高处的雨水斗与最低处的雨水斗高差是否超过了整个立管高度的 1/3，如果超过应当修改至 1/3 以内 | | |
| 23 | 核实虹吸系统的悬吊管中心与雨水斗顶面的高差是否小于 1m，应超过 1m | | |
| 24 | 核实消防电梯的压力排水集水坑的有效容积是否满足规范要求 | | |
| 25 | 核实各层消火栓自由水压超过 0.5MPa 是否采用了减压孔板或者采用减压稳压消火栓 | | |
| 26 | 核实消防水泵等加压设备上的阀门附件（包括压力开关，流量开关等）是否按规范要求设置 | | |
| 27 | 核实室外消防水池是否设置了室外消防车取水口，且取水口的最低水位与室外地坪的高差不应超过 6m | | |
| 28 | 核实自动喷水灭火系统各末端试水装置是否按规范要求设置，并且核实试验排水管道，管径是否正确，管道排水是否采用专用消防排水管道单独排出 | | |

| 编号 | 审 核 要 点 | 是否满足（打√或×） | 问题描述 |
|---|---|---|---|
| 29 | 核实同一报警阀组控制的喷淋配水管道最高层与最底层的高差是否小于50m | | |
| 30 | 核实超高层（这里指大于250m）的公共建筑，同一报警阀组控制的喷淋配水支管是否隔层设置 | | |
| …… | …… | | |

### 5. 暖通专业（表3-45）

暖通专业审核要点表

表 3-45

| 编号 | 审 核 要 点 | 是否满足（打√或×） | 问题描述 |
|---|---|---|---|
| 1 | 设计说明中供暖热源是否与方案阶段经综合比选后确定的技术方案相一致。如因其他原因，热源方案确需进行调整时，设计单位应重新编制比选方案，供业主选择 | | |
| 2 | 设计说明中供暖热源设备的选型是否与计算负荷相匹配 | | |
| 3 | 设计说明中供暖系统的划分是否经济合理 | | |
| 4 | 设计说明中空调系统冷热源是否与方案阶段经综合比选后确定的技术方案相一致。如因其他原因，冷热源方案确需进行调整时，设计单位应重新编制比选方案，供业主选择 | | |
| 5 | 设计说明中空调冷热源设备的选型是否与计算负荷相匹配 | | |
| 6 | 设计说明中空调系统的划分是否经济合理 | | |
| 7 | 设计说明中是否正确表述各空调系统气流组织形式，是否与项目情况相匹配 | | |
| 8 | 设计说明中是否正确表述各通风系统的设置区域、设备选择、风量等情况 | | |
| 9 | 设计说明中是否正确表述各通风系统气流组织形式，是否与项目情况相匹配 | | |
| 10 | 设计说明中是否正确表述各防烟排烟系统的设置区域、设备选择、风量等情况 | | |
| 11 | 设计说明中各防烟排烟系统的风口形式及设置位置是否符合相关规范规定 | | |
| 12 | 设计说明中各防烟排烟系统的联动控制方式是否符合相关规范规定 | | |
| 13 | 是否通过专业计算软件，对空调及供暖负荷、通风和空调系统风量、空调冷热水量、冷却水量、主要设备选择，进行初步计算 | | |
| 14 | 计算书中计算负荷是否与设计说明及设计图中冷热源设备的选型相匹配 | | |
| 15 | 系统流程图应包括冷热源系统、供暖系统、空调水系统、通风及空调风路系统防排烟等系统的流程图 | | |
| 16 | 系统流程图中各个区域设备、风管、水管、风口的规格是否清楚明了，各类阀门附件设置是否恰当，系统管线布置是否合理 | | |
| 17 | 供暖平面图中应包含散热器位置及片数、供暖干管的入口及系统编号、供暖管道的平面走向等内容 | | |

| 编号 | 审 核 要 点 | 是否满足（打√或 ×） | 问题描述 |
|---|---|---|---|
| 18 | 供暖平面图中供暖区域是否满足设计规范及项目业主使用要求 | | |
| 19 | 供暖平面图中散热器的设置位置是否影响消防疏散、装饰效果及房间使用功能 | | |
| 20 | 供暖平面图中各种设备及管道、阀门布置是否满足使用功能及设计规范要求 | | |
| 21 | 供暖平面图中供暖设备房及供暖井道位置是否合理 | | |
| 22 | 通风、空调、防排烟平面图中应包含设备位置、管道和风管走向、风口位置、主要干管控制标高和管径等内容。管道交叉复杂处应绘制局部剖面图 | | |
| 23 | 空调平面图中空调区域是否满足设计规范及项目业主使用要求 | | |
| 24 | 通风、空调、防排烟平面图中各种设备及管道、阀门布置是否满足使用功能及设计规范要求 | | |
| 25 | 通风空调设备房及井道位置是否合理 | | |
| 26 | 冷热源机房平面图中应包含主要设备位置、设备编号标注、管道走向等内容 | | |
| 27 | 冷热源机房平面图中主要设备及管道、阀门附件位置是否满足日后管理及检修要求 | | |
| …… | …… | | |

## 6. 弱电（智能化）专业（表 3-46）

**弱电（智能化）专业审核要点表**　　　　　　　　　　　　　　　　表 3-46

| 编号 | 审 核 要 点 | 是否满足（打√或 ×） | 问题描述 |
|---|---|---|---|
| 1 | 是否存在落后或已被淘汰、废止的技术 | | |
| 2 | 系统图是否包括了所有系统 | | |
| 3 | 各系统主机位置是否明确 | | |
| 4 | 机房位置选择是否合适，有无被渗水的可能，有无电磁干扰等 | | |
| 5 | 数据中心机房和通信接入机房的位置是否合理、经济，若是中间楼层，则楼板的荷载是否满足承重要求 | | |
| 6 | 数据中心机房装修、环境监测、消防、照明、空调、新排风等是否已设计或有明确由哪个专业设计 | | |
| 7 | 综合布线系统的范围及与各系统的界面是否清楚描述 | | |
| 8 | 有线电视系统是否与当地有线电视台要求一致 | | |
| 9 | 集成管理的对象是否有已建成系统，是否存在无法提供接口的情况 | | |
| 10 | 视频监控系统供电方式是否方便维护、成本经济 | | |
| 11 | 视频监控系统与相关系统的联动是否明确 | | |
| 12 | 防盗报警系统设防种类是否存在误报率过大的情况 | | |
| 13 | 防盗报警系统是否清楚说明与其他系统的联动及联动条件 | | |
| 14 | 无线对讲系统选型及覆盖范围是否满足使用需求 | | |

| 编号 | 审 核 要 点 | 是否满足（打√或×） | 问题描述 |
|---|---|---|---|
| 15 | 巡更系统点位设置是否达到巡逻全覆盖 | | |
| 16 | 门禁系统是否清楚说明了与哪些系统联动及联动条件 | | |
| 17 | 停车管理系统身份识别方式及主要功能是否经济合理且先进 | | |
| 18 | 信息发布系统信号原是否满足使用需求 | | |
| 19 | 信息发布及查询系统的发布屏及查询终端的安放位置是否合理 | | |
| 20 | 广播及背景音乐系统与消防报警系统的关系及切换方式是否明确 | | |
| 21 | 广播及背景音乐系统的点位设置是否合理 | | |
| …… | …… | | |

### 3.16.5 计算书审核

重点对《建筑工程设计文件编制深度规定》计算书内容中以下第 3.5.2，3.5.4，3.6.5，3.7.5，3.8.5，3.9.5 条款项进行审核（表 3-47）。

**初步设计计算书审核表**　　　　　　　　　　　　　　　　　　表 3-47

| | 条款项 | 专业 | 计算书内容 |
|---|---|---|---|
| 初步设计 | 3.5.2 | | 设计说明书 |
| | 3.5.2.1～9 | | （1）工程概况；<br>（2）设计依据；<br>（3）建筑分类等级；<br>（4）主要荷载（作用）取值；<br>（5）上部及地下室结构设计；<br>（6）地基基础设计；<br>（7）结构分析；<br>（8）主要结构材料。包括混凝土强度等级、钢筋种类、砌体强度等级、砂浆强度等级、钢绞线或高强钢丝种类、钢材牌号、特殊材料或产品（如成品拉索、锚具、铸钢件、成品支座、阻尼器等）的说明等；<br>（9）其他需要说明的内容 |
| | 3.5.4 | 结构 | 计算书应包括荷载统计，结构整体计算、基础计算等必要的内容，计算书经校审后保存 |
| | 3.6.5 | 电气 | （1）用电设备负荷计算；<br>（2）变压器选型计算；<br>（3）电缆选型计算；<br>（4）系统短路电流计算；<br>（5）防雷类别的选取或计算，避雷针保护范围计算；<br>（6）照度值和照明功率密度值计算；<br>（7）各系统计算结果尚应标示在设计说明或相应图纸中；<br>（8）因条件不具备不能进行计算的内容，应在初步设计中说明，并应在施工图设计时补算 |
| | 3.7.5 | 给水排水 | （1）各类用水量和排水量计算；<br>（2）中水水量平衡计算；<br>（3）有关的水力计算及热力计算；<br>（4）设备选型和构筑物尺寸计算 |
| | 3.8.5 | 采暖通风与空气调节 | 对于采暖通风与空调工程的热负荷、冷负荷、风量、空调冷热水量、冷却水量及主要设备的选择，应做初步计算 |
| | 3.9.5 | 热能动力 | 包括负荷计算、主要设备选型计算、水电和燃料的消耗量计算、主要管道的水力计算等，并将主要计算结果列入设计说明书中有关部分 |

### 3.16.6　初设阶段概算审核

（1）造价咨询分部根据《建筑工程设计文件编制深度规定》第 3.10.4 条审核建设项目总概算表。

（2）造价咨询团队牵头组织设计管理分部、招标管理分部、现场管理分部综合审核设计概算。

（3）综合初步设计深度、质量、优化意见及概算意见经业主确定，向设计单位反馈意见并让其确认。

（4）设计单位按审核意见修订初步设计文件，并按合同约定提交合格的初步设计文件。

（5）提交财政行政主管部门进行评审并批准项目概算。

## 3.17　施工图设计管理

### 3.17.1　技术输入文件

（1）项目详细地质勘察报告；

（2）财政批准的项目概算；

（3）按设计合同约定的时间敦促提交施工图设计文件（含预算书）。

### 3.17.2　成果输出文件

施工图设计是工程设计的最后一个阶段，施工图成果是总承包单位工程备料、制作、安装的重要依据，因此施工图成果的质量非常重要，直接决定了项目的实施质量。

施工图设计成果文件的质量、内容和深度除了要符合国家和省、市的有关规定及要求，也要符合项目设计任务书要求及项目业主单位特殊要求。施工图成果应满足住房和城乡建设部《关于批准〈建筑工程设计文件编制深度的要求〉通知》（建设〔1992〕102 号）规定要求。

施工图设计成果文件包括（各专业）：专业设计总说明、专业设计计算书、施工图设计图纸等部分。

### 3.17.3　成果文件深度审核

按《建筑工程设计文件编制深度规定》逐步审核，清理不满足的条、款、项，并提出整改意见（表 3-48）。

施工图深度审核表　　　　　　　　　　　　　　　　　　表 3-48

| 条、款、项 | 内　　容 | |
| --- | --- | --- |
| 4.1.1.1 | 合同要求所涉及的所有专业的设计图纸（含图纸目录、说明和必要的设备、材料表，见第 4.2 节至第 4.8 节）以及图纸总封面；对于涉及建筑节能设计的专业，其设计说明应有建筑节能设计的专项内容 | |
| 4.1.1.2～3 | …… | |
| 4.1.2.1～6 | …… | |
| 4.2.1 | 在施工图设计阶段，总平面专业设计文件应包括图纸目录、设计说明、设计图纸、计算书 | |
| 4.2.2～3 | …… | |
| 4.2.4.1 | 保留的地形和地物 | |
| 4.2.4.2～9 | …… | |
| 4.2.5.1 | 场地测量坐标网、坐标值 | |

续表

| 条、款、项 | 内　　容 | |
|---|---|---|
| 4.2.5.2～9 | …… | |
| 4.2.6.1～4 | …… | |
| 4.2.7.1 | 总平面布置 | |
| 4.2.7.2～7 | …… | |
| 4.2.8.1～5 | …… | |
| 4.2.9 | 详图。包括道路横断面、路面结构、挡土墙、护坡、排水沟、池壁、广场、运动场地、活动场地、停车场地面、围墙等详图 | |
| 4.2.10.1～4 | …… | |
| 4.2.11 | 计算书。设计依据及基础资料、计算公式、计算过程、有关满足日照要求的分析资料及成果资料均作为技术文件归档 | |
| 4.3.1 | 在施工图设计阶段，建筑专业设计文件应包括图纸目录、设计说明、设计图纸、计算书 | |
| 4.3.2 | …… | |
| 4.3.3.1 | 依据性文件名称和文号，如批文、本专业设计所执行的主要法规和所采用的主要标准（包括标准名称、编号、年号和版本号）及设计合同等 | |
| 4.3.3.2～14 | …… | |
| 4.3.4.1 | 承重墙、柱及其定位轴线和轴线编号，内外门窗位置、编号及定位尺寸，门的开启方向，注明房间名称或编号，库房（储藏）注明储存物品的火灾危险性类别 | |
| 4.3.4.2～20 | …… | |
| 4.3.5.1 | 两端轴线编号，立面转折较复杂时可用展开立面表示，但应准确注明转角处的轴线编号 | |
| 4.3.5.2～8 | …… | |
| 4.3.6.1 | 剖视位置应选在层高不同、层数不同、内外部空间比较复杂、具有代表性的部位；建筑空间局部不同处以及平面、立面均表达不清的部位，可绘制局部剖面 | |
| 4.3.6.2～7 | …… | |
| 4.3.7.1～6 | …… | |
| 4.3.8 | 对贴邻的原有建筑，应绘出其局部的平、立、剖面土，并索引新建筑与原有建筑结合处的详图号 | |
| 4.3.9 | 平面图、立面图、剖面图和详阁有关节能构造及措施的表达应一致 | |
| 4.3.10.1～2 | …… | |
| 4.4.1 | 在施工图设计阶段，结构专业设计文件应包括图纸目录、设计说明、设计图纸、计算书 | |
| 4.4.2 | …… | |
| 4.4.3.1 | 工程概况 | |
| 4.4.3.2～12 | …… | |
| 4.4.4.1 | 绘出定位轴线、基础构件（包括承台、基础梁等）的位置、尺寸、底标高、构件编号；基础底标高不同时，应绘出放坡示意图；表示施工后浇带的位置及宽度 | |
| 4.4.4.2～7 | …… | |
| 4.4.5.1～5 | …… | |
| 4.4.6.1～2 | …… | |
| 4.4.7.1 | 现浇构件（现浇梁，板、柱及墙等详图）应绘出 | |
| 4.4.7.2 | 预制构件应绘出 | |
| 4.4.8.1～3 | …… | |

| 条、款、项 | 内　　容 | |
|---|---|---|
| 4.4.9.1 ～ 3 | …… | |
| 4.4.10.1 | 钢结构设计总说明。以钢结构为主或钢结构（包括钢骨结构）较多的工程，应单独编制钢结构（包括钢骨结构）设计总说明，应包括第 4.4.3 条结构设计总说明中有关钢结构的内容 | |
| 4.4.10.2 ～ 4 | …… | |
| 4.4.11.1 ～ 2 | …… | |
| 4.4.12.1 ～ 4 | …… | |
| 4.5.1 | 在施工图设计阶段，建筑电气专业设计文件应包括图纸目录、施工设计说明、设计图、主要设备表、计算书 | |
| 4.5.2 | …… | |
| 4.5.3.1 ～ 8 | …… | |
| 4.5.4 | 图例符号 | |
| 4.5.5.1 ～ 6 | …… | |
| 4.5.6.1 | 高、低压配电系统图（一次线路图）。图中应标明母线的型号、规格；变压器、发电机的型号、规格；开关、断路器、互感器、继电器、电工仪表（包括计量仪表）等的型号、规格、整定值 | |
| 4.5.6.2 ～ 5 | …… | |
| 4.5.7.1 ～ 4 | …… | |
| 4.5.8.1 ～ 3 | …… | |
| 4.5.9.1 | 监控系统方框图，绘至 DDC 站止 | |
| 4.5.9.2 ～ 4 | …… | |
| 4.5.10.1 | 绘制建筑物顶层平面，应有主要轴线号、尺寸、标高，标注避雷针、避雷带、引下线位置。注明划料型号规格、所涉及的标准图编号，页次，图纸应标注比例 | |
| 4.5.10.2 ～ 5 | …… | |
| 4.5.11.1 ～ 3 | …… | |
| 4.5.12 | 主要驻备表。注明主要设备名称、型号、规格、单位、数量 | |
| 4.5.13 | | |
| 4.6.1 | 在施工图设计阶段，建筑工程给水排水专业设计文件心包括图纸目录、施工图设计说明、设计图纸、主要设备器材表、计算书 | |
| 4.6.2 | 图纸目录。先列新绘制图纸，后列选用的标准图或重复利用图 | |
| 4.6.3.1 ～ 2 | …… | |
| 4.6.4.1 | 绘制各建筑物的外形、名称、位置、标高、道路及其主要控制点坐标、标高、坡向. 指北针（或风玫瑰图）、比例 | |
| 4.6.4.2 ～ 5 | …… | |
| 4.6.5.1 ～ 2 | …… | |
| 4.6.6 | …… | |
| 4.6.7 | 水源取水工程工艺流程断面图（或剖面图）。一般工程可与总平面图合并绘在一张图上，较大且复杂的工程应单独绘制。图中标明工艺流程中各构筑物及其水位标高关系 | |
| 4.6.8.1 ～ 3 | …… | |
| 4.6.9 ～ 11 | …… | |
| 4.6.12.1 ～ 2 | …… | |

| 条、款、项 | 内　　容 | |
|---|---|---|
| 4.6.13 | 各净化建筑物、构筑物平、剖面及详图。分别绘制各建筑物、构筑物的平、剖面及详图。图中表示出工艺设备布置、各细部尺寸、标高、构造、管径及管道穿池壁预埋管管径或加套背的尺寸、位置、结构形式和引用详图 | |
| 4.6.14.1～2 | …… | |
| 4.6.15～17 | …… | |
| 4.6.18.1～4 | …… | |
| 4.6.19 | 主要设备器材表。主要址备、器材可在首页或相关图上列表表示，并标明名称、性能参数、计数单位、数量、备注使用运转说明 | |
| 4.6.20～21 | …… | |
| 4.7.1 | 在施工图设计阶段，采暖通风与空气凋节专业设计文件应包括图纸目录、设计说明和施工说明、设备表、设计图纸、计算书 | |
| 4.7.2 | …… | |
| 4.7.3.1～4 | …… | |
| 4.7.4 | 设备表（参见表3.8.3），施工图阶段性能参数栏应注明详细的技术数据 | |
| 4.7.5.1～7 | …… | |
| 4.7.6.1～4 | …… | |
| 4.7.7.1 | 分户热计量的户内采暖系统或小型采暖系统，当平面图不能表示清楚时应绘制系统透视图，比例宜与平面图一致，按45°或30°轴侧投影绘制；多层、高层建筑的集中采暖系统，应绘制采暖立管图并编号。上述图纸应注明管径、坡度、标高、散热器型号和数量 | |
| 4.7.7.2～6 | …… | |
| 4.7.8.1～4 | …… | |
| 4.7.9 | 室外管网设计深度要求见第4.8.7条 | |
| 4.7.10.1～5 | …… | |
| 4.8.1 | 在施工图设计阶段，热能动力专业设计文件应包括图纸目录、设计说明和施工说明、设备及主要材料表、设计图纸、计算书 | |
| 4.8.2 | 图纸目录。先列新绘制的设计图纸，后列选用的标准图、通用图或重复利用图 | |
| 4.8.3.1 | 设计说明 | |
| 4.8.3.2 | 施工说明 | |
| 4.8.4.1～5 | …… | |
| 4.8.5.1～2 | …… | |
| 4.8.6.1 | 管道系统图（或透视图）。应绘制管道系统图（或透视图），包括各种附件、就地测量仪表，注明管径、坡度及管道标高（透视图中） | |
| 4.8.6.2～3 | …… | |
| 4.8.7.1～4 | …… | |
| 4.8.8 | 设备及主要材料表。应列出设备及主要材料的名称、性能参数、单位和数量、备用情况等，对锅炉设备应注明锅炉效率 | |
| 4.8.9.1～4 | …… | |
| 4.9.1 | 施工图预算文件包括封面、签署页（扉页）、目录、编制说明、建设项目总预算表、单项工程综合预算表、单位工程预算书 | |
| 4.9.2 | 封面、签署页（扉页），参照第4.1.2条 | |
| 4.9.3.1～5 | …… | |
| 4.9.4～6 | …… | |

### 3.17.4　计算书审核

重点审核《建筑工程设计文件编制深度规定》计算书内容中第 4.2.6，4.2.11，4.3.10，4.4.12，4.5.13，4.6.20，4.7.10，4.8.9 条（表 3-49）。

施工图计算书审核表　　表 3-49

| | 条款项 | 专业 | 计算书内容 |
|---|---|---|---|
| 施工图设计 | 4.2.6 | 土石方 | （1）场地范围的测量坐标（或定位尺寸）；<br>（2）建筑物、构筑物、挡墙、台地、下沉广场、水系、土丘等位置（用细虚线表示）；<br>（3）20m×20m 或 40m×40m 方格网及其定位，各方格点的原地面标高、设计标高、填挖高度、填区和挖区的分界线，各方格土石方量、总土石方量；<br>（4）土石方工程平衡表（见表 4.2.6） |
| | 4.2.11 | 总平面 | 设计依据及基础资料、计算公式、计算过程、有关满足日照要求的分析资料及成果资料均作为技术文件归档 |
| | 4.3.10 | 建筑 | （1）建筑节能计算书。<br>① 严寒地区 A 区，严寒地区 B 区及寒冷地区需计算体形系数. 夏热冬冷地区与夏热冬暖地区公共建筑不需计算体型系数；<br>② 各单一朝向窗墙面积比计算（包括天窗屋面比），设计外窗包括玻璃幕墙的可视部分的热工性能满足规范的限制要求；<br>③ 设计外墙（包括玻璃幕墙的非可视部分）、屋面、与室外接触的架空楼板（或外挑楼板）、地面、地下室外墙、外门、采暖与非采暖房间的隔墙和楼板、分户墙等的热工性能计算；<br>④ 当规范允许的个别限值超过要求，通过围护结构热工性能的权衡判断，使围护结构总体热工性能满足节能要求。<br>（2）根据工程性质特点进行视线、声学、防护、防火、安全疏散等方面的计算 |
| | 4.4.12 | 结构 | （1）采用手算的结构计算书，应给出构件平面布置简图和计算简图、荷载取值的计算或说明；结构计算书内容宜完整、清楚，计算步骤要条理分明，引用数据有可靠依据，采用计算图表及不常用的计算公式，应注明其来源出处，构件编号，计算结果应与图纸一致。<br>（2）当采用计算机程序计算时，应在计算书中注明所采用的计算程序名称、代号、版本及编制单位，训算程序必须经过有效审定（或鉴定）。电算结果应经分析认可；总体输入信息、计算模型、几何简图、荷载简图和输出结果应整理成册。<br>（3）采用结构标准图或重复利用图时，宜根据图集的说明，结合工程进行必要的核算工作，且应作为结构计算书的内容。<br>（4）所有计算书应校审，并由设计、校对、审核人（必要时包括审定人）在计算书封面上签字，作为技术文件归档 |
| | 4.5.13 | 电气 | 施工图设计阶段的计算书，只补充初步设计阶段时应进行计算而未进行计算的部分，修改因初步设计文件审查变更后，需重新进行计算的部分 |
| | 4.6.20 | 给水排水 | 根据初步设计审批意见进行施工图阶段设计计算 |
| | 4.7.10 | 采暖通风与空气调节 | （1）采用计算程序计算时，计算书应注明软件名称，打印出相应的简图、输入数据和计算结果。<br>（2）采暖设计计算应包括以下内容：<br>① 每一采暖房间耗热量计算及建筑物采暖总耗热量计算；<br>② 散热器等采暖设备的选择计算；<br>③ 采暖系统的管径及水力计算；<br>④ 采暖系统设备、附件选择计算，如系统热源设备、循环水泵、补水定压装置、伸缩器、疏水器等。<br>（3）通风、防排烟设计计算应包括以下内容：<br>① 通风、防排烟风量计算；<br>② 通风、防排烟系统阻力计算；<br>③ 通风、防排烟系统设备选型计算。 |

| 条款项 | 专业 | 计算书内容 |
|---|---|---|
| | | |
| 施工图设计 4.7.10 | 采暖通风与空气调节 | （4）空调设计计算应包括以下内容：<br>① 空调冷热负荷计算（冷负荷按逐项逐时计算）；<br>② 空调系统末端设备及附件（包括空气处理机组、新风机组、风机盘管、变制冷剂流量室内机、变风量末端装置、空气热回收装置、消声器等）的选择计算；<br>③ 空调冷热水、冷却水系统的水力计算；<br>④ 风系统阻力计算；<br>⑤ 必要的气流组织设计与计算；<br>⑥ 空调系统的冷（热）水机组、冷（热）水泵、冷却水泵、定压补水设备、冷却塔、水箱、水池等设备的选择计算。<br>（5）必须有满足工程所在省、市有关部门要求的节能设计计算内容 |
| 4.8.9 | 热能动力 | （1）锅炉房的计算包括以下内容：<br>① 热负荷计算；<br>② 主要设备选型计算；<br>③ 管道的管径及水力计算；<br>④ 管道固定支架的推力计算；<br>⑤ 汽、水、电、燃料的消耗量计算；<br>⑥ 炉渣量的计算；<br>⑦ 煤、渣、油等的场地计算。<br>注：小型锅炉房可简化计算。<br>（2）其他动力站房计算包括以下内容：<br>① 各种介质的负荷计算；<br>② 设备选型计算；<br>③ 管道的管径及水力计算。<br>（3）室内管道计算包括以下内容：<br>① 绘制计算草图并作管径及水力计算；<br>② 附件选型计算；<br>③ 高温介质时管道固定支架的推力计算。<br>注：当系统较简单时，可在计算草图上注明计算数据不另作计算书。<br>（4）室外管网计算包括以下内容：<br>① 绘制计算草图，并作管径及水力计算；<br>② 根据水力计算绘制水压图；<br>③ 调压装置的选型计算；<br>④ 架空敷设及地沟敷设管道的不平衡支架的受力计算；<br>⑤ 直埋敷设时管道对固定墩的推力计算；<br>⑥ 管道的热膨胀计算和补偿器的选择计算；<br>⑦ 直埋供热管道若作预处理时，预拉伸、预热等计算。<br>注：管网简单时可简化计算 |

### 3.17.5 各专业审核要点

**1. 建筑专业（表 3-50）**

建筑专业审核要点表

表 3-50

| 编号 | 审 核 要 点 | 是否满足（打√或×） | 问题描述 |
|---|---|---|---|
| 1 | 施工图设计文件是否按照初步设计阶段相关批文执行 | | |
| 2 | 场地四邻原有及规划的道路的位置和主要建筑物及构筑物的室内外设计标高、位置、名称、层数，建筑间距等是否满足规范要求 | | |
| 3 | 建筑间距应满足防火间距、日照间距、各工程管道占地宽度等的设计要求 | | |

| 编号 | 审 核 要 点 | 是否满足（打√或 ×） | 问题描述 |
|---|---|---|---|
| 4 | 建筑物及构筑物的总图定位坐标、±0.000 标高、道路坡度及标高和总图定位图是否准确 | | |
| 5 | 建筑平面、立面、剖面及节点构造大样是否一致 | | |
| 6 | 道路系统满足交通、消防等方面的要求。结合地形，合理的选择道理坡度及断面形式，减少土方量 | | |
| 7 | 复核消防道路的设置、消防设施设备及消防构造措施是否符合规范要求 | | |
| 8 | 地下车库防火分区的划分须满足国家规范以外，并尽量减少对停车位的影响；除必要的设备用房、管井、出入口、坡道、汽车通道等空间以外，其他空间应尽量布置停车位，做到经济合理 | | |
| 9 | 地下车库需满足车库或人防的功能布局、消防、疏散、空调、设备、结构荷载等各项要求 | | |
| 10 | 楼梯、阳露台、门窗、走道、空调、厨卫、屋面、地下室、外墙、内墙、地面、顶棚等设计做法及要求进行复核 | | |
| 11 | 核实总体关系（平、立、剖面图等），对本专业进行单专业碰撞检查，然后对各专业之间进行综合性碰撞检查 | | |
| 12 | 不同地域的材料有区别，选择施工材料需要因地制宜 | | |
| 13 | 外立面材质、材料及分区表达清晰准确 | | |
| 14 | 变形缝、雨水管、冷凝水管、排水管的材料和色彩的处理应满足立面美观要求 | | |
| 15 | 复核所选通用规范、图集是否适用于本项目的特殊性 | | |
| 16 | | | |
| 17 | | | |

## 2. 结构专业（表 3-51）

结构专业审核要点表　　　　　　　　　　　　　　　表 3-51

| 编号 | 专业 | 审 核 要 点 | 是否满足（打√或 ×） | 问题描述 |
|---|---|---|---|---|
| 1 | 总体要求 | 施工图设计符合行业及专业法律、法规、规范标准要求 | | |
| 2 | | 施工图设计成果满足设计范围、深度和质量要求 | | |
| 3 | | 图纸目录、编号、日期、版本是否清晰准确，签字盖章齐全 | | |
| 4 | | 施工图设计成果表达规范、文件编码清晰 | | |
| 5 | 计算书 | 核查计算书中基本风压、地面粗糙度、体型系数是否正确 | | |
| 6 | | 核查计算书中地震烈度、设计地震分组、场地类别是否正确，核查抗震等级是否正确 | | |
| 7 | | 电算应用：结构计算模式选择的正确性，结构计算程序的选用，是否在有效版本范围 | | |

| 编号 | 专业 | 审 核 要 点 | 是否满足（打√或×） | 问题描述 |
|---|---|---|---|---|
| 8 | 计算书 | 电算资料：平面布置简图、编号、计算简图、荷载、截面尺寸、混凝土强度等级、荷载传递计算之内 | | |
| 9 | | 电算结果：基本数据，周期、振型、地震力、位移、构件内力及配筋、梁、柱、墙配筋图、超筋信息 | | |
| 10 | | 电算结果分析：计算机输出结果的判断以及对发现异常结果的分析处理 | | |
| 11 | 结构设计总说明 | 使用的设计规范、规定是否准确无误，所列设计规范有无遗漏、或有无多余过时作废的 | | |
| 12 | | 注明采用的计算软件的种类和版本号 | | |
| 13 | | 检查房屋的结构型式、抗震设防类别、抗震等级、设计分组、场地类别 | | |
| 14 | | 地基基础设计等级，持力层类别、承载力特征值，地下水类别、标高，设计防水水位，有无软弱下卧层，基坑开挖支护措施 | | |
| 15 | | 所用材料的规格，强度等级是否齐全正确 | | |
| 16 | | 混凝土结构环境类别及耐久性的要求，地下工程防水等级，防水混凝土抗渗等级 | | |
| 17 | | 混凝土强度等级，钢筋种类与级别，砌体结构施工质量控制等级，砌体、砂浆种类和强度等级 | | |
| 18 | | 建筑耐火等级、构件耐火极限，受力钢筋的混凝土保护层厚度 | | |
| 19 | | 结构统一做法，标准图的选用，施工的注意事项，如后浇带设置，封闭时间及所用材料 | | |
| 20 | | 构造要求（保护层厚度，钢筋接头，锚固等） | | |
| 21 | | 其他（节点处理，冬施要求，洞口处理，隔墙拉结要求，资料提供情况等） | | |
| 22 | 独基、条基、筏基、桩基 | 复核选择独基、条基、筏基合理性 | | |
| 23 | | 检查定位轴线、基础构件的位置、尺寸、标高、构件编号，基础底标高不同时，应绘出放坡示意 | | |
| 24 | | 复核持力层选取及其地基承载力特征值 | | |
| 25 | | 复核基础埋置深度。若需换填，应复核换填材料及换填厚度、范围是否合理 | | |
| 26 | | 条基槽宽或单独柱基的尺寸及拉梁，满堂基础的底板厚度、配筋、尺寸等 | | |
| 27 | | 管沟平面、尺寸、过梁、沟盖板、人孔等，构造柱编号、位置、尺寸 | | |
| 28 | | 穿墙洞口的位置、尺寸、过梁及洞底标高，人防范围、防护密闭门，临空墙倒塌棚架的位置与建筑是否一致 | | |
| 29 | | 各剖面大样与平面应一致，并将尺寸注全、准确，地梁大样、尺寸、标高及配筋等是否合理 | | |
| 30 | | 复核根据勘察报告选择桩基的合理性 | | |

| 编号 | 专业 | 审 核 要 点 | 是否满足（打√或×） | 问题描述 |
|---|---|---|---|---|
| 31 | 独基、条基、筏基、桩基 | 复核桩位布置图（包括桩定位、尺寸、编号、桩长）、桩承台的编号、平面尺寸、标高 | | |
| 32 | | 复核桩的类型、直径、配筋、混凝土强度 | | |
| 33 | | 复核单桩承载力特征值、桩端持力层的选择、桩的长度和入持力层的深度 | | |
| 34 | | 地基液化、湿陷及其他不良地质作用相应的处理措施是否合理 | | |
| 35 | 地下室 | 复核地下室混凝土的抗渗等级，复核地下室混凝土强度等级（特别注意与高层塔楼墙柱相连部位地下室外墙混凝土强度等级） | | |
| 36 | | 复核顶板、底板的厚度，配筋应采用通长筋和局部附加钢筋相结合的方式 | | |
| 37 | | 复核侧壁配筋：水平钢筋应选用小直径、小间距，竖向钢筋应采用通长筋和附加钢筋相结合的方式，不得盲目加大通长筋而增加配筋 | | |
| 38 | | 后浇带设在结构受力较小处，可曲折通过，并宜结合项目标段划分而合理设置；复核各类型后浇带混凝土的封闭时间 | | |
| 39 | | 集水坑、排水沟应表达清楚，定位准确，特别注意集水坑的标高与底板间的相互关系。且不宜设置在车位上。集水坑尽量避开筏板基础、桩承台、独立基础及条形基础 | | |
| 40 | | 复核电梯基坑是否满足厂家技术要求 | | |
| 41 | 抗侧体系（剪力墙、框架体系） | 在抗震设防区，框架梁、柱、墙的配筋率、配箍率、柱的轴压比、节点构造是否符合要求，加密区箍筋、框架梁端受压区高度及底面顶面纵向钢筋配筋量的比值是否满足要求 | | |
| 42 | | 核心筒剪力墙的电梯门高度与过梁的高度是否影响建筑功能 | | |
| 43 | | 复核剪力墙底部加强部位的高度 | | |
| 44 | | 复核各构件轴压比，混凝土的强度等级不宜超过 C55 | | |
| 45 | | 钢筋混凝土墙体上的留洞不论大小必须预留，不得后凿。留洞位置须与相关专业核对会签 | | |
| 46 | | 框架柱主筋最大最小配筋率，主筋连接及锚固 | | |
| 47 | | 框架柱轴压比、配筋率、加密区配箍率、间距、直径 | | |
| 48 | | 框架梁配筋率、加密区配箍、腰筋设置、主次梁吊筋 | | |
| 49 | | 框架节点的构造要求 | | |
| 50 | | 抗震设计中柱轴压比限制，柱、梁箍筋加密区长度、体积配箍率、箍筋肢距 | | |
| 51 | | 抗震设计应满足"强柱弱梁、强剪弱弯、节点更强"和加强锚固、避免短柱的原则 | | |
| 52 | | 墙厚度、高厚比、配筋率、砼标号、有无超长剪力墙 | | |
| 53 | | 小墙肢轴压比、强度验算 | | |

| 编号 | 专业 | 审 核 要 点 | 是否满足（打√或×） | 问题描述 |
|---|---|---|---|---|
| 54 | 抗侧体系（剪力墙、框架体系） | 墙体端部约束、构造边缘构件（暗柱、端柱）设置、配筋、上下层开洞墙体配筋处理 | | |
| 55 | | 剪力墙水平、竖向筋的配筋率、间距、直径、箍筋间距直径 | | |
| 56 | 楼（屋）盖结构 | 框支柱截面尺寸、配筋率、轴压比、配箍率 | | |
| 57 | | 非结构构件的抗震设计由相关专业进行，与主体结构有可靠连接 | | |
| 58 | | 楼（屋）盖除满足承载力、刚度、裂缝宽度限值的要求，还要满足耐火极限的要求 | | |
| 59 | | 现浇坡屋面、自防水屋面应双层双向配筋，部分面筋拉通设置 | | |
| 60 | | 结构大样应与建筑大样一一对应，索引准确；配筋经济合理并与主体结构有可靠连接 | | |

### 3. 强电专业（表3-52）

**强电专业审核要点表**　　　　　　　　　　　　　　　　　　　　　表3-52

| 编号 | 审 核 要 点 | 是否满足（打√或×） | 问题描述 |
|---|---|---|---|
| 1 | 深度 | | |
| 2 | 强制性条文 | | |
| 3 | 各级负荷计算 | | |
| 4 | 消防负荷计算 | | |
| 5 | 支干线负荷计算 | | |
| 6 | 变压器选型及负荷率 | | |
| 7 | 开关设备及元器件选型 | | |
| 8 | 变配电室位置及布置 | | |
| 9 | 配电方式 | | |
| 10 | 配电干线选择 | | |
| 11 | 防雷计算 | | |
| 12 | 变配电设备运输通道 | | |
| 13 | 图说、平面图与系统图的是否一致 | | |
| 14 | 干线布置的施工难度 | | |
| 15 | 图纸内容是否完整 | | |
| 16 | 配电箱系统的开关与控制元器件选择 | | |
| 17 | 线缆选择及与开关元器件的匹配 | | |
| 18 | 配电箱系统回路数量的合理性 | | |
| 19 | 配电箱至电梯、水专业设备，暖通专业设备、工艺设备、弱电设备的线路设计及施工界面是否明确 | | |
| 20 | 设计预留或说明是否满足精装修等其他专业深化设计需求 | | |
| 21 | 配电柜、箱的安装，电线电缆敷设，桥架及配管的施工是否有难度 | | |
| 22 | | | |

## 4. 给水排水专业（表 3-53）

给水排水专业审核要点表 表 3-53

| 编号 | 审 核 要 点 | 是否满足（打√或×） | 问题描述 |
|---|---|---|---|
| 1 | 核实给水泵房内的水泵及设备布置是否按规范要求保证了各台泵的间距要求 | | |
| 2 | 核实给水泵房的进水管道是否有设置水表、过滤器等附件，当有水箱的时候应有消毒设备 | | |
| 3 | 核实给水泵房内是否有排水设施，如果无法采用重力排水时，应采用提升泵加压排水 | | |
| 4 | 给水管道为各类非饮用水池补水时，核实补水管道是否装设倒流防止器，并且在出口处有不少于 200mm 空气隔断 | | |
| 5 | 核实各水池补水管的管径与溢流管径大小，溢流管径应大于等于补水管 | | |
| 6 | 当建筑采用无负压叠压供水时，需核实无负压设备进水处的水压是否满足大于 0.1MPa，如果没有满足则无法采用无负压系统 | | |
| 7 | 核实超市等大用户是否有独立的供水设施 | | |
| 8 | 核实各卫生间的给水管道管径与系统图中的相应管径应一致 | | |
| 9 | 核实各给水管道穿梁或穿挡墙是否设套管，且套管应使用正确，刚性防水套管与柔性防水套管应区别应用；另应核实管道预留套管的标高是否正确，穿梁套管应在梁高的中段 1/3 处设置 | | |
| 10 | 核实给水管道穿越伸缩缝（或其他同类缝）的时候，应采取防止管道位移时断裂损坏的措施，一般建议采用软接头方式，当采用金属波纹管时，其造价相对较高尽量避免 | | |
| 11 | 核实垃圾房是否配置给水点 | | |
| 12 | 核实屋顶雨水斗的排水能力能否满足该屋面的排水要求，需要核对设计说明中的暴雨强度计算 | | |
| 13 | 核实各层阳台，露台雨水地漏是否漏设，核实下层广场、中庭等地势低洼地区雨水地漏的设置情况 | | |
| 14 | 核实重力雨水出户管道是否穿梁或挡墙，应设防水套管 | | |
| 15 | 核实下沉广场雨水集水坑的设置是否合理，雨水坑的容积是否满足规范要求，雨水泵应设置备用泵 | | |
| 16 | 核实地上污水立管位置是否合理，是否靠近排水点，立管应敷设在水管井或公共区域边角处，不应设在功能房内 | | |
| 17 | 核实各层水管井，含水机房是否设置排水措施，排水宜直接排入污水系统，消防排水应单独设置立管不宜与其他排水合用 | | |
| 18 | 核实污水出户管道是否过长，过长时应按规范要求增加清扫口，并且不宜拐弯；出户管道是否穿梁或挡墙，应设防水套管 | | |
| 19 | 核实地下污水收集池，是否设有通气管道，且污水提升设备应与设计说明中一致 | | |
| 20 | 核实地下室内隔油器应设通气管道，隔油器排水应直接从集水坑提升排出，集水坑宜就近设置 | | |

续表

| 编号 | 审 核 要 点 | 是否满足（打√或×） | 问题描述 |
|---|---|---|---|
| 21 | 核实屋顶试验栓的设置位置是否合理 | | |
| 22 | 核实各层各位置是否可以同时满足两股消防水柱的保护，且消火栓的保护不穿越防火分区，检查时应考虑消防水带转角时的折减系数 | | |
| 23 | 核实各消火栓是否采用了双阀双栓，这是不允许使用的 | | |
| 24 | 核实各消火栓暗埋如隔墙中，是否穿透防火墙的两端，如果有应采用半暗装的方式 | | |
| 25 | 核实消火栓的各层环网上的阀门布置是否符合规范要求，即检修时只能关闭一根立管，必要时可关闭不相邻的两根立管 | | |
| 26 | 核实消火栓系统的水泵接合器设置是否合理，核对室外图纸保证水泵接合器的位置消防车能正常到达 | | |
| 27 | 核实各消火栓管道横管是否穿越各功能用房，电气用房等 | | |
| 28 | 核实超市等大型购物场所，有货架排放的场所，消火栓的位置应按货架位置避开设置，保护范围也应有所降低 | | |
| 29 | 核实消防泵房水池的位置是否合理，当消防水池储存室外消防水量时，一般只能设置在负一层，消防水泵房一般设置在负一层或负二层，但不应超过地下10m以下 | | |
| 30 | 核实消防泵房内的消防水泵及设备是否满足规范要求的间距 | | |
| 31 | 核实各消防水泵加压管道上是否设置压力开关，且核实压力开关动作的压力是否正确 | | |
| 32 | 核实消防泵房内的所有消防泵是否有备用泵，且水泵的设计参数选型应与设备材料表一致 | | |
| 33 | 核实消防减压阀组的位置是否合理，减压阀组处应设排水设施，可调式减压阀组一般水平安装，单个减压阀组的减去压力值不超过0.4MPa，减压阀可以串联 | | |
| 34 | 核实屋顶水箱的储水量与设计说明中的是否一致，并核实是否采用增压稳压设备，其设备型号应与设计说明中的一致 | | |
| 35 | 核实屋顶增压稳压设备加压管上是否设置流量计，流量计的动作流量是否正确 | | |
| 36 | 核实各层喷头的布置是否满足规范的间距要求，喷头距离墙面等遮挡物是否满足规范要求 | | |
| 37 | 核实各层各功能房（除不能用水灭火的房间）均应设置喷头保护 | | |
| 38 | 核实喷头保护区域的净高，净高要求是否满足规范要求 | | |
| 39 | 有扶梯的区域，核实扶梯下方是否有喷头保护 | | |
| 40 | 车库等无吊顶区域，核实喷头是否核对梁的布置，在梁凹中间上喷，当装修未确定时，喷头均应按上喷布置，当采用通透性吊顶时，应按吊顶的投影面积按规范确定喷头的布置方式，另外，吊顶上方空间超过800mm时，喷头应采用上下喷 | | |
| 41 | 核实报警阀间的位置是否合理，应靠近消防水泵房，但当商业的平面面积过大时，宜分开设置，分别位于各区域的中心部位。报警阀间应设有排水设施 | | |

| 编号 | 审 核 要 点 | 是否满足（打√或×） | 问题描述 |
|---|---|---|---|
| 42 | 核实每个报警阀组的位置设置是否合理，间距应不小于1500mm；距离墙面的间距不小于500mm，操作面的空间不小于1000mm。报警阀组间应设值班室，报警阀组的水力警铃应设置在值班室 | | |
| 43 | 核实各层的喷淋配水管道连接是否正确，水流指示器设置是否正确，水流指示器控制的喷淋配水管道不能穿越防火分区 | | |
| 44 | 核实喷淋的末端试水装置是否正确设置，并且末端试水的排水是否单独排放 | | |
| 45 | 核实公寓客房内的喷头是否采用侧墙喷水型，边墙型喷头的管径至少 DN32 ～ DN50。且配水管道应在吊顶内敷设，穿梁时应敷设套管 | | |
| 46 | 核实屋顶水箱的储水量与设计说明中的是否一致，并核实是否采用增压稳压设备，其设备型号应与设计说明中的一致 | | |
| 47 | 核实屋顶增压稳压设备加压管上是否设置流量计，流量计的动作流量是否正确 | | |
| 48 | 当采用管网式气体灭火时，核实其钢瓶间的位置应在防护区的中央位置，保证管道路径大致相同 | | |
| 49 | 核实气体灭火的房间的泄压口设置是否满足规范要求，且泄压面积是否与设计说明中的计算一致 | | |
| 50 | 核实水泵接合器的位置是否与平面图中的位置一致，并核实其在 40m 的半径内是否有室外消火栓 | | |
| 51 | 核实室外各用水分类的计量是否与设计说明中的描述一致，一般按绿化，消防，生活用水，景观用水分别计量 | | |
| 52 | 核实室外污水管网，废水管网，雨水管网与市政接驳的管径、位置、标高等是否与设计说明中的描述一致 | | |
| 53 | 核实室外污水管道，废水管道，雨水管道是否沿道路顺坡敷设，管道的管径坡度是否满足规范要求 | | |
| 54 | 核实室外各重力管道在平面交叉时，竖向是否可以正常错开敷设，不能出现交错打架的情况 | | |
| 55 | 核实室外水处理构筑物（包括隔油池、化粪池）的设计参数选型是否满足本工程排水量的要求，并且应与设计说明中的描述一致 | | |

### 5. 暖通专业（表 3-54）

暖通专业审核要点表　　　　　　　　　　　　　　表 3-54

| 编号 | 审 核 要 点 | 是否满足（打√或×） | 问题描述 |
|---|---|---|---|
| 1 | 设计与施工说明中设计依据是否存在选用过期或作废的设计规范及标准的情况 | | |
| 2 | 设计与施工说明中设计内容、范围以及相关专业的设计分工描述是否准确、完整。设计范围是否满足消防及项目业主使用要求。需专项设计及二次深化设计的内容是否罗列齐全，其界面划分是否清晰合理 | | |
| 3 | 设计与施工说明中室内外设计参数是否符合设计规范的规定以及项目业主的要求 | | |

| 编号 | 审 核 要 点 | 是否满足（打√或×） | 问题描述 |
|---|---|---|---|
| 4 | 设计与施工说明中空调、供暖冷热源设备的选型是否与计算负荷相匹配 | | |
| 5 | 设计与施工说明中空调水泵、冷却塔等冷热源配套设备的选型是否与冷热源以及计算书相匹配 | | |
| 6 | 设计与施工说明中公共厨房是否设计排油烟、事故通风及全面排风系统 | | |
| 7 | 设计与施工说明中有易燃易爆气体泄漏风险场所的事故通风设备是否采用防爆设备 | | |
| 8 | 设计与施工说明中卫生间及浴室是否设计排风系统 | | |
| 9 | 设计与施工说明中变配电室、柴油发电机房、水泵房、制冷机房等设备房是否按设计规范规定及工艺要求设置送排风系统 | | |
| 10 | 设计与施工说明中设置气体灭火的电气设备用房是否设置灾后机械排风系统 | | |
| 11 | 设计与施工说明中屋面电梯机房是否设置通风系统 | | |
| 12 | 设计与施工说明中汽车库是否设置机械通风系统，是否与机械排烟（补风）系统合用 | | |
| 13 | 设计与施工说明中各送排风系统换气次数是否满足设计规范要求 | | |
| 14 | 设计与施工说明中防排烟系统的设计应符合《建筑设计防火规范》GB 50016 以及其他相关规范的规定 | | |
| 15 | 设计与施工说明中是否正确表述正压送风系统的设置位置 | | |
| 16 | 设计与施工说明中是否正确表述各部位正压送风口的设置情况及风口形式 | | |
| 17 | 设计与施工说明中是否正确表述各正压送风设备的设置情况及风量、风压等主要参数 | | |
| 18 | 设计与施工说明中是否正确表述机械排烟系统及机械补风系统的设置位置 | | |
| 19 | 设计与施工说明中是否正确表述各部位排烟口及补风口的设置情况及风口形式 | | |
| 20 | 设计与施工说明中是否正确表述各机械排烟设备和补风设备的设置情况及风量、风压等主要参数 | | |
| 21 | 设计与施工说明中是否正确表述防火阀的设置位置 | | |
| 22 | 设计与施工说明中是否正确表述排烟防火阀的设置位置 | | |
| 23 | 设计与施工说明中供暖、通风与空调系统是否设置检测与监控设备或系统 | | |
| 24 | 设计与施工说明中各个供水、供电、供气、供冷、供热接口是否设置计量装置 | | |
| 25 | 设计与施工说明中锅炉房和换热机房是否设置供热量自动控制装置 | | |
| 26 | 设计与施工说明中供暖空调系统是否设置室温调控装置 | | |
| 27 | 设计与施工说明中是否正确表述餐饮油烟、发电机尾气、燃气燃油机组尾气等废气的净化处理措施以及排放方式 | | |

| 编号 | 审 核 要 点 | 是否满足（打√或×） | 问题描述 |
|---|---|---|---|
| 28 | 设计与施工说明中是否正确表述通风空调设备、风管、设备房的消声隔声措施 | | |
| 29 | 设计与施工说明中是否正确表述通风空调设备、风管、水管的减振隔振措施 | | |
| 30 | 设计与施工说明中是否正确表述室内空气质量的控制措施 | | |
| 31 | 设计与施工说明中是否正确表述减小排风系统对室外环境影响的控制措施 | | |
| 32 | 设计与施工说明中根据项目所在地抗震设防烈度，是否按照《建筑机电工程抗震设计规范》进行抗震设计 | | |
| 33 | 设计与施工说明中主要材料的选用应满足防火、经济性、耐久性的要求 | | |
| 34 | 设计与施工说明中主要材料不宜选择未经过市场长期使用检验的不成熟的新型材料 | | |
| 35 | 设备表中是否将设计中的暖通设备全部进行罗列，其名称、技术参数是否完整清晰 | | |
| 36 | 设备表中设备编号、名称、技术参数、数量等是否与设计说明、平面图、系统图中的内容相一致 | | |
| 37 | 设备表中冷热源设备的选型是否与计算负荷相匹配 | | |
| 38 | 设备表中水泵、冷却塔等冷热源配套设备的选型是否与冷热源以及计算书相匹配 | | |
| 39 | 设备表中设备的选型是否有低于标准和超标准选用的情况 | | |
| 40 | 是否采用专业计算软件，对空调及供暖负荷、冷热源设备选择、供暖及空调冷热水系统管径及水力计算、循环水泵选择、供暖及空调系统设备和附件选择、通风和空调防排烟系统风量及阻力、通风和防排烟系统设备选型、空调系统必要的气流组织设计等内容，进行计算 | | |
| 41 | 设计说明及设计图中冷热源设备、循环水泵、风机、空调末端设备的选型是否与计算书相匹配 | | |
| 42 | 系统流程图应包括冷热源系统、供暖系统、空调水系统、通风及空调风路系统、防排烟等系统的流程图 | | |
| 43 | 系统流程图中各个区域设备、风管、水管、风口的规格是否清楚明了，各类阀门附件设置是否恰当，系统管线布置是否合理，管径标高坡度流向等各类标注是否完整 | | |
| 44 | 系统流程图中的供暖、通风、空调、防排烟系统形式，应与设计说明及平面图中相关内容一致，不得前后矛盾 | | |
| 45 | 供暖平面图中应包含散热器位置及片数、供暖干管及立管位置、编号、管道的阀门、放气、泄水、固定支架、伸缩器、入口装置、管沟及检查孔位置、管道管径及标高、设备及管道定位尺寸等内容 | | |
| 46 | 供暖平面图中供暖区域是否满足设计规范及项目业主使用要求 | | |
| 47 | 供暖平面图中散热器的设置位置是否影响消防疏散、装饰效果及房间使用功能 | | |
| 48 | 暖通设备房及暖通井道位置是否合理 | | |

| 编号 | 审 核 要 点 | 是否满足（打√或×） | 问题描述 |
|---|---|---|---|
| 49 | 通风、空调、防排烟平面图中用双线绘制风道。应包含各种设备及风道尺寸，主要风道定位尺寸、标高及风口尺寸，各种设备及风口安装的定位尺寸和编号，消声器、调节阀、防火阀等各种部件位置，风口设计风量，防火分区划分，防烟分区划分等内容 | | |
| 50 | 空调平面图中用单线绘出空调冷热水、冷媒、冷凝水等管道。应包含立管位置和编号，管道的阀门、放气、泄水、固定支架、伸缩器等，管道管径、标高及主要定位尺寸等内容 | | |
| 51 | 空调平面图中空调区域是否满足设计规范及项目业主使用要求 | | |
| 52 | 各种设备及管道、阀门布置是否满足使用功能及设计规范要求 | | |
| 53 | 暖通管道、风口穿越墙体、楼板处的预留孔洞及预埋套管是否标注清晰，规格是否正确 | | |
| 54 | 包含餐饮业态的项目，应完善厨房排油烟系统预留管道以及油烟井道设计 | | |
| 55 | 设备房、主要通道等各类管线密集区，管道平面位置及标高应依据机电专业管线综合图确定 | | |
| 56 | 通风、空调、制冷机房平面图应根据需要增大比例，应包含通风、空调、制冷设备的轮廓位置及编号，设备外形尺寸和基础距离墙或轴线的尺寸，连接设备的风道、管道及走向，尺寸和定位尺寸、管径、标高，各种仪表、阀门等管道附件等内容 | | |
| 57 | 通风、空调、制冷机房剖面图应包含对应于机房平面图的设备、设备基础、管道和附件，设备和附件编号，竖向尺寸和标高，设备、风道、管道等尺寸和定位尺寸等内容 | | |
| 58 | 通风、空调、制冷机房平面图中主要设备及管道、阀门附件位置是否满足日后管理及检修要求 | | |
| 59 | 大型设备进入设备房是否预留有吊装孔洞及运输通道 | | |

## 6. 弱电（智能化）专业（表3-55）

弱电（智能化）专业审核要点表

表3-55

| 编号 | 审 核 要 点 | 是否满足（打√或×） | 问题描述 |
|---|---|---|---|
| 1 | 是否存在已明显落后、淘汰的设备或废止的材料等 | | |
| 2 | 系统图是否标明了所有设备，设备数量与设备表及平面图是否一致 | | |
| 3 | 检查设备表是否存在遗漏，设备主要参数是否明确且合理，设备数据是否与系统图、平面图一致 | | |
| 4 | 是否有接地、防雷（浪涌保护）措施 | | |
| 5 | 各系统控制中心的安排是否方便后期维护和使用 | | |
| 6 | 导线、穿线管路、桥架规格是否满足需求。桥架安装方式、安装高度、防火措施是否标注齐全 | | |
| 7 | 是否有弱电管井详图、剖面图 | | |
| 8 | 线缆敷设方式、路由是否合理 | | |

续表

| 编号 | 审 核 要 点 | 是否满足（打√或 ×） | 问题描述 |
|---|---|---|---|
| 9 | 各个弱电系统室外进线位置是否清楚描述 | | |
| 10 | 是否有接地、防雷（浪涌保护）措施 | | |
| 11 | 竖向管井空间是否满足设备安装及后期维修 | | |
| 12 | 进线及取电方式是否明确 | | |
| 13 | 运营商通信机房与本项目数据机房的接入界面是否清楚、明确描述 | | |
| 14 | 设备安装敷设是否在易老化或易被损坏的环境中，以增加日后维护成本 | | |
| 15 | 信息机房上方及相邻，有无厕所、浴室或其他经常用水的场所。有无无关管道、桥架等穿越 | | |
| 16 | 配线箱、设备箱、机柜等布置是否方便安装、维护和散热 | | |
| 17 | 配线箱、设备箱、机柜等布置是否阻碍了其他通道 | | |
| 18 | 网络总／子配线架容量、位置是否够用 | | |
| 19 | 主桥架及分支桥架容量是否够用且留有余量，安装位置是否与强电桥架冲突 | | |
| 20 | 桥架固定方式是否存在问题 | | |
| 21 | 与各系统及运营商的界面划分是否清楚，是否存在遗漏 | | |
| 22 | 无线对讲系统的功能是否满足使用 | | |
| 23 | 无线对讲系统图信号传输结构是否合理 | | |
| 24 | 无线对讲系统天线平面布置是否存在盲区 | | |
| 25 | 无线对讲系统频道数量及对讲机数量是否满足使用峰值 | | |
| 26 | 楼宇设备自控系统监控设备控制原理与被控制设备接口是否匹配 | | |
| 27 | 楼宇设备自控系统是否明确了设备监测或控制要求，且满足用户需求和节能减排需求 | | |
| 28 | 楼宇设备自控系统前端控制器配置是否有 10% 预留 | | |
| 29 | 视频监控系统前端设备监控范围是否无死角 | | |
| 30 | 视频监控系统摄像机清晰度是否满足使用及公安部门的要求 | | |
| 31 | 视频监控系统存储容量相对于存储时间是否充足 | | |
| 32 | 防盗报警系统防区末端设备布置是否存在盲区 | | |
| 33 | 防盗报警系统设置选型结合安放位置，是否存在误报率过高 | | |
| 34 | 防盗报警系统与各相关系统联动是否明确说明 | | |
| 35 | 门禁管理系统配电方式是否合理 | | |
| 36 | 门禁管理系统与各相关系统联动是否合理且可靠 | | |
| 37 | 门禁管理系统身份识别方式是否先进且经济合理，若为人脸、指纹或静脉等人体体征识别，识别误差率是否满足使用需求 | | |

续表

| 编号 | 审核要点 | 是否满足（打√或×） | 问题描述 |
|---|---|---|---|
| 38 | 停车管理系统功能、身份识别方式及主要技术参数等是否充分考虑到了各种使用情况 | | |
| 39 | 停车管理系统与智能卡系统是否关联且方便使用 | | |
| 40 | 停车管理系统是否存在通信线路过长、采用非屏蔽双绞线等问题，造成通讯不稳定 | | |
| 41 | 周界防护与相关系统联动是否有描述且合理 | | |
| 42 | 根据项目周界环境，周界防护系统的选型是否合理，是否存在较高的误报率 | | |
| 43 | 周界防护系统的主机位置是否合理，是否存在较高的误报率 | | |
| 44 | 信息发布及多多媒体查询系统的前端设备位置是否合理、外型及位置与精装修是否协调，安放位置与其他系统是否冲突 | | |
| 45 | 大屏信号原的数量、类型等设计是否满足使用需求 | | |
| 46 | 大屏幕位置是否方便安装和吊装，承重、风荷载等是否存在隐患 | | |
| 47 | 智能建筑集成管理系统架构是否支持增加新的智能化系统和增加集成范围及数量等 | | |
| 48 | 楼宇设备自控系统设计是否合理，自动开关灯、空调及电梯等的时间和功能设置是否合理；对各系统的控制程度是否满足需求 | | |
| 49 | 智能建筑集成管理系统是否明确了本集成系统对各子系统的接口要求 | | |

### 3.17.6 矩阵法审图案例

项目设计及现场管理分部针对施工图中的"错、漏、碰、缺"问题按矩阵法审核（表3-56）。

**专业审图矩阵表**　　　　　　　　　　　　　　　表3-56

| 专业 | 建筑 | 结构 | 电气 | 给水排水 | 暖通 | 智能化 |
|---|---|---|---|---|---|---|
| 建筑 | $A_{11}$ | $A_{12}$ | $A_{13}$ | $A_{14}$ | $A_{15}$ | $A_{16}$ |
| 结构 | $A_{21}$ | $A_{22}$ | $A_{23}$ | $A_{24}$ | $A_{25}$ | $A_{26}$ |
| 电气 | $A_{31}$ | $A_{32}$ | $A_{33}$ | $A_{34}$ | $A_{35}$ | $A_{36}$ |
| 给水排水 | $A_{41}$ | $A_{42}$ | $A_{43}$ | $A_{44}$ | $A_{45}$ | $A_{46}$ |
| 暖通 | $A_{51}$ | $A_{52}$ | $A_{53}$ | $A_{54}$ | $A_{55}$ | $A_{56}$ |
| 智能化 | $A_{61}$ | $A_{62}$ | $A_{63}$ | $A_{64}$ | $A_{65}$ | $A_{66}$ |

$A_{ij}$与$A_{ji}$表示$i$专业与$j$专业的关系，$A_{ij}$是以$i$专业的视觉去找$j$专业对$i$专业的影响，而$A_{ji}$是以$j$专业的视觉去看$i$专业对$j$专业的影响。当$i=j$时，表示本专业的缺、漏、错。例如：$A_{15}$表示建筑专业工程师去看暖通专业对建筑专业的影响，$A_{51}$表示暖通专业工程师去看建筑专业对暖通专业的影响（表3-57）。

矩阵元素表 表 3-57

| 序号 | 编码 | 相对专业工程 | | 错、漏、碰、缺 |
| | | 专业角度 | 对其影响的专业 | |
|---|---|---|---|---|
| 1 | $A_{11}$ | 建筑 | | （1）人民医院和妇幼保健院防火分区交界处的防火墙缝隙的处理材料未明确；<br>（2）后勤保障楼一层锅炉房无泄压窗构造；<br>（3）人民医院医技楼二楼微生物实验室和艾滋病实验室位于 B-3 轴上原有传递窗正下方未设置污物传递窗 |
| 2 | $A_{12}$ | 建筑 | 结构 | （1）人民医院地下室内隔墙基础未明确做法；<br>（2）人民医院室内窗洞做法未明确，如消防箱、配电箱等半嵌墙位置，是否设置边框和构造柱、梁；<br>（3）妇幼保健院四层 E/14 轴门 M1221 出屋面无雨棚设计 |
| 3 | $A_{13}$ | 建筑 | 电气 | 人民医院卷帘门缺强电设计 |
| 4 | $A_{14}$ | 建筑 | 给排水 | （1）妇幼保健院四层 XL-2 和 XL-b 消火栓结合手术室墙体，未明确暗装或半暗装；<br>（2）人民医院门诊楼及医技楼防火卷帘门未设置水雾喷淋及给排水设计；<br>（3）妇幼保健院卫生间 W3 的空调水井下隔墙及男卫蹲位定位尺寸冲突 |
| 5 | $A_{15}$ | 建筑 | 暖通 | 人民医院和妇幼保健院未设置空压机、吸引机机房 |
| 6 | $A_{16}$ | 建筑 | 智能化 | |
| 7 | $A_{21}$ | 结构 | 建筑 | （1）妇幼保健院门诊门厅的结构标高与门厅大门尺寸冲突；<br>（2）妇幼保健院门诊二层 W4 卫生间无门垛构造；<br>（3）医技楼墩基处梁基础水平施工缝不能设置在梁下部 |
| 8 | $A_{22}$ | 结构 | | （1）妇幼保健院 2 轴 /J 轴基础承台桩顶标高比设计桩顶低 20cm，设计标高错误；<br>（2）妇幼保健院雨棚设计的配筋未明确；<br>（3）人民医院医技楼 B-T 轴三层缺梁具体做法 |
| 9 | $A_{23}$ | 结构 | 电气 | 妇幼保健院 2F、3F 电气设计图中（电装施－E04、E06），G-J/1-2 轴上阳台吸顶灯由于建筑梁不能暗敷线管 |
| 10 | $A_{24}$ | 结构 | 给水排水 | 妇幼保健院住院部 3FW2 男卫感应小便器处，地梁突出墙面 300mm，导致小便器排水无法直排 |
| 11 | $A_{25}$ | 结构 | 暖通 | |
| 12 | $A_{26}$ | 结构 | 智能化 | |
| 13 | $A_{31}$ | 电气 | 建筑 | （1）人民医院地下室配电房未明确定位图、大样图、装修做法；<br>（2）人民医院地下室柴油机房未明确防噪做法、定位图、大样图及装修做法；<br>（3）人民医院地下室照明配电箱未明确嵌墙位置 |
| 14 | $A_{32}$ | 电气 | 结构 | （1）人民医院地下室配电房高低压柜下的没有明确管沟、基础做法及大样图；<br>（2）人民医院地下室发电机房没有明确管沟、基础做法及大样图；<br>（3）人民医院地下室动力配电箱嵌墙位置，未明确混凝土边框做法 |
| 15 | $A_{33}$ | 电气 | | （1）妇幼保健院 1FDR 机房、钼钯机房、局域网机房设计无管网气体灭火装置，缺少成套设备以及气体控制器电源插座；<br>（2）妇幼保健院 2 楼 7—8 轴 /G-J 轴原设计为备用病房的医生值班室与护士值班室未设置配电箱；<br>（3）人民医院配电箱内浪涌防护器参数与防雷办审查意见不符 |
| 16 | $A_{34}$ | 电气 | 给水排水 | |

| 序号 | 编码 | 相对专业工程 | | 错、漏、碰、缺 |
|---|---|---|---|---|
| | | 专业角度 | 对其影响的专业 | |
| 17 | $A_{35}$ | 电气 | 暖通 | （1）人民医院地下室发电机房未设置排烟通道；<br>（2）人民医院和妇幼保健院未设置气体主管道管道井电源插座；<br>（3）人民医院和妇幼保健院未设置护士站电源插座 |
| 18 | $A_{36}$ | 电气 | 智能化 | （1）人民医院感应器材、的电源接口位置及电源引取位置未明确；<br>（2）人民医院二氧化氯发生器室配独立型二氧化氯泄漏未设计检测仪及报警器；<br>（3）人民医院门诊楼消防感烟器及消防广播无线管设计 |
| 19 | $A_{41}$ | 给水排水 | 建筑 | （1）污水处理站的污水处理设备机房未设置灭火器；<br>（2）污水处理站的污水处理设备机房未明确内装修做法；<br>（3）人民医院屋顶水箱未明确位置 |
| 20 | $A_{42}$ | 给水排水 | 结构 | （1）妇幼保健院污水立管 WL-23，位置与结构梁冲突；<br>（2）污水处理站的污水处理设备机房缺污水设备管沟、基础做法及大样图及预留洞；<br>（3）污水处理站的消毒器设备缺管沟、基础做法及大样图 |
| 21 | $A_{43}$ | 给水排水 | 电气 | （1）污水处理站的污水处理设备机房的照明应采用防腐蚀密闭型；<br>（2）人民医院医技楼 1～3 层主通道处电热水处无电源设计 |
| 22 | $A_{44}$ | 给水排水 | | （1）妇幼保健院门诊部 1 层 L/15 轴注射室，由于一次设计给水排水施工图中，该房间无排水支管；<br>（2）人民医院和妇幼保健院室外未明确对管网施工时软弱土层的处理方法；<br>（3）污水处理站缺污水处理在线检测设计 |
| 23 | $A_{45}$ | 给水排水 | 暖通 | |
| 24 | $A_{46}$ | 给水排水 | 智能化 | |
| 25 | $A_{51}$ | 暖通 | 建筑 | （1）人民医院空调机房无装修做法及机组定位图、大样图；<br>（2）人民医院设备夹层无净化空调机组定位图、大样图及机房内装修做法；<br>（3）人民医院冷却塔未明确防噪声、防振做法及定位图、大样图 |
| 26 | $A_{52}$ | 暖通 | 结构 | （1）人民医院储热罐未结构预留洞；<br>（2）人民医院冷却塔未明确基础做法及大样图；<br>（3）人民医院空调新风机组房未设置管沟、基础做法及大样图 |
| 27 | $A_{53}$ | 暖通 | 电气 | （1）人民医院空调机房未设置专用配电箱；<br>（2）人民医院空调机房未设置应急照明；<br>（3）人民医院锅炉房未设置应急照明 |
| 28 | $A_{54}$ | 暖通 | 给水排水 | |
| 29 | $A_{55}$ | 暖通 | | （1）妇幼保健院 3F N-R/11－14 安环、手术室及相关辅房未进行空调布置；<br>（2）人民医院屋面机械式送排风道的风口尺寸及定位未标注；<br>（3）人民医院锅炉房缺分汽缸接至每个板式换热器之间的蒸汽管路原理图 |
| 30 | $A_{56}$ | 暖通 | 智能化 | （1）人民医院组合式空调机组房未设置智能控制箱，未进行设备电源电缆设计；<br>（2）人民医院和妇幼保健院的空调节能控制设备未进行线管设计及弱电桥架设计 |
| 31 | $A_{61}$ | 智能化 | 建筑 | （1）人民医院通信网络机房经核算面积过小，未明确机房设备的定位图、大样图及内装修做法；<br>（2）人民医院手术示教室设备未明确定位图、大样图；<br>（3）人民医院和妇幼保健院呼叫系统设备未明确定位图 |

| 序号 | 编码 | 相对专业工程 | | 错、漏、碰、缺 |
| --- | --- | --- | --- | --- |
| | | 专业角度 | 对其影响的专业 | |
| 32 | $A_{62}$ | 智能化 | 结构 | （1）人民医院通信网络机房未设置结构预留洞；<br>（2）人民医院和妇幼保健院 LED 显示屏位置未设置结构预留洞；<br>（3）人民医院和妇幼保健院一卡通设备位置未设置结构预留洞 |
| 33 | $A_{63}$ | 智能化 | 电气 | （1）人民医院通信网络机房未设置专用配电箱及未进行线管设计；<br>（2）人民医院和妇幼保健院触摸屏未进行线管设计；<br>（3）人民医院和妇幼保健院有线电视设备未进行线管设计 |
| 34 | $A_{64}$ | 智能化 | 给水排水 | |
| 35 | $A_{65}$ | 智能化 | 暖通 | |
| 36 | $A_{66}$ | 智能化 | | （1）人民医院和妇幼保健院室外手孔井未明确做法；<br>（2）人民医院医技夹层设备机房、制冷制热水泵机房未配置控制箱、电源箱；<br>（3）人民医院和妇幼保健院入侵报警设备未进行弱电桥架设计 |

# 3.18 资料管理

## 3.18.1 基础技术资料管理

### 1. 基础设计技术资料

（1）项目设计任务书；

（2）地形图；

（3）项目用地红线图；

（4）建设用地规划许可证项目用地现状图；

（5）项目周边管网和市政规划资料；

（6）地质资料。

### 2. 基础设计成果资料

（1）纸质设计资料及文档；

（2）电子设计资料及文档：应留有记录、以邮件形式、资料的发送；

（3）技术资料往来台账。

## 3.18.2 设计成果资料管理

（1）所有图纸接收后首先检查印章签字是否齐全，图纸份数是否符合合同约定，图纸设计深度是否满足《2016 年建筑工程设计文件编制深度规定》要求。对于暂不能签章或签章不完全而又必须及时发放的图纸，建议经项目部经理在图纸首页上签字认可方能发送到承包商和监理单位，以保证工程进度的顺利实施，并应在规定时间内补办完相关签章手续。签章手续完善后重新发送图纸，应将原有签章不全的图纸一并收回，每版图纸更新标注日期避免混乱。

（2）由于确保工程进度的实施，对于设计院不能及时签发纸质图纸，而采用电子邮件发送的 CAD 图纸，项目资料员在收到电子邮件立即打印出图纸，报经项目经理签字后发送到各相关单位和部门，并敦促设计院在规定内补发签章手续齐全的蓝图。文员在发送蓝图时应将原有打印的图纸一并收回。

（3）项目资料员和驻场设计管理工程师有责任管理和控制好图纸版本的正确性，在施工过程中随时检查承包商和监理单位使用的图纸是否是正确的版本，作废的图纸严禁带入施工现场（必要时收回）。

（4）设计变更签收表（技术核定单与设计变更应分别签收）。

（5）项目资料员收到设计变更通知单后应立即核查以下内容：设计责任人员签名、设计院公章、设计编号及时间。

（6）特别要注意：因变更导致其他专业需要一同变更时的情况，应通知相关专业。

（7）设计文件应包括：说明工程形象的各种文件，各种专业设计图、规范、模型、相应的概预算文件，设备清单和工程的各种技术经济指标说明，以及设计依据的说明文件、边界条件的说明等。

### 3.18.3 竣工图编制管理

**1. 编制竣工图的重要性**

（1）竣工图是进行管理维修、改扩建的技术依据。

（2）竣工图是城市规划、建设审批等活动的重要依据。

（3）竣工图是司法鉴定裁决的法律凭证。

（4）竣工图是抗震防灾、恢复重建的重要保障。

**2. 编制竣工图的原则**

（1）严格按设计施工，没有任何变更的，由承包商在原施工图上加盖《建设工程文件归档整理规范》规定的"竣工图章"标志后，视为竣工图。

（2）在施工中有一般性变更，但能将原施工图加以修改补充，能反映竣工实际的，可不重新绘制竣工图，由承包商在原施工图上按变更文件以照规定的编绘方法进行修改补充后，加盖"竣工图章"标志后，视为竣工图。

（3）结构形式、工艺改变、平面布置改变、项目改变以及有其他重大改变或变更部分超过图面1/3则应重新绘制竣工图。重新绘制的竣工图也应加盖竣工图标志章。凡符合竣工图编制原则的，通过以上四种方法都不能说明问题的，就必须重新绘制竣工图。

**3. 竣工图的编制单位与编制套数**

竣工图的编制单位是承包商，归档整理规范条文说明第4.2.2条规定竣工图的编制应按原国家建委1982年《关于编制基本建设工程竣工图的几项暂行规定》（〔82〕建发施字50号）执行。除甲、乙双方在施工合同中另有约定外，一般要求不少于三套，三套的归属分别为城建档案馆一套、使用单位一套、业主主管机关档案室一套。因编制竣工图须增加的图纸，由业主负责及时提供给承包商。

**4. 编制竣工图应注意的关键问题**

（1）未采用或全改的施工蓝图不归档，但应修改设计目录。

（2）有变更的施工图按照前面规定的改绘方法修改后，必须经过承包商的技术负责人和审核人校对审核后，送监理单位经工程总监和现场监理审阅无误后，加盖规定的竣工图章并签字后视为竣工图。竣工图章须使用不易褪色的红色印泥盖在图标栏的上方空白处或者其他空白处，当图面内容饱和时盖在图签的背面。

（3）在蓝图上改绘竣工图各专业图纸都必须相应地修改，使各个专业的衔接关系相互吻合。

（4）不得把洽商或附图贴在原设计图上作为竣工图，竣工图须用图形符号、线条表达清楚，便于直观看图。画图所使用的图形图识符号必须符合以下国家制图标准：《房屋建筑制图统一标准》GB/T 50001、《建筑制图标准》GB/T 50104、《总图制图标准》GB/T 50103、《建筑结构制图标准》GB/T 50105、《建筑给水排水制图标准》GB/T 50106、《暖通空调制图标准》GB/T 50114，禁止徒手绘图。

（5）编绘竣工图所使用的图纸必须是新晒制的蓝图，反差要明显。计算机出图必须清晰，不得使用计算机出图的复印件。使用的墨水必须是碳素墨水，字体要求仿宋体或者楷体字，严禁草字错别字。

（6）编绘的内容不要出图框线，图纸封面、目录均加盖竣工图章，竣工图章须使用不易褪色的红色印泥盖在图标栏的上方空白处或者其他空白处，当图面内容饱和时盖在图签的背面。

（7）在施工蓝图上改绘竣工图，严禁刮改、涂抹，要能反映设计原貌。

（8）凡修改处，必须注明变更的依据、出处（如此处变更见 ** 年 ** 月 ** 日变更第 ## 条）。

### 3.18.4　关于编制基本建设竣工图的几项暂行规定

**《关于编制基本建设竣工图的几项暂行规定》**

（〔82〕建发施字 50 号）

一、基本建设竣工图是真实地记录各种地下地上建筑物、构筑物等情况的技术文件，是对工程进行交工验收、维护、改建、扩建的依据，是国家的重要技术档案。全国各建设、设计、施工单位和主管部门。都要重视竣工图的编制工作，认真贯彻执行本规定。

二、各项新建、扩建、改建的基本建设工程，特别是基础、地下建筑、管线、结构、井巷、峒室、桥梁、隧道、港口、水坝以及设备安装等隐蔽部位，都要编制竣工图。编制各种竣工图，必须在施工过程中（不能在竣工后），及时做好隐蔽工程记录，整理好设计变更文件，确保竣工图质量。

三、编制竣工图的形式和深度，应根据不同情况，区别对待：

（1）凡按图施工没有变动的，则由施工单位（包括总包和分包施工单位，下同）在原施工图上加盖"竣工图"标志后，即作为竣工图。

（2）凡在施工中，虽有一般性设计变更，但能将原施工图加以修改补充作为竣工图的，可不重新绘制，由施工单位负责在原施工图（必须是新蓝图）上注明修改的部分，并附以设计变更通知单和施工说明，加盖"竣工图"标志后，即作为竣工图。

（3）凡结构形式改变、工艺改变、平面布置改变、项目改变以及有其他重大改变，不宜再在原施工图上修改、补充者，应重新绘制改变后的竣工图。由于设计原因造成的，由设计单位负责重新绘图；由于施工原因造成的，由施工单位负责重新绘图；由于其他原因造成的，由业主自行绘图或委托设计单位绘图。施工单位负责在新图上加盖"竣工图"标志并附以有关记录和说明，作为竣工图。

重大的改建、扩建工程涉及原有工程项目变更时，应将相关项目的竣工图资料统一整理归档，并在原图案卷增补必要的说明。

（4）竣工图一定要与实际情况相符，要保证图纸质量，做到规格统一，图面整洁、字迹清楚，不得用圆珠笔或其他易于褪色的墨水绘制。竣工图要经承担施工的技术负责人审核签认。

四、竣工图的汇总整理工作，按下列情况区别对待：

（1）建设项目实行总包制的各分包单位应负责编制分包范围内的竣工图，总包单位除应编制自行施工的竣工图外，还应负责汇总整理各分包单位编的竣工图。总包单位在交工时应向业主提交总包范围内的各项完整、准确的竣工图。

（2）建设项目由业主或工程指挥部分别包给几个施工单位承担的，各施工单位应负责编制所承包工程的竣工图。业主或工程指挥部负责汇总整理。

（3）建设项目在签订承发包合同时，应明确规定竣工图的编制、检验和交接等问题。

五、工程竣工验收前，业主应组织、督促和协助各设计、施工单位检验各自负责的竣工图编制工作，发现有不准确或短缺时，要及时采取措施修改和补齐。竣工图要作为工程交工验收的条件之一。竣工图不准确、不完整、不符合归档要求的，不能交工验收。在特殊情况下，也可按交工验收时双方议定的期限补交竣工图。

六、大中型建设项目和城市住宅小区建设的竣工图，不得少于两套，一套移交生产使用单位保管，一套交有关主管部门或技术档案部门长期保存，关系到全国性特别重要的建设项目（如首都机场、南京长江大桥等），应增交一套给国家档案馆保存。小型建设项目的竣工图不得少于一套，移交生产使用单位保管。因编制竣工图需增加的施工图，由业主负责及时提供给施工单位，并在签订合同时，明确需要增加的份数。

七、大型工程竣工后，凡上述竣工图仍不能满足需要时，可重新绘制竣工图，由业主负责组织力量绘制，设计、承包商负责提供工程变更资料。

八、编制整理竣工图所需的费用，凡属设计原因造成的，由设计单位解决施工单位负责编制所需的费用，由施工单位在建筑安装工程造价中解决；业主负责编制和需要复制的费用，由业主在基建投资中解决；建成使用以后需要复制补制的费用，由使用单位负责解决。

九、为了做好基本建设工程竣工图的编制工作，各主管部门可根据具体情况制订有关细则。

十、本规定从批准、颁布之日起开始试行。过去的有关规定，与本规定相抵触者，按本规定执行。

# 第 4 章　BIM 技术管理

虽然 BIM 技术的理念产生与 20 世纪 70 年代，但其在国际工程领域的应用是最近 20 年事情，其在国内建筑行业关注度迅速提升、普遍发展是仅 10 年的事情。BIM 技术的研发与应用得益于 IT 技术和信息技术的长足发展，也催生于建筑工程复杂度不断提升的行业需求。

随着 BIM 技术在工程领域的应用与研发，国家及行业主管部门为之出台了一系列文件及政策。其中典型文件包括：① 住房和城乡建设部颁布的《2011—2015 年建筑业信息化发展纲要》（建质〔2011〕67 号），其中明确提出"十二五"期间加快 BIM 技术在建设工程项目中的应用。② 2017 年住房和城乡建设部颁发的《住房城乡建设部关于推进建筑业发展和改革的若干意见》（建市〔2014〕92 号）中明确要求"推进建筑信息模型（BIM）等信息技术在工程设计、施工和运行维护全过程的应用，提高综合效益"。③ 住房和城乡建设部 2016 年 8 月颁布《2016—2020 年建筑业信息化发展纲要》（建质函〔2016〕183 号），更是明确把 BIM 作为建筑业信息化发展核心。

BIM 技术的定义和理解版本较多，大家的理解也不尽相同，BIM 的本质是一个建筑项目物理和功能特性的数字表达，是一个唯一、准确、可以共享项目信息资源库的产生、修改与确立的过程与结果。因此，BIM 技术价值更是一个过程价值，BIM 技术也在实践应用过程中不断提升能力和价值。

理论分析与工程实践均已经充分证明，项目从设计到竣工全生命周期范围内，BIM 在提高生产效率、节约成本和缩短工期各均方面发挥了重要作用。因此，项目管理要将 BIM 技术在项目中的实施与应用作为战略目标来考虑。本节基于 BIM 技术在工程项目管理中的应用，探讨部分项目实施比较关注的问题。本书更多是关注应用层面，对 BIM 技术自身不做过多探讨。

## 4.1　BIM 核心价值认知

要更好地应用 BIM 技术，首先要对 BIM 技术具备合理、客观的认知，尤其是对于其价值本质、能够解决问题等核心内容。

### 4.1.1　BIM 技术及价值本质

据统计，国内一个项目从设计到竣工整个过程普遍浪费率在 30% 左右，这一数字带来的资源浪费总量是十分惊人的。国际行业公认 BIM 是解决这一问题的最佳手段，项目管理全过程均可以采用 BIM 技术提升项目的管理效率，降低项目的浪费。因此，BIM 的价值本质可以总结为"提升协作效率、优化项目品质、降低行业浪费"。对应 BIM 的三个技术本质为：

（1）信息交流的三维、可视载体。

（2）唯一正确、持续传递的数据源。

（3）解决复杂空间、专业协同问题的新技术手段。

以上 BIM 技术和价值本质，在项目实施过程中体现在诸多方面，比如：设计对建筑建安成本的综合影响在 70% 以上，利用 BIM 空间可视化模拟功能、碰撞检查不合实际之处，可以在设计阶段彻底消除碰撞，而且能优化净空和设备管线排布方案。此外，使用更加直观的图像资料事先了解施工效果，避免了采用传统二维设计图进行会审中未发现的人为的失误和低效率，在项目进场开工前有效降低设计错误数量、降低理解错误导致返工费用，极大地减少工程的变更和可能发生的纠纷。

### 4.1.2 BIM 可以解决的问题

根据目前建筑工程项目的设计、施工和运维各个阶段对 BIM 的实践应用经验整理，BIM 及应用可以解决如下项目具体问题：

（1）项目规划设计阶段场地规划及方案实施问题；

（2）复杂建筑形体方案的建筑、结构专业设计问题；

（3）多专业三维综合设计及项目净高、空间优化控制问题；

（4）设备及结构专业规范校验、碰撞检查等错漏空缺预警问题；

（5）水暖（空调）电等设备专业管线综合设计及优化问题；

（6）项目施工方案验证及施工难点提前预警问题；

（7）复杂施工节点数字化建造及数字化放样问题；

（8）大型商业及综合类项目后期数字可视化运维支持问题。

### 4.1.3 BIM 可以实现的价值

对部分已经实施的 BIM 实践应用项目的不完全统计结果显示，建筑工程项目采用 BIM 技术，可以实现如下几个方面的价值：

（1）基于 BIM 技术的综合设计可以为项目节约直接成本；

（2）采用 BIM 技术的设计校核可以解决大部分施工图错误及碰撞问题；

（3）应用 BIM 技术的施工实施可以有效缩短施工工期；

（4）应用 BIM 技术的施工方案模拟可以对大部分施工难点、施工危险进行提前预警；

（5）应用 BIM 技术的施工指导可以避免施工过程的错误返工问题；

（6）应用 BIM 技术的施工过程控制可以有效降低和避免施工浪费问题。

# 4.2 BIM 实施模式管理

虽然 BIM 在工程行业的推广越来越明显，更多的企业开始谈 BIM，更多的项目也开始用 BIM，但 BIM 在项目中的实施模式却一直比较模糊。

### 4.2.1 业主往往困惑于以下问题

（1）项目是否要单独委托全过程 BIM 咨询单位？

（2）"翻模"是否能够实现 BIM 技术的价值？

（3）BIM 管理与 BIM 专项咨询的关系？

（4）BIM 咨询单位与参建单位如何合理地协同工作？

### 4.2.2 行业内咨询单位也不断在讨论这些问题

（1）谁来主导 BIM 实施？

（2）谁来规划 BIM 价值点？

（3）谁来负责对来源于各参建单位多方面数据 BIM 整合？

回答了以上问题，虽然不能完全解决 BIM 实施模式的问题，并且这些问题在未来 BIM 技术发展和行业布局调整终将成为历史，但现阶段可以帮助业主和项目管理单位更好地理顺 BIM 技术实施与参建单位的关系，更好地使用 BIM 这个工具！

【案例】

图 4-1 为某项目管理单位主导 BIM 咨询实施模式组织架构。

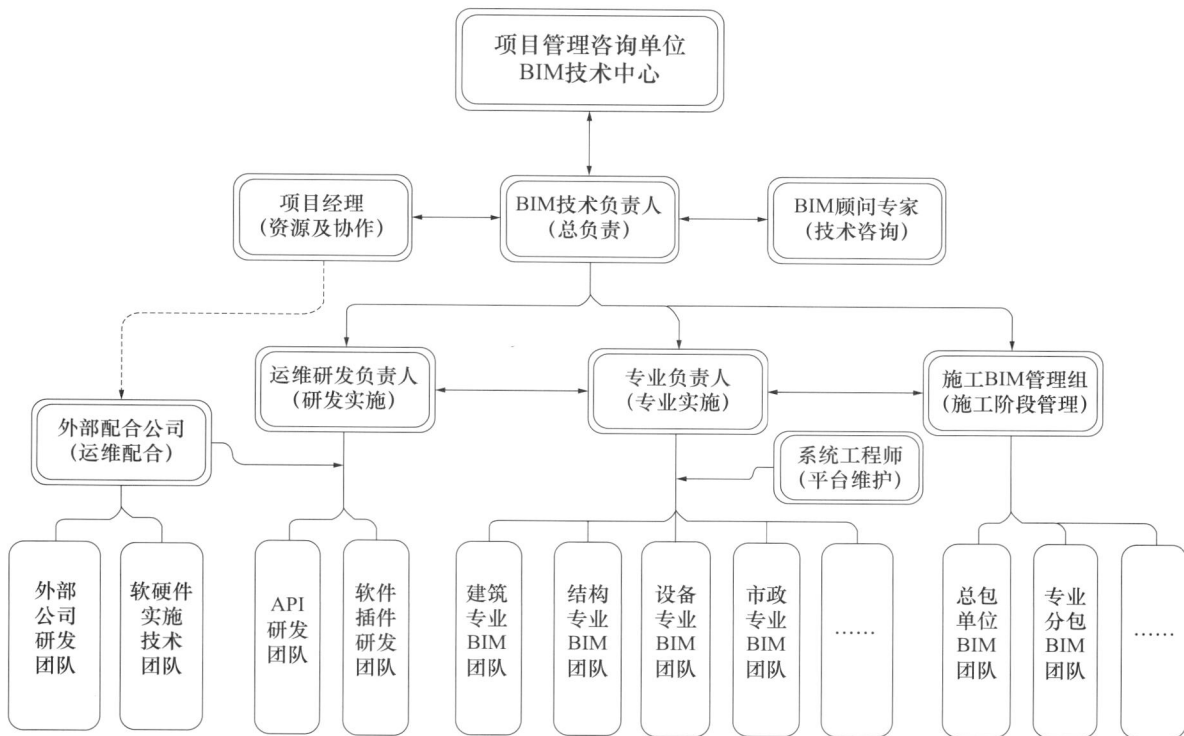

图 4-1　项目管理单位主导 BIM 咨询实施模式组织架构

# 4.3　BIM 规划目标管理

　　无论是国内的建筑行业，还是咨询企业，甚至于很多 BIM 技术专业咨询机构，对 BIM 技术的认知也是不同的，因为 BIM 的范畴确实是非常广泛的。大家一定要了解一个事实：你谈的 BIM 很有可能和别人谈的不是一回事，你所提供的 BIM 服务也不一定是业主所要的。因此，一个项目在开始 BIM 实施前，一定要做好一件事——BIM 实施目标的规划！ BIM 实施目标简而言之就是要在项目中得到何种成果、实现何种价值，当然与之相对应的就是做到何种深度，投入多少技术力量。

　　BIM 目标规划可以分解为：总体目标规划和阶段目标规划。

　　（1）整体目标规划主要是解决 BIM 目标价值问题，比如设计成果的审核优化、施工过程质量与成本的控制或运维阶段资产与能源管理系统等。不同的总体目标规划所需要的 BIM 实施策略与方式是不同的。

　　（2）阶段目标规划主要是基于总体目标的分解、解决 BIM 在各阶段的价值定位和深度要求，全生命周期的 BIM 阶段目标规划包括：① 方案策划阶段；② 设计阶段；③ 施工阶段；④ 运维阶段等几个阶段。虽然我们推荐 BIM 全生命周期的价值实现，但根据项目的需求，以上各阶段在 BIM 阶段目标规划中并不都是必需的。目前在工程项目中，很多 BIM 应用项目并不包含方案策划阶段，而真正实现竣工 BIM 模型，并把 BIM 数据库、模型继承到项目运维阶段、实现运维应用的项目也并不是很多。

**【案例 1】某项目各阶段 BIM 目标定位**

　　（1）设计阶段：设计成果的优化与校核、专项深化设计、项目成本估算等。

（2）施工阶段：施工方案评估、施工顺序模拟；施工协同平台搭建；施工过程变更控制等。

（3）竣工阶段：项目竣工管理，项目竣工模型整理等。

（4）运维阶段：根据业主对项目的运维需求，确定运维实施方案及内容。

（5）项目推广展示：根据项目需求，提炼项目展示模型、制作项目整体及局部效果图、宣传展示视频、PPT及项目文档资料。

**【案例2】某项目各阶段BIM目标定位（表4-1）**

阶段工作表 表 4-1

| 阶段划分 | 阶段工作内容 | 管理主要成果 |
| --- | --- | --- |
| 策划与规划设计 | 策划与规划是项目的起始阶段。根据业主的投资与需求意向，研究分析项目建设的必要性，提出合理的开发规模、建设规模和投资规模，初步明确项目的规划设计条件 | 项目场址比选 |
| | | 概念模型构建 |
| | | 建设条件分析 |
| | | 水文条件分析 |
| 方案设计阶段 | 主要目的是为后续设计阶段提供依据及指导性的文件。主要工作内容包括：根据设计条件，建立设计目标与设计环境的基本关系，提出空间建构设想、创意表达形式、结构方式及主要机电系统等初步解决方法和方案 | 场地分析 |
| | | 强排方案 |
| | | 竖向设计 |
| | | 建筑性能模拟分析 |
| | | 设计方案比选 |
| | | 面积明细表统计 |
| 初步设计阶段 | 主要目的是通过深化方案设计，论证工程项目的技术可行性和经济合理性。主要工作内容包括：拟定设计原则、设计标准、设计方案和重大技术问题以及基础形式，详细考虑和研究各专业的设计方案，协调各专业设计的技术矛盾，并合理地确定技术经济指标 | 各专业模型构建 |
| | | 建筑及结构平面、立面、剖面检查 |
| | | 面积明细表统计 |
| | | 工程量初步预估 |
| | | 场地土方量预估优化 |
| 施工图设计阶段 | 本阶段的主要目的是为施工安装、工程预算、设备及构件的安放、制作等提供完整的模型和图纸依据。主要工作内容包括：根据已批准的设计方案编制可供施工和安装的设计文件，解决施工中的技术措施、工艺做法、用料等问题 | 各专业模型构建 |
| | | 辅助施工图设计 |
| | | 专业冲突检测及三维管线综合 |
| | | 竖向净空优化 |
| | | 专业模拟仿真分析 |
| | | 虚拟仿真漫游 |
| | | 面积明细表统计 |
| | | 工程量统计 |
| 施工阶段 | 施工阶段是指业主与承包商签订工程承包合同开始到项目竣工为止。<br>在项目施工过程中，各个分部分项工程、各个专业、工作面作业交叉进行。BIM技术应用可以与工程施工同步进行，解决施工现场所需要的技术问题。<br>主要应用包括施工方案模拟、施工深化设计、施工顺序校验与分析、现场数据采集、图纸会审、可视化技术交底、安装方案模拟及构件预制加工、施工放样、施工质量与安全管理、设备和材料管理等方面 | 施工方案模拟 |
| | | 施工计划模拟 |
| | | 专业深化设计 |
| | | 施工深化设计 |
| | | 专业冲突检测及三维管线综合 |
| | | 竖向净空优化 |
| | | 虚拟仿真漫游 |
| | | 图纸会审 |

| 阶段划分 | 阶段工作内容 | 管理主要成果 |
|---|---|---|
| 施工阶段 | 施工阶段是指业主与承包商签订工程承包合同开始到项目竣工为止。<br><br>在项目施工过程中，各个分部分项工程、各个专业、工作面作业交叉进行。BIM 技术应用可以与工程施工同步进行，解决施工现场所需要的技术问题。<br><br>主要应用包括施工方案模拟、施工深化设计、施工顺序校验与分析、现场数据采集、图纸会审、可视化技术交底、安装方案模拟及构件预制加工、施工放样、施工质量与安全管理、设备和材料管理等方面 | 技术交底 |
| | | 构件预制加工 |
| | | 施工放样 |
| | | 工程量统计 |
| | | 设备与材料管理 |
| | | 质量与安全管理 |
| | | 竣工模型构建 |
| 运营维护阶段 | 本阶段的主要目的是管理建筑设施设备，保证建筑项目的功能、性能满足正常使用的要求。使用过程中，如果存在改造工程，也在本阶段 | 可视化模型平台 |
| | | 建筑系统数据库 |
| | | 现场数据采集和集成 |
| | | 设备设施运维管理 |
| | | 工程单项改造管理 |
| 拆除阶段 | 本阶段的主要目的是建立合理的拆除方案，妥善处理建筑材料设施设备，力求拆除的可再生利用 | 拆除施工方案模拟 |
| | | 拆除施工过程模拟 |
| | | 拆除工程量统计 |

## 4.4　BIM 过程组织管理

工程项目的规模和复杂度都在日益提高，这带来了全过程工程咨询和项目管理价值的发展，也是 BIM 等新兴信息技术迅速发展的催化剂。BIM 技术自身提供了项目可视化数据基础，提升参建单位的协同效率，前面我们提到这是其核心价值之一，但目前由于行业项目管理信息化平台建设的滞后，这一核心价值远远没有得到体现，相反，BIM 实施过程还需要合理的组织管理才可以实施。

### 4.4.1　全过程 BIM 实施责任矩阵

全过程 BIM 实施责任矩阵制定目的是把各参建单位在项目 BIM 实施过程中的角色和责任描述清楚。一般情况下，项目实施的不同阶段 BIM 实施的主体是不同的，原因是不同阶段的项目实施主体也是不同的，我们都知道，设计阶段项目成果控制主体是设计单位，施工阶段项目实施的主体是总承包单位。BIM 主体实施单位应该与项目实施主体是一致的，才能保证 BIM 实施的效率、模型数据的动态调控以及模型数据的唯一性与准确性。

### 4.4.2　设计单位深度参与 BIM 建模及设计阶段应用工作

从 BIM 的本质和未来发展趋势而言，设计单位一定会承担 BIM 模型与数据建立工作，甚至我们相信未来一定会实现以 BIM 为平台的专业协同设计、以 BIM 模型及数据为成果的设计成果输出、审核以及交付工作。目前，全国很多省市也明确要求相关要求，比如：提交政府主管部门审查的初步设计和施工图设计成果交付需要包含 BIM 模型及数据成果。但就现阶段 BIM 在设计院的普及发展而言，设计单位并没有成为项目 BIM 基础数据的提供者，导致这一结果的原因比较复杂，在此不做过多讨论。

前面已经提到，我们希望 BIM 各阶段的实施主体是同时是项目该阶段的实施主体，因此，如果可能我们优先选择设计单位作为 BIM 设计阶段的实施主体。即使项目实际过程不能实现这一点，比如设计单位不具备 BIM 技术能力或设计单位不愿提供此项服务内容，业主单位或项目管理必须委托一家

BIM 咨询单位来完成 BIM 基础模型及设计阶段 BIM 应用工作，我们也希望在这一咨询过程中，设计单位能够深度参与 BIM 模型及设计阶段的应用工作，以保证 BIM 在设计阶段的价值及在后续阶段应用的模型准确性。

### 4.4.3 总承包单位是施工阶段 BIM 主体

我们都知道，虽然理论上设计过程实现了项目从无到有的整体规划、设计、技术的固化与表达的过程，但现实中从项目设计施工图成果到项目竣工完成所经历的是一个相当复杂的过程，其复杂的原因是这一过程存在很多变数与变化。为了确保 BIM 数据的唯一性和准确性，在项目施工过程中，BIM 模型必须保持与项目施工过程的同步，尤其是对于项目的变更洽商的一致性。要保证这一点并不容易，尤其是要求总承包以外的第三方 BIM 咨询单位更难，因此，我们建议 BIM 施工阶段的实施主体应该是总承包单位。

此外，在施工阶段 BIM 实施过程中，总承包单位可以要求其分包单位、设备供应商具备 BIM 实施能力或具备 BIM 数据的提供能力，总承包单位负责 BIM 数据的整合工作。在此过程中，项目管理单位或 BIM 第三方咨询单位可以成为项目施工阶段 BIM 实施的规划者和管理者，并且针对大部分总承包单位技术能力偏弱问题，第三方咨询单位可以作为技术支撑协助实现施工阶段的 BIM 价值。

【案例】以项目管理单位为主导的 BIM 实施，首先需要明确各参建单位在项目实施过程中责任与角色（表 4-2）

责任分配表     表 4-2

| 序号 | 阶段 | 参与方及责任 | | | |
| :---: | :---: | :---: | :---: | :---: | :---: |
| | | 业主 | 设计单位 | 项管单位 | 总承包单位 |
| 1 | 设计阶段 | — | 辅助 | 主体 | — |
| 2 | 施工阶段 | — | 辅助 | 管理 | 主体 |
| 3 | 竣工阶段 | — | — | 管理 | 主体 |
| 4 | 运维阶段 | 辅助 | — | 主体 | — |
| 5 | 推广展示 | 管理 | 辅助 | 主体 | 辅助 |

根据项目建设主要阶段：

在项目设计、运维阶段，项管单位是 BIM 实施的主体单位，负责项目的计划、实施工作，并对项目实施的成果提交时间和质量负责。

在项目施工、竣工阶段，项目总承包单位为 BIM 实施的主体单位，负责制定项目的施工计划和实施工作，以及成果的提交时间和质量，项管单位是项目实施的管理单位，负责项目的计划审核、实施管理、成果监督及审核工作。

在项目的全过程推广展示阶段，项管单位是项目实施的主体单位，对项目实施的成果提交时间和质量负责，设计单位为辅助单位，负责相关设计资料的提供，业主单位为管理单位，主要提出项目推广展示的计划及成果需求。

## 4.5 BIM 模型数据管理

如前所述，BIM 技术的本质是与项目匹配的唯一、完整的信息数据源。首先，这一信息数据源包含了项目几何信息、物理信息、经济信息等所有有价值的信息；其次，我们更加强调这一信息的唯一性

（即这一信息必须是唯一源头、唯一主线发展的）、完整性（即最大限度将所有专业、所有参建方有价值的信息包含进来）。客观说要实现这几点谈何容易！必须对 BIM 实施过程进行严格、有效的数据管理方可实现。

### 4.5.1　模型及标准管理

项目 BIM 模型可能是由多个参建单位或团队共同完成的，即使不存在多单位协同问题，BIM 工作组也需要建立 BIM 模型及编码标准，这类似于在开始 CAD 二维设计绘图之前建立的图层、线型、颜色等管理及技术标准。

2012 年以来，根据 BIM 推动发展的需求，行业主管部门对 BIM 国家实施标准进行了整体规划，其中最重要的是以下四本规范标准：

《建筑信息模型应用统一标准》GB/T 51212；

《建筑信息模型施工应用标准》GB/T 51235；

《建筑信息模型分类和编码标准》GB/T 51269；

《建筑信息模型设计交付标准》GB 51301。

目前，以上标准大部分已经完成并颁布，有些已经有征求意见稿或送审稿，除了以上国家标准，很多省市也颁布了地方 BIM 实施标准。在项目开始 BIM 实施前，基于以上 BIM 标准，咨询单位应根据项目具体特征主导形成项目级 BIM 技术实施统一的标准。

### 4.5.2　数据及接口管理

前文已经提到，BIM 的核心价值之一是为管理者和使用者提供了唯一的、准确的数据，这些数据应对要与其他系统对接，才能够实现其价值，这些系统包括项目管理系统，也涉及众多数字化、智能化运维平台。此外，在数据整合与共享层面，一方面，BIM 模型整合可能要与多种专业软件对接，承载和整合多种模型数据，比如 Tekla、AutoCAD、Civil-3D 等软件构建的模型书；另一方面，BIM 也需要将数据共享给各专业软件，完成专业功能的分析。因此，数据及接口管理就显得非常重要。

BIM 各阶段实施的数据接口设计将涉及 BIM 核心平台软件、BIM 专业辅助分析软件以及运维信息系统平台等多种软件及平台，BIM 模型及信息数据需要在多个系统间进行传递、继承与深化工作。在此过程中，系统数据接口标准可能包括核心软件及模型格式、分部模型数据交换格式及标准、整合模型数据及标准、文档说明交换格式及标准、主要软件数据转换方式、其他数据交换标准等数据集模型接口统一与设计。

### 4.5.3　轻量化模型输出与管理

随着项目 BIM 实施深度，模型精度的增加，BIM 模型的数据规模也将变得非常大，模型数据的存储、显示和调用将对硬件要求非常高。为了解决这一问题，实现 BIM 数据更广泛、更便捷的应用，需要基于项目基础模型形成轻量化模型。

模型轻量化的主要途径是通过降低模型的可编辑性（应用阶段原始模型保持可读、但不需要编辑）以及部分模型数据的整合从而实现模型的轻量化。轻量化模型支持建筑、结构、机电、幕墙、钢结构各专业模型轻量化，轻量化模型包含几何信息、主要属性信息；轻量化模型包含的属性信息也可自根据需要自行定义。

针对项目 BIM 应用需求的属性、对数据的基本要求，有针对性地制定模型轻量化的方式可以提升 BIM 模型数据的使用效率和质量，因此，我们建议在 BIM 模型数据使用过程中心，需要对模型轻量化过程、成果进行有效的管理。

# 4.6 基于 BIM 的项目成本管控要点

基于 BIM 技术项目全过程成本管控可以实现业主对项目投资成本更好的管控能力。基于本工程 BIM 模型的工程量及成本信息，项目业主及管理单位可以提前对项目工程量及投资总额进行预估；在施工过程中，通过工程量及成本信息实时输出，及时了解项目成本变化，对项目投资进行动态监管与控制。

## 4.6.1 项目投资控制与造价咨询

需要先明确项目投资控制与造价专项咨询是项目实施的两项本质不同的任务，投资控制主要是控制项目成本投入，造价专项咨询主要是项目概述、预算、工程量清单等造价算量咨询工作，前者需要宏观概念控制，后者需要数据可靠准确。基于 BIM 的造价咨询是 BIM 价值方向之一，其研发工作及产品一般来源于专业造价平台供应商，但限于某些技术问题和国内工程算量定额的特殊性，完全基于 BIM 的造价输出还需要工作去做，这部分不是这里讨论的重点。基于 BIM 的投资成本控制并不一定需要基于精准算量去完成，对此，BIM 主要的价值在于实现了业主设计前期对成本进行一定精度的估算，并在后续设计过程中可以给出变化趋势与方案间的经济性对比，因此基于 BIM 的投资成本控制是可行的，这是项目管理过程 BIM 投资控制讨论的重点。

## 4.6.2 基于 BIM 技术的项目前期投资控制

项目前期规划和设计阶段，尤其选址、方案设计、初步设计对项目投资成本影响是最大的，但另一方面，项目前期业主和管理单位很难获得对项目成本控制有可靠、有价值的成本信息。项目最初的投资成本源于初步设计概算，但项目批复的投资概算经常被突破，原因是概算基本没有源于项目设计成果，因此是不准确的。BIM 技术可以实现实体模型与设计深度同步调整、深化与更新，为项目前期投资控制打开了新的窗口。基于设计阶段 BIM 模型的不断完善、项目工程量精确统计以及 BIM 数据库积累的造价信息相关联，对项目成本可以实现相对准确的初步分析与估算。

## 4.6.3 基于 BIM 技术的过程成本管控

大部分工程超概是在实施过程中不知不觉出现的，过程中业主和管理单位很难察觉，大部分业主对设计变更可能产生的工程造价影响估计不足。许多承包商利用业主对变更部分的不了解，增加工程造价，造成投资方较大的损失，比如：有的施工总承包单位在招标时所报价格采用普通品牌，施工时会以提升项目品质为理由要求业主更换的品牌（一般在招标报价清单和合同中没有的材料），从而重新采用一个非常有利于施工方的价格，使业主造成巨大损失。

引入 BIM 技术后，业主可以明显改变项目实施过程成本控制的不利地位，利用 BIM 的可视化模拟功能，业主和管理单位可以清晰地汇总变更的位置、数量和影响范围，可以要求总承包单位降低和控制工程变更的梳理数量，控制变更成本；对于无法避免的设计变更，并可以要求总承包单位基于 BIM 技术对设计变更方案进行对比分析，选择合理且经济性好的实施方案，对设计变更成本进行有效控制。

## 4.6.4 基于 BIM 工程竣工决算与审计

我们经常用"盲人摸象"来比喻项目业主面对总承包单位项目竣工决算的过程。一般情况下，总承包单位会汇总交付项目实施过程中海量的图纸、函件、变更文件、招采文件等，业主审核和梳理这些文件就需要大量的精力。这种情况下，总承包单位提出的不合理的工程变更增量，业主因不清晰而妥协。如果项目施工过程实现了 BIM 模型与项目同步更新，项目业主可以通过 BIM 施工模拟和记录过程，显示当前的工程量完成情况和施工状态的详细信息，通过 BIM 相关软件实现快速、精准地多算对比，这一过程，不仅让业主掌握了项目这一完整的"大象"，而且能够及时做好工程计量工作审核，有效防止工程进度款超付和提高结算、决算准确度，合理计取费用标准，正确反映工程造价。

目前，很多省市已经在推广基于 BIM 技术的工程建设审计工作，尤其是工程量难以用传统方法计算的异形、特殊工程，没有 BIM 技术的支撑，工程审计很难获得准确的工程数据。

# 4.7　基于 BIM 的项目设计管控要点

## 4.7.1　基于 BIM 技术的方案优化和数值分析

建筑方案设计阶段 BIM 的应用已经在设计行业应用非常普遍，无论是形体构造、建筑造型，还是场地强排方案，都可以借助 BIM 三维技术手段。在方案深化设计阶段，还可以将数值分析技术与 BIM 技术结合，形成深化方案的对比与优化过程。

【案例】项目建筑外立面方案为某蒙古艺术家根据民族元素特色手工绘制，再由建筑方案单位使用 3Dmax 建立初步几何模型描述。因此 BIM 建模工作需要对建筑方案模型进行数据转换和解析工作，以下以主楼为例说明模型解析过程。

主楼两翼屋面通过与原 3Dmax 模型拟合，提取原曲面多个方向的结构曲线，重新拟合赋予参数得出两个主要方向的曲线方程，其中横剖面的方程为抛物线方程，纵剖面的方程为直线加上抛物线，如图 4-2 所示。

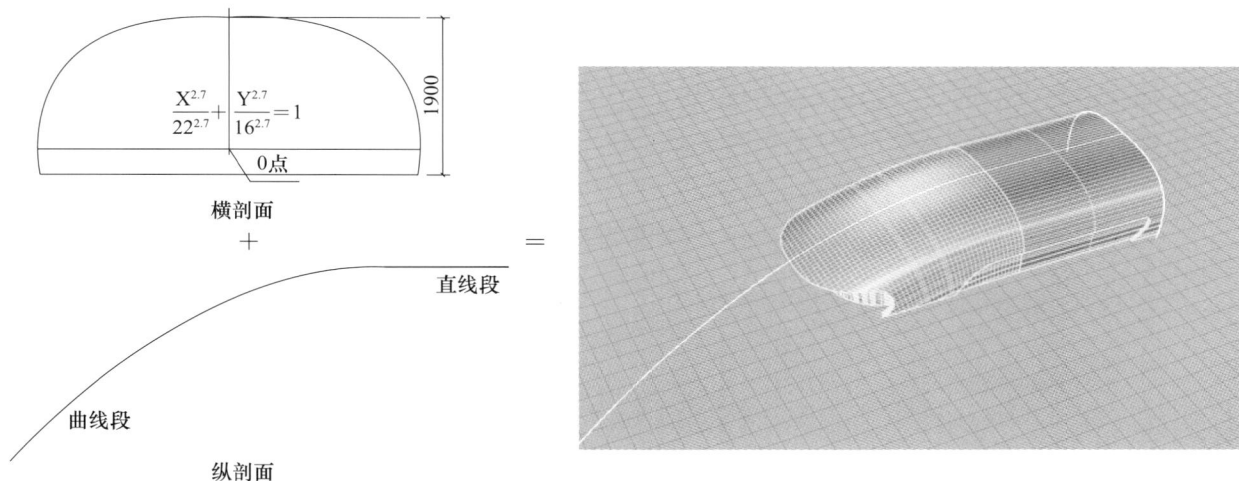

横剖面
$$\frac{X^{2.7}}{22^{2.7}}+\frac{Y^{2.7}}{16^{2.7}}=1$$
0点
1900
＋
直线段
曲线段
纵剖面
＝

图 4-2　主楼建筑几何形体解析

通过这两条曲线放样，可形成现项目模型的基本造型曲面，曲面在直线段处为单曲面，在曲线段处由单曲曲面过渡到双曲面。

主楼马鞍处的曲面非常复杂，其模型是通过对原模型的结构线提取，重新放样制作。中部为单曲面，边缘以及落地处为双曲面，过渡区域复杂。

综上所述，本项目建筑模型解析主要路径为：基于原有建筑方案 3Dmax 的模型，对几何曲面进行剖切解析，力求形成解析方程；建立了 Rhino 表皮模型，将表皮数据模型转换至 Revit 软件，进行建筑及结构 BIM 基本模型建模工作；将结构模型转换至其他钢结构专业软件进入详图及加工模型的完善（图 4-3）。

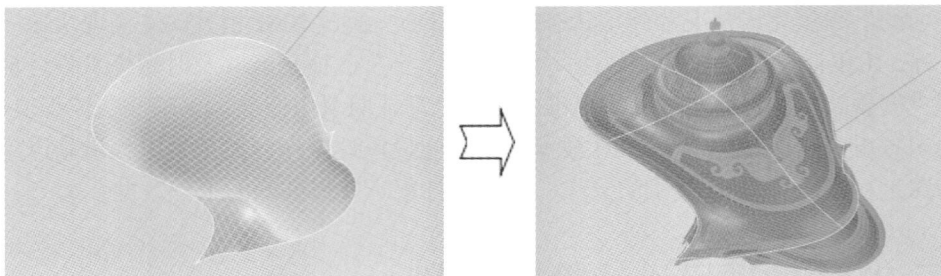

图 4-3　主楼主入口模型构建

### 4.7.2　基于 BIM 技术的场地分析及竖向设计

BIM 技术可以与 GIS 技术、倾斜摄影以及卫星遥感技术结合，获得精确的场地水平及标高信息，以支撑项目设计过程中的场地分析和竖向设计。合理的场地分析和竖向设计不仅可以实现优化的设计方案，还可以大幅度降低土方转运的工程成本与周期。

【案例】在本项目设计管理初期，通过对设计成果的审核发现，设计标高确定未考虑原始地貌高差，导致三栋主体建筑采用统一的基底设计标高，由此带来近 40 万 m³ 土方工程量，并且净缺土方量达到 38 万 m³。考虑项目实施周期不具备大范围周转土方条件，且周围是万亩草场，不具备土方资源，必须对设计标高进行优化，从而控制土方工程量。

基于 BIM 技术建立原始地貌模型，并将设计 BIM 模型与地貌模型进行叠合，精确计算项目实际土方工程量。通过建筑标高调整进行土方量进行分析，最终实现土方量的减少并实现挖填方的平衡。

1. 原始场地地模分析

根据测绘单位提供的原始场地方格网测绘数据，建立原始建设场地地形地貌模型，整个场地用地面积达 63.4 公顷（951 亩），场地规模宏大。由于原始场地处于大青山南缓坡平原地带，整个场地呈现从东北至西南场地高程递减的趋势，最大高差可达 18m，主体建筑范围内高差达 7m（图 4-4、图 4-5）。

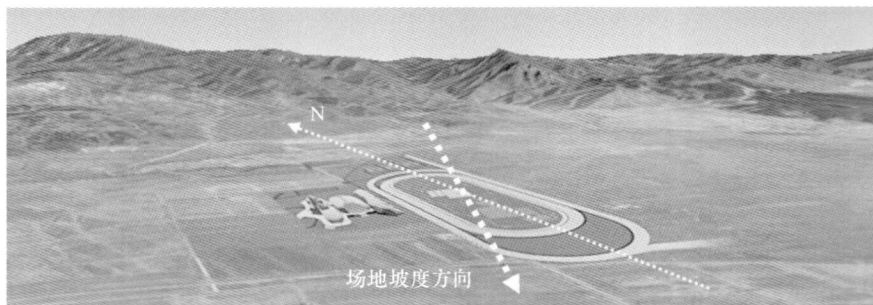

图 4-4　场地地形地貌分析

图 4-5　地形模型与建筑模型叠合

2. 原设计标高及土方量分析

依据原有设计成果及现状地形，基于 BIM 模型对土方量进行了计算分析，结果显示，场地填方量约为 39 万 m³，挖方量约为 1 万 m³，净填方约为 38 万 m³，土方缺口巨大。

3. 设计标高及土方量优化

基于 BIM 模型数据分析基础进行土方量优化，包括以下三个阶段工作。

（1）优化方案讨论

经综合分析，确定了三种调整方案：

其一，主体楼、亮马圈、看台楼整体标高同步降低；

其二，依据场地走势，主体楼、亮马圈、看台楼顺次降低标高；

其三，主体楼、亮马圈标高同步降低，看台楼标高不变。

（2）优化方案计算分析

根据以上三种调整方案，基于 BIM 模型支持分析，结果如表 4-3 所示。

**主体建筑地块土方量分析**　　　　　　　　表 4-3

| 序号 | 建筑底标高（m） | | | 土方量计算值（m²） | | |
| --- | --- | --- | --- | --- | --- | --- |
| | 主体楼 | 亮马圈 | 看台楼 | 填方 | 挖方 | 净值 |
| 1 | 1152 | 1152 | 1152 | 392033.85 | 9209.44 | 382824.41 |
| 2 | 1151 | 1151 | 1151 | 302083.94 | 20360 | 281723.94 |
| 3 | 1150 | 1150 | 1150 | 214459.81 | 40122.5 | 174337.31 |
| 4 | 1150 | 1150 | 1151 | 230445.71 | 31340.33 | 199105.38 |
| 5 | 1150 | 1151 | 1151.5 | 258314.56 | 19606.32 | 238708.24 |
| 6 | 1149.5 | 1149.5 | 1150.5 | 186120.32 | 43954.88 | 142165.44 |
| 7 | 1149.5 | 1149.5 | 1150 | 180477.29 | 48689.75 | 131787.54 |
| 8 | 1149.5 | 1149.5 | 1149.5 | 170624.57 | 54648.76 | 115975.81 |
| 9～18 | | | ...... | | | |
| 19 | 1147 | 1148 | 1150 | 70407.84 | 93858.39 | −23450.55 |
| 20 | 1147 | 1148.5 | 1150 | 72344.2 | 84198.39 | −11854.19 |

综合上述结果，经各方协调，最终确定第三种方案最优，此方案可保证主看台楼与赛道标高关系，并对原设计改动也最小，设计最能接受。

（3）优化方案完善

基于第三种优选方案的计算分析，尚存在一定的土方缺失，缺失量大概为 2.4 万 m³。为解决这一问题，并解决亮马圈标高下降后，南北两侧仍能实现对外消防疏散的要求，在亮马圈南北两侧增设下沉广场。在此基础上，进行了细化的土方量计算分析，最终结果如表 4-4 所示。

**根据最后调整方案计算土方量**　　　　　　　　表 4-4

| 计算面积（m²） | 填方（m³） | 挖方（m³） | 净值（m³） |
| --- | --- | --- | --- |
| 76650.44 | 83570.07 | 74458.37 | 9111.7 |

### 4.7.3　基于 BIM 技术的设计成果审核

项目管理单位应用 BIM 技术，对各阶段设计成果进行内部审核及优化。目的是解决设计矛盾与错误，提升项目设计质量，控制施工过程中设计变更的数量。设计成果审核及优化包括以下几个方面：专业设计规范检查、主要公共空间校核、公共空间净高优化、专业间几何及物理碰撞检查等方面内容。

作为提升项目设计成果质量的有效手段，基于 BIM 技术的设计成果审核可以大幅度降低施工过程中因二维技术手段所带来的错漏空缺所带来的设计变更，从根源上对项目成本进行控制，全面提升项目的实施品质。

【**案例1**】本项目为异形建筑，二维平面的专业配合及图纸表达存在的局限是毋庸置疑的，因此需要基于BIM技术对项目设计成果进行审核及优化。将BIM应用到建筑设计中，设计平台将承担起各专业设计间"协调综合"工作，设计工作中的错漏碰缺问题可以得到有效控制。以多功能主楼为例，建筑不同标高的平面回收变化，造成设计时管线等冲出墙面的情况，如图4-6所示。

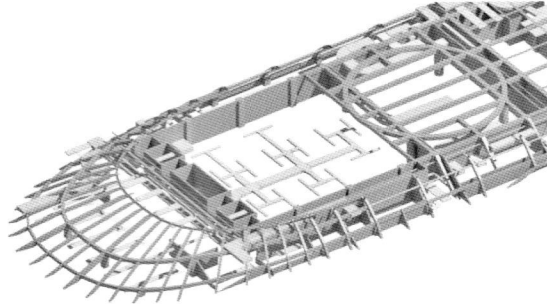

**内蒙古少数民族群众文化体育运动中心设计 BIM 校审卡**

序号：E1　　　　我方进度阶段：第一版建模　　　　设计人：

| 项目名称 | 多功能主体楼 | 子项名称 | | 专业 | 暖通 | 项目阶段 | 施工图 | 原图纸定位 | M204 |
|---|---|---|---|---|---|---|---|---|---|
| 提交日期 | 2015年11月13日 | 提交人 | | 反馈日期 | | 反馈结果 | | 反馈人 | |
| 平面/立面图 | | | | 三维视力 | | | 错误内容及优化建议 | | |
| | | | | | | | 1. 三层、排烟风管与结构碰撞；<br>2. 请确认本层风管标高<br><br>我方会签人员： | | |

注：反馈结果可填写认可、不认可、重新优化。

图 4-6　BIM 设计应用

【**案例2**】某项目施工图设计阶段成果审核计划（含BIM技术审核）（图4-7）。

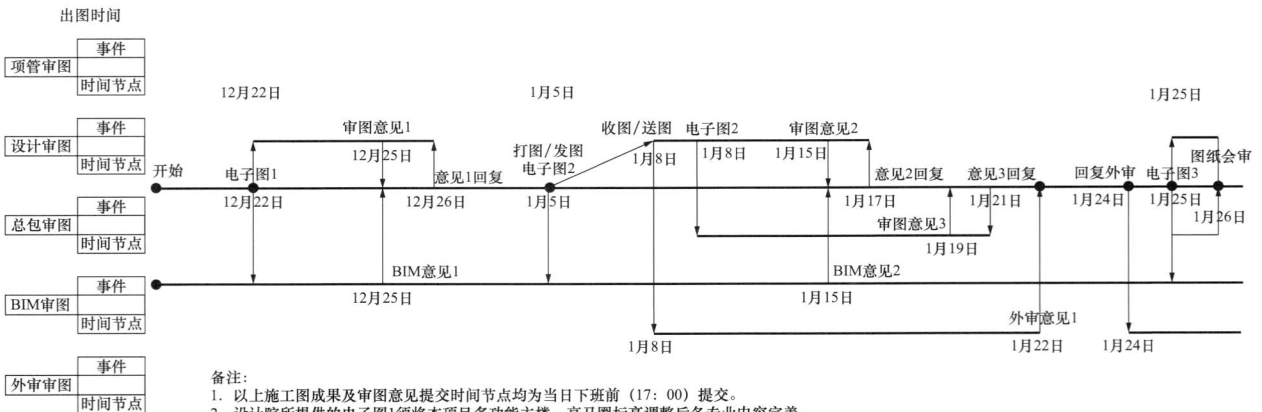

备注：
1. 以上施工图成果及审图意见提交时间节点均为当日下班前（17：00）提交。
2. 设计院所提供的电子图1须将本项目多功能主楼、亮马圈标高调整后各专业内容完善。
3. 设计院所提供的电子图1须将前期造价审图所提出的审图意见全面修改落实，并在校审单中注明修改方式及内容索引。
4. 项管公司第一次审图只审核施工图主要错误及重大问题。
5. 设计院所提供电子图2（及打印送审图）须将项管公司审图意见1内容修改完成。
6. 电子图2应该包含马厩、赛道部分，且马厩和赛道设计标高应为优化后标高。
7. 以上施工图各阶段成果提交应包含该阶段全套施工图（非图纸替换）及各专业计算书。
8. 设计单位应做好设计团队内部专业内的校对审核工作，做好专业之间的施工对图工作。

图 4-7　成果审核计划

### 4.7.4　基于 BIM 技术的专项深化设计

目前 BIM 在工程项目应用，深化设计是最直接和最广泛的应用之一，BIM 三维技术手段可以有效提升机电设备深化设计能力，可以提升复杂钢结构深化设计能力，也可以提升异形幕墙、屋面的深化设计能力。BIM 对深化设计的价值，有效提升了项目设计的落地性、设计数据与生产数据的有效承接与对接，促进数字化下料与生产，大幅度提升了项目的实施效率，并有效控制了项目生产过程中的浪费问题。

**【案例】某项目基于 BIM 技术的专项深化设计**

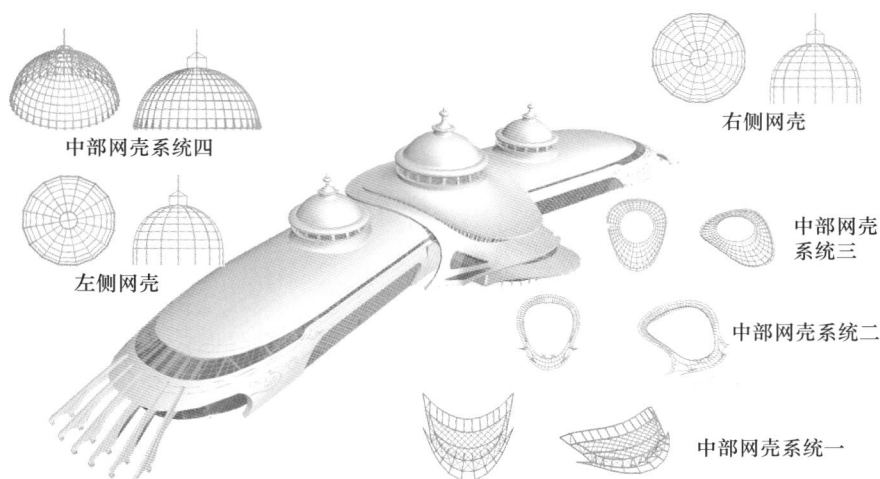

图 4-8　BIM 专项深化设计

### 4.7.5　基于 BIM 技术的净高优化及空间分析

基于 BIM 技术的三维管线综合，可以优化机电设备管线的排布方式、降低其占用的空间面积，从而实现对室内使用空间、走廊、主要出入口经过进行优化，净高优化后项目获得更好的空间效果，将明显提升项目的使用品质。

图 4-9 为某项目基于 BIM 技术的净高优化及空间分析。

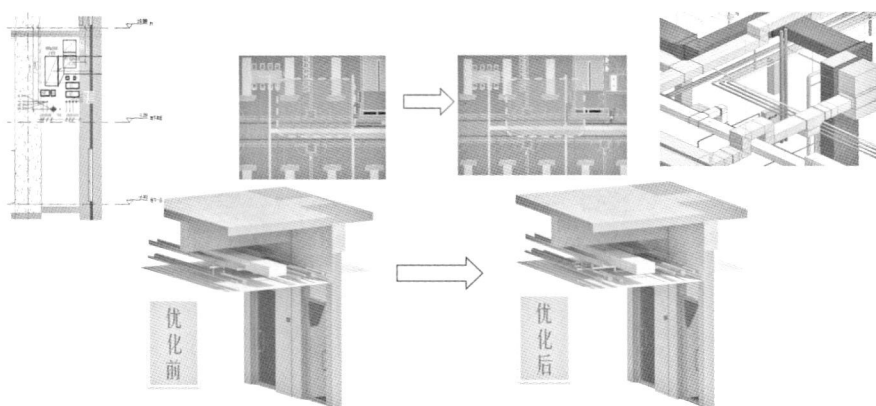

图 4-9　基于 BIM 技术的净高优化及空间分析

### 4.7.6　基于 BIM 技术的专项技术优化分析

BIM 技术支持项目室内外环境数值模型，BIM 技术提供了项目准确的三维模型，专业的软件基于三维模型，可以对项目环境数据进行动态模拟，这些数据包括温度、适度、空气洁净度等舒适度，也可以包括消防疏散、火灾、水灾等安全性模拟。

【案例】针对设置的火灾场景，进行火灾烟气模拟分析，针对可能受到火灾影响的最高有人地面2.0m处的能见度、温度和一氧化碳（CO）浓度等参数进行监测，得到各火灾场景的危险来临时间（图4-10）。

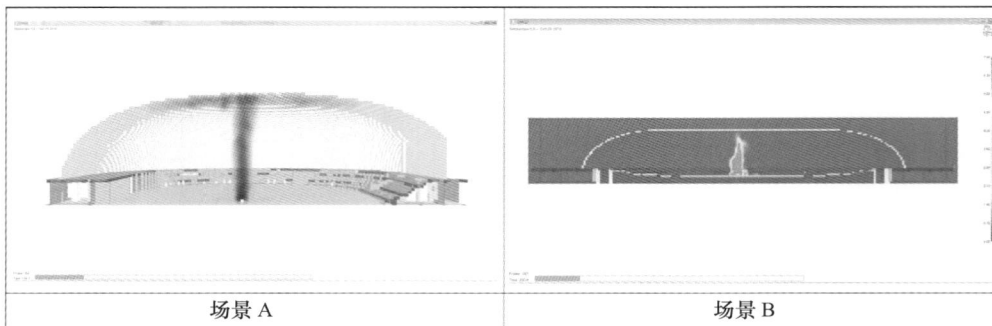

| 场景 A | 场景 B |

图 4-10　BIM 专项技术优化分析

## 4.8　基于 BIM 的项目现场管控要点

### 4.8.1　施工平面布置辅助管理

基于 BIM 技术可以实现三维环境及数据支撑下的施工平面布置及施工作业面的管理。优化的施工平面布置有利于总体提升项目施工过程的效率和技术实施能力。

【案例】本项目三栋主体建筑相邻较近，由于工期要求，三栋建筑必须全面展开作业面、平行施工才能保证项目的按时完工。因此，需要基于 BIM 技术合理布置现场，规划好施工组装场地和进出通道，优化原材料和半成品的堆放和加工地点，减少运输费用和场内二次倒运，有效利用场地的使用空间，提高劳动效率（图4-11）。

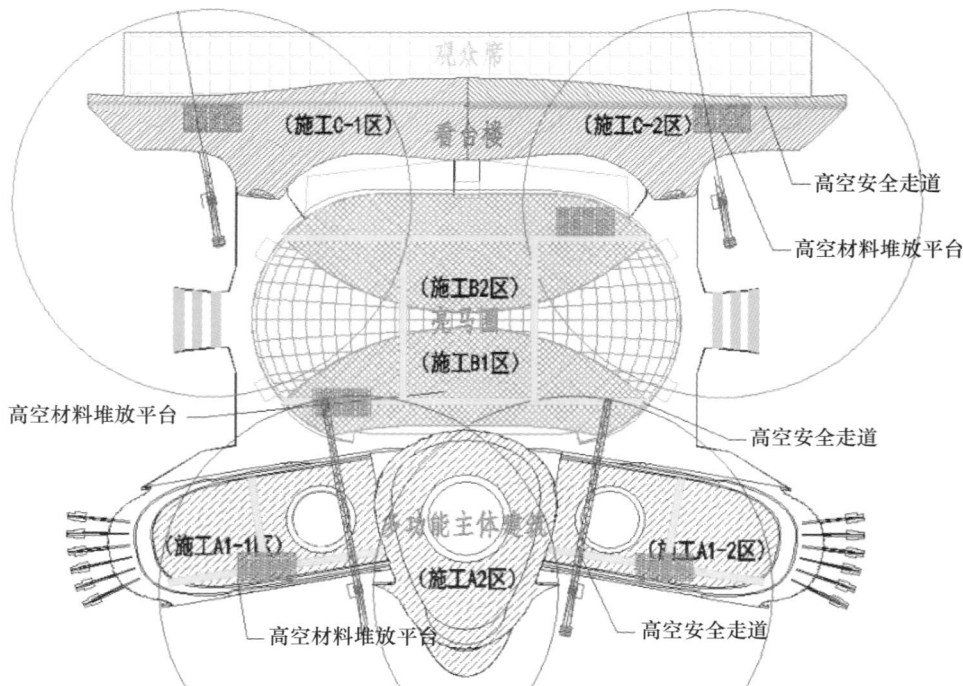

图 4-11　BIM 施工平面布置辅助管理

### 4.8.2　施工方案及施工顺序模拟

对于复杂工程，施工顺序模拟分析是施工方案的重要组成，施工顺序模拟内容主要包括结构施工顺序模拟、机电系统施工顺序模拟以及项目内大型设备、设施进场模拟等内容。

【案例】本项目钢结构工程所包含的结构形式较多，其中包括大跨度三角拱桁架、平面单层网壳、环形网架、主次梁楼面系统等，因此三个单体、不同结构形式同时施工的施工方案选择、施工顺序安排就显得尤为重要。基于 BIM 技术对施工方案和施工顺序进行了专项分析与模拟（图4-12）。

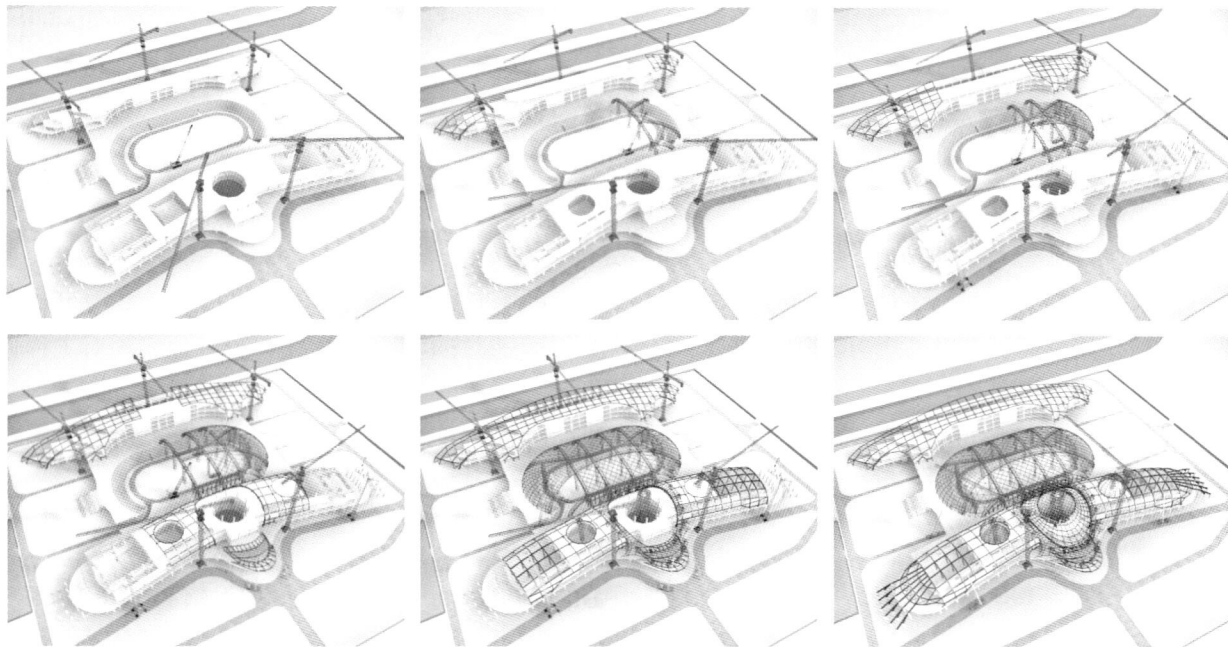

图 4-12　钢结构施工方及顺序模拟

本项目钢结构工程根据结构形式不同，施工工艺采用了多种工艺方法。钢结构施工方案模拟分析以施工工艺为基础，针对不同的结构形式、工程进度要求，采用不同的施工工艺。对于局部有特殊要求的部分创建施工工艺模型，将施工工艺信息与模型关联，输出资源配置计划、施工进度计划等。

### 4.8.3　结构及构件工厂数字化加工

结构及构件的数字化加工主要针对的是钢结构工程，一般钢结构工程精度要求较高，工厂化的加工业可以实现更精细的加工。BIM 技术实现工厂数字化加工过程，需要 BIM 技术与钢结构深化设计结合，实现基于 BIM 的钢结构深化设计，实现准确真实的钢结构深化设计成果。

【案例】由于本项目建筑立面不规则，导致钢结构绝大部分受力构件存在弯弧、弯扭情况，铝板屋面绝大部分为双曲面造型，这些构件及面板加工制作及质量控制均存难点。本项目运用 BIM 技术，根据准确的 BIM 数字模型成果进行工厂数字化加工。利用 BIM 模型数据指导加工，提高工作效率，提升建筑质量。

在钢结构工程数字加工实施过程中，要求：

（1）钢结构及分部工程数字加工需要基于加工模型完成，加工模型在深化设计模型基础上得到，并补充关联材料信息、生产批次信息、工期成本信息、生产责任主体等信息。

（2）产品加工过程相关信息需要附加或关联到钢结构构件加工模型，实现加工过程的追溯管理；对于特殊构件及节点需要制定专项加工方案（图4-13）。

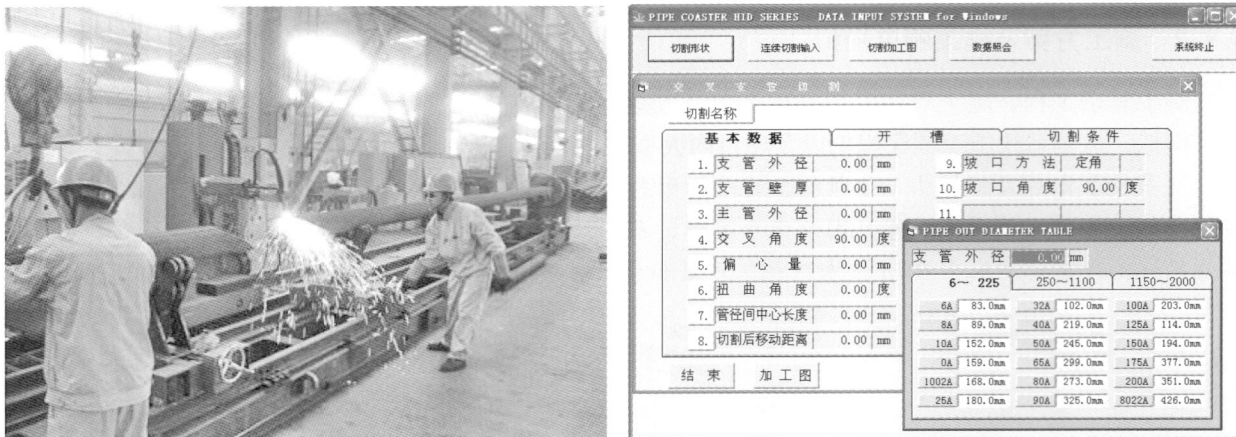

图 4-13　钢结构数字化加工

### 4.8.4　构件物流及存储过程管理

基于 BIM 技术的物流和存储应用，主要是在钢结构工程系统或混凝土装配式工程，在主要结构构件物流和存储方面，可以实现 BIM 技术与 RFID 技术、物联网技术的结合应用，更好地实现对工程进度的跟踪控制与管理。

【案例】本项目钢结构及分部工程涉及工厂加工的主要构件及面板超过 3.5 万个，这些构件绝大部分是各不相同的，如何在构件物流及存储管理环节提高效率和准确率，是项目按期完工的关键因素之一。通过 BIM 技术与物联网技术结合，实现构件实时监控。每个构件上粘贴包含各种信息的二维码"身份证"，实现对构件在成品入库、成品出厂、进场验收、安装完成各个关键环节的监控。

另一方面，基于 BIM 技术，构件状态实时反映 BIM 模型，在 BIM 模型中通过不同颜色的形式展现实际工程进度状态，确保项目相关方实时掌握工程进度。并可以根据需要生成项目进度实时统计报表等功能（图 4-14）。

图 4-14　构件二维码及模型状态显示

### 4.8.5　结构构件预拼装模拟及管理

BIM 技术的虚拟预拼装技术，本质是三维激光扫描技术为基础的逆向成模检测技术。本项目通过三维激光扫描相关技术，实现实物模型数字化、数据预处理、三维模型重建，并应用于结构数字化预拼装。

【案例】本项目主体钢结构造型复杂，弯扭构件、铸钢件多，可利用激光扫描逆成模技术，采用精度达 0.085mm 的工业级光学三维扫描仪及摄影测量系统，对加工完成的构件逆向成形，并使用 BIM 技术进行预拼装模拟（图 4-15 ～图 4-17）。

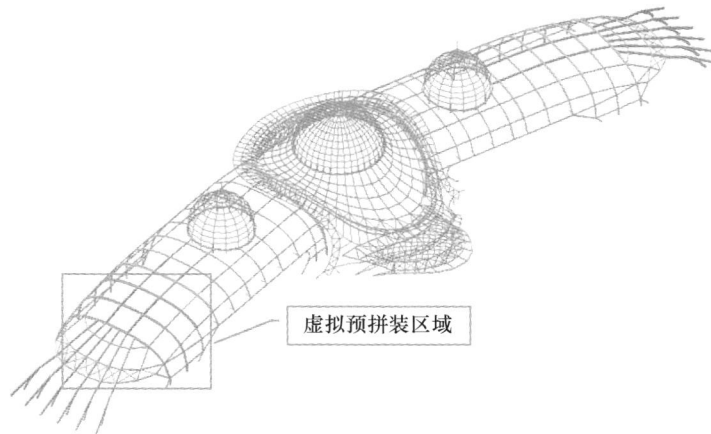

图 4-15　钢结构虚拟预拼装范围

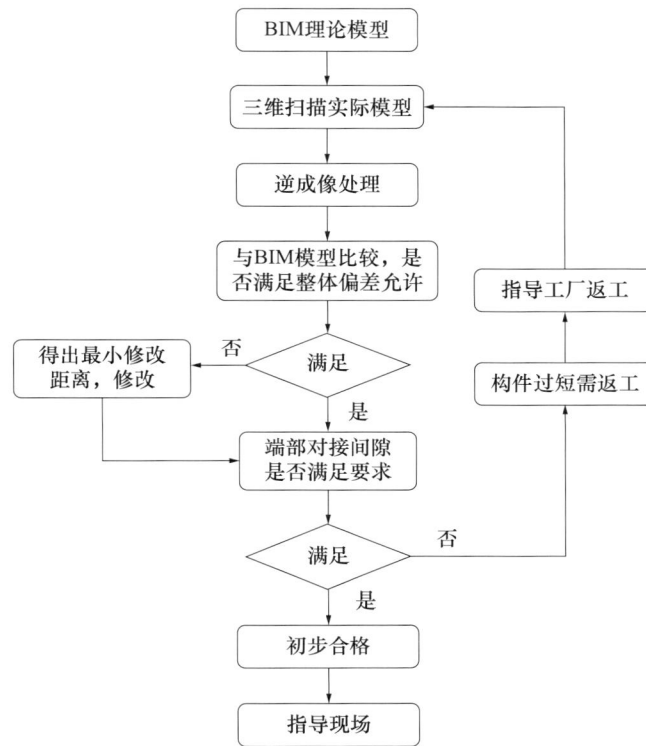

图 4-16　虚拟预拼装流程

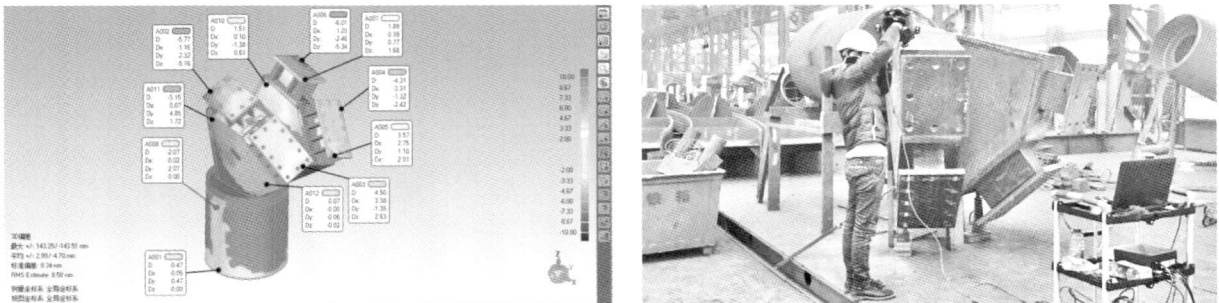

图 4-17　复杂构件三维扫描检测

　　本项目使用结构虚拟预拼装技术,不仅节约了现场拼装的成本投入,而且大大降低了传统实体预拼装对现场安装工期的制约,有效保证了施工进度。

### 4.8.6 现场施工质量辅助管理

施工过程中,BIM 技术作为模拟建造有效技术手段,可以对施工方案、施工顺序、复杂部位的施工技术进行模拟,可以直接提升项目施工效率和质量。此外,基于 BIM 技术的多方图纸会审、可视化技术交底也可以间距提升项目施工质量。项目竣工验收作为项目质量控制的关键环节,也可以借助 BIM 技术辅助完成。

图 4-18 是某项目借助 BIM 技术辅助完成项目质量控制。

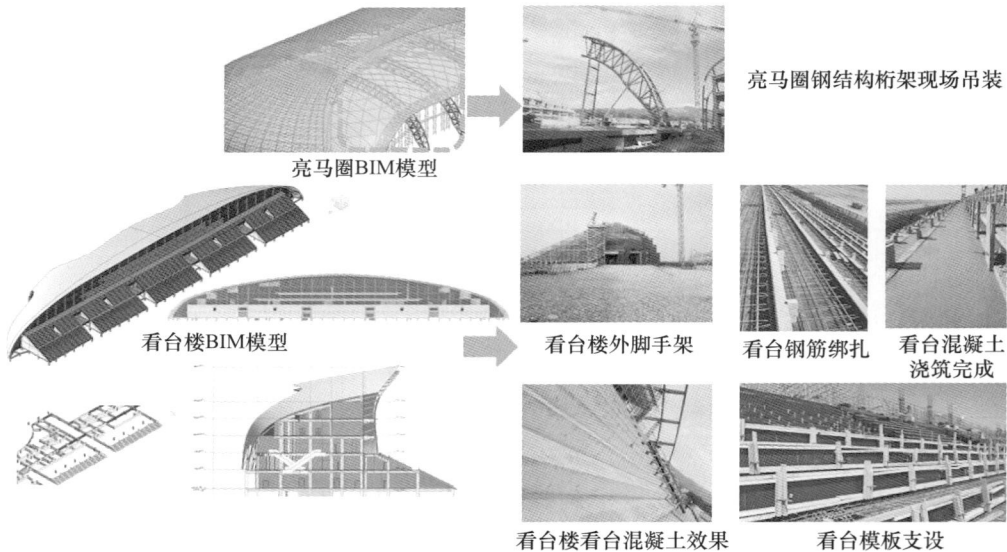

图 4-18 BIM 质量控制

### 4.8.7 现场施工安全辅助管理

基于本工程完整三维 BIM 模型,可以协助管理单位对项目标段划分、各标段施工方案论证等施工计划进行有效的管理;对施工作业业面、施工进度等施工过程进行有效的控制;对施工过程中存在的风险进行预警分析、跟踪解决。

基于本工程 BIM 模型,结合项目实施阶段的航拍或摄影技术,可以对项目施工过程进行可视化动态监控与管理,有效提升传统工程监管的效率;可以对项目中危险区域、危险源进行三维排查,并可视化的预警及监控管理,提升项目施工过程中安全性。

图 4-19 为借助 BIM 技术进行现场施工安全辅助管理。

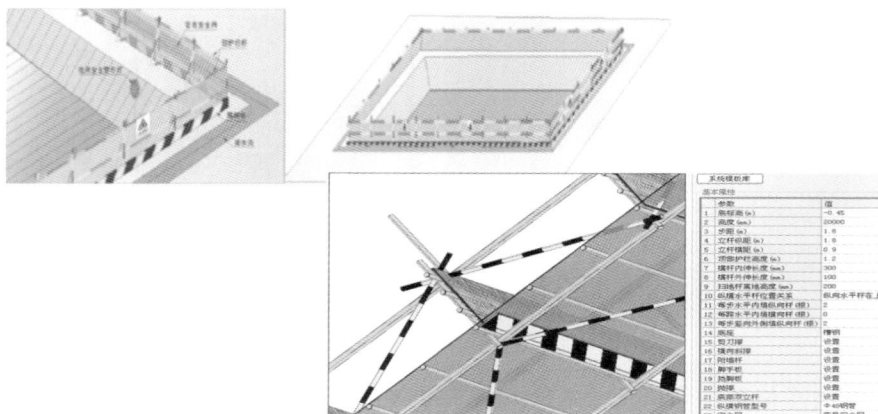

图 4-19 BIM:可视化管理危险区域

# 4.9　"BIM 技术＋"融合

## 4.9.1　BIM 与新技术融合

2016 年 8 月 23 日，住房和城乡建设部发布的《2016—2020 年建筑业信息化发展纲要》（建质函〔2016〕183 号）中，指出"在'十三五'时期，全面提高建筑业信息化水平，着力增强 BIM、大数据、智能化、移动通讯、云计算、物联网等信息技术集成应用能力，建筑业数字化、网络化、智能化取得突破性进展……""在工程项目策划、规划及监测中，集成应用 BIM、GIS、物联网等技术，对相关方案及结果进行模拟分析及可视化展示。"BIM 技术发展将与物联网、GIS、遥感测绘等信息技术相结合，产生更大的信息化集成价值。

在大型建设项目中市政类、园林景观类、区域及环境改造类型项目占地范围大，区域内地质地理环境复杂，因此，需要采用 GIS（地理信息系统）、GPS（全球定位系统）等具有信息系统空间专业形式的数据管理系统。此外，在完整工程模型构建过程中，以及在项目实施过程中的工程进度跟踪、工程量控制，均需要应用先进的测绘技术，例如倾斜摄影技术。

物联网技术在建设项目中的应用也越来越广。一方面，对于项目过程有效管理的要求，需要构建项目管理系统平台，形成对项目人、机、料的高效管理；另一方面，项目后期运维管理的水平既体现了项目自身的品质，也提升了社会管理效率。因此，无论在项目建设过程中，还是在竣工运维期间，将大量采用物联网技术以及信息采集及管理系统。基于物联网信息系统平台，可以实现智慧建筑环境平台、智慧建筑能源管理平台。此外，在日趋增多的建筑工业化生产过程以及在建筑资产管理过程中，RFID（射频识别）越来越多地被采用，实现了结构构件和设备的生产、物流或动态监控管理。

## 4.9.2　管理与技术融合

项目管理本质是对项目全过程的目标管理，BIM 技术是实现这些目标的技术手段。BIM 技术通过项目管理过程发挥了更大作用，项目管理利用 BIM 技术实现了更高价值。项目管理和 BIM 技术相互融合、相互促进，形成了"管理＋技术"的完美融合关系。

可以预见不久之后，随着国内工程领域 BIM 水平的不断提升、BIM 在行业应用范围的不断扩大、BIM 与项目管理信息进一步结合，BIM 在项目管理过程中的应用必将发挥更大的作用。

# 第5章 招标管理

项目的品质、质量、投资额不仅取决于设计、施工建造与项目管理，同样也取决于招标工作的成效，招标对合同管理以及投资控制起着非常重要的作用，如果招标工作没有得到足够的重视，仅参照招标示范文本，编制招标文件，履行招标程序，那么就会产生很多争议和纠纷问题。招标管理涉及技术、合同、经济、法规、市场信息、大数据的收集与积累，要做好招标管理咨询需要整个管理咨询团队密切配合。招标管理工作须彻底改变目前仅重视实施阶段、而忽略其他阶段的问题，招标工作应该往前推、往后移，要从前期咨询、设计、监理、造价或全过程咨询服务开始统筹安排，招标工作方式、工作内容与范围要整体策划。要根据项目实施情况作系统计划，从方案设计、项目建议书开始，到施工过程中的各类型设备招标，甚至延续至项目运营。招标结果好坏直接影响设计、施工的效果，投资金额的高低以及现场管理是否顺利。

## 5.1 招标阶段常见问题分析

（1）招标方式选择不对，该公开招标未公开招标，尤其是项目中的子项或暂估价金额大于规定限额的未招标；

（2）招标公告，招标文件，招标程序不符合规定；

（3）投诉的问题多，解决的方式或方法不当；

（4）对招标工作的重要性和复杂性认识不足，招标团队中缺乏造价工程师和专业技术人员的支撑；

（5）制招标文件基本沿用示范文本，针对性差，特征描述不准确；

（6）设备招标对技术条件与技术要求描述不清楚；

（7）留给投标人不平衡报价的空间大；

（8）签订的合同内容与招标文件所附合同内容不太一致，合同的不严谨，错漏问题多，导致工程实施过程的纠纷多，争议大；

（9）委托可研及评估报告的编制单位不满足现行资质（资信）要求；

（10）隐患问题多，审计风险大。

## 5.2 招标管理的工作目标

（1）招标方式合法，程序合规；

（2）合同包划分与标段划分合理；

（3）工程清单计算准确，限价符合当期市场行情；

（4）总包与专业工程招标范围明确，界面清晰；

（5）合同条款表达准确，减少歧义，使得项目顺利的实施，潜在的不平衡报价的被索赔的机会少；

（6）拒绝或减少可能产生的审计风险。

# 5.3　招标工作结构分解（WBS）

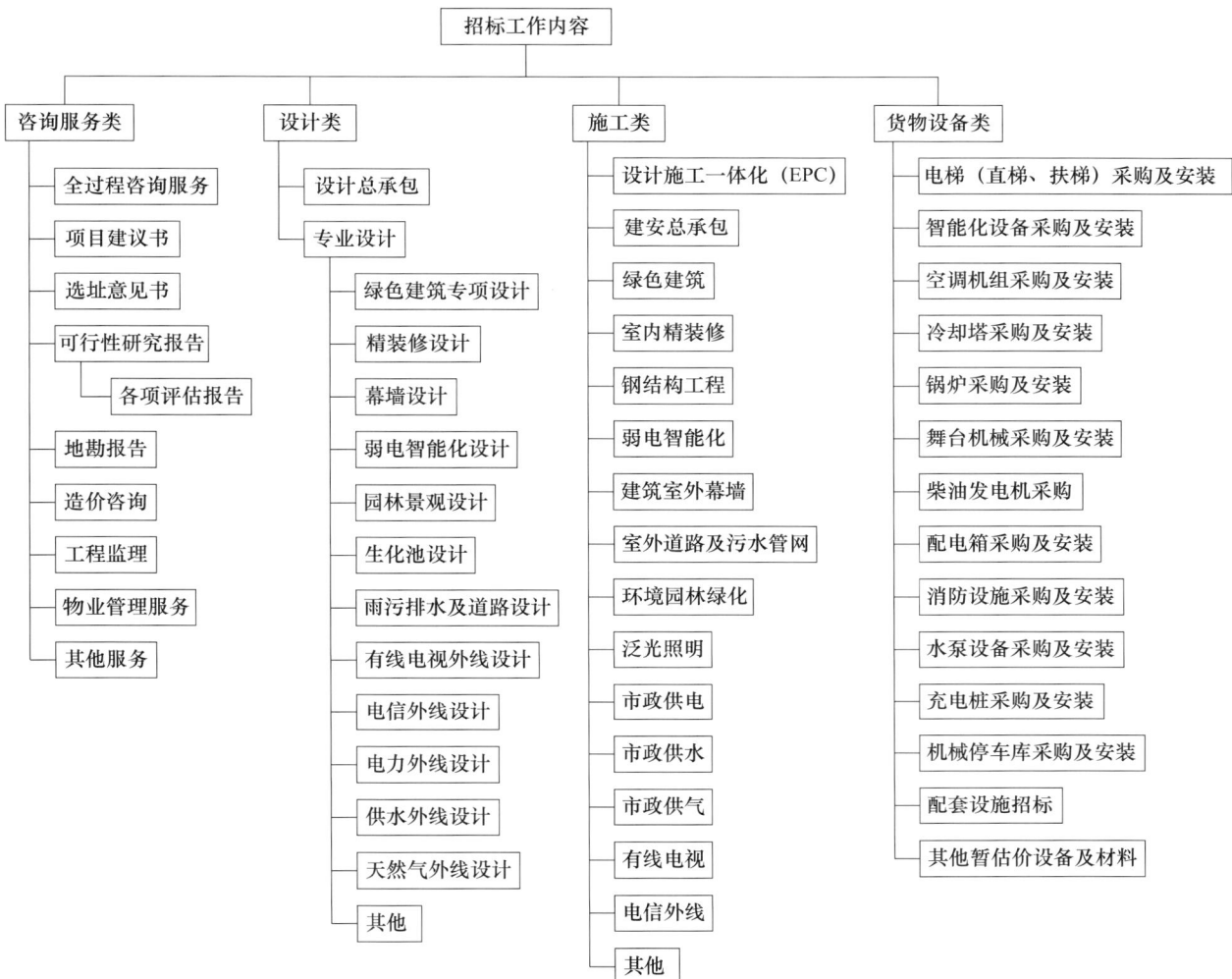

图 5-1　招标工作结构分解

# 5.4　招标管理的模式

**1. 业主自行招标与管理**

**2. 委托招标代理机构招标，全过程咨询机构对招标代理机构实施管理**

（1）招标管理工作

① 制定招标工作管理制度，对项目招标工作的合法性、合规性进行管理及检查；

② 参与标段划分，编制项目招标计划，监督计划的执行，根据项目需要及时调整招标工作计划；

③ 审核招标文件、答疑补遗及其他与招标相关的资料；

④ 招标工作程序的跟踪和管理；

⑤ 招标投标情况报告的审查；

⑥ 检查招标相关资料的收集和移交情况；

⑦ 为业主提供招标相关法律法规及政策的咨询；

⑧ 组织合同签订。

（2）招标代理工作

① 确定招标方式、招标组织形式；

② 拟定招标方案，编制招标文件；拟定答疑补遗；发布招标公告招标文件及答疑补遗；

③ 招标文件报监管部分审批；

④ 组织开标评标：安排人员、时间、工作分工，发布中标公示；

⑤ 发放中标通知书；

⑥ 组织清标；

⑦ 协助签订合同；

⑧ 编制招投标情况报告，收集整理招投标档案并移交。

（3）全过程咨询机构既招标又管理

招标代理合同中业主的职责与义务可以根据业主的意愿授权或部分授权给全过程咨询机构，见表 5-1。

合同授权表　　　　　　　　　　　　表 5-1

| 业主委托授权一览表——招标代理合同主要合同事项（参考《建设工程招标代理合同》GF—2005—0215） | | | | | | |
|---|---|---|---|---|---|---|
| 序号 | 主要事项或合同条款 | 确处理的重要合同内容 | 授权 | 有条件授权 | 不授权 | 备注 |
| 一 | 专用合同条款主要事项 | | | | | |
| 1 | 4.1 | 委托招标代理工作的具体范围和内容 | | √ | | 基础性内容 |
| 2 | 8.1 | 代理报酬的计算方法、支付方式、支付时间 | | | √ | 应考虑招标最终成果资料与代理报酬支付的挂钩 |
| 二 | 补充条款 | | | | | |
| 1 | | 招标工作方案提交 | √ | | | 基础性内容 |
| 2 | | 招标代理成果资料提供份数 | √ | | | 注意能应对各方面检查的需求 |
| 3 | | 招标代理成果资料提供时间 | √ | | | 避免不按要求提供资料 |
| 4 | | 重复招标约定 | | | √ | 预估招标风险，对招标代理单位的一种合同保护 |

# 5.5　招标计划

招标计划表　　　　　　　　　　　　表 5-2

| 序号 | 名称 | 招标文件编制 | 限价金额 | 招标文件审核 | 招标文件报批时间 | 招标文件挂网（发布）时间 | 确定中标单位时间 | 合同签订时间 | 备注 |
|---|---|---|---|---|---|---|---|---|---|
| 一、咨询服务招标 | | | | | | | | | |
| 1 | 项目建议书 | | | | | | | | |
| 2 | 概念性方案 | | | | | | | | |
| | …… | | | | | | | | |
| 二、设计招标 | | | | | | | | | |
| 1 | 建安设计招标 | | | | | | | | |
| 2 | 各专业设计招标 | | | | | | | | |
| | …… | | | | | | | | |

| 序号 | 名称 | 招标文件编制 | 限价金额 | 招标文件审核 | 招标文件报批时间 | 招标文件挂网（发布）时间 | 确定中标单位时间 | 合同签订时间 | 备注 |
|---|---|---|---|---|---|---|---|---|---|
| 三、工程招标 | | | | | | | | | |
| 1 | 建安总承包 | | | | | | | | |
| 2 | 钢结构工程 | | | | | | | | |
| 3 | 室内精装修 | | | | | | | | |
| | …… | | | | | | | | |
| 四、外接公用设计 | | | | | | | | | |
| 1 | 雨污水道路设计 | | | | | | | | |
| 2 | 有线电视外线设计 | | | | | | | | |
| | …… | | | | | | | | |
| 五、其他 | | | | | | | | | |

# 5.6　责任分配

责任分配表　　　　　　　　　　　　　　　表 5-3

| 工作内容 | 总咨询师 | 招标管理分部 | 设计管理分部 | 造价管理分部 | 现场管理（含监理）分部 | 业主 |
|---|---|---|---|---|---|---|
| 1. 确定合同体系 | | | | | | |
| 1.1　确定设计合同体系 | X | S | F | C | | P |
| 1.2　确定咨询合同体系 | S | F | C | C | C | P |
| 1.3　确定施工合同体系 | S | C | | F | X | P |
| 2. 招标标段划分 | | | | | | |
| 2.1　设计标段划分 | X | S | F | C | | P |
| 2.2　咨询类标段划分 | S | F | C | C | C | P |
| 2.3　施工标段划分 | X | C | C | F | S | P |
| 2.4　设备与大宗材料 | X | F | S | C | C | P |
| 3. 招标方式确定 | | | | | | |
| 3.1　公开招标 | S | F | | | | P |
| 3.2　竞争性比选 | S | F | | C | | P |
| 3.3　邀请招标 | S | F | | C | | P |
| 3.4　政府采购 | | F | | C | | P |

注：F：负责实施；S：审核；C：参与；X：协调；P：批准。

# 5.7　招标阶段管理要点

## 5.7.1　标段划分依据

根据可研批复文件及批准的概算，结合项目的专业特点与分类构建合同体系，根据工程进度要求、施工条件、市场结合情况合理地划分合同包与标段。

### 5.7.2　标段划分原则

（1）按合同种类分为咨询服务类、工程类和设备材料类；

（2）按照专业工程类别；

（3）按总包与专业分包；

（4）按单项工程；

（5）按市场潜在供应商的资质情况和竞争性；

（6）按工期及场地施工环境（时间和空间）；

（7）按体量和投资额；

（8）按技术条件。

### 5.7.3　选择恰当的招标方式与组织形式（表5-4）

招标方式表　　　　　　　　　　　　　　　　　表5-4

| 序号 | 类别 | | 概算金额 | 招标组织形式 | | 招标方式 | | | 不采用招标方式 | 备注 |
|---|---|---|---|---|---|---|---|---|---|---|
| | | | | 自行招标 | 委托招标 | 公开招标 | 邀请招标 | 其他 | | |
| 1 | 服务类咨询类 | 项目管理全过程咨询 | | | | | | | | |
| 2 | | 项目建议书 | | | | | | | | |
| 3 | | 可研报告（含各项专业评估报告） | | | | | | | | |
| | | …… | | | | | | | | |
| n | | 其他（沉降观测、物业管理服务等） | | | | | | | | |
| 1 | 工程类 | 建安总承包 | | | | | | | | |
| 2 | | 钢结构工程 | | | | | | | | |
| | | …… | | | | | | | | |
| n | | 其他 | | | | | | | | |
| 1 | 设备货物材料类 | 电梯（直梯、扶梯）采购及安装 | | | | | | | | |
| 2 | | 智能化设备采购及安装 | | | | | | | | |
| | | …… | | | | | | | | |
| n | | 其他暂估价设备或材料 | | | | | | | | |
| | 其他 | | | | | | | | | |

注：①招标方式确定的依据：

A. 立项文件（或可研批复等）中的招标核准（或招标事宜批复）

B. 国家发展改革委令第16号《工程建设项目招标范围和规模标准》：（A）施工单项合同估算价在400万元以上；（B）重要设备、材料等货物的采购，单项合同估算价在200万元以上；（C）勘察、设计、监理等服务的采购，单项合同估算价在100万元以上。

②招标组织形式的确定：

A. 立项文件（或可研批复等）中的招标核准（或招标事宜批复）；

B. 业主招标资格：（A）有从事招标代理业务的营业场所和相应资金；（B）有能够编制招标文件和组织评标的相应专业力量；（C）如果没有资格自行组织招标的，招标人有权自行选择招标代理机构，委托其办理招标事宜。

③经与招标人充分沟通后编制项目招标采购计划。

（1）招标方式：根据建设项目可行性研究报告批复文件中确定招标方式（公开招标、邀请招标还是比选、直接发包）。

（2）招标组织形式：根据项目立项批复文件的要求确定招标组织形式为自行招标还是委托招标。

### 5.7.4　招标程序的合法性、合规性

（1）公开招标：严格执行国家和项目所在地的法律法规文件规定，符合当地招标投标职能管理部门规定的招标投标流程和程序，按照可研批复的招标方式和组织形式开展工作。

（2）邀请招标：对于采用邀请招标的项目，根据项目特点对备选单位进行资格审查，对企业的资质情况、企业的管理制度及管理情况、质量保证体系的建立及运行情况、已完或在建工程的建设情况、企业近期完成工程的获奖情况等方面进行评价，为业主确定邀请单位做参考。

审查资格预审文件、招标文件、答疑补遗文件中要做到：

1）应对资格预审文件和招标文件进行审核，审核的重点内容有：

① 招标范围：招标范围内的各单位工程、分部工程应界定清楚、明确，避免相互交叉；

② 计价原则：明确项目结算办法，结算办法需与投标报价的原则紧密结合，不能分离，否则招标投标达不到竞争价格的目的；

③ 材料、设备：供应方式、品质、档次以及报价原则在招标文件中应详细、明确地体现，以便投标人报价；

④ 资格审查条件：既满足项目需要，又不能排斥潜在投标人，以达到充分竞争的目的；

⑤ 评分办法：无论是采用合理低价评标法还是采用综合评估法，都应保证分值设置合理，既能够充分保护招标人，同时也能兼顾投标人的利益，以利于项目顺利实施；

⑥ 合同条款：编制招标文件时应用语规范，概念清楚，定性、定量准确。应将款项支付、结算原则、奖惩条件等实质内容在合同条款中一一明确，以减少后期合同谈判的难度；

⑦ 招标程序：此部分内容应由招标代理机构重点把关，保证整个招标过程的合法性。

2）对于答疑补遗文件应重点审核的内容有：

① 时效性：答疑补遗的发布时间是否影响项目开标时间；

② 实质性内容：是否符合招标投标法律法规。

### 5.7.5　把握时间和空间的关系

大型设备的招标时间要与供货商生产、运输相关联，同时也与工程实施进度及场地空间条件紧密相扣。实际案例中因"停工待料"时有发生，因设备没进场影响其他工序实施的情况常有发生，反之，设备持续等待入场的现象也不少见。设备招标必须依据施工总进度计划与实际进度确定招标时间。

### 5.7.6　总包与专业工程的工作范围

总包、专业工程的工作范围、工作界面划分清楚，总包与专业工程的职责必须明确。

（1）建安总包工程与精装修的工作界面；

（2）土建工程与幕墙工程；

（3）供配电与弱电工程；

（4）智能化设备的控制界面（设备自带控制系统）；

（5）外接公用工程的接口以及与外接工程的管网。

### 5.7.7　前期咨询招标要点

（1）咨询招标项目的招标方式是在可研批复中确定，在可研批复以前的咨询，如项目建议书、概念性方案设计、各项评估报告编制以及可研编制等。应该着重关注投标人的资质（资信）和能力，在

工程（投资）咨询企业资质取消以前，专项咨询资格在企业资质中有明确的专项资质要求。现在取消企业资质实行告知性承诺以后显得不是那么明确，按照目前的管理，依据《国务院关于取消批行政许可事项的决定》（国发〔2017〕46号），可行性研究报告要求具备对应的设计资质的企业编制，其他的单项评估报告尽可能与可研编制一同编制，也就是说对设计企业的综合实力要求很高，能完成所有专项评估报告的企业是很少得。可以参照表5-5综合考虑。

各项评估报告编制的企业资质（资信）要求表 表5-5

| 序号 | 编制报告（或评审报告）的名称 | 资质要求 |
|---|---|---|
| 1 | 项目建议书 | 根据投标单位备案专业范围来确定能否承担项目建议书的编制 |
| 2 | 地质灾害危险性评估报告 | 2014年国土资源部取消地质灾害危险性评估备案制度。投标单位备案的专业中有岩土工程、工程地质等专业或有地质灾害治理工程的设计专业。报告应经由灾害防治专家进行审查，对评估成果实行备案制度 |
| 3 | 建设项目压覆矿产资源评估报告 | 投标单位备案的专业中有地质勘查专业，并有专业技术人员 |
| 4 | 选址意见书（用《建设项目选址申请书》取得政府部门的《建设项目选址意见书》） | 可用项目建议书替代 |
| 5 | 可行性研究报告 | 投标单位备案专业范围来确定能否承担项目可研报告编制 |
| 6 | 地震安全性评价报告 | 投标单位备案的专业中有地震安全性评价资质。多被项目可研报告替代（属可研报告的一个章节） |
| 7 | 社会稳定性评估报告 | 由项目所在地人民政府或其有关部门指定的评估主体组织对项目单位做出的社会稳定风险分析开展评估论证，根据实际情况可以采取公示、问卷调查、实地走访和召开座谈会、听证会等多种方式听取各方面意见，分析判断并确定风险等级，提出社会稳定风险评估报告 |
| 8 | 节能评估报告 | 固定资产投资项目建设单位应委托有能力的机构编制节能评估文件。项目建设单位可自行填写节能登记表 |
| 9 | 安全专篇（安全评价报告） | 投标单位备案专业中有安全评价资质，安全工程专业，安全类专业包括安全健康与环保、化工安全技术、救援技术、安全技术与管理、工程安全评价与监理、安全生产监测监控、职业卫生技术与管理。常规项目利用可研报告替代不用做安全生产评估报告 |
| 10 | 交通影响评价 | 投标单位备案的专业中有交通工程或交通运输专业。多被项目可研报告替代（属可研报告的一个章节） |
| 11 | 水土保持方案评估报告（水土保持方案报告编制与设计） | 投标单位备案专业中有水土保持与荒漠化防治专业 |
| 12 | 使用林地可行性报告(或林地现状调查表) | 投标单位备案的专业中有林业调查规划设计资质 |
| 13 | 地勘报告 | 投标单位备案的专业中有综合地质勘查专业，并有专业技术人员 |
| 14 | 洪水影响评价报告 | 根据《国务院关于第一批清理规范89项国务院部门行政审批中介服务事项的决定》（国发〔2015〕58号），防洪评价对资质要求已经取消，建设单位亦可自行编制。在投标单位备案中有水文水资源调查评价专业（侧重于水文计算）或有水利水电工程设计专业（侧重于设计） |
| 15 | 环境影响报告书（表） | 建设单位可以委托技术单位对其建设项目开展环境影响评价，编制建设项目环境影响报告书、环境影响报告表；建设单位具备环境影响评价技术能力的，可以自行对其建设项目开展环境影响评价，编制建设项目环境影响报告书、环境影响报告表。编制单位应当具备环境影响评价技术能力。环境影响报告书（表）的编制主持人和主要编制人员应当为编制单位中的全职人员，环境影响报告书（表）的编制主持人还应当为取得环境影响评价工程师职业资格证书的人员 |
| 16 | 水资源论证报告 | 投标单位备案专业中有水资源论证资质 |
| 17 | 职业病危害评价 | 投标单位备案的专业中有职业卫生专业。多被项目可研报告替代（属可研报告的一个章节） |
| 18 | 劳动安全、职业卫生预评价 | 多被项目可研报告替代（属可研报告的一个章节） |

（2）咨询服务招标注意事项

切忌以低价中标，可以设置报价上限和下限，高度重视技术服务方案，重视企业类似工程业绩，重视企业信用。

### 5.7.8　设计招标要点

**1. 设计招标文件中应当有约束条件**

（1）设计深度要满足《建筑工程设计文件编制深度的规定》；

（2）设计单位要提供各专业设计计算书；

（3）现场技术服务应派驻人员；

（4）总包设计单位对专业分包单位要履行管理职责，文件确认并承担责任；

（5）平行发包设计任务的，建安设计作为牵头单位，对各专业设计单位履行协调职责。

**2. 设计合同管理要点**

目前的设计市场环境存在着以下情况：

（1）业主对设计要求随意性大，设计周期过短，设计费太低；

（2）需求不明确或需求变化大，设计调整频繁、变更多；

（3）业主对设计合同不够重视，签订合同马虎。如设计范围模糊、设计费用与设计内容不对应、设计成果交付要求不明确、合同条款不严谨。

（4）图纸设计成果错漏碰缺严重，后期设计变更与调整太多，设计的专业咨询性不够。

鉴于上述因素，导致投资控制困难，设计进度不满足工程实施的进度，设计成果质量不满足清单编制需要，不满足限价编制及投标报价的需要等，且还难以追究设计人的相关合同责任。

**3. 设计合同管理重点（表 5-6）**

（1）关注设计发包模式的选择，为明确设计责任，有效减少发包人的设计协调工作，加强设计的成果、质量、进度、投资控制管理，建议采用设计总承包模式。

（2）加强设计前瞻性管理，建议在设计招标前，重视设计合同条款的拟定工作，特别是关注的设计管理要点。

（3）设计合同重点条款及原因剖析

（本文以《建设工程设计合同示本（房屋建筑工程）》GF—2015—0209 为例，且采用设计总承包模式下，对设计合同的关注重点及原因剖析，且针对的是建设方管理不足的政府投资项目）

设计合同重点条款表　　　　　　　　　表 5-6

| 序号 | 重点内容 | 关注原因及解决措施 | 涉及合同条款 | 备注 |
|---|---|---|---|---|
| 一 | 设计承包范围、设计内容的清理与约定 | 1. 设计合同中，往往存在对设计范围和内容的描述不清晰，存在理解争议或歧义；<br>2. 设计院出具的设计成果中，存在大量的需专业深化设计、二次深化设计、业主另行委托设计、厂家深化等内容，且可能对委托人未作任何提示或说明，将导致对项目的进度控制、投资控制、管理协调带来较大难度。<br>3. 对于政府投资项目，前期设计费用（或设计限价）的确定，基本是按投资总额进行，那么相应的设计费用或限价，其对应的设计范围与内容应是整个项目的所有设计内容。<br>4. 出现上述情形，如合同未作约定，委托人无法或难以从合同的角度追究设计责任；导致设计人拿了钱不做事或少做事或不按要求做事；同时也加大建设方的设计成本；<br>5. 建议处理措施：认真预估并疏理项目所属的专业深化设计、二次设计等内容，明确无误地反映在招标合同内容中，达到告知并提醒的目的，避免设计人的理解歧义 | 协议书：第二条第 1 条：工程设计范围、协议书；第二条的第 3 条：工程设计内容；<br>专用合同条款附件 1：工程设计范围、阶段与服务内容 | |

| 序号 | 重点内容 | 关注原因及解决措施 | 涉及合同条款 | 备注 |
|---|---|---|---|---|
| 二 | 设计服务阶段 | 1. 设计阶段包括方案设计阶段、初步设计阶段、施工图设计阶段、施工服务阶段；<br>2. 委托人往往忽略施工服务阶段，特别对大型项目，现场需设计处理的问题很多，因此对设计人驻场应有具体要求，不然会影响工程实施进度；<br>3. 建议处理措施：对设计驻场进行约定，主要涉及驻场开始时间、驻场人员数量、驻场人员专业、驻场人员工作内容、驻场费用及未按要求驻场的违约责任等 | 协议书：第二条第2条：工程设计阶段；<br>合同条款9：施工现场配合服务；<br>附件1：工程设计范围、阶段与服务内容 | |
| 三 | 工程设计周期 | 1. 在设计阶段中的方案设计阶段、初步设计阶段、施工图设计阶段涉及工程设计周期；<br>2. 由于专业深化设计成果的出具时间，对工程招标进度有重大影响，进而影响施工进度，应予重点关注。<br>建议处理措施：<br>1. 在合同中对专业深化设计成果的提供时间节点作出要求；<br>2. 在合同中就专业设计成果出具进度与设计费用的支付挂钩，形成对设计人的有效合同约束。<br>建议委托尽可能对设计的时间要求合理 | 协议书第三条：设计周期；<br>附件5：设计进度表 | |
| 四 | 设计合同价格形式 | 1. 一般有固定总价形式、单价形式（面积单价、费率单价）；<br>2. 需要关注的是：前期设计招标时，基本按投资估算额确定限价；<br>3. 对于投资较大的项目，由于前期投资估算与实际投资误差较大，正负偏差均有可能，导致设计费用与设计工作可能不相符。<br>建议处理措施：<br>1. 当项目较大时，建议采用单价的形式，从而确保设计费合理，对合同双方都公平公正；<br>2. 合同价格一定要与设计范围与内容对应；<br>3. 注意设计价格所包含的相关合理风险 | 协议书第四条；<br>合同条款10.2：合同价格形式 | |
| 五 | 设计进度款支付 | 在设计总包模式下<br>1. 前期设计有大量的调研工作、大量的自身设计工作、大量专业深化设计的协调工作，建议给予不低于合同价格20%的预付款；<br>2. 为确保设计成果的完整有效出具，并配诸如图纸报批、清单编制、招标等相关工作，建议设计费支付与工程进度的阶段成果挂钩，如在单项工程或单位工程招标完毕，再支付该部分应有的设计费的约定 | 合同条款10.3：定多或预付款；附件6：设计费明细及支付方式 | |
| 六 | 因设计变更原因造成的设计索赔 | 在方案设计、初步设计已批复的前提下，对于施工图阶段的设计变更，建议在合同中将此作为设计人承担的合理风险。避免设计人以此为由向委托人索赔 | 合同条款11：工程设计变更与索赔；附件7：设计变更计费依据和方法 | |
| 七 | 设计成果形式提交要求 | 1. 在实践中，设计人存在以著作权为由不提供CAD软件电子版，即使提供，也是加密提供，导致造价单位、承包商、委托人等无法进行相关设计信息提取，影响相关工作及效率。<br>2. 建议在合同中就提供未加密的CAD文件进行明确约定 | 合同条款7.1.2：发包人要求设计人提交电子版设计文件的具体形式 | |
| 八 | 设计违约处理措施 | 1. 加强对设计的主动管理。<br>2. 管理的手段是落实细化明确对设计的需求，达不到时的无非就是违约责任。<br>3. 违约处理扣费用不是目的，是促进设计提供优质服务的保证。 | 合同条款14.2：设计人违约责任 | |

续表

| 序号 | 重点内容 | 关注原因及解决措施 | 涉及合同条款 | 备注 |
|---|---|---|---|---|
| 八 | 设计违约处理措施 | 4. 一般说来,违约涉及的主要方面包括:<br>(1)设计对投资的有效控制方面;<br>(2)专业超概的配合处理方面;<br>(3)违反强制性条文方面;<br>(4)设计说明与设计图之间,不同专业设计之间相互矛盾方面;<br>(5)设计错漏碰缺方面;<br>(6)设计配合现场解决问题方面;<br>(7)施工过程中设计变更等资料的设计手续完善方面;<br>(8)设计图纸的深度达不到国家规定方面;<br>(9)设计派驻现场人员的履约方面;<br>(10)设计人编制的投资估算、初步设计概算的质量方面;<br>…… | 合同条款 14.2:设计人违约责任 | |
| 九 | 投资控制要求 | 1. 由于设计阶段对项目投资的影响非常大,因此应重视设计阶段,设计人对投资应承担的主体责任;<br>2. 强调设计人应对其编制的投资估算、设计概算的质量负责。因为对于财政投资项目,设计概算一经批准,则是整个项目的投资控制目标,因此设计人应高度重视投资的控制;<br>3. 建议在合同中对设计人应有限额设计的要求及违约时的处理措施,特别专业深化设计部分;<br>4. 应强调设计人对投资控制的重视,同时在合同中将投资控制、限额设计与设计费的支付挂钩、与违约处理挂钩 | 专用条款 18:其他 | |
| 十 | 履约担保 | 1. 示范文本中,未对设计履约未涉及,原因为示范文本存在行业偏向性;<br>2. 为加强对设计的履约管理,建议在设计合同中要求设计提供履约担保,这也符合市场经济原则 | 专用条款 18:其他 | |

## 5.7.9 工程招标注意事项(表 5-7)

工程招标注意事项表 表 5-7

| 序号 | 要点事项 | 说　　明 | 备注 |
|---|---|---|---|
| 1 | 招标条件编制的有效依据 | (1)根据批复文件明确的项目名称、批准文号、项目业主、资金来源、招标组织形式等完成招标文件的相关内容。<br>(2)以九部委 56 号令为标准,以施工招标文件(2007 版)为依据编制 | |
| 2 | 重视施工招标依据与总体策划,资金来源和落实情况方面 | (1)确定发包方式;不同发包方式下的标段划分;<br>(2)根据设计内容、拟招标标段,分解投资估算或概算;按照各标段投资额度及政策规定,选择合适的招标方式。<br>(3)资金来源:<br>注意:应与项目批复文件或备案文件保持一致。<br>(4)资金落实情况:<br>注意:①《政府投资条例》(国务院 712 号令)、《保障农民工工资支付条》(国务院 724 号令)明确规定,发包人建设资金必须落实,才能实施项目建设,且不得由承包商垫资。②建设市场的实际情况与此差距甚远,因此,应注意提醒建设方,在工程建设过程中,接受相关行政主管部门监管或审计部门审计时的相关管理风险 | 严禁肢解发包;严禁规避招标;严禁不具备条件招标 |

续表

| 序号 | 要点事项 | 说　明 | 备注 |
|---|---|---|---|
| 3 | 招标范围方面 | （1）招标范围、招标内容、不同标段间的界限、界面、界点等与项目设计内容一致。<br>（2）编制时应简洁、明了、清晰、防止矛盾与争议。<br>（3）标段划分与合同体系密切相关；招标范围与合同承包范围与内容、清单及限价编制范围及内容密切相关 | |
| 4 | 计划工期方面 | 根据项目业主或建设方的要求，一般说来，只有计划开工日期、计划竣工日期、总工期。<br>（1）应根据项目规模及性质计算定额工期，与业主要求的工期比较，判断是否有必要增加赶工措施费，因为这与清单编制、招标控制价编制、合同条款设置关系密切。<br>（2）在业主要求的总工期前提下，明确工程建设重要的节点工期，在招标文件中明确，同时从合同的角度加强对工期实现提供合同措施保证 | |
| 5 | 质量要求方面 | （1）注意业主对质量的要求，特别是在获奖方面。<br>（2）如有获奖方面的要求，肯定影响工程投入，因此，一定要注意在投资方面有效配合 | |
| 6 | 投标人资格要求 | （1）投标人资质条件设定一定要与项目规模、项目性质等相适应。<br>（2）业绩的设定一定要与项目规模、项目类型、使用功能等相适应。<br>（3）投标人资格设置方面，为确保招标的公开、公平、公正，不得以不合理的条件限制、排斥潜在投标人，行政主管部门监管得越来越严格，因此，应慎重设置，必须保证符合政府的相关监管规定，避免不能通过报建程序、避免引起不必要的投诉，从而影响招标进度 | |
| 7 | 踏勘现场 | 由各投标人自行踏勘并承担由此带来的不利后果 | |
| 8 | 合同条款及格式 | （1）必须认识到招标文件所附合同的重要性，是工程管理事前预控的最有效手段。<br>（2）高度重视招标文件所附合同的编制质量 | |
| 9 | 工程量清单 | （1）应重点提醒业主，根据国家相关规定，在工程量清单招标模式下，工程量清单由业主提供，其质量由业主负责。<br>（2）其质量的好坏，对工程造价控制、对工程结算、对合同执行、对工程管理造成非常大的影响，因此，业主应高度重视工程量清单编制质量。<br>（3）鉴于工程量清单的重要性，因此，应建议业主加强几方面的管理：一是加强对设计成果质量的管理；二是要选择好的造价咨询单位，特别是其派出的造价团队；三是应同时委托给两家造价单位，背靠背地编制；四是应给予合理的编制和核对时间 | |
| 10 | 招标文件的澄清与修改 | （1）注意及时澄清与修改，特别是业主对开工时间有特别要求的情况。<br>（2）注意澄清文件的叙述，要做到有问必复、严禁歧义 | |
| 11 | 投标报价 | （1）工程量清单报价模式，从国家主导方向来说，是完全自主报价的模式，因此，在计价依据、材料设备价价格采用、施工机具使用、企业管理费率利润率选择、施工技术措施等方面，一定要体现投标人自主的特性、体现竞争的特性。<br>（2）但对于发包人发布的清单（包括清单编码、清单名称、单位、项目特征、工程量）、暂列金额、材料设备暂估价、专业工程暂估价，投标人不得变动。<br>（3）对于国家强制性规定不得竞争的，需明确投标人报价时不得竞争报价，如安全文明施工费或费率、规费率、销项税率。<br>（4）对限价的设定，方式很多，有总价设定、有单价设定、有按专业或系统设定、其他，一定要根据业主的需求确定，同时提醒各投标人。<br>（5）由于投标报价注意事项非常重要，因此，必须与废标条款相关联 | |

### 5.7.10　设备招标

#### 1. 设备招标条件要素（表 5-8）

设备招标条件要素表　　　　　　　　　　　　　　　　　　　表 5-8

| 序号 | 招标类别 | 设备招标标段名称 | 技术条件 | 商务条件 | 合同条款 | 备注 |
|---|---|---|---|---|---|---|
| 1 | 货物设备类 | 电梯（直梯、扶梯）采购及安装 | 技术条件包含：<br>（1）技术标准：国内标准、国际标准；<br>（2）技术参数；<br>（3）工程量；<br>（4）设备档次；<br>（5）整体技术要求；<br>（6）主要零部件的要求；<br>（7）随机提供的附件要求；<br>（8）技术服务 | 商务条件包含：<br>（1）市场满足技术条件的情况（供应商数量）；<br>（2）市场调研询价；<br>（3）招标清单及招标控制价的确定 | 合同主要条款：<br>（1）设备名称、规格、数量、单价及合同价格；<br>（2）采购及安装范围；<br>（3）质量标准和技术要求；<br>（4）结算方法与货款支付；<br>（5）交货期与运输；<br>（6）安装、调试和验收；<br>（7）售后服务；<br>（8）质保期、保证与索赔；<br>（9）其他条款 | |
| 2 | | 智能化设备采购及安装 | | | | |
| 3 | | 舞台机械采购及安装 | | | | |
| 4 | | 空调机组采购及安装 | | | | |
| 5 | | 冷却塔采购及安装 | | | | |
| 6 | | 锅炉的采购与安装 | | | | |
| 7 | | 柴油发电机采购 | | | | |
| 8 | | 配电箱采购及安装 | | | | |
| 9 | | 消防设施采购及安装（含自动灭火器、消防水箱、消防水泵等） | | | | |
| 10 | | 水泵设备采购及安装 | | | | |
| 11 | | 充电桩采购与安装 | | | | |
| 12 | | 机械停车库采购与安装 | | | | |
| 13 | | 隔油器及油脂分离器采购及安装 | | | | |
| 14 | | 太阳能生活热水系统 | | | | |
| 15 | | 其他暂估价设备或材料 | | | | |

#### 2. 建设项目设备采购招标计划表（表 5-9）

设备招标计划表　　　　　　　　　　　　　　　　　　　表 5-9

| 序号 | 标段名称 | 限价金额 | 编制技术要求与技术标准 | 审核 | 招标开始报建 | 招标开始挂网（发布） | 开标时间 | 确定中标单位 | 清标完成时间 | 合同签订时间 | 备注 |
|---|---|---|---|---|---|---|---|---|---|---|---|
| 1 | 电梯（直梯、扶梯）采购及安装 | | | | | | | | | | |
| 2 | 智能化设备采购及安装 | | | | | | | | | | |
| 3 | 空调机组采购及安装 | | | | | | | | | | |
| 4 | 冷却塔采购及安装 | | | | | | | | | | |
| 5 | 锅炉的采购与安装 | | | | | | | | | | |
| 6 | 柴油发电机采购 | | | | | | | | | | |
| 7 | 配电箱采购及安装 | | | | | | | | | | |
| 8 | 消防设施采购及安装 | | | | | | | | | | |
| 9 | 水泵设备采购及安装 | | | | | | | | | | |
| 10 | 充电桩采购与安装 | | | | | | | | | | |
| 11 | 其他设备 | | | | | | | | | | |
| 12 | 其他暂估价设备或材料 | | | | | | | | | | |

### 5.7.11 咨询服务及设计类招标计划（表 5-10）

咨询服务招标计划表                                                        表 5-10

| 序号 | 名称 | 投资金额 | 招标限价 | 招标需求及设计任务书完成时间 | 招标文件开始挂网（发布） | 开标时间 | 确定中标单位 | 签订合同完成时间 | 备注 |
|---|---|---|---|---|---|---|---|---|---|
| 1 | 项目建议书 | | | | | | | | |
| 2 | 概念性方案 | | | | | | | | |
| 3 | 可行性研究报告编制 | | | | | | | | |
| 4 | 各项评估报告 | | | | | | | | |
| 5 | 全过程咨询招标 | | | | | | | | |
| 6 | 勘察 | | | | | | | | |
| 7 | 建安设计 | | | | | | | | |
| 8 | 绿色建筑专项设计 | | | | | | | | |
| 9 | BIM 全专业施工图设计 | | | | | | | | |
| 10 | 幕墙设计 | | | | | | | | |
| 11 | 精装修设计 | | | | | | | | |
| 12 | 弱电智能化设计 | | | | | | | | |
| 13 | 园林景观设计 | | | | | | | | |
| 14 | 生化池设计 | | | | | | | | |
| 15 | 雨污水道路设计 | | | | | | | | |
| 16 | 有线电视外线设计 | | | | | | | | |
| 17 | 电信外线设计 | | | | | | | | |
| 18 | 电力外线设计 | | | | | | | | |
| 19 | 供水外线设计 | | | | | | | | |
| 20 | 天然气外线设计 | | | | | | | | |
| | …… | | | | | | | | |

## 5.8 招标案例

### 5.8.1 工作时间计划案例（表 5-11）

内蒙古少数民族群众文化体育运动中心一期项目招标工作时间计划表        表 5-11

| 序号 | 招标类别 | 项目名称及标段划分 | 概算金额（万元） | 招标时间 | | 招标最迟完成时间 | 签订合同最迟完成时间 |
|---|---|---|---|---|---|---|---|
| | | | | 开始（年/月/日） | 结束（年/月/日） | | |
| 1 | 咨询服务类 | 勘察及设计 | 676 | 2015.3.1 | 2015.4.20 | 2015.3.20 | 2015.5.10 |
| 2 | | 精装修设计 | 180 | 2016.8.10 | 2016.9.20 | 2016.9.30 | 2016.10.20 |
| 3 | | 物业服务招标 | 400 | 2017.8.10 | 2017.9.15 | 2017.9.30 | 2017.10.5 |

| 序号 | 招标类别 | 项目名称及标段划分 | 概算金额（万元） | 招标时间 | | 招标最迟完成时间 | 签订合同最迟完成时间 |
|---|---|---|---|---|---|---|---|
| | | | | 开始（年/月/日） | 结束（年/月/日） | | |
| 4 | 工程类 | 总承包工程 | 39000 | 2015.12.1 | 2015.12.30 | 2016.1.20 | 2016.1.30 |
| 5 | | 配电工程 | 4815 | 2016.7.15 | 2016.8.20 | 2016.8.20 | 2016.9.5 |
| 6 | | 弱电工程 | 1490 | 2016.8.20 | 2016.9.20 | 2016.9.30 | 2016.10.10 |
| 7 | | 多功能中庭精装修工程 | 2200 | 2017.1.25 | 2017.3.5 | 2017.3.30 | 2017.4.6 |
| 8 | | 室外工程 | 10000 | 2016.7.15 | 2016.8.30 | 2016.9.20 | 2016.9.30 |
| 9 | | 看台楼精装修工程 | 2500 | 2016.11.20 | 2016.12.30 | 2017.1.10 | 2017.1.20 |
| 10 | | 亮化工程 | 1320 | 2016.12.5 | 2017.1.15 | 2017.2.20 | 2017.2.25 |
| 11 | 货物类 | 电梯（直梯、扶梯）采购及安装 | 770 | 2016.1.15 | 2016.2.25 | 2016.3.5 | 2016.3.15 |
| 12 | | 智能化设备采购及安装 | 3400 | 2016.11.20 | 2016.12.30 | 2017.1.20 | 2017.1.30 |
| 13 | | 亮马圈舞台机械采购及安装 | 2000 | 2017.5.1 | 2017.5.30 | 2017.6.20 | 2017.6.30 |
| 14 | | 风机盘管设备及空调机组采购及安装 | 800 | 2016.5.15 | 2016.6.30 | 2016.7.10 | 2016.7.20 |
| 15 | | 冷却塔采购及安装 | 80 | 2016.5.15 | 2016.6.30 | 2016.7.10 | 2016.7.20 |
| 16 | | 锅炉的采购与安装 | 340 | 2016.6.1 | 2016.6.30 | 2016.7.20 | 2016.7.30 |
| 17 | | 看台楼、亮马圈座椅采购及安装 | 700 | 2017.1.5 | 2017.2.15 | 2017.3.10 | 2017.3.15 |
| 18 | | 地砖采购 | 144 | 2017.4.10 | 2017.5.20 | 2017.5.30 | 2017.6.10 |
| 19 | | 软装采购 | 470 | 2017.1.30 | 2017.3.10 | 2017.3.20 | 2017.3.30 |
| 20 | | 马厩区及标准赛道工程栏杆采购及安装 | 370 | 2017.11.10 | 2017.12.20 | 2018.1.30 | 2018.2.10 |
| 21 | | 苏鲁锭展示杆 | 65 | 2017.7.1 | 2017.7.30 | 2017.8.10 | 2017.8.20 |
| 22 | | 接待室座椅采购及安装 | 69 | 2017.5.1 | 2017.5.30 | 2017.6.10 | 2017.6.20 |
| 23 | | 导视标示采购及安装 | 145 | 2016.12.29 | 2017.1.31 | 2017.2.20 | 2017.2.28 |

## 5.8.2　设计总包和专业分包界面划分案例（表 5-12）

内蒙古民族大学校区综合改造项目（一期）设计标段划分计划表　　　表 5-12

| 序号 | 类别 | 设计标段名称 | 设计界面 |
|---|---|---|---|
| 1 | 人防工程 | NZ# 行政办公楼（地下人防） | （4997m², 核6级常6级甲类二等人员掩蔽所，2个防护单元；1个防护单元核6常6级甲类物资库）全专业设计 |
| 2 | 总图及室外配套 | 总图平面图 | 含轴网定位、消防总平图、道路总平图、首层拼合图、总平竖向图 |
| 3 | | 小市政管网设计 | 排水组织、综合管线、各分项管网图 |
| 4 | | 室外景观（含中水：用于浇洒道路、浇灌绿化） | 基地内景观园林方案至施工图及施工配合（含建筑、结构、机电、泛光照明、标识标牌、强弱电及安防、中水） |
| 5 | 外装修工程 | 屋面网架（学生会堂的观众厅） | 主体施工图可满足幕墙设计招标；需甲方另委幕墙设计 |
| 6 | | 玻璃、石材、金属幕墙专项设计（图书馆、会议中心、学生会堂等） | 主体施工图可满足幕墙设计招标；需甲方另委幕墙设计 |

续表

| 序号 | 类别 | 设计标段名称 | 设计界面 |
|---|---|---|---|
| 7 | 室内精装 | 会议中心、学生会堂、学院楼等 | |
| 8 | 专项设计 | 弱电智能化设计（室内、室外、含智慧校园） | 上海院施工图中仅设计常规系统及桥架；需二次专项设计 |
| 9 | | BIM 全专业施工图设计（仅图书馆为实现绿建三星） | |
| 10 | | 泛光照明设计（含室外楼体及广场） | |
| 11 | | 绿色建筑三星专项设计（图书馆） | 主体施工图含绿建专篇及各专业预留，需出绿建评估报告 |
| 12 | | LOGO、标识标牌、车库动线设计 | 地下车库、地上及室外园区 |
| 13 | | 舞台工艺设计（扩声设计、剧场音响扩声系统、舞台灯光、音响系统；座椅布置和视线分析系统、舞台幕布工艺设计等）（会议中心、学生会堂） | 主体施工图需按厂家提资做各专业预留，厂家做专业深化 |
| 14 | | 声学设计 | |
| 15 | | 电梯专项设计 | |
| 16 | | 厨房工艺设计（餐厅：含给水排水） | |
| 17 | | 喷泉设计 | 中建院景观图进行设计控制、需厂家专项设计 |
| 18 | | 雕塑设计 | 中建院景观提供位置、尺寸、意向方案；专项单位设计 |
| 19 | | 直饮水设计（图书馆等） | |
| 20 | | 实验室专项设计（实验室、生科楼等） | |
| 21 | | 室内、外运动场地设计 | |
| 22 | | 太阳能系统（学生公寓） | |
| 23 | 二次施工深化设计 | 屋面网架（学生会堂的观众厅） | |
| 24 | | 玻璃、石材、金属幕墙专项设计（图书馆、会议中心、学生会堂等） | |
| 25 | | 空调系统设计（实验动物中心部分实验室设洁净空调系统、温恒湿空调、机房精密空调） | |
| 26 | | 气体灭火系统 | 设计院施工图提供相关技术参数，由承包商施工二次深化设计 |
| 27 | | 大空间智能主动喷水灭火系统（图书馆、学生会堂） | 设计院施工图提供相关技术参数，由承包商施工二次深化设计 |
| 28 | | 车库充电桩 | 设计院施工图提供相关技术参数，由厂家施工二次深化设计 |
| 29 | | 虹吸式屋面雨水排水系统（体育馆可能有，看后期方案） | 设计院施工图提供相关技术参数，由承包商施工二次深化设计 |
| 30 | | 门窗工程 | 设计院施工图提供相关技术参数，由厂家施工二次深化设计 |
| 31 | | 柴油发电机安装设计 | 高低压变配电室设备、变配电室至市政上级变电站的高压线路 |
| 32 | 市政专项设计 | 市政电力设计 | 设计院施工图提供相关技术参数，由承包商施工二次深化设计 |
| 33 | | 燃气设计 | |
| 34 | | 市政供水 | |
| 35 | | 市政通信、网络设计 | |
| 36 | | 市政供热 | 热力公司：建筑外轮廓线 1.5m 以外至市政热源处的设备、线路由热力公司设计；中建院：换热站土建及配套设计 |

## 5.8.3　设备招标流程及案例

### 1. 设备招标流程（表 5-13）

设备安装实施流程（真空燃气锅炉）

表 5-13

| 序号 | 设备名称及技术要求 | 施工图与技术交底 | 采购方式 | 招标 | | 商务谈判与合同签证 | 生产周期 | 进场开箱检查 | 安装前置条件 | | 调试与移交 | | 资料交接与结算 |
|---|---|---|---|---|---|---|---|---|---|---|---|---|---|
| 1 | 设备名称：真空燃气锅炉；编号：B3；C16（详见备注1） | 设计上存在的问题／锅炉技术参数不全 | 邀请招标 | 公告 | | 招标文件中约定的条款 | 生产厂商 | 规格型号（定货） | 安装单位与总包单位的协议场地 | 总包自己安装 | 使用前的注意事项 | 系统完善，专业人员到位 | 费用支付 |
| | | 与土建专业的相关性／锅炉布置位置离窗防爆远 | 公开招标／业主、总包两方共同招标 | 答疑 | 已完成 | 补充与完善内容 | 供货商 | 规格型号（到货） | 水电 | 总包自己安装 | 验收设备及注册 | 经技术监督局验收合格 | 资料移交 |
| | | 设备基础图／设备品牌确定后再定 | 比选 | 开标 | 未出来 | 支付条款 | 交货时间 | 技术参数（定货） | 临设 | 总包自己安装 | 设备移交 | | |
| | | 设备尺寸（长、宽、高、重量）／设备品牌确定后才能确定 | 总包自购／属总包施工范围，设备总价已超过200万必须招标 | 最高限价 | 未出来 | 约束条款 | | 技术参数（到货） | 前置条件（土建基础图，清理通道，协调工作，场地移交） | 总包自己安装 | | | |
| 注1 | 设备间的要求／有防爆口，排烟风道，大门能运进设备，有设备安装基础 | | 专业分包购买 | 招标文件 | 已完成 | 清单价 | | 配置件（定货） | 影响其他专业的注意事项及需协调的事项 | 总包自己安装 | | | |
| | 设备运输通道／室外运输通道宽度不小于3m，能直达锅炉房 | | | 技术标准 | GB/T 21434—2008 | 暂定价 | | 配置件（到货） | | | | | |

续表

| 序号 | 设备名称及技术要求 | 施工图与技术交底 | 采购方式 | 招标 | 商务谈判与合同签证 | 生产周期 | 进场开箱检查 | 安装前置条件 | 调试与移交 | 资料交接与结算 |
|---|---|---|---|---|---|---|---|---|---|---|
| 1 | 设备名称：真空燃气锅炉；编号：B3；C16。档次：中高档（详见备注1） | 设备吊装方式：电动、手动葫芦 | | 技术条件：满足采暖系统正常运行 | | | 备用件（定货） | | | |
| | | 对供配电的要求：有专用配电箱 | | 投标单位的资质要求：生产厂家 | | | 备用件（到货） | | | |
| | | 对智能控制的要求：原模糊控制改为BA控制 | | 辅助设备清单 | | | | | | |
| | | 消防要求：高压细水雾灭火装置 | | | | | | | | |

注：设备名称：真空燃气锅炉。
编号：B3；C16。
档次：中高档。
数量：一标1号真空燃气锅炉4台；一标2号真空燃气锅炉4台。
安装位置：一标A1区；一标A5区。
规格型号：WZR4.5-65/40-Q型；WZR4.9-65/40-Q型。
主要技术参数：
（1）1号真空燃气锅炉：
制热量：4400KW
热效率：≥98%
主机：燃气真空热水锅炉、波纹炉胆、螺纹烟管、全湿背三回程结构、内置式换热器，换热管304不锈钢，锅炉外包装板304不锈钢 $\delta=1.0mm$
辅机：原装进口燃气燃烧器（含燃烧器消音罩）；10寸彩色触摸屏锅炉电脑控制器（含PLC程序控制、RS232/485计算机远程接口、主要电器原件采用西门子、施耐德、欧姆龙、ABB等国际知名品牌）
仪表阀门：锅炉全套配件一次仪表阀门（含锅炉随机配件、温度传感器、水位电极点等）
烟囱：双层不锈钢烟囱（$\phi700mm$，采用岩棉毡保温厚度 $\delta=50mm$，不锈钢板厚内 $\delta=1.0mm$ 外 $\delta=0.8mm$），材质：304不锈钢，烟道消声器（接口 $\phi700mm$，将锅炉尾部噪声降至60dB），锅炉烟囱专用）。
附件：冷凝器（材质：304不锈钢，将锅炉尾部排烟温度降至80℃），真空泵、真空表、压力控制器、真空防爆装置，水位观视镜4套。
（2）2号真空燃气锅炉：制热量：4800kW
热效率：≥98%
主机、辅机、仪表阀门、烟囱，附件同1号锅炉。

## 2. 案例：电梯招标需求及技术要求

（1）电梯货物需求一览表及技术规格标准要求（表5-14）

电梯技术要求表

表5-14

| 电梯类型 | 电梯号 | 有无机房 | 控制方式 | 电梯类别 | 载重（kg） | 速度（m/s） | 层/站/门 | 井道尺寸（mm）宽度×深度 | 轿厢尺寸（mm）净宽×净深×净高 | 厅门留洞结构尺寸（mm）门洞宽×门洞高 | 电梯开门净尺寸（mm）宽度×深度 | 开门方式 | 行程（m） | 底坑深度（mm） | 顶层高度（mm） | 服务楼层 |
|---|---|---|---|---|---|---|---|---|---|---|---|---|---|---|---|---|
| 无机房载货电梯 | HT-1-1# | 无 | 单控 | 客货梯兼消防 | 1000 | 1.0 | 5/5/5 | 2200×2300 | 1550×1500×2400 | 1100×2300 | 900×2200 | 两扇中分 | 29.25 | 1300 | 4650 | −1，1，2，3，4 |
| | HT-2-1# | 无 | 单控 | 客货梯兼消防 | 1000 | 1.0 | 5/5/5 | 2100×2100 | 1500×1550×2400 | 1100×2300 | 900×2200 | 两扇中分 | 30.4 | 1450 | 4300 | −1，1，2，3，4 |
| | HT-2-2# | 无 | 单控 | 客货梯兼消防 | 1000 | 1.0 | 5/5/5 | 2100×2100 | 1500×1550×2400 | 1100×2300 | 900×2200 | 两扇中分 | 30.4 | 1450 | 4300 | −1，1，2，3，4 |
| | HT-3-1# | 无 | 单控 | 客货梯兼消防 | 1000 | 1.0 | 5/5/5 | 2400×2400 | 1600×1500×2400 | 1300×2300 | 1100×2200 | 两扇中分 | 30.4 | 1400 | 4650 | −1，1，2，3，4 |
| | HT-3-2# | 无 | 单控 | 货梯，一层贯通门，南侧安装耐火极限不小于2H的钢制防火门 | 3000 | 0.63 | 6/5/5 | 3900×4300 | 2000×2750×3000 | 2200×2900 | 2000×2800 | 四扇中分双折 | 30.4 | 2150 | 5600 | −1，1，2，3，4 |
| | HT-3-3# | 无 | 单控 | 货梯 | 2000 | 1.0 | 6/5/5 | 3150×3200 | 1800×2200×3000 | 1700×2900 | 1500×2800 | 四扇中分双折 | 30.4 | 1600 | 4870 | −1，1，2，3，4 |
| | HT-3-4# | 无 | 并联 | 客货梯 | 1350 | 1.0 | 6/3/3 | 2500×2100 | 1800×1750×2600 | 1300×2500 | 1100×2400 | 两扇中分 | 30.4 | 1650 | 4870 | −1，首层夹层，4 |
| | HT-3-5# | 无 | | 客货梯 | 1350 | 1.0 | 6/3/3 | 2500×2100 | 1800×1750×2600 | 1300×2500 | 1100×2400 | 两扇中分 | 30.4 | 1650 | 4870 | −1，首层夹层，4 |

（2）电梯主要配置技术规格及参数要求（表5-15）

**乘客电梯、客货电梯技术参数及配置表**　　　　表 5-15

| 序号 | 电梯编号 | HT-1-1#、HT-2-1#、HT-2-2#、HT-3-I#、DT-2-5#、HT-3-6#、DT-I-I#、DT-1-2#、DT-1-5#、DT-1-6#、DT-3-1#、DT-3-4#、DT-3-5#、DT-3-6#、DT-3-7# | HT-3-2#、DT-3-3# |
|---|---|---|---|
| 1 | 电梯类型 | 无机房乘客电梯 | 无机房货梯 |
| 2 | 电梯台数 | 15 台 | 2 台 |
| 3 | 控制方式 | 单控／并联 | 单控 |
| 4 | 电梯载重 | 1000kg | HT-3-2# ＝ 3000kg<br>HT-3-3# ＝ 2000kg |
| 5 | 运行速度 | | HT-3-2# ＝ 0.63m/s<br>HT-3-3# ＝ 1.0m/s |
| 6 | 提升高度 | | |
| 7 | 顶层高度 | | |
| 8 | 底坑深度 | | |
| 9 | 层／站／门 | | |
| 10 | 服务楼层 | | |
| 11 | 井道平面尺寸 | | |
| 12 | 轿厢平面净尺寸 | | |
| 13 | 轿厢净高度 | | |
| 14 | 开门方式 | | |
| 15 | 开门尺寸 | | |
| 16 | 轿厢门装饰 | 发纹不锈钢（厚度1.2mm） | 发纹不锈钢（厚度1.2mm） |
| 17 | 轿厢前壁装饰 | 发纹不锈钢（厚度1.2mm） | 发纹不锈钢（厚度1.2mm） |
| 18 | 轿厢侧壁装饰 | 发纹不锈钢（厚度1.2mm） | 发纹不锈钢（厚度1.2mm） |
| 19 | 轿厢后壁装饰 | 发纹不锈钢（厚度1.2mm） | 发纹不锈钢（厚度1.2mm） |
| 20 | 轿厢天花 | 豪华日光型 | 日光型 |
| 21 | 轿厢地板 | 天然大理石地板 | 花纹钢板 |
| 22 | 轿厢扶手 | 三面不锈钢扶手 | 三面木质防撞栏 |
| 23 | 预留轿厢装饰重量（强制要求） | 200kg | 无 |
| 24 | 照明及风扇开关 | 轿厢照明及风扇自动<br>轿厢风扇手动开关 | 轿厢照明及风扇自动<br>轿厢风扇手动开关 |

| 序号 | 电梯编号 | HT-1-1#、HT-2-1#、HT-2-2#、HT-3-I#、DT-2-5#、HT-3-6#、DT-I-I#、DT-1-2#、DT-1-5#、DT-1-6#、DT-3-1#、DT-3-4#、DT-3-5#、DT-3-6#、DT-3-7# | HT-3-2#、DT-3-3# |
|---|---|---|---|
| 25 | 厅门 | 发纹不锈钢（厚度 1.2mm） | 发纹不锈钢（厚度 1.2mm） |
| 26 | 厅门门套 | 标准发纹不锈钢小门套 | 标准发纹不锈钢小门套 |
| 27 | 地坎 | 硬质铝合金 | 硬质铝合金 |
| 28 | 轿厢操纵盘 | 全高式操纵盘发纹不锈钢 | 全高式操纵盘发纹不锈钢 |
| 29 | 残疾人操纵盘 | 无障碍电梯需配置 | 无障碍电梯需配置 |
| 30 | 轿厢操纵盘按钮 | 圆形不锈钢微触按钮，自发光 | 圆形不锈钢微触按钮，自发光 |
| 31 | 首层厅外楼层显示指层器 | 有，单色液晶显示器，发纹不锈钢面板 | 有，单色液晶显示器，发纹不锈钢面板 |
| 32 | 其余层厅外楼层显示 | 有，单色液晶显示器，发纹不锈钢面板 | 有，单色液晶显示器，发纹不锈钢面板 |
| 33 | 首层厅外召唤指层器 | 一体式，发纹不锈钢面板 | 一体式，发纹不锈钢面板 |
| 34 | 其余层厅外召唤 | 一体式，发纹不锈钢面板 | 一体式，发纹不锈钢面板 |
| 35 | 厅外召唤按钮 | 圆形不锈钢微触按钮，自发光 | 圆形不锈钢微触按钮，自发光 |
| 36 | 消防功能 | 需配置 | 需配置 |
| 37 | 火警返回 | 需配置 | 需配置 |
| 38 | 轿内语音报站 | 中文语音报站 | 中文语音报站 |
| 39 | 五方通话 | 需配置 | 需配置 |
| 40 | 视频监视接口 | 需提供视频随行电缆及接口（光纤通信） | 需提供视频随行电缆及接口（光纤通信） |
| 41 | 音频播报系统接口 | 需提供音频随行电缆及接口 | 需提供音频随行电缆及接口 |
| 42 | BA 接口 | 需配置 | 需配置 |
| 43 | 电梯基本功能要求 | ① 称重启动；② 超载保护及报警功能；③ 超速保护功能；④ 门过载保护功能；⑤ 开门时间异常保护功能；⑥ 开门异常自动选层功能；⑦ 电动机空转保护功能；⑧ 对讲通信功能；⑨ 警铃报警功能；⑩ 故障低速自救运行功能；⑪ 停车在非门区报警功能；⑫ 电动机过载（热）保护功能；⑬ 位置异常自动校正功能；⑭ 超速机械保护功能；⑮ 启动补偿功能；⑯ 轿厢内方向指示；⑰ 开门时间自动控制功能；⑱ 运行次数显示功能；⑲ 轿厢内照明、通风自动控制功能；⑳ 故障自动存储功能；㉑ 层高自测功能；㉒ 消防迫降功能；㉓ 泊梯功能；㉔ 双击取消轿厢误指令；㉕ 轿顶检修操作功能；㉖ 机房内检修操作功能；㉗ 待机定期自检功能；㉘ 底坑对讲机通信功能；㉙ 门停止运行功能；㉚ 抱闸动作双安全检测；㉛ 厅外检修显示功能；㉜ 光幕保护功能；㉝ 停电应急照明功能；㉞ 五方通话功能；㉟ 满载直驶；㊱ 无呼自返基站功能；㊲ 司机功能；㊳ 消防电梯应具有断电自动再平层功能 | |

# 5.9 合同台账

内蒙古少数民族群众文化体育运动中心一期项目合同台账

表 5-16

| 序号 | 合同名称 | 合同编号 | 承包人 | 签约合同价 | 签订时间 | 合同工期 | 确定承包人方式 | 备注 |
|---|---|---|---|---|---|---|---|---|
| 一 | 前期咨询及设计服务类 | | | | | | | |
| 1 | 内蒙古少数民族群众文化体育运动中心项目建议书编制 | SMCHT-1 | 某咨询单位 | | 2015.2 | | | |
| 2 | 内蒙古少数民族群众文化体育运动中心一期项目可行性研究报告的编制 | SMCHT-2 | 某咨询单位 | | 2015.4 | | | |
| 3 | 内蒙古少数民族群众文化体育运动中心项目地质灾害危险性评估 | SMCHT-2-1 | 某咨询单位 | | 2015.4 | | | |
| 4 | 内蒙古少数民族群众文化体育运动中心一期工程噪声现状监测 | SMCHT-2-2 | 某咨询单位 | | 2015.5 | | | |
| 5 | 内蒙古少数民族群众文化体育运动中心一期项目节能环评报告 | SMCHT-2-3 | 某咨询单位 | | 2015.4 | | | |
| 6 | 内蒙古少数民族群众文化体育运动中心一期项目环境影响报告 | SMCHT-2-4 | 某咨询单位 | | 2015.5 | | | |
| 7 | 内蒙古少数民族群众文化体育运动中心一期工程设计合同 | SMCHT-6 | 中国建筑上海设计研究院有限公司 | 2020.00 | 2015.11 | | | |
| 8 | 工程环境监理合同 | SMCHT-67 | 内蒙古绿洁环境检测有限公司 | 48.6 | 2017.6 | | | |
| 二 | 建筑安装工程类 | | | 66240.55828 | | | | |
| 1 | 内蒙古少数民族群众文化体育运动中心一期工程多功能主楼、看台楼、亮马圈工程施工 | SMCHT-12 | 中国建筑第八工程局有限公司 | 37220.61204 | 2016.1 | | | |
| 2 | 内蒙古少数民族群众文化体育运动中心一期工程马厩及标准赛道工程 | SMCHT-16 | 河北建设集团有限公司 | 7988.5988 | 2016.2 | | | |
| 3 | 指挥部用房及配套工程、室外给水管道、围墙协议书 | SMCHT-5 | 河北建设集团有限公司 | 350 | 2015.11.12 | | | |

续表

| 序号 | 合同名称 | 合同编号 | 承包人 | 签约合同价 | 签订时间 | 合同工期 | 确定承包人方式 | 备注 |
|---|---|---|---|---|---|---|---|---|
| 4 | 内蒙古少数民族群众文化体育运动中心弱电管道改迁 | SMCHT-14 | 呼和浩特市城发信息管网有限责任公司 | 11.9956 | 2016.1.15 | | | |
| 5 | 10kV 临时用电合同 | SMCHT-15 | 内蒙古蒙力电力建设工程有限公司 | 218.8577 | 2016.1.21 | | | |
| 6 | 锅炉房燃气管道报装合同 | SMCHT-28 | 呼市中燃燃气发展有限公司 | 66.809 | 2016.7.28 | | | |
| 7 | 10kV 通道建设工程施工合同 | SMCHT-31 | 内蒙古蒙力电力建设工程有限公司 | 62.3068 | 2016.9.10 | | | |
| 8 | 配电工程施工合同 | SMCHT-32 | 内蒙古蒙力电力建设工程有限公司 | 4382.1858 | 2016.9.13 | | | |
| 9 | 多功能楼中庭及看台楼 3 层至 6 层室内精装修设计合同 | SMCHT-33 | 中建三局东方装饰设计工程有限公司 | 168 | 2016.10.15 | | | |
| 10 | 可燃气体报警系统设备及安装合同 | SMCHT-35 | 内蒙古轩源电子科技有限公司 | 5.382 | 2016.10.24 | | | |
| 11 | 多功能楼餐厅燃气管道报装合同 | SMCHT-39 | 呼市中燃燃气发展有限公司 | 74.3153 | 2016.11.21 | | | |
| 12 | 看台楼室内精装修工程施工合同 | SMCHT-41 | 深圳海外装饰工程有限公司 | 2332.0871 | 2016.12.24 | | | |
| 13 | 导视标识采购及安装合同 | SMCHT-42 | 江苏超凡标牌股份有限公司 | 137.9727 | 2017.2.13 | | | |
| 14 | 多功能楼中庭室内精装修工程施工合同 | SMCHT-46 | 苏州金螳螂建筑装饰股份有限公司 | 2013.131634 | 2017.3.22 | | | |
| 15 | 亮化工程施工合同 | SMCHT-47 | 中国建筑第八工程局有限公司 | 1250.553496 | 2017.4.24 | | | |
| 16 | 弱电工程施工补充延期合同 | SMCHT-48 | 航天四创科技有限责任公司 | / | 2017.5.10 | | | |
| 17 | 导视标识采购及安装变更、增补合同 | SMCHT-51 | 江苏超凡标牌股份有限公司 | 5.7868 | 2017.5.22 | | | |
| 18 | 配电工程 -0.4kV 保电车接入补充协议书 | SMCHT-52 | 内蒙古蒙力电力建设工程有限公司 | 350 | 2017.5.25 | | | |
| 19 | 供排水协议 | SMCHT-63 | 呼和浩特市供排水有限责任公司（甲方） | / | 2017.7 | | | |
| 20 | 装修污染治理工程协议 | SMCHT-64 | 呼和浩特市康居科技有限公司 | 6.3 | 2017.7.17 | | | |
| 21 | 市政水接入施工 | / | 泰立水业 | 16.1592 | / | | | |
| 22 | 临时接电费 | / | 呼市供电局 | 13.86 | / | | | |

| 序号 | 合同名称 | 合同编号 | 承包人 | 签约合同价 | 签订时间 | 合同工期 | 确定承包人方式 | 备注 |
|------|----------|----------|--------|------------|----------|----------|----------------|------|
| 23 | 燃气用气费 | / | 呼和浩特中燃城市燃气发展有限公司 | 122.1525 | / | | | |
| 24 | 室外工程施工 | SMCHT-38 | 中国建筑第八工程局有限公司 | 9443.491807 | 2016.11.17 | | | |
| 三 | 设备采购类 | | | 9165.6325 | | | | |
| 1 | 电梯设备买卖安装合同 | SMCHT-20 | 内蒙古拓原三菱电梯销售服务有限公司 | 746.58 | 2016.4.6 | | | |
| 2 | 风机盘管设备及空调机组采购合同 | SMCHT-22 | 内蒙古华菱机电有限公司 | 748.8477 | 2016.6.7 | | | |
| 3 | 锅炉采购及安装合同 | SMCHT-26 | 内蒙古全泰锅炉安装维修有限责任公司 | 324.6 | 2016.7.15 | | | |
| 4 | 冷却塔采购合同 | SMCHT-30 | 吉林安装集团股份有限公司 | 60.025 | 2016.9.2 | | | |
| 5 | 特灵线控器产品销售合同 | SMCHT-36 | 内蒙古华菱机电有限公司 | 11.6 | 2016.11.3 | | | |
| 6 | 弱电工程施工合同 | SMCHT-37 | 航天四创科技有限责任公司 | 1369.983 | 2016.11.9 | | | |
| 7 | 智能化设备合同 | SMCHT-40 | 航天四创科技有限责任公司 | 3116.6157 | 2016.12.22 | | | |
| 8 | 新增电梯补充合同 | SMCHT-43 | 内蒙古拓原三菱电梯销售服务有限公司 | 128.7 | 2017.2.17 | | | |
| 9 | 软装产品采购及安装合同 | SMCHT-44 | 浙江贺盈实业股份有限公司 | 457.2023 | 2017.3.17 | | | |
| 10 | 二次新增电梯补充合同 | SMCHT-45 | 内蒙古拓原三菱电梯销售服务有限公司 | 91.505 | 2017.3.20 | | | |
| 11 | 软装产品采购及安装增补合同 | SMCHT-59 | 浙江贺盈实业股份有限公司 | 14.96 | 2017.6.28 | | | |
| 12 | 亮马圈舞台机械及灯光基础系统、遮阳系统、场地照明设备采购及安装 | SMCHT-60 | 浙江大丰体育设备有限公司 | 1950.1288 | 2017.7.5 | | | |
| 13 | 物品销售协议 | SMCHT-61 | 太原市丽憬文化传媒有限公司 | 79.2 | 2017.7.12 | | | |
| 14 | 供电方案协议 | SMCHT-62 | 呼和浩特供电局 | 64 | 2016.5.3 | | | |
| 15 | 承揽制作合同 | SMCHT-65 | 呼和浩特市玉泉区宏光巨广告图文设计制作部 | 1.685 | 2017.8.3 | | | |
| 四 | 合计 | | | | | | | |

## 5.10　招标情况报告

招标情况报告表

表 5-17

| 序号 | 招标投标项目名称 | 招标方式 | 招标代理单位 | 招标情况报告内容 | | | | | | | | | | 经济指标 | | | | 档案移交情况 | | | 备注 |
|---|---|---|---|---|---|---|---|---|---|---|---|---|---|---|---|---|---|---|---|---|---|
| | | | | 情况报告（纸质版） | 立项批复、代理合同等（纸质版） | 报建资料报建备案记录专家签字等各种表（纸质版） | 招标文件及公告（纸质版和电子版） | 质疑、答疑、补遗（纸质版和电子版） | 工程量清单及招标控制价（电子版） | 评标资料评标报告（纸质版） | 中标公示表（纸质版） | 中标通知书（纸质版） | 投标文件（纸质版和电子版） | 概算金额 | 招标限价 | 中标金额 | 移交招标人 | 移交项目管理部 | 移交监督部门 | |
| 1 | 咨询服务（项目管理） | | | | | | | | | | | | | | | | | | | |
| 2 | 环境影响评价 | | | | | | | | | | | | | | | | | | | |
| 3 | 设计招标 | | | | | | | | | | | | | | | | | | | |
| 4 | 监理 | | | | | | | | | | | | | | | | | | | |
| 5 | 工程地质勘察 | | | | | | | | | | | | | | | | | | | |
| 6 | 总包工程 | | | | | | | | | | | | | | | | | | | |
| 7 | 精装修工程 | | | | | | | | | | | | | | | | | | | |
| 8 | 园林绿化及综合管网 | | | | | | | | | | | | | | | | | | | |
| 9 | 弱电自动化 | | | | | | | | | | | | | | | | | | | |
| 10 | 柴油发电机采购及安装 | | | | | | | | | | | | | | | | | | | |
| 11 | 空调设备 | | | | | | | | | | | | | | | | | | | |
| 12 | 电梯（直梯、扶梯）采购及安装 | | | | | | | | | | | | | | | | | | | |
| | …… | | | | | | | | | | | | | | | | | | | |

## 5.11 审计要点

（1）招标范围是否符合国家有关规定；重点审查是否存在规避招标的行为；

（2）标段的划分是否合理，是否有利于建设管理和施工管理；

（3）招标工作是否进行了行政监督和执法监察；

（4）自行招标是否经批准同意，代理招标是否具有相应的资质；

（5）采用公开招标方式的项目，招标人是否公开发布招标公告，大型工程建设项目以及国家重点项目、中央项目、地方重点项目是否同时在规定媒体发布招标公告；

（6）采用邀请招标的项目是否符合规定的范围，是否经过有关主管部门批准；

（7）设计、监理、施工及物资采购等招标项目在招标时，是否具备了招标条件，是否制订了评标办法；

（8）公告正式媒介发布至发售资格预审文件（或招标文件）的时间间隔是否满足规定时间；招标公告的内容是否真实合法；招标公告是否存在限制潜在投标人的内容；

（9）已发出的招标文件进行必要澄清、答疑或者修改的，是否在招标文件要求提交投标文件截止日期规定的时间前（15 日）；是否以书面形式通知所有投标人；澄清或者修改的内容是否作为招标文件的组成部分；

（10）自招标文件开始发出之日起至投标人提交投标文件截止之日止的时间是否少于规定的最短时间；

（11）招标文件的出售价格及投标保证金数额是否在规定的限额内；

（12）建设工程是否实行工程量清单招标，是否编制招标控制价。招标控制价应在招标时公布，不应上调或下浮，招标人应将招标控制价及有关资料报送工程所在地工程造价管理机构备查。招标控制价超过批准的概算时，招标人应将其报原概算审批部门审核。投标人的投标报价高于招标控制价的，其投标应予以拒绝；

（13）评标标准和方法是否在招标文件中载明，在评标时是否另行制定或修改、补充评标标准和方法，评标标准和方法是否对所有投标人都相同；

（14）评标的指标、标准是否科学合理；招标控制价的编制和确定是否符合规定；

（15）参加开标会议的人员，开标时间、开标记录及开标程序是否符合规定；

（16）评标委员会人员的确定、人员构成及专业结构是否符合规定，是否满足招标项目的要求。重点审查评标委员会成员是否在规定的专家库中随机抽取，项目法人指派的评委是否超过 1/3；

（17）评标程序及无效标的处理是否符合规定；评标委员会是否按规定进行评标，是否遵守了评标纪律。重点审查是否存在领导打招呼、暗示等干预评标工作行为；

（18）评标报告的内容是否真实完整。

# 第6章 造价管理

造价咨询服务切入项目管理的时间点不同，造价控制的效果就截然不同，越早介入效果越好，如图 6-1、图 6-2 所示。在项目策划阶段，工程造价策划也应同步跟进，这对日后造价控制工作将达到事半功倍的效果。鉴于建设项目全过程时间跨度长、造价咨询服务内容多，为便于详细说明，只将全过程造价咨询服务过程中的重点、要点进行阐述。

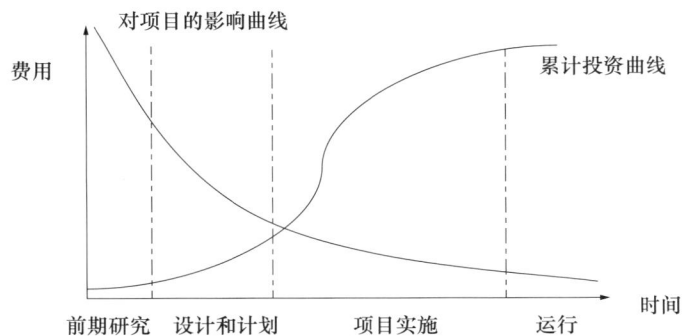

图 6-1 项目累计投资曲线

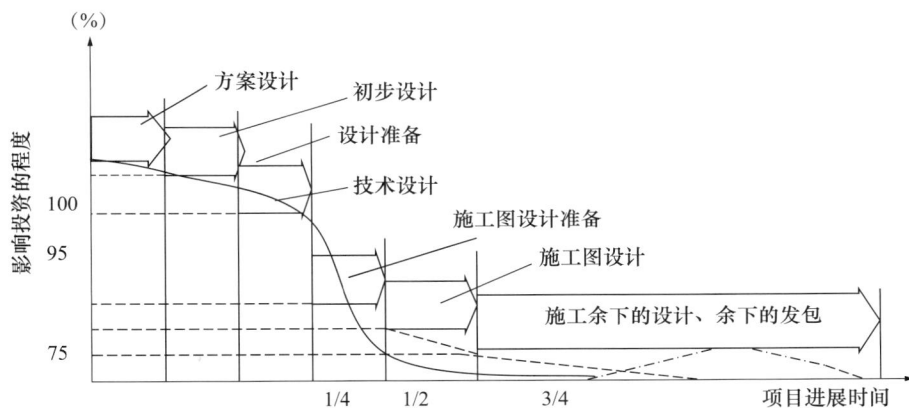

图 6-2 项目各阶段影响投资程度

全过程造价咨询是贯穿于工程建设项目从概念阶段到项目后评估整个过程的造价咨询，它与碎片化、传统式的造价咨询的区别在于造价管理链条向两端延伸，具有系统性和整体性。其管理重心前移，注重事前、事中的过程控制和目标管理与计划管理。它是以造价控制为核心，风险管控为重点，合同管理为手段，信息化技术为工具的集成式造价管理。其核心内涵在于通过管理使造价与设计、招标、合同、施工等有机结合，实现项目价值的最大化，为项目节约成本。

## 6.1 常见问题

### 6.1.1 估算草率

（1）对投资估算的定义理解不清楚，分别在项目建议书、预可研报告、可行性研究报告中都有项目投资估算，涉及投资咨询、工程设计、造价咨询三类企业，编制单位责任不明确，责任很难落实；

（2）缺乏大数据参照，经验数据收集不足，缺少类似项目参考或分析深度不够；

（3）业主需求不明确，项目定位不准。

### 6.1.2 概算误差大

（1）内容不全面，深度不够；

（2）对市场调研不充分；

（3）对影响投资的场地条件、周边环境、规划条件及限制条件没作调研或调研深度不够。

### 6.1.3 工程量清单及招标限价存在的问题

（1）范围界线含混模糊，范围不完整、工程内容漏项；

（2）设备与工艺设备选型、规格、型号、技术标准、功能描述不清楚；

（3）合同条款约定不清，导致索赔；

（4）施工图漏项，设计变更与技术洽商多，所影响的金额大。

### 6.1.4 索赔多，审计隐患大

（1）材料及设备的价格定价或核价高；

（2）收方、计量不准或记录不清、签字不完善而不被认可；

（3）招标方式选择不当，程序不合规不合法；

（4）项目定位与档次不当；

（5）定额套用不准确；

（6）存在多算和重复计算现象；

（7）费用计取不合理；

（8）变更及签证问题多；

（9）合同存在缺陷。

# 6.2 造价管理目标

阶段目标表            表 6-1

| 序号 | 项目建设阶段 | 工 作 目 标 |
|------|------------|------------|
| 一 | 概念性方案设计阶段 | 1. 为项目投资决策提供数据支持；<br>2. 投资匡算综合误差率小于20% |
| 二 | 方案设计阶段 | 1. 确定项目造价控制目标；<br>2. 项目建议书阶段投资估算综合误差率小于15%，可研阶段投资估算综合误差率小于10% |
| 三 | 初步设计阶段 | 1. 优化概算，实现工程价值最大化；<br>2. 设计概算综合误差率小于5% |
| 四 | 施工图设计阶段 | 1. 配合设计院优化设计；<br>2. 施工图预算综合误差率小于2% |
| 五 | 招标阶段 | 1. 合约规划合理，内容完整，界面清晰；<br>2. 配合招标、清标工作，规避合同风险；<br>3. 招标控制价综合误差率小于2% |

| 序号 | 项目建设阶段 | 工作目标 |
|---|---|---|
| 六 | 施工阶段 | 1. 动态控制成本，及时发现、纠正偏差；<br>2. 材料、设备采购价格符合市场行情；<br>3. 进度款支付符合工程实际，严禁超付；<br>4. 工程变更、现场签证、措施费用执行合同原则，按程序办理 |
| 七 | 竣工阶段 | 1. 竣工结算综合误差率小于 2%；<br>2. 项目后评估，数据录入数据库 |
| 八 | 审计阶段 | 咨询成果合规、合法，符合审计要求 |

# 6.3 造价工作结构分解（WBS）

## 6.3.1 造价管理工作内容分解（图 6-3）

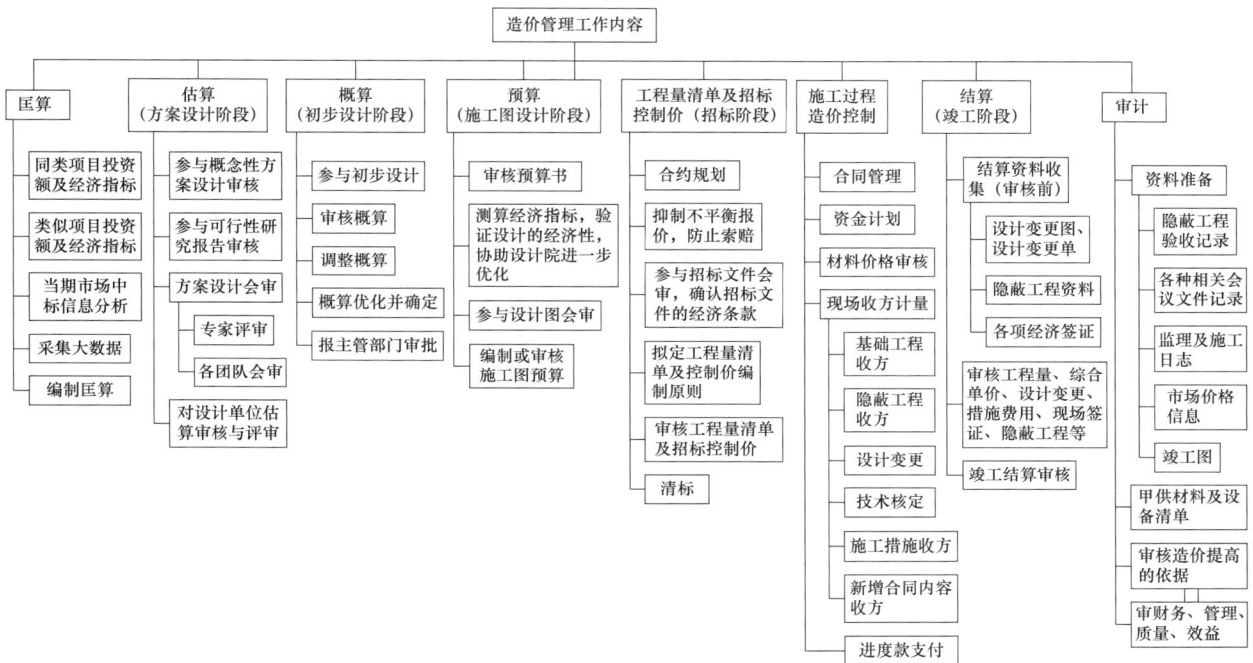

图 6-3 造价管理工作内容分解

## 6.3.2 各阶段工作（表 6-2～表 6-8）

方案设计阶段工作内容表 表 6-2

| 序号 | 工作事项 | 工作内容 | | 备注 |
|---|---|---|---|---|
| 1 | 编制工作计划 | 1.1 | 《造价咨询工作总计划》 | |
| | | 1.2 | 《造价管理工作计划》 | |
| 2 | 熟悉项目基本情况 | 2.1 | 理解业主意图，项目定位 | |
| | | 2.2 | 项目特点、建设标准、建造要求、品质、档次等 | |
| 3 | 收集相关资料 | 3.1 | 项目建议书及批复、可行性研究报告 | 如果有 |

续表

| 序号 | 工作事项 | 工 作 内 容 | 备注 |
|------|----------|-------------|------|
| 3 | 收集相关资料 | 3.2 方案设计文件、图纸、有关设计专业提供的主要工程量和设备清单 | 如果有 |
| | | 3.3 工程地质资料 | |
| | | 3.4 类似工程经济指标 | |
| | | 3.5 人、材、机、设备市场价格和价格指数 | |
| | | 3.6 建设场地的自然条件和施工条件 | |
| | | 3.7 政府有关部门发布的价格指数、利率、汇率、税率 | |
| | | 3.8 工程建设其他费用收费文件 | |
| | | 3.9 委托单位提供的各类合同、协议及技术经济资料 | |
| | | 3.10 国家、行业和地方有关规定 | |
| 4 | 编制投资估算 | 4.1 类似工程指标分析,测算分部分项工程费用 | 类似工程清单综合单价非全费用 |
| | | 4.2 根据分部分项费,估算单位工程费用 | |
| | | 4.3 单项工程费用、项目工程费用汇总 | |
| | | 4.4 工程建设其他费用测算 | |
| | | 4.5 预备费及专项费用测算 | |
| | | 4.6 出具投资估算成果文件 | |
| 5 | 多方案技术经济比选 | 5.1 比选内容:建设规模、结构形式、平面布置、工艺流程、设备选型、材料选用等 | |
| | | 5.2 比选方法:价值功能分析、多指标综合评分法比选 | |
| 6 | 编制造价控制目标 | 6.1 根据选定的优化方案调整投资估算 | 控制初步设计 |
| | | 6.2 确定造价控制总目标 | |
| | | 6.3 按单项工程、单位工程逐步分解造价控制目标,预留调节资金 | |
| | | 6.4 出具造价控制目标计划书 | |
| 7 | 协助设计院限额设计 | 7.1 造价控制目标向设计院交底 | |
| | | 7.2 协助设计院测算经济指标 | |
| 8 | 资料存档 | | |

注:鉴于概念性方案设计阶段造价咨询的主要工作是编制投资匡算,为项目投资决策提供数据支持,其工作事项与工作内容都涵盖在方案设计阶段之中,不再单列。

**初步设计阶段造价咨询工作内容表** 表 6-3

| 序号 | 工作事项 | 工 作 内 容 | 备注 |
|------|----------|-------------|------|
| 1 | 熟悉项目基本情况 | 1.1 了解业主意图,项目定位 | |
| | | 1.2 项目特点、建设标准、建造要求、品质、档次等 | |
| 2 | 收集相关资料 | 2.1 初步设计图及说明 | 如果有 |
| | | 2.2 报审的设计概算书 | |
| | | 2.3 初步设计批复 | |

续表

| 序号 | 工作事项 | 工 作 内 容 | 备注 |
|---|---|---|---|
| 2 | 收集相关资料 | 2.4　可行性研究报告及批复 | 如果有 |
| | | 2.5　项目建议书及批复 | |
| | | 2.6　正常的或拟定的施工组织设计和技术措施方案 | |
| | | 2.7　有关设备原价及运杂费 | |
| | | 2.8　资金筹措方式 | |
| | | 2.9　业主提供的有关合同、协议 | |
| | | 2.10　其他相关资料 | |
| 3 | 审核设计概算 | 3.1　按中价协规定审核设计概算 | 传统咨询业务，不详述 |
| | | 3.2　二级复核 | |
| 4 | 概算优化 | 4.1　与类似工程技术、经济指标对比分析，找差异 | |
| | | 4.2　材料品质分析、设备参数分析，比价格 | |
| | | 4.3　施工措施、施工工艺评审，求合理 | |
| | | 4.4　分专业按单位工程进行成本分析 | |
| | | 4.5　优化概算、平衡资金、削峰填谷 | |
| | | 4.6　运用 BIM 技术优化概算 | |
| | | 4.7　根据优化方案出具设计概算成果文件 | |
| 5 | 概算评审及调整 | 5.1　组织或参与评审会 | 政府项目需报财政局经专家评审 |
| | | 5.2　收集、整理专家评审意见 | |
| | | 5.3　根据业主或专家意见调整概算 | |
| 6 | 调整造价控制目标 | 6.1　根据批复的设计概算调整造价控制总目标 | 控制施工图设计 |
| | | 6.2　按单项工程、单位工程调整造价控制目标 | |
| | | 6.3　调整造价控制目标计划书 | |
| 7 | 协助设计院限额设计 | 7.1　造价控制目标向设计院交底 | 层层限额设计，体现对投资限额的控制与管理 |
| | | 7.2　协助设计院测算经济指标 | |
| 8 | 编制资金使用计划 | 8.1　根据二级进度计划、概算或目标成本进行编制 | |
| 9 | 资料归档 | | |

**施工图设计阶段造价咨询工作内容表**　　　　　　　　　　表 6-4

| 序号 | 工作事项 | 工 作 内 容 | 备注 |
|---|---|---|---|
| 1 | 协助设计院限额设计 | 1.1　测算经济指标，验证设计的经济性，协助设计院进一步优化 | 层层限额，动态管理 |
| 2 | 提出设计图纸深度要求 | 2.1　按专业分别提出图纸深度要求 | |
| 3 | 编制或审核施工图预算 | 3.1　收集基础资料 | 传统咨询业务，按中价协规定编审 |
| | | 3.2　拟定编制原则 | |
| | | 3.3　计算工程量 | |
| | | 3.4　编制工程量清单 | |

续表

| 序号 | 工作事项 | 工作内容 | 备注 |
|---|---|---|---|
| 3 | 编制或审核施工图预算 | 3.5 套用定额、取费 | 传统咨询业务，按中价协规定编审 |
| | | 3.6 二级复核 | |
| | | 3.7 出具施工图预算成果文件 | |
| 4 | 资料归档 | | |

招标阶段造价咨询工作内容表　　　　　　　　　　表 6-5

| 序号 | 工作事项 | 工作内容 | 备注 |
|---|---|---|---|
| 1 | 合约规划 | 1.1 划分合同包及招标标段，确定发包模式 | 合约规划需由项目经理牵头，组织造价、招标、设计、工程等相关人员参与，可在设计阶段或招标阶段编制 |
| | | 1.2 拟定合同包（标段）招标范围，明确工作界面 | |
| | | 1.3 按合同包（标段）重新分解造价控制目标 | |
| | | 1.4 出具合约规划书 | |
| 2 | 编制工作计划 | 2.1 《总承包工程量清单及招标控制价编审计划》 | 可合并编制，也可分开编制 |
| | | 2.2 《专业分包工程量清单及招标控制价编审计划》 | |
| | | 2.3 《设备清单及招标控制价编审计划》 | |
| 3 | 配合招标 | 3.1 配合业主确定计价模式 | 投标报价原则与工程量清单及招标控制价编制原则相同 |
| | | 3.2 拟定工程量清单编制范围及详细工作界面 | |
| | | 3.3 编制投标报价原则 | |
| | | 3.4 配合编写招标文件中造价控制及风险分担条款 | |
| | | 3.5 起草合同文件 | |
| | | 3.6 参与招标文件会审会、答疑、补遗 | |
| 4 | 检查图纸的可报价性 | 4.1 检查图纸是否达到招标要求的深度 | |
| | | 4.2 读图预先发现错、漏、碰、缺及图纸疑问 | |
| | | 4.3 要求设计院澄清或解决疑问 | |
| | | 4.4 参与图纸会审 | |
| | | 4.5 提出因图纸表述模糊可能造成的风险 | |
| | | 4.6 图纸优化建议 | |
| 5 | 编审工程量清单及招标控制价 | 5.1 拟定工程量清单及控制价编制原则 | 传统咨询工作，按中价协要求编审 |
| | | 5.2 收集相关资料 | |
| | | 5.3 编审工程清单及招标控制价 | |
| | | 5.4 二级复核 | |
| | | 5.5 出具成果文件 | |
| 6 | 控制价与目标值比较 | 6.1 与造价控制目标值对比，找原因 | |
| | | 6.2 与类似工程对标，找差距 | |
| | | 6.3 提优化建议 | |
| | | 6.4 调整造价控制目标（如果需要） | |

| 序号 | 工作事项 | 工 作 内 容 | 备注 |
|---|---|---|---|
| 7 | 清标 | 7.1　投标文件完整性复核（含招标文件的补遗） | |
| | | 7.2　投标文件符合性复核，特别是对合同条件偏离条款的复核 | |
| | | 7.3　算术误差的复核与修正 | |
| | | 7.4　缺、漏、重项的复核 | |
| | | 7.5　不平衡报价的复核 | |
| | | 7.6　非合理偏低／偏高单价的复核 | |
| | | 7.7　措施费项目报价合理性复核 | |
| | | 7.8　澄清投标价的疑问及错误 | |
| | | 7.9　指出存在的问题及潜在风险 | |
| | | 7.10　编制清标报告 | |
| 8 | 签订施工合同 | 8.1　按招标文件起草合同 | |
| | | 8.2　参与合同洽谈 | |
| | | 8.3　清标发现的问题、洽谈的内容修改到合同中 | |
| | | 8.4　签订施工合同 | |
| 9 | 资料归档 | 9.1　合约规划书 | |
| | | 9.2　招标文件 | |
| | | 9.3　工程量清单及招标控制价编制报告 | |
| | | 9.4　工程量清单及招标控制价审核报告 | |
| | | 9.5　招标施工图 | |
| | | 9.6　中标人的投标文件 | |
| | | 9.7　中标人的澄清函、承诺函 | |
| | | 9.8　清标报告 | |
| | | 9.9　合同文件 | |

施工阶段造价咨询工内容表　　　　　　　　　　　　　　　　　　　表 6-6

| 序号 | 工作事项 | 工 作 内 容 | 备注 |
|---|---|---|---|
| 1 | 合同管理 | 1.1　清理施工合同与招标文件是否一致 | 从施工阶段开展造价咨询的使用 |
| | | 1.2　清标（内容同上） | |
| | | 1.3　施工合同、工程量清单交底 | |
| | | 1.4　建立各类合同台账 | |
| 2 | 合同包干价计算（暂转固） | 2.1　根据实施版施工图计算工程量 | 采用模拟清单招标的使用 |
| | | 2.2　与施工方核对工程量 | |
| | | 2.3　编制施工图预算包干总价 | |
| 3 | 新增项目综合单价 | 3.1　新材料、新工艺综合单价分析、测算 | |
| | | 3.2　新增子目综合单价审核 | |
| 4 | 调整资金使用计划 | 4.1　根据施工进度计划、施工图预算或投标报价进行调整 | |

| 序号 | 工作事项 | 工 作 内 容 | 备注 |
|---|---|---|---|
| 5 | 材料/设备价格审核 | 5.1　确定材料/设备核价流程 | |
| | | 5.2　组织核价工作 | |
| | | 5.3　协助业主签发材料、设备核价单 | |
| 6 | 现场收方 | 6.1　确定参与人员 | |
| | | 6.2　熟悉施工合同和清单，判断是否满足收方要求 | |
| | | 6.3　准备收方表格 | |
| | | 6.4　检查收方工具 | |
| | | 6.5　参建各方参与现场收方 | |
| | | 6.6　参建各方复核数据、签字确认 | |
| | | 6.7　统一编码、整理归档、建立台账 | |
| 7 | 进度款审核 | 7.1　按形象进度或施工节点审核工程量 | 严格审查，避免超付 |
| | | 7.2　根据合同扣减工程预付款、质量保证金 | |
| | | 7.3　根据合同增加或扣减设计变更、索赔费用，并随进度款一起支付 | |
| | | 7.4　建立进度款支付台账 | |
| 8 | 设计变更 | 8.1　初步估算变更金额 | |
| | | 8.2　多方案技术经济比较 | |
| | | 8.3　业主确认 | |
| | | 8.4　发出变更指令 | |
| | | 8.5　建立设计变更台账 | |
| 9 | 施工措施 | 9.1　初步估算措施费 | |
| | | 9.2　多方案技术经济比较 | |
| | | 9.3　业主确认 | |
| | | 9.4　现场收方计量，措施费按实计算 | |
| 10 | 索赔处理 | 10.1　确认索赔事件 | |
| | | 10.2　收集证据 | |
| | | 10.3　现场收方计量 | |
| | | 10.4　根据合同约定，费用按实计算 | |
| 11 | 工程造价动态控制 | 11.1　根据造价控制目标，编制造价控制计划 | |
| | | 11.2　对工程造价的执行状况进行跟踪、检查、分析和比较 | |
| | | 11.3　找出偏差，分析偏差产生的原因 | |
| | | 11.4　制定纠偏措施，消除引起偏差的原因，确保造价控制目标的实现 | |
| | | 11.5　绘制造价动态控制曲线 | |
| 12 | 日常管理 | 12.1　查看现场（了解工程施工进度，工地发生的重要事项，施工现场有无偷工减料、材料替换等情况） | |
| | | 12.2　咨询日记 | |
| 13 | 月度报告 | 13.1　编制月报，内容包括形象进度、费用支付、工程变更、成本预警等 | |
| | | 13.2　建立月报台账 | |

| 序号 | 工作事项 | 工 作 内 容 | 备注 |
|---|---|---|---|
| 14 | 资料归档 | 14.1 合同文件 | |
| | | 14.2 认质核价制度及流程 | |
| | | 14.3 材料、设备核价单 | |
| | | 14.4 现场签证单 | |
| | | 14.5 设计变更单 | |
| | | 14.6 经确认的施工措施方案 | |
| | | 14.7 索赔证据 | |
| | | 14.8 进度款申请及审批意见 | |
| | | 14.9 各类台账 | |
| | | 14.10 造价动态控制曲线 | |

**竣工阶段造价咨询工作内容表**　　　　　　　　　　表 6-7

| 序号 | 工作事项 | 工 作 内 容 | 备注 |
|---|---|---|---|
| 1 | 编制结算审核工作计划 | 1.1 咨询类结算审核工作计划 | |
| | | 1.2 工程类结算审核工作计划 | |
| | | 1.3 材料/设备类结算审核工作计划 | |
| | | 1.4 其他 | |
| 2 | 竣工图要求 | 2.1 全面、真实地反映工程的实际情况 | |
| | | 2.2 与隐蔽资料、技术资料相符合 | |
| | | 2.3 设计变更、工程洽商单反映在竣工图上，并注明变更编号，其施工工艺及作法应明确 | |
| | | 2.4 未按施工图或变更实施的应当在竣工图上加以说明 | |
| | | 2.5 竣工图盖章、签字齐全 | |
| 3 | 结算资料收集（审核前） | 3.1 施工合同、补充协议 | |
| | | 3.2 招标文件、投标书和中标通知书 | |
| | | 3.3 审定的施工组织设计或技术措施方案 | |
| | | 3.4 设计变更图、设计变更单、图纸会审记录 | |
| | | 3.5 隐蔽工程资料 | |
| | | 3.6 施工过程中发生的各项经济签证 | |
| | | 3.7 材料核价单、认质核价程序及管理办法 | |
| | | 3.8 业主供料明细表 | |
| | | 3.9 工程竣工验收报告 | |
| | | 3.10 工程竣工图纸（全套签证齐全） | |
| | | 3.11 送审结算书纸质版（加盖编制单位公章、造价人员资格用章） | |
| | | 3.12 工程结算书全套软件版（图形算量及组价） | |
| | | 3.13 其他影响工程造价的有关资料 | |

续表

| 序号 | 工作事项 | 工作内容 | | 备注 |
|---|---|---|---|---|
| 4 | 竣工结算审核 | 4.1 | 现场踏勘 | 常规业务，不详述 |
| | | 4.2 | 审核结算资料的真实性、有效性、完整性、合法性 | |
| | | 4.3 | 确定审核方法 | |
| | | 4.4 | 常见问题处理：竣工图与实物不符，核价不准，界面不清，清单漏项、重项、特征描述不完善，物价变化，工期延误，甲供材料、设备扣款（采保费、领用量等），合同约定的奖励、处罚 | |
| | | 4.5 | 与承包方核对 | |
| | | 4.6 | 二级复核 | |
| | | 4.7 | 签署结算定案表，出具合同包（标段）结算报告 | |
| | | 4.8 | 出具项目竣工结算总报告 | |
| 5 | 资料归档 | 5.1 | 前述第3条3.1～3.12包含的资料 | |
| | | 5.2 | 结算审核报告书 | |
| | | 5.3 | 工程量计算及组价全套电子版 | |
| | | 5.4 | 全套资料移交业主，保留复印件和业主签收记录 | |
| 6 | 项目后评估 | 6.1 | 分析造价控制目标执行情况，结算金额与控制目标、招标价格对比，分析差异原因 | |
| | | 6.2 | 与类似工程指标对比，总结经验、教训 | |
| | | 6.3 | 分析成本控制重点、难点 | |
| | | 6.4 | 合理性建议 | |
| | | 6.5 | 整理结算数据，并录入数据库 | |

**审计阶段工作内容表**　　　　　　　　　　　　　　　　　　表6-8

| 序号 | 工作事项 | 工作内容 | | 备注 |
|---|---|---|---|---|
| 1 | 工程审计 | 1.1 | 审计工程经济相关资料 | |
| | | 1.2 | 审计进度支付 | |
| | | 1.3 | 审计工程造价 | |
| 2 | 财务审计 | 2.1 | 审计建设资金全过程走向 | |
| | | 2.2 | 审计资金使用合规性 | |
| | | 2.3 | 审计工程建设其他费用真实性、合规性 | |
| | | 2.4 | 审计内控制度的健全性 | |
| | | 2.5 | 审计财务核算规范性、真实性 | |
| | | 2.6 | 审计专款专用、资金挤占、挪用、虚列、转移、贪污、私分等 | |
| 3 | 后评价审计 | 3.1 | 审计建设项目的合规、合法性评价 | |
| | | 3.2 | 审计建设项目的实现情况评价 | |
| | | 3.3 | 审计建设项目建成后的效益发生情况评价 | |
| 4 | 资料存档 | | | |

## 6.4　造价管理工作计划

计划是指导工作的行动纲领，造价管理也不例外，通过计划可理清工作思路、工作方法以及工作内容与时间的关系。造价管理工作计划分为两个层次：第一层次，《造价咨询工作总计划》，包括全过程造价咨询所有工作内容及时间安排，是开展造价咨询工作的总纲；第二层次，重要事项工作计划，如《工程量清单及招标控制价编审工作计划》《竣工结算编审工作计划》《资金使用计划》，等等。

在编制计划之前，一定要根据项目实际情况梳理所有咨询工作内容、管理工作内容以及各项工作之间的逻辑关系，再依据进度计划进行编制，其造价咨询工作时间安排必须满足工程进度要求。

**【案例】**崇州人民医院及妇幼保健院项目《造价咨询工作总计划》《工程量清单及招标控制价编审工作计划》《资金使用计划》（**表 6-9 ～表 6-14、图 6-4 ～图 6-6**）。

造价咨询工作总计划　　　　　　　　　　表 6-9

| 序号 | 工作事项 | 时间 | | | 责任人 | |
| --- | --- | --- | --- | --- | --- | --- |
| | | 开始 | 完成 | 工作天数 | 编制 | 审核 |
| 1 | 投资匡算 | 2008/8/31 | 2008/9/4 | 5 | *** | *** |
| 2 | 投资估算 | 2008/10/1 | 2008/10/5 | 5 | *** | *** |
| 3 | 多方案技术经济比选 | 2008/11/20 | 2008/12/1 | 12 | *** | *** |
| 4 | 造价控制目标（按估算批复） | 2008/10/12 | 2008/10/17 | 6 | *** | *** |
| 5 | 协助设计院限额设计（初步设计） | 2008/12/12 | 2009/1/10 | 30 | *** | *** |
| 6 | 概算审核及优化 | 2009/2/15 | 2009/3/1 | 15 | *** | *** |
| 7 | 概算评审 | 2009/3/3 | 2009/3/4 | 2 | *** | *** |
| 8 | 调整造价控制目标（按概算批复） | 2009/3/25 | 2009/3/29 | 5 | *** | *** |
| 9 | 协助设计院限额设计（施工图设计） | 2009/3/30 | 2009/4/20 | 22 | *** | *** |
| 10 | 资金使用计划 | 2009/3/26 | 2009/3/30 | 5 | *** | *** |
| 11 | 施工图深度要求 | 2009/4/1 | 2009/4/3 | 3 | *** | *** |
| 12 | 施工图预算 | 2009/4/20 | 2009/5/9 | 20 | *** | *** |
| 13 | 合约规划 | 2009/4/1 | 2009/4/10 | 10 | *** | *** |
| 14 | 配合招标 | 2009/4/10 | 2009/12/20 | 255 | *** | *** |
| 15 | 工程量清单及招标控制价 | 2009/4/28 | 2009/5/27 | 30 | *** | *** |
| 16 | 清标 | 2009/6/21 | 2009/6/25 | 5 | *** | *** |
| 17 | 签订施工合同 | 2009/6/26 | 2009/6/29 | 4 | *** | *** |
| 18 | 施工合同、工程量清单交底 | 2009/6/30 | 2009/7/1 | 2 | *** | *** |
| 19 | 建立各类合同台账 | 2008/9/1 | 2010/5/10 | 617 | *** | *** |
| 20 | 调整资金使用计划 | 2009/4/10 | 2009/4/16 | 7 | *** | *** |
| 21 | 材料／设备价格审核 | 2009/6/4 | 2010/5/10 | 341 | *** | *** |
| 22 | 现场收方及台账 | 2009/7/1 | 2010/5/10 | 314 | *** | *** |
| 23 | 进度款审核及台账 | 2009/7/1 | 2010/5/10 | 314 | *** | *** |
| 24 | 变更测算及台账 | 2009/7/1 | 2010/5/10 | 314 | *** | *** |
| 25 | 施工措施费测算 | 2009/7/1 | 2010/5/10 | 314 | *** | *** |

| 序号 | 工作事项 | 时间 | | | 责任人 | |
|---|---|---|---|---|---|---|
| | | 开始 | 完成 | 工作天数 | 编制 | 审核 |
| 26 | 索赔处理及台账 | 2009/7/1 | 2010/5/10 | 314 | *** | *** |
| 27 | 造价控制动态曲线 | 2009/7/1 | 2010/5/10 | 314 | *** | *** |
| 28 | 竣工结算 | 2010/5/11 | 2010/7/9 | 60 | *** | *** |
| 29 | 项目后评估 | 2010/7/10 | 2010/7/16 | 7 | *** | *** |
| 30 | 配合项目审计 | 2010/8/1 | 2010/9/29 | 60 | *** | *** |

**工程量清单及招标控制价编审工作计划**　　　　　表 6-10

| 序号 | 工程名称 | 招标时间 | | | 清单编制及组价（编、审单位同步进行） | | | 清单及组价核对 | | | 出具报告时间 | | |
|---|---|---|---|---|---|---|---|---|---|---|---|---|---|
| | | 开始时间（发招标文件） | 完成时间（公示完成） | 持续时间（天） | 开始 | 结束 | 持续时间（天） | 开始 | 结束 | 持续时间（天） | 开始 | 结束 | 持续时间（天） |
| 一 | 总承包工程 | 2009-5-28 | 2009-6-26 | 30 | 2009-4-28 | 2009-5-27 | 30 | 2009-5-28 | 2009-6-1 | 5 | 2009-6-2 | 2009-6-4 | 3 |
| 二 | 专业承包工程 | | | | | | | | | | | | |
| 1 | 室内装修招标 | 2009-10-17 | 2009-11-15 | 30 | 2009-9-19 | 2009-10-13 | 25 | 2009-10-14 | 2009-10-18 | 5 | 2009-10-19 | 2009-10-21 | 3 |
| 2 | 道路管网工程 | 2009-12-2 | 2009-12-31 | 30 | 2009-10-9 | 2009-10-28 | 20 | 2009-11-29 | 2009-12-3 | 5 | 2009-12-4 | 2009-12-6 | 3 |
| 3 | 环境绿化工程 | 2009-12-2 | 2009-12-31 | 30 | 2009-10-9 | 2009-10-28 | 20 | 2009-11-29 | 2009-12-3 | 5 | 2009-12-4 | 2009-12-6 | 3 |
| 4 | 玻璃幕墙、外墙门窗、轻钢雨棚、玻璃穹顶 | 2009-10-17 | 2009-11-15 | 30 | 2009-9-24 | 2009-10-13 | 20 | 2009-10-14 | 2009-10-18 | 5 | 2009-10-19 | 2009-10-21 | 3 |
| 5 | 智能化系统 | 2009-10-17 | 2009-11-15 | 30 | 2009-9-24 | 2009-10-13 | 20 | 2009-10-14 | 2009-10-18 | 5 | 2009-10-19 | 2009-10-21 | 3 |
| 三 | 设备采购及安装 | | | | | | | | | | | | |
| 1 | 电梯招标 | 2009-7-27 | 2009-8-25 | 30 | 2009-7-12 | 2009-7-26 | 15 | 2009-7-27 | 2009-7-29 | 3 | 2009-7-30 | 2009-8-1 | 3 |
| 2 | 发电机组招标 | 2009-7-27 | 2009-8-25 | 30 | 2009-7-12 | 2009-7-26 | 15 | 2009-7-27 | 2009-7-29 | 3 | 2009-7-30 | 2009-8-1 | 3 |
| 3 | 水源热泵机组招标 | 2009-7-27 | 2009-8-25 | 30 | 2009-7-12 | 2009-7-26 | 15 | 2009-7-27 | 2009-7-29 | 3 | 2009-7-30 | 2009-8-1 | 3 |

崇州人民医院及妇幼保健院建设项目分级资金计划表　　　　　　表 6-11

| 序号 | 项目名称 | 工期计划 | | 计划投资 | 2009年资金计划 | | | | 2010年资金计划 | | 后期 | | | | | 资金计划层级 |
| --- | --- | --- | --- | --- | --- | --- | --- | --- | --- | --- | --- | --- | --- | --- | --- | --- |
| | | 开始时间 | 完成时间 | | 5月 | 6月 | …… | …… | 6月 | 7月 | 一审完成后 | 国家审计完成后 | 竣工1年后 | 竣工2年后 | 竣工5年后 | |
| | 工程总投资 | | | 26342 | 918 | 1363 | …… | …… | 2636 | 1371 | 1966 | 1182 | 0 | 1062 | 120 | 一级 |
| 一 | 工程费用 | | | 23641 | 0 | 1205 | …… | …… | 2562 | 1230 | 1966 | 1182 | 0 | 1062 | 120 | 二级 |
| （一） | 妇幼保健院工程费用 | 200.7.1 | 2010.6.30 | 2345 | 0 | 234 | …… | …… | 82 | 66 | 234 | 117 | 0 | 94 | 23 | 三级 |
| 1 | 建筑工程费用 | 200.7.1 | 2010.6.30 | 1603 | | 160 | …… | …… | 56 | 45 | 160 | 80 | | 64 | 16 | 四级 |
| 2 | 安装工程费用 | | | 742 | 0 | 74 | …… | …… | 26 | 21 | 74 | 37 | 0 | 30 | 7 | 四级 |
| 1） | 给排水系统 | 200.7.1 | 2010.6.30 | 147 | | 15 | …… | …… | 5 | 4 | 15 | 7 | | 6 | 1 | 五级 |
| 2） | 电气系统 | 200.7.1 | 2010.6.30 | 339 | | 34 | …… | …… | 12 | 10 | 34 | 17 | | 14 | 3 | 五级 |
| 3） | 火灾报警系统 | 200.7.1 | 2010.6.30 | 48 | | 5 | …… | …… | 2 | 1 | 5 | 2 | | 2 | 0 | 五级 |
| 4） | 通风系统 | 200.7.1 | 2010.6.30 | 208 | | 21 | …… | …… | 7 | 6 | 21 | 10 | | 8 | 2 | 五级 |
| （二） | 人民医院工程费用 | 200.7.1 | 2010.6.30 | 9705 | 0 | 970 | …… | …… | 340 | 272 | 970 | 485 | 0 | 388 | 97 | 三级 |
| 1 | 建筑工程费用 | 200.7.1 | 2010.6.30 | 6181 | | 618 | …… | …… | 216 | 173 | 618 | 309 | | 247 | 62 | 四级 |
| 2 | …… | …… | …… | …… | …… | …… | …… | …… | …… | …… | …… | …… | …… | …… | …… | …… |
| （三） | 专业承包工程 | | | 6005 | 0 | 0 | …… | …… | 688 | 431 | 601 | 300 | 0 | 300 | 0 | 三级 |
| 1 | 外墙门窗与幕墙工程 | 2009.1231 | 2010.6.30 | 1100 | | | …… | …… | | | 110 | 55 | | 55 | | 四级 |
| 2 | …… | …… | …… | …… | …… | …… | …… | …… | …… | …… | …… | …… | …… | …… | …… | |
| （四） | 总图工程费用 | | | 1604 | 0 | 0 | …… | …… | 146 | 63 | 160 | 80 | 0 | 80 | 0 | 三级 |
| 1 | 污水处理系统 | 2010.3.1 | 2010.6.30 | 150 | | | …… | …… | 16 | 5 | 15 | 8 | | 8 | | 四级 |
| 2 | …… | …… | …… | …… | …… | …… | …… | …… | …… | …… | …… | …… | …… | …… | …… | |
| （五） | 设备采购工程费用 | | | 3982 | 0 | 0 | …… | …… | 1306 | 398 | 0 | 199 | 0 | 199 | 0 | 三级 |
| 1 | 电梯及扶梯采购与安装 | 2010.2.1 | 2010.6.30 | 496 | | | …… | …… | | 50 | | 25 | | 25 | | 四级 |
| 2 | …… | …… | …… | …… | …… | …… | …… | …… | …… | …… | …… | …… | …… | …… | …… | |
| 二 | 工程建设其他费用 | | | 2701 | 918 | 158 | …… | …… | 74 | 142 | 0 | 0 | 0 | 0 | 0 | 二级 |
| （一） | 规划方案编制及评审费 | | | 11 | 11 | | …… | …… | | | | | | | | 三级 |
| （二） | 项目建设管理代理费 | | | 248 | | | …… | …… | 19 | 19 | | | | | | 三级 |
| （三） | 土地拆迁购置费 | | | 896 | 896 | | …… | …… | | | | | | | | 三级 |

续表

| 序号 | 项目名称 | 工期计划 | | 计划投资 | 2009年资金计划 | | | 2010年资金计划 | | | 后期 | | | | | 资金计划层级 |
|------|----------|----------|----------|----------|------|------|--------|------|------|------|----------|----------|------|------|------|----------|
| | | 开始时间 | 完成时间 | | 5月 | 6月 | …… | …… | 6月 | 7月 | 一审完成后 | 国家审计完成后 | 竣工1年后 | 竣工2年后 | 竣工5年后 | |
| （四） | 市政基础设施配套费 | | | 0 | | | …… | …… | | | | | | | | 三级 |
| （五） | 人防地下室易地建设费 | | | 0 | | | …… | …… | | | | | | | | 三级 |
| （六） | 工程勘察设计费 | | | 766 | | 77 | …… | …… | | 77 | | | | | | 三级 |
| （七） | 勘查成果审查费 | | | 11 | 11 | | …… | …… | | | | | | | | 三级 |
| （八） | 施工图审查费 | | | 29 | | 29 | …… | …… | | | | | | | | 三级 |
| （九） | 工程建设监理费 | | | 378 | | | …… | …… | 29 | 29 | | | | | | 三级 |
| （十） | 建设工程质量监督费 | | | 0 | | | …… | …… | | | | | | | | 三级 |
| （十一） | 概算审查费 | | | 23 | | 23 | …… | …… | | | | | | | | 三级 |
| （十二） | 工程量清单审核费用 | | | 23 | | | …… | …… | | | | | | | | 三级 |
| （十三） | 造价全过程控制费（含结、决算） | | | 154 | | | …… | …… | 12 | 12 | | | | | | 三级 |
| （十四） | 招标代理费 | | | 35 | | | …… | …… | | | | | | | | 三级 |
| （十五） | 白蚁防治费 | | | 6 | | | …… | …… | | | | | | | | 三级 |
| （十六） | 建设工程综合服务费 | | | 14 | | 14 | …… | …… | | | | | | | | 三级 |
| （十七） | 点位放线费 | | | 2 | | | …… | …… | | | | | | | | 三级 |
| （十八） | 建筑放线费 | | | 1 | | | …… | …… | | | | | | | | 三级 |
| （十九） | 暂列其他费用 | | | 65 | | | …… | …… | 5 | 5 | | | | | | 三级 |
| （二十） | 场地准备及临时设施费 | | | 30 | | 15 | …… | …… | | | | | | | | 三级 |
| （二十一） | 放射设备房职业病危害放射防护评价费 | | | 9 | | | …… | …… | | 9 | | | | | | 三级 |

**崇州人民医院及妇幼保健院建设项目一级资金计划曲线图**　　　　　　　表 6-12

| 时间\计划 | 2009年资金计划 | | | | | | | | 2010年度资金计划 | | | | | | | 后期 | | | | |
|-----------|------|------|------|------|------|------|------|------|------|------|------|------|------|------|------|------|------|------|------|------|
| | 5月及以前 | 6月 | 7月 | 8月 | 9月 | 10月 | 11月 | 12月 | 1月 | 2月 | 3月 | 4月 | 5月 | 6月 | 7月 | 一审完成后 | 国家审计完成后 | 竣工1年后 | 竣工2年后 | 竣工5年后 |
| 月度资金计划 | 918 | 1363 | 449 | 531 | 869 | 640 | 840 | 1022 | 2023 | 2105 | 2138 | 3386 | 1721 | 2636 | 1371 | 1966 | 1182 | 0 | 1062 | 120 |
| 月度累计资金计划 | 918 | 2280 | 2730 | 3260 | 4130 | 4770 | 5609 | 6631 | 8655 | 10760 | 12898 | 16284 | 18004 | 20640 | 22012 | 23978 | 25160 | 25160 | 26221 | 26342 |

单位：万元

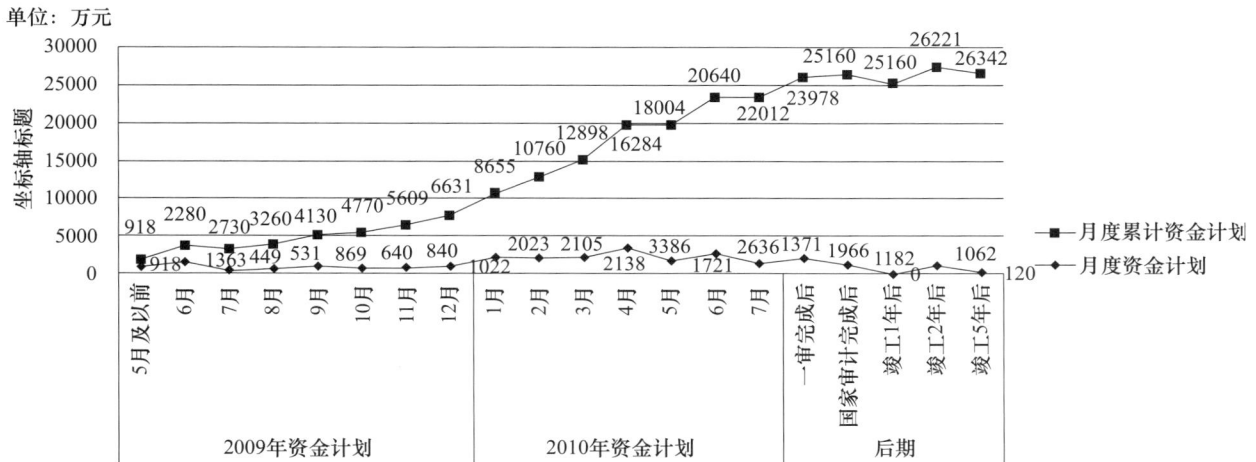

图 6-4　崇州人民医院及妇幼保健院建设项目一级资金计划表

崇州人民医院及妇幼保健院建设项目二级资金计划曲线图（工程费用）　　表 6-13

| 时间<br>计划 | 2009 年资金计划 | | | | | | | 2010 年度资金计划 | | | | | | | 后期 | | | | |
|---|---|---|---|---|---|---|---|---|---|---|---|---|---|---|---|---|---|---|---|
| | 5月及<br>以前 | 6月 | 7月 | 8月 | 9月 | 10月 | 11月 | 12月 | 1月 | 2月 | 3月 | 4月 | 5月 | 6月 | 7月 | 一审完<br>成后 | 国家审计<br>完成后 | 竣工1<br>年后 | 竣工2<br>年后 | 竣工5<br>年后 |
| 月度资<br>金计划 | 0 | 1205 | 302 | 466 | 575 | 575 | 775 | 957 | 1729 | 2040 | 2073 | 3167 | 1656 | 2562 | 1230 | 1966 | 1182 | 0 | 1062 | 120 |
| 月度累<br>计资金<br>计划 | 0 | 1205 | 1507 | 1973 | 2548 | 3122 | 3897 | 4854 | 6583 | 8623 | 10696 | 13863 | 15519 | 18081 | 19311 | 21277 | 22459 | 22459 | 23520 | 23641 |

单位：万元

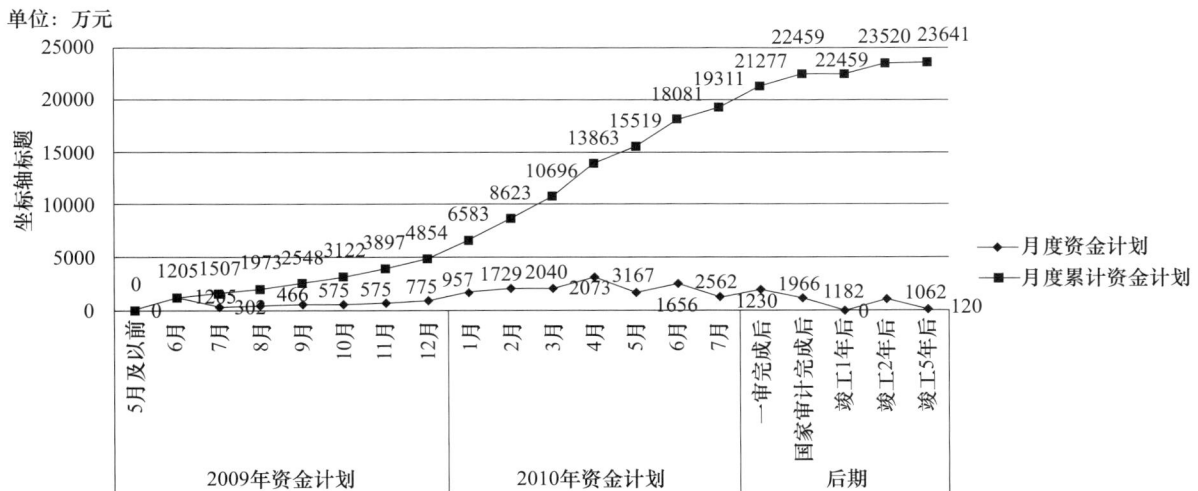

图 6-5　崇州人民医院及妇幼保健院建设项目二级资金计划表——工程费用部分

崇州人民医院及妇幼保健院建设项目二级资金计划曲线图（其他费用）　　表 6-14

| 时间<br>计划 | 2009 年资金计划 | | | | | | | 2010 年度资金计划 | | | | | | | 后期 | | | | |
|---|---|---|---|---|---|---|---|---|---|---|---|---|---|---|---|---|---|---|---|
| | 5月及<br>以前 | 6月 | 7月 | 8月 | 9月 | 10月 | 11月 | 12月 | 1月 | 2月 | 3月 | 4月 | 5月 | 6月 | 7月 | 一审完<br>成后 | 国家审计<br>完成后 | 竣工1<br>年后 | 竣工2<br>年后 | 竣工5<br>年后 |
| 月度资<br>金计划 | 918 | 158 | 147 | 65 | 295 | 65 | 65 | 65 | 295 | 65 | 65 | 218 | 65 | 74 | 142 | 918 | 158 | 147 | 65 | 295 |
| 月度累<br>计资金<br>计划 | 918 | 1075 | 1222 | 1287 | 1582 | 1647 | 1712 | 1777 | 2072 | 2137 | 2202 | 2420 | 2485 | 2559 | 2701 | 918 | 1075 | 1222 | 1287 | 1582 |

单位：万元

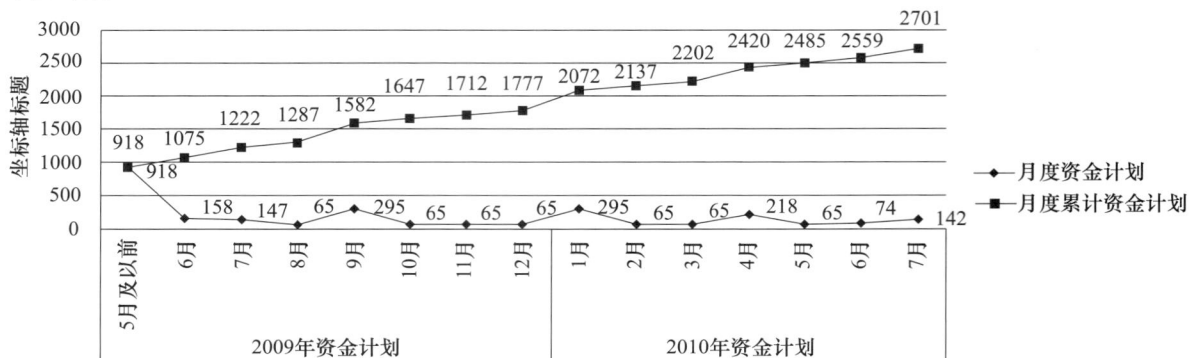

图 6-6 崇州人民医院及妇幼保健院建设项目二级资金计划表——工程建设其他费用部分

# 6.5 匡算要点与案例

投资匡算是在项目投资前，根据现有的资料和特定的方法对建设项目的投资数额进行初步计算，是最粗略的投资测算，作为投资者决定是否继续进行可行性研究的依据之一，供项目投资决策使用，为投资者决策提供数据支持。投资匡算编制主要依据大数据和造价工程师的经验积累。

**【案例】崇州人民医院及妇幼保健院项目投资匡算**

1. 收集相关经济资料

包括已完工程的财务决算资料、工程结算资料及准备实施的类似项目中标预算资料，并对其进行指标分析，具体如下：

（1）类似项目的财务决算资料及相应的工程结算资料分析

收集全国各地类似医院的工程决算及结算资料，整理分析出相应实际总投资指标、建安工程指标，如表 6-15、表 6-16 所示。

类似项目财务决算总投资指标表      表 6-15

| 项目名称 | 项目所在地 | 床位数（张） | 建筑面积（m²） | 总投资金额（元） | 单方造价（元/m²） | 竣工时间 | 医院等级 |
|---|---|---|---|---|---|---|---|
| 项目 A | 华东 | 450 | 51751.56 | 254635270.73 | 4920 | 2007.10 | 二级甲等 |
| 项目 B | 华南 | 420 | 48302.23 | 232500368.99 | 4913 | 2006.7 | 二级甲等 |
| 项目 C | 西南 | 400 | 46005.12 | 214877954.19 | 4671 | 2006.12 | 二级乙等 |
| 项目 D | 华北 | 350 | 40252.56 | 182075612.22 | 4523 | 2005.6 | 二级乙等 |
| 项目 E | 西北 | 330 | 37951.45 | 152210741.97 | 4011 | 2007.8 | 二级乙等 |

说明：

① 以上财务决算指标包含基本医疗设备费、工程建设其他费；

② 总投资指标在 4000～5000 元/m²。

类似项目建筑安装工程结算造价指标表（单位：元/m²）      表 6-16

| 序号 | 分部工程 | A 项目单方造价 | B 项目单方造价 | C 项目单方造价 | D 项目单方造价 | E 项目单方造价 |
|---|---|---|---|---|---|---|
| 1 | 门诊楼 | 3617.69 | 3543.5 | 3403.3 | 3295.78 | 2862.31 |
| （1） | 土石方工程 | 66.20 | 135.87 | 165.24 | 54.76 | 72.82 |
| （2） | 基础工程 | 270.81 | 315.87 | 376.54 | 259.38 | 250.53 |

| 序号 | 分部工程 | A 项目单方造价 | B 项目单方造价 | C 项目单方造价 | D 项目单方造价 | E 项目单方造价 |
|------|----------|----------------|----------------|----------------|----------------|----------------|
| （3） | 主体建筑工程 | 2413.33 | 2313.22 | 2148.53 | 2185.91 | 1873.16 |
| （4） | 主体安装工程 | 867.35 | 778.54 | 712.99 | 795.72 | 665.81 |
| 2 | 医技楼 | 3818.93 | 3740.6 | 3592.6 | 3479.11 | 3021.53 |
| （1） | 土石方工程 | 88.82 | 167.00 | 183.55 | 80.91 | 50.27 |
| （2） | 基础工程 | 288.65 | 323.35 | 363.33 | 235.64 | 204.65 |
| （3） | 主体建筑工程 | 2600.24 | 2496.30 | 2374.36 | 2396.20 | 2081.04 |
| （4） | 主体安装工程 | 841.21 | 753.96 | 671.36 | 766.36 | 685.57 |
| 3 | 住院部 | 3327.68 | 3259.43 | 3130.47 | 3031.57 | 2632.86 |
| （1） | 土石方工程 | 68.72 | 147.31 | 164.65 | 62.61 | 34.37 |
| （2） | 基础工程 | 153.66 | 260.51 | 294.55 | 139.98 | 121.57 |
| （3） | 主体建筑工程 | 2241.06 | 2115.09 | 2008.25 | 2041.64 | 1793.13 |
| （4） | 主体安装工程 | 864.24 | 736.52 | 663.02 | 787.34 | 683.79 |
| 4 | 保障楼 | 3355.19 | 3286.37 | 3156.35 | 3056.63 | 2654.62 |
| （1） | 土石方工程 | 87.30 | 85.50 | 82.12 | 79.53 | 69.07 |
| （2） | 基础工程 | 175.59 | 171.99 | 165.19 | 159.97 | 138.93 |
| （3） | 主体建筑工程 | 2221.92 | 2176.34 | 2090.24 | 2024.20 | 1757.98 |
| （4） | 主体安装工程 | 870.39 | 852.53 | 818.80 | 792.93 | 688.65 |
| 5 | 室外总图工程 | 427.57 | 418.80 | 402.23 | 389.52 | 338.29 |
| 合计 | 单方造价 | 3959.28 | 3878.08 | 3724.64 | 3606.97 | 3132.58 |

说明：

① 以上指标均为建筑安装工程结算指标，含建安设备，不含医疗设备及工程建设其他费用；

② 建安工程造价指标在 3000 ～ 4000 元 / m²。

（2）参考近期类似项目中标预算资料

从不同渠道收集到 2008 年底以前已中标、正准备实施的类似医院项目的中标预算指标（不含医疗设备、工程建设其他费用），整理分析相应的预算造价指标，如表 6-17 所示。

类似项目中标建筑安装工程预算造价指标表（单位：元 / m²）　　表 6-17

| 序号 | 分部工程 | 项目 1 单方造价 | 项目 2 单方造价 | 项目 3 单方造价 | 项目 4 单方造价 | 项目 5 单方造价 |
|------|----------|-----------------|-----------------|-----------------|-----------------|-----------------|
| 1 | 门诊楼 | 3355.29 | 3347.29 | 3312.38 | 3138.96 | 2841.81 |
| （1） | 土石方工程 | 65.03 | 134.99 | 164.84 | 54.06 | 72.73 |
| （2） | 基础工程 | 253.34 | 302.81 | 370.49 | 248.94 | 249.17 |
| （3） | 主体建筑工程 | 2236.10 | 2180.71 | 2087.13 | 2080.00 | 1859.31 |
| （4） | 主体安装工程 | 800.81 | 728.78 | 689.93 | 755.96 | 660.61 |
| 2 | 医技楼 | 3541.92 | 3533.49 | 3496.63 | 3313.56 | 2999.89 |
| （1） | 土石方工程 | 82.38 | 162.18 | 181.32 | 77.06 | 49.77 |
| （2） | 基础工程 | 269.89 | 309.32 | 356.83 | 224.43 | 203.18 |
| （3） | 主体建筑工程 | 2409.46 | 2353.65 | 2308.26 | 2282.18 | 2066.14 |
| （4） | 主体安装工程 | 780.20 | 708.34 | 650.22 | 729.89 | 680.80 |
| 3 | 住院部 | 3086.31 | 3078.96 | 3046.84 | 2887.32 | 2614.00 |

续表

| 序号 | 分部工程 | 项目1单方造价 | 项目2单方造价 | 项目3单方造价 | 项目4单方造价 | 项目5单方造价 |
|---|---|---|---|---|---|---|
| （1） | 土石方工程 | 63.74 | 143.59 | 162.92 | 59.63 | 33.98 |
| （2） | 基础工程 | 142.51 | 252.17 | 290.69 | 133.32 | 120.70 |
| （3） | 主体建筑工程 | 2078.51 | 1993.55 | 1951.93 | 1944.49 | 1780.42 |
| （4） | 主体安装工程 | 801.55 | 689.64 | 641.30 | 749.87 | 678.89 |
| 4 | 保障楼 | 3111.82 | 3104.41 | 3072.03 | 2911.19 | 2635.61 |
| （1） | 土石方工程 | 80.96 | 80.77 | 79.93 | 75.74 | 68.57 |
| （2） | 基础工程 | 162.86 | 162.47 | 160.77 | 152.36 | 137.93 |
| （3） | 主体建筑工程 | 2060.75 | 2055.84 | 2034.40 | 1927.88 | 1745.38 |
| （4） | 主体安装工程 | 807.25 | 805.33 | 796.93 | 755.20 | 683.71 |
| 5 | 室外总图工程 | 396.56 | 395.61 | 391.49 | 370.99 | 335.87 |
| 合计 | 综合单方造价 | 3672.10 | 3663.35 | 3625.14 | 3435.34 | 3110.14 |

说明：建安工程造价指标在3000～3700元/m²。

2. 崇州人民医院及妇幼保健院投资匡算确定

（1）根据上述类似项目的经济指标，从总投资的角度，单方经济指标在4000～5000元/m²；从建安工费用的角度，结算单方经济指标在3000～4000元/m²，预算单方造价在3000～3700元/m²之间。

（2）根据类似工程指标法，初步确定崇州市人民医院及妇幼保健院在立项阶段，其投资估算约3亿元，总投资单方经济指标为5267元/m²，具体投资估算如表6-18所示。

**崇州人民医院及妇幼保健院投资估算表**　　　　　　　　　　　表6-18

| 序号 | 项目名称 | 建筑面积（m²） | 投资额（万元） | 估算指标（元/m²） | 备注 |
|---|---|---|---|---|---|
| 一 | 项目投资 | 57000 | 24120 | 4231 | |
| 1 | 建筑安装工程费用 | 57000 | 21840 | 3831 | |
| （1） | 人民医院 | 45000 | 18000 | 4000 | |
| （2） | 妇幼保健院 | 12000 | 3840 | 3200 | |
| 2 | 医疗设备费用 | 57000 | 2280 | 400 | |
| 二 | 工程建设其他费 | 57000 | 3169 | 556 | 12% |
| 三 | 预备费 | 57000 | 2730 | 479 | 10% |
| 四 | 项目总投资 | 57000 | 30019 | 5267 | |

说明：以上总投资单方经济指标为5267元/m²，比类似项目总投资指标高约267元/m²，占比约5%左右，考虑主要因素如下：
①各省市均在援建四川灾区，预估实施时人、材、机供求关系紧张，涉及相应价格上涨因素。
②灾区项目运输基础设施受损，材料设备运输困难，导致价格上涨因素。
③灾后恢复重建时间国家肯定有硬性要求，项目存在赶工，导致成本上升。
④估算指标与财务决算指标之间存在差异。

# 6.6　估算要点与案例

投资估算是方案设计阶段合理确定工程造价控制目标的依据，也是限额设计、价值分析、多方案比选、项目决策的基础。投资估算包含工程费用、工程建设其他费用、预备费和应列入总投资的费用。在计算工程建设其他费用时，前期工作咨询费可参照第 2 章 2.9 节所述六类专项评估事项和 2.11 节前期中介服务收费依据进行估算；场地准备及临时设施费需结合第 3 章《项目场地条件分析调研表》的内容对项目场地内部及周边环境进行实地考察，充分估算所需费用，不应漏项。

由于设计资料有限，投资估算工程费用编制的深度、准确度主要依靠大数据的支撑和正确的编制方法。为实现工作目标，可行性研究阶段编制深度应达到分部分项工程，其估算步骤如下：

1. 第一步：熟悉项目基本情况，收集相关资料

（1）项目建议书及批复、可行性研究报告；

（2）方案设计文件、图纸、有关设计专业提供的主要工程量和设备清单；

（3）工程地质资料；

（4）类似工程造价及经济指标；

（5）人、材、机、设备市场价格和价格指数；

（6）建设场地的自然条件和施工条件；

（7）政府有关部门发布的价格指数、利率、汇率、税率；

（8）工程建设其他费用收费文件；

（9）委托单位提供的各类合同、协议及技术经济资料；

（10）国家、行业和地方有关规定。

2. 第二步：估算分部分项工程费用、施工技术措施费用

造价工程师在充分熟悉项目特点和相关资料后，根据类似项目大数据对分部分项工程和施工技术措施项目的经济指标进行分析、测算，再按照拟建项目的特殊性、建造要求、品质定位对数据进行调整与修正，需考虑的因素有建设时间、地理位置、现场环境、施工条件等。此过程非常复杂，也是最关键的环节，估算的准确度也在这里体现，需要大量数据的支持，参考的类似工程越多，准确度越高。

3. 第三步：估算单位工程费用

分部分项工程费和施工技术措施费用采用全费用综合单价估算的，直接汇总各项费用得到单位工程费用。采用国标清单的还需根据类似项目大数据测算人、材、机占分部分项工程费的比例，施工技术措施人工费占措施费用的比例，再按建安工程费用标准计算组织措施费、规费、税金等费用，汇总成单位工程费用。

以上两种方式估算的单位工程费用都将进一步把人工、材料、设备等价格调整到估算编制时期，并增加类似项目未包括的工程内容的费用。

4. 第四步：汇总单项工程费用、项目工程费用

将各专业单位工程费用汇总成单项工程，进而汇总成一个项目的工程费用。

**【案例】崇州人民医院及妇幼保健院项目投资估算**

崇州人民医院及妇幼保健院项目投资估算按上述方法进行编制，这里节选了部分内容供参考（包括《崇州人民医院住院楼—主体结构及初装修工程分部分项工程费用估算表》《崇州人民医院住院楼—主体结构及初装修工程施工技术措施费用估算表》《崇州人民医院住院楼—主体结构及初装修单位工程费用估算表》《崇州人民医院住院楼单项工程费用汇总表》《崇州人民医院及妇幼保健院项目工程费用汇总表》五种表格）。由于篇幅限制，本案例《工程分部分项工程费用估算表》只列出了三个类似工程的数据，实际编制时采用了七个类似分项工程的大数据进行分析、测算（表 6-19 ～表 6-23）。

分部分项工程费用估算表　　　　　　　　表 6-19

单位工程名称：崇州人民医院住院楼——主体结构及初装修

| 序号 | 分部分项工程名称 | 类似项目1 | | 类似项目2 | | …… | 类似项目7 | | 估算项目 | | | | 修正说明 |
|---|---|---|---|---|---|---|---|---|---|---|---|---|---|
| | | 工程量指标（m²/m²） | 综合单价（元/m²） | 工程量指标（m²/m²） | 综合单价（元/m²） | …… | 工程量指标（m²/m²） | 综合单价（元/m²） | 预估工程量指标（m²/m²） | 预估工程量（m²） | 预估综合单价（元/m²） | 合价（元） | |
| 1 | 主体结构 | | | | | | | | | | | | |
| 1.1 | 矩形柱 | 0.059 | 434.92 | 0.058 | 450.31 | …… | 0.052 | 436.73 | 0.056 | 1234.63 | 460.47 | 568510.08 | 结构形式、抗震等级 |
| 1.2 | 直形墙 | 0.171 | 418.5 | 0.172 | 443.96 | …… | 0.176 | 427.31 | 0.175 | 3858.23 | 442.54 | 1707421.1 | 结构形式、抗震等级 |
| 1.3 | 有梁板 | 0.186 | 429.53 | 0.178 | 434.99 | | 0.21 | 428.59 | 0.21 | 4629.87 | 432.63 | 2003020.66 | 结构形式、抗震等级 |
| 1.4 | 钢筋（现浇、预制） | 0.058 | 5951.3 | 0.069 | 6084.3 | | 0.063 | 5939.2 | 0.077 | 1697.66 | 6132.85 | 10411494.13 | 项目在地震多发区，抗震等级要求高 |
| …… | …… | …… | …… | …… | …… | …… | …… | …… | …… | …… | …… | …… | …… |
| 2 | 室内初装修 | | | | | …… | | | | | | | |
| 2.1 | 楼地面找平层 | 0.753 | 17.52 | 0.726 | 21.23 | | 0.791 | 21.86 | 0.77 | 16979.41 | 19.67 | 333984.99 | |
| 2.2 | 地面垫层 | 0.019 | 407.94 | 0.018 | 417.47 | | 0.02 | 430.24 | 0.018 | 396.85 | 408.76 | 162218.26 | 底层面积 |
| 2.3 | 内墙一般抹灰（含墙、柱、女儿墙内侧） | 1.981 | 16.39 | 1.847 | 18.37 | …… | 2.163 | 19.52 | 2.124 | 46827.83 | 18.21 | 852734.78 | |
| …… | …… | …… | …… | …… | …… | …… | …… | …… | …… | …… | …… | …… | …… |
| 3 | 外墙 | | | | | | | | | | | | |
| 3.1 | 水泥砂浆找平 | 0.073 | | 0.058 | | | 0.107 | | 0.379 | 8349.1 | 18.34 | 153122.49 | 建筑造型 |
| 3.2 | 改性沥青卷材防水 | 0.137 | | 0.038 | | | 0.053 | | 0.076 | 1680.24 | 52.14 | 87607.71 | 地理位置、地下室面积 |
| 3.3 | 外墙保温 | 0.072 | | 0.057 | | | 0.103 | | 0.329 | 7259 | 68.61 | 498039.99 | 建筑造型 |
| …… | …… | …… | …… | …… | …… | …… | …… | …… | …… | …… | …… | …… | …… |
| 4 | 屋面 | | | | | | | | | | | | |
| 4.1 | 水泥砂浆找平层 | 0.072 | 11.79 | 0.065 | 12.37 | | 0.07 | 12.03 | 0.08 | 1774.52 | 15.26 | 27079.18 | 屋面面积、建筑高度、层数 |
| 4.2 | 细石混凝土保护层 | 0.005 | 387.42 | 0.007 | 405.34 | | 0.015 | 407.28 | 0.006 | 133.01 | 359.87 | 47866.31 | 屋面面积、建筑高度、层数 |
| 4.3 | 保温屋面 | 0.073 | 45.27 | 0.071 | 48.95 | | 0.066 | 44.93 | 0.069 | 1512 | 53.27 | 80544.24 | 挤塑聚苯板保温屋面 |
| …… | …… | …… | …… | …… | …… | …… | …… | …… | …… | …… | …… | …… | …… |
| 5 | 合计 | | | | | | | | | | | 20844542.92 | |

**施工技术措施费用估算表**　　表 6-20

单位工程名称：崇州人民医院住院楼——主体结构及初装修

| 序号 | 措施项目名称 | 类似项目1 工程量指标(m²/m²) | 类似项目1 综合单价(元/m²) | 类似项目2 工程量指标(m²/m²) | 类似项目2 综合单价(元/m²) | …… | 类似项目7 工程量指标(m²/m²) | 类似项目7 综合单价(元/m²) | 估算项目 预估工程量指标(m²/m²) | 估算项目 预估工程量(m²) | 估算项目 预估综合单价(元/m²) | 合价(元) | 修正说明 |
|---|---|---|---|---|---|---|---|---|---|---|---|---|---|
| 1 | 混凝土模板 | 0.21 | 482.73 | 0.26 | 493.26 | …… | 0.23 | 496.96 | 0.25 | 5511.87 | 487.63 | 2687752.40 | 按混凝土量测算 |
| 2 | 综合脚手架 | 28537 | 13.36 | 35248 | 18.47 | …… | 18642 | 16.27 | 1 | 23000 | 18.44 | 424120 | 按建筑面积测算 |
| 3 | 垂直运输、超高降效 | 28537 | 32.2 | 35248 | 32.8 | …… | 18642 | 36.84 | 1 | 23000 | 34.5 | 793500 | 按建筑面积测算 |
| 4 | 机械进出场及安拆 | 2 | | 3 | | …… | 2 | | | 2 | 21361.11 | 42722.22 | 按两台塔式起重机测算 |
| 5 | 塔式起重机基础 | 2 | | 3 | | …… | 2 | | | 2 | 10673.21 | 21346.42 | 按两台塔式起重机测算 |
| 6 | 常规措施费合计 | | | | | …… | | | | | | 3969441.04 | |

**单位工程费用估算表**　　表 6-21

单位工程名称：崇州人民医院住院楼——主体结构及初装修

| 序号 | 分部分项工程名称 | 类似项目1占比 | 类似项目2占比 | …… | 类似项目7占比 | 估算项目 占比 | 估算项目 预估费用(元) | 修正说明 |
|---|---|---|---|---|---|---|---|---|
| 一 | 分部分项工程费 | | | …… | | | 20844542.92 | 分部分项估算表 |
| 1 | 人工费 | 20.95% | 15.65% | …… | 16.07% | 16.92% | 3526896.66 | 根据项目相似度测算人、材、机、管理费、利润、风险费的占比，A、B、C项目相似度分别为20%、30%、50% |
| 2 | 材料费 | 66.69% | 69.72% | …… | 69.57% | 69.04% | 14390730.94 | |
| 3 | 机械费 | 1.71% | 1.86% | …… | 1.72% | 1.76% | 366925.65 | |
| 4 | 管理费、利润、风险等 | 10.65% | 12.77% | …… | 12.64% | 12.28% | 2559797.46 | |
| 二 | 施工技术措施项目费 | | | …… | | | | |
| 1 | 常规措施费 | | | …… | | | 3969441.04 | 施工技术措施估算表 |
| 1.1 | 其中人工费 | 32.12% | 33.56% | …… | 34.04% | 33.51% | 1330239.08 | |
| 2 | 专项措施费 | | | …… | | | | |
| 三 | 施工组织措施项目费 | | | …… | | | | 根据工程业态，按定额规定的费率和基数计算相关费用 |
| 1 | 组织措施费 | | | …… | | 21.00% | 740648.3 | 基数：分部分项清单人工费 |
| 2 | 安全文明施工费 | | | …… | | 25.50% | 899358.65 | 基数：分部分项清单人工费 |
| 四 | 规费 | | | …… | | 19.90% | 966570.01 | 基数：分部分项清单人工费＋施工技术措施项目清单人工费 |
| 五 | 税金 | | | …… | | 3.43% | 940525.24 | 基数：分部分项清单人工费＋施工技术措施项目清单人工费＋规费 |
| 六 | 估算编制期价格修正 | | | …… | | | | |

续表

| 序号 | 分部分项工程名称 | 类似项目1占比 | 类似项目2占比 | …… | 类似项目7占比 | 估算项目 | | |
|---|---|---|---|---|---|---|---|---|
| | | | | | | 占比 | 预估费用（元） | 修正说明 |
| 1 | 人工费 | | | …… | | 15.17% | 736827.49 | 根据类似项目的建设年度分别测算估算编制期的人工费、材料费的综合涨幅 |
| 2 | 材料费 | | | …… | | 11.83% | 1702423.47 | |
| 七 | 增加类似工程未包含的内容 | | | …… | | | | |
| 1 | 住院楼地下挡墙 | | | …… | | | 4394408.04 | 按设计方案估算 |
| 2 | 住院楼到医技楼连廊 | | | …… | | | 1080886.88 | 连廊面积1072m²，单方造价1008.29元/m² |
| 八 | 预估工程造价合计 | | | 36275632.05 | | | | |

**单项工程费用汇总表**　　　　　　　　　　　　　表 6-22

单项工程名称：崇州人民医院住院楼

| 序号 | 单位工程名称 | 单方造价（元/m²） | 估算金额（元） | 占比 | 备注 |
|---|---|---|---|---|---|
| 一 | 土建工程 | 2378.78 | 52445996.16 | 67.23% | |
| 1 | 基础工程 | 33.55 | 739780.81 | 0.95% | |
| 2 | 主体结构及初装修 | 1645.34 | 36275632.05 | 46.5% | |
| 3 | 室内精装修——土建 | 412.37 | 9091715.20 | 11.65% | |
| 4 | 外墙装饰 | 287.51 | 6338868.10 | 8.13% | |
| 二 | 安装工程 | | 18426173.05 | 23.62% | |
| 5 | 给水排水及供暖 | 205.81 | 4537589.80 | 5.82% | |
| 6 | 通风与空调 | 108.81 | 2398985.21 | 3.08% | |
| 7 | 电气工程 | 152.95 | 3372160.54 | 4.32% | |
| 8 | 智能化工程 | 172.94 | 3812889.46 | 4.89% | |
| 9 | 消防工程 | 129.49 | 2854926.89 | 3.66% | |
| 10 | 室内精装修——水、电 | 65.75 | 1449621.15 | 1.86% | |
| 三 | 设备采购 | | 7135000.00 | 9.15% | |
| 11 | 洁净系统 | 128.13 | 2825000.00 | 3.62% | |
| 12 | 医疗气体 | 86.63 | 1910000.00 | 2.45% | |
| 13 | 电梯采购 | 108.86 | 2400000.00 | 3.08% | |
| 四 | 合计 | 4213.84 | 78007169.21 | 100.00% | |

**项目工程费用估算汇总表**　　　　　　　　　　表 6-23

项目名称：崇州人民医院及妇幼保健院

| 序号 | 单项工程名称 | 估算金额（元） | | | | 技术经济指标 | | |
|---|---|---|---|---|---|---|---|---|
| | | 建筑工程费 | 安装工程费 | 设备购置费 | 合计 | 建筑面积（m²） | 单方造价（元/m²） | 占比 |
| 一 | 建筑安装工程 | 117987800 | 39495353 | 41506500 | 198989654 | 57860 | 3439.14 | 76.19% |
| 1 | 人民医院 | 95928733.5 | 32221823 | 30802900 | 158953457 | 45936 | 3460.29 | 60.86% |
| 1.1 | 人民医院门诊楼 | 15033276.69 | 4696883.205 | 7785200 | 27515359.9 | 8126 | 3386.05 | 10.53% |
| 1.2 | 人民医院住院楼 | 52445996 | 18426173 | 7135000 | 78007169 | 22047 | 3538.15 | 29.87% |

续表

| 序号 | 单项工程名称 | 估算金额（元） | | | | 技术经济指标 | | |
|---|---|---|---|---|---|---|---|---|
| | | 建筑工程费 | 安装工程费 | 设备购置费 | 合计 | 建筑面积（m²） | 单方造价（元/m²） | 占比 |
| 1.3 | 人民医院医技楼 | 25629278 | 8229846.047 | 10425800 | 44284924 | 14238 | 3110.23 | 16.96% |
| 1.4 | 人民医院保障楼及氧气房 | 2820182.34 | 868921.0444 | 5456900 | 9146003 | 1524 | 5999.65 | 3.50% |
| 2 | 妇幼保健院 | 22059066.85 | 7273530.149 | 10703600 | 40036197 | 11924 | 3357.67 | 15.33% |
| 二 | 手术室及医疗设施 | | | | 23372746 | 57860 | 403.95 | 8.95% |
| 三 | 公用/服务性工程 | 2313228 | 617303 | 9035000 | 11965532 | 57860 | 206.80 | 4.58% |
| 1 | 污水处理站 | 1432259 | 617303 | | 2049563 | 57860 | 35.42 | 0.78% |
| 2 | 水源热泵工程 | 880969 | | 6585000 | 7465969 | 57860 | 129.03 | 2.86% |
| 3 | 柴油发电机组 | | | 2450000 | 2450000 | 57860 | 42.34 | 0.94% |
| 四 | 室外工程项目 | 12823846 | 1632851 | 0 | 14456697 | 57860 | 249.86 | 5.54% |
| 1 | 室外道路工程 | 5231549 | | | 5231549 | 57860 | 90.42 | 2.00% |
| 2 | 室外管网工程 | 2057220 | 731677 | | 2788897 | 57860 | 48.20 | 1.07% |
| 3 | 景观绿化工程 | 5535077 | 901174 | | 6436251 | 57860 | 111.24 | 2.46% |
| 五 | 配套工程 | 965934 | 6064634 | 5366300 | 12396868 | 57860 | 214.26 | 4.75% |
| 1 | 10kV 配电工程 | 965934 | 4829670 | 5366300 | 11161904 | 57860 | 192.91 | 4.27% |
| 2 | 外接给水 | | 498643 | | 498643 | 57860 | 8.62 | 0.19% |
| 3 | 外接天然气 | | 736321 | | 736321 | 57860 | 12.73 | 0.28% |
| 六 | 总计 | 134090809 | 47810142 | 55907800 | 261181496 | 57860 | 4514.00 | 100.00% |

## 6.7　概算要点与案例

概算是获财政审批的依据，经批准的概算就是项目投资的限额标准。初步设计阶段造价咨询的工作重点，其一，是优化概算，让设计、技术、经济深度融合，实现工程价值最大化，真正做到"物有所值"，充分展示造价咨询工作的专业水准；其二，是根据批复的设计概算调整造价控制目标，层层限额设计，实现对投资限额的控制与管理。

### 6.7.1　价值工程分析

价值工程分析是设计、技术、造价等方面的专家运用集体智慧通过有组织的活动，对建筑产品进行功能-价值分析，实现建筑产品价值最大化，不是片面地认为工程造价越低越好，工程品质越高越好，而是把功能、造价两个方面综合起来进行分析，寻找两者的最佳平衡点或投资者的期望值，以便达到优化设计的目的。

**【案例 1】崇州市人民医院及妇幼保健院空调冷热源方案比选**

1. 工程概况

本工程位于四川省崇州市，是崇州市人民医院和崇州市妇幼保健院的迁建项目。崇州市人民医院为二级甲等医院，设有门诊楼（多层）、医技楼（多层）、住院楼（高层）、中心供应保障楼（多层），有床位 450 张。崇州市妇幼保健院是一栋独立的多层建筑，包括门诊和住院两部分，有床位 120 张。总空调面积约 42000m²，空调冷负荷约 6000kW，空调热负荷约 3800kW，卫生热水热负荷约 1300kW。

2. 能源状况

本工程位于崇州市中心地段，属夏热冬冷地区，电力及天然气供应充足，无分时电价政策，无市政热源，周边无可供利用的废热和工业余热。项目西侧2.5km左右，有岷江主要支流西河，长年不断流，故项目所在地具有浅层地下水可供利用。

3. 冷热源方案初选

根据项目情况及项目所在地能源条件，并结合医院日常使用需求，对目前技术比较成熟的以下冷热源方案进行分析。

（1）电制冷机组加燃气锅炉

该方案为电力及天然气供应充足且无市政供暖的南方地区最常采用的冷热源形式。技术非常成熟，调节性能好，能效比较高，初投资较低，但须考虑冷却塔噪声和锅炉尾气对周边环境的影响。

本项目作为备选方案之一。

（2）直燃机组

该方案一般作为电力无法满足项目需求、但天然气供应充足且无市政供暖地区的冷热源形式，具有一机兼具制冷、制热、卫生热水的功能。技术成熟，调节性能好，但初投资较高，且需考虑尾气对周边环境的影响。

本项目作为备选方案之一。

（3）地源热泵

该方案适合于有天然地表水等资源可供利用，或者有可利用的浅层地下水且能保证100%回灌的地区，具有一机兼具制冷、制热、卫生热水的功能。技术比较成熟，调节性能好，能效比较高，但初投资较高，无冷却塔噪声和锅炉尾气对周边环境的影响问题。

本项目作为备选方案之一。

（4）空气源热泵

该方案为电力供应充足且无市政供暖的南方地区常采用的冷热源形式，具有一机兼具制冷、制热的功能，无需设置冷热源机房，但需占用较大的建筑屋面或室外绿地。技术上非常成熟，但初投资较高，能效比较低，在极端天气下制冷量及制热量衰减较为严重，且须考虑机组噪声对周边环境的影响。

本项目不作为备选方案。

4. 冷热源设备配置

（1）方案一（电制冷机组加燃气锅炉）

① 冷源选型

项目空调冷负荷约6000kW，考虑采用制冷量为900RT的水冷离心式冷水机组2台，单台制冷量3165kW，总制冷量6330kW。

② 热源选型

项目空调热负荷约3800kW，考虑采用制热量为2100kW的冷凝式真空热水锅炉2台，总制热量4200kW。卫生热水热负荷1300kW，考虑采用制热量为700kW的冷凝式真空热水锅炉2台，总制热量1400kW。

（2）方案二（直燃机组）：

冷热源选型

考虑采用直燃型溴化锂冷热水机组2台，单台制冷量分别为2908kW和3489kW，总制冷量6397kW。单台制热量分别为2242kW和2690kW，总制热量4932kW。单台卫生热水热量分别为1000kW和1200kW，总卫生热水热量2200kW。

（3）方案三（地源热泵）：

冷热源选型

考虑采用螺杆式水源热泵机组5台，单台制冷量为1337kW，总制冷量6685kW。单台制热量为

1542kW, 总制热量 7710kW。

卫生热水热源采用高温水源热泵机组 2 台, 单台卫生热水热量为 799kW, 总卫生热水热量 1598kW。

5. 经济性分析

(1) 初投资

由于空调末端设备、冷热水管道、空调风管、阀门管件相同, 故初投资仅计算冷热源及其配套设备等的费用, 如表 6-24 ~ 表 6-26。

① 方案一

电制冷机组加燃气锅炉 表 6-24

| 内 容 名 称 | 造价 (万元) |
| --- | --- |
| 水冷离心式冷水机组 2 台 | 245 |
| 冷凝式真空热水锅炉 4 台 | 96 |
| 水泵、冷却塔等配套设备 | 60 |
| 合计 | 401 |

② 方案二

直燃机组 表 6-25

| 内 容 名 称 | 造价 (万元) |
| --- | --- |
| 直燃型溴化锂冷热水机组 2 台 | 495 |
| 水泵、冷却塔等配套设备 | 70 |
| 合计 | 565 |

③ 方案三

地源热泵 表 6-26

| 内 容 名 称 | 造价 (万元) |
| --- | --- |
| 水源热泵机组 7 台 | 345 |
| 水泵等配套设备 | 50 |
| 地下水钻孔及土建费 | 70 |
| 合计 | 465 |

(2) 年运行费用

由于空调末端设备及输配设备基本相同, 故运行费用仅粗略计算了冷热源设备的费用。夏季供冷时间按 6 个月 ×30 天 ×24 小时计算, 冬季供热时间按 3 个月 ×30 天 ×24 小时计算, 综合负荷率 55%, 电价 0.8 元 /kW·h, 天然气价格 3.25 元 /m³, 各方案年运行费用如表 6-27 ~ 表 6-29 所示。

① 方案一

电制冷机组加燃气锅炉 表 6-27

| 费 用 名 称 | 金额 (万元) |
| --- | --- |
| 制冷用电 | 210 |
| 制冷用气 | — |
| 制冷小计 | 210 |
| 制热用电 | 1 |
| 制热用气 | 132 |

| 费 用 名 称 | 金额（万元） |
|---|---|
| 制热小计 | 133 |
| 卫生热水 | 49 |
| 全年合计 | 392 |

② 方案二

直燃机组　　　　　　　　　　　　　　　　　　　　　　　　　　表 6-28

| 费 用 名 称 | 金额（万元） |
|---|---|
| 制冷用电 | 7 |
| 制冷用气 | 346 |
| 制冷小计 | 353 |
| 制热用电 | 4 |
| 制热用气 | 157 |
| 制热小计 | 161 |
| 卫生热水 | 54 |
| 全年合计 | 568 |

③ 方案三

地源热泵　　　　　　　　　　　　　　　　　　　　　　　　　　表 6-29

| 费 用 名 称 | 金额（万元） |
|---|---|
| 制冷用电 | 190 |
| 制冷用气 | — |
| 制冷小计 | 190 |
| 制热用电 | 79 |
| 制热用气 | — |
| 制热小计 | 79 |
| 卫生热水 | 39 |
| 全年合计 | 308 |

（3）费用分析对比表（表 6-30）

费用分析对比表　　　　　　　　　　　　　　　　　　　　　　　表 6-30

|  | 方案一 | 方案二 | 方案三 |
|---|---|---|---|
| 初投资（万元） | 401 | 565 | 465 |
| 年运行费用（万元） | 392 | 568 | 308 |
| 20 年运行费用（万元） | 7840 | 11360 | 6160 |
| 年节省费用（万元） | — | — | 84 |
| 20 年节省费用（万元） | — | — | 1680 |
| 增加初投资回收期（年） | — | — | 0.8 |

6. 结论

由于方案二初投资和年运行费用均为最高，故本项目不采用。

方案三初投资比方案一略高，但每年运行费用可节省 84 万元，仅 0.8 年即可将增加的初投资节省回来，20 年使用寿命的节省费用高达 1680 万元。另由于无需再设置热水锅炉和冷却塔，在节省大量设备和土建费用的同时，避免了冷却塔对建筑屋面和室外绿地的占用，也避免了冷却塔噪声和锅炉尾气对周边环境的影响。

因此，本项目冷热源形式建议采用方案三，即地下水地源热泵系统。

## 【案例 2】崇州人民医院及妇幼保健院项目给水管道方案功能—价值分析

给水管道方案功能—价值分析　　　　　　　　　　　　表 6-31

项目名称：崇州人民医院及妇幼保健院

| 类别 | 方案一 | 方案二 | 方案三 | 方案四 | 方案五 |
|---|---|---|---|---|---|
| 设计方案 | 冷、热水管采用不锈钢管 | 冷水管采用钢塑复合管，热水管采用不锈钢管 | 冷水管采用铝塑复合管，热水管采用不锈钢管 | 冷水管采用 PE 管，热水管采用不锈钢管 | 冷、热水管采用钢塑复合管 |
| 功能分析 | 不锈钢管耐腐蚀、耐高温、不影响水质、耐冲击、使用寿命长等，冷、热水管都适用，缺点是价格高 | 钢塑复合管价格较低、耐腐蚀、不影响水质、耐冲击、在冷水状态下使用寿命较长，不耐高温，适用于冷水管道；不锈钢管耐高温对热水管道有利 | 铝塑复合管，价格便宜，耐腐蚀，保证水质，耐冲击，耐高压。缺点是容易发生热膨胀，增加管道接口漏水风险，使用寿命较钢塑管短 | PE 管，耐腐蚀，耐高压，水质有保证，价格便宜，使用寿命长。缺点是不适合热水管道，只适合 40℃ 以下水管，与钢塑管相比，PE 管道耐冲击性能差一些 | 钢塑复合管不耐高温，热水系统水温较高，管道使用寿命较低，后期维护费用高 |
| 成本分析 | 348.29 万元 | 184.61 万元 | 181.71 万元 | 165.63 万元 | 89.59 万元 |
| 价值比较 | 一般 | 高 | 较高 | 较高 | 一般 |
| 建议 | 综合建议选用方案二，既保证了初始投资可控，又满足了冷热水管的使用特性，保证使用年限长 | | | | |

## 【案例 3】崇州人民医院及妇幼保健院项目发电机组功能—价值分析

发电机组功能—价值分析　　　　　　　　　　　　表 6-32

| 类别 | 原设计方案 | 优化方案 | 备注 |
|---|---|---|---|
| 设计方案 | 1 台 1400kW 柴油发电机，1 台 320kW 柴油发电机 | 2 台 880kW 柴油发电机 | |
| 发电功率 | 总功率 1720kW | 总功率 1760kW | 都满足功能要求 |
| 设备购置及安装费用 | 1400kW 柴油发电机非标设备，预估价 227 万元／台；320kW 柴油发电机非标设备，预估价 38 万元／台，共计 265 万元 | 880kW 柴油发电机，常规设备，预估价 95 万元／台，2 台共计 190 万元 | 预估价根据类似项目合同价和市场询价进行估算，含安装费 |
| 设备后期营运费用 | 1400kW 柴油发电机额定油耗：316.8（kg/h）；320kW 柴油发电机额定油耗：68.25（kg/h）；2 台同时运转 8 小时（1 个台班）油耗 3080.4kg | 880kW 柴油发电机定额油耗：193.6（kg/h），2 台同时运转 8 小时（1 个台班）油耗 3097.6kg | 台班油耗基本持平，设备后期运营费用相差 0.56% |
| 价值分析 | 功能略低，成本高 75 万元 | 功能提高，成本降低 | 价值＝功能／成本 |
| 建议 | 建议选用二台 880kW 柴油发电机，既能满足功能需求，还可节约造价 75 万元，常用机型用户较多、质量可靠，后期维修及配件费用较低 | | |

### 6.7.2 优化概算，平衡资金——"削峰填谷"法

"削峰填谷"法是在造价控制总目标或批复的设计概算总金额以内，按照业主的价值观和价值取向，再进行一次优化，去掉多余或不常使用的功能，填补不足或新增功能，将资金再次合理分配，使建筑产品性价比提高，工程总造价又控制在批复的概算范围以内，真正达到有效控制工程造价、合理分配资金的目的。

【案例】崇州人民医院及妇幼保健院项目采用"削峰填谷"法进一步优化概算，取得显著成效。这两所医院都是二甲医院，手术室数量、智能化系统的技术要求都超过三甲医院的标准，给水排水管道的设计标准也超规范，类似现象很多，通过功能——价值分析，优化范围涉及金额6100多万元，占建安造价的28%以上，调减金额1236万元，调增金额1203万元。将调减金额填补到外立面装饰和室内装饰工程上，使装饰效果大幅提高，概算总金额基本不变，造价控制总目标没有被突破（表6-33）。

优化概算，平衡资金——削峰填谷（单位：元）　　　　　　　　　　　　　表6-33

项目名称：崇州市人民医院及妇幼保健院

| 序号 | 部位 | 优化内容及原因分析 | 原概算金额 | 调减金额 | 调增金额 | 优化后金额 |
|---|---|---|---|---|---|---|
| 1 | 手术室 | 原设计28间手术室，按三甲医院配置，远超二甲医院标准，采用以下两条途径进行优化：<br>（1）优化数量<br>四间手术室改为会议用房，一间手术室改为库房，上述区域作为预留手术区，保留管井设备接口，待申报三甲医院时，再重新改建为手术室。经优化手术室减少共计5间。<br>（2）调整级数<br>在手术室总量确定以后，根据二甲医院标准，对手术室级别进行了优化，1级调减2间，2级调减3间，负压室调减1间，3级调增5间，非洁净室调增1间 | 18912719.72 | -4528736.97 | | 14383982.75 |
| 2 | 智能化 | 在保证医院正常运行的前提下，对非必需的智能化系统采取二次建设，在做综合布线系统时考虑这部分数据的流量需求，为后期建设打好基础。例如：无线对讲系统、电子时钟系统、大屏发布系统、远程视频会议系统、集成智能管理系统、公共广播系统等 | 7704038.34 | -1863672.48 | | 5840365.86 |
| 3 | 电梯 | 通过价值工程分析，在运力不变的情况下，加大载重量，提高运行速度，保证人流量和货流量的运输，对26台电梯综合评估后，减少5台电梯，增加2台升降机 | 5812000.00 | -855200.00 | | 4956800.00 |
| 4 | 柴油发电机 | 将1台1400kW和1台320kW的非标柴油发电机，优化为2台880kW的常用柴油发电机 | 2650000.00 | -750000.00 | | 1900000.00 |
| 5 | 给水管道 | 将不锈钢冷水管优化为钢塑复合管 | 3482923.70 | -1636820.14 | | 1846103.56 |
| 6 | 排水管道 | 原设计所有排水管采用机制柔性铸铁排水管，作以下优化：<br>（1）医院高层部分室内污水立管、干管采用机制柔性铸铁排水管；<br>（2）住院部设双立管系统，采用专用通气管道；<br>（3）裙房、多层部分及所有卫生间支管采用UPVC塑料排水管，承插连接粘接，立管设伸顶通气管道 | 2404970.49 | -1384608.95 | | 1020361.54 |

续表

| 序号 | 部位 | 优化内容及原因分析 | 原概算金额 | 调减金额 | 调增金额 | 优化后金额 |
|---|---|---|---|---|---|---|
| 7 | 电线暗敷管 | 电线暗敷管由钢管优化为难燃塑料管 | 555014.05 | −240868.39 | | 314145.66 |
| 8 | 风管保温材料 | 原设计为不燃 A 级玻璃棉，FM 认证要求，经优化取消 FM 认证要求 | 3604063.51 | −600677.25 | | 3003386.26 |
| 9 | 风机盘管 | 原设计为变频风机盘管，经优化取消变频要求 | 1089456.18 | −181576.03 | | 907880.15 |
| 10 | 凝结水管 | 凝结水管由镀锌钢管优化为 PP-R 管材 | 234110.65 | −63593.74 | | 170516.90 |
| 11 | 大便器 | 原设计所有卫生间大便器均为坐便器，作以下优化：<br>（1）妇幼保健院住院部套间病房保留坐式大便器，其余卫生间将均改为蹲式大便器；<br>（2）人民医院住院部残卫保留坐便器，其余卫生间坐便器均改为蹲便器；<br>（3）蹲便器均选用脚踏式冲洗阀 | 422019.16 | −254388.88 | | 167630.28 |
| 12 | 门窗型材 | （1）所有铝合金窗、铝合金门联窗、铝合金玻璃门的铝合金型材调整为断热铝合金型材；<br>（2）塑钢窗提高档次，单价增加 50 元／樘；<br>（3）铝合金防雨百叶增加喷塑处理工艺，单价增加 112 元／樘；<br>（4）玻璃地弹门门夹、地弹簧提高档次，单价增加 500 元／樘 | 2427557.73 | | 1104549.79 | 3532107.52 |
| 13 | 门窗玻璃 | 将普通平板透明玻璃幕墙改为有框透明玻璃幕墙，单价增加 130 元／m² | 3846622.09 | | 988050.69 | 4834672.78 |
| 14 | 外墙涂料 | 外墙涂料提高档次，单价增加 10 元／m² | 442638.40 | | 422662.31 | 865300.71 |
| 15 | 外墙真石漆 | 外墙真石漆提高档次，单价增加 12 元／m² | 1092822.38 | | 533919.52 | 1626741.9 |
| 16 | 楼地面及广场 | 提高砖的品质、档次，防滑地砖单价增加 75 元／m²，地砖单价增加 60 元／m²，广场砖单价增加 50 元／m² | 2611106.55 | | 4119340.87 | 6730447.42 |
| 17 | 墙面 | （1）提高墙面砖档次，单价增加 70 元／m²；<br>（2）部分乳胶漆墙面调整为铝塑板装饰墙面，单价增加 150 元／m²；<br>（3）乳胶漆提高品质、档次，单价增加 3 元／m² | 3367203.06 | | 3821715.13 | 7188918.19 |
| 18 | 天棚 | （1）PVC 板吊顶调整为铝扣板吊顶，单价增加 20 元／m²；<br>（2）乳胶漆提高档次，单价增加 3 元／m² | 310621.61 | | 568581.68 | 879203.29 |
| 19 | 洗手盆龙头 | （1）手术室、分娩室、感染门诊的公卫、留观室卫生间洗手盆采用感应式龙头；<br>（2）护士站、治疗室、洁净室和消毒供应中心、ICU 等有交叉感染的场所的洗手盆采用脚踏水龙头或肘开关龙头 | 357166.26 | | 434473.78 | 791640.04 |
| 20 | 小便器冲洗阀 | 公共卫生间小便器改为感应式冲洗阀 | 21900.80 | | 36013.56 | 57914.36 |
| 21 | 合计 | | 61348954.67 | −12360142.84 | 12029307.33 | 61018119.17 |

# 6.8　合同包（标段）范围及工作界面要点及案例

矩阵表是项目管理的常用工具，信息容纳量大，表现形式简洁明了、内容清晰，可解决很多错综复杂的管理问题，在划分合同包（标段）范围、工作界面和需配合协调的工作事项上效果显著，非常适用，能全面反映各个合同包（标段）之间的客观情况。

矩阵表（表6-34）表头横向、纵向皆为项目划分的合同包（标段），表中的每一个表格代表不同的含义，横坐标用 $i$ 标示，纵坐标用 $j$ 标示，表中元素为 $A_{ij}$，当 $i＝j$ 时，即 $A_{11}$、$A_{22}$……$A_{99}$，表示本合同包（标段）的招标范围及内容；$A_{ij}$ 表示 $i$、$j$ 两个合同包（标段）之间的工作界面，而 $A_{ji}$ 表示 $i$、$j$ 两个合同包（标段）之间需协调或合作的工作事项。即以表格对角线为分水岭，对角线以上表格所填内容为各合同包（标段）之间的工作界面，对角线以下表格所填内容为各合同包（标段）之间需协调或合作的工作事项，对角线表格所填内容为本合同包（标段）招标范围及内容。通过矩阵表很容易找到各合同包（标段）之间的联系，相关联的在对应表格中填写合同包（标段）之间的工作界面、需协调或合作的工作事项；无关联的在对应表格中填写无。

项目划分的合同包（标段）越多，表格的容量就越大，为了便于阅读，表中填写的内容也可提出来排版，另外编制一张《招标范围、工作界面、协调事项》（表6-35），表6-34可作为编码和寻找各合同包（标段）之间关系的专用表格。

【案例】《某项目合同包（标段）招标范围及工作界面管理矩阵》（表6-34）、《招标范围、工作界面、协调事项》（表6-35）

由于篇幅有限，表6-34、表6-35都只节选部分内容。

**某项目合同包（标段）范围及工作界面管理矩阵** 表6-34

| 工作界面配合协调事项 | 总承包工程 | 精装修工程 | 智能化工程 | 室外工程 | 配电工程 | 电梯采购与安装 | 舞台机械采购与安装 | 风机盘管设备及空调机组采购及安装 | 冷却塔采购及安装 | …… |
|---|---|---|---|---|---|---|---|---|---|---|
| 总承包工程 | $A_{11}$ | $A_{12}$ | $A_{13}$ | $A_{14}$ | $A_{15}$ | $A_{16}$ | $A_{17}$ | $A_{18}$ | $A_{19}$ | …… |
| 精装修工程 | $A_{21}$ | $A_{22}$ | $A_{23}$ | $A_{24}$ | $A_{25}$ | $A_{26}$ | $A_{27}$ | $A_{28}$ | $A_{29}$ | |
| 智能化工程 | $A_{31}$ | $A_{32}$ | $A_{33}$ | $A_{34}$ | $A_{35}$ | 无 | 无 | 无 | 无 | …… |
| 室外工程 | $A_{41}$ | $A_{42}$ | $A_{43}$ | $A_{44}$ | $A_{45}$ | 无 | 无 | 无 | 无 | |
| 配电工程 | $A_{51}$ | $A_{52}$ | $A_{53}$ | $A_{54}$ | $A_{55}$ | $A_{56}$ | $A_{57}$ | $A_{58}$ | $A_{59}$ | …… |
| 电梯采购与安装 | $A_{61}$ | $A_{62}$ | 无 | 无 | $A_{65}$ | $A_{66}$ | 无 | 无 | 无 | |
| 舞台机械采购与安装 | $A_{71}$ | $A_{72}$ | 无 | 无 | $A_{75}$ | 无 | $A_{77}$ | 无 | 无 | |
| 风机盘管设备及空调机组采购及安装 | $A_{81}$ | $A_{82}$ | 无 | 无 | $A_{85}$ | 无 | 无 | $A_{88}$ | 无 | …… |
| 冷却塔采购及安装 | $A_{91}$ | $A_{92}$ | 无 | 无 | $A_{95}$ | 无 | 无 | 无 | $A_{99}$ | |
| …… | …… | …… | …… | …… | …… | …… | …… | …… | …… | …… |

注：表中元素 $A_{ij}$ 中，$i$ 为横坐标，$j$ 为纵坐标，$i＝j$ 时，即 $A_{11}$、$A_{22}$…$A_{88}$，表示本合同包（标段）的工作内容与范围；$A_{ij}$ 表示 $i$、$j$ 两个合同包（标段）之间的工作界面，而 $A_{ji}$ 表示 $i$、$j$ 两个合同包（标段）之间需协调或合作的工作事项。

**某项目招标范围、工作界面、协调事项** 表6-35

| 编码 | 表格含义 | 详细内容 |
|---|---|---|
| $A_{11}$ | 总承包工程招标范围 | 总承包工程招标范围包含：多功能主楼、看台楼、亮马圈及辅助用房，总建筑面积 $72890.69m^2$，结构为现浇钢筋混凝土框架和钢结构，最大跨度87m。<br>土建工程包含：土石方工程、基础工程、主体钢筋混凝土工程、砌体工程、保温隔热工程、屋顶及外墙面钢结构工程、屋面工程、外墙工程、门窗栏杆工程、其他内容（包括设备基础、室内集水坑、室内截水沟、车道截水沟等）。<br>安装工程包含：给水排水工程、电气工程、消防工程、通风与空调工程、供暖工程 |

| 编码 | 表格含义 | 详 细 内 容 |
|---|---|---|
| $A_{22}$ | 精装修工程招标范围 | 精装修工程招标范围包含：看台楼、多功能楼部分房间精装修，精装修建筑面积约17000m²。看台楼土建装饰工程包含：一至六层电梯厅、三层门斗、三层会议接待中心、四至五层客房、六层办公区域。安装工程包含：给水系统、排水系统、电气系统。多功能楼包含的内容（略） |
| $A_{33}$ | 智能化工程招标范围 | 智能化工程招标范围：综合布线系统(含室外弱电管网)、会议系统、无线网络系统、机房系统、安全防范系统、音视频系统、酒店管理系统、赛马场赛事系统、IBMS 智能化集成系统 |
| $A_{44}$ | 室外工程招标范围 | 室外工程招标范围：室外赛道、广场、景观、绿化、综合管网，总覆盖面积为 71 万 m² |
| …… | …… | …… |
| $A_{12}$ | 总承包与精装修工程之间的工作界面 | 土建部分：<br>（1）楼地面：对于有防水要求的卫生间，总承包单位实施至结构层，其余需精装修的楼地面，总承包单位实施至找平层；后续工序由精装修专业承包单位实施。<br>（2）墙柱面：总承包实施至抹灰层，对于吊顶房间，抹灰实施至吊顶标高上 50mm 处；非吊顶房间抹灰至设计标高；干挂板材的墙柱面或设计不需要进行抹灰处理的墙柱面，总承包单位实施完砌体及相应的二次结构止；后续工序由精装修专业承包单位实施。<br>……<br>安装部分：<br>（1）室内给水系统：<br>总承包单位：自单位工程室外给水阀门井（不含井及阀门）接入，至给水干管至每层楼用水点（其中属于精装修专业承包范围的仅实施至给水立管，在进入房间立管处预留接口），包含生活冷水变频供水设备、管道、阀门、保温、套管等。<br>精装修专业承包单位：自总包单位的预留接口或堵头开始，实施至室内各用水点，包含管道、阀门、热水器等。<br>（2）生活污水排水系统：<br>总承包单位：从单位工程室内各排水点至排水干管及立管，再至室外第一个污水检查井为止（不含井）；（其中属于精装修专业承包范围的仅实施至排水立管，在立管处预留排水接口及堵头），包含管道、阀门、潜水泵、保温、套管等。<br>精装修专业承包单位：自室内各排水点起，实施至总包单位的预留接口，包含管道、卫生洁具等。<br>…… |
| $A_{13}$ | 总承包与智能化工程之间的工作界面 | 1. 智能化系统：总承包单位预埋智能化管线进户通道；后续工序（包含设备、桥架、管线安装）由智能化专业承包单位实施。<br>2. 机房装修：<br>2.1 地面：总承包单位实施至找平层；后续工序由智能化专业承包单位实施。<br>2.2 墙柱面：总承包实施至抹灰层，抹灰实施至吊顶标高上 50mm 处；后续工序由智能化专业承包单位实施。<br>2.3 天棚：机房天棚不抹灰；后续工序由智能化专业承包单位实施<br>…… |
| $A_{14}$ | 总承包与室外工程之间的工作界面 | 1. 建筑物散水以内由总承包单位实施，散水以外由室外工程承包单位实施。<br>2. 多功能楼室外台阶、弧形挡墙结构部分由总承包单位实施，饰面部分由室外工程承包单位实施。 |
| …… | …… | …… |
| $A_{21}$ | 总承包与精装修工程之间需协调或合作的工作事项 | 总承包单位：<br>（1）及时提供装修单位所需的施工临时用水、临时用电；（2）按精装工程施工进度要求及时移交工作面；（3）履行总承包管理的权利和义务；（4）保护精装修单位的成品、半成品、货品、设备等……<br>精装修专业承包单位：<br>（1）配合总承包单位空调及新风风口安装的开洞开孔；（2）配合总承包联合调试、验收和竣工资料整理、移交工作；（3）保护总承包单位的成品、半成品、货品、设备等…… |

| 编码 | 表格含义 | 详 细 内 容 |
|---|---|---|
| A₃₁ | 总承包与智能化工程之间需协调或合作的工作事项 | 总承包单位：<br>（1）及时提供智能化工程所需的施工临时用水、临时用电；（2）按智能化工程的施工进度要求及时移交工作面；（3）履行总承包管理的权利和义务……<br>智能化工程单位：<br>（1）配合总承包单位联合调试、验收及竣工资料整理、移交工作；（2）保护总承包单位的成品、半成品、货品、设备等…… |
| A₄₁ | 总承包与室外工程之间需协调或合作的工作事项 | 总承包单位：<br>（1）及时提供室外工程所需的施工临时用水、临时用电；（2）按室外工程的施工进度要求及时移交工作面；（3）履行总承包管理的权利和义务；（4）保护室外工程承包单位的成品、半成品、货品、设备等……<br>室外工程单位：<br>（1）配合总承包单位联合调试、验收及竣工资料整理、移交工作；（2）保护总承包单位的成品、半成品、货品、设备等…… |
| …… | …… | …… |

## 6.9　工程量清单及招标控制价管理要点及案例

### 6.9.1　工程量清单及招标控制价编制原则

工程量清单及招标控制价常常出现漏项、重项，特征描述错误，计算范围不清晰，施工技术措施不周全，材料/设备定位与档次不明确，风险分摊不均衡等情况，导致投标人不平衡报价，高额索赔。施工过程中工程变更、现场签证频繁发生，为竣工结算突破设计概算埋下伏笔，这都与"工程量清单及招标控制价编制原则"的水平高低相关联，是事前管理与控制不到位造成的后果。

【案例】

**工程量清单及招标控制价编制原则**

1. 项目基本情况

（1）工程名称：崇州市人民医院及崇州市妇幼保健院；

（2）工程地点：位于崇州市永康东路、蜀南东路、崇双路、江源路四条道路的围合地块内。

2. 工程基本概况

（1）现状地貌情况：回填土，自然沉积2年以上；

（2）土石方开挖情况：现场已完成表层清理；

（3）回填区情况：不属于高回填或高抛填区域；

（4）地下水情况：无地下水，具体详地勘资料；

（5）单体建筑（表6-36）。

单体建筑明细表　　　　　表6-36

| 序号 | 建筑物名称 | 建筑面积（m²） | 地上层数 | 檐高（m） | 基础类型 | 结构类型 | 备注 |
|---|---|---|---|---|---|---|---|
| 1 | 门诊楼 | 8009.56 | 3F | 13.50 | 桩基/地梁 | 框架结构 | |
| 2 | 医技楼 | 15429.8 | -1F/4F | 15.69/13.50 | 条基/独基 | 框架结构 | |
| 3 | 住院部 | 21737.32 | -1F/15F | 59.7 | 桩基/筏板 | 框剪结构 | |

续表

| 序号 | 建筑物名称 | 建筑面积（m²） | 地上层数 | 檐高（m） | 基础类型 | 结构类型 | 备注 |
|---|---|---|---|---|---|---|---|
| 4 | 保障楼 | 1510.72 | 2F | 9.00/11.30 | 桩基/地梁 | 框架结构 | |
| 5 | 妇幼保健院 | 12262.77 | 4F | 18.00/21/00 | 桩基/地梁 | 框架结构 | |
| | 合计 | 58950.17 | | | | | |

3. 编制内容及范围

工程量清单及招标控制价编制内容及范围为崇州市人民医院及崇州市妇幼保健院建设项目一标段，建筑面积58950.17m²（表6-37）。

编制范围表　　　　　表6-37

| 序号 | 编制内容及范围 | 详细工作界面 |
|---|---|---|
| 1 | 土石方工程 | 大基坑开挖及坑底基槽、基坑开挖、回填，包括：<br>（1）平场土石方：红线内自然地坪至设计室外标高所有土石方；<br>（2）基坑土石方：设计室外地坪至大基坑基底所有开挖及回填（含基坑工作面及放坡）；<br>（3）基础土石方：基槽、基坑开挖及回填；<br>（4）回填：室内、车库顶、地下室挡墙背后等；<br>（5）外运：场内转运，场外运输 |
| 2 | 基础工程 | 桩基、筏板基础、基础梁、独立基础、带型基础按设计图 |
| 3 | 主体结构 | 包括混凝土一次结构、二次结构、砌体结构 |
| 4 | 建筑装修 | （1）地面范围：室外墙脚散水、台阶、坡道，室内地面从素土夯实层到垫层；<br>（2）楼面及楼梯：只做到结构层；<br>（3）抹灰工程：内墙面抹灰，未吊顶房间、未吊顶走廊或楼梯等的天棚抹灰；<br>（4）门窗栏杆工程：仅限普通木夹板门、普通镶板门、普通木窗、防火门窗 |
| 5 | 屋面工程 | （1）保温不上人屋面：施工图设计的全部内容；<br>（2）保温上人屋面：除屋面面层装饰及其结合层以外的所有内容；<br>（3）不保温不上人屋面：施工图设计的全部内容；<br>（4）不保温上人屋面：除屋面面层装饰及其结合层以外的所有内容；<br>（5）保温种植土屋面：施工图设计的全部内容；<br>（6）不保温种植土屋面：施工图设计的全部内容 |
| 6 | 给水系统 | 室内给水系统：从单位工程室外给水阀门井起，至室内每个用水点的第一个阀门止（含阀门） |
| 7 | 排水系统 | 室内排水系统：从单位工程室内排水干管起，至室外第一个污水检查井为止，室内各排水点预留300mm接口（不含卫生洁具安装） |
| 8 | 电力系统 | 以配电房低压配电柜出线起，至单位工程楼层及室内配电箱止（含配电箱），包括发电机至低压配电屏的母线槽安装及通风空调的动力管线 |
| 9 | 采暖系统 | 从单体热力入口装置（含热力入口装置）开始至各个采暖末端，包含电梯机房排气扇、电散热器 |
| 10 | 消防系统 | 室内消防系统（管道部分以单位工程室外第一个井为界或外墙外1.5m为界） |
| 11 | 防雷接地系统 | 包括屋面、基础、强弱电井、电梯井道等的防雷接地工程，并不限于栏杆、百叶、门窗、幕墙等的接地预留、安装 |
| 12 | 弱电智能化系统 | 从弱电间至户内弱电点的预埋线管线盒、线管内穿铁丝、桥架及用户室内弱电箱（空箱）预埋等 |
| 13 | 室外道路工程 | （1）室外散水：实施至散水外边沿；<br>（2）室外与建筑物相接的台阶梯步：实施至第一踏步外边沿；<br>（3）室外与建筑物相接的坡道：实施至坡道起坡线 |
| 14 | 室外综合管网工程 | （1）给水：自建筑物室外阀门井/无阀门井则从建筑物外墙1.5处接入各建筑物内；<br>（2）排水：实施至单栋建筑物室外第一个污水检查井（不含）；<br>（3）雨水：实施至建筑物外墙外第一个雨水检查井（不含）；<br>（4）室外用电：自室内配电柜至室外用总配电箱（含） |

4. 招标控制价计价原则

（1）人工费及价差调整：按四川省工程造价管理规定，执行《\*\*\* 工程造价信息价》《第 \*\* 期》及相关文件。

（2）材料、设备费用：

① 主要材料、设备种类：按照设计施工图计入。

② 暂定价材料种类（表6-38）：

**暂定价材料种类**　　　　　　　　　　　　　　　　　　表 6-38

| 序号 | 材料名称 | 规格 | 单位 | 数量 | 单价（元） | 合价（元） |
|---|---|---|---|---|---|---|
| 一 | 电梯 | | | | | 4478400.00 |
| 1 | 住院部病床电梯 | 综合 | 台 | 3.000 | 256000.000 | 768000.00 |
| 2 | 住院部污物及专用消防电梯 | 综合 | 台 | 1.000 | 204000.000 | 204000.00 |
| 3 | 医技楼污物专用电梯 | 综合 | 台 | 1.000 | 150400.000 | 150400.00 |
| 4 | 医技楼洁净医护用电梯 | 综合 | 台 | 1.000 | 150400.000 | 150400.00 |
| 5 | 医技楼电梯 | 综合 | 台 | 1.000 | 153600.000 | 153600.00 |
| 6 | 门诊楼病患专用电梯 | 综合 | 台 | 1.000 | 212000.000 | 212000.00 |
| 7 | 门诊楼污物专用电梯 | 综合 | 台 | 1.000 | 150400.000 | 150400.00 |
| 8 | 门诊楼医用电梯 | 综合 | 台 | 1.000 | 150400.000 | 150400.00 |
| 9 | 保障部升降梯 | 综合 | 台 | 2.000 | 137600.000 | 275200.00 |
| 10 | 门诊楼自动扶梯 | 综合 | 台 | 4.000 | 220000.000 | 880000.00 |
| 11 | 住院部污物专用电梯 | 综合 | 台 | 1.000 | 204000.000 | 204000.00 |
| 12 | 病床专用电梯（3层） | 综合 | 台 | 2.000 | 145000.000 | 290000.00 |
| 13 | 病床专用电梯（4层） | 综合 | 台 | 1.000 | 195000.000 | 195000.00 |
| 14 | 污物专用电梯（4层） | 综合 | 台 | 1.000 | 340000.000 | 340000.00 |
| 15 | 病患专用电梯（4层） | 综合 | 台 | 1.000 | 355000.000 | 355000.00 |
| 二 | 发电机组 | | | | | 3030000.00 |
| 1 | 柴油发电机组 1400kW | 综合 | 台 | 1.000 | 2650000.000 | 2650000.00 |
| 2 | 发电机组 320kW | 综合 | 台 | 1.000 | 380000.000 | 380000.00 |
| | 合计 | | | | | 7508400.00 |

说明：工程量清单编制完成后，若涉及部分材料设备无相关价格的情况，后期由业主根据材料清单商定是否列入暂定价材料范畴。

③ 指定品牌材料：指定品牌的材料，由投标人自主报价，施工过程中承包人按下列品牌或同等档次的材料供货，结算时执行投标报价不作调整（表6-39）。

**指定品牌清单表**　　　　　　　　　　　　　　　　　　表 6-39

| 序号 | 材料类别 | 规格 | 品质要求 | 推荐参考品牌 | 备注 |
|---|---|---|---|---|---|
| 1 | 钢材类 | 综合 | 合格 | 鞍钢、首钢、宝钢或同等档次 | |
| 2 | 水泥 | 综合 | 合格 | 海螺、南方、冀东或同等档次 | |

续表

| 序号 | 材料类别 | 规格 | 品质要求 | 推荐参考品牌 | 备注 |
|------|----------|------|----------|--------------|------|
| 3 | 防水材料 | 综合 | 一线品牌 | 东方雨虹、海虹老人、禹王或同档次 | |
| 4 | 防火卷帘特级 | 综合 | 一线品牌 | 美心、九安、盼盼或同档次 | |
| 5 | 铝合金型材 | 综合 | 一线品牌 | 坚美、广铝、亚铝或同档次 | |
| 6 | 穿孔铝板 | 综合 | 一线品牌 | 西南铝、兴发、阳光或同档次 | |
| 7 | 真石漆 | 综合 | 一线品牌 | 立邦、多乐士、华润或同档次 | |
| 8 | 玻璃 | 综合 | 一线品牌 | 南玻、耀皮、信义或同档次 | |
| 9 | 石膏板 | 综合 | 一线品牌 | 龙牌、可耐福、泰山或同档次 | |
| 10 | 轻钢龙骨 | 综合 | 一线品牌 | 龙牌、可耐福、泰山或同档次 | |
| 11 | PVC、UPVC 管 | 综合 | 非一线品牌 | 伟星、白蝶、日丰或同档次 | |
| 12 | 报警设备 | 综合 | 非一线品牌 | 北大青鸟、利达华信、安科瑞或同档次 | |
| 13 | 风机 | 综合 | 非一线品牌 | 上虞风机、德州亚太、格瑞德或同档次 | |
| 14 | 水泵机组 | 综合 | 一线品牌 | 熊猫、连成、东方泉或同档次 | |
| 15 | 配电箱元器件 | 综合 | 一线品牌 | ABB、斯奈德、西门子或同档次 | |
| 16 | 疏散标识灯 | 综合 | 一线品牌 | 飞利浦、雷士、三雄极光或同档次 | |
| 17 | 供暖设备 | 综合 | 一线品牌 | 日丰、埃美柯、森或同档次 | |
| 18 | 聚乙烯双壁波纹管（含管件） | 综合 | 一线品牌 | 联塑、公元、顾地或同档次 | |

④ 其他材料价格：执行《** 工程造价信息价》《第 ** 期》。

（3）规费、税金：按工程建设当地最新文件规定执行。

（4）措施项目费用：

① 模板及支撑：包括各类混凝土及钢筋混凝土模板及支架（清单中约定的计算规则计算），涉及构件超高支撑费用应相应考虑；

② 综合脚手架：建筑物综合脚手架含垂直封闭、各类水平防护架、垂直防护架、建筑物垂直运输等在约定工期内完成承包范围内的单位工程全部工程项目所需的各类脚手架，计算规则按清单约定的计算规则；

③ 垂直运输费：包括在约定工期内完成承包范围内单位工程全部工程项目所需的所有垂直运输费、超高降效等，计算规则按清单中约定的计算规则；

④ 组织措施费：按工程建设当地最新文件规定执行。

（5）其他项目费用：

① 考虑按国家规范、规定及本地质检站在工程实施过程中所要求的所有常规和特殊检测费，包含但不限于以下内容：如基础施工中涉及的相关检测、各种材料的检验检测、门窗的相关检测、楼板厚度检测、钢筋间距检测、室内空气检测、建筑节能相关检测、建安设备（含电梯）相关检测费等；

② 暂列金额：不考虑。

5. 工程量计算原则

（1）周边市政道路已形成，红线范围内现场地势较平坦，计算时先考虑平场场地至室外设计地坪标高；然后计算基坑基槽开挖回填。

（2）土石方外运：

① 深基坑开挖后需用于场内基础回填、挡墙背面回填等工程量须考虑300m范围内的场内转运；

② 回填剩余部分须外运，运距考虑25km。

（3）建筑及安装工程：根据设计图内容结合定额计算相关工程量。

（4）大型机械设备进出场及安拆：挖掘机4台次、装载机2台次、塔式起重机1台次／楼栋、施工电梯1台次／楼栋。

（5）脚手架工程：按综合脚手架列项，工程量计算及组价时考虑除计算定额综合脚手架所包含的工程量外，还要计算为完成本项目要发生各项单项脚手架，包括车行车道、人行通道、临街防护等工程量；工程量清单特征描述时注意脚手架工程所包括的内容。

（6）模板及支撑：根据混凝土构件计列模板清单项，涉及混凝土构件超高支撑的费用在定额组价时考虑相关费用。

6. 工程量清单编制要求

（1）清单编码符合国标清单规范规定。

（2）清单项目名称与项目特征逻辑关系须一致。

（3）清单项目特征描述准确，符合施工工艺要求。

（4）清单特征描述时严禁写"按设计要求"，须将设计作法进行摘录。

（5）清单特征描述时尽量避免"按 *** 图集作法或按设计做法"，须将图集或设计作法进行摘录。

（6）设计图中的建筑构造做法在编制清单项时按施工工序并结合工程当地现行定额子目的设置分别进行清单列项，并关注以下重点：

① 清单单位与定额组价单位的逻辑关系、单位之间的换算；

② 清单的计算规则若与规范不一致，须在特征描述中进行明确该清单项的计算规则。

（7）模板及支撑清单项与分部分项的混凝土清单项应保持对应关系，避免遗漏。

（8）措施类费用须根据工程建设所在地颁布的序列定额、行政主管部门发布的相关文件结合国标清单规范进行清单列项编制。

7. 工具及软件

本次工程量清单及招标控制价编制使用的软件为鹏业计价文件软件版。

8. 成果文件要求

（1）纸质版

① 工程量清单编制报告一式三份；

② 招标控制价编制报告一式三份。

（2）电子版

① 成果文件报告书；

② 软件建模版本（土建、安装）；

③ 手算工程计算式（电子表格）；

④ 鹏业计价文件软件版；

⑤ 项目各楼栋的工程指标表格。

### 6.9.2 BIM技术辅助工程量计算

对于造型奇特、结构复杂难以直接计算的部件，直接通过BIM模型得到其参数用于工程量的计算，能大大提高工程量的计算精度。

【案例】内蒙古少数民族体育运动中心，主体结构为异形钢结构、屋面为双曲面并与幕墙无缝连接在一起，现行造价软件根本无法进行工程量计算，因此，引入 BIM 技术辅助工程量计算，取得显著成效。

1. 主体混凝土工程量计算（图 6-7～图 6-9）

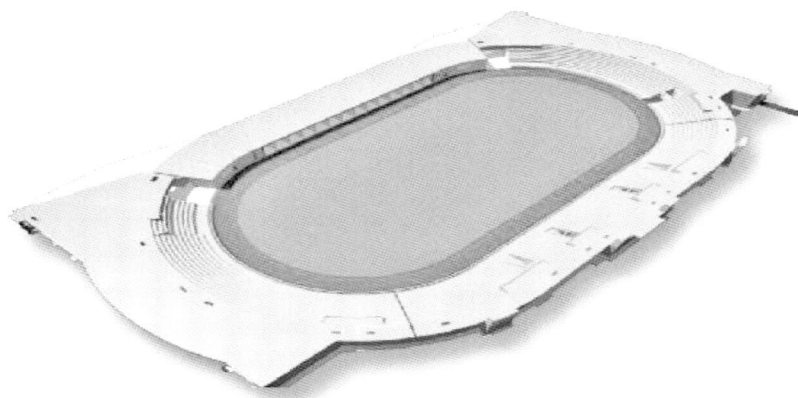

图 6-7　示例（一）

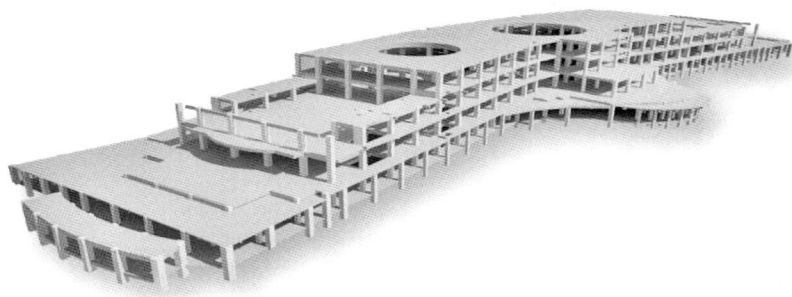

图 6-8　示例（二）

图 6-9　示例（三）

2. 主体钢结构工程量计算（图 6-10）

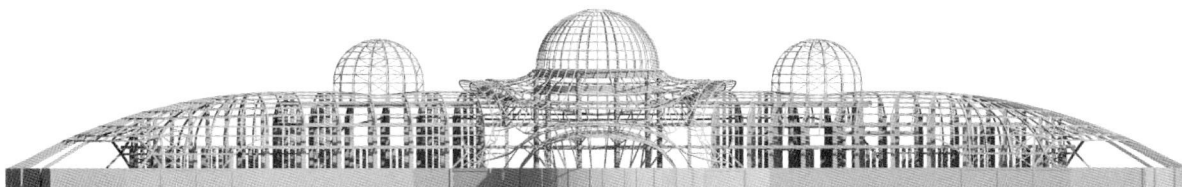

图 6-10　示例（四）

3. 幕墙及屋面工程量计算（图 6-11～图 6-13）

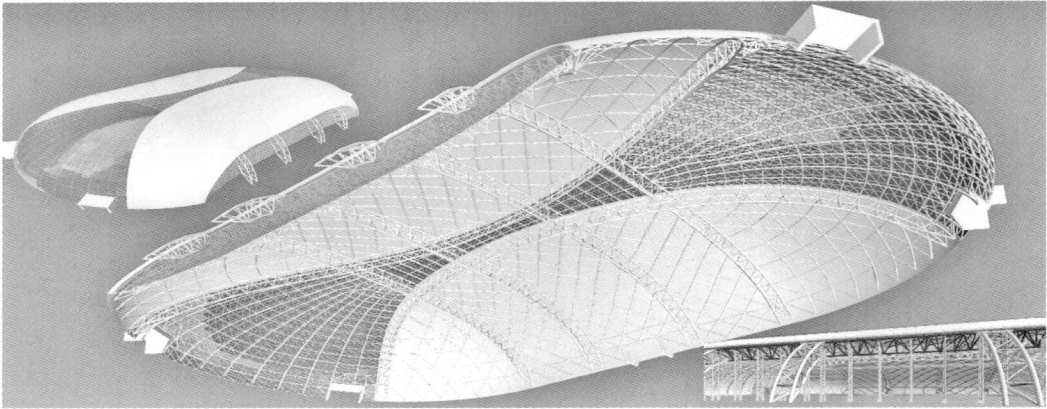

图 6-11　示例（五）

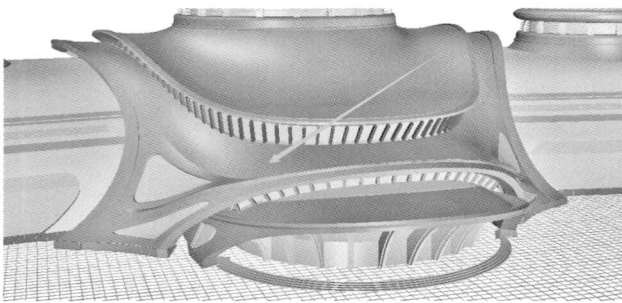

前吊顶蜂窝板面积：683m²

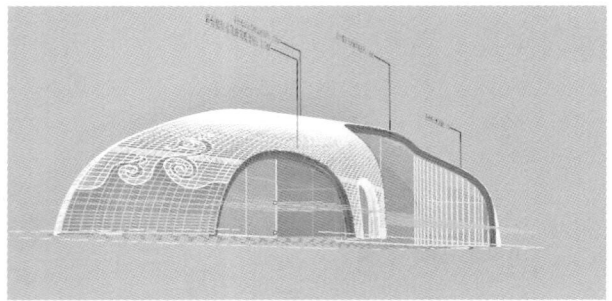

主楼中间三系统蜂窝板面积：2632m²
蜂窝板总面积：13319m²
核算面积：13309m²

图 6-12　示例（六）

后吊顶蜂窝板面积：1745m²
蜂窝板总面积：2428m²
核算面积：2411m²

图 6-13　示例（七）

### 6.9.3　二级复核

复核工作是保障造价咨询果质量的重要手段之一，分为两级复核：一级复核的覆盖面广，复核深度较深；二级复核是抽查重要子项进行复核，其抽查范围及复核内容是影响工程造价的关键因素。下面以工程量清单及招标控制价为例介绍二级复核的工作内容及要点。

第一，复核人员在充分熟悉编审资料，了解项目情况、现场情况后才能开展复核工作；对编审资料的有效性、合规性、合法性、完整性进行全面审核，不符合要求的资料要予以清除或要求补充完善。

第二，复核顺序坚持按以下优先顺序进行：简单重要的、耗时少的、容易出错的、重点子项等；附表《工程量清单及招标控制价二级复核内容及要点》基本上按此原则排列复核的顺序。

第三，复核要留下痕迹，复核人按复核内容及要点逐项进行复核，并记录复核意见。

第四，成果文件要求统一格式、标准排版、内容齐全、精致美观。各类表格在打印或导出时，按《重庆市建设工程费用定额》CQFYDE—2018（或其他省市相关文件）规定全面检查，不得缺项；综合单价分析表宜以电子文档形式存放，但必须在成果文件中说明存放地址、档案编号（表 6-40）。

**工程量清单及招标控制价二级复核内容及要点**　　　　　　　　　表 6-40

二级复核人：　　　　　　　　复核时间：

| 序号 | 复核内容 | 复核要点 | 复核意见 |
|---|---|---|---|
| 一 | 编审依据 | 有效性、合规性、合法性、完整性 | |
| 1 | 施工设计图及交底纪要 | | |

| 序号 | 复核内容 | 复核要点 | 复核意见 |
|---|---|---|---|
| 2 | 招标文件或编审原则 | | |
| （1） | 工程概况 | 工程特点、施工现场情况、常规施工方案 | |
| （2） | 编审范围、工作界面 | 与招标文件或业主要求一致 | |
| （3） | 材料、设备价格 | 满足招标文件或业主要求，含税情况，市场价、信息价（非网员价） | |
| （4） | 人工单价 | 满足招标文件或业主要求 | |
| （5） | 措施费的进价原则 | 与招标文件或业主要求一致 | |
| （6） | 风险分担范围 | 满足招标文件或业主要求 | |
| （7） | 执行定额、计价规范 | 满足行业现行相关规定 | |
| （8） | 答疑、补遗、澄清及有关会议纪要 | 完整、有效、签字齐全 | |
| 3 | 审定的施工组织设计和技术措施方案 | 业主、监理或项管签字齐全 | |
| 4 | 工程项目地质勘察报告 | 完整、有效、签字齐全 | |
| 5 | 材料询价记录（如果采用市场价格） | 程序规范、签字齐全 | |
| 6 | 施工期间的风险因素 | 业主、监理或项管签字齐全 | |
| 7 | 送审工程量清单及招标控制价 | 完整、有效、签字齐全（含纸质版、软件版） | |
| 8 | 批准的设计概算 | 完整、有效、签字齐全 | |
| 9 | 其他相关资料 | 完整、有效、签字齐全 | |
| 二 | 现场情况 | | |
| 1 | 土石方外运及渣场 | 招标文件是否约定 | |
| 2 | 建设场地的自然条件和施工条件 | 必要的施工方案 | |
| 三 | 施工组织措施项目清单计价表 | | |
| 1 | 组织措施费 | 基数、费率 | |
| 2 | 安全文明施工费 | 按当地现行文件规定 | |
| 3 | 建设工程竣工档案编制费 | 基数、费率 | |
| 4 | 住宅工程质量分户验收费 | 基数、费率 | |
| 四 | 规费、税金项目计价表 | | |
| 1 | 规费 | 基数、费率 | |
| 2 | 税金 | 基数、费率 | |
| （1） | 增值税 | 基数、费率 | |
| （2） | 附加税 | 基数、费率 | |
| （3） | 环境保护税 | 按实计算 | |
| 五 | 其他项目清单计价汇总表及附表 | | |
| 1 | 暂列金 | 按招标文件或业主要求计列 | |
| 2 | 暂估价 | 按招标文件或业主要求计列 | |
| （1） | 材料（工程设备）暂估价 | 按招标文件或业主要求计列 | |
| （2） | 专业工程暂估价 | 按招标文件或业主要求计列 | |

| 序号 | 复核内容 | 复核要点 | 复核意见 |
|---|---|---|---|
| 3 | 计日工 | 项目名称、计量单位、暂估数量（不宜按1估算） | |
| 4 | 总承包服务费 | 服务项目及其内容 | |
| 5 | 工程实际需曾补的项目 | 需业主书面说明 | |
| 六 | 分部分项工程/施工技术措施项目清单计价表 | | |
| （一） | 复核顺序 | 首先施工技术措施项目清单计价表（因出错几率高），其次审核分部分项工程项目清单计价表 | |
| （二） | 复核范围 | | |
| 1 | 施工技术措施项目清单计价表 | 项目编码、项目名称、项目特征、工程内容、计量单位、工程量、综合单价全面复核，计量单位是审核重点 | |
| （1） | 常规措施 | | |
| 1） | 混凝土模板及支架 | 按定额规定 | |
| 2） | 综合脚手架 | 按定额规定 | |
| 3） | 垂直运输、超高降效费 | 按定额规定 | |
| 4） | 特、大型施工机械设备进出场及安拆费 | 施工方案审批签字齐全，或业主书面说明 | |
| 5） | 塔式起重机基础 | | |
| （2） | 专项措施（按施工方案列项） | 满足现场施工需要的专项措施（重点） | |
| 1） | 施工排水及降水措施费（如果有） | 施工方案审批签字齐全，或业主书面说明 | |
| …… | | | |
| （3） | 分部分项工程项目清单计价表 | 复核重点项 | |
| 1） | 合价高的前20% | 项目编码、项目名称、项目特征、工程内容、计量单位、工程量、综合单价全面复核 | |
| 2） | 工程量大的前20%（与已审项目不重复） | 项目编码、项目名称、项目特征、工程内容、计量单位、工程量、综合单价全面复核 | |
| 3） | 综合单价高的前20%（与已审项目不重复） | 项目编码、项目名称、项目特征、工程内容、计量单位、工程量、综合单价全面复核 | |
| 4） | 材料价格高的前20%（与已审项目不重复） | 项目编码、项目名称、项目特征、工程内容、计量单位、工程量、综合单价全面复核 | |
| 5） | 异常情况检查（与已审项目不重复） | 项目编码、项目名称、项目特征、工程内容、计量单位、工程量、综合单价全面复核 | |
| （三） | 复核内容 | | |
| 1 | 项目编码 | 重复、错误 | |
| 2 | 项目名称 | 与特征描述相符 | |
| 3 | 特征描述 | 按施工设计图进行全面、详细描述，对软件自动生成的描述进行修改，与项目名称、工作内容相匹配，不得描述为"见设计图" | |
| 4 | 工作内容 | 按施工工艺编写，对软件自动生成的内容进行增减 | |
| 5 | 计量单位 | 与工程量相符 | |

| 序号 | 复核内容 | 复核要点 | 复核意见 |
|---|---|---|---|
| 七 | 分部分项工程／施工措施项目清单<br>综合单价分析表 | | |
| （一） | 复核顺序 | 首先施工技术措施项目清单综合单价分析表（因出错几率高），其次审核分部分项工程项目清单综合单价分析表 | |
| （二） | 复核范围 | 施工技术措施项目清单综合单价分析表全面复核，分部分项工程项目清单综合单价分析表重点项复核，其范围同上 | |
| （三） | 复核内容 | | |
| 1 | 清单计量单位与定额单位的关系 | 是否换算，换算有无错误 | |
| 2 | 清单工程量与相应定额工程量的关系 | 是否换算，换算有无错误 | |
| 3 | 定额套用 | 套用错误、换算错误、材料注明名称、规格、型号 | |
| 4 | 人、材、机价差 | 按招标文件或编审原则要求 | |
| 5 | 暂估价 | 按暂估的单价填入，并注明为"暂估价" | |
| 6 | 企业管理费 | 基数、费率 | |
| 7 | 利润 | 基数、费率 | |
| 8 | 一般风险费 | 基数、费率 | |
| 9 | 其他风险费 | 按招标文件或业主要求计列 | |
| 八 | 各项汇总表 | | |
| （一） | 措施项目汇总表 | | |
| （二） | 单位工程招标控制价汇总表 | | |
| （三） | 单项工程招标控制价汇总表 | | |
| （四） | 建设项目招标控制价汇总表 | | |
| 九 | 指标分析 | 大数据、经验 | |
| 1 | 单方造价 | 元／建筑面积 | |
| 2 | 结构指标 | 元／建筑面积 | |
| （1） | 混凝土指标 | m³／建筑面积；元／建筑面积 | |
| | 基础混凝土消耗量指标／经济指标 | m³／建筑面积；元／建筑面积 | |
| | 梁混凝土消耗量指标／经济指标 | m³／建筑面积；元／建筑面积 | |
| | 板混凝土消耗量指标／经济指标 | m³／建筑面积；元／建筑面积 | |
| | 柱混凝土消耗量指标／经济指标 | m³／建筑面积；元／建筑面积 | |
| | 墙混凝土消耗量指标／经济指标 | m³／建筑面积；元／建筑面积 | |
| （2） | 钢筋指标 | | |
| | 基础钢筋消耗量指标／经济指标 | kg/m³（混凝土）；kg／建筑面积；元／建筑面积 | |
| | 梁钢筋消耗量指标／经济指标 | kg/m³（混凝土）；kg／建筑面积；元／建筑面积 | |

续表

| 序号 | 复核内容 | 复核要点 | 复核意见 |
|---|---|---|---|
|  | 板钢筋消耗量指标 / 经济指标 | kg/m³（混凝土）；kg/ 建筑面积；元 / 建筑面积 |  |
|  | 柱钢筋消耗量指标 / 经济指标 | kg/m³（混凝土）；kg/ 建筑面积；元 / 建筑面积 |  |
|  | 墙钢筋消耗量指标 / 经济指标 | kg/m³（混凝土）；kg/ 建筑面积；元 / 建筑面积 |  |
| （3） | 砌体指标 | m³/ 建筑面积；元 / 建筑面积 |  |
|  | 砌体消耗量指标 / 经济指标 | m³/ 建筑面积；元 / 建筑面积 |  |
|  | 砌体钢筋消耗量指标 / 经济指标 | kg/m³（砌体）；kg/ 建筑面积；元 / 建筑面积 |  |
| （4） | 建筑指标 |  |  |
|  | 内墙抹灰消耗量指标 / 经济指标 | m²/ 建筑面积；元 / 建筑面积 |  |
|  | 外墙抹灰消耗量指标 / 经济指标 | m²/ 建筑面积；元 / 建筑面积 |  |
|  | 外墙保温及涂料装饰消耗量指标 / 经济指标 | m²/ 建筑面积；元 / 建筑面积 |  |
|  | 屋面技术指标 / 经济指标 | m²/ 建筑面积；元 / 建筑面积 |  |
|  | 楼面技术指标 / 经济指标 | m²/ 建筑面积；元 / 建筑面积 |  |
|  | 地面技术指标 / 经济指标 | m²/ 建筑面积；元 / 建筑面积 |  |
|  | 防水技术指标 / 经济指标 | m²/ 建筑面积；元 / 建筑面积 |  |
| 十 | 成果文件 |  |  |
| 1 | 报告书格式 | 编号、格式、语句、小数点 |  |
| 2 | 报告书内容 | 内容齐全，重要事项的处理意见，数据的一致性与钩稽关系 |  |
| 3 | 工程量清单及招标控制价表格内容 | CQFYDE-2018 规定的表格，是否齐全 |  |
| 4 | 成果文件排版及外观 | 统一格式、标准排版、精致美观 |  |
| 十一 | 存档资料清单 | 存放地址、档案编号（纸质版、电子版） |  |
| 1 | 工程量清单及招标限价成果文件 |  |  |
| 2 | 上述第一条编审依据 1 ～ 9 项 |  |  |
| 十二 | 复核结论 |  |  |

复核人（签字）：                                                编制人（签字）：

### 6.9.4　清标要点及案例

清标的目的在于不改变各投标人实质性内容的前提下，通过对投标文件的分析，发现其存在的问题，合同双方可能面临的风险，并在评标前或合同签订前采取合理的风险规避防范措施。

**【案例】某项目施工总承包工程清标**

本案例为标后清标，在签订合同前对中标单位的投标文件、工程量清单进一步清理。造价人员对 500 多项清单子目的投标报价与招标控制价逐项进行对比分析，计算差异率，查找不平衡报价，将偏离招标控制价 ±15% 的投标报价进行原因分析，预判可能造成的后果，并提出应对措施的建议。现节选部分清标结果供参考（表 6-41）。

表 6-41

分部分项工程/施工技术措施项目清标明细表

工程名称：×××楼土建工程

| 项目编码 | 项目名称 | 项目特征 | 计量单位 | 招标工程量 | 招标控制价（元）综合单价 | 投标报价（元）综合单价 | 投标报价 单价差异率 | 偏高合价差值 X>15% (H−G)×F | 偏低合价值 X<−15% (H−G)×F | 原因及后果分析 | 应对措施建议 |
|---|---|---|---|---|---|---|---|---|---|---|---|
| 101010 04001 | 大开挖土方 | 1. 土壤类别：一、二类土；2. 基础类型：筏板基础；3. 挖土深度：详见图纸；4. 未尽之处详见图纸，满足图纸设计及规范要求 | m³ | 14205.7 | 7.74 | 14.76 | 90.70% | 99724.01 | | 1. 严重不平衡高价，综合单价偏高90.7%，合价偏高；2. 若工程量增加，此项造价将大幅增加 | 1. 根据现场实际情况，制定施工措施方案，控制大开挖工程量；2. 在合同中约定工程量超过±15%时，重新组织的原则 |
| 108070 01001 | 断桥铝合金中空 LOW-E 玻璃 | 断桥铝合金中空 LOW-E 玻璃：1. 框、扇材质：60系列断桥铝合金窗框；2. 玻璃品种、厚度：5透明+12A+高透光5LOW-E双层中空玻璃；3. 框扇：开启扇均做纱扇；4. 未尽之处详见图纸，满足图纸设计及规范要求 | m² | 1544.28 | 802.24 | 529.61 | −33.98% | | −42017.06 | 1. 严重不平衡低价，综合单价偏低；2. 项目名称不详，项目编号应当定窗户；3. 涉及工程量大，造价高 | 1. 合同签订前补充完善项目名称，施工方案后组织进行交底，并做好备窗工作；2. 重点监控；3. 严禁设计变更 |
| 110010 03001 | 保温隔热墙面 | 保温隔热部位：地上外墙部位；1. 保温隔热方式：100厚岩棉板保温材料；2. 粘接方式：涂刷界面剂；3. 找平层处贴玻纤网格布；4. 详见图集做法详12J13-1-A6-66. 未尽之处详见图纸，满足图纸设计及规范要求 | m² | 6722.95 | 71.89 | 133.79 | 86.10% | 416150.61 | | 1. 严重不平衡高价，综合单价偏高86.1%；2. 涉及工程量大，造价高 | 1. 防止工程增加；2. 在合同中约定工程量超过±15%时，重新组织的原则；3. 重点监控；4. 建议设计变更 |
| 106070 05002 | 砌块墙钢丝网加固 | 砌块墙钢丝网：1. 材料品种、规格：镀锌钢丝网，钢丝材质性能不低于Q235-B，直径不小于2mm网孔不大于25×25；2. 加固方式：钢丝网与墙体之间应设不锈，钢网行连接，锚入基层40~50牢固定，钢行应固定，钢行应按梅花形布置，间距不大于400×400钢丝网需连置，搭接长度不少于200mm | m² | 3559.72 | 59.26 | 18.98 | −67.97% | | −143385.52 | 1. 严重不平衡低价，综合单价偏低67.97%；2. 涉及工程量大，造价高 | 1. 防止取消；2. 重点监控；3. 严禁设计变更 |

续表

| 项目编码 | 项目名称 | 项目特征 | 计量单位 | 招标工程量 | 招标控制价(元)综合单价 | 投标报价(元)综合单价 | 投标报价单价差异率 | 偏高合价差值 X>15% (H−G)×F | 偏低合价差值 X<−15% (H−G)×F | 原因及后果分析 | 应对措施建议 |
|---|---|---|---|---|---|---|---|---|---|---|---|
| 10607005002 | 砌块墙钢丝网加固 | 3. 楼梯间和疏散通道的填充墙应采用钢丝网砂浆面层加强；4. 未尽之处详见图纸，满足图纸设计及规范要求 | m² | 3559.72 | 59.26 | 18.98 | −67.97% | | −14385.52 | 1. 严重不平衡报价，综合单价偏低67.97%；2. 涉及工程量大，造价高 | 1. 防止取消；2. 重点监控；3. 严禁工程设计变更 |
| 11704001001 | 装修超高施工增加 | | m² | 1 | 335032.96 | 288408.28 | −13.92% | | −143958.52 | 措施清单无特征描述，若按工程量清单规范理解，工程量与招标、投标综合单价之间出现严重差错，将引起重大纠纷 | 1. 将计量单位由"项"修正为"m²"，此项费用按投标人报价包干；2. 或者按建筑面积和修正工程量和投标综合单价，结算时按实际建筑面积进行调整 |
| 2.1 | 井点降水 | | 项 | 1 | 1439581.86 | 0 | −100.00% | | −1439581.86 | 1. 此7项措施项目是可以计算工程量的"单价项目"，其特征描述应根据招标文件或常规施工方案进行描述，但这7项措施清单均未进行特征描述，其具体措施内容不清楚，招标存在重大风险；2. 此7项措施项目报价为"0"，全额294.69万元已计入招标限价中，而投标人报价均为"0"，属于严重不平衡报价；3. 工程量清单计价的结算原则是按实结算，无参照特征描述，结算时实际发生的措施费用无调整，将产生重大纠纷 | 1. 此7项投标人报价包含在其他项目中；2. 按招标控制价的特征描述和清单措施原则，在签订合同前完善具体措施的特征描述和工作内容；3. 实际发生的措施与之不同，计算工程两者费用的差价，调整总结算；4. 施工方进场交底，合同措施后做单，并做好备案工作 |
| 2.4 | 大型机械进出场及安拆 | | 项 | 1 | 121137.69 | 0 | −100.00% | | −121137.69 | | |
| 2.5 | 土建垂直运输费 | | 项 | 1 | 769889.26 | 0 | −100.00% | | −769889.26 | | |
| 2.6 | 土建超高费用 | | 项 | 1 | 245717.45 | 0 | −100.00% | | −245717.45 | | |
| 11707004001 | 土建二次搬运 | | 项 | 1 | 107321.53 | 0 | −100.00% | | −107321.53 | | |
| 2.7 | 装修垂直运输费 | | 项 | 1 | 167085.72 | 0 | −100.00% | | −167085.72 | | |
| 11707004002 | 装修二次搬运 | | 项 | 1 | 9209.64 | 0 | −100.00% | | −9209.64 | | |

# 6.10 不平衡报价与索赔管理

## 6.10.1 抑制不平衡报价

不平衡报价，是投标人根据多年的投标经验对招标文件、工程量清单、施工设计图进行充分的分析与研究，找到其存在的缺陷、漏洞或不确定的因素，在投标总限价不变的前提下，预计工程量可能增加的项目报高价，预计工程量可能减少或变化的项目报低价，甚至是零报价。在施工过程中寻找机会提出工程变更，对报高价的清单项目增加工程量，对报低价的清单项目变更做法或工艺，以达到增加工程结算价款的目的。

从市场竞争的角度，不平衡报价是投标人的权利，发包人只有加强事前控制，从施工设计图、招标文件、合同文件、工程量清单等方面着手，加强管理，制定防范措施。

**1. 加强对施工设计图的管理**

（1）加强设计管理

在设计合同中明确设计者应承担的设计责任，提高施工设计图的质量，明确施工图的深度要求，在满足国家相关规定的前提下，必须达到工程量清单编制时对计算工程量与特征描述的深度要求，尽量减少因设计导致的施工图缺陷和不足，以至于项目实施时出现大量的设计变更或设计调整。

（2）加强施工图审核

对施工图进行严格的审核，除政府规定的图审机构的审核外，全过程工程咨询单位各专业人员按矩阵审图法或应用 BIM 技术检查图纸的错、漏、碰撞、缺和各专业之间的矛盾。造价工程师要提出清单编制对图纸的要求，工程量清单定稿之前，尽可能解决审图反映出来的设计问题。

**2. 加强招标文件、合同文件的管理**

鉴于国家相关规范和标准没有对不平衡报价作出相应可量化的认定和处理办法，发包人可以通过招标文件、合同文件对不平衡报价作一个明确认定，并在约定不平衡报价发生时可操作的合同条款。

（1）不平衡报的约定

投标报价在合理清单综合单价 ±15% 以外的报价，认定为不平衡报价，被认定为不平衡报价的投标报价，结算时执行合理清单综合单价。

（2）工程量偏差的约定

实际数量与清单数量偏差在 ±15% 以外的工程量，结算时执行合理清单综合单价。

（3）合理清单综合单价约定

执行计价定额，人工费、机械费调整执行定额规定，材料费计取：当造价信息有时，执行造价信息发布的材料价格，当造价信息没有时，则执行业主核定的市场价格；下浮比例执行中标总价与招标限价的下浮率，即（招标限价－中标总价）÷ 招标总价 ×100%。

**3. 加强工程量清单的管理**

（1）发标前

① 编制工程量清单时，在其他费用清单中设置暂列金额，发生错误时，从暂列金额中支付，规避结算价超合同价的风险；② 在工程量清单总说明中明确风险分摊的责任、范围，增加不平衡报价的约束条款；③ 严格对照工程量清单一、二级复核用表逐项检查。

（2）发标后

① 通过招标答疑、补遗方式解决工程量清单出现的问题；② 激励投标单位对招标工程量清单进行检查、核实；③ 清标，将不平衡报价及其他影响工程造价的问题在合同洽谈中予以解决；④ 在施工过

程中通过变更解决。

**4. 全过程工程咨询单位加强自身的专业管理**

全过程工程咨询单位应深入消化图纸，拟定好清单编制范围及内容，明确清单编制的界线、界面、界点、清单列项的编制要求、清单组价原则、材料设备价格要求等；踏勘现场，了解场地及周边环境对清单编制、组价及报价的影响因素；组织编制切合实际的施工技术措施方案；组织解决好审图提出的问题等。建议业主对清单及限价的编制聘请两家造价单位背靠背进行，并做好相应的组织协调工作。

以上目的，都是为了保证工程量清单编制的质量，确保按图编制不掉项、不错项，清单项特征描述清晰，计量单位正确，工程量误差小，避免投标人因工程量清单的原因采用不平衡报价策略。

## 6.10.2 加强索赔管理

**1. 工程索赔原因分析**

（1）业主违约

业主未能按照规定的时间向承包商提供场地使用权；业主未能在规定的时间内付款（预付备料款、工程进度款）；业主未能在规定的时间内发出图纸、指令或批复；业主拖延签发各种签证；甲供材料、设备的延误或不符合合同标准等。

（2）合同缺陷

在合同中存在着缺陷，包括商务条款和技术规范及图纸中的缺陷。如承包商执行业主的解释就会发生成本的增加或工期的延长，进而引发索赔。

（3）施工条件变化

业主未按合同提交场地或场地地下管网未查明，基础地质方面出现变化引起的索赔等。

（4）工程变更

工程师发现因设计错、漏、碰、缺问题发出设计变更指令，导致实际完成的工程量超过或小于投标时给定的工程量，增加工作、改变建筑材料、暂停施工或加速施工等。

（5）工期延误

非承包商原因造成的工期延误，施工方可以要求经济补偿。如：工程预付款迟缓支付，施工图纸不能按时提交；面积增大、结构改变、功能变更；拖欠工程进度款；材料、设备到位不及时；施工停水停电每天八小时及以上；不可抗拒力造成的影响；计划变更；由于业主指定的其他分包商拖延工期而影响总工期等。以上原因应在工程合同的相关条款进行约定。

非施工原因引起的工期延误而引起的费用补偿有费用损失；由于停工或工期延误造成人工费、材料费、机械停置费、三大工具闲置费的增加；行政管理费的增加；拖欠工程进度款的利息等。

（6）业主指令

工程师在施工过程中发出各种指令，承包商执行这些指令（包括错误的指令），造成的成本的增加和（或）工期的延长。

（7）国家政策及法律、法令变更

由于国家、地方的文件、规定（定额、取费标准、税收、上交的各种费用等）等导致承包商施工费用的增加。

（8）其他承包商干扰

在同一个施工现场有几个承包商同时施工时，发生的因某承包商不能按期完成自身工作，而影响其他承包商的工作、场地使用、现场交通等，而造成各承包商相互干扰发生的工程索赔。

**2. 提出的索赔理由（合同示范文本中的条款）（表6-42）**

索赔事项表

表6-42

| 序号 | 索 赔 事 项 | 对应条款 |
|---|---|---|
| 1 | 业主的代表指令错误 | 第5条2款 |
| 2 | 业主的代表指令、批准、图纸及其他约定义务 | 第5条3款第7条 |
| 3 | 由于业主代表的责任，在情况紧急且无法同业主联系时，承包商采取保证工程和人民生命财产安全的紧急措施 | 第6条2款 |
| 4 | 业主在工程交付前提前使用后发生损坏维修费 | 第8条6款 |
| 5 | 违反有关施工现场清洁规定发生的或该规定为合同签订后颁发的非承包商原因造成的损失的罚款 | 第8条8款 |
| 6 | 业主延期开工 | 第10条 |
| 7 | 因业主原因，暂停施工 | 第11条 |
| 8 | 赶工的经济支出 | 第13条 |
| 9 | 检查检验中业主或其他承包商原因引起的经济支出 | 第14条 |
| 10 | 检查检验影响正常施工，且检查检验合格 | 第14条 |
| 11 | 检查检验合格后，又发现承包商的质量问题 | 第14条 |
| 12 | 业主要求提高质量等级要求 | 第15条 |
| 13 | 因设计或业主采购设备原因使试车达不到验收要求 | 第17条 |
| 14 | 业主对隐蔽工程重新验收而进行剥落，且检验合格 | 第18条 |
| 15 | 合同价款的调整：（1）工程量增加；（2）设计变更或工程洽商；（3）工程造价管理部门公布的价格调整；（4）一周内非承包商原因造成停水停电累计超过8小时；（5）其他约定的增加 | 第19条25款 |
| 16 | 业主不按约定（时间、数额）支付工程款 | 第20条 |
| 17 | 业主不按约定（时间、方式、数额）支付工程款 | 第22条 |
| 18 | 业主提供的材料设备不符合要求或延误 | 第23条 |
| 19 | 对承包商提供的材料设备，业主未能按时到现场验收，后来验收后发现材料设备不合格 | 第24条 |
| 20 | 由于业主原因，使用代用材料 | 第24条 |
| 21 | 业主的变更 | |
| 22 | 业主未按照合同约定日期验收引起的工程保管费用 | 第27条 |
| 23 | 业主在收到竣工报告后无正当理由办理结算 | 第28条 |
| 24 | 保修期间非承包商原因造成返修 | 第29条 |
| 25 | 业主违约 | 第31条 |
| 26 | 非承包商责任造成的伤亡事故有责任方承担责任和有关的费用 | 第33条 |
| 27 | 施工中出现地下障碍和文物 | 第35条 |
| 28 | 不可抗力对工程本身的损害；清理修复工作费用另行约定 | 第37条1款第20条12款 |
| 29 | 在因政策变化、不可抗力以及双方以外的原因导致的工程停建或缓建 | 第39条 |

**3. 防止索赔的措施**

（1）把好合同关。业主代表与授权的工程师（咨询工程师与监理工程师）熟练掌握合同条款，认真履行合同职责；高度重视合同的签订，用词严谨，避免产生歧义和争议。

（2）减少设计变更，在招标前完善施工图质量。

（3）业主与工程师谨慎发布指令。

（4）甲供材料／设备按合同要求到位。

（5）按合同约定支付工程款。

（6）建立索赔费用台账。

# 6.11　施工阶段造价动态管理要点及案例

在项目实施过程中，影响合同价格发生变化的因素普遍存在，如设计变更、技术核定、隐蔽工程签证、计时工、计机械台班以及后续招标的专业工程、设备等超出暂定价的情况时有发生。如何管理好合同、控制好成本是施工阶段造价控制的重要内容，主要体现在以下几方面：其一，作好合同管理及合同交底；其二，控制好工程变程序；其三，管理好各类台账，真正实现成本的动态管理。

## 6.11.1　建设工程施工合同交底要点（表6-43）

施工合同交底要点专用表使用说明：

（1）以下条款是交底时通常应关注的重点内容，但不意味着未列出的其他合同条款就不重要。

（2）交底前，应结合工程实际情况，在通常基础上，进行调整完善。

（3）合同作为一种管理手段，重点是加强对实质性条款和风险的预控，因此，招标文件中应附完善的合同文件，且尽量避免合同实质性条款未约定、或约定不清晰、或约定存在歧义、或约定存在前后自相矛盾等情况。

进行事前预控时，应本着相关者满意的原则，在符合法律、法规、规范、标准等的前提下，尽量做到客观、合理、公平、公正。

施工合同交底要点专用表　　　　　　　　　　　　　　　　　表6-43

| 序号 | 重点内容 | 原　因　说　明 | 备注 |
|---|---|---|---|
| 协议书部分 | | | |
| 一、5 | 工程内容 | （1）工程内容与承包范围两者密切相关；<br>（2）了解本合同的工作内容和范围、与其他合同的界限、界面、界点；<br>（3）确保工程建设内容的清晰、明了，指导工程的实施及各项管理工作；<br>（4）是现场合同相关方关注并应掌握的重要合同内容 | |
| 一、6 | 承包范围 | | |
| 二 | 合同工期 | （1）了解掌握合同工期目标，指导工程的进度计划及实施工作；<br>（2）应重点关注施工过程中，对合同工期影响的原因分析与责任承担，并书面明确；<br>（3）应处理好涉及合同工期的索赔与反索赔 | |
| 四、1 | 签约合同价 | （1）掌握合同金额，并作出相应的人、材、物准备；<br>（2）明确里面的暂估价，包括专业工程暂估价、材料设备暂估价、暂列金额；在进度款支付中，涉及支付累计限额时，应关注是否扣除该部分金额；<br>（3）掌握哪些是实施范围内的，哪些是业主的，合同双方及相关方需要从哪些方面展开工作 | |
| 四、2 | 合同价格形式 | 很重要，不同的合同形式，在建设过程涉及不同的管理模式（在投资控制方面） | |
| 专用条款部分 | | | |
| 1.1.3.7 | 为施工现场组成部分的其他场所 | （1）根据项目实际完善，应预估该部分场所涉及的相关费用的承担主体；<br>（2）特别是发包人提供的临时占地不满足现场施工需要时的约定；<br>（3）避免由此造成的不符合合同约定的签证 | |

续表

| 序号 | 重点内容 | 原 因 说 明 | 备注 |
|------|---------|-----------|------|
| 1.1.3.10 | 临时占地 | （1）根据项目实际情况，主要是涉及可能的临时占地的费用承担；<br>（2）特别是发包人提供的临时占地不满足现场施工需要时的约定；<br>（3）避免由此造成的不符合合同约定的签证 | |
| 1.13 | 工程量清单错误的修正 | （1）按规定发包人应对其提供的工程量清单质量负责，此条就是为发包人提供的清单出现问题时的处理原则及办法；<br>（2）由于清单错误不单纯是错误，可能涉及承包人的不平衡报价，虽然不平衡报价是承包人的权利，但发包人也有权利限制承包人不平衡报价，可在此条就不平衡报价作出限制与约定；<br>（3）交底的目的是掌握有无不平衡报价的限制，如有，是如何限制；有无工程量清单错误的修正，如有，出现时如何修正；从而指导工程的投资控制 | |
| 2.4.2 | 提供施工条件 | （1）该条很重要，为发包人提供的施工条件，包括临时用水、用电、用气、用暖、现场施工排放等内容，涉及费用的承担主体、承担内容、承担界限及由此产生的相关其他风险；<br>（2）需要重点掌握，避免由此造成的不符合合同约定的签证 | |
| 3.1-（10） | 承包人应履行的其他义务 | （1）掌握合同对承包人的其他义务约定，如对建设方提供现场办公条件（用房、用水、用电、用暖、用车、网络等）、为发包人的委托的专业承包人提供施工条件、承包人应履行的总承包管理、配合、服务、协调、照管等义务的约定等内容；<br>（2）并严格按合同约定进行现场管理，特别涉及费用的签证与收方的实施，避免由此造成的不符合合同约定的签证 | |
| 10.3 | 变更程序 | 变更程序的掌握，特别涉及费用调整时，发包人内控制度中的审批权限，即影响金额大小不同，应由谁审批后方可有效的事宜 | |
| 10.7.1 | 依法必须招标的暂估价项目 | （1）掌握需招标的暂估价项目的内容约定、招标主体约定、合同职责约定；<br>（2）便于现场管理时及时处理由此涉及相关事宜，避免影响施工进度，避免实施时引起双方争议 | |
| 10.7.2 | 不属于依法必须招标的暂估价项目 | （1）掌握不需招标的暂估价项目的内容约定、价格确定程序办法原则约定、支付约定以及相关的违约约定；<br>（2）便于现场管理时及时处理由此涉及相关事宜，避免影响施工进度，避免实施时引起双方争议 | |
| 11.1 | 市场价格波动引起的调整 | （1）掌握人、材、机因价格波动的调整原则与办法；<br>（2）便于在施工过程中，完善合同约定的调价需要的基础资料签证 | |
| 12.1 | 合同价格形式 | （1）掌握不同合同形式下承包人应承担的合同风险约定；<br>（2）避免由此造成的不符合合同约定的签证 | |
| 12.4 | 工程进度款支付 | （1）进度款的支付周期、审核程序、支付原则与办法；<br>（2）指导现场进度款支付涉及相关管理与实施工作 | |
| 14.2 | 竣工结算审核 | （1）主要涉及竣工结算审核原则及办法；<br>（2）此条非常重要，是确定合同价格的核心条款，需要合同相关方完全掌握与理解；<br>（3）合同相关方应及时发现并提出审核原则存在的不足，在过程中予以补充完善，避免事后争议 | |
| 16.1.1 | 发包人违约的情形 | （1）本条是集中梳理合同中的发包人的违约情形；<br>（2）现场管理人员一定要掌握，尽量避免违约情形的出现 | |
| 16.1.2 | 发包人违约的责任 | （1）本条是集中梳理合同中的发包人违约后的合同责任；<br>（2）现场管理人员一定要掌握，也指导违约情况出现时，承担相应的合同责任 | |

| 序号 | 重点内容 | 原 因 说 明 | 备注 |
|---|---|---|---|
| 16.1.3 | 因发包人违约解除合同 | 本条是发包人违约后，解除合同的约定，因此，现场管理人员一定要掌握 | |
| 16.2.1 | 承包人违约的情形 | （1）本条是集中梳理合同中的承包人的违约情形；<br>（2）现场管理人员一定要掌握，以加强现场对承包人的管理 | |
| 16.2.2 | 承包人违约的责任 | （1）本条是集中梳理合同中的承包人的违约后的责任；<br>（2）现场管理人员一定要掌握，以便于出现违约情况时的合同处理措施，加强对承包人的管理 | |

## 6.11.2 变更流程图（图6-14）

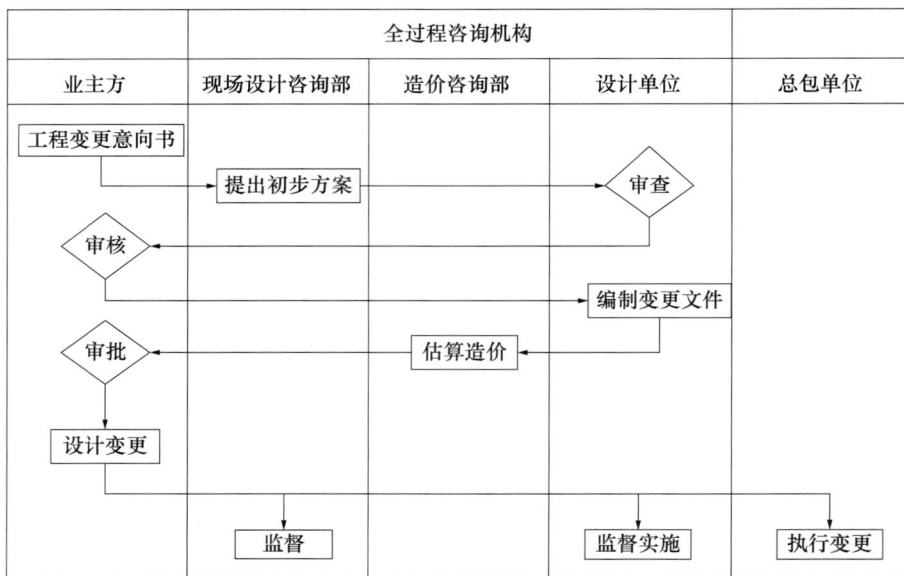

（a）业主工程变更流程图

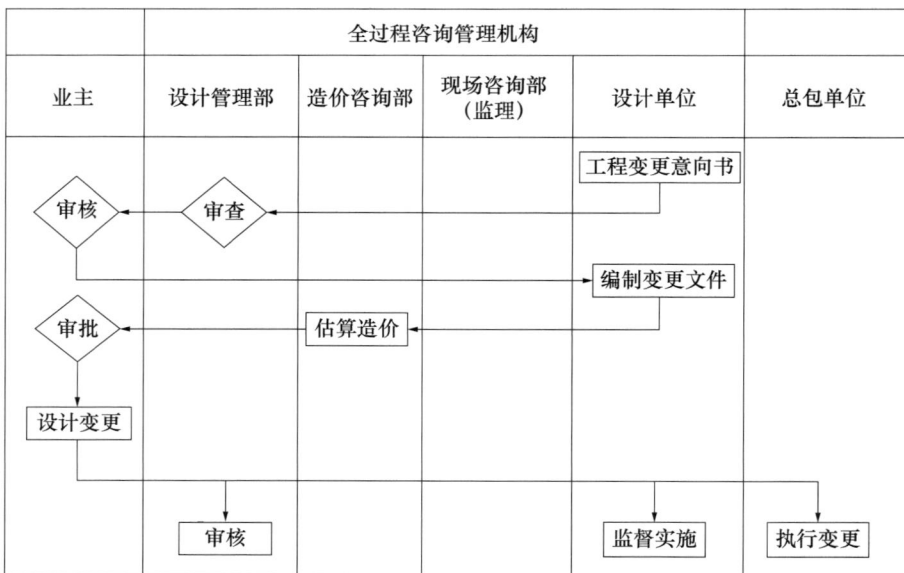

（b）设计单位工程变更流程图

图6-14 变更流程图（一）

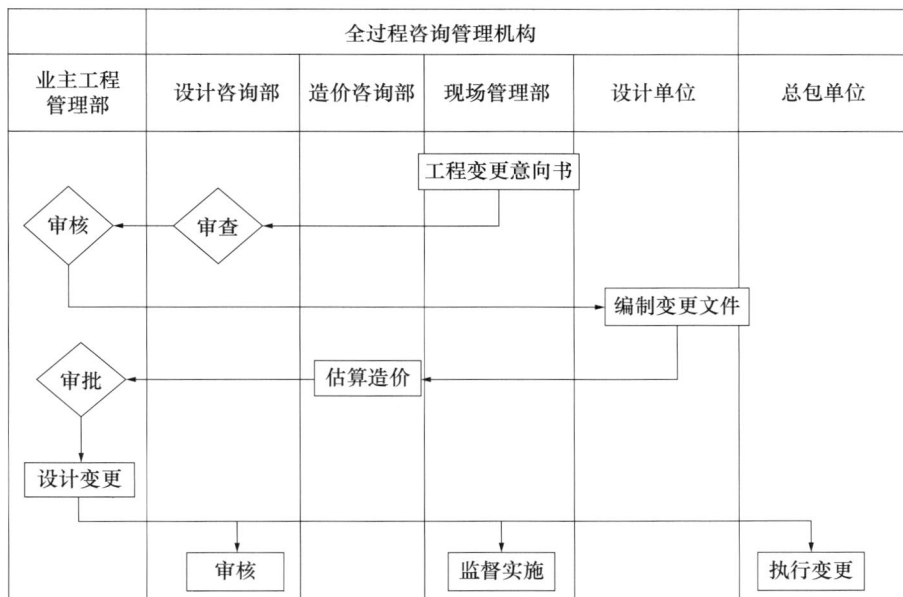

（c）监理单位工程变更流程图

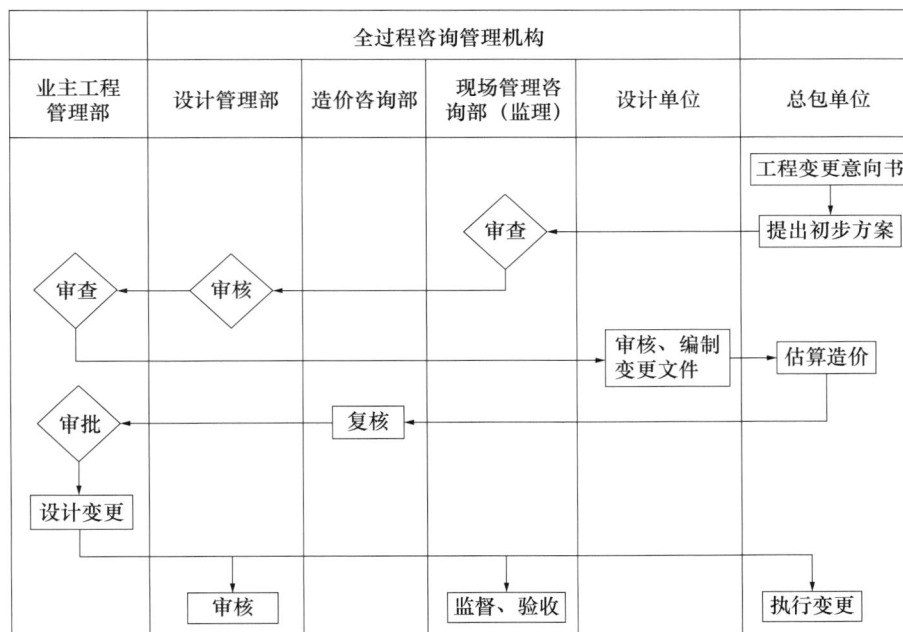

（d）施工单位工程变更流程图

图 6-14  变更流程图（二）

### 6.11.3  设计变更程序

（1）填写《工程变更单 -1》（表 6-44）、《工程变更单 -2》（表 6-45），设计变更按"一单一清"、费用按"一单一结"的原则进行管理；

（2）将每一项变更进行经济分析，并计入《项目设计变更经济分析台账》（表 6-46）；

（3）建立《设计变更总台账》（表 6-47）；

（4）绘制《设计变更台账月分布图》（表 6-48、图 6-15、图 6-16）；

（5）绘制《设计变更台账月累计曲线》（表 6-49、图 6-17、图 6-18）。

工程变更单－1                                                      表 6-44

（监理〔001〕变更〔电气 09-001〕号）

工程名称：崇州人民医院和崇州妇幼保健院迁建项目

| | |
|---|---|
| 致：重庆联盛建设项目管理有限公司<br>　　由于　为完善手术室使用功能需求　原因，兹提出　在电施图的手术室位置增加 16 套 IT 系统　工程变更，请予以审批。<br><br><br>附件：<br>☑ 变更内容<br>☑ 变更设计图<br>☑ 相关会议纪要<br>□ 其他<br><br><br><br><br>　　　　　　　　　　　　　　　　　　　　　变更提出单位：重庆市设计院三分院<br>　　　　　　　　　　　　　　　　　　　　　负责人：　×××<br>　　　　　　　　　　　　　　　　　　　　　　　　2009 年 4 月 15 日 | |

| 工程数量增／减 | 系统设备及管线增加 16 套 |
|---|---|
| 费用增／减 | 130 万元 |
| 工期变化 | 无 |

| 施工项目管理部（盖章）<br>项目负责人（签字） | 设计单位（盖章）<br>设计负责人（签字） |
|---|---|
| 项目监理机构（盖章）<br>总监理工程师（签字） | 建设单位（盖章）<br>负责人（签字） |

工程变更单 -2 表 6-45

| 序号 | 变更类别 | 是否变更 | 备注 |
|---|---|---|---|
| 1 | 进度计划变更 | ☐ | |
| 2 | 施工条件变更 | ☐ | |
| 3 | 工程量变更 | ☑ | |
| 4 | 合同变更 | ☐ | |
| 5 | 设计变更 | ☑ | |

| 变更对原设计的影响 | ① 改变了原设计标准或批准的规模 | 须经业主报规划管理部门及相关部门重新审批 |
|---|---|---|
| | ② 改变建筑物功能及造型 | |
| | 是☐　　　否☑ | |

<table>
<tr><td rowspan="10">对合同约定的工程量的影响</td><td colspan="5" align="center">是 ☑　　　否☐</td></tr>
<tr><td>序号</td><td>内容</td><td>数量</td><td>增加</td><td>减少</td></tr>
<tr><td>1</td><td>手术室 IT 系统</td><td>16 套</td><td>121.21 万元</td><td></td></tr>
<tr><td>2</td><td></td><td></td><td></td><td></td></tr>
<tr><td>3</td><td></td><td></td><td></td><td></td></tr>
<tr><td>4</td><td></td><td></td><td></td><td></td></tr>
<tr><td>5</td><td></td><td></td><td></td><td></td></tr>
<tr><td>6</td><td></td><td></td><td></td><td></td></tr>
<tr><td>7</td><td></td><td></td><td></td><td></td></tr>
<tr><td>8</td><td></td><td></td><td></td><td></td></tr>
</table>

| 对进度的影响 | ① 影响网络计划主关键线路 ☐　　天数 ☐ |
|---|---|
| | ② 对工期无影响 ☑ |

| 对价格的影响 | 直接费 | 间接费 | 总金额 |
|---|---|---|---|
| | 96.97 万元 | 24.24 万元 | 121.21 万元 |

**项目设计变更经济分析台账**

表 6-46

| 序号 | 编号 | 涉及专业 | 变更时间 | 变更内容 | 变更原因 | 投资影响判断 | | 影响金额 | | | | | | | 变更经济分析审批表编号 | 归属清单项 | 备注 |
|---|---|---|---|---|---|---|---|---|---|---|---|---|---|---|---|---|---|
| | | | | | | 有影响 | 无影响 | 单位 | 影响工程量 | | 单价（元） | 影响金额（元） | | | | |
| | | | | | | | | | 增加 | 减少 | | 增加 | 减少 | | | |
| 1 | 电气-001 | 电气 | 2009/4/15 | 完善使用功能 | 为完善使用功能，手术室IT系统增加约16个 | √ | | 套 | 16 | | 75756 | 1212100 | 0 | 200902001 | 中标 | |
| 2 | 建筑-001 | 建筑 | 2009/7/31 | 建总施06中的"地下地1"作法作调整设计 | 设计内容矛盾 | | √ | | | | | 0 | 0 | 200902003 | …… | |
| | …… | | …… | …… | | | | | …… | …… | …… | …… | …… | …… | …… | |
| | …… | | …… | …… | | | | | …… | …… | …… | …… | …… | …… | …… | |
| 226 | 精装-020 | 装修 | 2010/9/13 | 室内套装门原设计为夹板门，后因工程形象需要改为成品套装门（含防火门） | 为工程整体形象需要，图纸变更 | √ | | | | | | | | 201001277 | | |
| 1) | | | | 夹板门 | | | | m² | | 5249.8 | 234.2 | 0 | 1229555 | | 中标 | |
| 2) | | | | 成品套装门 | | | | m² | 5249.8 | | 578.4 | 3036536 | | | 新增 | |

表 6-47

## 项目设计变更总台账

| 序号 | 编号 | 编码 | 专业 | 变更原因 | 提出单位 | 提出日期 | 会签时间 | 变更内容 | 增（＋）减（－）费用金额 | 变更分类 |
|---|---|---|---|---|---|---|---|---|---|---|
| 1 | 电气 09-001 | 200902001 | 电气 | 完善使用功能 | 重庆市设计院三分院 | 2009/4/15 | 2009/4/15 | 为完善使用功能，手术室 IT 系统增加约 16 个 | 1212100 | 非设计原因设计变更 |
| 2 | 建筑 09-001 | 200902003 | 建筑 | 设计矛盾 | 重庆市设计院三分院 | 2009/7/31 | 2009/7/31 | 建总施 06 中的"地下地 1"作法作调整设计 | 0 | 设计矛盾（建筑） |
| …… | …… | …… | …… | …… | …… | …… | …… | …… | …… | …… |
| 142 | 给水排水 10-002 | 201001124 | 给水排水 | 给水排水设计与建筑观感矛盾 | 重庆市设计院三分院 | 2010/4/20 | 2010/4/20 | 根据现场实际情况，为不影响建筑立面观瞻，经业主协商作如下更改。位置详附图 | 11974 | 非设计原因设计变更 |
| 143 | 给水排水 10-003 | 201001125 | 给水排水 | 有，建筑图与给水排水图在立面矛盾 | 重庆市设计院三分院 | 2010/4/20 | 2010/4/20 | 9.000 标高屋面的 WbL-1 和 WbL-5 通气立管东平移，具体位置如下图，图中水平管段采用柔性铸铁排水管，通气管立管与原设计管材一致，通气管高出建筑完成面 2.00m | 5282 | 非设计原因设计变更 |
| …… | …… | …… | …… | …… | …… | …… | …… | …… | …… | …… |
| 225 | 土建 10-015 | 201001276 | 景观 | 满足消防要求 | 重庆市设计院三分院 | 2010/8/4 | 2010/8/4 | 工程室外道路按原总平面调整图施工后，由于通道净高较低，致使消防通道最低点不足 4m。根据现场实测情况，现设计对该路段标高作局部调整（详附图），道路做法等均按原设计变更图 | 24000 | 设计不符合规范要求 |
| 226 | 精装 10-020 | 201001277 | 精装 | 为工程整体形象需要，图纸变更 | 重庆大方建筑装饰设计工程有限公司 | 2010/9/10 | 2010/9/13 | 室内套装门原设计为夹板门，后因工程形象需要变更为成品套装门（含防火门） | 903500 | 非设计原因设计变更 |
| 合计 | | | | | | | | | 6981428.8 | |

设计变更月统计表 表 6-48

| 时间 | 设计变更 | | | | 备注 |
|---|---|---|---|---|---|
| | 项 | | 金额（万元） | | |
| | 当月 | 累计 | 当月 | 累计 | |
| 第 1 月 | 1 | 1 | 60.61 | 60.61 | |
| 第 2 月 | 0 | 1 | 0.00 | 60.61 | |
| 第 3 月 | 0 | 1 | 0.00 | 60.61 | |
| 第 4 月 | 1 | 2 | 0.00 | 60.61 | |
| 第 5 月 | 21 | 23 | 175.95 | 236.55 | |
| 第 6 月 | 11 | 34 | 11.15 | 247.70 | |
| 第 7 月 | 7 | 41 | 30.53 | 278.23 | |
| 第 8 月 | 12 | 53 | 51.11 | 329.33 | |
| 第 9 月 | 10 | 63 | 1.80 | 331.14 | |
| 第 10 月 | 2 | 65 | 0.00 | 331.14 | |
| 第 11 月 | 12 | 77 | 46.31 | 377.45 | |
| 第 12 月 | 43 | 120 | 82.17 | 459.61 | |
| 第 13 月 | 42 | 162 | 54.91 | 514.53 | |
| 第 14 月 | 22 | 184 | 21.66 | 536.19 | |
| 第 15 月 | 34 | 218 | 58.03 | 594.21 | |
| 第 16 月 | 2 | 220 | 1.05 | 595.26 | |
| 第 17 月 | 5 | 225 | 12.53 | 607.79 | |
| 第 18 月 | 1 | 226 | 90.35 | 698.14 | |
| 合计 | | 226 | | 698.14 | |

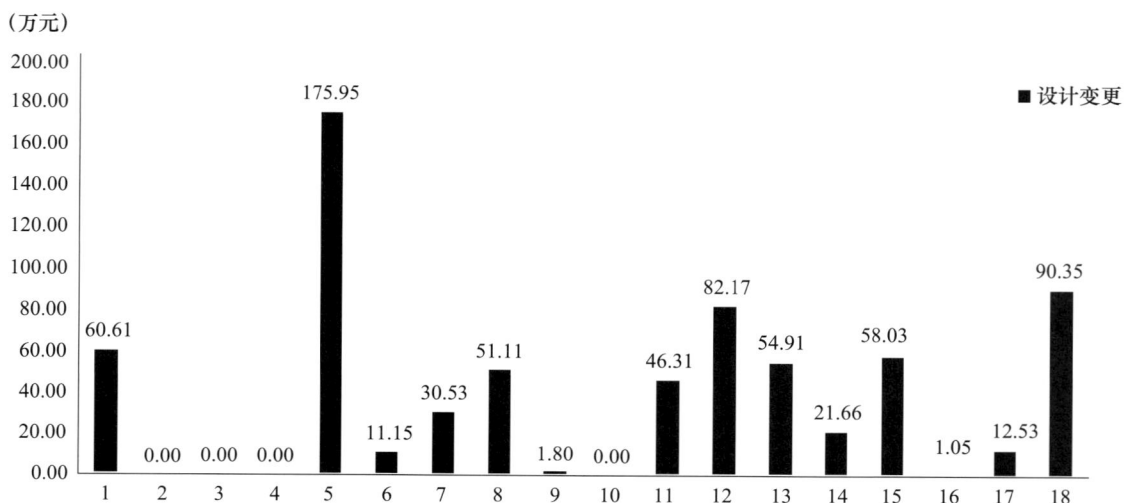

图 6-15 月分布图（金额）

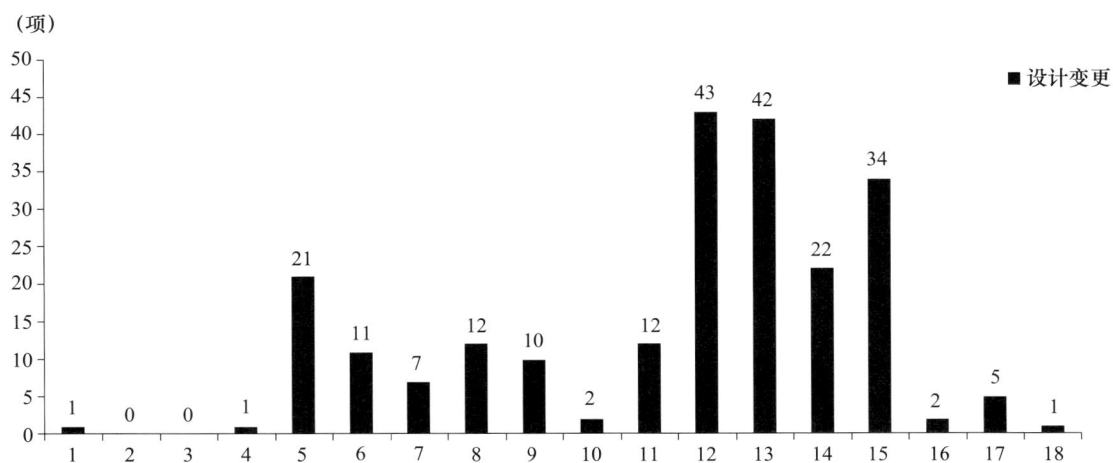

图 6-16　月分布图（项数）

设计变更月统计表　　　　　　　　　　　　　　　　表 6-49

| 时间 | 设计变更 | | | | 备注 |
| --- | --- | --- | --- | --- | --- |
| | 项 | | 金额（万元） | | |
| | 当月 | 累计 | 当月 | 累计 | |
| 第 1 月 | 1 | 1 | 60.61 | 60.61 | |
| 第 2 月 | 0 | 1 | 0.00 | 60.61 | |
| 第 3 月 | 0 | 1 | 0.00 | 60.61 | |
| 第 4 月 | 1 | 2 | 0.00 | 60.61 | |
| 第 5 月 | 21 | 23 | 175.95 | 236.55 | |
| 第 6 月 | 11 | 34 | 11.15 | 247.70 | |
| 第 7 月 | 7 | 41 | 30.53 | 278.23 | |
| 第 8 月 | 12 | 53 | 51.11 | 329.33 | |
| 第 9 月 | 10 | 63 | 1.80 | 331.14 | |
| 第 10 月 | 2 | 65 | 0.00 | 331.14 | |
| 第 11 月 | 12 | 77 | 46.31 | 377.45 | |
| 第 12 月 | 43 | 120 | 82.17 | 459.61 | |
| 第 13 月 | 42 | 162 | 54.91 | 514.53 | |
| 第 14 月 | 22 | 184 | 21.66 | 536.19 | |
| 第 15 月 | 34 | 218 | 58.03 | 594.21 | |
| 第 16 月 | 2 | 220 | 1.05 | 595.26 | |
| 第 17 月 | 5 | 225 | 12.53 | 607.79 | |
| 第 18 月 | 1 | 226 | 90.35 | 698.14 | |
| 合计 | | 226 | | 698.14 | |

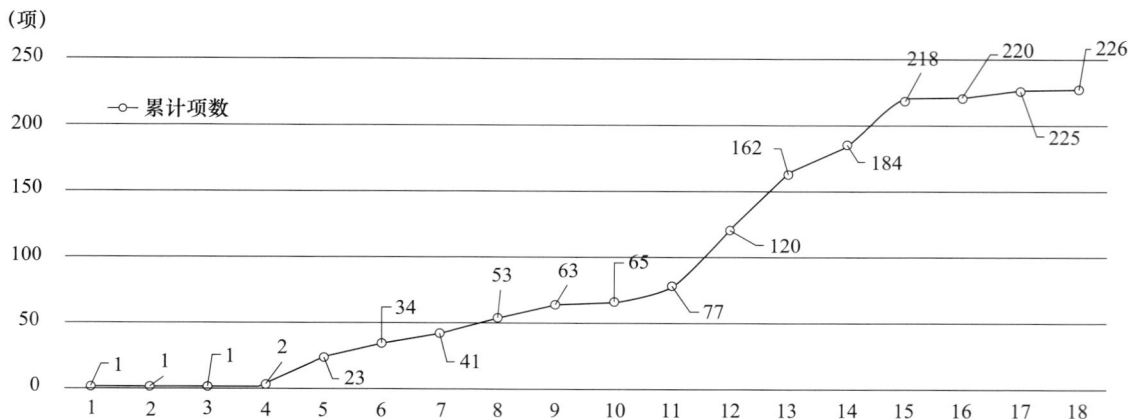

图 6-17　月累计曲线（项数）

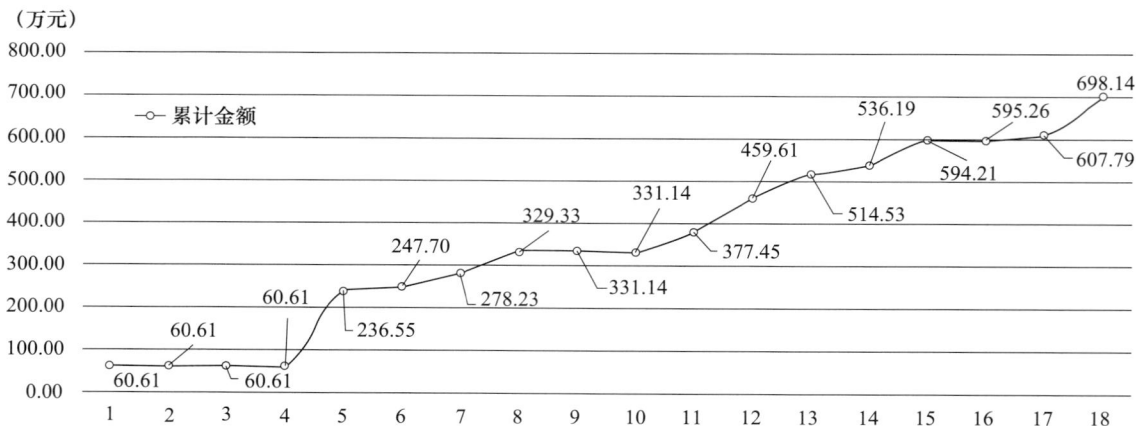

图 6-18　月累计曲线（金额）

### 6.11.4　技术变更（洽商）程序

（1）填写《技术变更（洽商）申请及可行性审批表》（表 6-50）、《技术变更（洽商）经济分析表》（表 6-51），技术变更按"一单一清"、费用按"一单一结"的原则办理；

（2）将每一项技术变更（洽商）进行经济分析，并计入《项目技术变更（洽商）经济分析台账》（表 6-52）；

（3）建立技术变更（洽商）总台账（表 6-53）；

（4）绘制《技术变更（洽商）台账月分布图》（表 6-54、图 6-19、图 6-20）；

（5）绘制《技术变更（洽商）台账月累计曲线》（表 6-55、图 6-21、图 6-22）。

### 6.11.5　计日工管理程序

（1）建立《计日工月台帐》（表 6-56）；

（2）绘制《计日工台账月分布图》（表 6-57、图 6-23、图 6-24）；

（3）绘制《计日工台账月累计曲线》（表 6-58、图 6-25、图 6-26）。

### 6.11.6　机械台班管理程序

（1）建立《机械台班月台帐》（表 6-59）；

（2）绘制《机械台班台账月分布图》（表 6-60、图 6-27、图 6-28）；

（3）绘制《机械台班台账月累计曲线》（表 6-61、图 6-29、图 6-30）。

**技术变更（洽商）申请及可行性审批表**  表 6-50

| 工程名称 | 崇州人民医院及妇幼保健院 | | 专业 | 建筑 | 编号 | 核（建）10-003 |
|---|---|---|---|---|---|---|
| 事实描实（原方案、原因、拟变更为） | 基础垫层混凝土，工程量清单特征为自拌混凝土，由于工期紧，自拌混凝土影响工程进度，为加快进度，拟将自拌混凝土变更为商品混凝土 | | | | | |
| 综合分析 | 对质量影响 | 提高［ ］、降低［ ］、无［√］ | | | | |
| | 对工期影响 | 节约［√］、延误［ ］、无［ ］，约_3_天 | | | | |
| | 对安全影响 | 提高［ ］、降低［ ］、无［√］ | | | | |
| | 对投资影响 | 增加［√］、减少［ ］、无［ ］，约____万元 | | | | |
| 单位 | 人员 | 意见 | | 签字 | | 时间 |
| 施工方 | 项目负责人 | 项目规模大，工期紧，拟申请变更 | | ××× | | 2010 年 6 月 10 日 |
| 监理方 | 总监理工程师 | 情况属实，同意变更 | | ××× | | 2010 年 6 月 11 日 |
| 勘察方 | 项目负责人 | / | | / | | |
| 设计方 | 项目负责人 | / | | / | | |
| 全过程咨询方 | 技术负责人 | 情况属实，经济分析后需履行审批程序 | | ××× | | 2010 年 6 月 11 日 |
| 建设方 | 现场负责人 | 情况属实，经济分析后需履行审批程序 | | ××× | | 2010 年 6 月 12 日 |

附件：

**技术变更（洽商）经济分析表**  表 6-51

| 工程名称 | 崇州人民医院及妇幼保健院 | 专业 | 建筑 | 编号 | 核（建）10-003 |
|---|---|---|---|---|---|
| 事实描实（原方案、原因、拟变更为） | 基础垫层混凝土，工程量清单特征为自拌混凝土，由于工期紧，自拌混凝土影响工程进度，为加快进度，拟将自拌混凝土变更为商品混凝土 | | | | |
| 经济分析计价依据 | 1. 施工合同约定的价格调整办法；<br>2. 承包人报价清单；<br>3. 提出技术变更（洽商）及技术可行性审核表 | | | | |
| 主要工程量增减 | 此技术洽商对设计工程量无影响 | | | | |
| 对投资的影响（增减）分析 | 1. C15 基础垫层自拌混凝土报价为 301 元 /m³，核定商品混凝土单价为 403 元 /m³，清单工程量约 503m³，增加投资约 503×（503 － 403）×1.0343 ＝ 53066 元；<br>2. C10 基础垫层自拌混凝土报价为 272 元 /m³，核定商品砼单价为 393 元 /m³，清单工程量约 993m³，增加投资约 993×（393 － 272）×1.0343 ＝ 124274 元 | | | | |
| 投资影响结论 | 增加［√］、减少［ ］、无［ ］，约_17.734_万元 | | | | |
| 造价咨询单位 | 编制人 | ××× | 时间 | 2010 年 6 月 13 日 | |
| | 复核人 | ××× | 时间 | 2010 年 6 月 13 日 | |

附件：
1. 技术变更（洽商）申请及可行性审核表；
2. 单价计算预算书（略）

表 6-52

## 项目技术变更（洽商）经济分析台账

| 序号 | 编号 | 涉及专业 | 洽商时间 | 洽商内容 | 洽商原因 | 投资影响判断 | | 影响金额 | | | | | | 洽商经济分析审批表编号 | 归属清单项 | 备注 |
|---|---|---|---|---|---|---|---|---|---|---|---|---|---|---|---|---|
| | | | | | | 有 | 无 | 影响工程量 | | | 单价（元） | 影响金额（元） | | | | |
| | | | | | | | | 单位 | 增加 | 减少 | | 增加 | 减少 | | | |
| 1 | 核（建）09-018 | 土建 | 2009.7.1 | 对人民医院住院楼地下室地坪，……在砂卵石层上增设100mm厚碎石层夯实，其余作法同原设计 | 设计做法调整 | √ | | | | | | | | 200902002 | | |
| | | | | 30mm厚炉渣混凝土找坡 | | | | m³ | | 649.2 | 206.11 | | 133813.2 | | 中标 | |
| | | | | 填充炉渣混凝土 | | | | m³ | | 1525.5 | 206.11 | | 314420.8 | | …… | |
| | …… | …… | …… | …… | …… | | …… | …… | …… | …… | …… | …… | …… | …… | …… | |
| 4 | 核（建）10-003 | 土建 | 2010.6.13 | 基础垫层混凝土，为加快进度，拟将自拌混凝土变更为商品混凝土 | 工期紧，自拌混凝土影响施工进度 | √ | | | | | | | | 201006004 | | |
| | | | | 垫层自拌混凝土 | | | | m³ | | 1503 | 301 | | 156596.1 | | 中标 | |
| | | | | 垫层商品混凝土 | | | | m³ | 1503 | | 403 | 209661.9 | | | 新增 | |
| 145 | 核（建）10-016 | 土建 | 2010.6.20 | 砌筑墙做安全防护；加设轻质雨篷 | 设计未考虑 | √ | | | | | | | | 201001252 | | |
| | | | | 加设轻质雨篷 | | | | m² | 119 | | 750 | 89250 | | | 新增 | |
| | | | | 零星砌砖 | | | | m³ | 18.73 | | 429.86 | 8050.98 | | | 中标 | |

表 6-53

技术变更（洽商）总台账

| 序号 | 编号 | 编码 | 专业 | 变更原因 | 提出单位 | 提出日期 | 会签时间 | 变更内容 | 增（十）减（一）费用金额 | 变更分类 |
|---|---|---|---|---|---|---|---|---|---|---|
| 1 | 核（建）09-018 | 200902002 | 土建 | 设计做法调整 | 重庆城建控股（集团）有限责任公司 | 2009/6/28 | 2009/7/1 | 对人民医院住院楼地下室地坪，原建总施地下 1：5 回填粉煤灰陶粒混凝土（容重 11kN/m³），变更为砂卵石层，并且在砂卵石层上增设 100mm 厚碎石层夯实，其余作法同原设计。要求回填的砂卵石比 6：4，卵石粒径不大于 40mm，采用分层回填夯实，每层厚度取 200～300mm 压实系数不小于 0.94 | -448234 | 优化设计 |
| …… | …… | …… | …… | …… | …… | …… | …… | …… | …… | …… |
| 4 | 核（建）10-003 | 201002014 | 土建 | 加快施工进度 | 重庆城建控股（集团）有限责任公司 | 2009/7/31 | 2009/8/5 | 基础垫层混凝土，工程量清单特征为自拌混凝土，由于工期紧，自拌混凝土影响工程进度，为加快进度，拟将自拌混凝土变更为商品混凝土 | 177340 | 优化设计 |
| …… | …… | …… | …… | …… | …… | …… | …… | …… | …… | …… |
| 145 | 核（建）10-016 | 201001252 | 土建 | 设计未考虑 | 重庆建工第三建设责任有限公司 | 2010/6/16 | 2010/6/20 | （1）住院楼屋面生活水箱间 C-5 至 C-6 轴水井洞口临空处砌筑 1000 高 120 砖墙做安全防护，表面 1：2.5 水泥砂浆抹光。（2）医技楼 13.5m 标高 B-7 交 B-8 轴水管井门上过梁加设轻质雨篷 1200 挑长。专业厂家制作。（3）室内水管井封堵方式：面积较大人员临近封堵处采用 C20 钢筋混凝土现浇板，厚 100mm 配双向钢筋，直径 7mm 间距 180 冷轧带肋钢筋，面积较小，人员不可达处采用防火堵料封堵 | 97301 | 设计漏项 |
| 合计 | | | | | | | | | 6109807.55 | |

技术洽商月统计表

表 6-54

| 时间 | 技术核定 | | | | 备注 |
|---|---|---|---|---|---|
| | 项 | | 金额（万元） | | |
| | 当月 | 累计 | 当月 | 累计 | |
| 第 1 月 | 0 | 0 | 0.00 | 0.00 | |
| 第 2 月 | 0 | 0 | 0.00 | 0.00 | |
| 第 3 月 | 0 | 0 | 0.00 | 0.00 | |
| 第 4 月 | 1 | 1 | −22.41 | −22.41 | |
| 第 5 月 | 6 | 7 | −4.81 | −27.22 | |
| 第 6 月 | 9 | 16 | 2.43 | −24.79 | |
| 第 7 月 | 7 | 23 | 21.55 | −3.24 | |
| 第 8 月 | 3 | 26 | 24.21 | 20.97 | |
| 第 9 月 | 5 | 31 | 40.91 | 61.88 | |
| 第 10 月 | 4 | 35 | 167.12 | 229.00 | |
| 第 11 月 | 15 | 50 | 61.29 | 290.29 | |
| 第 12 月 | 14 | 64 | 48.29 | 338.58 | |
| 第 13 月 | 21 | 85 | 37.80 | 376.38 | |
| 第 14 月 | 18 | 103 | 155.50 | 531.88 | |
| 第 15 月 | 42 | 145 | 79.10 | 610.98 | |
| 第 16 月 | 0 | 145 | 0.00 | 610.98 | |
| 第 17 月 | 0 | 145 | 0.00 | 610.98 | |
| 第 18 月 | 0 | 145 | 0.00 | 610.98 | |

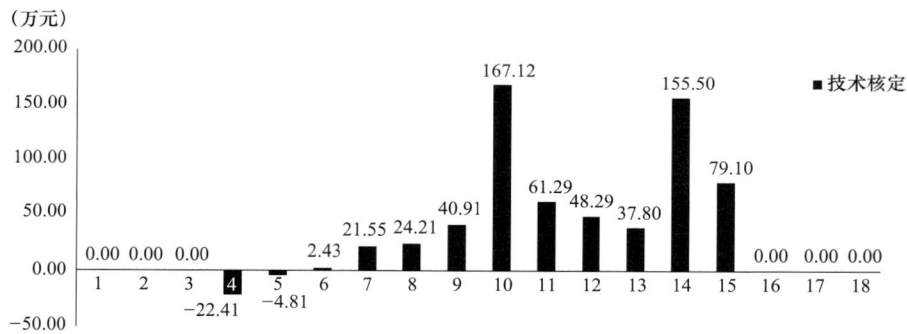

图 6-19　月分布图（金额）

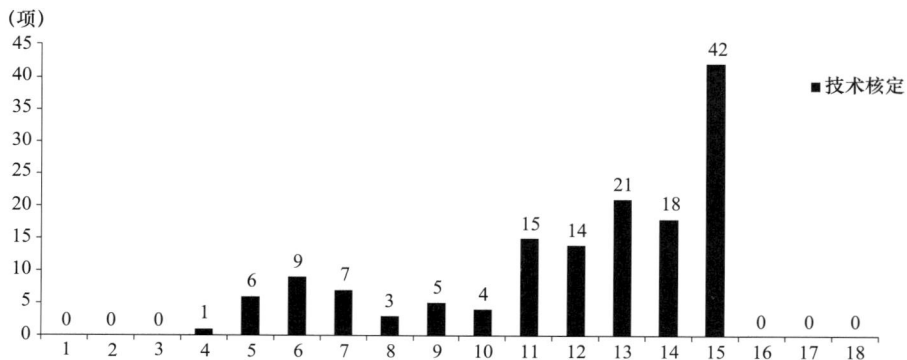

图 6-20　月分布图（项数）

## 技术洽商月统计表

表 6-55

| 时间 | 技术核定 | | | | 备注 |
|---|---|---|---|---|---|
| | 项 | | 金额（万元） | | |
| | 当月 | 累计 | 当月 | 累计 | |
| 第 1 月 | 0 | 0 | 0.00 | 0.00 | |
| 第 2 月 | 0 | 0 | 0.00 | 0.00 | |
| 第 3 月 | 0 | 0 | 0.00 | 0.00 | |
| 第 4 月 | 1 | 1 | −22.41 | −22.41 | |
| 第 5 月 | 6 | 7 | −4.81 | −27.22 | |
| 第 6 月 | 9 | 16 | 2.43 | −24.79 | |
| 第 7 月 | 7 | 23 | 21.55 | −3.24 | |
| 第 8 月 | 3 | 26 | 24.21 | 20.97 | |
| 第 9 月 | 5 | 31 | 40.91 | 61.88 | |
| 第 10 月 | 4 | 35 | 167.12 | 229.00 | |
| 第 11 月 | 15 | 50 | 61.29 | 290.29 | |
| 第 12 月 | 14 | 64 | 48.29 | 338.58 | |
| 第 13 月 | 21 | 85 | 37.80 | 376.38 | |
| 第 14 月 | 18 | 103 | 155.50 | 531.88 | |
| 第 15 月 | 42 | 145 | 79.10 | 610.98 | |
| 第 16 月 | 0 | 145 | 0.00 | 610.98 | |
| 第 17 月 | 0 | 145 | 0.00 | 610.98 | |
| 第 18 月 | 0 | 145 | 0.00 | 610.98 | |
| 合计 | | 145 | | 610.98 | |

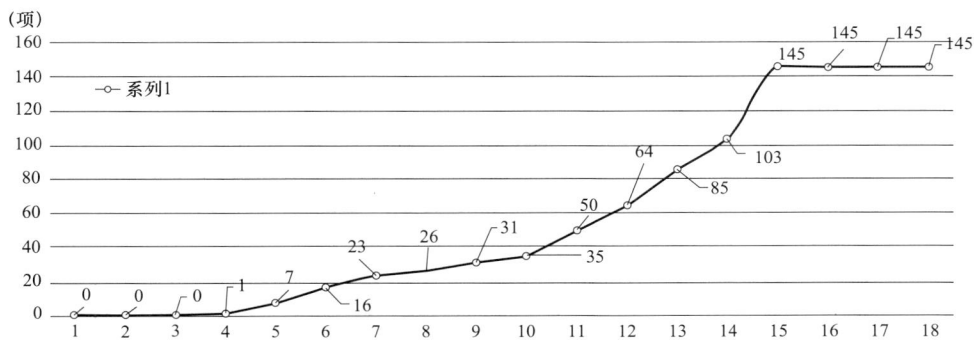

图 6-21　月累计曲线（项数）

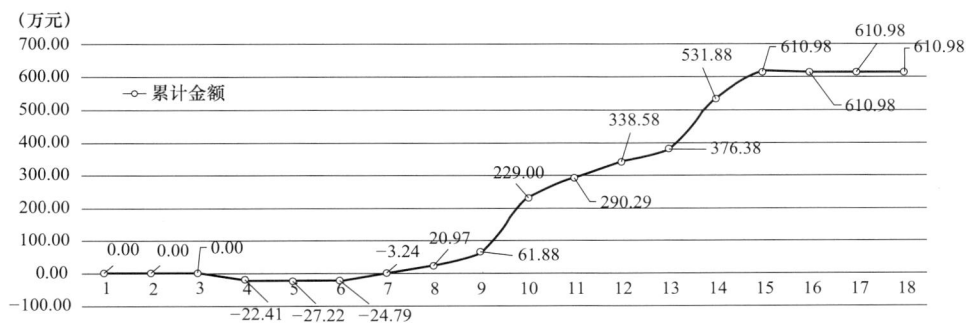

图 6-22　累计月曲线（金额）

计日工月台帐 表 6-56

| 序号 | 投入该工作人员姓名 | 专业 | 工种 | 级别 | 耗用工时 | 起始时间（ 年 月 日 时） | 终止时间（ 年 月 日 时） | 备注 |
|---|---|---|---|---|---|---|---|---|
| 1 | 李**，共6人 | 结构 | 钢筋工 | 技工 | 12 | 2009.7.1 | 2009.9.30 | |
| 2 | 曾**，共7人 | 结构 | 模板工 | 技工 | 9 | 2009.7.1 | 2009.9.30 | |
| 3 | 张**，共3人 | 结构 | 混凝土工 | 技工 | 8 | 2009.7.1 | 2009.9.30 | |
| 4 | 秦**，共6人 | 建筑 | 砌筑工 | 技工 | 8 | 2009.9.1 | 2009.11.30 | |
| 5 | 刘**，共3人 | 建筑 | 普工 | 普工 | 30 | 2009.9.1 | 2010.9.30 | |
| 6 | 白**，共3人 | 建筑 | 防水工 | 技工 | 5 | 2009.9.1 | 2009.10.30 | |
| 7 | 杨**，共4人 | 建筑 | 装饰木工 | 技工 | 27 | 2009.11.1 | 2010.5.30 | |
| 8 | 刘**，共4人 | 建筑 | 抹灰工 | 技工 | 14 | 2009.9.1 | 2010.1.30 | |
| 9 | 刘**，共5人 | 安装 | 电工 | 技工 | 32 | 2009.7.1 | 2010.7.30 | |
| 10 | 徐**，共3人 | 钢结构 | 油漆工 | 技工 | 13 | 2009.11.1 | 2010.4.30 | |
| 11 | 胡**，共5人 | 建筑 | 玻璃工 | 技工 | 14 | 2010.4.1 | 2010.7.30 | |

注：第一栏中投入该工程人员姓名、按班组长的姓名计入，×××等多少人。

计日工动态管理月统计表（案例） 表 6-57

| 时间 | 计日工 | | | | 备注 |
|---|---|---|---|---|---|
| | 工时 | | 金额（万元） | | |
| | 当月 | 累计 | 当月 | 累计 | |
| 第1月 | 0.00 | 0.00 | 0.00 | 0.00 | |
| 第2月 | 0.00 | 0.00 | 0.00 | 0.00 | |
| 第3月 | 0.00 | 0.00 | 0.00 | 0.00 | |
| 第4月 | 15.00 | 15.00 | 0.27 | 0.27 | |
| 第5月 | 15.00 | 30.00 | 0.27 | 0.54 | |
| 第6月 | 21.00 | 51.00 | 0.38 | 0.92 | |
| 第7月 | 13.00 | 64.00 | 0.23 | 1.15 | |
| 第8月 | 14.00 | 78.00 | 0.25 | 1.40 | |
| 第9月 | 17.00 | 95.00 | 0.31 | 1.71 | |
| 第10月 | 10.00 | 105.00 | 0.18 | 1.89 | |
| 第11月 | 3.00 | 108.00 | 0.05 | 1.94 | |
| 第12月 | 0.00 | 108.00 | 0.00 | 1.94 | |
| 第13月 | 13.00 | 121.00 | 0.23 | 2.18 | |
| 第14月 | 20.00 | 141.00 | 0.36 | 2.54 | |
| 第15月 | 8.00 | 149.00 | 0.14 | 2.68 | |
| 第16月 | 14.00 | 163.00 | 0.25 | 2.93 | |
| 第17月 | 0.00 | 163.00 | 0.00 | 2.93 | |
| 第18月 | 9.00 | 172.00 | 0.16 | 3.10 | |

（万元）

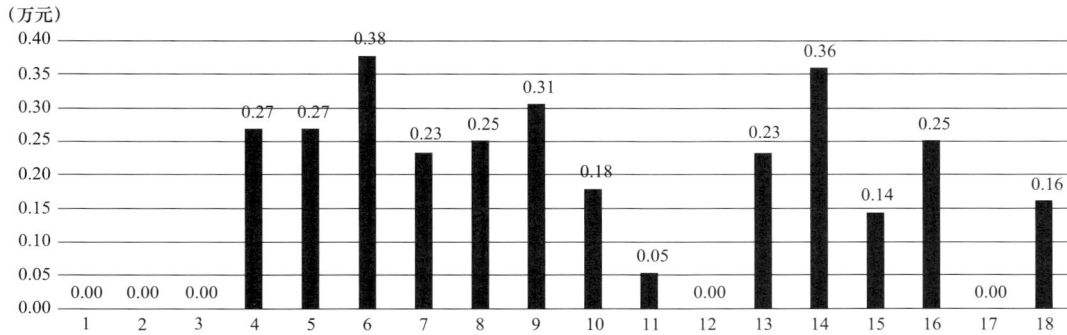

图 6-23　月分布图（金额）

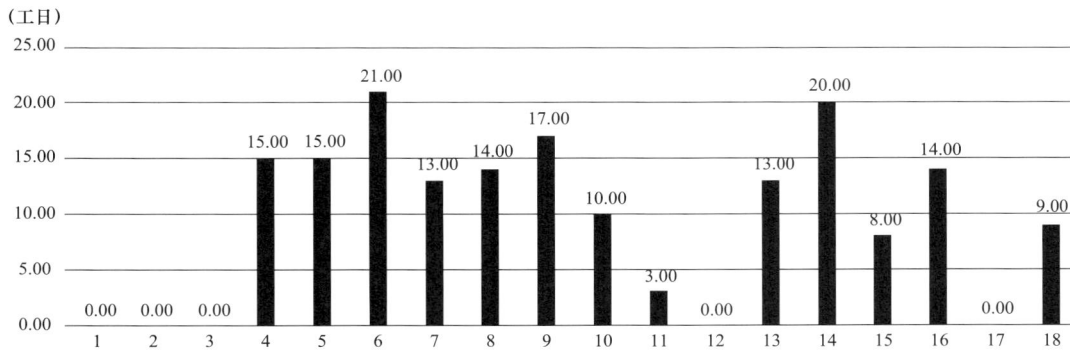

图 6-24　月分布图（工日）

计日工动态管理月统计表（案例）　　　　表 6-58

| 时间 | 计日工 | | | | 备注 |
| --- | --- | --- | --- | --- | --- |
| | 工时 | | 金额（万元） | | |
| | 当月 | 累计 | 当月 | 累计 | |
| 第 1 月 | 0.00 | 0.00 | 0.00 | 0.00 | |
| 第 2 月 | 0.00 | 0.00 | 0.00 | 0.00 | |
| 第 3 月 | 0.00 | 0.00 | 0.00 | 0.00 | |
| 第 4 月 | 15.00 | 15.00 | 0.27 | 0.27 | |
| 第 5 月 | 15.00 | 30.00 | 0.27 | 0.54 | |
| 第 6 月 | 21.00 | 51.00 | 0.38 | 0.92 | |
| 第 7 月 | 13.00 | 64.00 | 0.23 | 1.15 | |
| 第 8 月 | 14.00 | 78.00 | 0.25 | 1.40 | |
| 第 9 月 | 17.00 | 95.00 | 0.31 | 1.71 | |
| 第 10 月 | 10.00 | 105.00 | 0.18 | 1.89 | |
| 第 11 月 | 3.00 | 108.00 | 0.05 | 1.94 | |
| 第 12 月 | 0.00 | 108.00 | 0.00 | 1.94 | |
| 第 13 月 | 13.00 | 121.00 | 0.23 | 2.18 | |
| 第 14 月 | 20.00 | 141.00 | 0.36 | 2.54 | |
| 第 15 月 | 8.00 | 149.00 | 0.14 | 2.68 | |
| 第 16 月 | 14.00 | 163.00 | 0.25 | 2.93 | |
| 第 17 月 | 0.00 | 163.00 | 0.00 | 2.93 | |
| 第 18 月 | 9.00 | 172.00 | 0.16 | 3.10 | |

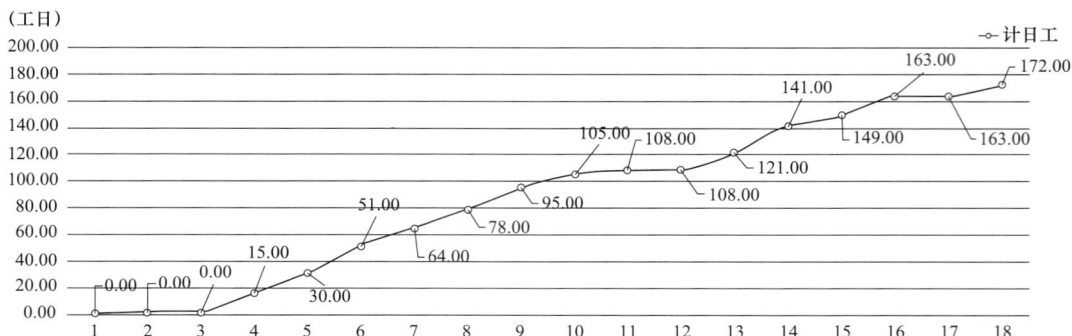

图 6-25　月累计曲线（工日）

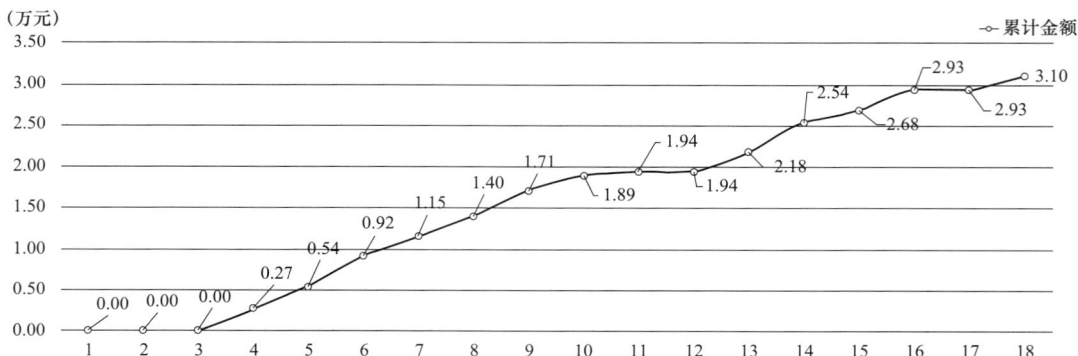

图 6-26　月累计曲线（金额）

机械台班月台账　　　　　　　　　　　　　　　　　　表 6-59

| 工作内容 | 设备类别 | 施工设备型号 | 台数 | 耗用台班 | 其他资料 | 凭证 | 起止时间 | 备注 |
|---|---|---|---|---|---|---|---|---|
| 土石方 | 挖掘机 | SY265C-9 | 3 | 5 | 影像资料 | 使用记录 | 2010.1 月 1 日—2010.2 月 28 日 | |
| 土石方 | 装载机 | 950B | 4 | 9 | 影像资料 | 使用记录 | 2010.1 月 1 日—2010.3 月 30 日 | |
| 主体结构 | 汽车吊 | 50T | 2 | 6 | 影像资料 | 使用记录 | 2009.11 月 1 日—2010.1 月 30 日 | |
| 主体结构 | 汽车吊 | 25T | 3 | 14 | 影像资料 | 使用记录 | 2009.11 月 1 日—2010.1 月 30 日 | |
| 建筑总图 | 洒水车 | 10m³ | 1 | 8 | 影像资料 | 使用记录 | 2010.7 月 1 日—2010.9 月 30 日 | |
| 合计 | | | | 42 | | | | |

机械台班动态管理月统计表（案例）　　　　　　　　　表 6-60

| 时间 | 主要机械使用 | | | | 备注 |
|---|---|---|---|---|---|
| | 台班 | | 金额（万元） | | |
| | 当月 | 累计 | 当月 | 累计 | |
| 第 1 月 | 0 | 0 | 0 | 0.00 | |
| 第 2 月 | 0 | 0 | 0 | 0.00 | |
| 第 3 月 | 0 | 0 | 0 | 0.00 | |
| 第 4 月 | 0 | 0 | 0 | 0.00 | |
| 第 5 月 | 0 | 0 | 0 | 0.00 | |
| 第 6 月 | 0 | 0 | 0 | 0.00 | |
| 第 7 月 | 0 | 0 | 0 | 0.00 | |

续表

| 时间 | 主要机械使用 | | | | 备注 |
|---|---|---|---|---|---|
| | 台班 | | 金额（万元） | | |
| | 当月 | 累计 | 当月 | 累计 | |
| 第 8 月 | 5 | 5 | 1.56 | 1.56 | |
| 第 9 月 | 7 | 12 | 2.23 | 3.79 | |
| 第 10 月 | 9 | 21 | 1.5 | 5.29 | |
| 第 11 月 | 9 | 30 | 1 | 6.29 | |
| 第 12 月 | 4 | 34 | 0.54 | 6.83 | |
| 第 13 月 | 0 | 34 | 0 | 6.83 | |
| 第 14 月 | 0 | 34 | 0 | 6.83 | |
| 第 15 月 | 0 | 34 | 0 | 6.83 | |
| 第 16 月 | 2 | 36 | 0.08 | 6.91 | |
| 第 17 月 | 3 | 39 | 0.12 | 7.03 | |
| 第 18 月 | 3 | 42 | 0.12 | 7.15 | |

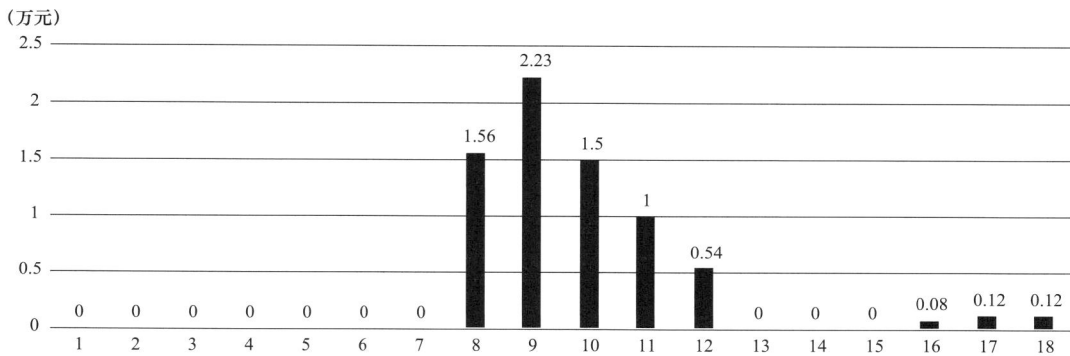

图 6-27 月分布图（金额）

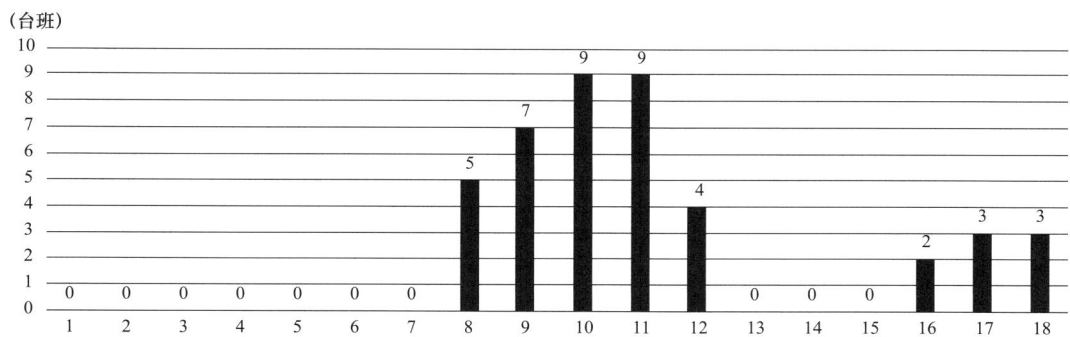

图 6-28 月分布图（台班）

机械台班动态管理月统计表（案例） 表 6-61

| 时间 | 主要机械使用 | | | | 备注 |
|---|---|---|---|---|---|
| | 台班 | | 金额（万元） | | |
| | 当月 | 累计 | 当月 | 累计 | |
| 第 1 月 | 0 | 0 | 0 | 0.00 | |
| 第 2 月 | 0 | 0 | 0 | 0.00 | |

| 时间 | 主要机械使用 | | | | 备注 |
|---|---|---|---|---|---|
| | 台班 | | 金额（万元） | | |
| | 当月 | 累计 | 当月 | 累计 | |
| 第 3 月 | 0 | 0 | 0 | 0.00 | |
| 第 4 月 | 0 | 0 | 0 | 0.00 | |
| 第 5 月 | 0 | 0 | 0 | 0.00 | |
| 第 6 月 | 0 | 0 | 0 | 0.00 | |
| 第 7 月 | 0 | 0 | 0 | 0.00 | |
| 第 8 月 | 5 | 5 | 1.56 | 1.56 | |
| 第 9 月 | 7 | 12 | 2.23 | 3.79 | |
| 第 10 月 | 9 | 21 | 1.5 | 5.29 | |
| 第 11 月 | 9 | 30 | 1 | 6.29 | |
| 第 12 月 | 4 | 34 | 0.54 | 6.83 | |
| 第 13 月 | 0 | 34 | 0 | 6.83 | |
| 第 14 月 | 0 | 34 | 0 | 6.83 | |
| 第 15 月 | 0 | 34 | 0 | 6.83 | |
| 第 16 月 | 2 | 36 | 0.08 | 6.91 | |
| 第 17 月 | 3 | 39 | 0.12 | 7.03 | |
| 第 18 月 | 3 | 42 | 0.12 | 7.15 | |

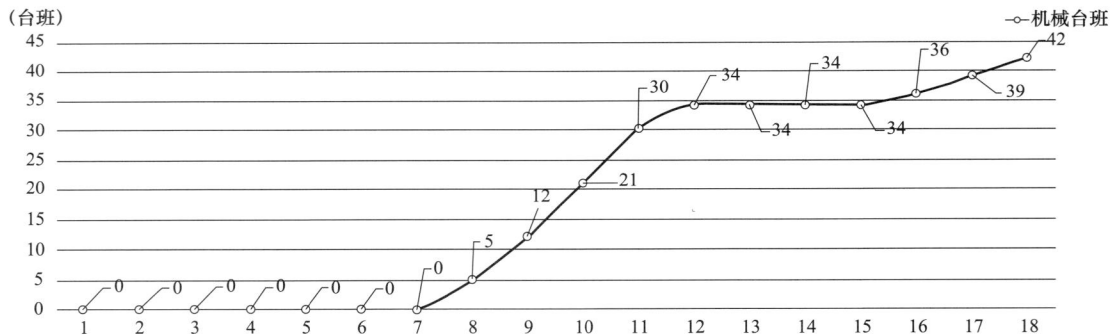

图 6-29　月累计曲线（台班）

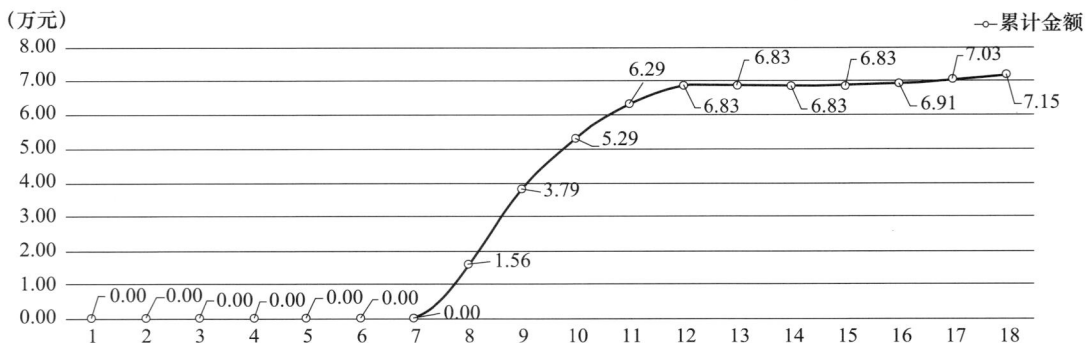

图 6-30　月累计曲线（金额）

#### 6.11.7　现场收方管理

（1）《现场零星工程收方单》（表6-62）；

（2）《现场桩基工程收方单》（表6-63）；

（3）建立《签证收方计量台账》（表6-64）。

现场零星工程收方单

表 6-62

| 工程名称 | 门诊楼 | | 编号 | XCSF-012 |
|---|---|---|---|---|
| 涉及部位 | C/5-8 基槽底 | | 日期 | 20090725 |
| 签证事由及原因 | 基槽开挖后存在软土层，需换填混凝土 | | 是否符合合同约定 | 符合 |
| 工程量计算式或工程量记录 | 1. 挖除原软土层，人力场内转运 80m：$6\times1\times0.8 = 4.8m^3$；<br>2. 回填 C20 商品混凝土：$6\times1\times0.8 = 4.8m^3$。<br>说明：回填为原槽回填 | | | |

签字栏

| | |
|---|---|
| 施工单位代表：<br>时间： | 造价单位代表：<br>时间： |
| 监理单位代表：<br>时间： | 建设单位代表：<br>时间： |

现场桩基工程收方单

表 6-63

| 序号 | 轴位 | 桩自编号 | 桩型 | 桩直径 | 桩顶绝对高程（m） | 桩深（m） | 桩数 | 实收桩长（m） | 备注 |
|---|---|---|---|---|---|---|---|---|---|
| 1 | A/1 | 1 | 预制 | D400 | 532.05 | 8 | 4 桩 | 32 | |
| 2 | A/2 | 2 | 预制 | D400 | 532.05 | 10 | 4 桩 | 40 | |
| …… | …… | …… | …… | …… | …… | …… | …… | …… | …… |
| 36 | C/14 | 49 | 预制 | D400 | 532.05 | 12 | 6 桩 | 72 | |
| …… | …… | …… | …… | …… | …… | …… | …… | …… | …… |
| 50 | E/15 | 75 | 预制 | D400 | 532.05 | 9 | 6 桩 | 54 | |
| | | 合计 | | | | | | 4860 | |

签字栏

| | | | |
|---|---|---|---|
| 施工单位代表： | 造价单位代表： | 监理单位代表： | 建设单位代表： |
| 时间： | 时间： | 时间： | 时间： |

277

签证收方计量台账　　　　表 6-64

| 序号 | 编号 | 涉及专业 | 签证收方时间 | 签证收方内容 | 签证收方原因 | 投资影响 | | | | 投资影响 | | 经济分析审批表编号 | 归属清单项 | 备注 |
| | | | | | | 影响工程量 | | | 单价（元） | 影响金额（元） | | | | |
| | | | | | | 单位 | 增加 | 减少 | | 增加 | 减少 | | | |
| 1 | 001 | 基础 | 20090715 | 预制桩 | 按现场桩长按实计算 | | | | | | | | | |
| | | | | | 比清单量增加690m | m | 690 | | 280 | 193200 | | | 中标 | |
| | | | …… | …… | …… | …… | …… | …… | …… | …… | …… | …… | …… | …… |
| | | | …… | …… | …… | …… | …… | …… | …… | …… | …… | …… | …… | …… |
| 12 | 012 | 基础 | 20090725 | 软弱地基处理 | 地基为软土，达不到承载力，经设计明确后，现场按实收方 | | | | | | | | | |
| | | | | | 增加土方开挖及运输 | m³ | 4.8 | | 83 | 398 | | | 中标 | |
| | | | | | 增加C20混凝土基础 | m³ | 4.8 | | 412 | 1978 | | | 中标 | |
| | | | | 合计 | | | | | | 59867 | | | | |

## 6.11.8 总台账管理

（1）设计变更、技术洽商、计日工、机械台班台账总表（表 6-65）；

（2）设计变更、技术洽商、计日工、机械台班月累计台账（表 6-66）；

（3）总台账月分布图 1（项数）（图 6-31）；

（4）总台账月分布图 2（金额）（图 6-32）；

（5）总台账月累计分布图 1（项数）（图 6-33）；

（6）总台账月累计分布图 2（金额）（图 6-34）；

（7）总台账月累计金额曲线（图 6-35）；

（8）总台账累计总金额曲线（图 6-36）。

设计变更、技术洽商、计日工、机械台班台账总表　　　　表 6-65

| 类别 | 序号 | 费用增（减）事项 | 计量单位 | 数量 | 单价（元） | 合价（元） | （依据）文件编号 |
| --- | --- | --- | --- | --- | --- | --- | --- |
| 设计变更 | 1 | 为完善使用功能，手术室IT系统增加约16个 | 系统 | 16 | 75756 | 1212100 | 电气-001 |
| | 2 | 设计内容矛盾，建总施06中的"地下地1"作法作调整设计 | / | / | 0 | 0 | 建筑-001 |
| | …… | …… | …… | …… | …… | …… | …… |
| | 226 | 室内套装门原设计为夹板门，后因工程形象需要改为成品套装门（含防火门） | m² | 5249.8 | 344.2 | 1807002.1 | 精装-020 |

| 类别 | 序号 | 费用增（减）事项 | 计量单位 | 数量 | 单价（元） | 合价（元） | （依据）文件编号 |
|------|------|------|------|------|------|------|------|
| 技术变更（洽商） | 1 | 对人民医院住院楼地下室地坪，原建总施地下 1：5 回填粉煤灰陶粒砼（容重 11kN/m³），变更为砂卵石层，并且在砂卵石层上增设 100mm 厚碎石层夯实，其余作法同原设计。要求回填的砂卵石砂石比 6：4，卵石粒径不大于 40mm，采用分层回填夯实，每层厚度取 200～300mm 压实系数不小于 0.94 | m³ | 2174.7 | 206.11 | −448234 | 核（建）09-018 |
| | …… | …… | …… | …… | …… | …… | …… |
| | 4 | 基础垫层混凝土，工程量清单特征为自拌混凝土，由于工期紧，自拌混凝土影响工程进度，为加快进度，拟将自拌混凝土变更为商品混凝土 | m³ | 1503 | 112 | 177340 | 核（建）10-003 |
| | …… | …… | …… | …… | …… | …… | …… |
| | 145 | （1）住院楼屋面生活水箱间 C-5 至 C-6 轴水井洞口临空处砌筑 1000 高 120 砖墙做安全防护，表面 1：2.5 水泥砂浆抹光；<br>（2）医技楼 13.5m 标高 B-7 交 B-8 轴水管井门上过梁加设轻质雨棚 1200 挑长．专业厂家制作；<br>（3）室内水管井封堵方式：面积较大人员可达处采用 C20 钢筋混凝土现浇板，厚 100mm 配双向直径 7mm 间距 180 冷轧带肋钢筋，面积较小，人员不可达处采用防火堵料封堵 | m³ | 119 | 750 | 97301 | 核（建）10-016 |
| 计日工 | 1 | 根据电梯厂家提资，结构 15.800m 处调整 | 工日 | 9 | 180 | 1620 | JRG-001 |
| | 2 | （1）根据钢结构结构安装配合，屋面斜板放样调整；<br>（2）根据建筑提资，结构增加救援窗开洞 | 工日 | 16 | 180 | 2880 | JRG-002 |
| | …… | …… | …… | …… | …… | …… | …… |
| | 33 | 预埋件施工困难，结构柱顶标高抬升 200mm，屋面落地地节点作出修改 | 工日 | 8 | 180 | 1440 | JRG-033 |
| 机械台班 | 1 | 对已回填的区域进行局部开挖，以便增加管道的埋设 | 台班 | 4 | 1200 | 4800 | JXTB-001 |
| | …… | …… | …… | …… | …… | …… | …… |
| | 6 | 现场使用汽车吊配合大型设备吊装，型号 50T | 台班 | 3 | 4500 | 13500 | JXTB-006 |
| | …… | | | | | | |
| | 19 | 竣工预验收后，现场使用洒水车清理路面，防止扬尘 | 台班 | 6 | 400 | 2400 | JXTB-016 |
| 总价 | | | | | | 13193756.3 | |

表 6-66

设计变更、技术洽商、计日工、机械台班月累计台账 （单位：万元）

| 月份 | 设计变更 | | | | 设计变更、技术洽商（洽商） | | | | 计日工 | | | | 机械台班 | | | | 金额 |
|---|---|---|---|---|---|---|---|---|---|---|---|---|---|---|---|---|---|
| | 当月项数 | 当月金额 | 月累计项数 | 月累计金额 | 当月项数 | 当月金额 | 月累计项数 | 月累计金额 | 当月项数 | 当月金额 | 月累计项数 | 月累计金额 | 当月项数 | 当月金额 | 月累计项数 | 月累计金额 | |
| 第1月 | 1 | 60.61 | 1 | 60.61 | 0 | 0.00 | 0 | 0 | 0 | 0 | 0 | 0 | 0 | 0 | 0 | 0 | 60.61 |
| 第2月 | 0 | 0.00 | 1 | 60.61 | 0 | 0.00 | 0 | 0 | 0 | 0 | 0 | 0 | 0 | 0 | 0 | 0 | 60.61 |
| 第3月 | 0 | 0.00 | 1 | 60.61 | 0 | 0.00 | 0 | 0 | 0 | 0 | 0 | 0 | 0 | 0 | 0 | 0 | 60.61 |
| 第4月 | 1 | 0.00 | 2 | 60.61 | 1 | -22.41 | 1 | -22.41 | 15 | 0.27 | 15 | 0.27 | 0 | 0 | 0 | 0 | 38.47 |
| 第5月 | 21 | 175.95 | 23 | 236.55 | 6 | -4.81 | 7 | -27.22 | 15 | 0.27 | 30 | 0.54 | 0 | 0 | 0 | 0 | 209.87 |
| 第6月 | 11 | 11.15 | 34 | 247.7 | 9 | 2.43 | 16 | -24.79 | 21 | 0.378 | 51 | 0.92 | 0 | 0 | 0 | 0 | 223.83 |
| 第7月 | 7 | 30.53 | 41 | 278.23 | 7 | 21.55 | 23 | -3.24 | 13 | 0.234 | 64 | 1.15 | 0 | 0 | 0 | 0 | 276.14 |
| 第8月 | 12 | 51.11 | 53 | 329.33 | 3 | 24.21 | 26 | 20.97 | 14 | 0.252 | 78 | 1.4 | 5 | 1.56 | 5 | 1.56 | 353.26 |
| 第9月 | 10 | 1.80 | 63 | 331.14 | 5 | 40.91 | 31 | 61.88 | 17 | 0.306 | 95 | 1.71 | 7 | 2.23 | 12 | 3.79 | 398.52 |
| 第10月 | 2 | 0.00 | 65 | 331.14 | 4 | 167.12 | 35 | 229 | 10 | 0.18 | 105 | 1.89 | 9 | 1.5 | 21 | 5.29 | 567.32 |
| 第11月 | 12 | 46.31 | 77 | 377.45 | 15 | 61.29 | 50 | 290.29 | 3 | 0.054 | 108 | 1.94 | 9 | 1 | 30 | 6.29 | 675.97 |
| 第12月 | 43 | 82.17 | 120 | 459.61 | 14 | 48.29 | 64 | 338.58 | 0 | 0 | 108 | 1.94 | 4 | 0.54 | 34 | 6.83 | 806.96 |
| 第13月 | 42 | 54.91 | 162 | 514.53 | 21 | 37.80 | 85 | 376.38 | 13 | 0.234 | 121 | 2.18 | 0 | 0 | 34 | 6.83 | 899.92 |
| 第14月 | 22 | 21.66 | 184 | 536.19 | 18 | 155.50 | 103 | 531.88 | 20 | 0.36 | 141 | 2.54 | 0 | 0 | 34 | 6.83 | 1077.44 |
| 第15月 | 34 | 58.03 | 218 | 594.21 | 42 | 79.10 | 145 | 610.98 | 8 | 0.144 | 149 | 2.68 | 0 | 0 | 34 | 6.83 | 1214.7 |
| 第16月 | 2 | 1.05 | 220 | 595.26 | 0 | 0.00 | 145 | 610.98 | 14 | 0.252 | 163 | 2.93 | 2 | 0.08 | 36 | 6.91 | 1216.08 |
| 第17月 | 5 | 12.53 | 225 | 607.79 | 0 | 0.00 | 145 | 610.98 | 0 | 0 | 163 | 2.93 | 3 | 0.12 | 39 | 7.03 | 1228.73 |
| 第18月 | 1 | 90.35 | 226 | 698.14 | 0 | 0.00 | 145 | 610.98 | 9 | 0.162 | 172 | 3.1 | 3 | 0.12 | 42 | 7.15 | 1319.37 |
| 合计 | | | 226 | 698.14 | | | 145 | 610.98 | | | 172 | 3.1 | | | 42 | 7.15 | 1319.37 |

（项）

| | 1 | 2 | 3 | 4 | 5 | 6 | 7 | 8 | 9 | 10 | 11 | 12 | 13 | 14 | 15 | 16 | 17 | 18 |
|---|---|---|---|---|---|---|---|---|---|---|---|---|---|---|---|---|---|---|
| ■设计变更 | 1 | 1 | 1 | 2 | 23 | 34 | 41 | 53 | 63 | 65 | 77 | 120 | 162 | 184 | 218 | 220 | 225 | 226 |
| 技术变更（洽商） | 0 | 0 | 0 | 1 | 7 | 16 | 23 | 26 | 31 | 35 | 50 | 64 | 85 | 103 | 145 | 145 | 145 | 145 |
| 计日工 | 0 | 0 | 0 | 15 | 30 | 51 | 64 | 78 | 95 | 105 | 108 | 108 | 121 | 141 | 149 | 163 | 163 | 172 |
| 机械台班 | 0 | 0 | 0 | 0 | 0 | 0 | 0 | 5 | 12 | 21 | 30 | 34 | 34 | 34 | 34 | 36 | 39 | 42 |

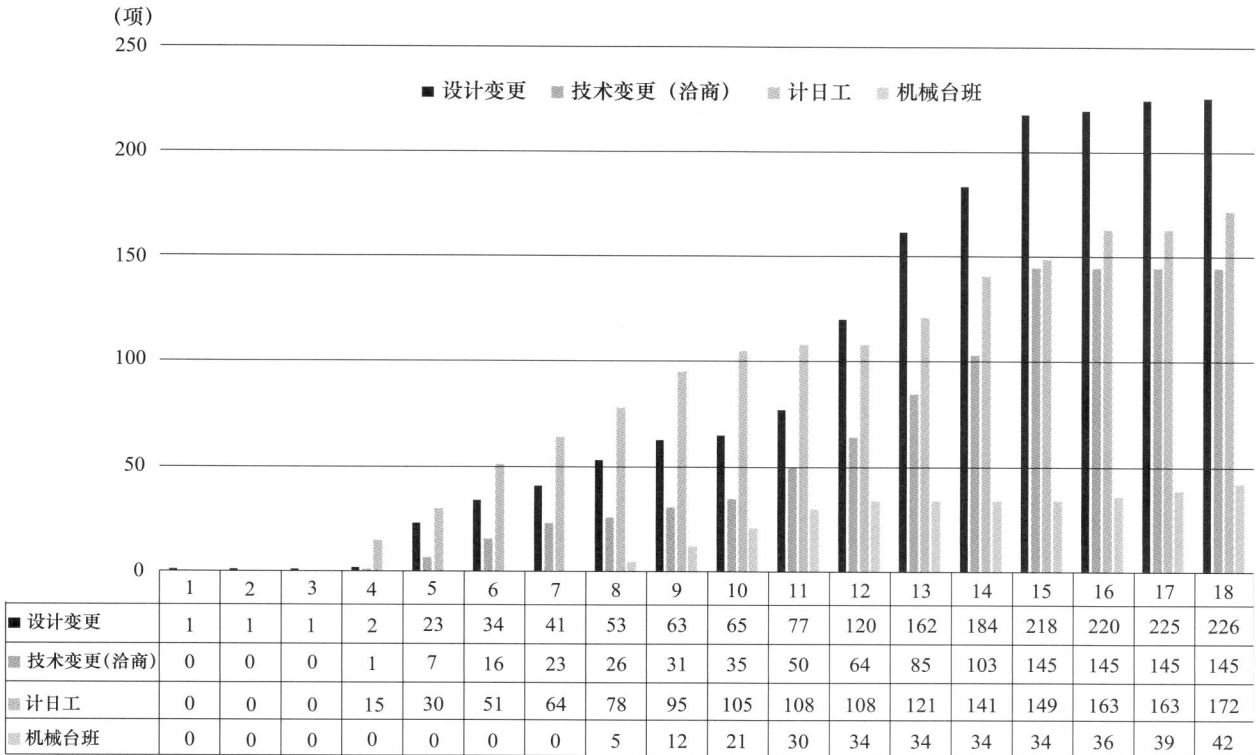

图 6-31　总台账月分布图 1（项数）

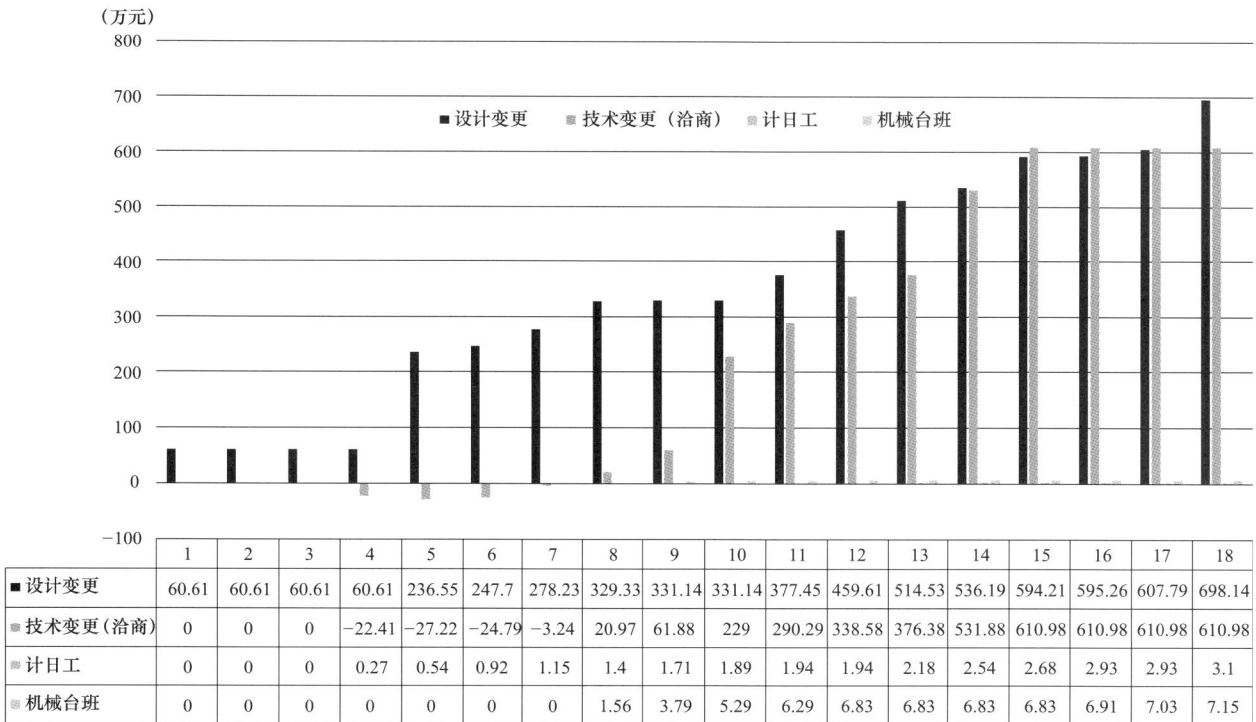

（万元）

| | 1 | 2 | 3 | 4 | 5 | 6 | 7 | 8 | 9 | 10 | 11 | 12 | 13 | 14 | 15 | 16 | 17 | 18 |
|---|---|---|---|---|---|---|---|---|---|---|---|---|---|---|---|---|---|---|
| ■设计变更 | 60.61 | 60.61 | 60.61 | 60.61 | 236.55 | 247.7 | 278.23 | 329.33 | 331.14 | 331.14 | 377.45 | 459.61 | 514.53 | 536.19 | 594.21 | 595.26 | 607.79 | 698.14 |
| 技术变更（洽商） | 0 | 0 | 0 | −22.41 | −27.22 | −24.79 | −3.24 | 20.97 | 61.88 | 229 | 290.29 | 338.58 | 376.38 | 531.88 | 610.98 | 610.98 | 610.98 | 610.98 |
| 计日工 | 0 | 0 | 0 | 0.27 | 0.54 | 0.92 | 1.15 | 1.4 | 1.71 | 1.89 | 1.94 | 1.94 | 2.18 | 2.54 | 2.68 | 2.93 | 2.93 | 3.1 |
| 机械台班 | 0 | 0 | 0 | 0 | 0 | 0 | 0 | 1.56 | 3.79 | 5.29 | 6.29 | 6.83 | 6.83 | 6.83 | 6.83 | 6.91 | 7.03 | 7.15 |

图 6-32　总台账月分布图 2（金额）

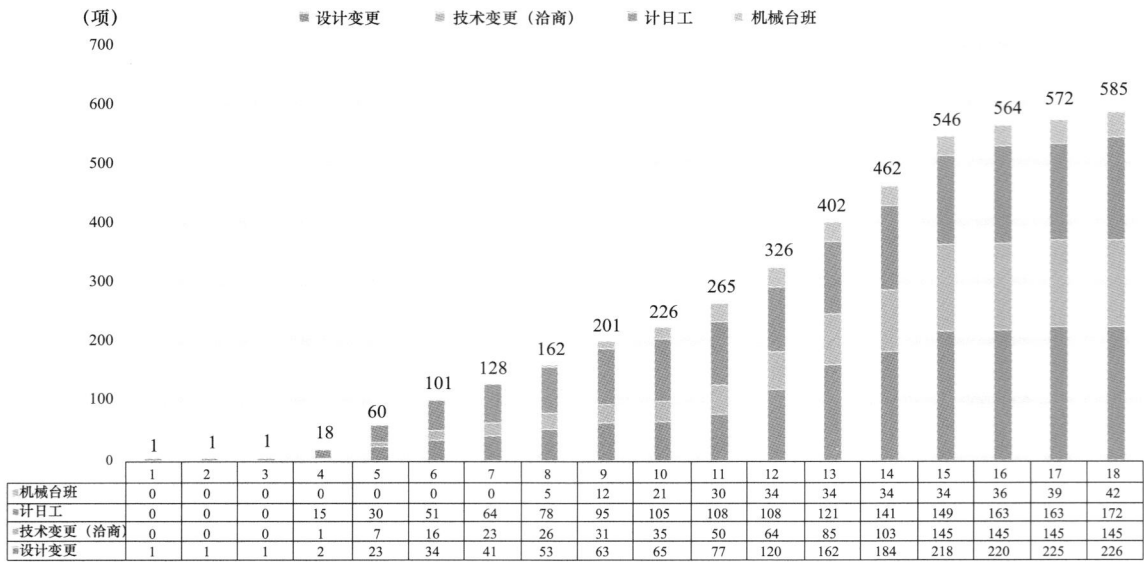

| | 1 | 2 | 3 | 4 | 5 | 6 | 7 | 8 | 9 | 10 | 11 | 12 | 13 | 14 | 15 | 16 | 17 | 18 |
|---|---|---|---|---|---|---|---|---|---|---|---|---|---|---|---|---|---|---|
| 机械台班 | 0 | 0 | 0 | 0 | 0 | 0 | 0 | 5 | 12 | 21 | 30 | 34 | 34 | 34 | 34 | 36 | 39 | 42 |
| 计日工 | 0 | 0 | 0 | 15 | 30 | 51 | 64 | 78 | 95 | 105 | 108 | 108 | 121 | 141 | 149 | 163 | 163 | 172 |
| 技术变更（洽商） | 0 | 0 | 0 | 1 | 7 | 16 | 23 | 26 | 31 | 35 | 50 | 64 | 85 | 103 | 145 | 145 | 145 | 145 |
| 设计变更 | 1 | 1 | 1 | 2 | 23 | 34 | 41 | 53 | 63 | 65 | 77 | 120 | 162 | 184 | 218 | 220 | 225 | 226 |

图 6-33　总台账月累计分布图 1（项数）

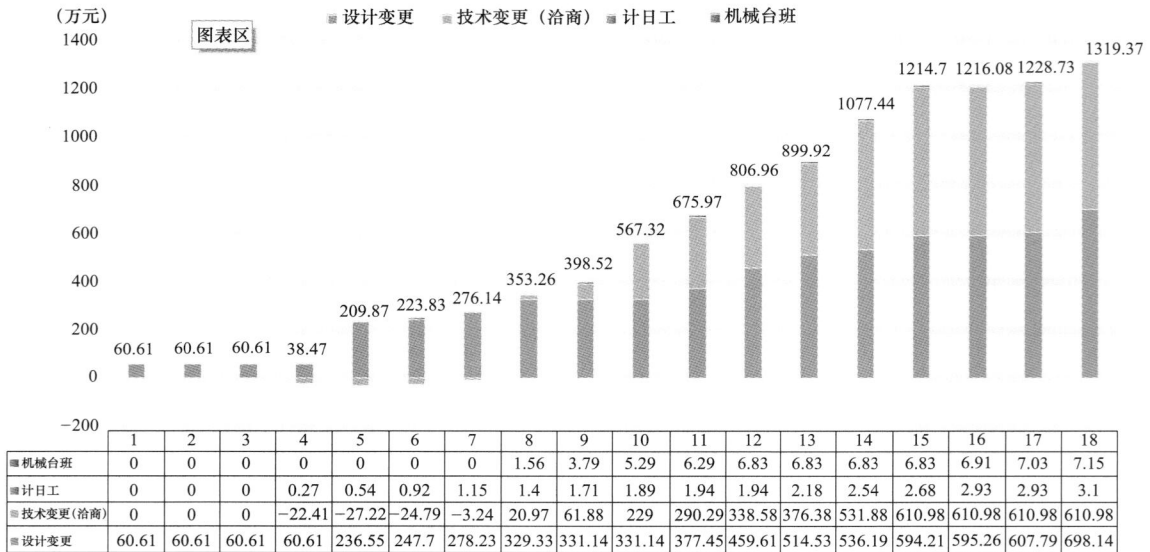

| | 1 | 2 | 3 | 4 | 5 | 6 | 7 | 8 | 9 | 10 | 11 | 12 | 13 | 14 | 15 | 16 | 17 | 18 |
|---|---|---|---|---|---|---|---|---|---|---|---|---|---|---|---|---|---|---|
| 机械台班 | 0 | 0 | 0 | 0 | 0 | 0 | 0 | 1.56 | 3.79 | 5.29 | 6.29 | 6.83 | 6.83 | 6.83 | 6.83 | 6.91 | 7.03 | 7.15 |
| 计日工 | 0 | 0 | 0 | 0.27 | 0.54 | 0.92 | 1.15 | 1.4 | 1.71 | 1.89 | 1.94 | 1.94 | 2.18 | 2.54 | 2.68 | 2.93 | 2.93 | 3.1 |
| 技术变更（洽商） | 0 | 0 | 0 | −22.41 | −27.22 | −24.79 | −3.24 | 20.97 | 61.88 | 229 | 290.29 | 338.58 | 376.38 | 531.88 | 610.98 | 610.98 | 610.98 | 610.98 |
| 设计变更 | 60.61 | 60.61 | 60.61 | 60.61 | 236.55 | 247.7 | 278.23 | 329.33 | 331.14 | 331.14 | 377.45 | 459.61 | 514.53 | 536.19 | 594.21 | 595.26 | 607.79 | 698.14 |

图 6-34　总台账月累计分布图 2（金额）

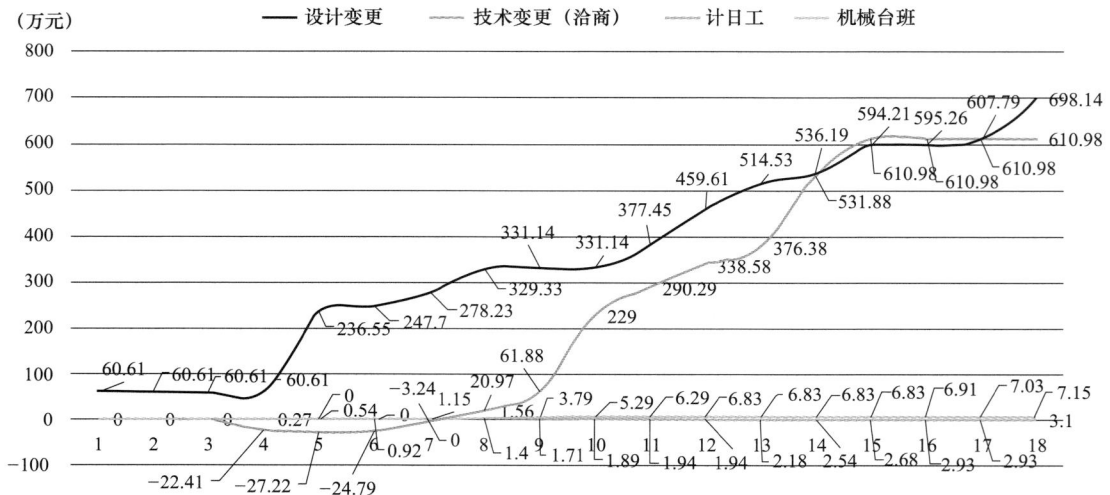

图 6-35　总台账月累计金额曲线

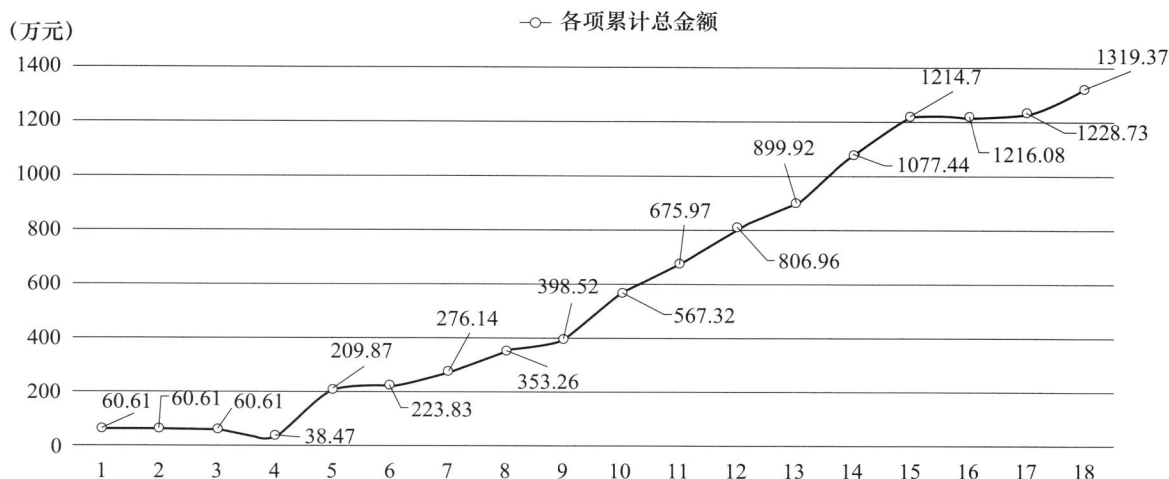

图 6-36　总台账累计总金额曲线

# 6.12　结算审核要点

竣工结算审核是造价咨询的传统业务，经历了几十年的发展，其编审程序与方法已经非常成熟。但以下几点也常被忽略，务必重点关注：其一，按合同类型选择结算审核方法，单价合同、总价合同、成本加酬金合同区别对待，不能一概而论用同一种审核方法；其二，踏勘现场，仔细比较实物与竣工图，当不相符合时，按实计算而非按图计算工程量；其三，分标段出具结算报告后，还需按项目出具结算总报告；其四，严格执行二级复核，保证咨询成果质量；其五，结算完成之后进行"项目后评估"，为后续类似项目投资估算提供数据支持。

## 6.12.1　竣工结算二级复核要点

二级复核是保证咨询成果质量的重要手段之一，需严格按《竣工结算二级复核内容及要点》逐项复核，其复核的关键点在于以下几方面：

（1）审查编审依据的真实性、有效性、完整性、合法性；

（2）审查结算范围与内容是否与合同一致，各合同包（标段）之间的工作界面是否重复、交叉；

（3）审查变更程序是否符合要求，是否涉及费用增减，以及变更了计价方式；

（4）审查合同价款调整是否复核合同约定及有关法律法规；

（5）审查项目各子项之间的关联性与逻辑性；

（6）审查含税材料／设备价格或签证，是否进行税金抵扣。

## 6.12.2　项目后评估

结算完成之后的"项目后评估"是竣工阶段造价咨询重点工作之一，通过对全过程造价咨询的总结，对成本控制重点、难点的分析，提炼出造价控制更高要求和标准，对后续项目的造价管理具有积极作用；同时，将结算数据进行定义、整理，录入数据库，是估算阶段使用数据的来源，如此形成循环闭合的造价管理模式（图 6-67）。

表 6-67

崇州人民医院及妇幼保健院项目后评估表

| 序号 | 费用名称 | 单位 | 投资匡算 | 投资估算 | 批复概算 | 招标限价 | 签约合同价 | 投资动态变化 | 结算初审额 | 政府审定额 | 备注 |
|---|---|---|---|---|---|---|---|---|---|---|---|
| 一 | 建安工程费用 | 万元 | 21840 | 23169.73 | 19004.37 | 19357.11 | 18621.12 | 2610.16 | 21231.29 | 21264.80 | |
| 1 | 建安工程费用 | 万元 | 21840 | 19287.82 | 17070.06 | 16156.02 | 15674.68 | 2453.52 | 18128.20 | 18169.56 | |
| (1) | 崇州市人民医院 | 万元 | 18000 | 15284.20 | 13038.36 | 16156.02 | 15674.68 | 2453.52 | 18128.20 | 18169.56 | |
| 1) | 门诊楼 | 万元 | | 2751.54 | 2340.85 | | | | | | |
| 2) | 医技楼 | 万元 | | 4428.49 | 4157.01 | | | | | | |
| 3) | 住院部 | 万元 | | 7189.57 | 6103.55 | | | | | | |
| 4) | 保障部 | 万元 | | 914.60 | 436.95 | | | | | | |
| (2) | 崇州市妇幼保健院 | 万元 | 3840 | 4003.62 | 4031.7 | | | | | | |
| 2 | 公用／服务性工程 | 万元 | | 1196.55 | 823.56 | 1023.43 | 988.38 | 27.48 | 1015.86 | 1012.13 | |
| 3 | 室外附属工程 | 万元 | | 1445.67 | 1092.52 | 1356.21 | 1248.11 | 61.24 | 1309.35 | 1309.12 | |
| 4 | 市政配套工程 | | | 1239.69 | 918.23 | 821.45 | 709.96 | 67.91 | 777.87 | 773.97 | 水电气外接费用实际未发生 |
| 二 | 设备购置费（医疗、办公、食堂） | 万元 | 2280 | 2337.27 | 3492.90 | 3269 | 3163 | 0 | 3163 | 3163 | （1）渝援崇办规〔2009〕12号文为2511万元,渝援崇办规〔2010〕3号、4号调整为2756.9万元；（2）渝援崇办规〔2010〕10号新增核磁共振436万元,新增海扶治疗中心300万元；（3）故医疗设备批准概算额为3492.90万元 |
| 三 | 工程建设其他费用 | 万元 | 3169 | 3032 | 2700.97 | | 2393 | 145 | 2538 | 2420 | |
| 1 | 规划方案编制及评审费 | 万元 | 18 | 15.00 | 11.00 | | 1 | 0 | 1 | 1 | |
| 2 | 项目建设管理代理费 | 万元 | 368 | 300 | 248.34 | | 249 | 38 | 287 | 287 | |
| 3 | 土地拆迁购置费 | 万元 | 1000 | 1000 | 895.72 | | 896 | 0 | 896 | 896 | |
| …… | …… | | | …… | …… | | …… | | …… | …… | …… |
| 24 | 场地准备及临时设施费 | 万元 | 33 | 30 | 30 | | 16 | 0 | 16 | 16 | |
| 25 | 放射设备房职业危害放射防护评价费 | 万元 | 12 | 10 | 9.1 | | 9 | 0 | 9 | 9 | |
| 四 | 基本预备费 | 万元 | 2730 | 1300 | 1225.82 | 0 | 1,226 | 0 | 0 | 0 | 匡算时按10%计列；估算时按5%计列 |
| 五 | 工程总投资 | 万元 | 30019.00 | 29839.01 | 27324.06 | 22626.11 | 25402.41 | 2755.52 | 26932.12 | 26844.39 | 在批复设备内节约投资479.67万元 |

# 6.13　审计要点

## 6.13.1　工程审计

**1. 与工程经济相关的资料审计要点**

（1）施工合同方面

① 合同承包范围与内容的界定是否清晰；

② 同一项目不同合同包间承包范围与内容是否重复、混乱；

③ 合同的实质性条款与招标文件是否一致；

④ 签约合同价、工期、质量是否与投标函一致；

⑤ 合同条款设置是否合理、合规；

⑥ 合同实质性条款是否明晰，有无矛盾、争议；

⑦ 影响工程价格的关键性合同条款设置情况：

a. 设计变更处理原则及办法；

b. 进度款支付原则及办法；

c. 价格波动调整的原则及办法；

d. 材料设备价格核定办法；

e. 工程结算原则及办法；

⑧ 合同的违约责任、工期延误约定是否在结算中如实反映；

⑨ 是否严格以合同约定进行计价或结算。

（2）收方签证资料方面

① 合规性：签字盖章手续是否齐全、完备、符合规定；

② 有效性：签字人员有无授权，是否符合其职责权利，单位签章是否满足合同约定；

③ 真实性：收方签证事项是否真实，有无虚假情况；收方签证计量是否真实，有无多计、乱计、错计；

④ 逻辑性：资料内容之间、签证时间之间、与实际工作程序流程之间是否存在逻辑推理错误，不符合客观实际情况；

⑤ 符合性：收方签证资料是否符合合同约定，有无已包含在合同风险中又存在收方签证的现象。

（3）材料设备核价方面

① 核价的程序是否符合法律法规，有无应招标而未招标的情况；

② 核定的价格是否符合市场合理价格，有无核价异常偏离情况；

③ 核定的价格所对应的内容是否清晰，有无执行争议；

④ 有无明显核价错误的情况；

⑤ 核价单签字盖章手续是否齐全、有效。

（4）设计变更（含工程洽商）方面

① 设计变更程序是否符合工程管理的相关规定；

② 设计变更审批程序是否符合内控制度规定；

③ 设计变更资料的签字盖章手续是否齐全、有效；

④ 有无为变更而变更的情况（为调高合同价格而故意变更）；

⑤ 有无为避免价格调减、现场与图纸不符，而故意不变更的情况。

（5）隐蔽资料方面

① 隐蔽资料反映的内容数据是否真实、有效；

② 隐蔽资料的内容数据与收方签证资料、设计变更资料之间的逻辑上是否一致，有无自相矛盾的现象；

③ 隐蔽资料反映的内容数据与现场踏勘信息有无不一致的情况；

④ 重要隐蔽部位的核实与核查，隐蔽资料有无弄虚作假的情况。

（6）竣工图方面

① 竣工图的签署手续是否完备有效；

② 竣工图是否与现场实质竣工实物相符；

③ 竣工图是否符合施工图加设计变更的原则制作。

**2. 进度款支付方面**

（1）进度款计算是否符合合同约定；

（2）核定进度款有无虚高现象；

（3）进度款支付是否符合合同约定；

（4）进度款审批程序是否符合内控制度规定或合同约定。

**3. 工程造价方面**

（1）概算执行情况：最高限价、合同价、结算价是否存在超概现象；

（2）造价经济指标有无明显异常；

（3）工程量指标有无明显异常；

（4）定额计价模式下审计要点：

① 工程取费、措施费项、企业管理费、规费、利润、销项税等费率是否正确；

② 合同约定的上浮或下浮是否严格执行；

③ 定额套用是否正确；

④ 人工费计取是否符合合同约定；

⑤ 材料／设备核价是否符合程序，价格是否符合市场行情。

（5）清单模式下的审计要点：

① 清单项选用是正确，借用是否恰当；

② 工程量有无异常，上量是否正确；

③ 组织措施费用计费基数是否正确，费率是否正确；

④ 技术措施费清单是否符合合同约定结算方式；

⑤ 暂定价材料调价基数是否正确；

⑥ 基数是否正确，费率是否正确；

⑦ 税金基数是否正确，费率是否正确；

⑧ 新增项目或中标清单没有的项目，结算时是否符合合同约定组价；

⑨ 审核办法是否符合招标文件或合同要求，审核范围是否符合要求。

## 6.13.2 竣工财务审计

**1. 建设资金全过程走向审计要点**

（1）建设资金的来源情况、到位情况及使用情况；

（2）相关职能部门对建设资金的拨付、使用和管理等各环节的监管情况；

（3）是否存在白条支付和拨付给承包人个人的情况；

（4）有无出借建设资金给承包人情况，有无将取得和利息进入私设小金库现象。

**2. 资金使用合规性审计要点**

（1）支付程序合规审计；

（2）支付依据合规审计；

（3）支付用途合规审计；

（4）支付金额合规审计。

**3. 工程建设其他费用真实合规性审计要点**

（1）咨询单位的确定是否按规定履行招标投标程序；

（2）最高限价设定是否符合收费文件规定；

（3）咨询服务费结算是否计算正确；

（4）咨询费用支付是否符合合同规定。

**4. 内控制度健全性审计要点**

（1）业主是否建立了必要的内控制度；

（2）建立的内控制度是否健全；

（3）是否严格按已建立的内控制度执行；

（4）对内控制度的评价。

**5. 财务核算是否规范、真实审计要点**

（1）业主采购设备材料的核算是否真实、可靠、完整；

（2）业主采购设备材料采购成本是否正确；

（3）业主采购设备材料付款是否符合合同约定；

（4）业主采购设备材料收发是否符合财务管理制度规定；

（5）待摊投资是否合理、合法；是否与批复概算相符；其完成额是否真实正确；是否合理分摊待摊投资。

**6. 专款专用、资金有无挤占、挪用、虚列、转移、贪污私分审计要点**

（1）为确保建设资金专款专用，有无合理有效的应对措施；

（2）建设资金使用的签批手续是否完善与到位、合规；

（3）建设资金的使用是否符合财务管理制度的规定，审批支付程序有无漏洞；

（4）是否存在资金挪用现象；

（5）对建设资金的使用情况的审计评价。

### 6.13.3　项目后评价审计

**1. 建设项目的合法合规性评价**

（1）土地取得的合规合法；

（2）建设程序的合规合法；

（3）报批报建的合规合法；

（4）招标投标的合规合法；

（5）工程管理的合规合法；

（6）重要设备材料采购的合规合法；

（7）建设资金支付的合规合法；

（8）工程资料的合规合法。

**2. 建设项目的实现情况评价**

（1）质量目标的实现程度：包括隐蔽工程验收情况、基础工程验收情况、主体工程验收情况、专项工程验收情况、项目综合验收情况，项目的现场观感、使用者感受。项目整体质量是否按合同约定完成。项目在质量方面的获奖情况；

（2）进度目标的实现程度：项目开竣工时间、合同约定工期的符合度、影响原因、责任划分；

（3）安全目标的实现程度：项目实施期间的安全文明施工情况，项目施工管理人员伤亡情况；

（4）投资目标的实现程度：项目决（结）算同批复的初步设计概算的对比，有无超概，资金使用是否规范；

（5）设计功能的实现程度。

### 3. 建设项目建成后的效益发挥情况评价

（1）建设项目的经济效益评价

① 项目财务效益评估；

② 项目经济效益评估。

（2）建设项目的社会效益评价

① 项目对就业的影响；

② 项目对地区收入分配的影响；

③ 项目对居民生活条件的影响；

④ 对项目受益者范围分析；

⑤ 项目相关方对项目参与度影响；

⑥ 项目对地方社区发展的贡献或影响。

（3）建设项目的环境效益评价

① 项目的污染控制；

② 区域的环境质量；

③ 自然资源的利用；

④ 区域的生态平衡；

⑤ 环境的管理能力。

（4）建设项目的可持续发展评价

① 再生资源的利用情况；

② 非再生资源的利用情况；

③ 项目建设的可持续性。

（5）项目建设决策行为评价：决策的科学合理性评价

（6）建设项目管理模式评价

造价管理是全过程工程咨询的重要内容之一，造价专业人员要融入项目管理之中，站在项目管理的角度，开展造价控制工作，以专业能力与技术水平，为项目提供专业化、数字化的高端咨询服务，实现工程价值最大化。

# 第7章 现场管理（监理）

建（构）筑物建造是一个非常复杂的生产过程，施工时间长，工作环境差，参建单位多，参与建设的人员众多，协调难度特别大，参建各方机构大多数都一次性柔性组织，若干个柔性组织构成一个庞大的柔性平台。思想与目标难以统一，容易形成沟通障碍，磨合期长，建造过程中的工艺工序种类繁多，使用的材料品种规格型号庞杂，对工程质量的保证形成较大的挑战。建筑、结构、强电、弱电智能化、给水排水、暖通、环境工程等专业门类齐，"四新"技术与信息化手段发展快、变化大，行政法规与技术法规多而严，对环境的影响会引起社会极大关注。政府监管事项多，质量与安全事故突发、频发、多发、偶发现象严重，经济危险与法律风险大，后果特别严重。针对以上问题，加强事前、事中、事后全过程监控，同时利用合同措施、经济措施、技术措施、组织措施就格外必要和重要，项目管理的九大管理并举，缺一不可，标准工作程序遵循制度化、动态化、信息化手段同时利用是保持参加各方和全体参建人员的工作准则。参建各方全体人员齐心协力，携手合作是项目顺利实施的最有效保证。

项目咨询机构的现场管理工作需要其他团队的协同工作，在设计变更与专业设计二次深化设计以及重大技术问题处置工作需要设计管理工程师配合；大型功能设备及专用设备采购、开箱及安装等工作需要相应专业设计工程师的配合；隐蔽工程收方计量定价、材料核价与采购、设计变更、技术洽商核价有关计价原则等工作需要得到造价工程师的支持，专业工程与大型设备进场需要招标团队的密切配合。

说明：本章除专门注明以外，所提到的案例均为内蒙古少数民族文化体育中心项目案例。

## 7.1 现场管理目标及目标分解

**1. 项目（监理）咨询工作目标**

（1）场地准备与技术准备到位保证按合同约定开工。

（2）责任落实，工作界面清楚明确，制订简捷有效的程序，使工作更加有序。

（3）建立完善的制度体系。

（4）充分利用信息化手段，准确收集信息，及时传输，充分沟通，搭建和谐的管理平台。

（5）技术准备充分，将施工图存在的问题在施工之前解决。

（6）加强合同管理，严格履行合同责任和义务。

（7）质量和安全、进度与成本管控有效，办法得当，措施有力。

（8）履约合同责任，严格按合同支付，滞后支付与承包方及时沟通。

**2. 项目施工阶段目标（案例）（表7-1）**

项目施工阶段目标表 表7-1

| 序号 | 名称 | 管 理 目 标 |
|---|---|---|
| 1 | 质量目标 | 达到国家验评标准，争创"鲁班奖" |
| 2 | 工期目标 | （1）2016年6月1日前主体混凝结构浇筑完成；<br>（2）2016年9月30日前采暖系统具备使用条件；<br>（3）2016年11月10日前钢结构和幕墙全部施工完成；<br>（4）2017年4月30日前总包范围施工内容全部完成； |

续表

| 序号 | 名称 | 管 理 目 标 |
|---|---|---|
| 2 | 工期目标 | （5）2017 年 5 月 30 日项目预验收；<br>（6）2017 年 8 月 31 日项目竣工验收 |
| 3 | 安全目标 | 确保"内蒙古自治区建筑施工安全标准化示范工地"，争创"AAA 级安全文明标准化工地" |
| 4 | 绿色施工目标 | 确保"全国建筑业绿色施工示范工程"，争创"住房和城乡建设部绿色施工科技示范工程" |
| 5 | 成本管理目标 | 72973.20 万元 |

### 3. 分解目标（案例）（表 7-2）

现场管理目标分解表　　　　　　　　　　　　　　　　表 7-2

| 分部工程及专业工程 | 工期 | | 成本控制目标（万元） | | |
|---|---|---|---|---|---|
| | 开工时间 | 完工时间 | 概算 | 合同额 | 动态控制指标 |
| 平基土石方 | 2016/3/1 | 2016/4/30 | 391 | 510.36 | 391 |
| 看台楼——土建主体工程 | 2016/3/15 | 2016/7/15 | 4518 | 4149.15 | 4518 |
| 看台楼——钢结构工程 | 2016/6/1 | 2016/8/10 | 1066 | 1052.44 | 1066 |
| 看台楼——屋面工程 | 2016/8/31 | 2016/9/30 | 1684 | 1068.12 | 1684 |
| 看台楼——外立面幕墙工程 | 2016/8/31 | 2016/9/30 | 1509 | 1068.12 | 1509 |
| 看台楼——安装工程 | 2016/5/1 | 2016/11/30 | 2687 | 2559.63 | 2687 |
| …… | …… | …… | …… | …… | …… |
| …… | …… | …… | …… | …… | …… |
| 多功能主楼——土建主体工程 | 2016/3/15 | 2016/7/15 | 9143 | 5864.66 | 9143 |
| 多功能主楼——钢结构工程 | 2016/6/1 | 2016/8/10 | 3389 | 3395.92 | 3389 |
| 多功能主楼——屋面工程 | 2016/8/1 | 2016/9/30 | 3113 | 3158.48 | 3113 |
| 多功能主楼——幕墙工程 | 2016/8/1 | 2016/9/30 | 1067 | 934.51 | 1067 |
| 多功能主楼——安装工程 | 2016/5/1 | 2016/11/30 | 3240 | 3032.92 | 3240 |
| 合计 | | | | | |

# 7.2　常见问题

（1）场地不具备移交条件，"七通一平"（通水、通电、通路、通邮、通暖气、通天然气或煤气、通排水、平整场地）滞后交付，地下管网、地面建（构）筑物、上空架空线路未作清理就盲目开工。

（2）现场管理工程师与造价工程师工作不衔接，工程量清单出现的问题与合同中存在的问题不及时沟通解决。

（3）工期计划中仅有时间计划，缺资源（人、机、料）配置计划，专业分包单位的进度安排与总包脱节。监理工程师审进度计划时不作资源（人、机、料等）的计算和论证，计划与实际两张皮。

（4）设计变更、技术核定仅记载事项，不作价格核定。隐蔽工程、收方计量、计日、计时、计台班证据不足。

（5）质量"三检制"虚设，关键过程控制及监测不到位，成品保护措施不力，方法不当，职业健康安全重大危险源辨识不明，资源配置不足，保证措施不够。

（6）监理工程师在参加图纸会审读图方法不恰当，只关注本专业问题，各专业之间脱节，错、漏、碰、缺问题挖掘不够，项目咨询设计师、造价工程师不参加会审。

（7）各方管理人员合同意识不强，缺少沟通交流，开工准备阶段不作合同交底。

（8）危大工程不作识别或识别不全面、更新不及时，未按规程流程办理。

（9）设备进场计划不准确，出现设备招标过早或滞后的问题。

（10）项目咨询人员存在管理误区，认为管理只是针对承包商进行审检与检查，缺乏主动把控现场管理的能力或意识。

（11）现场咨询管理的工作计划缺失。

（12）经济签证资料不详实，证据不全，依据不充分，给结算带来困难，引起审计问题。

（13）管理手段落后，信息化管理力度不够。

（14）管理制度不健全，不成体系，执行制度不力。

# 7.3　工作分解与资源配备

## 7.3.1　工作结构分解（WBS）（图 7-1）

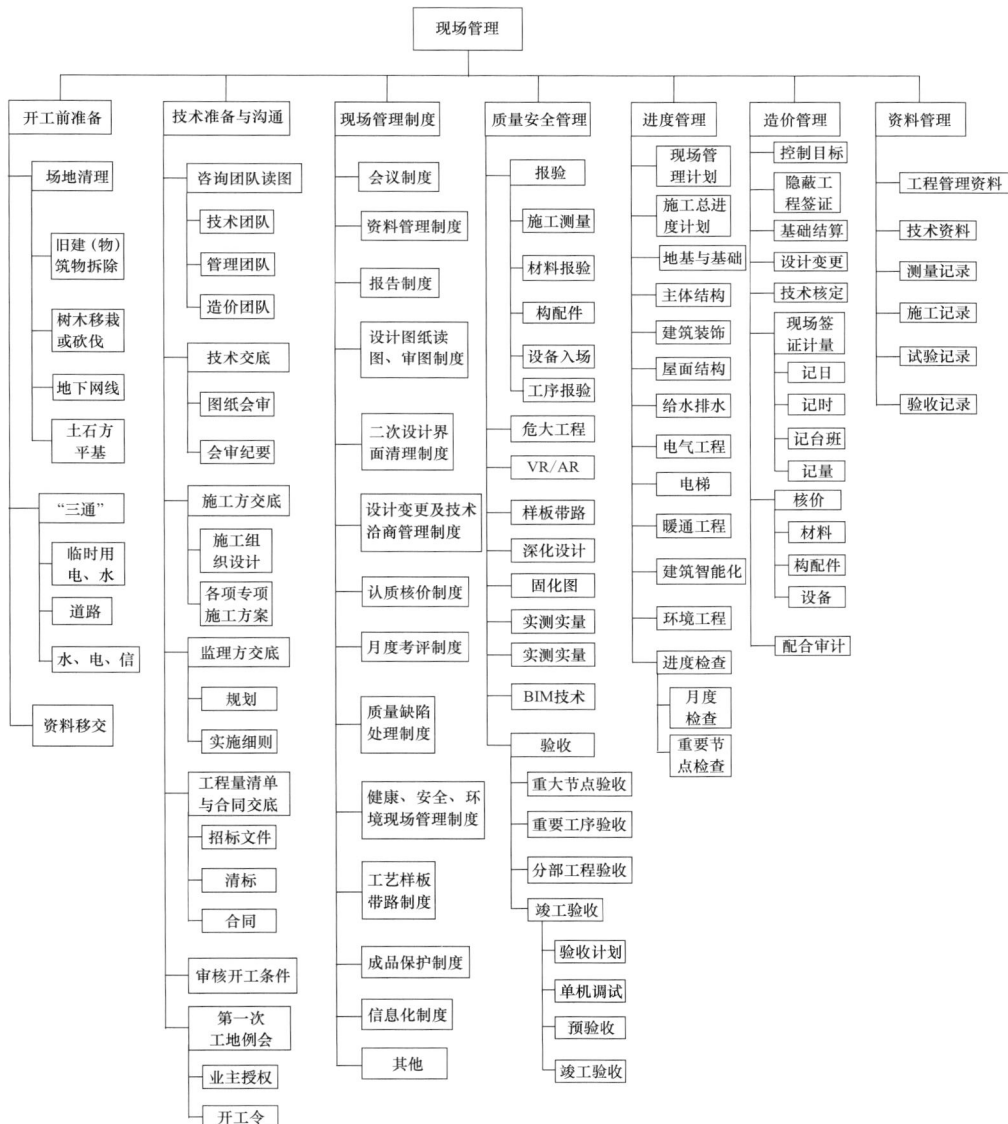

图 7-1　工作结构分解

### 7.3.2 现场咨询管理人员配备计划案例

#### 1. 人力需求表（表 7-3）

人力需求表　　　　　　　　　　　　　　　　表 7-3

| 人员<br>日期 | 2016 年 | | | | | | | | | | 2017 年 | | | | | | |
|---|---|---|---|---|---|---|---|---|---|---|---|---|---|---|---|---|---|
| | 3月 | 4月 | 5月 | 6月 | 7月 | 8月 | 9月 | 10月 | 11月 | 12月 | 1月 | 2月 | 3月 | 4月 | 5月 | 6月 | 7月 |
| 监理 | 4 | 7 | 10 | 11 | 11 | 11 | 9 | 11 | 11 | 9 | 11 | 10 | 11 | 17 | 16 | 17 | 8 |
| 项管与造价人员 | 3 | 3 | 3 | 3 | 3 | 3 | 3 | 3 | 3 | 3 | 3 | 3 | 3 | 3 | 3 | 3 | 5 |
| BIM | 2 | 2 | 2 | 2 | 2 | 2 | 2 | 2 | 2 | 2 | 1 | 1 | 1 | 1 | 1 | 1 | 3 |
| 合计 | 9 | 12 | 15 | 16 | 16 | 16 | 14 | 16 | 16 | 14 | 15 | 14 | 15 | 21 | 20 | 21 | 16 |

#### 2. 人力资源月分布图（图 7-2）

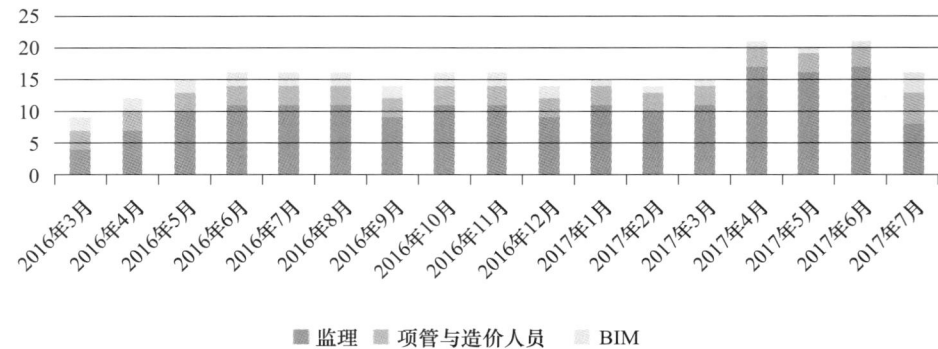

■ 监理　■ 项管与造价人员　■ BIM

图 7-2　现场管理人力资源配置计划

#### 3. 现场管理咨询机构主要设施设备配置（表 7-4）

主要办公设备清单　　　　　　　　　　　　　　　表 7-4

| 序号 | 名　称 | 单位 | 数　量 |
|---|---|---|---|
| 1 | 车辆 | 台 | 3 |
| 2 | 打印机 | 台 | 2 |
| 3 | 复印机 | 台 | 1 |
| 4 | 计算机 | 台 | 每人 1 台 |
| 5 | 无人机 | 架 | 1 |
| 6 | 全站仪 | 台 | 1 |
| 7 | 水平仪 | 台 | 1 |
| 8 | 测距仪 | 台 | 2 |
| 9 | 通规 | 台 | 1 |
| 10 | 止规 | 台 | 1 |
| 11 | 涂层测厚仪 | 台 | 2 |
| 12 | 扭力扳手 | 台 | 1 |

# 7.4　现场管理（监理）工作计划

现场管理（监理）工作计划表　　　　　　表 7-5

| 序号 | 工作名称 | | 开始时间 | 完成时间 | 工作持续日历天数 | 责任人 | 备注 |
|---|---|---|---|---|---|---|---|
| 1 | "三通一平" | 场地清理 | | | | | |
| | | 临水临电 | | | | | |
| | | 场地平整 | | | | | |
| | | 施工道路 | | | | | |
| 2 | 场地移交 | 交点交线 | | | | | 业主授权委托 |
| | | 控制网建立 | | | | | |
| 3 | 图纸会审技术准备 | 技术角度读图 | | | | 设计管理分部 | |
| | | 管理角度读图 | | | | 现场管理（监理）分部 | |
| | | 经济角度读图 | | | | 造价管理分部 | |
| | | 内部会审 | | | | 总咨询师 | |
| 4 | 设计交底 | | | | | 设计单位 | |
| 5 | 施工组织设计交底 | | | | | 承包商 | |
| 6 | 资金支付计划 | | | | | 总造价师 | |
| 7 | 工程量清单与合同交底 | | | | | 项目总造价师 | |
| 8 | 监理规划交底 | | | | | 项目总监理工程师 | |
| 9 | 制度体系确认 | | | | | 总监理工程师 | |
| 10 | 第一次工地会议 | | | | | 业主代表 | |
| 11 | 开工令 | | | | | 总监理工程师 | |
| 12 | 质量管控 | | | | | | |
| 13 | 进度管控 | | | | | | |
| 14 | 成本控制 | | | | | | |
| 15 | 工程竣工验收 | | | | | | |
| 16 | 配合审计 | | | | | 相关各方 | |
| 17 | 缺陷责任期管理 | | | | | | |
| 18 | 其他 | | | | | | |

注意：不能将总承包商编制的施工进度计划当作是项目咨询机构的工作计划，要相对独立地编制项目咨询机构的管理工作计划。

# 7.5 开工前的准备

## 7.5.1 场地清理案例（表7-6）

××项目场地清理工作计划表 表7-6

| 序号 | 工作事项 | 单位 | 数量 | 开始时间 | 完成时间 | 备注 |
|---|---|---|---|---|---|---|
| 1 | 现有建筑垃圾清理 | m³ | 300 | 2015/9/25 | 2015/10/20 | |
| 2 | 废旧钢筋混凝土拆除 | m³ | 360 | 2015/9/25 | 2015/10/20 | |
| 3 | 废旧砖砌体拆除 | m³ | 280 | 2015/9/25 | 2015/10/20 | |
| …… | …… | …… | …… | …… | …… | …… |
| 14 | 移栽树木（6＜胸径＜10） | 颗 | 80 | 2015/9/28 | 2015/10/25 | |
| 15 | 移栽树木（12＜胸径＜20） | 颗 | 50 | 2015/9/28 | 2015/10/25 | |
| 16 | 砍伐树木（6＜胸径＜10） | 颗 | 18 | 2015/9/28 | 2015/10/25 | |
| 17 | 砍伐树木（12＜胸径＜20） | 颗 | 10 | 2015/9/28 | 2015/10/25 | |
| …… | …… | …… | …… | …… | …… | …… |
| 22 | 空中架设线路拆除 | m | 400 | 2015/9/15 | 2015/10/10 | |
| 23 | 地下管网线路移出 | m | 160 | 2015/9/15 | 2015/10/10 | |
| 24 | 废弃物运出运距 | km | 15 | 2015/10/20 | 2015/10/25 | |
| 25 | 土石方运入运距 | km | 25 | 2015/10/15 | 2015/10/28 | |

## 7.5.2 "七通一平"

### 1. 临时用水用电办理程序

用水、用电受理单位不同，可分别并同时办理（表7-7）。

临时用水用电办理程序表 表7-7

| 序号 | 工作名称 | 工作内容 | 所需时间 | 责任单位 | 须提供的资料 |
|---|---|---|---|---|---|
| 1 | 准备工作 | 计算用电量、用水量、排水量 | 2天 | 总承包商 | 用水用电总量及水电平面图 |
| 2 | 申请登记 | | 1天 | 项管咨询方 | |
| 3 | 审批 | | 限时审批 | | |
| 4 | 勘察现场 | 供水供电单位现场勘察 | 7天 | 咨询方配合 | |
| 5 | 设计及预算编制 | 供水供电单位根据现场勘察结果，结合申请报告进行设计和预算编制 | 10天 | 供方 | |
| 6 | 设计及预算审核 | | 2天 | 项管 | |
| 7 | 方案修改 | | 3天 | 供方 | |
| 8 | 合同签订 | | 3天 | 供需双方 | |
| 9 | 缴纳工程款 | | 1天 | 业主 | |
| 10 | 组织施工 | | 一般情况20天 | 施工方 | |

| 序号 | 工作名称 | 工作内容 | 所需时间 | 责任单位 | 须提供的资料 |
|---|---|---|---|---|---|
| 11 | 验收 | | 1 天 | 业主与咨询方 | |
| 12 | 建立档案 | | 3 天 | 供水供电方 | |
| 13 | 装表通水通电 | | 5 天 | 供水供电方 | |

**2. 临时用电工程管控要点**

（1）临时用电总用量及富余量考虑情况审核；

（2）施工用电线路走向规划、用电总容量、用电计量等；

（3）临时用电施工方案的编制及现场的实施情况，是否与方案一致：

① 重点部位是否单独设置专用二级箱：塔式起重机、木工加工场、钢筋加工场、办公区、生活区等。

② 防雷接地情况，如塔式起重机、外架等电缆敷设是否符合设计规范要求。

③ 现场电设施采用三级配电，逐级保护。

④ 特殊场合安全用电电压要求：人防工程、有高温、导电灰尘或灯具离地面高度低于 2.4m 等场所，电源电压应不大于 36V。潮湿和易触及带电体场所的照明电源电压应不大于 24V，特别潮湿场所的照明电源电压应不大于 12V。

⑤ 配电室、配电箱、开关箱设置要求，比如配电室与控制柜应能自然通风、"一机、一闸、一漏、一箱"等、二级配电箱与开关箱的距离不得超过 30m、开关箱与其控制的固定式用电设备的水平距离不得超过 3m；

⑥ 配电箱装设环境要求：干燥、通风、不易受外来物体撞击、液体浸溅及热源烘烤的位置，配电箱、开关箱周围应有足够两人同时工作的空间。

⑦ 配电箱、开关箱安装要求：端正、牢固，固定式配电箱、开关箱下皮距地应大于 1.3m，小于 1.5m；移动式配电箱、开关箱应装设在支架上，其下皮距地应为 0.6 ～ 1.5m。

（4）电源的进线，总配电箱的装设位置和线路走向是否合理；

（5）选择的导线截面和电气设备的类型规格是否正确；

（6）电气平面圈，接线系统图是否正确完整；

（7）施工用电是否采用 TN-S 接零保护系统；

（8）是否实行"一机一闸"制，是否满足分组分段漏电保护；

（9）照明用电措施是否满足安全要求。

**3. 临水（给水及排水）检查内容**

（1）给水管道走向规划、管道管径、用水量及用水计量等。

（2）施工用电线路走向规划、用电总容量、用电计量等。

（3）施工排水系统：排水管道走向规划、管道管径、排水量等。

（4）管线距基坑开挖线距离不小于 2m，主要干、支管埋地敷设，埋地深度 0.8m，沿管线布置若干个消火栓，消火栓敷设高度为 1.1m。临时给水系统生活给水管采用镀锌钢管，消防给水、施工给水管采用焊接钢管。

（5）生活污水、施工污水排放管道及化粪池设置，污水接入计划，洗车沉淀池设计情况等。

**4. 通电信的检查要求**

满足待建区域内基本通信设施（电话、传真、邮件、宽带网络、光缆等）畅通。

**5. 通燃气的检查要求**

检查燃气使用是否符合整体规划和使用量，符合城镇燃气输配工程施工及验收规范。

**6. 通热力的检查要求**

根据待建区域的冬季封闭施工的热力需要，检查供热能力、管径等是否满足正常生活及施工需要。

**7. 道路**

（1）为便于施工，临时道路与市政道路开口一般宜设置2个；

（2）临时道路开口应结合建筑总平面图，与永久道路开口的位置保持一致，便于市政手续办理和后期施工；

（3）临时道路开口处的标高应核对建筑总面图，不应高于建筑总平面图此位置的标高；

（4）临时道路开口位置的市政管线、行道树等是否办理手续，现有管线标高、范围是否影响道路开口，是否需要移动，当标高满足时是否在开口部位道路做法中采取了加强保护措施；

（5）场内临时道路宽度应结合场地道路开口数量以及使用的单位数量综合考虑；道路宽度较窄的时候，应考虑汇车的位置；

（6）场内临时道路的转弯半径应考虑加长运输车辆的通行，局部不够时，可以考虑增加回车场；

（7）场内临时道路的走向宜与建筑总面图中的道路走向一致；

（8）场内临时道路的完成标高宜低于永久道路的路床标高；

（9）临时道路的做法应明确、经济。

### 7.5.3 场地平整

场内开挖或回填的土方量较大则需提前开始平基施工，金额达到须公开招标的限额，通过招标方式确定承包商。

**1. 土石方平基所需依据**

（1）土地红线图；

（2）规划局获取的地貌图；

（3）设计图；

（4）地勘报告；

（5）场地调研表。

**2. 根据土方量大小采用不同的方法**

（1）面积特别大，超大量的土石方，采用无人机＋倾斜摄影技术测量。

**【案例】**

××项目占地658公顷，工程总面积超过262公顷。全面应用BIM技术，实行数字化、可视化管理。

本项目以项目管理单位为主导，全面采用了BIM技术管理，主要工作内容包括：设计管理，对设计成果进行优化与完善，引入了无人机及倾斜摄影技术（图7-3）。

图7-3　项目BIM主要实施成果

对原始地形地貌进行基于倾斜摄影技术的地形地形图绘制，为项目土方量工程计算提供可靠依据，土方量为 102 万 m²。

采用 BIM 技术，对项目土方量优化、转运、工程量核算提供技术支持。

（2）土石方量大的场地，按场地内面积大小、坡度缓陡情况确定方格网的疏密，利用水准仪和经纬仪测量标高，用软件计算挖方量和填方量。

【案例】

某项目地形方格网　　　　　　　　　　　　　　　　　　表 7-8

| 场地面积 | 方格网高差变化 | |
| --- | --- | --- |
| | 高差变化 | $H$（高差）≤3.00m |
| 平场面积：<br>（39 亩）<br>（26264m²） | 方格网布局 | 10.0m×10.0m |
| | 总挖方量： | 18185.8m³ |
| | 总填方量： | 1839.7m³ |
| | 场内转运： | 运距 0.8km |
| | 场外弃运： | 运距 4km |

计算结果：总填方量1839.7m³，总挖方18185.8m³

剖面图表

表 7-9

| 断面 剖面 | 断面图 |
|---|---|
| | 高差变化 |
| | 设计标高与原始地貌标高：$H$（高差）≤ 3.00m |
| 1-1 剖面 | 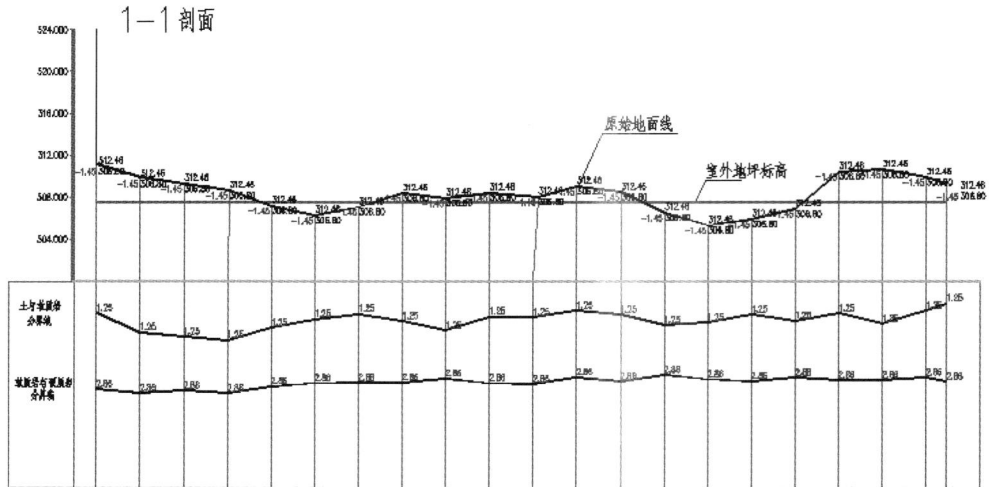 |
| 2-2 剖面 | 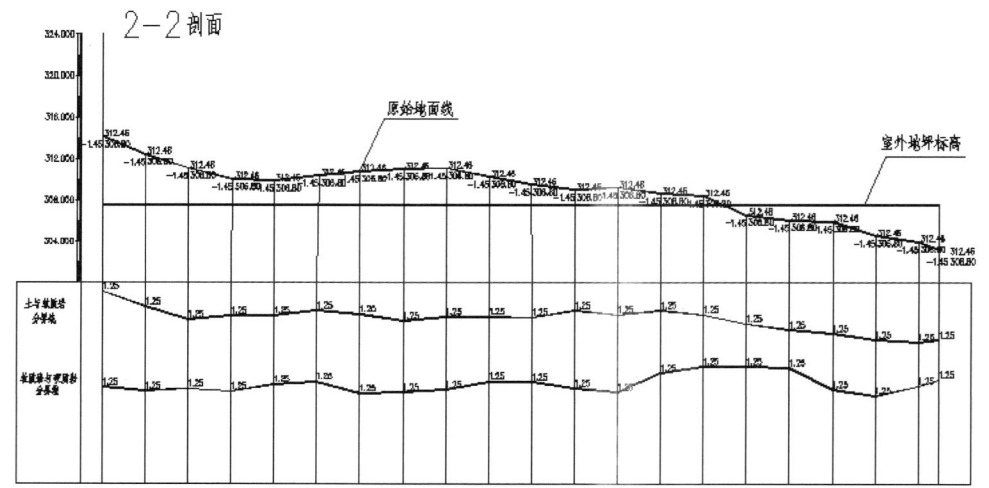 |
| 3-3 剖面 | 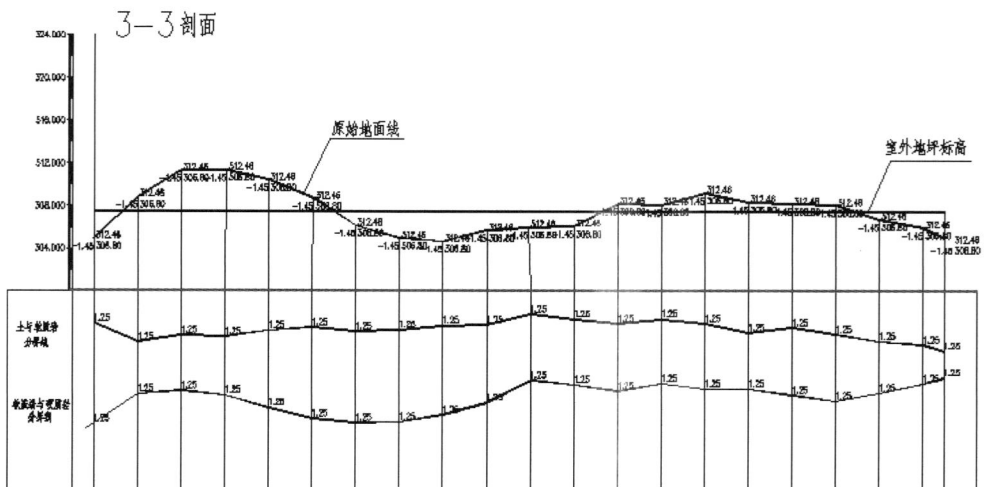 |

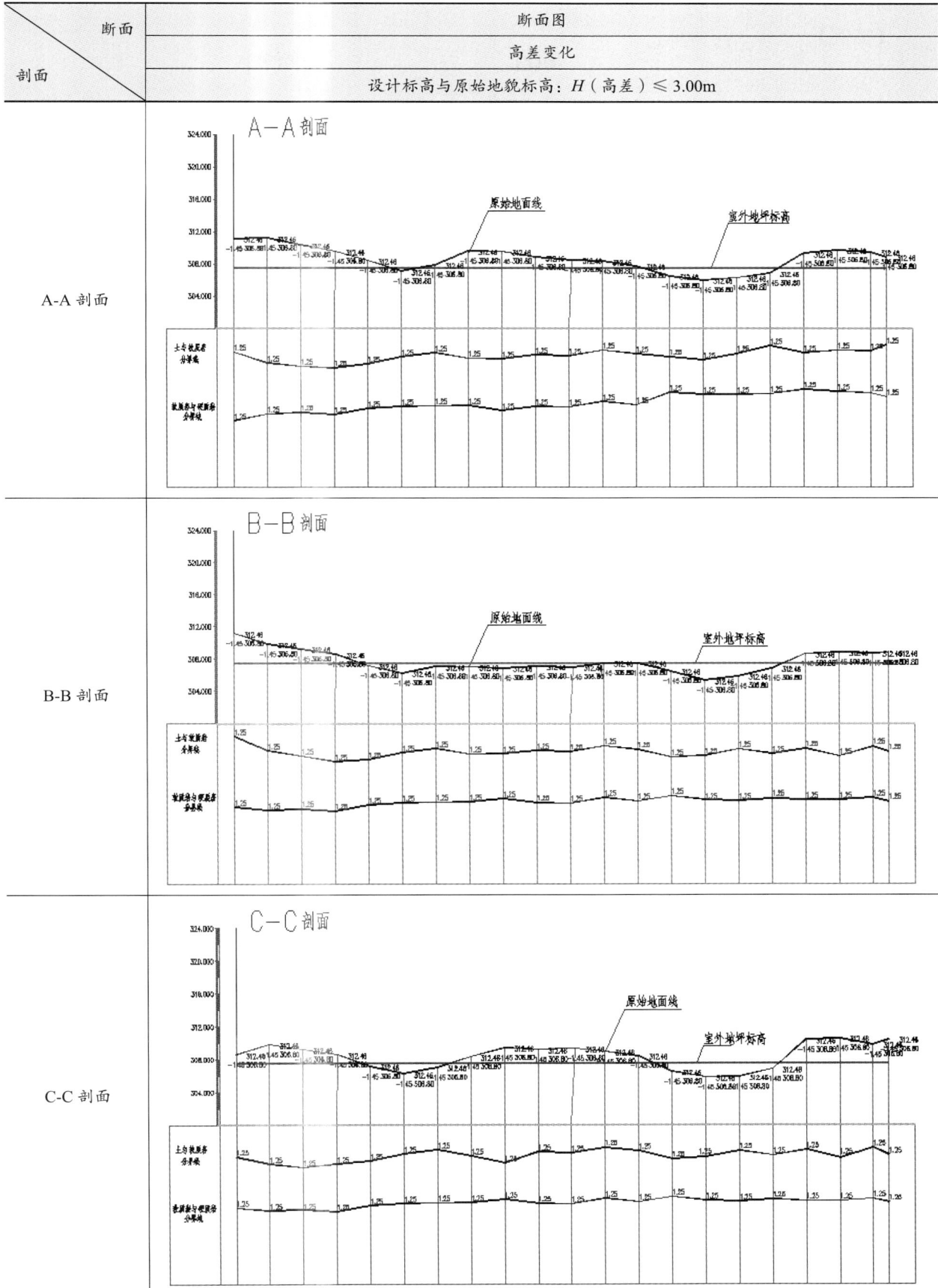

| 断面 | 断面图 |
|---|---|
| | 高差变化 |
| 剖面 | 设计标高与原始地貌标高：$H$（高差）≤ 3.00m |
| A-A 剖面 |  |
| B-B 剖面 |  |
| C-C 剖面 |  |

（3）土石方量小的场地，按现场收方程序计量。

**【案例】**

某项目土石方工作量　　　　　　　　　　　　表 7-10

| 序号 | 收方内容 | 收方时间 | 参与人员 | 单位 | 工程量 | 收方台账 |
|---|---|---|---|---|---|---|
| 1 | 由于机械开挖过程中，存在机械无法施工作业的死角，现需人工开挖作业 | 2016/3/14 | 项管：刘×× 监理：陈×× 造价：张×× 施工：王×× | M3 | 347.85 | XCSF-001 |
| …… | …… | …… | …… | …… | …… | …… |
| 6 | 临时室外电缆沟开挖 | 2016/5/22 | 项管：刘×× 监理：陈×× 造价：张×× 施工：王×× | M3 | 423.16 | XCSF-013 |
| …… | …… | …… | …… | …… | …… | …… |
| 11 | 施工电梯基础土方开挖 | 2016/7/28 | 项管：刘×× 监理：陈×× 造价：张×× 施工：王×× | M3 | 68.94 | XCSF-019 |
| …… | …… | …… | …… | …… | …… | …… |
| 23 | 围墙基础土方开挖 | 2017/5/17 | 项管：刘×× 监理：陈×× 造价：张×× 施工：王×× | M3 | 689.32 | XCSF-069 |

**3. 注意事项**

（1）分清土方和石方量；

（2）回填区按设计提出的密实度要求执行；

（3）弃土的运距。

### 7.5.4　开工前提交给总承包商的资料清单（表 7-11）

开工前提交给承包商的资料清单表　　　　　　　　表 7-11

| 序号 | 项目实施阶段工作 | 责任划分 | |
|---|---|---|---|
| | | 业主 | 全过程咨询单位 |
| 1 | 向承包商提供地质勘探资料 | | 负责提供 |
| 2 | 核实并向承包商提供地下管网资料 | | 负责提供 |
| 3 | 确定并向承包商交验水准点和坐标控制点 | | 协助交点 |
| 4 | 办理施工许可证 | | 负责与承包商一起办 |
| 5 | 办理质量监督手续并支付费用 | 审定、签字、盖章、付款 | 负责准备资料 |
| 6 | 办理档案备案承诺书 | 签字、盖章 | 负责办理 |
| 7 | 协助承包商和业主相关部门办理临时用水、用电协议 | | 负责协助督促承包商办理 |

续表

| 序号 | 项目实施阶段工作 | 责任划分 | |
|---|---|---|---|
| | | 业主 | 全过程咨询单位 |
| 8 | 督促承包商办理施工现场消防许可证 | | 负责协助督促承包商办理 |
| 9 | 督促、协助承包商办理施工现场动火证等手续 | | 负责协助督促承包商办理 |
| 10 | 协助处理施工现场周围地下管线和邻近建筑物、构筑物等的保护工作 | | 负责协助督促承包商办理 |
| 11 | 原环境的安全、环境保护工作 | | 负责协助督促承包商办理 |
| 12 | 其他 | | |

# 7.6 技术准备

## 7.6.1 图纸会审

（1）承包商读图提出图纸与图说中存在的问题，提出需要设计方和业主方解决的事宜；

（2）项目咨询机构会审。

**【案例】内蒙古少数民族群众文化体育运动中心工程**

（1）读图思路

① 现场管理工程师及监理工程师读图，重点针对施工工艺工法存在的问题，针对各分部分项工程工艺流程与空间冲突的问题，选择重要部位需作图纸固化的问题。

② 造价工程师重点提出在编制工程量清单中发现的问题，提出设备清单中规格、型号存在的问题。

③ 设计管理分部各专业工程师进一步指出施工图中深度不够，节点与详图不尽完善的问题，各专业存在缺、漏、碰、错的问题。

汇总现场工程师，造价工程师与设计工程师意见（图纸会审查表）作为项目咨询机构的意见参加设计单位的技术交底。

（2）矩阵法读图摘录（表7-12）

矩阵元素表 表7-12

| 序号 | 编码 | 相对专业工程 | | 错、漏、碰、缺问题 |
|---|---|---|---|---|
| | | 专业角度 | 对其影响的专业 | |
| 1 | A₁₁ | 建筑 | | （1）楼层室内边缘踢脚反坎、护窗栏杆、竖向封堵等专业图纸相互漏项；<br>（2）防火卷帘轨道外露，未进行实体包裹 |
| 2 | A₁₂ | 建筑 | 结构 | （1）大厅门洞口、总包各层幕墙与室内精装在土建门窗洞口上安装的缝隙超宽、超大；<br>（2）土建结构施工定位放线出错、结构偏移；<br>（3）看台楼各层扶梯上下平台位置出现缺结构、缺平台及不锈钢玻璃栏杆缺安全阻挡装置 |
| 3 | A₁₃ | 建筑 | 电气 | （1）户内电箱影响装饰效果，不满足防火要求；<br>（2）错留防雷接地引下线、未形成可靠的等电位连接 |
| 4 | A₁₄ | 建筑 | 给水排水 | 内排水管平面布置与建筑布置不符 |
| 5 | A₁₅ | 建筑 | 暖通 | （1）天棚吊顶上的各种送、排风口、检修口大小、位置、数量、形状不一致；<br>（2）新风口与排风口距离太近；<br>（3）卫生间排风出现重叠、不符 |

| 序号 | 编码 | 相对专业工程 | | 错、漏、碰、缺问题 |
|---|---|---|---|---|
| | | 专业角度 | 对其影响的专业 | |
| 6 | A$_{16}$ | 建筑 | 智能化 | 设计图上错、漏弱电部分的 LED 显示屏、信息发布 |
| 7 | A$_{21}$ | 结构 | 建筑 | 结构说明：4.2.1 中隔墙采用混凝土空心砌块，但在建筑施工图说明 5.02 中又说明材料为加气混凝土砌块 |
| 8 | A$_{22}$ | 结构 | 结构 | （1）看台楼地下一层部分房间无功能说明；<br>（2）墙柱和梁板混凝土标号不一，施工不好控制；<br>（3）结施-S016.7.1 条款中室外回填未明确；<br>（4）结施-S017.3.2 条款中要求门窗过梁预留钢筋，为保证施工进度，是否可采用后续植筋；<br>（5）结施-S01 所有梁柱墙钢筋机械连接全部采用一级连接；<br>（6）结施-S01 第 5.3.3 条规定"钢筋应优先采用机械连接和等强对接焊；当钢筋直径≥28 时，应采用机械连接"，为便于施工，可否当钢筋直径≥16 时即可采用机械连接；<br>（7）结施-S03a ④节点详图中 −10.25m 至 −10.9m 高差标示为 800mm，与标高不符；<br>（8）结施-S03aA-A（B-B）剖面中底板厚度 500 与 1-1 剖面图中底板厚度 800 不符，请明确；<br>（9）结施-S061-36/J 轴框架柱标高未进行标注；<br>（10）结施-S101-1 剖面图中扶梯预埋件无尺寸 |
| 9 | A$_{23}$ | 结构 | 电气 | …… |
| 10 | A$_{24}$ | 结构 | 给水排水 | …… |
| 11 | A$_{25}$ | 结构 | 暖通 | …… |
| 12 | A$_{26}$ | 结构 | 智能化 | …… |
| 13 | A$_{31}$ | 电气 | 建筑 | 吊点设置与檩条错开，锚点落在屋面板位置 |
| 14 | A$_{32}$ | 电气 | 结构 | …… |
| 15 | A$_{33}$ | 电气 | | …… |
| 16 | A$_{34}$ | 电气 | 给排水 | …… |
| 17 | A$_{35}$ | 电气 | 暖通 | …… |
| 18 | A$_{36}$ | 电气 | 智能化 | …… |
| 19 | A$_{41}$ | 给水排水 | 建筑 | （1）给水排水管穿越隔墙处，应明确预留孔洞尺寸及标高；<br>（2）客房走道上的部分消火栓突出墙面，降低了疏散宽度，请核实建筑疏散是否满足规范要求；<br>（3）吊顶型喷头应核对建筑天棚装修图，避开造型区域，保证喷水不被遮挡 |
| 20 | A$_{42}$ | 给水排水 | 结构 | （1）给水管道穿越结构梁时应敷设套管；<br>（2）排水管道穿越结构外墙时应敷设套管 |
| 21 | A$_{43}$ | 给水排水 | 电气 | （1）生活给水管道在走道吊顶敷设时应在电缆桥架的下方，请调整；<br>（2）柴油发电机房内建议增加排水地漏，以便排走消防水；<br>（3）热水管道在走道吊顶敷设时应在电缆桥架的下方，请调整 |
| 22 | A$_{44}$ | 给水排水 | | （1）给水量表项有漏项，应增加商业、马厩冲洗等；<br>（2）计算表中的最高日总用水量与设计说明中的数据不一致；<br>（3）室外给水进水接驳市政管道，位置、管径与水压有误，请核实；<br>（4）室内给水系统分区加压不合理，应保证给水分区最高层水压满足不小于 0.15MPa，最底层水压不超过 0.55MPa；<br>（5）生活用水水池的总储水量不符合水量计算表中的计算值，请核实；<br>（6）生活用水水质特殊要求时，对水进行预处理的流程不满足各用水的特殊要求，例如软化水等 |

| 序号 | 编码 | 相对专业工程 | | 错、漏、碰、缺问题 |
| --- | --- | --- | --- | --- |
| | | 专业角度 | 对其影响的专业 | |
| 23 | A<sub>45</sub> | 给水排水 | 暖通 | 客房走道的净高有问题，应进行管道综合排布，保证暖通的管道还有给排水消防，电桥架等管道又检修空间 |
| 24 | A<sub>46</sub> | 给水排水 | 智能化 | （1）消防水池的液位计应远传至消防控制室，请核实弱电图中是否满足要求；<br>（2）喷淋系统上的压力开关，流量开关信号是否通过弱电信号控制喷淋水泵，请核实 |
| 25 | A<sub>51</sub> | 暖通 | 建筑 | （1）风管及水管穿越隔墙处，应明确预留孔洞尺寸及标高；<br>（2）1/G和36/G处各层百叶风口与建筑图不一致；<br>（3）三层17/C处空调机房外墙百叶风口与建筑图不一致 |
| 26 | A<sub>52</sub> | 暖通 | 结构 | （1）一层34/E处空调风管穿越地板至负一层，结构图中应做预留孔洞设计；<br>（2）空调水立管穿越楼板处（如负一层7/E及各层空调机房），结构图中应做预埋套管设计；<br>（3）部分水井楼板未做防火封堵 |
| 27 | A<sub>53</sub> | 暖通 | 电气 | （1）应补充空调设备强电控制箱到弱电控制箱的供电设计；<br>（2）负一层制冷机房水泵位置及数量与暖通图不一致；<br>（3）二层东侧空调机房内空调机组未做配电设计 |
| 28 | A<sub>54</sub> | 暖通 | 给水排水 | （1）应补充各空调机组加湿器进水管设计；<br>（2）二层17/C处空调机房未预留排水接口；<br>（3）负一层制冷机房空调补水管管径与暖通图不一致 |
| 29 | A<sub>55</sub> | 暖通 | 暖通 | （1）采暖系统、空调水系统无管道标高及管径标注；<br>（2）无地下室制冷机房设备、管道连接剖面图；<br>（3）应补充各暖通设备的效率、噪声、外形尺寸、运行重量等关键参数；<br>（4）应补充供暖系统图、空调水系统图、通风及空调风路系统图 |
| 30 | A<sub>56</sub> | 暖通 | 智能化 | （1）由于业主要求取消楼宇自控系统，空调设备自带的温度、湿度、新风量等自控设计应补充完善；<br>（2）负一层制冷机房内制冷机组与水泵、电动阀等辅助设备的联动控制应完善设计；<br>（3）四层西侧空调机房内的空调机组与电动风阀、电动水阀之间的联动控制应完善设计 |
| 31 | A<sub>61</sub> | 智能化 | 建筑 | …… |
| 32 | A<sub>62</sub> | 智能化 | 结构 | …… |
| 33 | A<sub>63</sub> | 智能化 | 电气 | …… |
| 34 | A<sub>64</sub> | 智能化 | 给水排水 | …… |
| 35 | A<sub>65</sub> | 智能化 | 暖通 | …… |
| 36 | A<sub>66</sub> | 智能化 | 智能化 | （1）机房设置：数据机房、弱电中心机房、指挥中心机房中UPS及其他设备楼面承重问题未说明；机房等级未明确；<br>（2）主体楼、看台楼监控机房机柜内设备安装布局图缺失（指挥中心机房存在此问题）；<br>（3）图DR-17应对连接电脑和控制柜的网线作详细要求：建议使用STP，并穿全金属导管；<br>（4）图DR-18GPS天馈应补充防雷模块及其安装要求；<br>（5）公共广播布线方式及材料未说明，吸顶音响馈线应采用波纹管或钢管敷设，不能走裸线；<br>（6）综合布线所有从桥架到信息点位的走线方式未注明 |

## 7.6.2 设计交底及案例

### 1. 建筑专业概况（表7-13）

建筑设计概况一览表　　　　　　　表 7-13

| 序号 | 内　容 | | | | | | | |
|---|---|---|---|---|---|---|---|---|
| 1 | 建筑面积<br>（m²） | 多功能主楼 | 32679 | 建筑层高<br>（m） | 5.4/5.4/5.4/5.15 | 建筑高度<br>（m） | 22.677 | |
| | | 看台楼 | 24596 | | 5.4/5/5/5/5/5 | | 36.301 | |
| | | 亮马圈 | 14925.62 | | 5.6 | | 25.50 | |
| 2 | 防水等级 | 地下室 | 防水等级 I 级 | | | | | |
| | | 屋面 | 防水等级为 I 级 | | | | | |
| 3 | 防水材料 | 地下室底板 | 3厚自粘聚合物改性沥青防水卷材，2厚聚合物水泥防水涂料（II型） | | | | | |
| | | 地下室墙面 | 3厚双面自粘聚合物改性沥青防水卷材，2厚聚合物水泥防水涂料（II型） | | | | | |
| | | 金属屋面 | 0.49厚防水透气膜、1.2厚 PVC 防水卷材 | | | | | |
| | | 室内 | 1.5厚聚氨酯防水涂料 | | | | | |
| 4 | 设计使用年限 | 50年 | | | | | | |
| 5 | 耐火等级 | 耐火等级一级 | | | | | | |
| 6 | 楼地面 | 防滑地砖、细石混凝土楼面、防静电架空楼面、自流平环氧漆涂层地面、丁苯橡胶类面层 | | | | | | |
| 7 | 墙体饰面 | 内墙 | 釉面砖墙面、白色耐擦洗无机内墙涂料 | | | | | |
| | | 外墙 | 玻璃幕墙、铝板幕墙、饰面砖、涂料 | | | | | |
| 8 | 顶棚 | 轻钢龙骨石膏板吊顶、铝合金条板吊顶、水性耐擦洗涂料、白色防霉内墙涂料 | | | | | | |

### 2. 结构专业概况（表7-14）

结构设计概况一览表　　　　　　　表 7-14

| 序号 | 项目 | | 内　容 | |
|---|---|---|---|---|
| 1 | 结构形式 | 基础结构形式 | 独立柱基、片筏基础 | |
| | | 主体结构形式 | 钢筋混凝土框架＋钢结构 | |
| 2 | 结构安全等级 | | 一级 | |
| 3 | 基础设计等级 | | 甲级 | |
| 4 | 抗震等级 | | 框架一级、剪力墙一级 | |
| 5 | 抗震设防烈度 | | 8度 | |
| 6 | 混凝土 | | 垫层 | C15 |
| | | | 独立柱基、基础梁、底板 | C30 |
| | | | 过梁、构造柱、圈梁 | C20 |
| | | | 墙、柱 | C40～C45 |
| | | 后浇带 | 强度等级提高一级并采用补偿收缩混凝土 | |
| 7 | 钢筋类别 | 钢筋等级 | HPB300、HRB400 | |
| 8 | 墙体 | 外墙 | 200厚加气混凝土砌块 | |
| | | 内墙 | 200/100厚加气混凝土砌块 | |

### 3. 机电及设备安装概况（表 7-15）

机电及设备安装设计概况　　　　　　　　　　表 7-15

| 序号 | 项目 | 内　容 | 类别 |
|---|---|---|---|
| 1 | 冷水 | 设生活泵房一处，设置于多功能主体建筑地下一层 | 给水 |
| 2 | 热水 | 本工程设置集中热水供应系统。集中热水用于厨房及淋浴。公共卫生间洗手盆热水采用小型容积式热水器（小厨宝）供水 | |
| 3 | 污水 | 本工程室内部分采用污、废合流制。南侧室内 ±0.000 以上污废水重力自流排入室外污水管 | 排水 |
| 4 | 雨水 | 屋面雨水设置虹吸雨水管道系统排水。虹吸雨水斗设置于屋面天沟内。虹吸雨水系统总排水能力按 50 年重现期的雨水量设计 | |
| 5 | 高压 | 由市政引来两路 10kV 高压电源进入设于亮马圈的高压室（分别引自不同 35kV 及以上变电所）。两路电源同时工作，当一路故障时，另一路应承担所有一、二级负荷的供电。<br>高压为单母线分段运行方式，设联络开关 | 强电 |
| 6 | 低压 | 低压配电采用交流 220/380V 放射式与树干式相结合的方式，对于单台容量较大的负荷或重要负荷采用放射式供电；对于照明及一般负荷采用树干式与放射式相结合的供电方式。<br>低压为单母线分段运行，联络开关设手动转换开关 | |
| 7 | 接地 | 采用 TN-S 接地系统，要求接地电阻不大于 $1\Omega$，电阻大于 $1\Omega$ 时，增设人工接地极 | |
| 8 | 防雷 | 本工程属二类防雷建筑物，能够防直击雷、防侧击雷、防雷电感应及闪电电波的侵入。<br>利用钢结构屋顶（无绝缘被覆层）作为屋面防雷接闪器，凡突出屋面的金属构件必须与屋面钢结构焊接，保证电气贯通 | |
| 9 | 照明 | 设一般照明和应急照明。消防泵房、消防风机房、消控中心、变配电室等处的照明 100% 为应急照明 | |
| 10 | 电视 | 各层弱电井设置楼层分支分配器箱。在电梯厅，入口大厅，办公室等处设置有线电视出口 | 弱电 |
| 11 | 电话 | 电话总机房及网络机房设于一层弱电机房。市话直通用户和数字程控交换机用户共网设置 | |
| 12 | 安全监控 | 门厅和楼内各出入口、收费处、电梯轿厢等部位设闭路监视摄像机，由监控中心对各处进行保安监控 | |
| 13 | 广播 | 广播系统设计为背景音乐及消防广播兼用系统，以定压 100V 多回路输出，主机设于消防控制中心 | |
| 14 | 系统集成平台 | 建立系统集成平台，对整个大楼的弱电子系统进行统一集成，形成一个统一的、相互关联的、相互协调联动的综合管理网络系统 | |
| 15 | 中央空调 | 空调水系统采用二管制水系统，冷热水分泵，采用一次泵变流量系统。定压补水采用落地闭式膨胀水箱。空调水系统分为亮马圈空调机组，主楼空调箱，主楼风机盘管三个环路 | 暖通 |
| 16 | 通风 | 设全空气系统的房间新风由空调机组从空调机房就近吸入并送入，同时设相应机械排风系统；其他房间的新风由设在每层空调机房内的新风机组处理后分别送入。排风主要通过排风系统或卫生间排出 | |
| 17 | 采暖供热 | 一层高大空间门厅，商业、过厅靠玻璃幕墙外区等地面设置低温热水辐射地板辅助供暖；<br>楼梯间、设备用房、靠外区房间等设散热器供暖，采暖水系统采用垂直双管下供下回系统；<br>采暖系统散热器采用压铸铝双金属散热器（UR7002-500） | |

续表

| 序号 | 项目 | 内　容 | 类别 |
|---|---|---|---|
| 18 | 火灾报警消防联动 | 本工程消防控制中心设于看台楼，多功能主体建筑内设消防分控室。系统由火灾自动报警系统、消防联动控制系统、火灾应急广播系统、消防直通对讲电话系统组成 | 消防电 |
| 19 | 防排烟 | 防、排烟系统与排风系统合用风管，着火时关闭排风机前的70°防火阀，打开排烟风机前的280°防火阀 | |
| 20 | 喷淋 | 由湿式报警阀压力开关的动作信号作为触发信号，有系统设自动、手动和机械应急三种控制方式。控制系统应具有手动/自动控制转换功能 | 消防水 |
| 21 | 消火栓 | 室内外消防给水由设在地下层消防水池贮水经专用室内外消火栓泵加压供给，室外消火栓泵由设在室外消火栓附近的手动按钮启动，也可在消防泵房及消防控制中心控制启动 | |
| 22 | 气体消防 | 气体灭火系统采用预制七氟丙烷，保护对象为变配电所 | |
| 23 | 电梯 | 电梯采用变频调速控制。单台电梯具有集选控制、闲时停梯操作；多台电梯集中排列时，须具有按规定程序集中调度和控制的群控功能 | 电梯 |

### 7.6.3　施工组织设计交底

（1）工程施工特点分析；

（2）工程施工重点分析及对策；

（3）关键线路。

【案例】

（1）工程施工特点分析（表7-16）

工程施工特点分析表　　　　　　　　　表7-16

| 序号 | 特点 | 项目 | 分　析 |
|---|---|---|---|
| 1 | 社会影响力大 | 内蒙古自治区成立70周年庆典主会场 | （1）总建筑面积约7.3万m²，建成后将作为内蒙古自治区成立70周年庆典的主会场。本项目是以体育文化、特色文化、旅游文化为核心的民族体育基地和综合性旅游基地。<br>（2）建筑功能复杂多样，包括了国际赛马跑道、少数民族体育竞技、民族文化旅游服务、配套商业餐饮等功能，类似项目国内尚无先例。 |
| 2 | 新技术应用多 | 新技术、新材料、新工艺、新设备的应用 | 本工程大量采用了新技术、新材料和新工艺，如大体积混凝土裂缝控制技术、高强度钢筋、BIM技术、钢与混凝土结合结构技术、管线综合布置技术等 |
| 3 | 建筑规模较大 | 体量大 | 本工程主体混凝土总用量达4.6万m³，结构最大跨度87m，钢结构总用量达5000t，钢筋总用量8100t，工程用材多，工程体量大 |
| | | 构件尺寸大 | 本工程屋面钢桁架最大跨度达77.8m，存在超重超长构件，单根最重钢梁23t |
| 4 | 设计专业多 | 深化设计内容多 | 根据本次招标提供的设计图纸，本工程的钢结构、幕墙工程、精装工程、弱电工程、综合布线等专业均需要进行深化设计方能进行施工 |
| | | 总包管理配合多 | 本工程涉及强电、弱电、给排水、消防、通风空调、智能化、电梯、钢桁架、装饰装修、幕墙等众多专业，专业接口多，施工过程中存在大量的专业交叉，总承包管理协调内容多 |
| 5 | 结构设计复杂 | 建筑外形新颖、构造独特 | 本工程多功能主楼、亮马圈、看台楼在平面上呈"工"字形布局，亮马圈在中间，多功能主楼在西侧，看台楼在东侧，在空间上高低错落，与大青山相呼应。在单体设计上，引入了"蒙元文化符号"为立面设计主要基调，遵从有序的原则，以曲面的造型为主，立面简洁明快，线条流畅。主题建筑立面采用蒙古包、哈达、吉祥绘纹，形似草原博克手的盔甲战袍，又好像腾飞的雄鹰，是蒙古民族历史、文化、生活习俗的高度概括，也是具体的表达形式 |

（2）工程施工重点分析及对策（表7-17）

**工程施工重点分析及对策表**　　　　表 7-17

| 序号 | 施工难点 | 具体分析 | 应对措施 |
|---|---|---|---|
| 1 | 工期紧 | 本工程包含土建工程、水电安装工程、通风供热、幕墙工程、钢结构部分、幕墙工程以及铝板屋面的深化设计等。招标文件要求主体钢筋混凝土2016年6月1日全部浇筑完成，供暖系统2016年9月30日安装完成并投入使用，钢结构和幕墙工程2016年11月10日完成，总包范围内的工程2017年4月30日完工，项目预验收2017年5月30日完成，项目竣工验收2017年8月31日完成。工期非常紧张 | （1）整个工程施工以工期管理为主线，投入充足的劳动力及资金资源，确保材料的及时供应；<br>（2）合理安排施工部署，组织平行交叉作业；<br>（3）进行合理工序穿插，保证各工序之间的无缝衔接；<br>（4）采用先进的施工机具与施工技术，确保工期目标；<br>（5）建立进度管理的奖罚实施办法，每周对工程进度实施情况进行检查，对达到和提前完成的施工队伍进行奖励，对进度滞后的施工班组实施处罚，使全体作业人员树立人人抓进度的良好氛围；<br>（6）搞好季节性施工与节假日施工，确保不因季节性及节假日影响施工；<br>（7）进一步优化投标控制计划，编制详尽的控制计划上报业主及监理单位，并将本计划作为工程施工进度控制计划 |
| 2 | 结构体系复杂 | 多功能主楼、亮马圈、看台楼在平面上呈"工"字形布局。在单体设计上，引入"蒙元文化符号"为立面设计主要基调，遵从有序的原则，以曲面的造型为主，立面简洁明快，线条流畅。主题建筑立面采用蒙古包、哈达、吉祥绘纹，形似草原博克手的盔甲战袍，又好像腾飞的雄鹰，是蒙古民族历史、文化、生活习俗的高度概括 | （1）项目经理部成立一个专门测量小组，测量控制原则："从整体到局部，由高精度到低精度，先控制后细部"，保证测量精准可靠性；<br>（2）编制整体施工进度计划及相应深化设计计划，确保工程整体受控；<br>（3）安排我公司专业分公司相关专业进行深化设计，确保施工方案的经济合理性；<br>（4）建立BIM工作小组，建立工程BIM模型，组织公司技术质量力量及专业人员进行详细施工策划；<br>（5）安排专业队伍进行专业施工 |
| 3 | 质量要求高 | 工程设计专业多，技术质量控制点多，确保每个分部分项工程质量达到"鲁班奖"要求为本工程重点 | （1）建立全方位的质量管理计划及策划，公司安排类似工作经验丰富质量工作者管理现场质量；<br>（2）根据工程施工进度提前做好质量控制措施及创优措施；<br>（3）增强所有参建人员质量意识，坚决实行样板先行与技术交底制度 |
| 4 | 高支模施工 | 看台楼及多功能主楼局部采用高支模施工，因此对于模板支架刚度、稳定性、安全性要求更高，有效完成危险性较大的分部分项工程是施工过程控制的重点之一 | （1）高支模方案经过设计和验算确定，支撑体系为满堂式模板支撑体系，根据梁截面尺寸在底部增设立杆，并在立杆设纵横及水平剪刀撑，立杆间距按不同的梁截面进行设置；<br>（2）请有关专家进行论证，确保施工方案合理可行；<br>（3）严格按照论证的脚手架施工方案进行施工，并做好相关的测量观察工作 |
| 5 | 大体积混凝土施工 | 局部基础截面积较大，属于大体积混凝土范畴，做好大体积混凝土的温度控制及养护极为重要 | （1）通过混凝土配合比优化、材料优选，减小水化热并保证混凝土具有优良施工性能；<br>（2）施工后通过测温系统，连续采集混凝土内部温度变化数据，指导混凝土养护 |
| 6 | 混凝土裂缝控制 | 混凝土工程跨越夏季、冬季，施工过程中，温差大，易形成温度裂缝；结构板施工荷载等均会对结构产生不利影响。做好混凝土裂缝预防措施为本工程的一重点 | （1）降低水泥水化热和变形，控制混凝土水化升温；<br>（2）降低混凝土温度差，控制混凝土内部和表面的温度的差值不大于25℃；<br>（3）加强施工中的温度控制，延缓降温速率（小于2.0℃/d）、减少混凝土收缩；<br>（4）提高混凝土的极限拉伸强度；<br>（5）选择良好级配的粗骨料，严格控制其含泥量，加强混凝土的振捣，提高混凝土密实度和抗拉强度，减小收缩变形，保证施工质量；<br>（6）及时排除混凝土在振捣过程中产生的泌水，加强混凝土的表面收光和早期养护是提高混凝土抗裂性的重要措施 |
| 7 | 安全管理难度大 | 楼层内外侧临边洞口多，临边防护量大；钢结构安装、焊接高空作业危险因素多，垂直交叉作业多做好整个现场安全受控为本工程的一大难点 | （1）建立完善的安全文明施工组织机构，分专业配备安全员，明确各岗位的安全文明施工职责；<br>（2）建立相关安全文明施工管理制度：安全文明施工教育培训制度、安全施工检查制度、安全文明施工奖罚制度、机械设备安全验收制度等； |

| 序号 | 施工难点 | 具体分析 | 应对措施 |
|---|---|---|---|
| 7 | 安全管理难度大 | | （3）对安全文明施工管理进行策划，形成策划手册；<br>（4）对危险源进行辨识，加强重大危险源监控；<br>（5）加强作业人员进场管理，所有进场作业人员要做到"六有"——有教育、有交底、有平安卡、有用工合同、有保险、有个人防护用品，特种作业人员持证上岗；<br>（6）所有现场安全防护设施按国家标准进行搭设，验收合格后投入使用 |
| 8 | 系统调试与综合调试管理 | 机电安装工程系统多，各系统、分系统调试和综合调试必须严格而周密地进行，如何协调众多承包商进行各系统、分系统和综合调试是本工程的管理难点 | （1）为保证各分部调试工作的顺利进行，调试阶段建立由项目机电经理负责，各部门主要负责人和各分包商现场负责人组成的调试领导小组，督促各分包商严格按照工期安排组织各专业的单机调试和系统调整；<br>（2）在工程开始就组织BIM应用技术，提前做好工程的建模工作，将各种管线排布提前模型化，增强创有能力，减少返工；<br>（3）总包组织、协调各专业分包商的调试人员、机具和试验设备，并承担调试总指挥职责，对整个机电系统的联动调试统一指挥和调度；<br>（4）在联动调试阶段，成立一个应对意外情况的应急小组，针对可能发生的意外情况制定应急预案。督促各分包商编制详细的联动调试方案，送业主、监理审核、批准 |
| 9 | 总包管理与协调 | 涉及专业分包和专项供应多。组织好各专业分包分阶段进场，确保各工序的衔接，在施工过程中协调各分包的施工需要，对总承包单位的管理协调、综合能力提出了较高的要求，总包协调为本工程的一难点 | （1）设置人数足够，对分包单位严格要求。按专业配全协调工程师和深化设计人员，细化协调管理工作流程，明确责任分工；<br>（2）以完善的管理体系、务实的态度、周到的服务进行全面的管理，确保不因管理问题影响工期、质量等指标完成；<br>（3）针对深化设计、机电管线综合平衡、垂直运输、联合调试等专业交叉多的关键环节，成立相应的专项协调小组；<br>（4）积极应用BIM、门禁系统等信息化管理手段辅助总包管理 |
| 10 | 深化设计复杂、难度大 | 结构造型新颖独特，构造复杂，不同于常规结构。其中看台结构中除少量圆管外，其余构件均为箱型弯扭构件，弯扭板件用常规的深化设计软件无法准确三维建模及深化设计出图，深化设计工作效率低、易出错且图纸表达方式与常规深化设计图纸不一样，为本工程的难点。本工程机电安装综合管线多，错综复杂，综合管线布设是本工程的重点和难点 | （1）组织强大的队伍，设计人员均要有类似工程设计经验，为图纸深化设计的质量提供了可靠的人力保证；<br>（2）重要节点进行有限元计算分析，单独复核受力性能，必要时对节点进行实体试验并进行研究。不同单体及节点专人负责，从便于材料采购、加工、运输及安装等多方面因素考虑，归纳合并类似节点；<br>（3）针对本工程弯扭构件的特点，采用空间弯扭构件深化设计专用软件系统，可与弯扭构件加工机械——多点无膜成型设备相结合，输出数据可直接导入设备CAM控制系统，实现弯扭零件的高精度、自动化加工；<br>（4）本工程机电安装综合布线利用BIM技术建模进行深化设计，避免返工 |
| 11 | 钢结构制作 | 钢结构跨度大、规格多、截面尺寸大、重量重、铸钢件与Q345焊接都是钢结构控制的重点和难点 | （1）抽调资深设计师进行深化设计，对整个结构进行准确的计算机三维建模，模拟放样组对，并对现场散拼和分段拼装胎架的设计等进行监控；<br>（2）切割下料采用高精度数控切割机，提高切割精度与工厂组对拼装精度，并对检测数据进行监控。工厂进行预拼装，保证现场安装拼装质量。在杆件下料与拼装过程中，考虑一定的焊接收缩余量，工厂进行焊接收缩余量实验。为控制焊接变形焊接过程采用同步对称焊接工艺并对工艺执行进行监控；<br>（3）针对Q345C与铸钢异种钢间的焊接进行焊接工艺评定，选择最合适的焊接工艺参数，在施焊过程中严格按照焊接工艺卡（根据焊接工艺评定报告制定）进行施工，以此来保证焊接质量并对执行情况进行监控 |
| 12 | 成品保护 | 专业施工队伍多，多层次交叉流水作业，成品量大且物资设备种类繁多，成品的保护关系到整个工程的质量和进度，必须高度重视成品和设备保护工作，严格执行成品和设备保护措施是本工程的重点 | （1）建立成品保护管理机构。成品保护管理组织机构是确保成品、半成品保护工作得以顺利进行的关键。为确保成品、半成品保护工作的落实，由项目经理、项目副经理、项目技术负责人、各专业施工员、施工班组长负责人共同组成成品保护小组，并建立成品、半成品保护相关的奖罚制度；<br>（2）工程开工前，成品保护小组应对需要进行成品保护的部位列出清单，并制订出成品保护的具体措施；<br>（3）在施工组织设计阶段，对工程施工工艺流程提出明确要求。严格按顺序施工；<br>（4）上道工序与下道工序之间要办理交接手续 |

（3）关键线路

多功能主楼、看台楼、亮马圈关键线路

施工准备→土方开挖→垫层、基础施工→土方回填→主体结构施工→钢结构施工→金属屋面系统、幕墙施工→装饰装修施工→系统联合调试→项目预验收→项目竣工验收。

工序衔接

本工程工期紧张，如何做好各个主要施工工序穿插，合理衔接各项主要施工工序成为本工程管理的重点，工序衔接情况见图7-4。

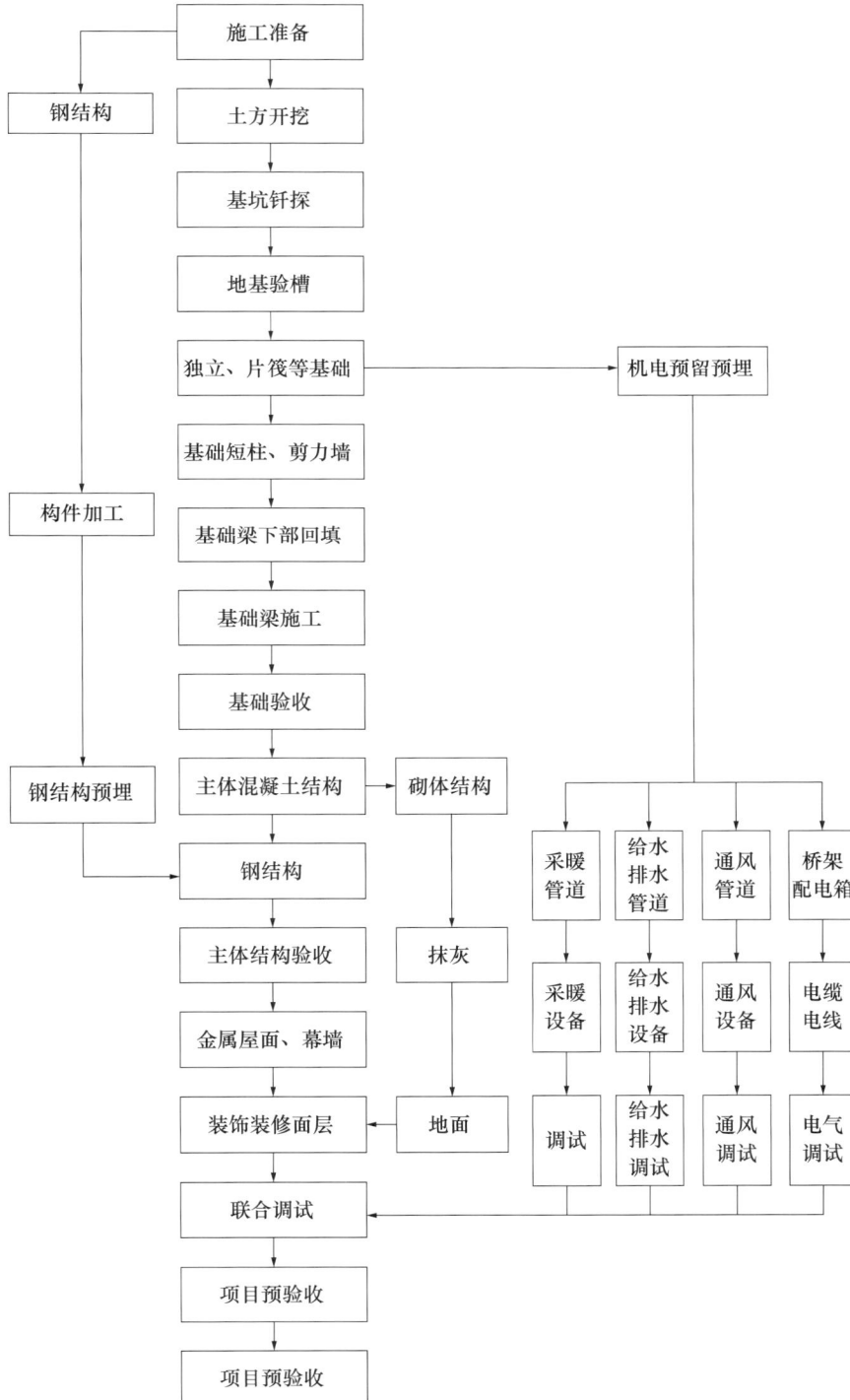

图 7-4　关键线路

### 7.6.4 监理规划交底及交底内容

项目总监理工程师在开工前应组织承包商项目经理、承包商技术负责人、质检员、安全员、资料员、监理部人员进行监理工作交底，并形成相关纪要。

**1. 现场管理（监理）工作流程交底（图 7-5）**

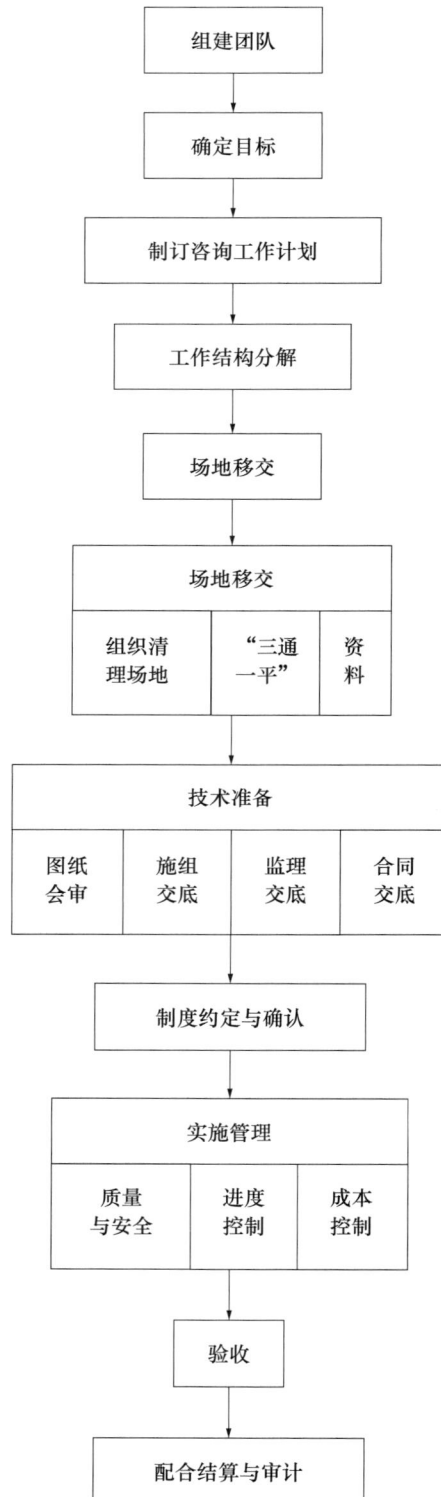

图 7-5 现场管理（监理）工作流程交底

## 2. 质量安全控制流程图交底（图 7-6）

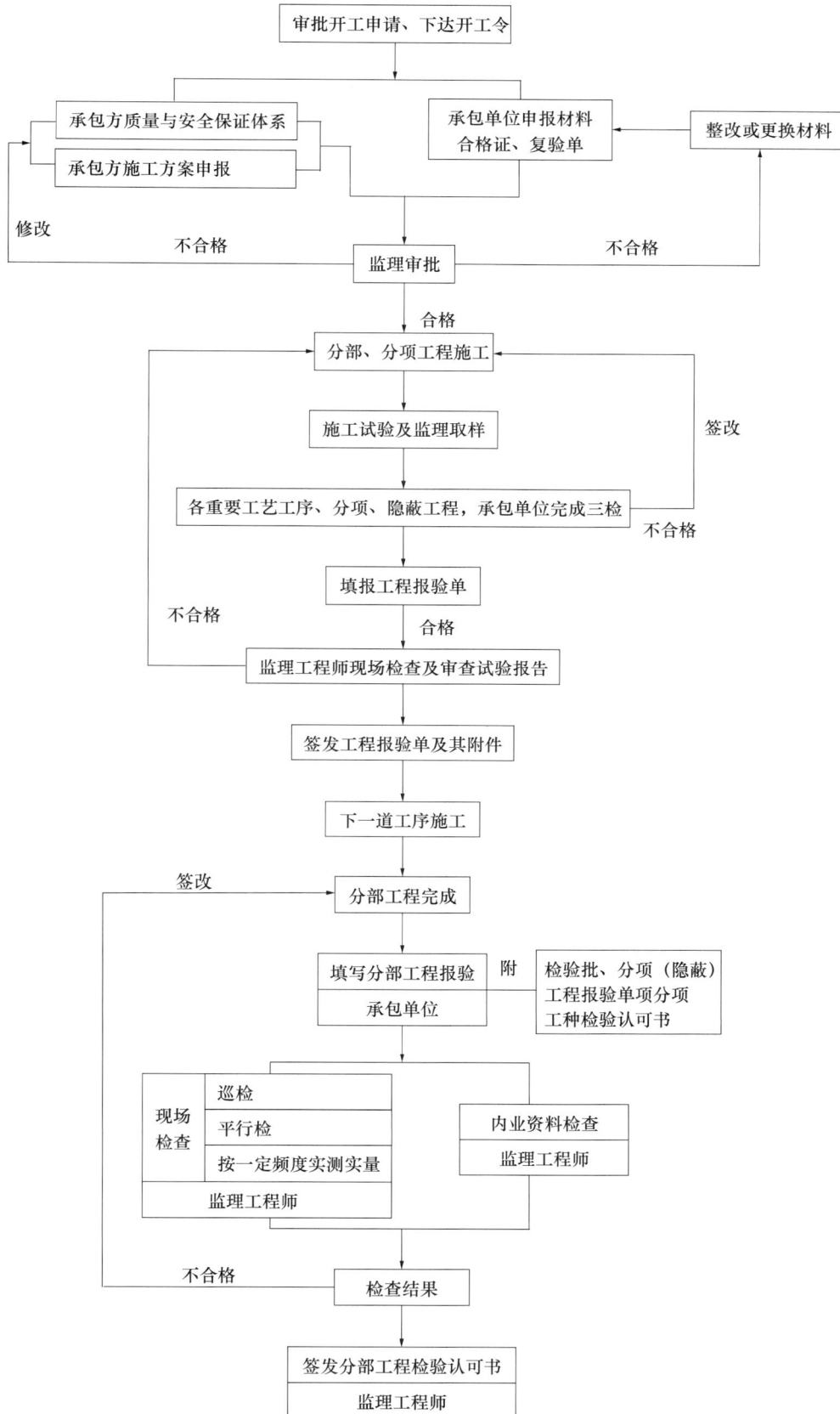

图 7-6 质量安全控制流程图

### 7.6.5 沟通管理

**1. 会议制度**

（1）监理例会制度要求

① 落实监理例会的周期、时间、各单位主要参会人员；

② 明确参会人员的会议纪律及要求；

③ 监理例会应采用可视化的方式，以PPT来反映现场的进度、质量、安全问题；

④ 每次例会前应对上次例会的事项的落实情况进行清理；

⑤ 在例会中所提及的事项、问题都要有处理意见、责任单位、责任人、时间等内容。

（2）专题例会制度

① 针对项目中具体的技术问题、质量问题、进度问题、安全问题应组织专题例会；

② 专题例会根据项目的阶段和情况可以是定期或不定期；

③ 为提高会议效率，专题会议召开前应将会议议题、内容发各单位参会人员准备；

④ 会议确定事项应有处理意见、责任单位、责任人、时限，会议确实事项处理后应有书面处理回复及复查确认。

（3）月度会议制度

① 项目部应在每月末对本月的质量、进度、安全、管理情况进行梳理总结，提出下月的重点及目标；

② 月度会议可以与月末的监理例会合并。

**2. 报告制度**

（1）周报；

（2）月报。

**【案例】**　　　　　　　　　　**月报格式内容**

1. 本月工作简述

（1）本月完成的主要管理工作；

（2）对上月工作遗留事项处理情况。

2. 合同管理情况

（1）截至本月的合同金额增（减）＿＿＿＿＿＿万元与合同工期天数增减。

$F_i = F_0 + \sum_{i=1}^{n} f_i$（$F_0$为签订的合同金额，$i$代表第$i$个月份数，$f_i$为此前每月增减的金额）

$D_i = D_0 + \sum_{i=1}^{n} d_i$（$D_0$为合同工期，$i$代表第$i$个月工期增加的天数，$d_i$为此前每月工期增加的天数）

（2）各项签证月台账（表7-18）

各项签证月台账表　　　　　　　　　　　表7-18

| 序号 | 类别编号 | 变更内容 | 变更原因 | 涉及相关施工图编号 | 签发日期 | 增（＋）减（－）费用金额 | 是否延误工期 | 工期延误天数 | 备注 |
|---|---|---|---|---|---|---|---|---|---|
| 1 | | | | | | | | | |
| 2 | | | | | | | | | |

（3）本月新签订的合同（表7-19）

**本月新签订的合同表**　　　　　　　　　　　　　　**表 7-19**

| 序号 | 合　同　名　称 | 咨　询　方 | 合同金额（万元） |
|---|---|---|---|
| 1 | | | |
| 2 | | | |
| 3 | | | |
| …… | | | |

（4）本月合同款支付和累计支付金额（表 7-20）

**本月合同款支付和累积支付金额表**　　　　　　　　　　　　　**表 7-20**

| 序号 | 合　同　名 | 本月计划支付金额 | 本月实际支付金额 | 累计支付金额 | 实际支付与计划支付差额 | 超（欠）支付的理由 | 备注 |
|---|---|---|---|---|---|---|---|
| 1 | | | | | | | |
| 2 | | | | | | | |
| 3 | | | | | | | |
| …… | | | | | | | |

3. 本月计划工作与实际完成情况（表 7-21、表 7-22）

**本月计划工作与实际完成情况表**　　　　　　　　　　　　　**表 7-21**

| 阶段分类 | 序号 | 计划完成的主要事项 | 实际完成情况（比例） | 未作或滞后的原因分析 |
|---|---|---|---|---|
| 前期报批报建 | | | | |
| 设计管理 | | | | |
| 造价管理 | | | | |
| 招标管理 | | | | |
| 现场管理（含监理） | | | | |
| 其他 | | | | |

**本月工作计划完成情况表**　　　　　　　　　　　　　**表 7-22**

| 本月工作简述，上月存在问题处理情况说明 | | | | | |
|---|---|---|---|---|---|
| | 序号 | 本月计划工作 | 完成情况 | 完成的工作 | 原因分析 | 责任方 |
| 报建工作 | 1 | | | | | |
| | …… | | | | | |
| 设计管理 | 1 | | | | | |
| | …… | | | | | |
| 造价管理 | 1 | | | | | |
| | …… | | | | | |
| 招标管理 | 1 | | | | | |
| | …… | | | | | |

4. 协调沟通事项（表7-23）

协调沟通事项表 表 7-23

| 主体单位 | 事 项 内 容 |
|---|---|
| 业主 | |
| 设计 | |
| 承包商 | |
| 本公司 | |
| 政府监管部门 | |

5. 下月管理工作计划（表7-24）

下月管理工作计划表 表 7-24

| 分阶段 | 工 作 名 | 资 源 需 求 |
|---|---|---|
| 前期管理 | | |
| 设计管理 | | |
| 造价管理 | | |
| 招标管理 | | |
| 现场管理 | | |

6. 其他

（3）季报；

（4）专题报告。

### 3. 二次设计界面清理制度（表7-25）

二次设计界面工作要求 表 7-25

| 序号 | 内容 | 工 作 要 求 |
|---|---|---|
| 1 | 施工界面清理的组织者 | 由项目技术负责人组织项目工程师及总监理工程师、专业监理工程师应完成 |
| 2 | 施工界面清理的准备资料 | 设计图纸、施工合同、投标清单 |
| 3 | 施工界面清理的完成时限 | 项目开工前 |
| 4 | 施工界面清理的目的 | 通过理清工作界面，校核施工合同、清单、设计图纸的内容是否重复、漏项 |
| 5 | 施工界面清理的内容 | （1）总包（土建）与分包，总包（强弱电、给排水、暖通专业）与分包；<br>（2）涉及二次精装修的应包含总包（土建）与二次精装；总包（强弱电、给水排水、暖通专业）与二次精装饰 |
| 6 | 施工界面清理的结果处理 | （1）由项目技术负责人组织召开专题会议（项目经理、项目工程师、总监、专监、施工技术负责人、造价审计人员应参加）；<br>（2）对重复、漏项问题经各方讨论确认后还应按完善设计变更及洽商的手续，方能作为后期施工和计价的依据；<br>（3）专题会议纪要项目工程师负责整理，参会各方会签 |

### 4. 设计变更及技术洽商管理制度

（1）设计变更及技术洽商的类别（表7-26）

**变更洽谈内容表**　　　　　　　　　　　　　　　　　　　　　表 7-26

| 序号 | 内　　容 |
|---|---|
| 1 | 每份设计变更及技术洽商必须注明类别原因，没有原因的设计变更及洽商不得审核通过。 |
| 2 | 设计更及技术洽商的类别原因包含如下几类：<br>（1）设计补充和完善（不返工，有费用增加）；<br>（2）设计理解和确认（图纸不清楚，错漏，平、立、剖尺寸及做法要求不统一）；<br>（3）优化设计（对原设计优化，减少费用）；<br>（4）功能改变（因业主或相关部门要求，有返工的可能）；<br>（5）管理不到位（因对设计漏项疏忽，材料或工序控制不严，有返工） |

（2）设计变更、技术洽商的管理原则（表 7-27）

**管理原则**　　　　　　　　　　　　　　　　　　　　　　　　表 7-27

| 序号 | 内容 | 要　　求 |
|---|---|---|
| 1 | 一单一估原则 | 每份设计变更、技术洽商均应有预估金额，且预估金额应分别对应相关工程合同 |
| 2 | 一月一清原则 | 项目技术负责人必须每月初组织造价咨询单位与承包商完成上月所有发出的变更、洽商单份数核对、金额预估 |
| 3 | 时间限制原则 | 对设计变更、技术洽商禁止事后补办，每月月底项目技术负责人应组织监理对承包商进行检查 |
| 4 | 及时更改上图原则 | 对于已完善的设计变更、洽商单，项目管理部、监理、承包商均应及时更改上施工蓝图（粘贴、更改均可），该工作的及时性、完整性应纳入技术考核的范围 |
| 5 | 原件结算原则 | 办理变、洽商结算时须有手续完备的、有效的原件作为结算资料 |

（3）设计变更、技术洽商办理要求（表 7-28）

**工作要求表**　　　　　　　　　　　　　　　　　　　　　　　表 7-28

| 序号 | 内容 | 要　　求 |
|---|---|---|
| 1 | 表格形式 | （1）变更、洽商应能明确反映编号、工程名称、发生的时间、发生的原因、发生的部位或范围、变更的内容、变更前图纸号（如不是整张图纸替换的变更，应将变更部位用云线标示并附图作为附件）、变更后图纸等内容。<br>（2）办理的变更、洽商应使用国家、当地规定的规范表格 |
| 2 | 办理要求 | （1）变更、洽商原则上要求设计院必须确认，若有特殊情况不经设计院确认，必须经项目技术负责人签字认可。<br>（2）若某专业的变更、洽商导致其他专业需要一同变更的，应将各专业变更、洽商同时发放，并根据编号原则相应编号。<br>（3）造价咨询单位在对变更、洽商费用进行计算时，应对措辞不清、结算时易引起分歧的予以退回，要求责任部门表达清楚，不致引起歧义。<br>（4）对无法根据变更、洽商、直接计算出工程量的，需进行现场按实收方确认。<br>（5）对于工程内容减少或造价调减的变更、洽商项目管理公司要及时跟踪、落实签发相应变更、洽商，防止因此给业主造成损失。<br>（6）变更、洽商须在完成全部审批手续及盖章后，由项目管理部文员统一对监理单位（由监理向承包人发放）及相关部门发放。<br>（7）原则上须在设计变更、技术洽商下发给承包人后方可开始相关变更工程的实施 |
| 3 | 资料有效性确认 | （1）由承包人和监理单位提出的技术洽商必须加盖其有效印章，报项目管理公司及业主加盖有效印章以及设计单位的有效印章后才能生效。<br>（2）由业主提出的技术洽商须进行审批、审批通过并加盖业主有效印章、监理单位以及设计院的有效印章（或有授权的章）后才能生效，否则按无效资料处理；同时由发包人提出涉及验收和结构等敏感问题的核定、变更，须委托承包人使用规定的表格形式办理技术洽商。<br>（3）设计院提出的设计变更须加盖设计单位出图章，报项目管理公司及业主进行审批、批准通过后才能生效；否则按无效资料处理 |

| 序号 | 内容 | 要　　求 |
|---|---|---|
| 4 | 时限要求 | （1）根据项目设计院如果在外地的，为了加快设计变更、洽商的办理时间，建议设计院在施工期间派驻驻场代表或另建议由业主、项管、造价咨询、监理、总包单位共同成立技术委员会，采取集中会议的方式处理设计变更、洽商，提高办事效率。<br>（2）在设计变更、技术洽商进行审批前，由造价咨询单位进行预估价（预估价时限原则上为 3 天，工作量大且复杂的单据的估算时限不超过 7 天，超过 3 天才能估算完成的事项造价咨询单位应与项目管理单位、业主进行沟通），预估价时限从现场造价工程师接收合格的、可供预估价的资料之时起算。<br>（3）项目管理公司须在收到变更、洽商单后应在 7 天以内提交业主审批；在 14 天以内完成审批。<br>（4）为了保证业主、项目管理公司、监理单位及承包人几方资料的完整性和一致性，每月 3 日之前，应按"一月一清"的原则，对上月 25 至本月 24 日前完善所有手续的设计变更、技术洽商单的数量、完成情况进行核对和清理 |

## 5. 材料认质核价制度

（1）组建核价委员会

由业主、全过程工程咨询单位、总承包等参建各方相关人员共同组成核价委员会。

组　　长：业主负责人；

副组长：造价管理分部经理；

成　　员：各参建单位派员。

（2）核价委员会职责

1）各成员单位职责

① 承包商

a. 负责提出材料 / 设备价格审核申请（含技术参数标准及规格型号）；

b. 负责认质核价材料样品的报送；

c. 负责推荐材料 / 设备常用品牌；

d. 负责与材料 / 设备供货商签订供货合同；

e. 接受核价委员会核定的价格，并按此价格办理工程结算。

② 现场管理（监理）分部

a. 负责组织材料 / 设备价格审核工作；

b. 负责审核材料 / 设备的核价范围；

c. 负责材料样品的封存工作；

d. 负责发放材料 / 设备价格确认表。

e. 负责审核材料 / 设备的技术参数标准及规格型号；

f. 负责审核竞争性比选文中材料 / 设备的技术要求；

g. 负责材料样品的封存工作。

③ 造价管理分部

a. 负责审核材料 / 设备的技术参数标准、规格型号以及核价范围；

b. 负责推荐 3～5 个常用品牌及价格区间；

c. 负责材料 / 设备的询价工作，并出具询价咨询意见和报告；

d. 负责编制竞争性比选文件，组织比选工作；

e. 负责拟定材料 / 设备供货合同；

f. 协助总承包商与供货商签订供货合同。

④ 业主单位

a. 根据施工、造价单位推荐的品牌，确定本项目选用的具体品牌；

b. 负责确定材料 / 设备的采购方式；

c. 根据造价咨询单位的意见，确定认质核价类的材料／设备价格；

d. 根据竞争性比选或招标结果，确定材料／设备价格。

2）副组长职责

a. 负责主持核价委员会各种会议；

b. 负责确定材料／设备品牌和采购方式；

c. 负责确定材料／设备价格。

3）组长职责

a. 审查核价委员会的工作程序；

b. 审批材料／设备品牌采购方式；

c. 审批材料／设备价格。

（3）材料／设备核价的范围和方式

1）材料／设备核价的范围

施工总承包工程招标时采用暂定价方式进入投标报价的材料／设备，施工过程中工程变更和新增工作内容所涉及的新增加的材料／设备。

2）材料／设备核价的方式

对于单项合同采购价在 100 万元以下的材料／设备采用认质核价或竞争性比选的方式确定价格，对于单项合同采购价在 100 万元以上的材料／设备原则上采用公开招标的方式确定价格，但获得相关部门批复的按批复的招标方式确定价格。

（4）材料／设备核价程序及时间要求

1）认质核价程序（图 7-7）

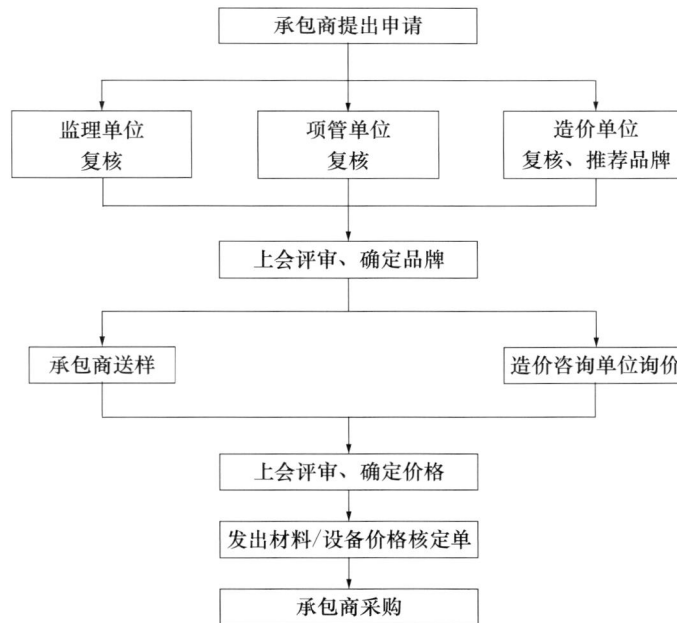

图 7-7　材料／设备认质核价流程

① 承包商进场后 10 日内根据招标文件约定的暂定价材料／设备种类、数量和设计文件要求，填写材料／设备价格确认申请（表 7-29），一式四份签字盖章后递交给项目管理公司，新增加的材料／设备提前 60 日提交材料／设备价格确认申请（表 7-29）。

② 项目管理公司收到材料／设备价格确认申请（表 7-29）后，在 24 小时内发给监理、造价单位，监理、造价单位在 72 小时内复核施工单位所报材料／设备是否属于招标文件约定的核价范围，其技术标准及规格型号是否符合设计文件要求，如施工图中明确要求需经设计人认可的材料／设备，还需要设

**材料／设备价格确认申请表** 表 7-29

工程名称： 单位：元

| 序号 | 材料名称 | 单位 | 数量 | 规格型号 | 厂家或品牌 | 技术参数 | 承包商报价 | 备注 |
|------|----------|------|------|----------|-----------|----------|-----------|------|
|      |          |      |      |          |           |          |           |      |
|      |          |      |      |          |           |          |           |      |
|      |          |      |      |          |           |          |           |      |
| 施工单位<br>（签字盖章） |  |  |  |  |  |  |  |  |

注：① 本表所列材料／设备为招标文件中规定的暂定价材料／设备或新增材料／设备；

② 承包商应严格按设计文件要求填写相关内容并签字、盖章；

③ 本表一式四份，由承包商填写，签字盖章后递交给项目管理单位。

计院进行确认。监理单位填写材料／设备技术标准审核表（表 7-30）后递交项目管理公司；造价单位还需根据项目实际情况提供 3 ～ 5 个同等档次的品牌和价格区间供业主选择，并填写材料／设备品牌推荐表（表 7-31）后，递交项目管理公司。

**材料／设备技术标准审核表** 表 7-30

工程名称： 单位：元

| 序号 | 材料名称 | 单位 | 数量 | 规格型号 | 技术参数 | 备注 |
|------|----------|------|------|----------|----------|------|
|      |          |      |      |          |          |      |
|      |          |      |      |          |          |      |
|      |          |      |      |          |          |      |
| 监理单位<br>（签字盖章） |  |  |  |  |  |  |

注：本表由监理单位填写，监理单位应严格核对施工单位所报材料／设备为招标文件中规定的暂定价材料／设备或新增材料／设备，其技术标准及规格型号符合设计要求，并签字、盖章确认。

**材料／设备品牌推荐表** 表 7-31

工程名称： 单位：元

| 序号 | 材料名称 | 单位 | 规格型号 | 技术参数 | A 品牌 | B 品牌 | C 品牌 | 价格大致区间 | 备注 |
|------|----------|------|----------|----------|--------|--------|--------|-------------|------|
|      |          |      |          |          |        |        |        |             |      |
|      |          |      |          |          |        |        |        |             |      |
|      |          |      |          |          |        |        |        |             |      |
| 推荐单位<br>（签字盖章） |  |  |  |  |  |  |  |  |  |

注：① 本表由造价咨询单位填写，造价咨询单位推荐 3 ～ 5 个同等档次的品牌和价格大致区间；

② 造价咨询单位应严格核对施工单位所报材料／设备为招标文件中规定的暂定价材料／设备或新增材料／设备，其技术标准及规格型号符合设计要求，并签字、盖章确认。

③ 项目管理公司收到材料／设备技术标准审核表（表 7-30）和材料／设备品牌推荐表（表 7-31）后，在 48 小时内组织价格管理委员会成员上会讨论，从设计图纸、规范、功能需求和质量等角度，对材料／设备的档次、等级、品牌和质量进行综合分析，确定本项目选用的具体品牌和采购方式。

④ 承包商根据审定的技术要求、规格型号和本项目选定的品牌在 48 小时内报送两份同样的样品（设备和不需送样的材料除外），设计、监理、项管、业主等单位代表对样品的色彩、样式、质量标准、技术要求、规格型号等进行确认，经确认的材料样品分别由项管、监理单位封样保存；在 3 ～ 8 日以

内完成样品确认工作。

⑤ 造价咨询单位根据审定的技术要求、规格型号和本项目选定品牌进行价格调研，通过三种以上的市场渠道了解价格行情，并填写材料／设备询价表（表 7-32）；在 5 ～ 10 日以内完成询价工作，并将材料／设备询价表（表 7-32）递交项目管理公司。

材料／设备询价表　　　　　　　　　　　　　　表 7-32

工程名称：　　　　　　　　　　　　　　　　　　　　　　　　　　　　　　　　　　　单位：元

| 序号 | 材料名称 | 单位 | 规格型号 | 技术参数 | 厂家或品牌 | 暂定价 | 承包商报价 | 造价信息价 | 网站价 | 市场询价 A | 市场询价 B | 市场询价 C | 建议价格 |
|---|---|---|---|---|---|---|---|---|---|---|---|---|---|
|  |  |  |  |  |  |  |  |  |  |  |  |  |  |
|  |  |  |  |  |  |  |  |  |  |  |  |  |  |
|  |  |  |  |  |  |  |  |  |  |  |  |  |  |
| 造价咨询单位（签字盖章） |  |  |  |  |  |  |  |  |  |  |  |  |  |

注：① 本表所列材料／设备为招标文件中规定的暂定价材料／设备或新增材料／设备；
　　② 本表由造价咨询单位填写，并签字、盖章确认；
　　③ 网站价指中国建材在线、龙文网、兰格网等建材网站发布的价格；
　　④ 造价咨询公司必须采用三种以上市场渠道询价。

⑥ 封样、询价工作完成后，项目管理公司在 24 小时内组织价格管理委员会成员上会讨论，检查价格采集渠道是否合理，核价程序是否符合要求，并根据造价咨询公司的询价情况，参考 ×× 市工程造价信息、中国建材在线、龙文网、兰格网等网站的价格信息以及造价咨询公司材料／设备数据库的价格，确定本项目所选材料／设备的价格。

⑦ 项目管理公司在 24 小时内填写材料／设备价格确认表（表 7-32），并经施工、监理、造价、项管、业主五家单位签字盖章后发出。

⑧ 施工单位收到材料／设备价格确认表（表 7-33）后方可进行材料／设备采购，工程结算时按材料／设备价格确认表（表 7-33）上核定价格办理结算。

材料／设备价格确认表　　　　　　　　　　　　表 7-33

工程名称：　　　　　　　　　　　　　　　　　　　　　　　　　　　　　　　　　　　单位：元

| 序号 | 材料名称 | 单位 | 规格型号 | 技术参数 | 厂家或品牌 | 承包商报价 | 核定价格 | 备注 |
|---|---|---|---|---|---|---|---|---|
|  |  |  |  |  |  |  |  |  |
|  |  |  |  |  |  |  |  |  |
|  |  |  |  |  |  |  |  |  |
| 承包商（盖章）<br>负责人：<br>经办人： | 监理公司（盖章）<br>负责人：<br>经办人： | 造价公司（盖章）<br>负责人：<br>经办人： | 项管公司（盖章）<br>负责人：<br>经办人： | 业主单位（盖章）<br>负责人：<br>经办人： |  |  |  |  |

注：① 本表所列材料／设备为招标文件中规定的暂定价材料／设备或新增材料／设备；
　　② 各单位参加上述材料／设备认质核价工作，签字、盖章确认；
　　③ 此价格为结算价，已包括材料原价、采购保管费、运输费、采管损耗、上下车费等所有费用；
　　④ 本表一式五份，施工单位、工监理公司、造价公司、项管公司、业主五家单位各执一份，具有同样效力。

⑨ 为保证项目顺利实施，紧急情况下，价格管理委员会可立即召开会议，核定 30 万元以下材料／

设备价格，直接发出材料／设备价格核定单（表7-33），但必须说明理由。

⑩承包商对核定的材料／设备价格有异议的，由造价咨询公司代表核价委员会解释。

2）竞争性比选程序（图7-8）

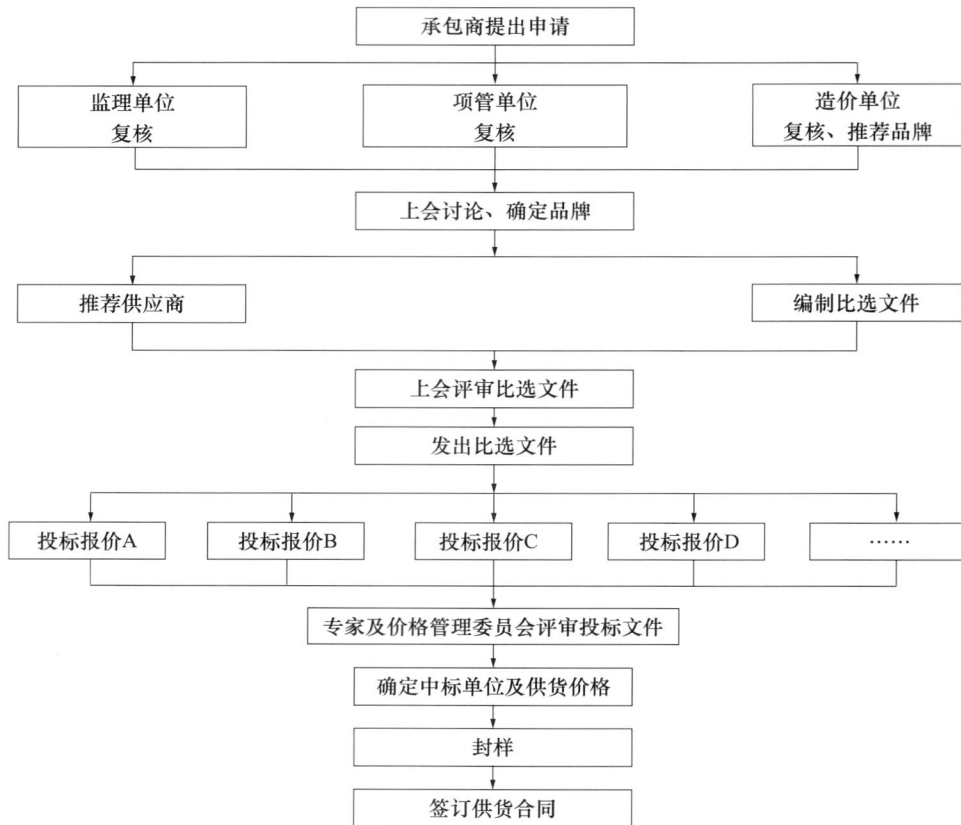

图7-8 材料／设备竞争性比选流程

①承包商进场后10日内根据招标文件约定的暂定价材料／设备种类、数量和设计文件要求，填写材料／设备价格确认申请（表7-29），一式四份签字盖章后递交给项目管理公司，新增加的材料／设备提前60日提交材料／设备价格确认申请（表7-29）。

②项目管理公司收到材料／设备价格确认申请（表7-29）后，在24小时内发给监理、造价单位，监理、造价单位在72小时内复核承包商所报材料／设备是否属于招标文件约定的核价范围，其技术标准及规格型号是否符合设计文件要求，如施工图中明确要求需经设计人认可的材料／设备，还需要设计院进行确认。监理单位填写材料／设备技术标准审核表（表7-30）后递交项目管理公司；造价单位还需根据项目实际情况提供3～5个同等档次的品牌和价格区间供业主选择，并填写材料／设备品牌推荐表（表7-31）后，递交项目管理公司。

③项目管理公司收到材料／设备技术标准审核表（表7-30）和材料／设备品牌推荐表（表7-31）后，在48小时内组织价格管理委员会成员上会讨论，从设计图纸、规范、功能需求和质量等角度，对材料／设备的档次、等级、品牌和质量进行综合分析，确定本项目选用的具体品牌和采购方式。

④造价咨询公司组织编写比选文件，比选文件中材料／设备的技术标准部分由总包单位编写，造价咨询公司汇总后送项目管理公司、业主代表初审；比选文件在48小时内完成编制工作，在24小时内完成初审工作。

⑤由业主或业主授权的单位推荐3家以上供应商，参加竞争性比选，推荐工作在确定品牌后5日内完成。

⑥比选文件初审工作、供应商推荐工作完成后，项目管理公司在48小时内组织价格管理委员会

成员上会评审比选文件，形成正式版本，如有修改由造价咨询公司在 24 小时内完成。如供应数量特别大，为满足施工需要，可在比选文件中载明选择 2 ～ 3 家中标单位，但供货价格执行中标候选人中最低的投标报价。

⑦ 造价咨询公司组织比选工作，比选文件审定后 24 小时内发出，比选文件应由业主、承包商盖章。

⑧ 各供应商编制投标文件，在比选文件规定的时间递交投标文件。

⑨ 造价咨询公司组织专家和价格管理委员会成员评审投标文件，确定中标单位及材料 / 设备价格，投标文件评审工作在 24 小时内完成，并确定中标单位和供货价格。

⑩ 中标单位报送两份同样的样品，分别由项管、监理单位封样保存。

⑪ 中标单位确定后，造价咨询公司在 24 小时内按比选文件拟订供货合同。

⑫ 承包商与中标单位在 72 小时内签订供货合同。

⑬ 供货商对比选活动有异议的，由造价咨询公司代表价格审核委员会解释。

3）公开招标程序（图 7-9）

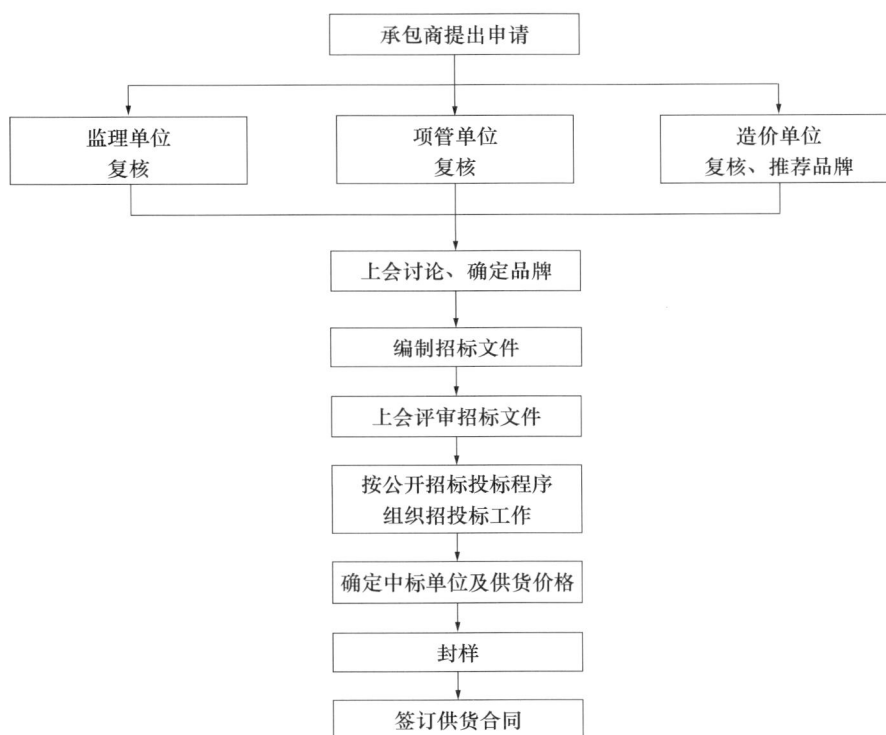

图 7-9　材料 / 设备公开招标流程

① 承包商进场后 10 日内根据招标文件约定的暂定价材料 / 设备种类、数量和设计文件要求，填写材料 / 设备价格确认申请（表 7-29），一式四份签字盖章后递交给项目管理公司，新增加的材料 / 设备提前 60 日提交材料 / 设备价格确认申请（表 7-29）。

② 项目管理公司收到材料 / 设备价格确认申请（表 7-29）后，在 24 小时内发给监理、造价单位，监理、造价单位在 72 小时内复核施工单位所报材料 / 设备是否属于招标文件约定的核价范围，其技术标准及规格型号是否符合设计文件要求，如施工图中明确要求需经设计人认可的材料 / 设备，还需要设计院进行确认。监理单位填写材料 / 设备技术标准审核表（表 7-30）后递交项目管理公司；造价单位还需根据项目实际情况提供 3 ～ 5 个同等档次的品牌和价格区间供业主选择，并填写材料 / 设备品牌推荐表（表 7-31）后，递交项目管理公司。

③ 项目管理公司收到材料 / 设备技术标准审核表（表 7-30）和材料 / 设备品牌推荐表（表 7-31）后，在 48 小时内组织价格管理委员会成员上会讨论，从设计图纸、规范、功能需求和质量等角度，对

材料／设备的档次、等级、品牌和质量进行综合分析，确定本项目选用的具体品牌和采购方式。

④ 招标代理公司组织编写招标文件，招标文件中材料／设备的技术标准部分由招标代理公司编写，合同文件部分由造价咨询公司编写，招标代理公司汇总后送项目管理机构、业主代表初审；招标文件在 5 天内完成编制工作，在 48 小时内完成初审工作。

⑤ 招标文件初审工作完成后，项目管理公司在 48 小时内组织价格管理委员会成员上会评审招标文件，形成正式版本，如有修改由招标代理公司在 24 小时内完成。如供应数量特别大，为满足施工需要，可在招标文件中载明选择 2 ～ 3 家中标单位，但供货价格执行中标候选人中最低的投标报价。

⑥ 招标代理公司按照公开招标投标程序组织招标投标工作，确定中标单位和供货价格。

⑦ 中标单位报送两份同样的样品，分别由项管、监理单位封样保存。

⑧ 中标单位确定后，造价咨询公司在 24 小时内按招标文件拟订供货合同，并配合业主、承包商在 72 小时内签订供货合同。

⑨ 供货商对招投标工作有异议的，由招标代理公司负责解释。

（5）争议处理

① 承包商对核价委员会核定的价格不接受，业主有权推荐材料／设备供货商，并签订商三方供货合同（业主、施工单位、材料／设备供货），由业主直接支付货款给材料／设备供应商，施工单位负责采购。

② 各造价咨询单位对同一种类的材料／设备出具的咨询意见不同时，按各单位价格的算术平均值确定材料／设备的核定价格。

**6. 月度考评制度**

（1）每月 25 日，项目总监组织业主现场代表、承包商项目经理、技术负责人、安全员、专业监理工程师对总、分包单位进行月度考评。

（2）月度考评的内容包括现场实体质量、安全及资料的收集整理情况等内容；

（3）对存在的问题下发整改通知，对于月度考评的内容汇总，提出下月的工作目标和重点。

**7. 质量缺陷处理制度（表 7-34）**

质量缺陷处理方式
表 7-34

| 序号 | 内容 | 要　　求 |
|---|---|---|
| 1 | 质量缺陷处理制度的基本要求 | （1）质量缺陷处理制度应由项目技术负责人组织编制；<br>（2）项目开工前编制完成，并组织监理、承包商进行交底，并留下记录 |
| 2 | 质量缺陷分类 | 分为一般质量缺陷和严重质量缺陷 |
| 3 | 一般质量缺陷 | （1）要求承包商在开工前编制一般质量缺陷专项方案，报监理和项目管理部审批；<br>（2）一般质量缺陷专项方案中应包含质量缺陷的控制方法、措施及一般质量缺陷的处理措施等内容；质量缺陷的处理不应降低质量标准和验收标准；<br>（3）一般质量缺陷发生时，监理工程师应下发监理通知，应督促承包商按审批的质量缺陷专项方案中的处理方法进行修补；<br>（4）对于下道工序无影响的一般质量缺陷可由承包商适时处理；<br>（5）监理应对质量缺陷处理过程进行跟踪，对处理结果进行验收 |
| 4 | 严重质量缺陷 | （1）对于严重质量缺陷发生时，应要求承包商立即提交质量问题报告，说明发生严重质量缺陷的部位、严重程度，拟采取的紧急措施；<br>（2）项目监理应下发监理通知，并组织对承包商对严重质量缺陷的原因进行调查，评估质量问题的严重程度；<br>（3）承包商根据调查结果编制严重质量缺陷整改专项方案，该方案须得到设计院等相关单位的认可；<br>（4）现场监理根据整改方案对承包商的处理过程进行旁站监督。承包商处理完成后应书面告知监理。总监理工程师应组织项管、施工、设计等单位进行重新验收；<br>（5）对严重质量缺陷应要求承包商立即进行处理。对于故意拖延或处理不当的严重质量缺陷部位，监理应立即下发工程暂停令 |

**8. 健康、安全、环境现场管理制度**

健康、安全、环境（以下简称 HSE）管理主要是指现场咨询人员自身的 HSE 的管理，适用于项目管理、监理、造价咨询人员。

（1）准备工作（表 7-35）

准备工作事项表

表 7-35

| 序号 | 内容 | 要　求 |
|---|---|---|
| 1 | 组建 HSE 架构 | （1）项目经理（一体化项目）、总监理工程师（单独的监理）为本项目的 HSE 负责人；<br>（2）对于大型的一体化项目宜安排专人负责 HSE 工作 |
| 2 | 收集 HSE 文件、规章、制度 | （1）由项目 HSE 负责人组织该工作；<br>（2）收集公司 HSE 的程序文件、管理文件、模板文件；收集国家关于 HSE 的法律、法规及文件 |
| 3 | 进行本项目 HSE 的风险及因素分析 | （1）由项目 HSE 负责人组织该工作；<br>（2）依据施工图纸、项目环境（办公、作业）、工程特点，依据公司 HSE 提供的风险及因数分析的作业指导书；<br>（3）按施工阶段划分列出各阶段的项目 HSE 的风险及因数分析的清单及措施 |
| 4 | 编制大项目计划（HSSE PLan） | （1）由项目 HSE 负责人组织编制，报公司技术部审批；<br>（2）根据公司提供计划模板，结合项目实际情况编制，须有针对性、具体性；<br>（3）大项目计划审批完成后应组织对项目所有成员进行交底，并保留记录 |

（2）实施过程的工作要点（表 7-36）

工作要点表

表 7-36

| 序号 | 名称 | 要　求 |
|---|---|---|
| 1 | 项目员工个人 HSE 要求 | （1）新入司员工在上岗前必须参加由公司组织的新员工安全培训；<br>（2）项目所有员工必须熟悉公司的基本安全规定手册；<br>（3）项目所有员工必须掌握公司的事故申报流程和时限；<br>（4）项目部所有员工每两年进行一次健康体检；<br>（5）项目部所有员工进入工作区域时必须穿戴好个人防护用品（PPE）；<br>（6）项目部每个员工应完善个人紧急联络人的信息资料，每年更新并报公司人力资源备案 |
| 2 | 个人防护用品（PPE） | （1）安全帽、安全鞋、反光背心为每个员工的基本 PPE 配备。项目 HSE 负责人可以根据工程的特点，申请购买其他的 PPE 装备。<br>（2）项目部应建立本项目的 PPE 的发放记录台账；<br>（3）员工 PPE 发生损坏或过期时，可提出申请经项目 SHE 负责人同意后在公司行政部领取更换 |
| 3 | 安全培训 | （1）项目 HSE 负责人应定期组织项目全体员工进行安全培训，并保留培训记录；<br>（2）项目 HSE 负责人应及时组织项目全体员工参加公司组织的安全培训，并保留培训记录；<br>（3）项目 HSE 负责人每年应组织员工开展一次消防应急疏散演练和应急救援演练，并保留培训记录 |
| 4 | 安全检查 | （1）项目 HSE 负责人应定期组织项目安全检查；<br>（2）安全检查的内容包括 PPE 穿戴情况、办公室安全、宿舍安全、项目车辆安全等，并保留检查记录 |
| 5 | 项目班前会（STBT） | （1）项目 HSE 负责人应每周组织开展 STBT 会议，并保留会议记录；<br>（2）STBT 会议的内容可以为项目安全提醒、项目安全培训等；<br>（3）STBT 会议可以与项目内部会议并行召开 |
| 6 | 险肇事故 | 项目所有员工应关注险肇事故，对发生的险肇事故应及时记录，并上传公司技术部 |

（3）承包商建立的安全制度体系（表 3-37）

**安全制度体系**　　　　　　　　　　　　　　　　　　　　　　　　　　表 7-37

| 序号 | 制度名称 | 编制要点 | 编制人 | 签发人 |
|---|---|---|---|---|
| 1 | 安全生产责任制度 | 明确工作内容，确定工作目标及考核办法 | 安全总监 | 项目经理 |
| 2 | 安全教育培训制度（包括例会制度） | 编制培训计划，明确责任人 | 安全总监 | 项目经理 |
| 3 | 安全生产检查制度 | 明确检查人及整改落实人 | 安全总监 | 项目经理 |
| 4 | 安全专项方案管理制度 | 安全保证措施到位，责任人明确 | 安全总监 | 项目经理 |
| 5 | 分包安全管理制度 | 企业资质、管理流程及进出场控制 | 安全总监 | 项目经理 |
| 6 | 安全技术交底和危险因素告知制度 | 交底流程、交底人、告知形式及内容 | 安全总监 | 项目经理 |
| 7 | 特种作业持证上岗制度 | 报审流程及培训取证 | 安全总监 | 项目经理 |
| 8 | 机械设备管理制度 | 进出场流程、过程控制 | 安全总监 | 项目经理 |
| 9 | 安全设备、设施验收制度 | 验收流程、验收人及验收部位、关键点 | 安全总监 | 项目经理 |
| 10 | 班组安全活动制度 | 执行班组活动管理规范 | 安全总监 | 项目经理 |
| 11 | 现场文明施工管理制度 | 符合自治区文明施工管理规范及项目实际 | 安全总监 | 项目经理 |
| 12 | 劳保用品管理制度 | 劳动防护用品佩戴标准及发放形式 | 安全总监 | 项目经理 |
| 13 | 现场防火安全管理制度 | 动火作业流程、审批、责任人，应急物资 | 安全总监 | 项目经理 |
| 14 | 安全生产奖惩制度 | 奖惩措施、考核及奖惩如何落实 | 安全总监 | 项目经理 |

（4）环境管理制度（表 7-38）

**环境管理制度**　　　　　　　　　　　　　　　　　　　　　　　　　　表 7-38

| 序号 | 制度名称 | 主要内容 |
|---|---|---|
| 1 | 消防管理制度 | 为切实加强生活区、办公区、施工现场消防管理，防止各类火灾事故发生而特制订的制度 |
| 2 | 动火审批制度 | 主要针对现场动用明火而进行，要求先审批，后动火 |
| 3 | 易燃易爆品存放制度 | 加强易燃易爆物品管理，防止发生火灾事故而制定的管理制度 |
| 4 | 环境卫生管理制度 | 针对施工现场、分区域，落实责任人，将文明施工与日常考核结合起来，充分调动全员管理的积极性 |
| 5 | 现场有毒有害废弃物管理制度 | 对现场有毒有害废弃物进行及时收集，保管，并处理出现场 |
| 6 | 现场用电、用水管理制度 | 加强现场临电、临水的管理，严格计量管理，禁止不必要的浪费 |
| 7 | 施工机械设备管理制度 | 加强宣传学习，合理组织，提高机械设备的完好利用率 |
| 8 | 现场安全生产、文明施工奖罚细则 | 强制推行标准化，使文明贯穿于施工全过程，整个可能涉及的区域，责任到人，定期考核，随时检查，从而促进整体的管理 |

### 9. 工艺样板带路制度

各道工序或各分部分项工程施工前，必须制作样板，样板各工序及各节点构造通过业主、设计、监理和承包商验收合格后，方可大面积展开施工。施工过程中，各分部分项工程的施工工艺、质量控制重点和质量标准，严格按照样板展示的标准落实，强化工序质量。

（1）样板分为：

① 工法样板；

② 施工样板。

（2）样板管理咨询机构流程：

① 承包商根据现场管理（监理）分部交底要求，样板实施前 14 天，提交《样板实施计划表》《样板实施方案》，计划应操作可行，施工方案应要求明确、标准清晰；

② 现场管理（监理）分部收到《样板实施计划表》、《施工样板实施方案》后 7 日内完成审核，同时编制好施工样板监理细则后一并提交总监理工程师审核；

③ 样板实施过程中，业主、咨询机构全程进行质量及进度控制，监督样板工程施工是否符合已审核通过的《样板计划表》《施工样板实施方案》。

④ 样板完成后，承包商自检合格后，报送现场管理（监理）分部复检。现场管理（监理）分部组织业主、设计单位、承包商等点评，各方签认《样板验收确认表》。

⑤ 附表：样板验收确认表（表 7-39）。

**样板验收确认表** 表 7-39

| 样板名称 | | | |
|---|---|---|---|
| 承包商 | | 施工时间 | |
| 施工部位 | | | |
| 样板情况汇报 | 承包商项目负责人：　　　　（签章）<br>日期： | | |
| 监理单位意见 | 总监理工程师：　　　　（签章）<br>日期： | | |
| 设计单位意见 | 设计师：<br>日期： | | |
| 工程部意见 | 工程部负责人：<br>日期： | | |
| 设计部意见 | 设计部负责人：<br>日期： | | |
| 预算部意见 | 预算部负责人：<br>日期： | | |
| 分管副总意见 | 分管副总：<br>日期： | | |

### 10. 成品保护制度（表 7-40）

**成品保护制度**　　　　　　　　　　　　　　　　　　　　　　　　　　　　表 7-40

| 序号 | 名称 | 制 度 内 容 |
|---|---|---|
| 1 | 施工进度计划统筹安排与现场协调制度 | （1）本制度将从进度计划编审到计划调整，以及计划完成的考核，特别是交叉作业时的协调等方面进行规范。<br>（2）深入了解工程施工工序并在需要时根据实际情况进行调整，事先制定好成品保护措施，避免或减少后续工序造成前一工序成品的损伤和污染。一旦发生成品的损伤或污染，要及时采取有效措施处理，保证进度和质量 |
| 2 | 工序交接检制度 | （1）本制度将使各分包的交叉作业或流水施工做到先交接后施工，使前后工序的质量和成品保护责任界定清楚，便于成品损害时的责任追究。<br>（2）分包在某区域完成任务后，须向总包书面提出作业面移交申请，批准后办理作业面移交手续 |
| 3 | 成品保护责任制度 | 施工过程中应坚持"谁施工、谁保护""保护自己的成品、不破坏他人的成品""谁破坏、谁赔偿""谁施工，谁维修"的原则 |
| 4 | 成品和设备保护巡查制度 | （1）每天对各类成品进行检查，发现有异常情况立即进行处理，不能及时处理的马上上报，研究制订切实可行的弥补措施。<br>（2）每周定期进行安全、质量、文明施工等检查时，也要把成品保护方面的情况同时一并纳入 |
| 5 | 损坏登记制度 | （1）成品造成损坏，成品保护责任单位应立即到总包进行登记。<br>（2）分包需提供责任人，总包确认后，由分包自行协商解决或由总包取证裁决，责任方须无条件接受。<br>（3）未提供责任人的，责任自负 |
| 6 | 成品和设备损害追查、补偿、处罚制度 | 对任何成品或者设备损害事件，总包将予以调查处置，由失误造成的损害照价补偿，对故意破坏将加重处罚，甚至移交当地政府司法部门追究肇事者的责任 |
| 7 | 成品和设备保护举报与奖罚制度 | 项目现场将设置举报电话和举报箱，对于署名举报者能够及时真实举报的，一经查实将给予一定的经济奖励 |
| 8 | 进入楼层或房间施工、检查、视察的许可制度 | （1）当施工形象进度达到一定程度时，各楼层和主要房间将对进入该区的人员实行进入准许制度，以杜绝人为的产品损害事件发生。<br>（2）防止无关人员进入成品保护区，凡需进入保护区域者，需经成品保护小组同意，否则不得放行 |
| 9 | 主要设备物资进场的验收或代管交接制度 | 总包将对业主或其他指定分包以及自身采购的设备、物资实行进场验收和代管手续办理制度 |
| 10 | 成品保护培训教育制度 | （1）总包将对全部进场的施工人员或视察人员进行相关培训教育工作。<br>（2）定期对管理和操作人员进行成品半成品保护教育。增强员工成品保护意识，自觉保护成品 |
| 11 | 其他制度 | 总包在工程进行到后期时及时委托有资质、能力的保安公司和物业管理公司协助总包进行产品保护、物资看护和设备试运行方面的管理工作 |

### 11. 信息化制度（表 7-41）

**信息化制度**　　　　　　　　　　　　　　　　　　　　　　　　　　　　表 7-41

| 序号 | 功能模块 | 运用软件 |
|---|---|---|
| 1 | 进度控制 | 双代号时标网络计划为主，横道图为辅的施工进度管理。<br>（1）按照关键路径法，计算作业起止时间。<br>（2）可使用多种作业日历，时间单位可为小时、天、周、月。<br>（3）不同的作业类型，作业上可设置停工和复工日期。<br>（4）可中断的和可连续的进度计算。<br>（5）定期标注施工阶段的进度线、前锋线。<br>（6）设置工期预警系统，对影响工程工期的因素，提前进行预处理。<br>（7）不断调整作业的时间，使整个工程施工过程处于受控状态 |

| 序号 | 功能模块 | 运用软件 |
|---|---|---|
| 2 | 质量控制 | 运用各种办公软件制定质量管理计划，定期、定项的工程质量检查记录来控制质量目标 |
| 3 | 安全控制 | 运用绘图软件 SGJS、安全管理系统软件对脚手架、模板工程加固进行验算，并做好各种安全检查记录 |
| 4 | 资源和费用管理控制 | 双代号时标网络计划为主，横道图为辅的施工进度管理，<br>（1）可以实现作业栏位中可显示劳动力、周转材料、主要材料等多个资源。<br>（2）资源也可有日历，工程资源和费用的种类无限。<br>（3）设置资源的层次结构，非线性资源用量可用户定义，带平滑的向前和向后平衡都行。<br>（4）资源可驱控作业的工期。<br>（5）费用差值和进度差值计算。<br>（6）跟踪预算、本期实际费用、累计实际费用、完成百分比、赢得值、尚需费用、完成时费用。<br>（7）自动计算费用规则功能，用户可定义计算规则 |
| 5 | 资料报表控制 | 运用工程技术资料管理软件，各种办公软件如 Word 文本、Microsoft Office/Excel、Microsoft Office Power Point 等制作相应报表。<br>（1）可以实现施工管理多个预先定义好的报表、矩阵报表和图形感，可自定义页眉和页脚。<br>（2）完成可自定义显示和输出 Wed 向导，用于 Internet/Intranet 的发布报表和图形。<br>（3）无限显示视图。<br>（4）可按任意作业分类码和资源组合来组织工程轮廓图。<br>（5）作业可汇总，分组，与目标比较。<br>（6）按作业分类码显示不同的颜色和花纹。<br>（7）资源／费用直线图，表格和曲线。<br>（8）多层次的排序和选择（过滤器）。<br>（9）打印时可指定页面及自动调整大小 |
| 6 | 楼层平面管理 | 建立建筑信息模型，将各楼层房间内的进度、质量、安全等情况链接至 navisworks 模型，应用百度云盘进行同步，以房间为单位监控施工现场管理 |

### 7.6.6　工程量清单与合同交底

由项目咨询机构总造价师进行交底。

#### 1. 已签合同须完善事宜交底表（表 7-42）

合同交底事项表　　　　　　　　　　　　　表 7-42

| 序号 | 页码、条款号 | 原表述 | 存在的不足 | 应对措施 | 备注 |
|---|---|---|---|---|---|
| 1 | 专用条款 1.13 工程量清单错误的修正-5 | 因不平衡报价，当其清单综合单价明显过分低于合理的价格时，处理办法如下：<br>承包人承包范围内的清单工程量与实际结算工程量相比，当清单工程量大于等于实际工程量时，结算时按实际工程量，单价按承包人中标清单综合单价结算；当清单工程量小于实际工程量时，结算时按实际工程量，单价按 2013 年清单计价规范重新组价 | 表述不清晰 | 签订补充协议修正：<br>……当清单工程量小于实际工程量时，清单工程量部分按投标报价结算、超过清单工程量部分，单价按 2013 年清单计价规范重新组价结算，具体按结算办法执行 | |
| 2 | 3.5.1 禁止分包的工程 | 基础工程、主体结构工程、砌体及二次结构工程、楼地面工程、屋面工程、外墙工程等合同约定由承包人实施的工作内容 | 表述不清晰 | 签订补充协议补充<br>禁止分包的工程包括基础工程、主体结构工程、砌体及二次结构工程、楼地面工程，屋面工程、外墙工程等，合同约定由承包人实施的工作内容禁止转包 | |

续表

| 序号 | 页码、条款号 | 原表述 | 存在的不足 | 应对措施 | 备注 |
|---|---|---|---|---|---|
| 3 | 3.3.5 | 承包人擅自更换主要施工管理人员的违约责任：如承包人擅自更换项目技术负责人、施工负责人、安全负责人、质量负责人，每发生一人次，承包人向发包人支付违约金人民币 50000 元整。该违约金在当月进度款支付时，一并扣除。在结算时，纳入税前工程结算造价中 | 与 3.3.2 重复 | 签订补充协议删除 | |
| 4 | 14.2 竣工结算审核 | 竣工结算审核办法或原则-5、合同风险明示-1 施工降水费用：承包人已在投标报价时，考虑在相关清单单价或总价中，不论有清单报价有无明示，发包人均不再另行支付 | 与工程量清单矛盾 | 工程量按实结算，单价结算管理办法执行 | |

## 2. 清单交底汇总表（案例）（表 7-43）

清单交底汇总表 表 7-43

| 序号 | 清单项 | 存在问题描述 | 问题归类 | 应对措施 | 备注 |
|---|---|---|---|---|---|
| 1 | 余方弃置 | 清单特征描述中，运距暂按 1km，结算时据实调整 | E、项目特征描述不清晰 | 场内土方挖填平衡，减少余方场外弃置 | |
| 2 | 大型机械设备进出场及安拆 | 清单描述"1. 机械设备名称：综合 2. 机械设备规格型号：综合" | I、存在不平衡报价 | 清单单位为"项"，注意施工时是否满足现场要求 | |
| 3 | 砖基础 | 清单无项目特征描述值 | E、项目特征描述不清晰 | 此部分内容须完善包含的内容 | |
| …… | …… | …… | …… | …… | …… |
| …… | …… | …… | …… | …… | …… |
| …… | …… | …… | …… | …… | …… |
| 25 | 洗手盆 | 清单未描述相关产品规格、型号、参数 | I、存在不平衡报价 | 不平衡低价，根据合同相关条款，修正 | |
| 26 | 坐便器 | 清单未描述相关产品规格、型号、参数 | I、存在不平衡报价 | 不平衡低价，根据合同相关条款，修正 | |
| 27 | 防水卷材 | 屋面防水卷材清单的工程量与屋面面积相同 | G、清单工程量明显错误 | 根据合同条款，判定是否需调价 | |

说明：可能存在的清单问题归类：

A、清单编码不符合规范；B、项目名称与图纸不符；C、清单单位错误；D、项目特征与图纸不符；E、项目特征描述不清晰；F、项目名称与项目特征矛盾；G、清单工程量明显错误；H、清单综合单价不合理；I、存在不平衡报价；J 存在清单掉项、漏项；K、存在不该计列的清单项及报价。

## 3. 专业工程暂估价控制目标交底表（案例）（表 7-44）

专业工程暂估价控制表 表 7-44

| 序号 | 专业工程名称 | 单位 | 暂估价 | 概算控制目标 | 专业承包人确定方式 | 备注 |
|---|---|---|---|---|---|---|
| 1 | 亮马圈、看台楼看台座椅 | 万元 | 234.53 | 350 | A、公开招标 | |
| 2 | 亮马场地 9 厚丁苯橡胶类（预制面层） | 万元 | 68.39 | 100 | A、公开招标 | |
| 3 | 比赛日马通道活动、平台阻马栏杆 | 万元 | 23.89 | 30 | D、竞比价 | |

| 序号 | 专业工程名称 | 单位 | 暂估价 | 概算控制目标 | 专业承包人确定方式 | 备注 |
|---|---|---|---|---|---|---|
| 4 | 饮水槽、食料槽 | 万元 | 2.1 | 10 | D、竞比价 | |
| 5 | 道路画线、交通标识标牌、室内导视牌、外墙 LOGO 等 | 万元 | 130 | 150 | A、公开招标 | |
| 6 | 高压电缆接入及高低压变配电设备、柴油发电机采购及安装 | 万元 | 6000 | 6218 | A、公开招标 | |
| 7 | 搏击馆、射箭馆、演艺大厅、看台楼 VIP 包箱及其他专用房间精装修 | 万元 | 3500 | 3604 | A、公开招标 | |
| 8 | 演艺大厅声学设计、舞台机械、灯光、亮马圈及跑马场灯光施工 | 万元 | 2800 | 2826 | A、公开招标 | |

说明：

（1）专业承包人确定应符合法律法规及地方管理规定；

（2）专业承包人确定方法：A、公开招标；B、邀请招标；C、直接委托；D、竞比价；E、抽取。

**4. 暂估价材料设备类别交底表（案例）（表 7-45）**

设备暂估价表　　　　　　　　　　　　　　　　　　表 7-45

| 序号 | 材料设备名称 | 单位 | 预估工程量 | 暂估单价 | 暂估总价（万元） | 核价方式 | 备注 |
|---|---|---|---|---|---|---|---|
| 1 | 配电箱（二次深化设计完） | 台 | 124 | 10000 | 124 | A、招标 | |
| 2 | 制冷机组配电（二次深化设计完） | 台 | 3 | 106900 | 32.07 | A、招标 | |
| 3 | 冷却水配电柜 | 台 | 3 | 41200 | 12.36 | A、招标 | |
| 4 | 可燃气体报警系统 | 系统 | 1 | 20000 | 2 | C、市场询价 | |
| 5 | 墙地砖（规格综合） | m² | 25811 | 120 | 309.73 | A、招标 | |

说明：

（1）核价方法应符合法律法规及地方管理规定；

（2）核价方式：A、招标；B、竞比价；C、市场询价。

**5. 甲供材料设备类别交底表（案例）（表 7-46）**

甲供材料／设备清单　　　　　　　　　　　　　　　　表 7-46

| 序号 | 材料设备名称 | 规格型号 | 单位 | 数量 | 单价 | 交货方式 | 交货地点 | 备注 |
|---|---|---|---|---|---|---|---|---|
| 1 | 装饰石材 | 综合 | 元／m² | 600 | 212.86 | 车运，现场交货 | 现场指定仓库 | 不含税 |
| 2 | 外墙面砖 | 综合 | 元／m² | 500 | 68.43 | 车运，现场交货 | 现场指定仓库 | 不含税 |
| …… | …… | …… | …… | …… | …… | …… | …… | …… |
| 17 | 直饮水设备 | 流量：3m/h；扬程：50m；功率：1.1kW（1用1备） | 元／套 | 2 | 32671.3 | 车运，现场交货 | 现场指定仓库 | 不含税 |
| 18 | 生活给水智联变频供水设备 | 流量：50m/h；扬程：85m；配用功率：15kW；辅助泵：流量：20m/h；扬程：85m；配用功率：7.5kW | 元／套 | 1 | 125537.13 | 车运，现场交货 | 现场指定仓库 | 不含税 |

说明：根据工程量清单计价规范规定，承包人投标时，甲供材料单价应计入相应项目的综合单价中，签约后，发包人应按合同约定扣除甲供材料款，不予支付。

## 6. 资金支付计划（表7-47，图7-10）

工程建设项目资金计划表（工程类）　　　　　　　　　　　　　　（单位：万元）

表7-47

| 序号 | 标段或项目名称 | 合同金额 | 2016年资金计划 | | | | | | | | | | 2017年度资金计划 | | | | | | | | | 后期 | | | | |
|---|---|---|---|---|---|---|---|---|---|---|---|---|---|---|---|---|---|---|---|---|---|---|---|---|---|---|
| | | | 3月及以前 | 4月 | 5月 | 6月 | 7月 | 8月 | 9月 | 10月 | 11月 | 12月 | 1月 | 2月 | 3月 | 4月 | 5月 | 6月 | 7月 | 8月 | 9月 | 一审完成后 | 国家审计完成后 | 竣工1年后 | 竣工2年后 | 竣工5年后 |
| | 合计 | 68886 | | | | | | | | | | | | | | | | | | | | | | | | |
| 一 | 建筑安装工程部分 | 66709 | 4859 | 1752 | 4785 | 6775 | 6011 | 7796 | 5345 | 3845 | 4361 | 2459 | 1303 | 1278 | 1436 | 1312 | 525 | 240 | 127 | 127 | 123 | 6126 | 3063 | 1129 | 1575 | 359 |
| （一） | 标段一：马厩及赛马跑道工程 | 7289 | 859 | 177 | 708 | 904 | 1789 | 1329 | 65 | | | | | | | | | | | | | 729 | 364 | 364 | | |
| （二） | 标段二：多功能主楼及看台楼及亮马圈工程 | 35871 | 3200 | 1575 | 2727 | 3601 | 2755 | 2900 | 3023 | 2813 | 3358 | 1427 | 270 | 244 | 270 | 262 | 270 | | | | | 3587 | 1794 | | 1435 | 359 |
| （三） | 标段三：室外综合管网，道路硬化，室外景观绿化（含景观照明；隔油池、生化池、垃圾收集点 | 10000 | | | | | | 3000 | 620 | 640 | 620 | 640 | 640 | 579 | 640 | 620 | | | | | | 1000 | | 500 | | |
| （四） | 标段四：道路划线、交通标识标牌、室内导视牌、外墙LOGO等 | 300 | | | | | | | | | | | | 90 | 93 | 57 | | | | | | 30 | 15 | 15 | | |
| （五） | 标段五：高压电缆接入及高低压变配电设备，柴油发电机采购及安装 | 4500 | | | 1350 | 1350 | 1350 | 450 | | | | | | | | | | | | | | | | | | |

续表

| 序号 | 标段或项目名称 | 合同金额 | 3月及以前 | 4月 | 5月 | 6月 | 7月 | 8月 | 9月 | 10月 | 11月 | 12月 | 1月 | 2月 | 3月 | 4月 | 5月 | 6月 | 7月 | 8月 | 9月 | 一年完成后 | 国家审计完成后 | 竣工1年后 | 竣工2年后 | 竣工5年后 |
|---|---|---|---|---|---|---|---|---|---|---|---|---|---|---|---|---|---|---|---|---|---|---|---|---|---|---|
| （六） | 标段六：搏击馆、射箭馆、演艺大厅、看台包箱及VIP包箱及其他专用房间精装修 | 3000 | | | | | | | 900 | 127 | 123 | 127 | 127 | 115 | 127 | 123 | 127 | 123 | 127 | 127 | 123 | 300 | 150 | 150 | | |
| （七） | 标段七：多功能主楼大堂及总包未含的公共区域精装修 | 2000 | | | | | | | 600 | 148 | 143 | 148 | 148 | 133 | 148 | 133 | | | | | | 200 | 100 | 100 | | |
| （八） | 标段八：演艺大厅声学设计、灯光、机械、亮马圈及跑马场灯光施工 | 1000 | | | | 300 | 42 | 42 | 42 | 42 | 42 | 42 | 42 | 42 | 42 | 42 | 42 | 42 | | | | 100 | 50 | | 50 | |
| （九） | 标段九：智能化系统 | 1800 | | | | 540 | 75 | 75 | 75 | 75 | 75 | 75 | 75 | 75 | 75 | 75 | 75 | 75 | | | | 180 | 90 | | 90 | |
| （九） | 标段十：燃气接入 | 100 | | | | 80 | | | 20 | | | | | | | | | | | | | | | | | |
| （十） | 标段十一：正式给水接入 | 50 | | | | | | | | | | | | | 40 | | 10 | | | | | | | | | |
| （十一） | 前剪平场、围墙、施工用水、指挥部修建 | 350 | 350 | | | | | | | | | | | | | | | | | | | | | | | |

| 序号 | 标段或项目名称 | 合同金额 | 2016 年资金计划 | | | | | | | | | | 2017 年度资金计划 | | | | | | | | | | | 后期 | | |
|---|---|---|---|---|---|---|---|---|---|---|---|---|---|---|---|---|---|---|---|---|---|---|---|---|---|---|
| | | | 3月及以前 | 4月 | 5月 | 6月 | 7月 | 8月 | 9月 | 10月 | 11月 | 12月 | 1月 | 2月 | 3月 | 4月 | 5月 | 6月 | 7月 | 8月 | 9月 | 一审完成后 | 国家审计完成后 | 1年后 | 竣工2年后 | 竣工5年后 |
| （十二） | 施工用电、场地内电缆移除 | 450 | 450 | | | | | | | | | | | | | | | | | | | | | | 0 |
| 二 | 设备采购部分 | 2177 | 0 | 33 | 461 | 565 | 147 | 491 | 78 | 0 | | 136 | 60 | 0 | 0 | 100 | 0 | 30 | 0 | 0 | 0 | 0 | 0 | 10 | 66 | 0 |
| | 电梯（直梯、扶梯）采购及安装 | 747 | 0 | 33 | 167 | 0 | 0 | 366 | 40 | 0 | | 136 | 0 | 0 | 0 | 0 | 0 | 0 | 0 | 0 | 0 | 0 | 0 | 0 | 4 | 0 |
| （一） | 电梯采购部分 | 666 | | 33.3165 | 166.5825 | | | 366.4815 | | | | 100 | | | | | | | | | | | | | | |
| | 电梯安装部分 | 80 | | | | | | | 40 | | | 36 | | | | | | | | | | | | | 4 | |
| （二） | 厨房设备采购及安装 | 200 | | | | | | | | | | | 60 | | | 100 | | 30 | | | | | | 10 | | |
| （三） | 空调设备（冷水机组、空调机组、风机盘管、冷却塔、冷动示踪设备、全自集水／分水器、气体定压补水装置和循环水泵）采购（甲供设备） | 980 | | | 294 | 490 | 147 | | | | | | | | | | | | | | | | | | 49 | |
| （四） | 锅炉的采购与安装 | 250 | | | | 75 | | 125 | 38 | | | | | | | | | | | | | | | | 13 | |

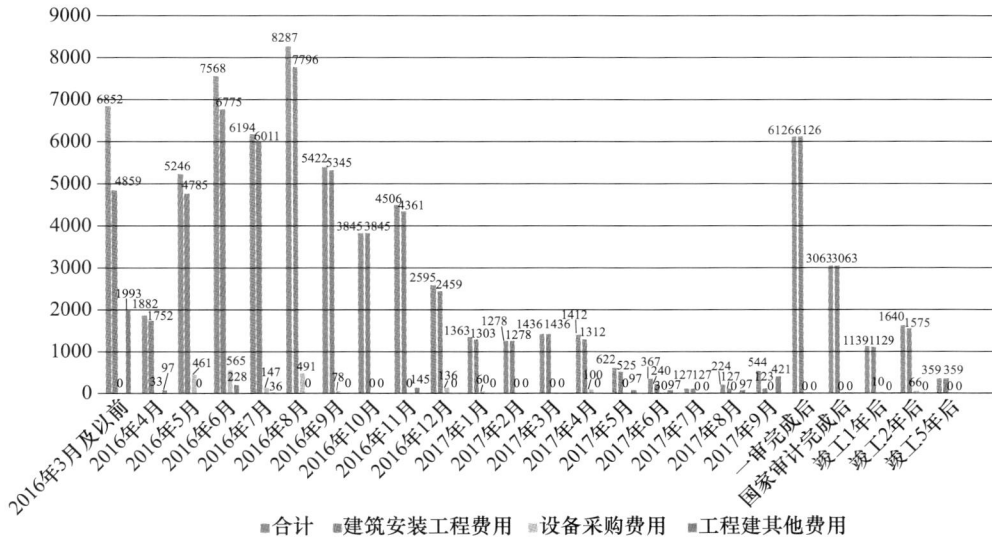

图 7-10　内蒙古跑马场工程项目资金计划表

### 7.6.7　业主授权与第一次工地例会

**1. 业主委托授权事项一览表（表 7-48）**

业主委托授权事项一览表

表 7-48

| | 序号 | 合同条款及重大事项 | 业主职责及义务内容 | 授权委托 | 有条件授权委托 |
|---|---|---|---|---|---|
| 现场管理 | 1 | 工程内容、工程承包范围 | （1）清理项目涉及的所有工作内容。<br>（2）根据国家规定、项目实际、工作内容，建立施工合同体系。<br>（3）根据合同体系，划分招标标段。<br>（4）明确各合同、各标段的工作内容和承包范围。<br>（5）划分合同之间、标段之间的界限、界面、界点。<br>（6）明确该合同的内容和范围。<br>（7）合同体系、内容范围、界限界面界点是指导设计工作、造价工作、招标工作、进度工作等的基础与前提 | | √ |
| | 2 | 工期（进度） | （1）总工期要求。<br>（2）节点工期要求。<br>（3）工期延误的违约处理 | | √ |
| | 3 | 质量标准 | （1）常见的质量标准。<br>（2）业主特别的质量要求。<br>（3）涉及成本费用处理。<br>（4）特别质量要求是否与违约挂钩及处理办法 | | √ |
| | 4 | 签约合同价 | （1）签约合同价应是中标价。<br>（2）签约合同价、合同价的区别。<br>（3）签约合同价，包含的如安全文明施工费、专业工程暂估价、材料设备暂估价、暂列金额 | √ | |
| | 5 | 合同形式 | （1）施工合同有总价合同、单价合同、成本加酬金合同。<br>（2）各合同形式适用前期条件。<br>（3）根据实际，明确项目合同所采用的合同形式。<br>（4）各种合同形式所包含的风险范围 | | √ |

| | 序号 | 合同条款及重大事项 | 业主职责及义务内容 | 授权委托 | 有条件授权委托 |
|---|---|---|---|---|---|
| | 6 | 施工条件提供 | （1）提供施工条件，是发包人的合同义务。<br>（2）施工条件包括内容：<br>施工场地提供、施工用电提供、施工用水提供、施工图纸提供、施工许可办理、工程资金保障、其他施工条件具备。<br>（3）以上施工条件提供过程中，建设方原因导致可能的索赔。<br>（4）索赔包括示范文本中明确的索赔、未明确的索赔、无法明确临时发生的可能导致的索赔。<br>（5）如何从合同角度有效规避可以导致的索赔风险。<br>（6）针对政府项目，在国家逐渐强化工程资金保障、农民工工资保障的条件下，如何化解建设方面临的承包人垫资风险 | | √ |
| | 7 | 对承包人管理 | 主要是承包人履约的管理。<br>（1）主要管理内容：<br>① 项目团队管理；<br>② 进度（工期）管理；<br>③ 质量管理；<br>④ 安全文明施工管理；<br>⑤ 承包人分包管理；<br>⑥ 承包人承担的其他合同义务管理。<br>（2）管理措施：<br>① 提供履约担保；<br>② 设置合理的违约条款；<br>③ 加强合同条款执行。 | | √ |
| 现场管理 | 8 | 工程量清单错误 | （1）招标人应对其发布的工程量清单质量负责。<br>（2）现实情况中，各方面原因，工程量清单的质量保障存在一定的困难。<br>（3）就清单质量造成的不可预料后果，应通过合同条款予以解决与规避 | √ | |
| | 9 | 不平衡报价 | （1）不平衡报价是所有投标人的权利。<br>（2）没有相关法律法规取消发包人规避不平衡报价的权利。<br>（3）如何规避不平衡报价，也体现建设方的投资管理水平或工程管理水平。<br>（4）不平衡报价的原因，是投标人通过发包人提供的报价资料、工程实际、承包人自身经验，发现发包人在工程及投资管理中的漏洞而产生。<br>（5）拟制不平衡报价的措施，也就从规避自身投资管理的漏洞而设置，有：<br>① 加强设计质量管理，避免出现重大设计变更。<br>② 保证工程量清单的编制质量措施。<br>③ 加强施工组织措施的预测。<br>④ 通过合同措施规避不平衡报价，同时也通过合同条款，规定如出现不平衡报价的合同处理手段 | √ | |
| | 10 | 工程变更 | （1）工程变更是影响投资的重要因素。<br>（2）工程变更的审批程序。<br>（3）工程变更费用的计算原则及办法。<br>（4）工程变更费用的处理。<br>（5）对投资的动态影响 | | √ |
| | 11 | 进度款支付 | （1）进度款支付方式。<br>（2）进度款支付比例或额度。<br>（3）进度款支付周期。<br>（4）进度款报审程序规定。<br>（5）进度款支付累计比例或额度控制。<br>（6）进度款支付条件。<br>（7）延期支付违约处理 | | √ |

续表

| 　 | 序号 | 合同条款及重大事项 | 业主职责及义务内容 | 授权委托 | 有条件授权委托 |
|---|---|---|---|---|---|
| 现场管理 | 12 | 市场价格波动导致的合同价格调整 | （1）是否调整。<br>（2）调整内容。<br>（3）调整方式或办法。<br>（4）调整的可执行性。<br>（5）避免争议 | 　 | √ |
| 　 | 13 | 工程结算约定 | （1）结算资料组成要求。<br>（2）结算资料质量要求。<br>（3）结算报送的时间要求。<br>（4）结算报送的形式要求。<br>（5）结算报送的误差要求。<br>（6）结算审核的配合要求。<br>（7）结算配合的授权要求。<br>（8）结算原则方法的明确。<br>（9）结算争议的处理措施。<br>（10）尽量减少结算争议 | 　 | √ |

**2. 第一次工地会议**

第一次工地会议由业主主持召开，由相关各方的现场人员参加，会议包括以下主要内容：

（1）业主、承包商和监理单位分别介绍各自驻现场的组织机构、人员及分工。

（2）业主根据委托监理合同宣布对总监理工程师的授权，明确赋予监理单位五个权力：

① 未经总监审查签署开工令的工程，不得开工；

② 未经监理签字的建材、构件和设备，不得在工程中使用；

③ 上道工序未经监理签字，不得进入下道工序；

④ 未经监理签字的工程款，项目法人不得支付；

⑤ 未经监理签字的工程，不得核定质量等级，不得竣工验收交付使用。

（3）业主介绍工程开工准备情况。

（4）承包商介绍施工准备情况。

（5）总监理工程师对承包商施工准备情况提出意见和要求。

① 要求业主提供的资料：

a. 项目前期文件：包括：项目建设批准文件，建设用地许可证、工程规划许可证、施工许可证；

b. 勘察设计文件：包括地勘报告、工程勘察审查意见书、施工图、施工图审查意见书及回复、施工图审查备案书；

c. 施工放线回单（放线办提供、业主转交）；

d. 施工合同文件：包括施工承包合同、分包合同（业主直接分包）材料、设备采购合同等；

e. 业主对监理的授权书。

以上内容要求业主在开工前向项目监理机构提供，必要时应以《监理工作联系单》的形式书面向业主提出。

② 要求承包商向监理报送的资料。

a. 承包商资质文件，各级管理人员的资质证件（包括项目经理、技术负责人、施工员、质检员、安全员、材料员、预算员、档案员等）、特殊工种人员上岗证件（电工、焊工、机操工、塔式起重机指挥工、测量工等）以上证件查验原件、保留复印件，必须加盖承包商公章；

b. 施工组织设计、技术方案及相应的报审表；

c. 施工测量资料及相应的报验申请表；

d. 工程开工／复工报告及相应的报审表；

e. 分包商资格报审表及分包商资质证件、人员资质证件等；

f. 工程材料／构配件／设备报审表及相应的质量证明试验报告单等。

③ 监理应向业主提供的资料。

a. 监理公司对总监理工程师的任命及监理组织机构组成文件；

b. 项目监理机构人员的资质证件复印件、加盖公章；

c. 总监、监理工程师、监理员的质量责任书和安全责任书；

d. 项目监理规划、经公司总工审批后，于第一次工地会议前报送业主。

（6）总监理工程师介绍本项目监理大纲（规划）的主要内容：

① 总监（总监代表）、专业监理工程师、监理员的职责与分工。

② 监理单位的权利。

根据建设工程委托监理合同约定监理单位有如下权利：

a. 选择工程总承包商的建议权；

b. 选择工程分包商的确认权与否决权；

c. 对工程建设有关事项（包括工程规模、设计标准、规划设计、生产工艺设计和使用功能要求）向业主的建议权；

d. 对工程设计中的技术问题，按照安全和优化的原则，自主向设计单位提出建议；

e. 施工组织设计和施工技术方案的审批权；

f. 工程建设有关的协作单位的组织协调主持权；

g. 报经业主同意后发布开工令、停工令、复工令；

h. 工程上使用的材料和施工质量检验权；

i. 工程施工进度的检查、监督权，实际竣工日期的签认权；

j. 工程款支付的审核和签认权，以及工程结算的复核确认权与否决权。未经总监理工程师签字确认，业主不得支付工程款。

③ 监理工作方法及措施。

a. 审查施工组织设计和施工方案；

b. 控制工程进度；

c. 控制工程质量；

d. 审查设计变更和会签设计变更；

e. 监督检查施工安全防护措施；

f. 审查主要建筑材料、构配件和设备的定货并核定其性能；

g. 认定工程量和质量，签发（或会签）付款凭证；

h. 组织工程的分项、分部工程验收和单位工程初验收，参加业主组织的专项验收和工程竣工验收；

i. 整理工程有关文件及归档工作；

j. 组织工程质量事故的处理；

k. 行使质量监督权，下达开工、停工、复工指令。

④ 质量问题的处置权

为了保证工程质量，承包商应严格按设计图纸、质量验收规范及检验标准组织施工。如出现下列情况之一，总监理工程师将发出停工通知，停工损失由承包商承担。

a. 未经检查验收，即自行封闭、掩盖；

b. 擅自修改设计，不按图施工；

c. 材料、构配件质量不合格，或无质量证明；

d. 施工操作严重违反规范规定，经监理指出无明显改进；

e. 已发生质量事故，未经分析处理，继续施工；

f. 分包商资质未经报审，施工人员无上岗证；

g. 工程质量出现明显异常，原因不清，又无可靠改进措施，质量无法保证。

（7）应特别强调事项：

① 依法监理，实行项目总监负责制。

监理的依据是国家有关工程建设的法制、法规、规范标准，经建设行政主管部门批准的工程项目建设文件，业主委托监理合同及建设施工合同、设计文件。对工程建设实施专业化的监督管理，目的是提高工程建设的投资效益和社会效益。项目实行总监理工程师负责制，总监受监理公司委派行使工程建设委托监理合同赋予监理公司的权利，履行合同规定的义务。

② 与建设工程合同有关的联系活动应通过监理单位进行。

根据《建设监理规范》GB 50319—2000 第 1.0.3 条和《建设工程委托监理合同》第十九条要求："建设单位与承包单位与建设工程合同有关的联系活动应通过监理单位进行"，这是为了明确建设工程合同双方的责任，保证监理单位独立、公正地做好监理工作，顺利完成工程建设任务，避免出现不必要的纠纷。业主和承包商务必遵守以上的规定和约定。

③ 监理指令的下达与回复

在工程建设活动中，项目监理机构对承包商下达的任何指令必须以书面形式下达，特殊情况下，监理工程师的现场口头指令，事后必须进行书面确认，否则将视为无效，监理工程师向承包商发出监理工程师通知单，承包商在按要求完成后，必须对《监理工程师通知回复单》A6 表向项目监理机构报送，监理工程师复查签署意见后返回承包商。

（8）研究确定各方在施工过程中参加工地例会的主要人员、召开工地例会的周期、时间地点及主要议题、会议制度等。

（9）第一次工地会议纪要由项目监理机构负责起草，并经与会各方代表会签，分发各参加单位。

# 7.7　进度管控

目前，业主往往过度压缩工期进行招标。其实，施工进度快慢主要取决于科学管理、精心组织、合理部署，减少停工、窝工才是加快工程进度有效的措施。

### 7.7.1　审核施工总进度计划

审核承包商的施工总进度计划时，不仅要审核总进度计划的编制依据，更应审核工艺工序的逻辑关系与先后顺序是否合理，还必须认真审核承包商投入的资源（劳动力，材料进场，机具设备等）计划。充分论证进度安排的合理性和可行性。切忌只看计划表、而不顾资源配置计划，要重点审核施工总进度计划中的关键线路是否正确。最有效的方法是对关键线路上的每一项工作的工程量进行计算校对，见本节案例。

### 7.7.2　各分部工程进度管控

**1. 审核承包商的分部工程计划**

（1）土建专业进度计划；

（2）结构专业进度计划；

（3）屋面工程进度计划；

（4）电气专业进度计划；

（5）给水排水专业进度计划；

（6）暖通专业进度计划；

（7）弱电专业进度计划；

（8）电梯工程进度计划；

（9）工程竣工验收工作计划。

**2. 根据分部工程的工程量（工程量清单）审核资源配置，按照人、机、料资源与劳动生产效率判断是否合理。**

**3. 分析分部工程切入时间需要的施工条件。**

**4. 分部工程审核要点**

（1）统计招标投标文件中的工程量；

（2）重点对关键线路上的工作，进行分析与审核，落实人、机、料的准备（表7-49）。

××分部工程 表 7-49

| 工种名称 | 工程量 | 人工工日数 | 效率 | 备注 |
|---|---|---|---|---|
|  |  |  |  |  |
|  |  |  |  |  |
|  |  |  |  |  |
|  |  |  |  |  |

（3）作管理工作进度计划（表7-50）

① 根据施工总进度中的本分部工程作详细的进度计划，细到子分部与分项工作或深入工序。

② 分标段与流水段。

××分部工程进度计划安排 表 7-50

| 序号 | 子分部（或系统） | 分项工程（子系统） | 主要工序 | 开工时间 | 完工时间 | 备注 |
|---|---|---|---|---|---|---|
| 1 | 子分部 | 第一栋或第一流水段 ×× 分项（子系统） |  |  |  |  |
|  |  | ×× 分项（子系统） |  |  |  |  |
|  |  | …… |  |  |  |  |
|  |  | ×× 分项（子系统） |  |  |  |  |
|  | …… |  |  |  |  |  |
|  | 第 m 流水段 |  |  |  |  |  |
| 2 | 子分部 |  |  |  |  |  |
| …… | …… |  |  |  |  |  |
| n | 子分部 |  |  |  |  |  |
|  | 系统 1 | 调试 |  |  |  |  |

| 序号 | 子分部（或系统） | 分项工程（子系统） | 主要工序 | 开工时间 | 完工时间 | 备注 |
|---|---|---|---|---|---|---|
| | 系统 2 | 调试 | | | | |
| | …… | 调试 | | | | |
| | | 验收 | | | | |

③ 定期检查进度实施情况（根据进度的紧迫性定检验的时间间隔），比较实际进度与计划进度的差异（用完成量表达），作出对比图。

④ 在关键线路上的工作滞后，提出整改措施，追踪整改情况。

### 7.7.3　各专业工程进度管控

**1. 要求总承包商对专业承包商的管理**

（1）总承包商须编制各专业工程管理纲要；

（2）业主平行发包的专业工程要委托总承包商协调管理，总承包商分包的专业工程由总承包商直接管理，并承担全部责任和义务；

（3）总承包商须为专业承包商提供施工条件，留足专业分包工程的施工时间和空间；

（4）专业承包商须按照总进度计划要求编制详细的进度计划。

（5）专业承包商须服从总承包商的（协调）管理。

**2. 审核各专业工程进度计划**

（1）幕墙工程进度计划；

（2）精装修工程进度计划；

（3）环境工程进度计划；

（4）其他专业工程进度计划。

### 7.7.4　审核子分部及重要工序进度

（1）大型设备安装工作计划；

（2）各子分部工作计划；

（3）重要工序工作计划；

（4）单机调试计划；

（5）系统联动试车计划。

### 7.7.5　进度控制

**1. 影响进度主要因素与处理措施（表 7-51）**

影响因素表　　　　　　　　　　表 7-51

| 序号 | 责任方 | | 影响因素 | 处理措施 | 备注 |
|---|---|---|---|---|---|
| 1 | 业主 | （1） | "三通一平"未完成，场地移交滞后，开工条件不具备 | 纳入管理工作计划，提前实施 | |
| | | （2） | 必备资料移交不齐 | 整改前期报批报建各类资料合同条款要求准时提供 | |
| | | （3） | 功能调整频繁 | 落实业主需求分析，提前深思熟虑 | |

| 序号 | 责任方 | | 影响因素 | 处理措施 | 备注 |
|------|--------|---|----------|----------|------|
| 1 | 业主 | （4） | ① 不按时履约；<br>② 不按时支付工程款 | 加强合同意识，提供平等合作意识 | |
| 2 | 设计单位 | （1） | 设计错、漏、碰、缺问题多 | 利用矩阵法组织各专业工程师会审 | |
| | | （2） | 节点不详，不能指导施工 | 利用叠加与固化图的方法在实施前处理 | |
| | | （3） | 设计变更滞后于施工 | 用设计合同条款约束设计单位 | |
| | | （4） | 专业设计之间界限不清 | 设计招标文件划清界限，用二次深化设计作补充 | |
| 3 | 承包商 | | 出现质量问题或安全隐患 | 样板带路，控制工艺工法正确，事前、事中控制，事后及时处理 | |
| 4 | 总包单位与专业分包 | （1） | 工程范围的界线划分不明确 | 重视招标文件质量，在招标文件约定清楚 | |
| | | （2） | 总包方提供专业工程单位的施工条件不够，时间与空间关系协调不当 | 承发包合同中约定条件，施工组织设计中合理部署 | |
| 5 | 专业工程承包商 | | 争时间、争空间、争场地，总包协调管理履责不够，合同约定疏漏 | 总包合同与专业工程合同中明确之间的关系 | |
| 6 | 大型设备进场 | | 因招标采购时间安排不当，设备不能按计划进场 | 把握时空关系，按计划开始招标，防止因流标而延误或因设备供应商供货延误 | |

**2. 进度管控措施**

（1）严格防止工期索赔，对可能影响工期的每一单设计变更，每一事项都要提前解决，尽量不影响关键线路上工作，避免和拒绝工期索赔，实时监控工期状况。

（2）关注合同工期的变化状况 $D_i = D_0 + \sum_{i=1}^{n} d_i$（$D_0$：合同约定工期，$d_i$ 为第 $i$ 项事影响工期的天数，$D_i$ 为发生 $i$ 次工期变化后的合同工期天数）。

（3）实时调整计划工期，关键线路变化而转移时，采取措施及时纠偏。

（4）严格按 PDCA 循环方法控制进度。

① 以周、旬、月阶段计划与专项计划为基础，对可能影响工期进行预控；

② 严格按计划实施，实时根据变化情况调整资源配备；

③ 按恰当的节奏与频率检查进度情况；

④ 分析原因及时按制度处理。

### 7.7.6 案例

**1. 要求承包商提交计划及资源配置**

（1）承包商提交施工总进度计划（图 7-11）

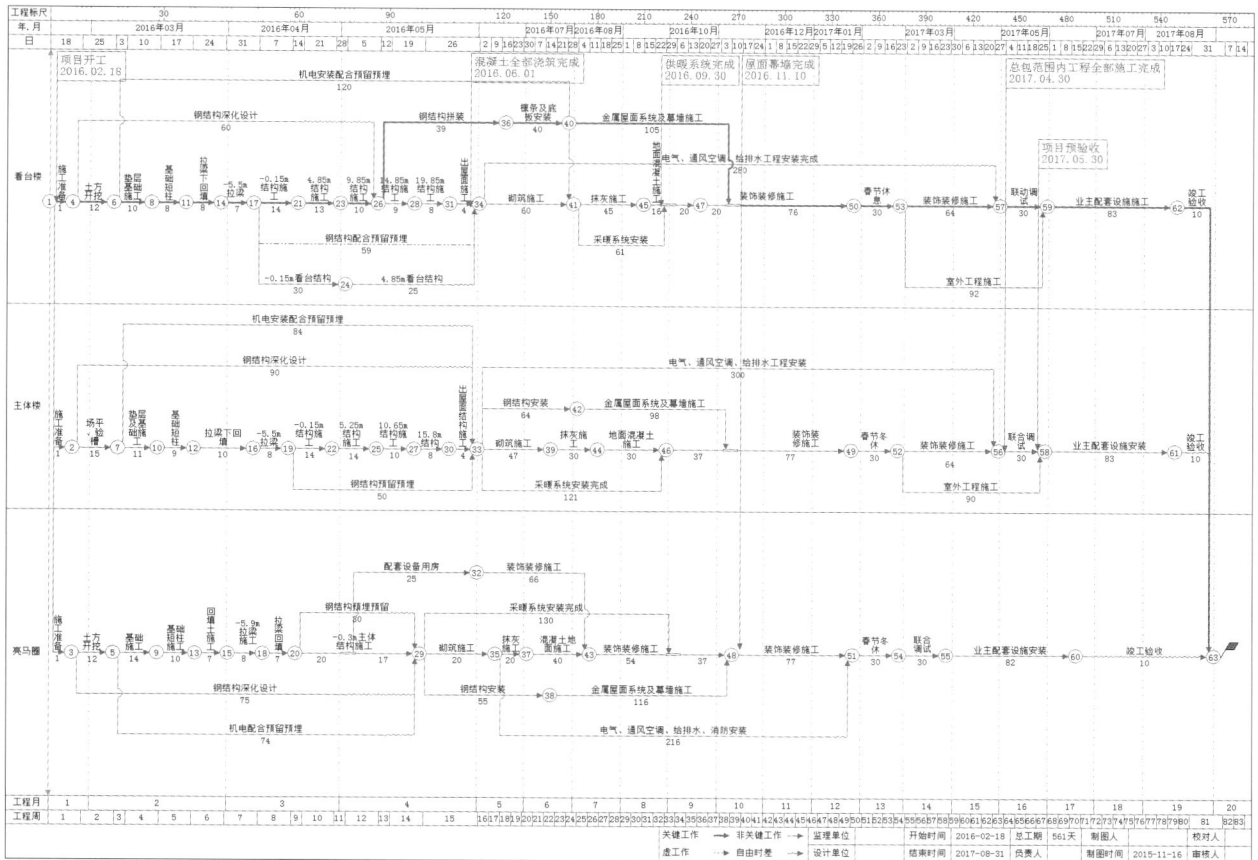

图 7-11　内蒙古少数民族群众文化体育运动中心一期工程项目进度计划网络图

（2）劳动力配置计划（图 7-12）

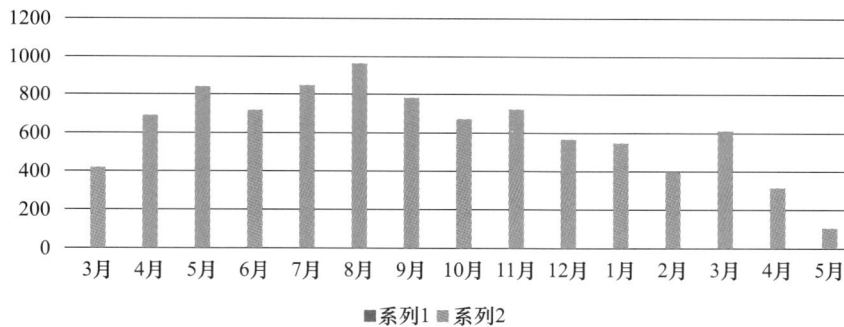

图 7-12　劳动力配置柱状图

（3）主要施工设备配置计划（表 7-52）

主要施工设备配置计划表　　　　　　　　　　　　　　表 7-52

| 序号 | 设备名称 | 型号规格 | 数量 | 额定功率 | 施工部位 |
|------|---------|---------|------|---------|---------|
| 1 | 塔式起重机 | TC7052 | 2 | 114 | 混凝土结构、钢结构 |
| 2 | 塔式起重机 | TC7030 | 2 | 86 | 混凝土结构、钢结构 |
| 3 | 塔式起重机 | TC6015 | 1 | 65 | 混凝土结构、钢结构 |
| 4 | 履带吊 | SCC1500 | 2 | 242 | 钢结构 |
| 5 | 履带吊 | SCC500 | 2 | 127 | 钢结构 |

| 序号 | 设备名称 | 型号规格 | 数量 | 额定功率 | 施工部位 |
|---|---|---|---|---|---|
| 6 | 50T 汽车吊 | QY50 | 2 | 247 | 钢结构 |
| 7 | 25T 汽车吊 | QY25 | 4 | 198 | 混凝土结构、钢结构 |
| 8 | 施工电梯 | SCD200 | 4 | 33 | 砌体装饰 |
| 9 | 挖掘机 | 小松 PC360-7 | 9 | 180 | 土方开挖及场平 |
| 10 | 推土机 | 120A | 2 | 120 | 场地平整 |
| 11 | 装载机 | LG952-55 | 4 | / | 土方工程 |
| 12 | 自卸车 | ZZ3312M2560 | 24 | / | 土方开挖回填 |
| 13 | 压路机 | LT-5TS | 3 | / | 土方回填 |
| 14 | 蛙式打夯机 | HW80 | 15 | 4 | 土方回填 |
| 15 | 混凝土罐车 | DFL5250GJBA | 15 | / | 混凝土结构 |
| 16 | 混凝土泵车 | ZLJ5415THB | 6 | / | 混凝土结构 |
| 17 | 振捣棒 | HZ-50 | 12 | 1.1 | 混凝土结构 |
| 18 | 振捣棒 | HZ-30 | 10 | 1.1 | 混凝土结构、构造柱 |
| 19 | 平板振动器 | ZW10 | 8 | 1.1 | 混凝土结构 |
| 20 | 圆盘锯 | MJ103A | 5 | 3 | 混凝土结构 |
| 21 | 木工平刨 | MB503B | 5 | 2.2 | 混凝土结构 |
| 22 | 木工压刨 | MB103 | 5 | 3 | 混凝土结构 |
| 23 | 钢筋切断机 | GQ40B | 5 | 2.2 | 混凝土结构 |
| 24 | 钢筋弯曲机 | GW40 | 5 | 3 | 混凝土结构 |
| 25 | 钢筋调直机 | LGT6/12 | 5 | 5.5 | 混凝土结构 |
| 26 | 滚轧直螺纹机 | HSG-40 | 5 | 3 | 混凝土结构 |
| 27 | 交流电焊机 | BX1-315-2 | 5 | 22.8 | 混凝土结构 |
| 28 | 污水泵 | 50WQ6 | 6 | 1.5 | 混凝土结构 |
| 29 | 平板车 | 30t | 2 | / | 钢结构 |
| 30 | 砂浆搅拌机 | JZM350 | 4 | 5.5 | 砌体及装修 |
| 31 | $CO_2$ 焊机 | NB-400 | 30 | 25 | 钢结构 |
| 32 | 直流电焊接 | ZX7-400 | 20 | 17 | 钢结构 |
| 33 | 压型扳机 | YX | 1 | 8.5 | 钢结构 |
| 34 | 碳刨机 | ZX5-630 | 2 | 25 | 钢结构 |
| 35 | 磨光机 | — | 12 | 2.2 | 钢结构 |
| 36 | 扭矩扳手 | — | 2 | 3 | 钢结构 |
| 37 | 空气压缩机 | XF200 | 2 | 7.5 | 钢结构 |
| 38 | 切割机 | JG-400 | 5 | 2.2 | 混凝土结构及装修 |
| 39 | 角磨机 | KG100 | 10 | 0.6 | 装修 |
| 40 | 砂轮切割机 | $\phi$500 | 5 | 1.75 | 机电 |
| 41 | 氩弧焊机 | WS-250IGBT | 4 | 20 | 机电 |
| 42 | 直流电焊机 | ZX7-400 | 8 | 22.8 | 机电 |
| 43 | 电锤 | ZIC-16 | 12 | 0.5 | 机电 |

| 序号 | 设备名称 | 型号规格 | 数量 | 额定功率 | 施工部位 |
|---|---|---|---|---|---|
| 44 | 冲击钻 | TE15 | 12 | 0.7 | 机电 |
| 45 | 联合咬口机 | LC-15 | 2 | 5 | 机电 |
| 46 | 角钢法兰铆接机 | MCY14 | 2 | 1.5 | 机电 |
| 47 | 液压铆接机 | YM-20 | 3 | 1.5 | 机电 |
| 48 | 电动套丝机 | CN-100B | 5 | 1.5 | 机电 |
| 49 | 液压弯管器 | DB4-1.5-2 | 6 | 1 | 机电 |
| 50 | 液压压线钳 | 10-185mm² | 20 | 1 | 机电 |
| 51 | 液压开孔器 | $\phi$15-80mm | 3 | 1 | 机电 |
| 52 | 电动试压泵 | 4D-SY/35 | 2 | 3 | 机电 |
| 53 | 电动卷扬机 | / | 8 | 1.5 | 屋面工程 |
| 54 | 吊篮 | / | 2.75 | 2.75 | 屋面工程 |
| 55 | 叉车 | / | 1 | 柴油动力 | 屋面工程 |
| 56 | 屋面板压型机 | / | 1 | 柴油动力 | 屋面工程 |
| 57 | 屋面板弯弧机 | / | 1 | 60 | 屋面工程 |
| 58 | 电动咬口机 | / | 4 | 0.35 | 屋面工程 |
| 59 | 移动登高车 | / | 2 | 燃料动力 | 屋面工程 |

### 2. 现场管理（监理）审核资源配备和进度计划

（1）重点审核关键线路上工作

计算关键线路上的工作量，见表 7-53。

根据人力、材料、机械作效率分析，判断配置资源能满足工程进度要求，予以通过审核。

（2）关键线路上工程量计算表（表 7-53）

工程量分析表　　　　表 7-53

| 序号 | 关键线路上工作名称/事项 | 总工作量 | 计划完成天数 | 平均完成的工作量（总工作量/日完成量） | 需要资源 人数(日完成总量/人·日完成量) | 需要资源 机具(台套) 挖掘机 | 装载机 | …… | 塔吊 | 提升机 | 吊车 | 料（主要） | 计划完成日期（年月日） |
|---|---|---|---|---|---|---|---|---|---|---|---|---|---|
| 1 | 施工准备 | | 1 | | | | | | | | | | 2016/2/18＋1 |
| 2 | 土方开挖 | 11499.38 m³ | 12 | 958.28 | 10 | 10 | 6 | …… | | | | | 2016/2/18＋13 |
| 3 | 垫层基础施工 | 1079.41 m³ | 10 | 107.94 | 24 | / | / | …… | 6 | 3 | / | 模板 商混 钢筋 | 2016/2/18＋23 |
| 4 | 基础短柱 | 1191.14 m³ | 8 | 148.89 | 24 | / | / | …… | 6 | 3 | / | 模板 商混 钢筋 | 2016/2/18＋31 |
| 5 | 拉梁下回填 | 8349.42 m³ | 8 | 1043.68 | 10 | 10 | 6 | …… | 6 | 3 | / | 模板 商混 钢筋 | 2016/2/18＋39 |
| 6 | −5.5m 拉梁 | 295.41 m³ | 7 | 42.20 | 24 | / | / | …… | 6 | 3 | / | 模板 商混 钢筋 | 2016/2/18＋46 |
| 7 | −0.15m 结构施工 | 3731.2 m³ | 14 | 266.51 | 24 | / | / | …… | 6 | 3 | / | 模板 商混 钢筋 | 2016/2/18＋60 |
| 8 | 4.85m 结构施工 | 3929.4 m³ | 13 | 302.26 | 24 | / | / | …… | 6 | 3 | / | 模板 商混 钢筋 | 2016/2/18＋73 |
| 9 | 9.85m 结构施工 | 3552.4 m³ | 10 | 355.24 | 24 | / | / | …… | 6 | 3 | / | 模板 商混 钢筋 | 2016/2/18＋83 |
| 10 | 钢结构拼装 | 782.23 T | 39 | 20.06 | 16 | / | / | …… | 6 | 3 | 12 | 型钢 防火涂料 | 2016/2/18＋122 |
| 11 | 檩条及底板安装 | 399.22 T | 40 | 9.98 | 16 | / | / | …… | 6 | 3 | 12 | 型钢 成品底座 | 2016/2/18＋162 |

| 序号 | 关键线路上工作名称/事项 | 总工作量 | 计划完成天数 | 平均完成的工作量（总工作量/日完成量） | 需要资源 | | | | | | | 计划完成日期（年月日） |
|---|---|---|---|---|---|---|---|---|---|---|---|---|
| | | | | | 人数（日完成总量/人·日完成量） | 机具（台套） | | | | | | |
| | | | | | | 挖掘机 | 装载机 | …… | 塔吊 | 提升机 | 吊车 | 料（主要） | |
| 12 | 金属屋面及幕墙 | 20121.8 m² | 105 | 191.64 | 48 | / | / | …… | 6 | 3 | 12 | 型材 钢材 玻璃 | 2016/2/18＋267 |
| 13 | 电气、通风空调、给水排水工程安装完成 | 24596 m² | 280 | 87.84 | 36 | | | …… | 6 | 3 | / | 管材 线缆 设备 | 2016/2/18＋267 |
| 14 | 装饰装修施工 | 13528 m² | 76 | 178.00 | 29 | | | …… | 6 | 3 | | 装饰材料 | 2016/2/18＋343 |
| 15 | 春节休假 | / | 30 | / | / | | | …… | | | | | 2016/2/18＋373 |
| 16 | 装饰装修施工 | 11068 m² | 64 | 172.94 | 29 | | | …… | 6 | 3 | | 装饰材料 | 2016/2/18＋437 |
| 17 | 联动调试 | 24596 m² | 30 | 819.87 | 6 | | | …… | / | / | / | | 2016/2/18＋467 |
| 18 | 业主配套设施施工 | 24596 m² | 83 | 296.34 | 68 | | | …… | 6 | | 8 | 配套材料 | 2016/2/18＋550 |
| 19 | 竣工验收 | / | 10 | / | / | | | …… | | | | | 2016/2/18＋560 |

本工程施工工期 560 天，2016 年 2 月开工，2017 年 8 月竣工。此项目已选定为国家举办内蒙古自治区成立 70 周年大会的主场馆，施工期间有 4 个月的严寒冬季。为了工程能连续正常施工，必须要在 2016 年 10 月底完成主体封闭，即屋面与外墙要基本完工。在有供暖的情况下，可以减少冬季的影响。本工程的进度计划制订了 7 月底完成主体结构、10 月底完成金属屋面及幕墙与暖通工程供暖的关键里程碑节点，此前应该完成钢结构制作、拼装与吊装，而钢结构生产厂家所在地在杭州。此期间，杭州正在作 G20 峰会的筹备，钢结构加工厂的生产任务严重超负荷。据此特殊情况，项目咨询机构派驻监理工程师驻厂家落实钢结构构件生产，保障按计划完成了里程碑节点工作，在 10 月底顺利实现了封闭并供暖，赢得冬季较为正常施工的机会，为了 18 个月全部完成施工打下了坚实基础。

# 7.8 质量安全管控

## 7.8.1 质量保证体系

（1）审查总承包商的项目组织架构设置，管理人员配置和其相对应的职责与分工落实情况。检查总承包商质量管理制度是否健全，检查总承包单位项目经理、生产、技术、质量等岗位管理人员的到位情况。

（2）对总承包商承担施工任务的施工队伍资质及人员的资格与条件的审查（包括营业执照、资质等级证书、专业许可证、岗位证书等），审查合格后方可上岗施工。对不合格的队伍和人员监理工程师有权依照有关规定要求总承包商予以撤换。

（3）审查从事特殊工序和工种、检验、试验的人员的持证上岗情况。

（4）审查分包商资质及人员情况。重点是对施工的组织者、管理者的素质与质量管理水平、对特殊工种和关键的施工工艺和新技术、新工艺、新材料等应用方面的操作者的素质和能力进行认真审查。

### 7.8.2 质量控制措施

#### 1. 技术措施

施工图的质量问题是影响质量的主要原因之一，在施工前要做好充分的技术准备，用足够的精力和时间认真读图、会审图纸，把问题解决在施工之前，避免返工，减少浪费。

（1）利用矩阵法找出专业工程施工图与总包施工图中存在的错、漏、碰、缺问题，进一步清理分部工程、子分部工程、重要分项工程中存在的问题。

（2）利用叠加法解决各专业之间的空间关系问题。

① 由总监牵头组织设计管理分部与造价管理分部对施工图与专业设计图进行内部会审，提出缺、漏、碰、缺问题，对二次深化设计提出要求。

② 要求总包单位组织专业分包单位进行二次深化设计。

③ 深化设计的主要内容（表 7-54）。

深化设计主要内容 表 7-54

| 序号 | 专业 | 深化设计主要内容 |
|---|---|---|
| 1 | 钢结构工程 | （1）根据钢结构施工图纸进行深化设计，配齐所需的施工图及相关技术要求文件，包括钢结构施工图，土建施工图。钢结构深化设计组通过深化设计，提交详细的深化设计方案及深化设计图纸，主要包括：设计依据、设计说明、总平面图、构件图、节点图、安装图、节点设计计算书等。<br>（2）进行与土建、幕墙、机电、装修等专业的设计配合服务工作。组织审核钢结构深化设计组的深化设计图纸，发现问题及时设计修改。经审核的深化设计图纸提交项目管理公司、监理及设计单位审批、解决，并按照审批意见协调相关人员进行修完善 |
| 2 | 幕墙深化设计 | 根据幕墙施工图纸进行深化设计，配齐所需的施工图及相关技术要求文件，包括幕墙施工图，土建施工图。幕墙深化设计组通过深化设计，提交详细的深化设计方案及深化设计图纸，主要包括：设计依据、设计说明、总平面图、构件图、节点图、安装图、节点设计计算书等 |
| 3 | 机电管线深化设计 | （1）总承包方是本项目机电总统筹及须绘制综合管线图及综合留孔图，向总承包方须主动与各机电制定分包单位协调和合作并向其要求所有必需的施工图纸和资料以便其进行综合机电管线图（包括 BIM 系统图）及综合土建要求图的制作。如在协调图纸期间发现问题，需即时反馈上报至项目管理公司进行修改并积极向项目管理公司提交可行解决方案以供参考。<br>（2）总承包方绘制的综合管线图及综合留孔图，除提供机电专业综合叠加施工图外，对于管线密集、施工难度较大的部位，需绘制节点剖面图，消除各自专业间的安装矛盾及净空要求的影响。若因总承包未予协调和合作而影响综合机电管线图及其相关的土建要求图的制作；再而影响各行业的施工进度及引致翻工，总承包方须负起所有责任 |
| 4 | 精装修工程深化设计 | 施工前会同土建、装饰、机电安装及其细分的各专业共同协调解决问题，提前做好各种深化图、效果图、细部结点图，做好代表性的样板进行验证 |
| 5 | 综合土建预留预埋设计 | 为了达到建筑工程创优的要求，尽量减少或杜绝二次剔凿，为工程创优打好基础。综合理解土建预留图的设计依据、机电各专业初步设计图纸、综合管线图，必须要优先服从于机电安装工程设计图中预留孔洞的位置，在土建结构施工中尽量调整其设计预留孔洞位置，以减少建筑结构设计调整工作量，但在设计中要充分考虑到土建施工中的实际位置、标高、尺寸的误差，要充分考虑设计的技术冗余，尽量减少或杜绝对混凝土结构的剔凿 |
| 6 | 设备基础图与电梯预留预埋 | 由于设备定货采购在施工图出图之后，设备生产厂家的安装图滞后，须二次设计 |

④ 二次深化设计所有内容均要总包设计单位与专业设计单位签字确认。

（3）固化图与叠加图（图 7-13）

如果施工设计图中存在表达模糊，节点表达不完整，空间关系不清楚情况，导致图纸不能达到现场直接施工的要求，影响施工进度和质量，产生不少的结算纠纷。通过相应专业的平面叠加和空间叠加方式找出问题，针对这些问题将图纸修改并固化，进而对设计蓝图进行优化与补充。

专业叠加：以设计变更和技术核定的方式将其合法化。

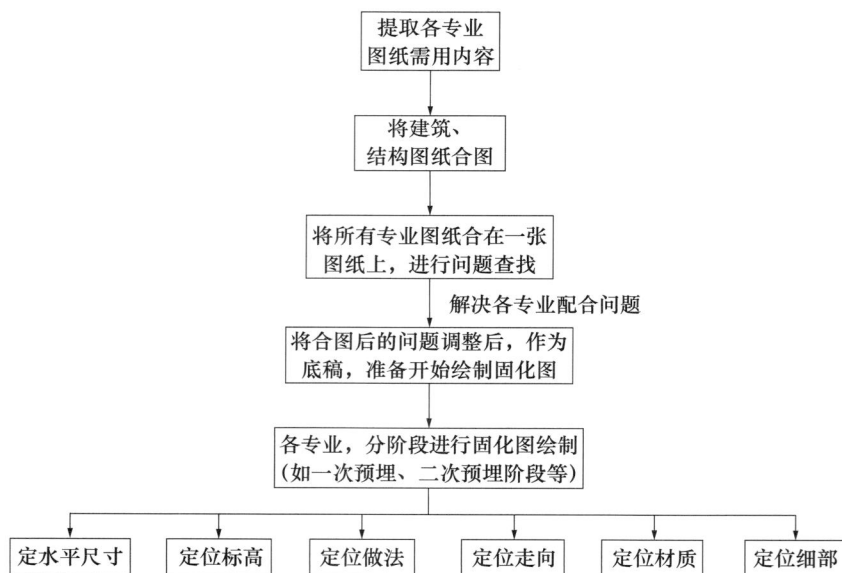

图 7-13　作业图、固化图的绘制步骤

固化图就是将设计图纸上表达模糊或不准确的地方准确定位并固化，是对施工图的补充和完善，进而对设计蓝图进行优化与补充，并以技术核定单的形式存在下来的一份施工资料。

做固化图的好处在于：

① 技术层面

a. 通过固化图可以解决设计遗留的大部分问题。

b. 通过固化图的梳理，让我们有针对性地解决部分技术上的要点难点。

c. 找出建筑与设计对安装施工的影响，在合理的情况下，安排设计院调整建筑与结构设计，增强了项目各专业的配合。

d. 通过户内安装图纸固化，为综合管网优化与后期的水电气设计提供了强有力的依据。

② 管理层面

a. 仔细完成的固化图可以将后期变更签证的产生次数控制在最低范围，提前锁定安装成本。

b. 监理单位与承包商一起讨论完成固化图，不仅统一了现场管理标准，也督促了监理与承包商仔细读图，并培养其读图技巧。

c. 各分包单位（空调、水电等）通过坐在一起多次讨论，加强了他们施工配合意识与成品保护意识，对后期施工工序上的管理相当有利。

d. 集中对图纸清理，减少了后期甲方工程师的工作量，提高了现场管理的工作效率。

③ 关键部位深化图

a. 固化图必须以设计最终版蓝图为基础，结合结构建筑节点大样以及建设方的要求梳理关键部位详图，根据国家规范标准及企业标准进行深化，最终须通过原设计单位确认。

b. 详细标注做法、尺寸等内容。

c. 固化图必须以技术核定单或设计变更的形式体现，让我们的工程合法化，采用"施工图＋变更结算方式"更为恰当。

④ 固化图类别

a.《管道走向定位合图》以建筑图为基础编制，主要确定走向定位。

b.《混凝土结构预留预埋固化图》主要反应混凝土结构内的套管及构件预留预埋，应绘制出精确的尺寸，以结构图为基础编制。

c.《电气预埋图》以建筑图为基础编制，以上两类图纸为基础编制，避免冲突。同时对各类电器设备预留位置进行优化梳理。

d.《防水结构固化图》以结构图为基础编制，将有混凝土自防水构造要求的部位及尺寸进行固化确认。

e.《砌体固化图》以建筑图为基础编制，将所有墙体的尺寸位置、门窗洞口大小、组砌方式等尺寸进行固化确认。

f.《砌体固化图（导墙及构造柱）》以建筑图为基础编制，将所有导墙、构造柱的位置、高度、尺寸进行固化确认。

绘制砌体固化图的 8 个步骤如表 7-55 所示。

固化图流程表 表 7-55

| 序号 | 步　　骤 |
| --- | --- |
| 1 | 明确基准图 |
| 2 | 明确材料和部位 |
| 3 | 明确导墙位置 |
| 4 | 梳理空调机位 |
| 5 | 明确安装管井做法 |
| 6 | 明确外墙线条影响 |
| 7 | 梳理特殊部位做法（院馆、假飘窗） |
| 8 | 图纸复核 |

⑤【案例 1】

看台楼标高 10m 公共走道处原设计剖面叠加图（图 7-14）

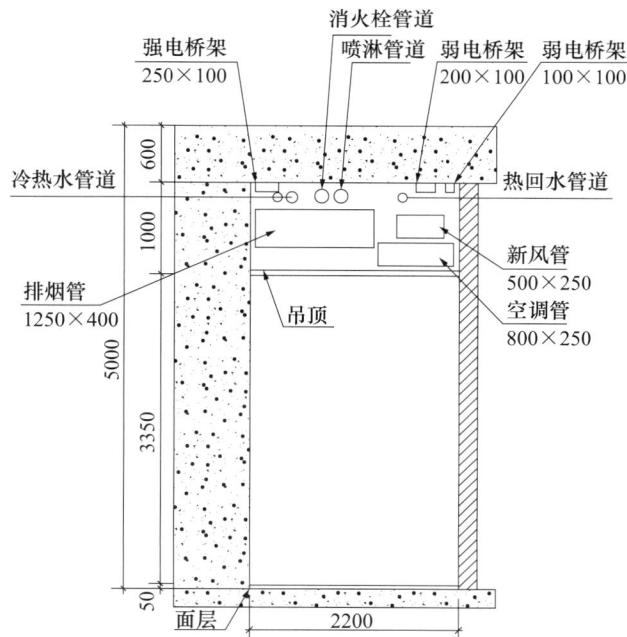

图 7-14　看台公区走道净高剖面（优化前）

优化后的作业图（图 7-15）

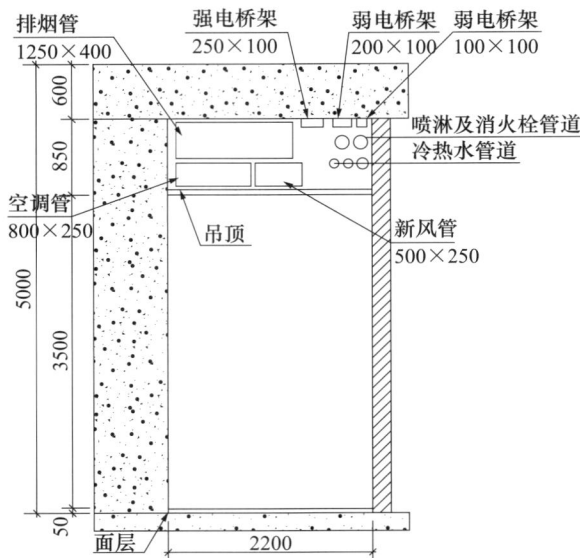

图 7-15 看台公区走道净高剖面（优化后）

综合体项目的公共走道净高控制是比较重要的控制节点，本工程走道上空的管线多样复杂，设计院并没有对管线进行综合排布，如果直接按图施工会导致管道交叉冲突，吊顶高度受限，净高较低，不能满足使用要求。现在对最不利点机电管线进行管线综合排布，最大限度利用空间，保证所有管线顺利连接并预留检修空间。最后结果显示在原设计图上可以提高 150mm 的净高，并且管线的支吊架综合设置节省成本。

⑥【案例2】

看台楼三、四层均为标准 VIP 包房，房间大小和层高、装饰效果均一致，包房数量较多，房间内的各种机电管线复杂，设计院也未做该部位的管线综合设计。为了明确各种机电管线的平面及竖向定位，避免交叉打架，同时根据装饰图完成机电深化设计，以利于机电工程的有序顺利实施，VIP 包房应进行机电及土建预留预埋固化图设计，具体如下：

原设计叠加图（图 7-16）

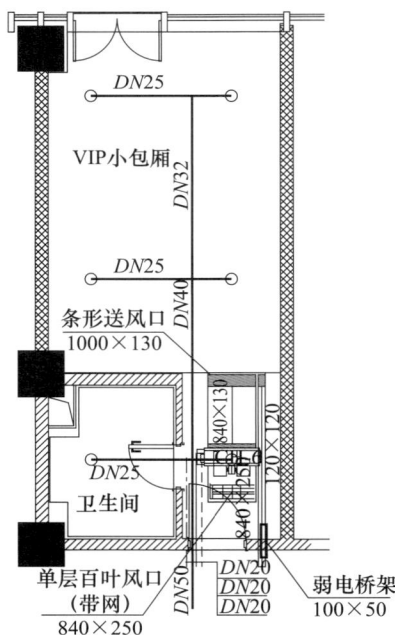

图 7-16 看台楼包房机电叠加图

优化后的机电作业图（图 7-17）

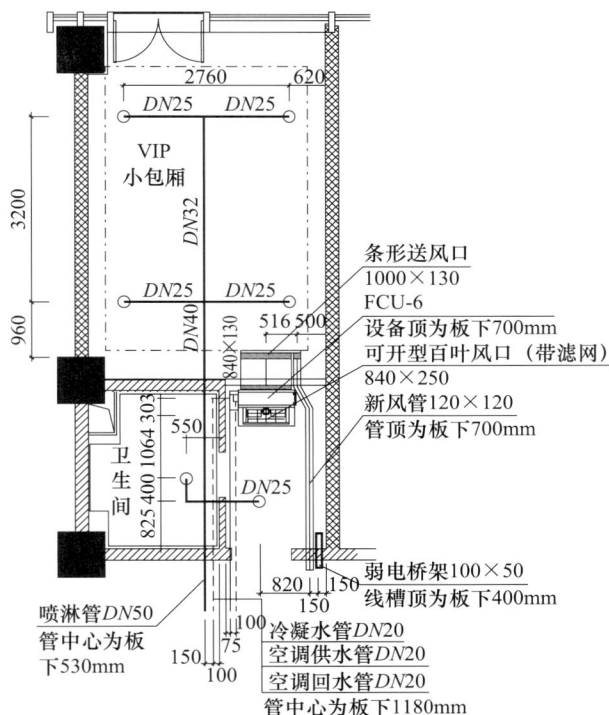

图 7-17　看台楼包房机电作业图

说明：图中所注标高均以包房内降板板底为基准。

优化结果：

VIP 包房内的空调设备、空调风管、空调水管、风口、喷淋管、喷头、弱电线槽等机电设备及管道，均根据建筑、结构、装饰设计合理定位，各种管道走向无交叉，管道标高满足装饰吊顶要求，各种预留孔洞及预埋套管标注清晰完整，为 VIP 包房土建和机电工程的有序施工和施工质量提供了有力保障。

⑦ 利用固化图解决节点不详，表达不明的图纸问题。

**【案例】多功能主楼地下一层虹吸雨水排出管道穿梁套管敷设固画图（图 7-18 ～图 7-19）**

图 7-18　原虹吸雨水管道穿梁套管埋设图

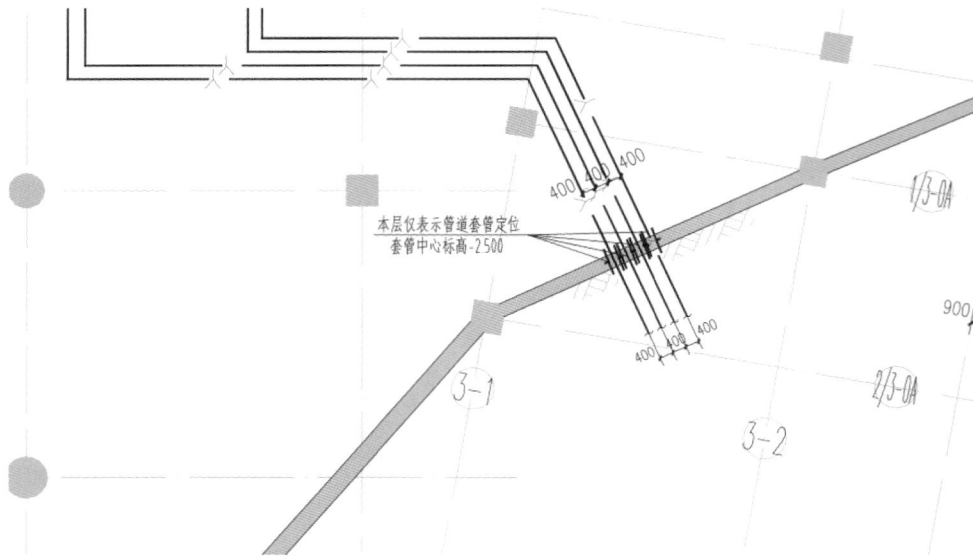

图 7-19　固化后虹吸雨水管道穿梁套管埋设图

固化前，原设计管道穿越结构挡土墙时并没有采用垂直穿越，这样在预留孔洞时会导致了结构内钢筋会被打断，对结构产生不良影响。固化后所有管道垂直穿越挡墙，套管预留就更加容易且不对挡墙结构本生造成影响。

（4）通过二次深化设计理清设计界面重叠与错位、缺位的问题（表7-56）。

二次深化设计责任分配　　　　　　　　　　表 7-56

| | 设计管理分部 | | 现场管理分部 | | 造价管理分部 | | 设计单位 | | 业主 |
|---|---|---|---|---|---|---|---|---|---|
| | 总咨询师 | 项目咨询总设计师 | 各专业设计师 | 总监 | 各专业监理工程师 | 总造价师 | 造价工程师 | 总包 | 专业设计单位 | |
| 各专业之间问题 | | F | C | S | C | | C | q | | P |
| 节点不详问题 | P | C | C | S | F | | C | q | q | |
| 二次深化设计 | S | F | C | S | C | | C | q | q | |
| 空间关系 | | | C | S | F | | C | q | | |
| 固化图 | P | | C | S | F | | C | q | | |
| 价格变动 | q | | | C | F | C | C | | | P |

注：P：批准；q：确认；S：审核；F：负责；C：参与。

**2. 组织措施**

要求承包商认真做好施工部署和施工组织设计。

（1）解决施工过程中的时间与空间关系，划分合理的施工区域与流水段。

**【案例】施工流水段划分及工艺流程**

根据本工程整体布局，施工划分为三个施工区域，看台楼为第一施工区，亮马圈为第二施工区，多功能主楼为第三施工区，配套设备用房在以上区段主体结构施工期间内完成。

① 主体混凝土结构阶段施工组织及流水

a. 主体混凝土结构阶段施工流水：本工程主体结构在三个施工区平行施工。

b. 主体混凝土结构阶段施工组织（表7-57）。

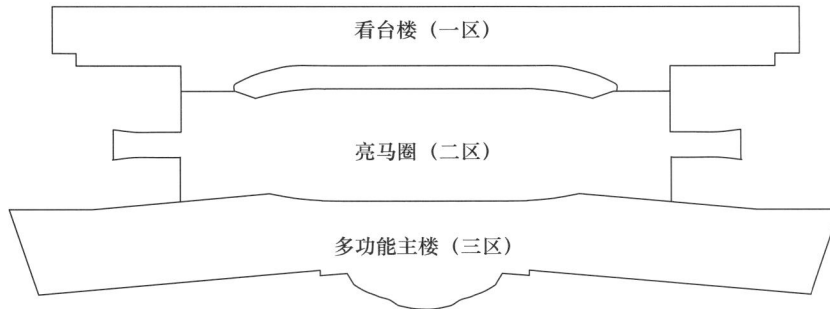

图 7-20　流水段划分

**主体混凝土结构阶段施工组织**　　　　表 7-57

| 序号 | 施工分区 | 建筑面积 | 主体混凝土结构阶段施工组织 |
|---|---|---|---|
| 1 | 看台楼（一区） | 约 2.46 万 m² | 劳动力投入见劳动力配置计划表，大型机械配置见大型机械配置表 |
| 2 | 亮马圈（二区） | 约 1.49 万 m² | 劳动力投入见劳动力配置计划表，大型机械配置见大型机械配置表 |
| 3 | 多功能主楼（三区） | 约 2.14 万 m² | 劳动力投入见劳动力配置计划表，大型机械配置见大型机械配置表 |

② 钢结构阶段施工组织及流水

a. 钢结构施工阶段施工流水（表 7-58）

**钢结构施工阶段施工流水**　　　　表 7-58

| 序号 | 施工分区 | 施工分段及流水 |
|---|---|---|
| 1 | 看台楼（一区） | 竖向施工采用分段吊装，横向流水为由两侧向中间吊装施工 |
| 2 | 亮马圈（二区） | 钢结构吊装采用地面拼装、分段、分块吊装，以中轴线为界向两侧同步吊装施工 |
| 3 | 多功能主楼（三区） | 支撑柱"整根吊装"；屋面罩棚"分段吊装"；网壳系统采用"地面拼装、分块吊装"。以中部网壳结构为界，分为三个施工段同步施工 |

b. 钢结构阶段施工组织（表 7-59）

**钢结构阶段施工组织**　　　　表 7-59

| 序号 | 施工分区 | 钢结构用量 | 钢结构阶段施工组织 |
|---|---|---|---|
| 1 | 看台楼（一区） | 约 900t | 劳动力投入见劳动力配置计划表，大型机械配置见大型机械配置表 |
| 2 | 亮马圈（二区） | 约 1900t | 劳动力投入见劳动力配置计划表，大型机械配置见大型机械配置表 |
| 3 | 多功能主楼（三区） | 约 2900t | 劳动力投入见劳动力配置计划表，大型机械配置见大型机械配置表 |

c. 机电安装工程

（a）机电安装工程施工阶段流水

本工程机电安装在三个施工区独立组织施工。机电施工顺序先主管后支管、小管让大管、有压让无压、先风管桥架水管后电管的原则组织施工。

（b）机电安装施工组织（表 7-60）

**机电安装施工组织**　　　　表 7-60

| 序号 | 施工分区 | 建筑面积 | 机电安装施工组织 |
|---|---|---|---|
| 1 | 看台楼（一区） | 24596m³ | 劳动力投入见劳动力配置计划表，大型机械配置见大型机械配置表 |
| 2 | 亮马圈（二区） | 14925.62m³ | 劳动力投入见劳动力配置计划表，大型机械配置见大型机械配置表 |
| 3 | 多功能主楼（三区） | 32679m³ | 劳动力投入见劳动力配置计划表，大型机械配置见大型机械配置表 |

（2）根据工艺流程按照逻辑关系认真做好各工序的施工计划，各工序的实施时间，避免停工、窝工、待料。与招标分部密切配合大型设备的技术要求、安装图提前提供，设备按计划准时入场。

（3）为保障按科学合理合理的施工计划创造条件。

① 配置人力资源，不得以延长工人劳动工作时间的方式加快进度。

② 机具设备数量与工程规模及进度要求相适应，做好保养、检查，保障机具设备能正常运转。

③ 材料要严格按时按量按合格标准进场。

### 7.8.3 工艺工法措施

#### 1. 样板带路

（1）工程样板计划

① 项目开工前，项目管理部技术负责人应组织项目工程师及总监理工程师，根据本项目的特点编制本工程的工程样板的计划。

② 工程样板计划的内容如表 7-61 所示。

工程样板计划表      表 7-61

| 序号 | 分部工程 | 子分部、工序及分项工程 | 样板点评内容 | 组织人 | 主要参与人 |
|---|---|---|---|---|---|
| 1 | 基础分部 | 桩、独立基础 | 工艺、质量 | A | B、C、D、F、G |
| 2 | | 钢筋、模板、混凝土 | 工艺、质量 | C | B、D、F、G |
| 3 | | 地下防水 | 工艺、质量 | C | B、D、F、G |
| 4 | 主体分部 | 钢筋、模板、混凝土 | 工艺、质量 | A | B、C、D、F、G |
| 5 | | 砌体 | 工艺、质量 | C | A、B、D、F、G |
| 6 | | 钢结构组装与拼装、结构焊接、结构吊装、防腐涂料、防火涂料 | 工艺、质量 | A | B、C、D、F、G |
| 7 | 建筑装饰装修 | 抹灰、地面、吊顶、饰面板、饰面砖、涂饰、软包、细部 | 工艺、质量 | C | A、B、D、F、G |
| 8 | | 门窗、幕墙 | 工艺、质量 | C | A、B、D、E、F、G、H |
| 9 | | 精装饰样板间、样板层、外立面样板段 | 材料、质量、观感、功能 | A | B、C、D、E、F、G、I |
| …… | …… | …… | …… | …… | …… |

注：A- 项目技术负责人；B- 项目工程师；C- 总监理工程师；D- 专业监理工程师；E- 设计；F- 施工技术负责人（分包技术负责人）；G- 施工员；H- 质监站；I- 项目业主。

（2）工程样板的实施要点

样板实施的范围

a. 涉及施工工艺、质量、功能、观感效果的分部工程、分项工程或工序必须实行样板；

b. 样板可以分为工法样板、实物样板。对于主体结构、安装工程可以采取工法样板与实物样板相结合的方式；对于其余的工程部分应采取实物样板的方式；

c. 同一项目不同总（分）包单位分别做样板；

d. 实物样板实施时可以按样板间、样板层、样板段进行划分。

（3）样板实施的时间

① 工法样板宜在项目开工前完成；

② 实物样板应在大面积施工前必须完成样板及样板点评。

（4）样板点评内容

① 检查施工工艺是否符合质量标准的要求，哪些需要改进；

② 检查施工质量是否满足验收规范的要求，哪些需要改进；

③ 检查施工成果是否与设计图纸或固化图纸相符；

④ 检查施工成果的功能、观感效果是否满足设计功能，满足业主的需求；

⑤ 校核设计图纸是否满足规范的标准。

（5）工程样板点评纪要

① 工程样板点评纪要应实行会签制度；

② 工程样板点评纪要中确定的工艺顺序、要求及标准可以作为后期大面积施的依据；

③ 工程样板点评纪要中所涉及材料变更、功能变更等内容只能作为变更洽商的前提，不能作为变更洽商的依据，应按要求完善设计变更及洽商的手续；

④ 工程样板点评纪要内容的应对样板点评内容逐一明确。

（6）样板实例（根据各种类型工程分别在现场设置）（图 7-21、表 7-62、表 7-63）

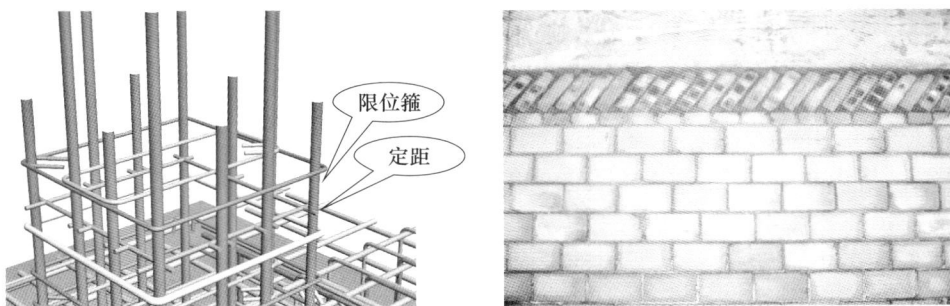

图 7-21  样板实例

**框架柱模板施工技术措施**　　　　　　　　　　　　　　　　　　表 7-62

| 序号 | 项目 | 内　容 |
|---|---|---|
| 1 | 柱宽 < 800mm 的柱 | 本工程框架柱模板均采用 15mm 厚多层板，沿模板短边设置 50×100 方木，木方与多层板之间用钉子钉牢，模板就位后用短钢管临时固定，柱子模板用柱箍加固。<br>对于柱宽小于 800mm 的柱模板加固采用双向"十"字形排列的对拉螺栓相结合的方法。如图所示：<br> |
| 2 | 柱宽 > 800mm 的柱 | 对于截面在 800～1200mm 的柱模，每边设置两道对拉螺栓从而确保模板的刚度。如图所示：<br> |

梁板模板设计方案 表 7-63

| 序号 | 项目 | 内　　容 |
|---|---|---|
| 1 | 梁模板 | 本工程梁模板采用 15 厚多层板拼制，50×100 木方做龙骨。梁支撑用扣件式钢管，侧模背次龙骨木方沿梁纵向布置，间距 @400，梁侧模采用对拉螺栓固定。梁模板示意图见下图<br><br>模板<br>50×100木方<br>对拉螺栓<br>50双钢管<br>U形支托<br>支撑立杆 |

## 2. 成品保护

（1）成品保护方案的编制

项目开工前由承包商编制专项施工方案，经项目监理部审批后实施。

（2）成品保护的审核、实施要点

① 对交叉作业的施工进度计划统筹安排与现场协调

深入了解工程施工工序并在需要时根据实际情况进行调整，事先制定好成品保护措施，避免或减少后续工序造成前一工序成品的损伤和污染。一旦发生成品的损伤或污染，要及时采取有效措施处理，保证进度和质量。

② 工序交接检制度

a. 各工序、分包的交叉作业或流水施工做到先交接后施工，使前后工序的质量和成品保护责任界定清楚，便于成品损害时的责任追究。

b. 在某区域完成任务后，须书面提出作业面移交申请，批准后办理作业面移交手续。

（3）成品保护责任制度

施工过程中应坚持"谁施工、谁保护""保护自己的成品、不破坏他人的成品""谁破坏、谁赔偿""谁施工，谁维修"的原则。

（4）成品和设备保护巡查制度

① 每天对各类成品进行检查，发现有异常情况立即进行处理，不能及时处理的马上上报，研究制订切实可行的弥补措施。

② 每周定期进行安全、质量、文明施工等检查时，也要把成品保护方面的情况同时一并纳入。

（5）成品和设备损害追查、补偿、处罚制度

对任何成品或者设备损害事件，总包将予以调查处置，由失误造成的损害照价补偿，对故意破坏将加重处罚，甚至移交当地政府司法部门追究肇事者的责任。

（6）成品和设备保护举报与奖罚制度

项目现场将设置举报电话和举报箱，对于署名举报者能够及时真实举报的，一经查实将给予一定的经济奖励。

（7）进入楼层或房间施工、检查、视察的许可制度

① 当施工形象进度达到一定程度时，各楼层和主要房间将对进入该区的人员实行进入准许制度，以杜绝人为的产品损害事件发生。

② 防止无关人员进入成品保护区，凡需进入保护区域者，需经成品保护小组同意，否则不得放行。

（8）主要设备物资进场的验收或代管交接制度

总包将对业主或其他指定分包，以及自身采购的设备、物资实行进场验收和代管手续办理制度。

（9）成品保护培训教育制度（表 7-64 ～表 7-65）

① 总包将对全部进场的施工人员或视察人员进行相关培训教育工作。

② 定期对管理和操作人员进行成品半成品保护教育。增强员工成品保护意识，自觉保护成品。

**成品保护方法**　　　　　　　　　　　　　　　　　　　　　　　　　表 7-64

| 序号 | 方法 | 内　　容 |
|---|---|---|
| 1 | 保护 | 提前保护，以防止成品可能发生的损伤和污染，如在玻璃幕墙铝框表面贴塑料薄膜、门口在推车易碰部位，在小推车车轴的高度钉防护条等 |
| 2 | 包裹 | （1）成品包裹：防止成品被损伤或污染。如柱子饰面贴好后，用立板包裹捆扎；楼梯扶手易污染变色，油漆前裹纸保护；门窗用塑料布扎；电气开关、插座、灯具等设备也要包裹，防止施工过程中被污染。<br>（2）采购物资的包装：防止物资在搬运、贮存至交付过程中受影响而导致质量下降。采购单位在订货时向供应商明确物资包装要求。包装及标志材料不能影响物资质量。对装箱包装的物资，保持物资在箱内相对稳定，有装箱单和相应的技术文件，包装外部必须有明显的产品标识及防护（如防雨、易碎、倾倒、放置方向等）标志 |
| 3 | 覆盖 | 对于楼地面成品主要采取覆盖措施，以防止成品损伤。如地砖地面用木板、加气板等覆盖，以防操作人员踩踏和物体磕碰；高级地面用苫布或棉毡覆盖。其他需要防晒、保温养护的项目，也要采取适当的措施覆盖 |
| 4 | 封闭 | （1）对楼梯地面工程，楼梯口暂时封闭，待达到上人强度并采取保护措施后再开放。<br>（2）室内墙面、天棚、地面等房间内的装饰工程完成后，应立即锁门以进行保护 |
| 5 | 巡逻看护 | 对已完产品实行全天候巡逻看护，并实行标色管理，规定进入各个施工区域的人员必须佩戴由总包商颁发的贴上不同颜色标记的胸卡，防止无关人员进入重点、危险区域和不法分子偷盗、破坏行为，确保工程产品的安全 |
| 6 | 搬运 | （1）物资的采购、使用单位应对其搬运的物资进行保护，保证在搬运过程中不被损坏，并保护产品的标识。搬运考虑道路情况、搬运工具、搬运能力与天气情况等。<br>（2）对容易损坏、易燃、易爆、易变质和有毒的物资以及业主有特殊要求的物资，物资采购／使用单位负责人指派人员制订专门的搬运措施，并明确搬运人员的职责 |
| 7 | 贮存 | （1）贮存物资要有明显标识，做到账、卡、物相符。对有追溯要求的物资（如钢材、水泥）应做到批号、试验单号、使用部位等清晰可查。必要时（如安全、承压、搬运方便等）应规定堆放高度等。<br>（2）对有环境（如温度、湿度、通风、清洁、采光、避光、防鼠、防虫等）要求的物资，仓库条件必须符合规定 |

**各分部分项工程成品保护措施表**　　　　　　　　　　　　　　　　表 7-65

| 序号 | 项目 | 内容 | 保　护　措　施 | |
|---|---|---|---|---|
| 1 | 钢筋工程 | 防止钢筋根部污染 | 在浇筑梁板混凝土前用塑料薄膜将钢筋根部包好，高度不得小于 500mm，以防止墙柱钢筋被污染。如有个别污染应及时用布或棉丝沾水将被污染的钢筋擦净 |  |
| | | 钢筋定位 | 结构柱、剪力墙钢筋绑扎完成后，放置专用定位筋对主筋位置进行定位保护，防止钢筋偏位 |  |

| 序号 | 项目 | 内容 | 保 护 措 施 |
|---|---|---|---|
| 2 | 防水工程 | 防水层的保护 | （1）卷材在运输及保管时平放不高于四层，不得横放、斜放，应避免雨淋、日晒、受潮，以防粘结变质。<br>（2）防水施工时必须穿软底鞋，严禁穿硬底带钉的鞋在上面行走，防水施工完毕后，办理验收隐蔽手续，及时做防水保护层。<br>（3）操作人员应按作业顺序作业，避免过多在已施工的防水层上走动，并避免在施工完的涂层上走动。<br>（4）涂膜防水层未固化前应进行封闭保护，严禁上人。<br>（5）严禁在已做好的防水层上堆放物品，尤其是金属物品。<br>（6）涂膜防水层施工时，防水涂料不得污染已做好饰面的墙壁和门窗等 |
| 3 | 屋面工程 | 防止水落口、排水口等堵塞 | 每道工序前，都提前对水落口、内排水口及排气道等部位应采取临时封堵保护，防止施工过程中杂物进入造成堵塞 |
| | | 防止防水层破坏 | 在施工中运送材料的手推车支腿用布或胶皮包扎好，防止将防水层刮破，并安排防水人员随时检查，一旦发现有刮破的，要及时进行修补 |
| | | 对屋面设备的污染 | 屋面施工过程中应注意对外墙进行保护防止污染，对屋面设备应采取包裹保护，一旦污染及时清理 |
| 4 | 装饰装修工程 | 抹灰工程 | （1）抹灰时应保护好铝合金门窗框的保护膜的完整。<br>（2）要保护好墙上的预埋件，电线盒、槽、水暖设备预留洞等不得抹死。<br>（3）要注意保护好楼地面面层，不得直接在楼地面上拌灰 |
| | | 门窗保护 | （1）施工时要及时清擦残留在门框上的砂浆，特别是铝合金门窗宜粘贴保护膜，预防污染、锈蚀，施工人员应加以保护，不得碰坏。<br>（2）刷油漆前将五金件用纸胶带或塑料布包裹，门窗套与墙面交接处贴纸胶带，以防止油漆对五金件及墙面的污染，油漆涂刷后漆膜未干前要安排人看护，防止触摸。<br>（3）在风天施工时将门窗关闭，以防止门窗玻璃打碎和门窗框松动变形。<br>（4）门窗框扇码放时应平稳轻放，不得重力猛扔，防止损坏表面或变形。<br>（5）严禁以门窗为支点，在门窗框和窗扇上支承各类架板，防止门窗移位和变形。门窗框定位后，不得撕掉保护胶带或包扎布。在填嵌缝隙需要撕掉时，切不可用刀等硬物刮撕以免划伤表面。<br>（6）拆架子时，应将开启的门窗关好后再落架子，防止撞坏门窗。<br>（7）进行焊接作业时，应采取措施，防止电焊火花损坏周围的门窗型材、玻璃等材料。<br>（8）禁止人员踩踏门窗，不得在门窗框架上悬挂重物，经常出入的门洞口，应及时用木板将门框保护好，严禁擦碰门窗产品，防止门窗变形损坏 |
| | | 地砖楼面保护 | 地砖楼面刚铺贴完时，应先满铺一层彩条布，然后铺上夹板供人通行，防止交叉施工中引起地面砖空鼓 |
| | | 墙角保护 | 墙角等棱角部位用保护条保护，保护条由模板料制成 |

续表

| 序号 | 项目 | 内容 | 保护措施 | |
|---|---|---|---|---|
| 4 | 装饰装修工程 | 天棚保护 | （1）吊顶施工时应注意保护顶棚内的各种管线。<br>（2）已安装好的龙骨不得上人踩踏。<br>（3）其他专业的吊杆不得固定在龙骨上面。<br>（4）安装面板时安装人员要戴手套，防止污染面板。<br>（5）边龙骨应用纸带包裹防止墙面涂刷涂料时污染 | |
| | | 饰面保护 | （1）油漆粉刷时不得将油漆喷滴在已完的饰面层上，先施工面层时，完工后必须采取贴纸或塑料薄膜等措施，防止污染。<br>（2）拆架子时，要防止碰撞墙面。<br>（3）对于栏杆扶手的保护，在施工完毕时，采用柔性材料进行绑扎保护，以防其表面划伤 | |
| 5 | 给排水工程 | 给排水管道 | （1）预制加工好的管段，应加临时管箍或用编织袋将管口包好。<br>（2）预制加工好的管道要分项按编号排放整齐用木方装好，也不得双层平放。不许大管压小管码放，并防止脚踏、物砸。<br>（3）预留管口进行临时封堵，以防掉进杂物造成管道堵塞。<br>（4）不得在管道上搭设架子或拴吊物品。<br>（5）暗设管道均应有标志，防止施工中损伤管道。<br>（6）抹灰或喷浆前，应把已安装完的管道及设备用塑料膜盖好，以免落上灰浆被污染。<br>（7）安装完的排水管道加强保护，立管距地2m以下时，应用木板捆绑保护。<br>（8）管道安装完成后，应将所有管口用塑料布及胶带将敞口进行封闭严密，防止杂物进入，造成管道堵塞。<br>（9）地漏施工后，应进行封堵，防止污物掉入造成堵塞 | |
| | | 卫生洁具 | （1）在搬运和安装时要防止磕碰。<br>（2）预留的卫生器具排出口接管口处应做可靠的临时封堵。<br>（3）洁具排水口应用防护品堵好。<br>（4）安装完毕的洁具应加以保护，防止洁具瓷面受损和整个洁具损坏 | |
| 6 | 精装修工程 | 装修面层保护 | （1）室内装修严格按粉刷、门窗、地面、墙面的顺序进行施工。<br>（2）不得在装饰成品上涂写、敲击、划痕。<br>（3）门窗及时开关，保持室内通风干燥，以防损坏霉变。<br>（4）作业架子拆除运转时轻拿轻放，以免碰撞墙面及墙角。<br>（5）房间内严禁生火、泼水，以防墙面脱皮或霉变。<br>（6）雨天施工时应注意：已装修完房间不得带入泥浆，以免污染墙地面。<br>（7）装修完成，调试、修补期间安排人员值班，做好施工人员进出场登记 | |
| 7 | 幕墙工程 | 幕墙成品保护 | （1）外墙装饰尽量避免雨天施工。<br>（2）外脚架拆除时严禁对外墙幕墙进行碰撞，防止划伤或损坏幕墙。<br>（3）在底层等易遭受污染或损坏的部位，用大张的薄膜将饰面幕墙封闭。<br>（4）应在幕墙保护现场张贴警示标语，严禁在幕墙上涂画。<br>（5）幕墙工程安装完成后，应制定清扫方案。<br>（6）清洗幕墙时，清洗剂应符合要求，不得产生腐蚀和污染 | |
| 8 | 机电工程 | 母线 | （1）母线在运输与保管中应妥善包装，以防腐蚀性气体的侵蚀及机械损伤。<br>（2）母线在涂色时，要采取措施避免污染其他母线、支架及建筑物。 | |

| 序号 | 项目 | 内容 | 保 护 措 施 |
|---|---|---|---|
| 8 | 机电工程 | 母线 | （3）已调平直的母线半成品应妥善保管，不得乱放。严禁利用安装好的母线吊、挂其他物件，并注意不能被其他物体碰撞母线和支柱绝缘子。<br>（4）封闭插接母线安装完毕，如暂时不能送电运行，其现场应设置明显标志牌，以防损坏。如有其他工种作业时应对封闭插接母线加以保护，以免损伤。<br>（5）变配电室进行二次喷浆时，应将母线用塑料布盖好。<br>（6）母线安装处的门窗装好，并加锁防止闲杂人员进入 |
| | | 变压器<br>高电压<br>变电柜 | （1）变配电室门应加锁，未经安装单位许可，无关人员不得入内。<br>（2）在变压器、配电柜上方作业时，操作人员不得蹬踩变压器，随身佩带工具袋，以避免工具掉下损伤变压器。<br>（3）在变压器上方进行电气焊作业时，应对变压器进行全方位保护，防止焊渣掉下，损伤设备。<br>（4）安装过程中，要注意对已完工项目及设备配件的成品保护，防止磕碰摔砸，未经批准不得随意拆卸，不应拆卸的设备零件及仪表等防止损坏，不得利用开关柜支撑脚手架。<br>（5）变压器和配电柜要保持清洁干净，保护好油漆面不被碰撞和损伤。<br>（6）变压器就位后，应有防砸及防碰撞措施，防止铁件掉入线圈内。<br>（7）在安装过程中，要注意保护建筑物的墙面、地面、门窗、装饰等防止碰坏，剔槽、打眼尽量缩小破损面 |
| | | 线管线槽、<br>电缆桥架 | （1）梁板浇筑混凝土前预埋的线管、线盒，在浇筑混凝土时，应安排专人值班看守，以免浇筑混凝土中线管、线盒遭受损坏或移位，得以及时更换或调整处理。<br>（2）电缆两端头处的门窗装好，并加锁，防止电缆丢失或损毁。<br>（3）明配管路及电气器具时，要保持顶棚，墙面及地面的清洁完整。<br>（4）搬运材料和使用高凳等机具时，不得碰坏门窗、墙面等。<br>（5）电气照明器具安装完后不要再喷浆。<br>（6）严禁踩线管行走，刷防锈漆时在操作的正下方铺设塑料膜，防止掉落的防锈漆污染楼地面。<br>（7）电缆头制作完毕后，立即安装固定送电运行，暂不能送电或有其他作业时，对电缆头加木箱给予保护，防止砸、碰。<br>（8）室内沿桥架敷设电缆时，宜在管道及空调工程基本施工完毕后进行，防止其他专业施工时损伤污染。<br>（9）不允许将穿过墙壁的桥架与墙上的孔洞一起抹死。<br>（10）电缆两端头处的门窗装好，并加锁，防止电缆丢失或损毁。<br>（11）桥架盖板应齐全，不得遗漏，并防止损坏和污染线槽 |

### 7.8.4　检验与验收

**1. 原材料**

（1）原材料、设备、构件的质量控制准备工作

① 根据施工合同的对材料、设备、构件约定的条款或根据工程量清单中对材料、设备、构件的要求，编制项目的材料、设备、构件清单。清单的内容应包括品牌、型号、规格、数量等。并组织监理人员交底；

② 对需要重新招标的材料、设备需依据图纸、规范审核招标的材料、设备、构件的数量、参数是否与图纸规范相符；

③ 对合同、工程量清单中无约定，承包商自行采购的材料、设备、构件应在承包商订货前组织对厂家进行考察。

（2）原材料、设备、构件的验收

① 原材料、设备、构件的进场检查（表 7-66）

**进场检查表**　　　　　　　　　　　　　　　　　　表 7-66

| 序号 | 检 查 内 容 | 备 注 |
|------|-----------|-------|
| 1 | 品牌、规格、型号检查 | |
| 2 | 数量检查 | |
| 3 | 外包装、外观检查 | |
| 4 | 生产日期检查 | |
| 5 | 出厂合格证、厂家质量保证资料检查 | |
| 6 | 出厂检验报告、型式检验报告检查 | |
| 7 | 技术说明书 | 设备 |
| 8 | 海关报关单、商检报告 | 进口材料、设备 |

② 原材料、设备、构件的检验

a. 对质量验收标准规范规定应进行现场复检的材料、设备、构件应按照规范要求的验收批进行现场见证取样，并进行见证送样做试验；

b. 见证取样抽取样品遵循"随机取样原则"，对监理合同约定需平行检验的按平行检验方案实施；

c. 项目监理部应指定专人负责见证取样工作，并建立完整的见证台账；

d. 承包商应及时申报"材料/构配件/设备报审表"，内容应真实、详细、完整。经监理工程师审查合格予以签字确认，未经监理工程师签署合格意见的材料不得擅自使用；

e. 对于不合格的材料、设备、构件应按规范规定重新取样，对于重新检验均不合格的，项目监理部应下发退场通知，并见证退场的过程，做好相关的记录。

（3）原材料见证取样试验台账示例

① ××项目钢筋工程量清单（表 7-67）

**清 单 表**　　　　　　　　　　　　　　　　　　　表 7-67

| 序号 | 厂家 | 直径 | 牌号 | 用量（T） | 理论验收批 |
|------|------|------|------|----------|-----------|
| 1 | | 6 | | 10 | 1 |
| 2 | | 8 | HPB300 | 20 | 1 |
| 3 | | 10 | | 120 | 2 |
| 4 | | 8 | | 99 | 2 |
| 5 | | 10 | | 571 | 10 |
| 6 | ××钢厂；<br>××钢厂 | 14 | | 254 | 5 |
| 7 | | 16 | | 196 | 4 |
| 8 | | 22 | HRB400 | 113 | 2 |
| 9 | | 25 | | 420 | 7 |
| 10 | | 28 | | 200 | 4 |
| 11 | | 32 | | 150 | 3 |

② ××项目钢筋进场验收记录及见证送样试验台账（表 7-68）

表 7-68

## 钢筋进场验收记录及见证送样试验台账

项目名称：内蒙古少数民族群众文化体育运动中心看台楼

承包商：×××公司　　编号：

| 序号 | 进场时间 | 型号、规格 | 生产厂家 | 质量证明书编号 | 进场数量(T) | 拟用部位 | 取样日期 | 见证人 | 送样日期 | 复检报告编号 | 试验结果 | 备注 |
|---|---|---|---|---|---|---|---|---|---|---|---|
| 1 | 20160401 | 22（HRB400） | ×××钢厂 | ×××122338 | 19.42 | −5.55M | 0402 | 王×× | 0402 | ××××××××××00227 | 合格 | |
| 2 | 20160401 | 25（HRB400） | ×××钢厂 | ×××123109 | 16.10 | −5.55M | 0402 | 王×× | 0402 | ××××××××××00228 | 合格 | |
| 3 | 20160401 | 28（HRB400） | ×××钢厂 | ×××123101 | 29.838 | −5.55M | 0402 | 王×× | 0402 | ××××××××××00229 | 合格 | |
| 4 | 20160401 | 32（HRB400） | ×××钢厂 | ×××010155 | 15.340 | −5.55M | 0402 | 王×× | 0402 | ××××××××××00230 | 合格 | |
| 5 | 20160402 | 8（HRB400） | ×××钢厂 | ×××8121366 | 11.74 | −0.15M | 0403 | 王×× | 0403 | ××××××××××00325 | 合格 | |
| 6 | 20160402 | 10（HRB400） | ×××钢厂 | ×××24299 | 21.516 | −0.15M | 0403 | 王×× | 0403 | ××××××××××00326 | 合格 | |
| 7 | 20160402 | 8（HPB300） | ×××钢厂 | ×××8112502 | 13.42 | −0.15M | 0403 | 王×× | 0403 | ××××××××××00327 | 合格 | |
| 8 | 20160402 | 6（HPB300） | ×××钢厂 | ×××714499 | 8.112 | −0.15M | 0403 | 王×× | 0403 | ××××××××××00328 | 合格 | |
| …… | …… | …… | …… | …… | …… | …… | …… | …… | …… | …… | …… | |

填表人：×××　　　　　　　　　　　　　　　　　　　　　　　　专业监理工程师：×××

**2. 停止点、检查点、跟踪旁站工序（表 7-69）**

停止点、检查点、跟踪旁站工序

表 7-69

| 序号 | 分项 | 控制点内容 | 分级 | 控制要点 |
|---|---|---|---|---|
| 一 | 钻孔灌注桩桩基础 | 放线（轴线、标高、桩位） | 停止点 | 按规划部门控制点校核 |
| | | 钢筋材料检查 | 控制点 | 质量证明文件及见证试验报告 |
| | | 混凝土原材料、配合比 | 控制点 | 试验报告 |
| | | 钢筋焊接接头 | 控制点 | 见证试验报告 |
| | | 钢筋绑扎 | 控制点 | 量测 |
| | | 桩孔成孔（长度、垂直度、嵌岩深度、沉渣） | 停止点 | 量测 |
| | | 钢筋笼验收、浇筑混凝土 | 控制点 | 量测、旁站 |
| | | 混凝土强度 | 控制点 | 见证取样、试验报告 |
| | | 桩混凝土完整性 | 停止点 | 旁站、检测报告 |
| 二 | 钢筋混凝土 | 轴线、标高、垂直度 | 控制点 | 测量 |
| | | 钢筋原材料检查 | 控制点 | 质量证明文件及见证试验报告 |
| | | 混凝土原材料、配合比 | 控制点 | 试验报告 |
| | | 钢筋连接 | 控制点 | 量测、试验报告 |
| | | 模板 | 控制点 | 量测 |
| | | 钢筋验收（数量、直径，位置、接头） | 停止点 | 量测 |
| | | 预埋件 | 停止点 | 量测 |
| | | 混凝土浇筑（坍落度、施工缝处理、密实度、厚度、标高） | 控制点 | 旁站、量测 |
| | | 混凝土养护、外观质量、强度 | 控制点 | 量测、见证试验报告 |
| | | 混凝土实体质量检查 | 控制点 | 检测报告 |
| 三 | 砌体 | 砌块、水泥、砂原材料 | 控制点 | 质量证明文件及见证试验报告 |
| | | 砌筑砂浆配合比 | 控制点 | 试验报告 |
| | | 定位轴线、标高 | 控制点 | 量测 |
| | | 砌体灰缝质量 | 控制点 | 量测 |
| | | 门、窗、孔、洞位置、标高、尺寸 | 控制点 | 量测 |
| | | 砌筑完成质量（垂直度、水平度） | 控制点 | 量测 |
| | | 二次构件的钢筋 | 停止点 | 量测 |
| | | 二次构件的混凝土浇筑 | 控制点 | 旁站 |
| | | 预埋件及埋设管线数量、位置 | 控制点 | 量测 |
| | | 砂浆强度、二次构件混凝土强度 | 控制点 | 见证试验报告 |
| 四 | 内墙抹灰 | 水泥、砂材料、配合比 | 控制点 | 质量证明文件、试验报告 |
| | | 基层处理 | 控制点 | 量测 |
| | | 抹灰层厚度、平整度、垂直度 | 控制点 | 量测 |
| 五 | 外墙涂料装饰 | 水泥、砂、保温材料、腻子、涂料材料 | 控制点 | 质量证明文件、试验报告 |
| | | 基层处理 | 控制点 | 量测 |
| | | 抹灰层厚度、平整度、垂直度 | 控制点 | 量测 |
| | | 保温层（厚度、平整度、安装、锚固） | 停止点 | 量测 |

| 序号 | 分项 | 控制点内容 | 分级 | 控制要点 |
|---|---|---|---|---|
| 五 | 外墙涂料装饰 | 抗裂层（厚度、平整度、阴阳角） | 控制点 | 量测 |
| | | 腻子（平整度、阴阳角） | 控制点 | 量测 |
| | | 涂料面层（平整度、分隔缝、阴阳角、色差） | 控制点 | 量测 |
| | | 保温层实体检测（厚度、锚栓抗拔） | 控制点 | 见证试验报告 |
| 六 | 楼地面 | 水泥、砂、石材料、配合比 | 控制点 | 质量证明文件、试验报告 |
| | | 基层处理 | 控制点 | 量测 |
| | | 找平层厚度、平整度 | 控制点 | 量测 |
| | | 面层厚度、平整度 | 控制点 | 量测 |
| 七 | 铝合金门窗 | 型材、玻璃、五金件、密封胶 | 控制点 | 质量证明文件、试验报告、型检报告 |
| | | 门窗框安装（进出位置、垂直度、对角线偏差、固定点、防雷连接点） | 控制点 | 量测 |
| | | 门窗框后塞口 | 停止点 | 旁站、量测 |
| | | 门窗扇安装（密封性、对角线偏差、开启灵活） | 控制点 | 量测 |
| 八 | 屋面 | 防水材料、保温材料、水泥、砂、石材料、配合比 | 控制点 | 质量证明文件、试验报告、型检报告 |
| | | 找平层厚度、坡度、平整度 | 控制点 | 量测 |
| | | 保温层厚度、平整度 | 停止点 | 量测 |
| | | 防水层填嵌、粘结、平整 | 停止点 | 量测 |
| | | 刚性层（厚度、平整度、密实度） | 控制点 | 旁站、量测 |
| 九 | 室内给排水 | 原材料、设备 | 控制点 | 质量证明文件、试验报告、型检报告 |
| | | 给水排水管位置、坡度、接头 | 控制点 | 量测 |
| | | 管阀连接位置、接头 | 控制点 | 量测 |
| | | 水压试验 | 控制点 | 旁站 |
| | | 水表、消火栓、卫生洁器具 | 控制点 | 量测 |
| | | 排水系统闭水试验 | 停止点 | 旁站 |
| | | 系统调试 | 控制点 | 量测 |
| 十 | 电气 | 原材料、设备 | 控制点 | 质量证明文件、试验报告、型检报告 |
| | | 低压配电设备安装 | 控制点 | 量测 |
| | | 绝缘、接地检查 | 停止点 | 量测 |
| | | 防雷系统 | 停止点 | 量测 |
| | | 照明设备 | 控制点 | 量测 |
| | | 系统调试 | 控制点 | 量测 |

### 3. 实测实量

（1）工作目标

① 在工序完成后督促承包商进行实测实量，并及时报送数据。

② 抽查承包商报送的实测实量数据，抽查频率为 50% ~ 100% 浮动，根据和承包商数据的符合性进行调整。

③ 根据实测实量数据内容，对数据差的内容进行分析，找出偏差原因，督促承包商采取措施。对不合格的数据，及时要求承包商整改并复查。

④ 根据实测数据形成实测实量周报，及时反馈。

（2）结构实测实量工作内容

① 模板工程实测，应对竖向模板封闭加固完成后的垂直度、轴线偏差进行复核；混凝土浇筑前应检查复核顶板水平度偏差是否满足规范要求；

② 混凝土浇筑过程中应对板厚控制线和板厚进行实测复核，确保过程施工的楼板厚度满足规范要求；

③ 混凝土成型后模板拆除完成应对构件的结构尺寸、垂直度、水平度、阴阳角、方正性（住宅类）、洞口尺寸、施工控制线等进行实测实量复核，并形成实测复核数据简报。

（3）案例

① 实测实量组织体系（表7-70）

实测实量组织体系　　　　　　　表 7-70

| 级别 | 组别 | 检查责任人 | 检查比例 | 检查频率 | 结果处理 |
|---|---|---|---|---|---|
| 一 | 承包商 | 项目经理＋技术负责人＋质检员 | 100% | 随施工进度及时检查 | 问题整改，持续改进，结果上报项目监理部 |
| 二 | 现场管理（监理）分部 | 项目总监＋项目监理人员 | 见实测实量频率及时间表 | | 结果上报业主（项管部） |

② 实测实量分类及内容（表7-71）

实测实量要求表　　　　　　　表 7-71

| 序号 | 检查项目 | 实测实量内容 | 检查比例 | 实测实量时间 |
|---|---|---|---|---|
| 1 | 工程测量 | （1）工程成果测量核查 | 100% | 交点后及时复测 |
| | | （2）工程定位测量核查 | 100% | 施工测量自检合格后复测 |
| | | （3）沉降观测 | 100% | 按沉降观测方案 |
| | | （4）轴线偏差控制 | 100% | 基础结构完成后，每层（或施工段）结构施工前 |
| | | （5）标高（含平整度）、垂直度测量控制 | 垂直度 100%<br>标高 50%<br>平整度 30% | 基础结构完成后；每层（或施工段）结构施工后 |
| 2 | 混凝土结构 | （1）墙、柱截面尺寸偏差 | 住宅工程按当地住宅分户验收标准执行，公建按 30% | 结构拆模后每层（或施工段）进行 |
| | | （2）墙、柱垂直度 | | |
| | | （3）墙、柱表面平整度 | | |
| | | （4）楼板厚度及裂缝 | | |
| | | （5）顶板平整度 | | |
| | | （6）预留预埋位置及尺寸核查 | | |
| 3 | 砌筑工程 | （1）砌体垂直度 | 住宅工程按当地住宅分户验收标准执行，公建按 30% | 按工程检验批 |
| | | （2）表面平整度 | | |
| | | （3）门、窗洞口尺寸偏差 | | |

| 序号 | 检查项目 | | 实测实量内容 | 检查比例 | 实测实量时间 |
|---|---|---|---|---|---|
| 4 | 楼、地面面层 | 整体面层 | （1）空鼓、裂缝、麻面、起砂 | 住宅工程按当地住宅分户验收标准执行，公建按30% | 按工程检验批 |
| | | | （2）表面平整度（有排水坡度要求面层的坡度） | | |
| | | | （3）室内净高偏差 | | |
| | | | （4）顶板水平极差 | | |
| | | | （5）方正度 | | |
| | | 板块面层 | （1）粘接层空鼓、松动 | | |
| | | | （2）表面平整度、坡度 | | |
| | | | （3）板块的色泽、裂纹、掉角、缺楞等 | | |
| | | | （4）镶嵌正确，接缝高低差、顺直 | | |
| | | | （5）方正度 | | |
| 5 | 墙面 | 抹灰 | （1）裂缝、空鼓 | 住宅工程按当地住宅分户验收标准执行，公建按30% | 按工程检验批 |
| | | | （2）墙面垂直度 | | |
| | | | （3）墙面平整度 | | |
| | | | （4）房间开间/进深偏差 | | |
| | | | （5）户内门洞尺寸偏差 | | |
| | | | （6）阴阳角方正 | | |
| | | 饰面砖（板） | （1）粘接层空鼓、松动 | | |
| | | | （2）墙面垂直度 | | |
| | | | （3）墙面表面平整度 | | |
| | | | （4）饰面砖的色泽、裂纹、掉角、缺楞等 | | |
| | | | （5）镶嵌正确，接缝高低差、顺直 | | |
| | | | （6）阴阳角方正 | | |
| 6 | 顶棚 | 抹灰顶棚 | （1）裂缝、空鼓 | 住宅工程按当地住宅分户验收标准执行，公建按30% | 按工程检验批 |
| | | | （2）顶板水平极差 | | |
| | | 吊顶顶棚 | （1）裂缝、空鼓 | | |
| | | | （2）吊顶顶板水平极差 | | |
| 7 | 门、窗安装 | | （1）进出墙的位置 | 住宅工程按当地住宅分户验收标准执行，公建按30% | 按工程检验批 |
| | | | （2）型材拼缝宽度、高度差 | | |
| | | | （3）外窗台高度 | | |
| | | | （4）开启性能 | | |
| | | | （5）防水性能 | | |
| 8 | 栏杆 | | （1）栏杆高度、栏杆间距 | 住宅工程按当地住宅分户验收标准执行，公建按30% | 按工程检验批 |
| | | | （2）栏杆玻璃厚度 | | |

③ 实测实量数据（表 7-72 ～ 表 7-76）

a. 轴线实测实量

**轴线实测实量统计表** 　　　　　　　　　　　　　　　　　　　　　　　　**表 7-72**

项目名称：×××项目　　　　　检查部位 0.000m 层（Ⅰ段）轴线　　　　　检查日期：20××.××.××

| 序号 | 部　位 | 设计值（mm） | 实测值（mm） | 偏差（允许偏差 8mm） | 其他 |
|---|---|---|---|---|---|
| 1 | 1 轴～2 轴 | 6650 | 6651 | 1 | |
| 2 | 2 轴～3 轴 | 1000 | 1000 | 0 | |
| 3 | 3 轴～4 轴 | 8400 | 8405 | 5 | |
| 4 | 4 轴～5 轴 | 8400 | 8398 | −2 | |
| …… | …… | …… | …… | …… | |
| …… | A 轴～B 轴 | 6600 | 6600 | 0 | |
| …… | B 轴～C 轴 | 8400 | 8403 | 3 | |
| …… | C 轴～D 轴 | 6000 | 6097 | −3 | |
| …… | D 轴～E 轴 | 3000 | 3000 | 0 | |
| …… | …… | …… | …… | …… | |

检查人：×××

b. 结构柱截面尺寸、平整度、垂直度实测实量

**结构柱实测实量统计表** 　　　　　　　　　　　　　　　　　　　　　　**表 7-73**

项目名称：×××项目　　　　　检查部位 0.000m 层（Ⅰ段）柱　　　　　检查日期：20××.××.××

| 序号 | 柱自编号 | 规范允许偏差 | 设计断面值（mm） | 实测断面点位（mm） | | | 垂直度实测点位（mm） | | | 平整度实测点位（mm） | | |
|---|---|---|---|---|---|---|---|---|---|---|---|---|
| | | | | 1 | 2 | 3 | 1 | 2 | 3 | 1 | 2 | 3 |
| 1 | Z1 | | 800×800 | 800×800 | 802×800 | 802×800 | 5 | 4 | 4 | 2 | 3 | 3 |
| 2 | Z2 | | 800×800 | 801×802 | 801×802 | 800×800 | 6 | 5 | 5 | 1 | 2 | 1 |
| 3 | Z3 | 断面允许偏差 +10，−5；垂直度允许偏差 10；表面平整度 8。 | 600×600 | 598×599 | 600×600 | 602×603 | 3 | 2 | 2 | 2 | 2 | 2 |
| 4 | Z4 | | 850×850 | 850×850 | 852×851 | 850×850 | 5 | 3 | 3 | 2 | 3 | 2 |
| 5 | Z5 | | 850×850 | 850×850 | 850×850 | 850×850 | 5 | 6 | 4 | 3 | 2 | 2 |
| …… | …… | | …… | …… | …… | …… | …… | …… | …… | …… | …… | …… |
| | | | | | | | | | | | | |
| | | | | | | | | | | | | |

检查人：×××

c. 结构板厚实测实量

**结构板厚实测实量统计表** 　　　　　　　　　　　　　　　　　　　　**表 7-74**

项目名称：×××项目　　　　　检查部位：0.000m 层（Ⅰ段）结构板　　　　　检查日期：20××.××.××

| 序号 | 范围 | 允许偏差 | 设计值（mm） | 测点偏差（mm） | | | | | | | |
|---|---|---|---|---|---|---|---|---|---|---|---|
| | | | | 1 | 2 | 3 | 4 | 5 | 6 | 7 | 8 |
| 1 | 1 轴～3 轴 /E 轴～F 轴 | +10，−5； | 120 | 11 | 8 | 9 | 0 | 5 | | | |
| 2 | 3 轴～4 轴 /G 轴～H 轴 | | 120 | 6 | 6 | 7 | 5 | 8 | | | |

| 序号 | 范围 | 允许偏差 | 设计值（mm） | 测点偏差（mm） | | | | | | | |
|---|---|---|---|---|---|---|---|---|---|---|---|
| | | | | 1 | 2 | 3 | 4 | 5 | 6 | 7 | 8 |
| 3 | 3 轴～ 4 轴 /C 轴～ D 轴 | | 120 | −2 | 4 | 0 | 3 | 4 | | | |
| 4 | 5 轴～ 6 轴 /E 轴～ F 轴 | | 120 | 5 | −3 | 5 | 7 | 7 | | | |
| …… | …… | ＋ 10，−5； | …… | …… | …… | …… | …… | …… | | | |
| | | | | | | | | | | | |
| | | | | | | | | | | | |

检查人：×××

d. 结构净高实测实量

**结构净高实测实量统计表**　　　　　　　　　　　　　　　　表 7-75

项目名称：×××项目　　　　检查部位：0.000m 层（Ⅰ段）结构　　　　检查日期：20××.××.××

| 序号 | 范围 | 质量要求 | 设计值（mm） | 实测值（mm） | | | | | 极差（mm） |
|---|---|---|---|---|---|---|---|---|---|
| | | | | 1 | 2 | 3 | 4 | 5 | |
| 1 | 1 轴～ 3 轴 /E 轴～ F 轴 | | 5280 | 5270 | 5263 | 5275 | 5268 | 5270 | 15 |
| 2 | 3 轴～ 4 轴 /G 轴～ H 轴 | 室内净高应符合设计要求，室内净高偏差值控制在 −20mm 以内，极差值控制在 20mm 以内 | 5280 | 5273 | 5278 | 5276 | 5279 | 5281 | 8 |
| 3 | 3 轴～ 4 轴 /C 轴～ D 轴 | | 5280 | 5262 | 5270 | 5273 | 5275 | 5276 | 14 |
| 4 | 5 轴～ 6 轴 /E 轴～ F 轴 | | 5280 | 5276 | 5275 | 5269 | 5266 | 5276 | 10 |
| …… | …… | | …… | …… | …… | …… | …… | …… | …… |
| | | | | | | | | | |

检查人：×××

e. 房间净尺寸实测实量

**房间净尺寸实测实量统计表**　　　　　　　　　　　　　　表 7-76

项目名称：×××项目　　　　检查部位：0.000m 层（Ⅰ段）房间　　　　检查日期：20××.××.××

| 序号 | 房间编号 | 质量要求 | 设计值 | 实测值（mm） | | | 极差（mm） |
|---|---|---|---|---|---|---|---|
| | | | | 1 | 2 | 3 | |
| 1 | 房间 1 | | 7160 | 7162 | 7159 | 7163 | 4 |
| | | | 5760 | 5763 | 5763 | 5766 | 3 |
| 2 | 房间 2 | | 8160 | 8158 | 8158 | 8160 | 2 |
| | | | 5760 | 5758 | 5759 | 5763 | 5 |
| 3 | 房间 3 | 房间内平行墙面之间净距极差值控制在 20mm 以内；非矩形房间的内墙面净距差控制在 20mm 以内 | 8160 | 8159 | 8162 | 8165 | 6 |
| | | | 5760 | 5761 | 5761 | 5766 | 5 |
| 4 | 房间 4 | | 3860 | 3865 | 3864 | 3866 | 2 |
| | | | 5760 | 5767 | 5768 | 5763 | 5 |
| …… | …… | | …… | …… | …… | …… | …… |
| | | | …… | …… | …… | …… | …… |

检查人：×××

### 7.8.5 信息化手段应用

**1. VR/AR**

虚拟现实（Virtual Reality，简称 VR，又译作灵境、幻真）是近年来出现的高新技术，也称灵境技术或人工环境。虚拟现实是利用电脑模拟产生一个三维空间的虚拟世界，提供使用者关于视觉、听觉、触觉等感官的模拟，让使用者如同身历其境一般，可以及时、没有限制地观察三度空间内的事物。

VR 设备：VR 是纯虚拟场景，所以 VR 装备更多的是用于用户与虚拟场景的互动交互，更多的使用是：位置跟踪器、数据手套（5DT 之类的）、动捕系统、数据头盔等。由于 AR 是现实场景和虚拟场景的结合，所以基本都需要摄像头，在摄像头拍摄的画面基础上，结合虚拟画面进行展示和互动，比如 GOOGLE GLASS 这些（其实严格来说，iPad、手机这些带摄像头的只能产品，都可以用于 AR，只要安装 AR 的软件就可以。）

通过 BIM 与 VR 的结合，可以进入全新的沉浸式感知体验，场地漫游，洞口坠落，应急逃生，意外触电……给您不一样的感知体验。体验模块如下：

（1）临边坠落

① 仿真场景：模拟在建筑场景中临边坠落失重体验，并进行相应的文字和语音教育。

② 解决方案：通过语音、特效、文字引导提示，从脚手架、平台、房顶、桥面、山崖等高处坠落至地面江河沟渠、机械设备上；失足落入洞、坑、沟、升降口、漏斗等造成的失重体验。

（2）洞口坠落

① 仿真场景：模拟在建筑场景施工环境下洞口边坠落失重体验，使人身临其境的体验场景事故发生的冲击感，并进行相应的文字和语音教育。

② 解决方案：通过模拟真实建筑场景配合语音、特效、文字引导提示，作业人员进入施工现场没有按照施工要求做正确的维护安全防护措施，发生洞口坠落，从而充分认识到高空坠落带来极大的不安，及时正确地加强洞口防护，从而养成正确维护安全防护的好习惯。

（3）高空行走

① 仿真场景：模拟高空平衡木，体验者在上面行走，走出平衡木，体验者会坠落。

② 解决方案：通过语音、特效、文字引导提示，体验者在高空平衡木上行走、坠落，体验高空平衡木坠落时的失重感和视觉冲击。

（4）垂直爬梯

① 仿真场景：模拟临边垂直爬梯场景，体验者可在场景内模拟爬梯，操作不当时，体验者摔落，让体验者感受爬梯不当时带来的严重后果。

② 解决方案：通过语音、特效、文字引导提示，让体验者感受攀爬劣质爬梯带来的严重后果，所以爬梯根据每个人的特点，设定合理的步距，攀爬起来舒适安全，安装牢固，使用材料合格，避免采用锈蚀劣质产品，防腐处理，科学的施工维护，给施工带来方便与安全。

（5）物体打击

① 仿真场景：模拟由落下物、飞来物、崩块、砖石、工具等从建筑物等高处落下，打桩、锤击造成碎物飞溅所造成的伤害，并身临其境地体验场景事故发生的冲击感。

② 解决方案：通过模拟真实建筑场景配合语音、特效、文字引导提示，作业人员进入施工现场没有按照要求佩戴安全帽，在规定的安全通道内活动，不从高处往下抛掷建筑材料、杂物、建筑垃圾或向上递工具，物料不堆放在临边及洞口附近，拆除工程设警示标志，周围设护栏或未搭设防护棚，起重吊运物料时，专人进行指挥。

（6）现场触电

① 仿真场景：人体接触带电设备金属外壳、裸露线头、带电导体、起重作业时吊臂等误触高压线或感应带电，雷击伤害，触电后坠落，电灼伤等。

② 解决方案：通过语音、特效、文字引导提示，根据不同的施工环境正确选择和使用安全电压，加强劳动保护用品的使用管理和用电知识的宣传教育。

（7）机械伤害

① 仿真场景：模拟在使用、维修机械设备和工具过程中引起的绞、碾、碰、割、戳、切、轧等伤害。

② 解决方案：通过语音、特效、文字引导提示，对机械设备要定期保养、维修，保持良好运行状态、经常进行安全检查和调试，消除机械设备的不安因素。

（8）脚手架坍塌

① 仿真场景：在虚拟的 VR 建筑场景上脚手架因设计、堆置、摆放或施工不合理、不正确，所发生脚手架倒塌造成伤害、伤亡事故的亲临体验。

② 解决方案：通过语音、特效、文字引导提示，根据不同的施工环境正确使用合格的脚手架，严格按照要求进行规范使用和安全管理。

（9）挡土墙坍塌

① 仿真场景：模拟建筑场景上的挡土墙突然倒塌时的冲压感，让体验人员体会不安全的感觉。

② 解决方案：通过语音、特效、文字引导提示，演示及体验墙体突然倒塌时的冲压感，让体验人员体会不安全的感觉从而促使体验者在施工过程中密切注意边坡危险源，达到安全第一、预防为主的目的。

（10）消防灭火及逃生

① 仿真场景：虚拟空间里进行消防演练，体验突发火灾，并进行相应的语音教育。

② 解决方案：通过语音、特效、文字引导提示，发生火灾时如何正确使用消防器材及应急处置的有效措施，引导正确的火源灭火方法及隐情的排除，提高每个从业者的关注和重视（图 7-22）。

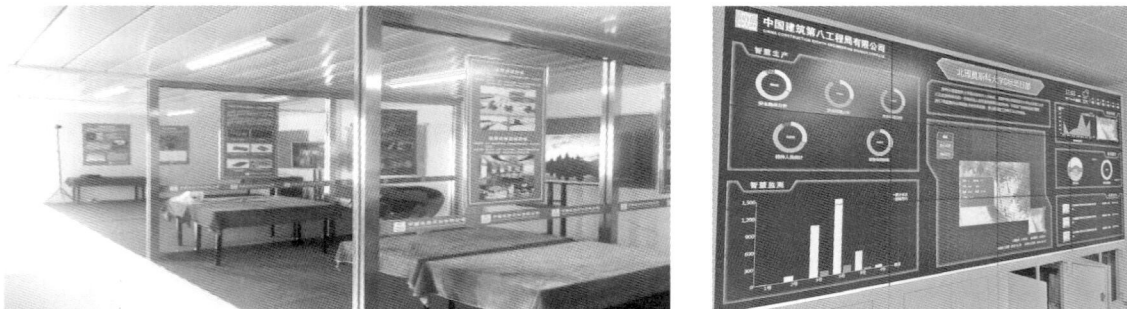

图 7-22　消防

**2. APP 智慧工地**

通过运用 APP 现场质量管理智能管理，实现现场质量管理的智能化（图 7-23）。主要的功能如下：

（1）APP 主界面；

（2）质量问题预警；

（3）质量问题记录；

（4）质量问题统计分析；

（5）质量检测；

（6）质量检查；

（7）质量验收。

图 7-23 智慧工地

### 7.8.6 质量检查方式

**1. 巡视工作内容**

（1）承包商是否按工程设计文件、工程建设标准和批准的施工组织设计、专项施工方案施工；

（2）使用的工程材料、构配件和设备是否合格；

（3）施工现场管理人员、特别是施工质量与安全生产管理人员是否到位；

（4）特种作业人员是否持证上岗；

（5）已施工部位是否存在质量缺陷、是否做好成品保护措施；

（6）施工操作人员的安全措施是否到位；

**2. 巡视要点**

（1）施工作业人员；施工机械设备；

（2）工程材料、构配件和设备；

（3）施工工艺及操作方法；

（4）施工环境；

（5）对巡视情况应及时记录到监理日志中，对发现的问题和隐患应及时下发监理通知。

**3. 平行检验**

（1）项目监理根据监理合同约定编制本项目的平行检验的计划；

（2）平行检验应涵盖涉及结构安全、重要使用功能的原材料（构配件等）、实体质量，且平行检测数量不应低于同一检测项目规范要求检测数量的 10%；

（3）平行检验计划中应明确平行检测的项目、参数、频率等内容，平行检测工作应在承包商自检的基础上进行；

（4）项目监理部宜配备平行检验相关的设备、仪器或委托有检测资质的检测机构进行平行检验；

（5）监理平行检测结论为不合格的，该批材料或工程按照不合格处置，监理单位应签发监理通知单，要求承包商及时进行全面整改后重新报验。

**4. 旁站**

旁站监理是监理进行工程质量监控的重要措施之一，工程开工前监理部将依据《建设工程监理规范》《房屋建筑工程施工旁站监理管理办法（试行）》的规定，结合工程实际情况，工程监理规划、施工组织设计等编制旁站监理计划，制定旁站监理工作制度。

（1）旁站监理依据

① 工程建设有关标准、规范、规程。

② 设计图纸和设计变更等。

③ 经批准的施工组织设计。

④ 经批准的监理规划、监理实施细则、旁站监理方案。

（2）旁站监理范围

对关键部位、关键工序的施工质量实施全过程旁站监理。根据工程实际编制本工程需要进行旁站监理的项目清单（表 7-77）。

**旁站监理项目清单**　　　　　　　　　　　　　　　　　　　　　　　表 7-77

| 分部工程 | 子分部工程 | 分项工程 | 工　序　名　称 |
|---|---|---|---|
| 地基与基础 | 土方工程 | 土方回填 | 基础分层回填土（标高或分层厚度、分层压实系数） |
| | 桩基工程 | 钻孔灌注桩 | （1）试成孔全过程（桩位测设、孔深、孔径、泥浆比重、沉渣厚度）；（2）下笼钢筋连接（焊接长度、焊接质量、钢筋笼长度与标高）；（3）成孔孔壁形状超声检测；（4）水下混凝土浇筑（水泥品种、标号、沙石质量、混凝土配合比，计量、混凝土坍落度、混凝土充盈系数） |
| | 地下防水 | 涂料防水层 | （1）分层涂刷（品种、厚度、涂刷次数）；（2）细部构造 |
| | …… | …… | …… |
| 主体结构 | 混凝土结构 | 混凝土工程 | （1）混凝土浇筑（原材料、强度等级、塌落度、配比、外加剂、振捣）；（2）后浇带、变形缝和施工缝处理；（3）混凝土试块取样、制作 |
| …… | …… | …… | …… |
| 通风与空调 | 空调风系统 | 风管系统安装 | 漏光检测、漏风检测 |

| 分部工程 | 子分部工程 | 分项工程 | 工 序 名 称 |
|---|---|---|---|
| 通风与空调 | 空调风系统 | 系统调试 | 管网风量平衡，室内风量调节 |
| | …… | …… | …… |
| …… | …… | | …… |

（3）旁站监理的要点

① 旁站监理人员熟悉施工图纸、检测方法和技术规范、标准，为现场旁站监督做好准备；

② 检查施工企业现场质检人员到岗、特殊工种人员持证上岗以及施工机械、建筑材料准备情况；

③ 在现场跟班监督关键部位、关键工序的施工执行施工方案以及工程建设强制性标准情况；

④ 核查进场建筑材料、建筑构配件、设备和商品混凝土的质量检验报告等，并可在现场监督施工企业进行检验或者委托具有资格的第三方进行复检；

⑤ 做好旁站监理记录和监理日记，保存旁站监理原始资料；

⑥ 在实施旁站监理时发现质量问题，应要求承建商整改，必要时向总监和业主报告，采取必要措施；

⑦ 项目总监理工程师或监理工程师应定期检查《旁站记录》，总结关键部位、关键工序的施工经验，与承包商一起制定措施防止再次发生系统偏差，并减少偶然偏差的出现。

### 7.8.7　危大工程实施现场管控

**1. 危大工程识别与判定（某市政工程项目）（表 7-78）**

施工准备阶段，监理机构应向承包商明确：在工程项目开工前，由承包商完成项目危大工程清单和专项施工方案计划的编制与申报。在如何编制较为完整的危大工程清单、制定较合理的专项施工方案计划方面，总监及监理机构应主动作为、严格把关、积极引导，共同协助承包商技术部门做好工程识别和分类汇总工作。

深基坑危大工程案例 表 7-78

| 序号 | 类别 | 危大工程范围 | 具体类别（填序号） | 超过一定规模的危大工程范围 | 具体类别（填序号） | 工 程 部 位 | 预计周期 | |
|---|---|---|---|---|---|---|---|---|
| | | | | | | | 开始日期 | 结束日期 |
| 1 | 基坑工程 | （1）开挖深度超过 3m（含 3m）的基坑（槽）的土方开挖、支护、降水工程。（2）开挖深度虽未超过 3m，但地质条件、周围环境和地下管线复杂，或影响毗邻建、构筑物安全的基坑（槽）的土方开挖、支护、降水工程 | | 开挖深度超过 5m（含 5m）的基坑（槽）的土方开挖、支护、降水工程。 | 1 | 白沙立交挡土墙、桥台开挖；接线立交挡土墙、桥台开挖；茶园立交挡土墙、桥台开挖；兴塘立交挡土墙、桥台开挖；白沙立交 A、B 匝道车行地通道；兴塘立交 1 号、2 号人行及 1 号、2 号车行地通道 | | |

## 2. 危大工程实施过程的巡视（某轨道交通工程明挖基坑）（表 7-79）

**基坑危大工程巡视案例**　　　　　　　　　　　　　表 7-79

| 单位工程名称 | | 危大工程名称 | 明挖深基坑 |
| --- | --- | --- | --- |
| 巡视具体区域 | | 该工程所属施工阶段 | |

1. □在施工现场 _____ 处已公告危大工程名称、施工时间和具体责任人员。□未按照要求设置危大工程公告牌。

2. □在 _____ 危险区域设置了 _____ 安全警示标志。□安全标志设置存在问题，详见以下主要问题： _____ 。

3. □施工安全生产管理人员对专项施工方案实施情况进行现场监督。□无安全生产管理人员实施现场监督。（抽查安全管理人员监督记录）

4. □抽查作业人员 _____ ， _____ 人，其中 _____ 人已经安全技术交底。□安全交底存在问题，详见后附主要问题：_____ 。

5. □抽查特种作业人员 _____ ， _____ 人，其中 _____ 人，证件符合。□特种作业人员存在问题，详见后附主要问题： _____ 。

6. □现场按照专项施工方案实施，方案确需调整的已按原程序重新审批。现场未按方案实施，具体巡视检查以下内容：
（1）基坑内是否积水：□不积水　　□积水（排水是否及时 _____ ）；（2）基坑开挖放坡符合方案要求否：□不符合　　□符合；（3）土方开挖后暴露时间是否超过方案所定的 12 小时未架设内支撑：□有（要求按下发的监理指令进行施工内支撑）　　□没有；（4）内支撑滞后根数 ____ 根；（5）支撑防坠落措施是否符合要求：□不符合（存在问题： _____ ）；□符合；（6）桩间挂网喷锚是否及时：□不及时（存在问题： _____ ）　　□及时。

7. □施工现场周边环境未发现异常；现场发现现场异常的，主要巡视检查以下内容：
（1）开挖面地质是否与地勘相符：□相符　　□不相符（是 _____ 地层）；（2）支护墙或桩壁有无渗水：□有带泥砂渗漏水　　□有清澈的渗漏水（采取 _____ 处理）　　□无渗水；（3）基坑周边是否有超堆载现象：□有堆或超载（要求 _____ 处理）　　□无堆或超载；（4）基坑四周排水是否通畅：□通畅　　□不通畅（存在不通畅原因： _____ ；要求 _____ ）；（5）周边建筑物有无发生明显开裂与变形情况：□无　　□有；（6）周边道路有无明显的沉降与开裂：□无　　□有；（7）周边管线有无明显的变形或渗漏水或漏气现象□无　　□有。

8. □第三方监则和施工监测符合要求，数据无异常，□监测存在问题，详见以下巡视检查内容：
（1）基坑内支撑轴力监测是否异常：□无异常　　□异常（累计值： _____ ；变形速率： _____ ）；
（2）桩体或墙体水平位移监测是否异常：□无异常　　□异常（累计值： _____ ；变形速率： _____ ）；
（3）地表沉降监测是否异常：□无异常　　□异常（累计值： _____ ；变形速率： _____ ）；
（4）管线监测是否异常：□无异常　　□异常（累计值： _____ ；变形速率： _____ ）；
（5）建筑物监测是否异常：□无异常　　□异常（累计值： _____ ；变形速率： _____ ）。

9. □抽查施工单位已建立危大工程安全管理档案。□档案建立存在问题，详见后附主要问题： _____

10. □需验收的危大工程进入下道工序或投入使用前已按规定组织验收，并设置验收标识牌；□安全验收存在问题，详见后附主要问题： _____

11. 其他情况（应急与处置等）：是否存在监测数据预警：□无　　□有（□黄　□橙　□红）：是否存在现场巡视状况预警：□无　　□有（□黄　□橙　□红）；是否存在监测数据超控制的：□无　　□有（□累计值　□变形速率，具体的监测点类别及编号： _____ ）

## 3. 危大工程旁站（某城市轨道交通项目钢支撑施工旁站）（表 7-80）

**危大工程旁站记录案例**　　　　　　　　　　　　　表 7-80

| 期及气候： | | 工程地点： | |
| --- | --- | --- | --- |
| 旁站监理的部位或工序： | | | |
| 旁站监理开始时间： | | 旁站监理结束时间： | |

施工情况：
1. 施工时间：　　年　月　日　　时至　　月　　日　　时
2. 现场施工负责人：　　　　　　现场技术（质检）负责人　　　　　　现场工人　　　　人
3. 钢支撑直径　　　cm，壁厚　　　mm，长度　　　m，第　　道第　　　根；钢支撑安装预加顶力　　　MPa；
4. 所有钢材均已通过试验合格□　　　不合格□

监理情况：
1. 钢支撑直径 _____ cm，壁厚：_____ mm，长度 _____ m，第　　道第　　　根；
2. 钢支撑 Q235 钢□，焊条 E43 □，楔块 45 号钢□

3. 钢支撑整根轴线偏差 ＿＿＿＿＿＿ mm、＿＿＿＿＿＿ mm、＿＿＿＿＿＿ mm；钢支撑位置高程安装误差不大于 50mm，实际误差 ＿＿＿＿＿＿ mm、＿＿＿＿＿＿ mm、＿＿＿＿＿＿ mm；钢支撑位置间距安装误差不大于 100mm，实际误差 ＿＿＿＿＿＿ mm、＿＿＿＿＿＿ mm、＿＿＿＿＿＿ mm；

4. 钢支撑安装预加预力 ＿＿＿＿＿＿ MPa；千斤顶及压力表已标定□ 未标定□，表号 ＿＿＿＿＿＿ ，顶号 ＿＿＿＿＿＿ ；油表读数 ＿＿＿＿＿＿ MPa；多台千斤顶是否同时施工加顶力□，未同时施工加顶力□ 轴力计规格型号 ＿＿＿＿＿＿ ；轴力计编号：

＿＿＿＿＿＿＿＿＿＿＿＿

5. 围檩与围护结构密贴□ 未密贴□，用 C30 细石混凝土填缝□ 未填缝□；

6. 钢管纵向螺栓连接□，螺栓个数 ＿＿＿＿＿＿ 个，螺栓规格 $\phi$ ＿＿＿＿＿＿ mm；

7. 其他：＿＿＿＿＿＿＿＿＿＿＿＿

发现问题：

处理意见：

备注：

### 4. 危大工程其他主要监理工作

（1）总监应对照方案中质量、安全组织机构和环保、应急预案等领导小组名单，核查具体人员到岗履职情况，必要时进行考核。对不称职或不履职的，应要求承包商更换，并书面通知到项目负责人。

（2）总监应组织核查施工现场、施工要素、作业环境等准备情况，是否在显著位置公示危大工程名称、危险源、施工时间和相关责任人，并在危险区域设置安全警示标志；核查材料堆放、机具进场验收、场区道路设置、临时用电安装等。

（3）总监组织相关监理人员参加承包商专项施工方案交底，并核查施工现场管理人员对作业人员安全技术交底是否到位，对作业人员培训教育、劳动用品佩戴、特种工持证上岗等进行审核。

（4）总监应组织开展分部分项工程开工前安全生产条件核查，符合条件的，由总监审批；不符合条件的，应督促承包商继续整改完善。

（5）监理机构应严格对照专项施工方案履行相关监理制度，如临时用电、大型设备、支架、基坑、人行通道、脚手架等检查验收制，并应形成检查验收记录、影像资料，强化多重管控、全面公示、不留隐患。

（6）在专项施工方案实施阶段，通过旁站、巡视、检查与验收、检测与监控等多重监理手段，及时掌握方案执行情况。

（7）加强对危大工程施工监理管控力度，监理机构发现承包商未按专项施工方案实施时，应签发监理指令单，要求承包商整改。发现存在安全隐患的，应要求承包商整改；情况严重的，应要求承包商停止施工，并及时报告业主。承包商拒不整改或者不停止施工的，监理机构应及时向有关主管部门报告。

（8）监理机构也可以结合月度质量安全大检查和不定期的专项检查活动，开展对各专项施工方案实施情况的跟踪检查，对存在的问题或隐患，以书面形式通报或通知下发，进一步督促承包商对照经审批的专项施工方案实施，实行闭环管理。

（9）开展对分部分项工程交工验收，对现场危险性较大部位（支架、设备、临电等）拆除、设备撤场、安全设施恢复、成品保护等应督促承包商管理人员跟踪到底，不留任何隐患。

### 7.8.8 其他主要安全危险源的现场管控

**1. 针对本工程主要安全危险源的安全特点，设置如表 7-81 所示安全控制要点**

危险源管控表 表 7-81

| 序号 | 项目 | 检查内容 | 安全管控要点 | 监理人员巡查情况 |
|---|---|---|---|---|
| 1 | 标识标牌 | 标识标牌 | （1）重大危险源告知牌；<br>（2）风险警示栏；<br>（3）隐患公示栏 | |
| | | 警示标识 | （4）场地内警示标志设置位置、数量 | |
| 2 | 施工围挡 | 围挡整体及标识 | （5）屋面加工作业区与主体及其他专业施工队伍的作业区设置基本的施工围挡，应有标志、警示标识，端头及拐弯处围栏上设闪烁式 LED 警示灯及交通导改示意图，立柱上张贴红白反光警示标志。<br>（6）围挡外拐角及平直段适当配置防撞桶，拐角处设置通透式围挡 | |
| 3 | 休息室 | | （7）金属屋面场内加工加工区应设员工休息室，内张贴安全宣传画，可设显示器播放安全视频，并设开水器 | |
| 4 | 临时用电和照明 | 临时用电施工组织设计 | （8）临时用电施工组织设计编制、审批符合要求，内容齐全、合理 | |
| | | 配电系统 | （9）配电系统采用中性点直接节点的"TN-S" 380V 低压供电系统，符合"三级配电，两级保护，一机一箱一漏一闸"的要求 | |
| | | 配电箱 | （10）配电箱为标准电箱，颜色在本标段内统一；<br>（11）配电箱内无杂物，保证操作通道无障碍；<br>（12）一级配电箱做好围闭，高度符合要求；其线路敷设符合标准化要求 | |
| | | 配电箱内设置 | （13）配电箱内隔离开关、断路器统一使用透明外壳，保证可见分断点；<br>（14）电器配置参数符合规范要求，线路颜色、设置符合规范要求 | |
| | | 配电线路 | （15）架空电缆敷设、电缆槽接地等符合要求 | |
| | | 场内照明 | （16）施工场地照明与动力分设开关箱，采用钢管或角钢制作固定式、移动式照明符合标准化要求 | |
| 5 | 起重设备和大型设备防护 | 设备资料 | （17）起重设备安全技术档案健全；<br>（18）起重吊装设备、大型设备 "一机一档"设立档案，保证各项资料的完整性和真实性 | |
| | | 设备检测和操作 | （19）施工现场起重设备检测到位，确保设备零件和安全设施完善，并张贴设备标识牌和安全操作规程 | |
| | | 操作人员 | （20）起重设备操作人员持证上岗，安全技术交底及安全教育到位 | |
| 6 | 加工场 | 区域划分及标识牌 | （21）场地满足生产需求，区域功能分明，机械设备悬挂安全操作规程和设备标识牌 | |
| | | 加工平台 | （22）加工场应设相应的消防器材，配备焊条筒、杂物箱等 | |
| 7 | 材料堆放 | 钢管、木材、卷材等材料堆放 | （23）各类材料应分类分区、垫高堆放；<br>（24）离地及堆放高度符合要求；<br>（25）室外应做好防雨铺盖；<br>（26）成品、半成品应按照不同加工区分区堆放 | |
| 8 | 上下钢梯 | 上下钢梯 | （27）上下钢梯宽度、踏板防滑措施、宽度；<br>（28）栏杆高度、踢脚板、安全网设置情况 | |
| 9 | 临边防护 | 临边防护 | （29）临边防护护栏设置高度；<br>（30）防护栏杆根部与结构的连接牢固情况；<br>（31）警示漆、踢脚板、安全网等 | |
| 10 | 个体防护 | 个体防护 | （32）现场作业人员个体防护配备符合国家有关规定 | |
| | | 安全帽 | （33）安全帽按照人员类别进行分类 | |

| 序号 | 项目 | 检查内容 | 安全管控要点 | 监理人员巡查情况 |
|---|---|---|---|---|
| 11 | 消防设施 | 灭火器 | （34）现场加工区及项目驻地灭火器配备、放置地点；<br>（35）定期检查 | |
| 12 | 氧气瓶、乙炔瓶管理 | 库房及加工区 | （36）氧气库、乙炔分开放置间距；<br>（37）可燃材料堆放；<br>（38）通风、防暴晒措施 | |
| | | 专用运输工具 | （39）氧气瓶、乙炔瓶使用专用运输工具，并配备灭火器 | |
| 13 | 小型设备和机具防护 | 设备标识标牌 | （40）设备和机具设置操作规程及设备标识牌 | |
| | | 防护棚 | （41）设备和机具按照"有机必有棚"的原则设置 | |
| | | 安全措施 | （42）设备和机具安全防护措施到位，安全装置齐全 | |
| | | 电焊机 | （43）经常移动的电焊机使用专用架子，并配备灭火器；<br>（44）一次侧和二次侧长度符合要求，且设有绝缘套，配置二次空载降压保护器 | |

## 2. 高处作业安全检查工作（表 7-82）

高处作业安全检查工作表　　　　　　　　　　　　　　　　表 7-82

| 序号 | 检查内容 | 标　准 | 结论 | 整改 |
|---|---|---|---|---|
| 1 | 施工方案、安全交底、危险源识别 | 方案必须已经审核审批签字完成。每天有班前班后检查 | | |
| 2 | 生命线装置。正确系挂安全带作业 | 设置钢管立柱，满铺安全网，在屋面桁架梁、檐口处均须设置了安全绳。安全锁有效，正确系挂安全绳及安全锁 | | |
| 3 | 要求灵便、穿软底防滑鞋 | 而且禁止穿拖鞋、凉鞋、高跟鞋和其他易滑鞋 | | |

## 3. 临边作业安全检查工作（表 7-83）

临边作业安全检查工作表　　　　　　　　　　　　　　　　表 7-83

| 序号 | 检查内容 | 标　准 | 结论 | 整改 |
|---|---|---|---|---|
| 1 | 施工方案、安全交底、危险源识别 | 方案必须已经审核审批签字完成。每天有班前班后检查 | | |
| 2 | 临边防护 | 深度或高度超过 2m 均设置可靠临边防护，防护严密，防护设施定型化、工具化。清除临边 1m 内杂物防止掉落 | | |
| 3 | 警示标识 | 标识明显醒目，固定牢固 | | |

## 4. 攀登作业安全工作（表 7-84）

攀登作业安全工作表　　　　　　　　　　　　　　　　表 7-84

| 序号 | 检查内容 | 标　准 | 问题反馈 | 整改 |
|---|---|---|---|---|
| | | 攀登作业安全检查表 | | |
| 1 | 施工方案、安全交底、危险源识别 | 方案必须已经审核审批签字完成。每天有班前班后检查 | | |
| 2 | 专用通道 | 从规定的通道上下，禁止利用钢柱垂直支撑、吊车臂架等施工设备等非规定通道进行攀登。通道下方半径 2m 内无硬物 | | |
| 3 | 专用爬梯 | 爬梯强度符合要求。材质、规格、焊接质量符合专项方案要求。移动梯子底部 | | |

### 5. 悬空作业安全检查工作（表7-85）

悬空作业安全检查工作表  表7-85

| 序号 | 检查内容 | 标　准 | 结论 | 整改 |
|---|---|---|---|---|
| 1 | 施工方案、安全交底、危险源识别 | 方案必须已经审核审批签字完成。每天有班前班后检查 | | |
| 2 | 专人监督 | 定人定岗全过程监督悬空作业 | | |
| 3 | 安全设置 | 设置护栏或其他可靠设施。作业所用锁具吊具等设备，经过技术鉴定并验收 | | |

### 6. 特种作业安全检查工作（表7-86）

特种作业安全检查工作表  表7-86

| 序号 | 检查内容 | 标　准 | 问题反馈 | 整改 |
|---|---|---|---|---|
| 1 | 施工方案、安全交底、危险源识别 | 方案必须已经审核审批签字完成。每天有班前班后检查 | | |
| 2 | 上岗资格 | 经常检查高空作业人员及电焊工等特殊工种人员的上岗资格 | | |
| 3 | 安全距离 | 按方案和消防要求，人机料都要保证足够安全距离 | | |

## 7.8.9 施工测量与控制网

### 1. 测量（表7-87）

测量与监测工作内容表  表7-87

| 序号 | 工 作 内 容 | | |
|---|---|---|---|
| 1 | 交点交线校测坐标与标高 | | |
| 2 | 建立场地控制网 | | |
| 3 | 建筑定位放线 | | |
| 4 | 基础放线 | | |
| 5 | 建筑物主体放线 | | |
| 6 | 建筑物沉降观测，防变形监测，深基坑周边管线建（构）筑物变形监测 | | |
| 7 | 施工场地噪声监测 | | |
| 8 | 扬尘监测 | | |

### 2. 设备及人员配备要求及审查

（1）测量人员配备（表7-88）

测量人员是测量工作的关键，测量人员能力的高低直接决定测量工作成败，监理应对承包人选择的测量人进行严格的审核。

测量人员上岗条件  表7-88

| 职位 ＼ 要求 | 学历 | 经历 | 具体能力 | |
|---|---|---|---|---|
| 测量负责人 | 大专 | 担任过两个与拟任工程规模相当工程的测量副手 | 能独立使用任意一种编程软件并计算相关工程量 | |
| 测量副手 | 中专 | 参与过拟任工程规模相当工程的测量员 | 会使用已编程的测量软件并计算相关工程量 | |
| 测量员 | 中专 | | 参加过测量相关培训 | |

（2）测量人员审查（表 7-89）

测量人员审查表

表 7-89

| 序号 | 姓名 | 证书名称 | 证书编号 | 审查结果 |
|---|---|---|---|---|
| 1 | | | | |
| 2 | | | | |
| …… | | | | |

备注说明：

（3）测量仪器配备（表 7-90）

根据工程测量精度的要求，对不同类型工程配备测量人员的数量参照如表 7-90 所示。

测量人员配备表

表 7-90

| 工程类型 ＼ 规模 | 5000 万以下 | 5000 万～1 亿 | 1 亿以上 |
|---|---|---|---|
| 房屋建筑工程 | 测量负责人、测量员各 1 人 | 测量负责人、测量副手、测量员各 1 人 | 测量负责人 1 人、测量副手 2 人，测量员 1 人 |
| 市政工程 | | | |
| 铁路工程 | | | |
| 水利工程 | 测量负责人 2 人，测量副手 1 人，测量员 1 人 | | 测量负责人 2 人，测量副手 2 人，测量员 1 人 |

（4）施工测量设备审查记录（表 7-91）

施工测量设备审查记录表

表 7-91

| 序号 | 设备名称型号 | 生产厂家 | 年检合格证 | 审查时间 |
|---|---|---|---|---|
| 1 | | | | |
| 2 | | | | |
| …… | | | | |

备注说明：

### 3. 现场测量工作的审核和评价（表 7-92）

现场测量工作审核和评价表

表 7-92

| 序号 | 项目 | 应具备的条件 | 检查情况（符合的记√，不符合的记×） | 备注 |
|---|---|---|---|---|
| 1 | 施工前的测量内业工作 | 测量人员的审核 | □ | |
| 2 | | 测量仪器设备的审核 | □ | |
| 3 | | 控制点交接记录表 | □ | 业主或业主委托第三方交接 |
| 4 | | 施工测量方案的审批 | □ | |
| 5 | | 监控量测方案的审批 | □ | 如有 |
| 6 | 施工前的测量作业 | 水平测量平差闭合报验 | □ | |
| 7 | | 平面控制点闭合报验 | □ | |
| 8 | 施工中的测量工作 | 轴线或控制点定位放线记录 | □ | 随工程进度 |
| 9 | | 高程检查记录 | □ | |
| 10 | | 变形沉降观测记录 | □ | 如有 |

续表

| 序号 | 项目 | 应具备的条件 | 检查情况<br>（符合的记√，不符合的记×） | 备注 |
|---|---|---|---|---|
| 11 | 施工中的测量工作 | 控制点的保护记录 | ☐ | |
| 12 | | 监控量测比对报告 | ☐ | 如有 |
| 13 | 竣工阶段的测量工作 | 竣工图纸的复核 | ☐ | |

### 4. 测量专项方案的内容审查要点（表7-93）

测量专项方案内容审查要点表 表7-93

| | 序号 | 重点 | 内 容 | 符合 | 不符合 |
|---|---|---|---|---|---|
| 初步<br>审查 | 1 | 签字、盖章<br>是否符合要求 | 测量方案编制人为项目专职测量人员；测量方案的审核项目技术负责人进行审核；测量方案的审批由承包商项目经理进行审批 | | |
| 编制<br>依据<br>审查 | 2 | 选用的招标文件、设计图纸、国家标准规范、企业的规章制度 | （1）选用的标准、规范是否齐全；选用的标准、规范是否已过期；<br>（2）选用的标准、规范是否满足招标文件、设计图纸、合同的要求标准 | | |
| 工程<br>概况<br>及<br>特点<br>审查 | 3 | 本工程测量的重、难、特点分析 | （1）是否对本工程测量工作的特点、难点、重点进行分析；<br>（2）对特、难、重点的分析是否结合了本工程的场地、图纸、工艺等方面进行分析。<br>（3）是否对现场施工条件进行全面分析 | | |
| 施工<br>部署<br>审查 | 4 | 测量人员及仪器 | （1）承包商的测量人员资格情况核查；<br>（2）本工程使用测量仪器数量是否满足现场施工要求及鉴定证书是否齐全 | | |
| 方案<br>内容<br>审核 | 5 | 精度控制要求 | 满足施工图纸、现行规范标准的要求 | | |
| | 6 | 控制网布设 | （1）要求控制点布设附平面图；<br>（2）以业主交点为起始依据；<br>（3）布设控制网点视线良好，土质坚实，利于长期保存，便于施工放样；<br>（4）控制点选在建筑物的行列线或主要设备中心线方向；<br>（5）埋设固定标桩；<br>（6）测量控制网定期复查，无移位现象 | | |
| | 7 | 控制点的保护措施 | 埋设方法，保护措施是否可行 | | |
| | 8 | 轴线定位措施 | 措施是否可行 | | |
| | 9 | 标高传递方法 | 是否能满足现场施工要求 | | |
| | 10 | 垂直度控制 | 是否能满足现场施工要求 | | |
| | 11 | 沉降观测 | 沉降观测点布设、观测周期与方法是否满足规范及现场实际施工情况要求 | | |

### 5. 建立场地控制网

测量控制网应遵循先整体、后局部，高精度控制低精度的原则建立。测量控制网的基准点要选在通视条件良好、安全、易保护的地方。相应等级基准点的埋设要不能低于《工程测量规范》GB 50026的要求。测量控制网建立后要做好测量控制网协同维护工作。

导线测量是建立地区平面控制网的一种常用的方法，根据测量区域的不同条件和情况，一般采用可布设为闭合导线、附合导线、支导线。用导线测量建立的平面控制网，通常分为三、四等导线，一级、二级、三级导线和图根导线等几种等级，采用的仪器精度的不同，相应的技术要求参数见表7-94。

控制网参数表　　　　　　　　　　　　　　　表 7-94

| 等级 | 导线长度（km） | 平均边长（km） | 测角中误差（"） | 测距中误差（mm） | 测距相对中误差 | 测回数 | | | 方位角闭合差（"） | 导线全长相对闭合差 |
| --- | --- | --- | --- | --- | --- | --- | --- | --- | --- | --- |
| | | | | | | 1"级仪器 | 2"级仪器 | 6"级仪器 | | |
| 三等 | 14 | 3 | 1.8 | 20 | 1/150000 | 6 | 10 | — | $3.6\sqrt{n}$ | $\leqslant 1/55000$ |
| 四等 | 9 | 1.5 | 2.5 | 18 | 1/80000 | 4 | 6 | — | $5\sqrt{n}$ | $\leqslant 1/35000$ |
| 一级 | 4 | 0.5 | 5 | 15 | 1/30000 | — | 2 | 4 | $10\sqrt{n}$ | $\leqslant 1/15000$ |
| 二级 | 2.4 | 0.25 | 8 | 15 | 1/14000 | — | 1 | 3 | $16\sqrt{n}$ | $\leqslant 1/10000$ |
| 三级 | 1.2 | 0.1 | 12 | 15 | 1/7000 | — | 1 | 2 | $24\sqrt{n}$ | $\leqslant 1/5000$ |

（1）平面控制网的建立

平面测量采用平面控制法，建立平面控制网，利用控制网进行细部放线。本工程测量平面控制网分为三个等级。

① 一级控制网

以测绘院提供的控制点及坐标为基准，建立一级控制网。在整个工程施工期间，保证一级控制网点位的稳定可靠。

② 二级控制网

利用一级控制网在各楼基坑周边视野开阔处设置控制点作为二级控制网，以此定位各个楼的位置。控制桩外砌筑 500mm×500mm 砖模，内灌混凝土保护，周围用钢管做防护。

③ 三级控制网

以二级控制点为基准，测量人员使用全站仪以极坐标法测设本工程定位控制网。三级控制网选用偏轴线 1m 可通视条件下设置。

（2）精度要求

本工程首级控制网依据业主交付的基准点用 GPT-7501 全站仪引测，引测时要达到《工程测量规范》GB 50026 的相应精度等级要求（图 7-24）。

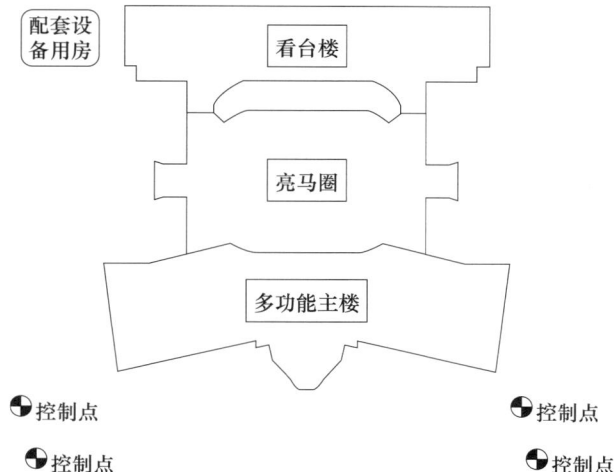

图 7-24　控制网

（3）建筑定位放线

二级平面控制网首先以首级基准点为依据，建立轴网控制线，二级平面控制网具体建立如图 7-25 所示。

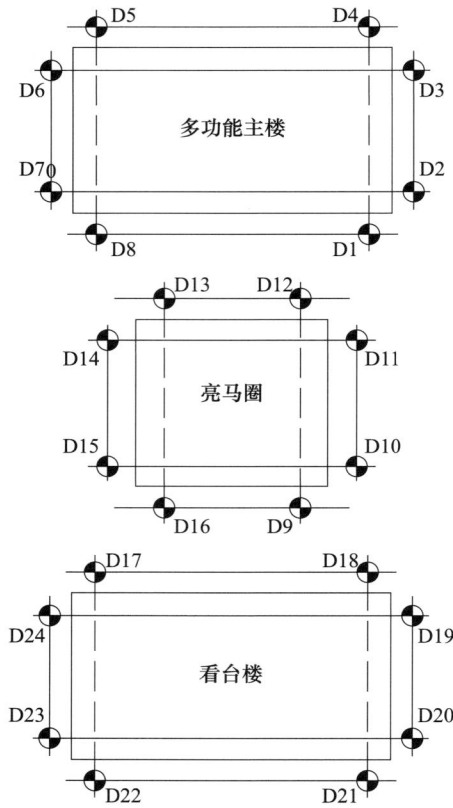

图 7-25 二级平面控制网

（4）施工测量的监理工作流程图（图 7-26）

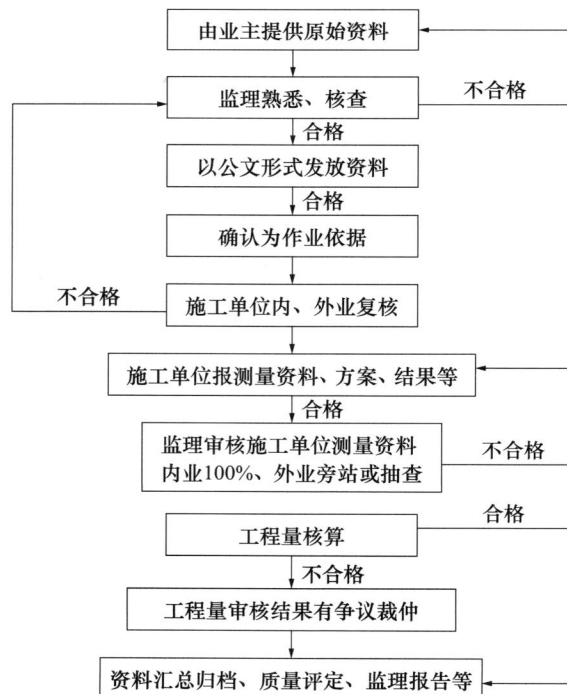

图 7-26 监理工作流程图

（5）控制测量

① 施工范围内的控制基准点，由业主向监理和承包商提供，并现场对基准点进行交桩。承建单位要对上述基准点数据进行复核验算，如有异议，以书面形式向监理报告，由监理转报业主进行核实，核实后的成果再提供给承包商。

② 承包商应根据施工需要加密控制点，应在施测前将施测报告（内容应包括施测方法、计算方法、仪器设备、引用规范等）送监理审查；施测结束后，将野外记录、控制点成果及精度分析，报监理审查备案。

③ 监理工程师对承包商提交的加密控制点的审查，应包括野外（角度、边长）对照复测及复核，内业（野外记录、计算方法及计算结果）。

④ 技术指标及操作规范，应遵守有关规程、规范的规定。

⑤ 承包商应负责保护并经常检查已接收的和自行建立的控制点。一经发现有位移或破坏，及时报告监理工程师，并采取补救措施，按同等精度补设或移置。

（6）施工放样测量

① 承包商对各个工程部位的施工放样，应根据其工程的等级、精度要求，采取相应的放样方法，关键部位的测量放样参数及方法，应报监理工程师审查批准。

② 重要部位的放样点，如基础开挖开口线、轴线点、竣工部位轮廓点、混凝土工程基础（第一层）轮廓点、重要预埋件位置、金属结构安装轴线点、地下工程基本导线点等，监理工程师应根据承包商报送的放样资料，进行内、外业的检查和复核。

（7）收方测量

① 用于收方计算的原始地形资料，由业主通过监理工程师向承包商提供。对于小范围的临时工程或业主提供资料不足时，其原始地形资料可由承包商自行施测，由监理工程师审查确认并报业主备案。

② 不论业主是否提供原始地形资料，承包商在开工前，必须及时进行施工区范围内的原始地形（原始断面或方格网）测量，并和业主提供的原始地形进行核对。如有异议，在开工前报告监理工程师和业主，由监理工程师会同有关方面，共同进行核实。如在开工前（或原始地貌破坏前）不提出异议，则视为已经认可，今后以此作为计量的依据。

③ 承包商在开工前，应实测绘制一套断面图或方格网图，用以计算工程量，并报监理工程师审核认可，此量作为对工程计量的宏观控制。监理工程师和承包商应尽量采用统一断面桩号或方格网，断面位置的布设可根据建筑物的形状、结构、地形变化确定，或相等间距布设，不得故意布设在有利于某一方的位置。一般计量断面位置应包含设计断面。

④ 断面间距或方格网间距的布设，根据用途、工程的重要性和地形的复杂程度在 5 ~ 20m。断面点密度根据地形变化施测，一般图上 1 ~ 3cm，陡坡上尽量加密。断面图比例尺可在 1：50 ~ 1：200 对应选择。

⑤ 承包商上报的收方测量资料，内容包括断面图或方格网（图上应有原始线、设计线）、方量计算表、中心桩高程（原始地面高程和设计高程）。

⑥ 监理工程师根据设计与业主提供的图纸和资料，复核各项工程的有效图纸范围内的工程量。若以实测断面成果进行计量，则监理工程师除对承包商测量进行监督外，还必须进行不少于 20% 的抽测复核。

⑦ 对于承包商的收方测量，监理工程师对野外收方作业，应进行 100% 的复测；对提交的收方断面和计算成果，进行 100% 的复核。由于施工原因造成的超挖量不予计量。

⑧ 测量监理工程师应对收方计量建立台账，以确保呈报的各项数据无重复或遗留，便于竣工结算。

⑨ 当施工、监理、设计图线成果的三方测量成果发生差异时，工程量的仲裁按以下的原则进行处理：评判标准按《工程施工测量规范》的规定评定；当差异量较大时，由监理牵头组织对各方提供的

实测资料进行仔细的核对，包括重新进行外业测量，以求找出原因，予以协调纠正。

（8）变形测量

① 根据设计图纸审核承包商对关键的建筑物的变形点的布设及观测成果。

② 承包商发现有变形时应及时上报监理及业主，并请设计到现场确认。

（9）竣工测量

① 单项工程竣工后，承包商应向监理报送下列资料：

实测竣工地形图；比例尺在 1∶100 ～ 1∶500 范围内，宜尽量与设计图同比例尺，图上应标有建筑物外边线或分块线；实测竣工纵、横断面图；横断面间距在 5 ～ 20m 范围内变动，并与设计图同比例，纵断面应与设计图纸一致；工程量决算表；测量技术总结报告；监理要求报送的其他资料。

② 监理工程师应对承包商提交的竣工平面图、剖面图认真进行审查，配合地质工程师完成岩土分界面、弱风化岩面、微新岩的分界面的测量工作。

③ 监理工程师对地形测量除旁站监理、图面检查外，还应进行必要的实测复核。

④ 监理工程师还应审查测量竣工报告及竣工资料，并根据业主的授权，完成必要的签证工作。监理工程师还须编写工程施工测量监理工作报告。

# 7.9 基础分部工程案例

## 7.9.1 案例概况

朝天门国际商贸城一组团一期工程总建筑面积 142 万 m²，是一大型商品批发市场，业态包括商品交易区、仓储物流区、商务办公区及配套服务区四大板块，其中市场商铺约 2 万个、停车位约 1 万个。工程概况详见表 7-95。

工程概况表 表 7-95

| 项目名称 | 重庆朝天门国际商贸城项目一组团一期工程 | | | | | |
|---|---|---|---|---|---|---|
| 项目地点 | 重庆内环高速路南岸区迎龙收费站出口 | | | | | |
| 项目规模（万 m²） | 本项目一组团一期工程规划实测面积 | | | | | |
| | | 合计 | 一标段 | 二标段 | 三标段 | 四标段 |
| | 总用地面积 | 34.07 | 12.21 | 6.37 | 8.60 | 6.89 |
| | 总建筑面积 | 142.35 | 61.64 | 19.17 | 42.12 | 19.42 |
| | 地上建面 | 102.89 | 40.24 | 14.27 | 35.70 | 12.68 |
| | 地下车库 | 36.61 | 19.61 | 4.54 | 5.93 | 6.54 |
| | 地下设备房 | 2.74 | 17.08 | 0.37 | 0.49 | 0.17 |
| | 其他配套 | 0.32 | 0.07 | 0.22 | 0.00 | 0.03 |
| 结构形式 | 地下旋挖灌注桩基础、独立基础、混凝土结构；地上混凝土框架结构、钢结构 | | | | | |
| 工程投资（亿元） | | 合计 | 一标段 | 二标段 | 三标段 | 四标段 |
| | 总包中标价 | 33.99 | 14.52 | 5.24 | 11.09 | 3.16 |
| | 其中不含： | | | | | |
| | 分包暂估价 | 10.21 | 4.23 | 1.80 | 3.86 | 0.32 |
| | 暂列金额 | 1.46 | 0.57 | 0.26 | 0.41 | 0.22 |
| | 暂定价材料 | 2.43 | 1.13 | 0.34 | 0.86 | 0.11 |
| | 安全措施费 | 0.15 | 0.07 | 0.02 | 0.04 | 0.02 |

续表

| 工程内容及工程量 | | 合计 | 一标段 | 二标段 | 三标段 | 四标段 |
|---|---|---|---|---|---|---|
| 一、基础 | | | | | | |
| 旋挖桩（根 / 均深 m） | 根 / m | | 1070/8.94 | a164/20.9 b 387/15 | 274/6 | 549/ 6.15 |
| 独基（根 / 平均深度） | 根 / m | | 691/2.16 | 16/2.6 | 831/2.6 | 199/2.48 |
| 基础钢筋（$\phi$） | t | 2934.5 | 1300 | 854.5 | 680 | 100 |
| 基础混凝土 | m³ | 89734.8 | 37000 | 14244.8 | 9190 | 29300 |
| …… | | | | | | |

备注：本节选自二标段 M1-1～9 轴建筑（占地面积为 9040m²；建筑面积为 48250m²，桩基数量为 130 根）基础分部工程，对其中 M1-6～9 轴至 B～N 轴范围内为旋挖桩（共 52 根）施工现场管理进行阐述。效果图见图 7-27。

图 7-27 效果图
（框线内为二标段 M1-1～9 轴建筑范围）

### 7.9.2 技术准备

**1. 准备有关质量标准、技术规程、施工质量验收规范等（略）**

**2. 施工图纸会审及设计技术交底**

地下停车库基础采用机械旋挖钻孔桩，桩径 900mm，桩底不扩孔，桩型为端承桩；勘岩深度为 2000～6000mm，中风化泥岩天然抗压强度标准值 ≥ 6.13MPa，中风化砂质泥岩天然抗压强度标准值 ≥ 9.49MPa，中风化泥质砂岩饱和抗压强度标准值 ≥ 7.50MPa，中风化砂岩饱和抗压强度标准值 ≥ 20.57MPa，共计 130 根（其中：M6-1～9 轴范围内的旋挖钻孔桩为 52 根）。桩长根据地勘提供超前钻资料，由设计单位确定桩长。桩身混凝土强度等级为 C35，桩顶为承台。

**3. 工程勘察文件会审及地勘技术交底**

（1）介绍场地各层岩土的类型、深度、分布、工程特性及变化规律；

（2）介绍本工程采用基岩作桩的持力层时，地勘报告中基岩的岩性、构造、岩面变化、风化程度、坚硬程度、完整程度和基本质量等级，说明洞穴、临空面、破碎岩体或软弱岩层情况；

（3）介绍水文地质条件，地下水位埋深、类型和水位变化幅度，地下水对桩基的影响；以及对场地的不良地质作用和处置方案。

**4. 旋挖桩施工方案审查重点**

（1）旋挖设备选择及施工方法；

（2）检验批划分及施工质量控制要点；

（3）质量管理措施及特殊情况的处置预案；

（4）安全生产、文明施工、环保措施；

（5）进度控制措施；

（6）施工平面图、进度计划网络图、沉降观测点布置图等；

（7）地基降排水措施；

（8）审查配置的管理人员及作业人员等人员配备是否符合法律法规要求，作业人员是否与施工计划相匹配，能否保障计划和工艺的实施，是否满足现场施工管理和质量管理检查的工作需要。

**5. 督促旋挖桩承包商进行施工技术交底**

督促承包商应根据施工图、地勘报告、施工方案、施工规范并结合项目土质情况，钻机特点、钻孔方法，在进行钻孔前对项目技术、施工、质量、施工班组等人员进行详细的质量、安全技术交底；监理单位参加交底，交底完成后必须完善相关记录的签字手续。

### 7.9.3 审查施工部署

**1. 施工总平面布置图要求**

施工场内道路、水电供应、垂直和水平运输和施工机械的布置，仓库和构件堆场的设置，以及地基降排水等应满足施工要求。

**2. 施工流水段划分示意图（图 7-28）**

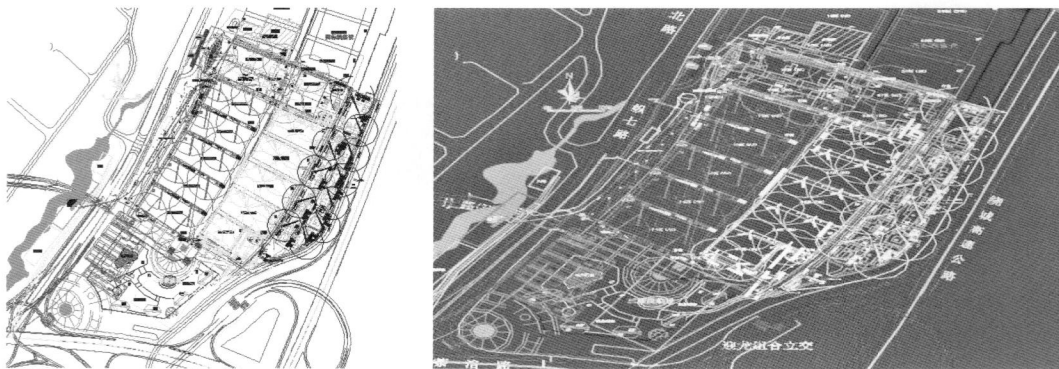

图 7-28　流水段划分示意图

二标建筑由东区（M1-22～37）、西区（M1-9～22）两个建筑物组成，施工区域又划分为门厅区（M1-1～9）、西区、东区共三个施工区域，各施工区再划分 3 个施工流水段，每个施工区域由 1 个施工队施工。施工区域及流水段划分示意图如图 7-29 所示。施工前后照片对比见图 7-30。

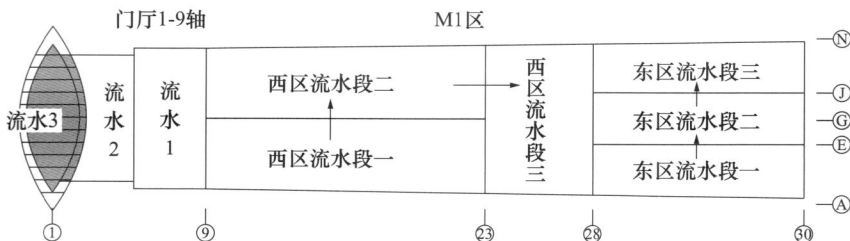

图 7-29　施工区域及流水段划分

图 7-30　（门厅 M1-1 ～ 9 轴）施工前、后照片对比

**3. 旋挖桩施工现场准备**

（1）施工前应进行场地平整，并掌握场地现有的有关水、电、气、消防等设施的资料，特别是地下埋设设施的详细资料，并采取相应保护措施。

（2）由于施工所需设备众多，应认真组织场内、外交通，并且对现场设备、机具进行安装、调试和试运转检查，确保机械正常工作，配备足够的备件。

（3）复核桩位控制线和水平高程的控制点，轴线控制点和水准点应设在不受施工影响的地方并妥善保护，在施工过程中还应多次复测。

（4）原材料及半成品进场待用，根据设计要求加工钢筋笼，确保供应充足。

（5）正式施工前应进行试成孔工作，同时了解场地地层情况，并检查所选择的机具设备施工工艺是否适宜。

### 7.9.4　工程进度控制

**1. 审查工期计划**

（1）审（基础）分部工程进度计划是否满足总进度计划工期目标

经监理审查，承包商基础施工进度计划满足单位工程进度计划要求，基础施工进度计划已由承包商签字确认。

（2）审子分部工程进度计划、关键工序进度计划是否满足上一级进度计划

找出工程进度计划中的关键线路，对关键线路工期按照"工期控制七步曲"进行控制：① WBS；② 确定所需工期；③ 确认先后顺序和逻辑连接；④ 与参与者沟通达成资源承诺；⑤ 形成网络图；⑥ 寻找关键路径；⑦ 网络图转换成甘特图／计划表。"七步曲"的部分举例如下：

如：③ 确认先后顺序和逻辑连接。旋挖钻孔采用跳桩施工，孔桩作业部署图每一分区的旋桩完成浇筑后即开始插入承台及地梁施工。为避免塌孔，旋挖钻孔桩采用隔跳孔实施（图 7-31）。

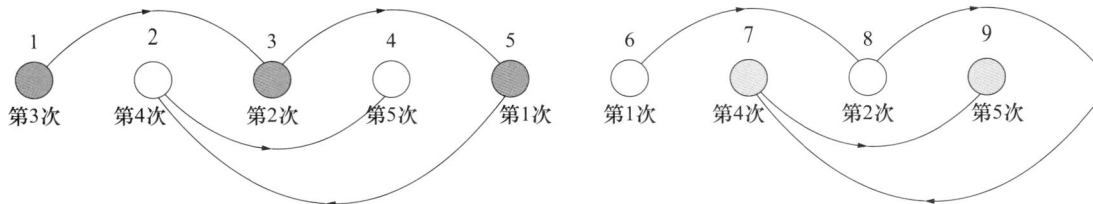

图 7-31　跳桩钻孔示意图

如图 7-32 所示，相邻桩施工间隔时间在 48 ～ 72h，以保证前桩身混凝土的强度。

如：⑥ 寻找关键路径。通过对旋挖桩工序的工期进行分解，找出其中的关键工序：即旋挖机械钻孔。考虑机械故障和不良地质情况等因素，平均每台钻机要 2 天完成 1 个孔桩，推算需要旋挖钻机设备数量为 3 台（3×1 孔／2 天＝ 1.5 孔／天），工期为：52 孔（桩）÷1.5 孔／天＝ 35 天＜工期 45 天，满足要求。（旋挖桩）工期分解如表 7-96 所示。

旋挖桩（单桩）工期分解表 表 7-96

| 序号 | 工序名称 / 时间 | 1d | 2d | 3d | 4d | 5d | 6d | 7d | 8d | …… | 32d | 33d |
|------|------|----|----|----|----|----|----|----|----|----|-----|-----|
| 1 | 桩位放线 | | | | | | | | | | | |
| 2 | 埋设下沉护筒 | | | | | | | | | | | |
| 3 | 钻机就位对中 | | | | | | | | | | | |
| 4 | 钻进进尺 50% | | | | | | | | | | | |
| 5 | 钻孔垂直度检查 | | | | | | | | | | | |
| 6 | 钻进进尺 100% | | | | | | | | | | | |
| 7 | 清孔、终孔垂直度检查 | | | | | | | | | | | |
| 8 | 孔底沉渣测量 | | | | | | | | | | | |
| 9 | 下钢筋笼、声测管布置 | | | | | | | | | | | |
| 10 | （水下）混凝土灌注 | | | | | | | | | | | |
| 11 | 混凝土养护 | | | | | | | | | …… | | |
| 12 | 成桩检测、验收 | | | | | | | | | | | |

如：⑦ 网络图转换成甘特图 / 计划表。二标（门厅 M6～9 轴）实际于 2014 年 5 月 10 日移交场地，旋挖桩于 2014 年 6 月 15 日完工，基础结构于 2014 年 7 月 27 日完工，基础工期 75 天，符合总工期要求。旋挖桩工期横道图如图 7-32 所示。

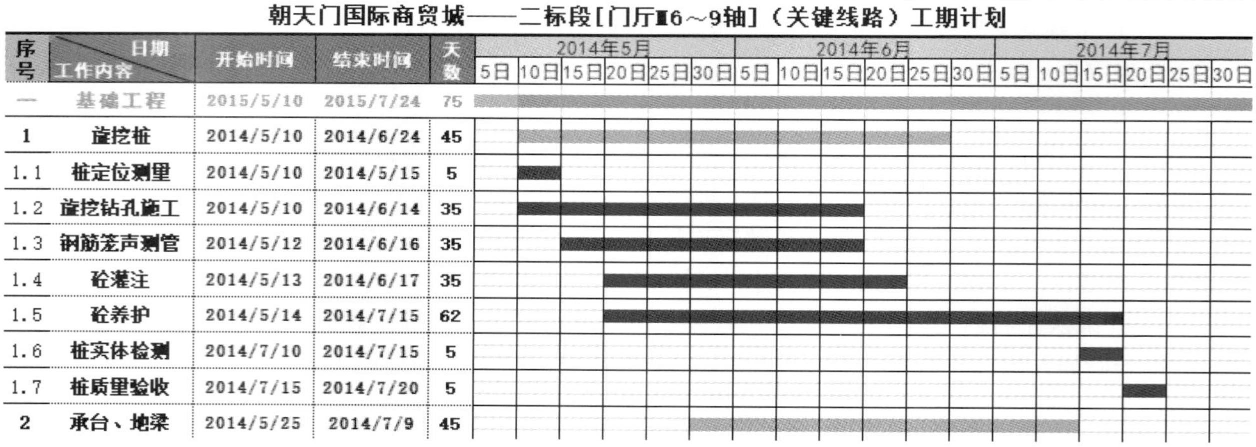

朝天门国际商贸城——二标段[门厅M6～9轴]（关键线路）工期计划

| 序号 | 工作内容 | 开始时间 | 结束时间 | 天数 |
|------|---------|---------|---------|------|
| 一 | 基础工程 | 2015/5/10 | 2015/7/24 | 75 |
| 1 | 旋挖桩 | 2014/5/10 | 2014/6/24 | 45 |
| 1.1 | 桩定位测量 | 2014/5/10 | 2014/5/15 | 5 |
| 1.2 | 旋挖钻孔施工 | 2014/5/10 | 2014/6/14 | 35 |
| 1.3 | 钢筋笼声测管 | 2014/5/12 | 2014/6/16 | 35 |
| 1.4 | 砼灌注 | 2014/5/13 | 2014/6/17 | 35 |
| 1.5 | 砼养护 | 2014/5/14 | 2014/7/15 | 62 |
| 1.6 | 桩实体检测 | 2014/7/10 | 2014/7/15 | 5 |
| 1.7 | 桩质量验收 | 2014/7/15 | 2014/7/20 | 5 |
| 2 | 承台、地梁 | 2014/5/25 | 2014/7/9 | 45 |

图 7-32 旋挖桩工期横道图

## 2. 审查施工方的资源投入是否满足工期要求（表 7-97）

（门厅 M6～9 轴）主要材料工程量（根据图纸计算或混凝土工程量清单） 表 7-97

| 序号 | 材料名称 | | 规格 | 单位 | 数量 | 批次 | 备注 |
|------|---------|------|------|------|------|------|------|
| 1 | 主材 | 钢 材 | 一级钢筋 | t | 5.7 | 2 | |
| 2 | | | 二级钢筋 | t | 100 | 3 | 含承台筋 |
| 3 | | 商品混凝土 | C35 | m³ | 800 | 52 | 含承台混凝土 |

备注：钢筋笼主筋分别为：26$\phi$25，箍筋为 $\phi$8@100/200，加劲箍为 $\phi$14@2000

审核旋挖桩施工劳动力计划

二标段基础分部工程（混凝土施工）劳动力资源投入审核表

| 序号 | 工种 | 人数 | 职　责 | 是 / 否满足工期要求 |
|---|---|---|---|---|
| 1 | 混凝土工长 | 3 | 负责现场混凝土施工的总体工作。并保持与搅拌站联系，负责调度混凝土输送车辆 | 是 |
| 2 | 泵机操作员 | 4/ 泵 | 根据前台命令操作泵机 | 是 |
| 3 | 泵机辅助人员 | 3/ 泵 | 负责混凝土坍落度检验，清除混凝土中杂物，铲回落地灰，引导混凝土车辆 | 是 |
| 4 | 泵机记录员 | 3 | 记录泵送情况，包括混凝土输送量、时间、气候、混凝土温度等 | 是 |
| 5 | 值班机修工 | 2 | 负责振捣器等的机械的修理 | 是 |
| 6 | 值班电工 | 2 | 负责电器和照明 | 是 |
| 7 | 混凝土浇筑振捣班组 | 10 | 负责混凝土布料、振捣、抹面、晚间有两人流动照明 | 是 |
| 8 | 试验员 | 2 | 取样，试验 | 是 |
| 9 | 看筋护模工 | 6 | 随时观察汇报模板、钢筋位移情况，并随时调整 | 是 |
| | 合计 | 35 人，每个班组＞ 8 人。 | | 是 |

基础分部工程（旋挖桩施工）劳动力资源投入审核表

| 职务 | 人数 | 上岗证是否符合要求 | 职务 | 人数 | 上岗证是否符合要求 |
|---|---|---|---|---|---|
| 项目经理 | 1 | 是 | 钢筋工 | 20 | 是 |
| 技术管理人员 | 1 | 是 | 混凝土工 | 8 | 是 |
| 工　长 | 1 | 是 | 电焊工 | 5 | 是 |
| 钻机驾驶员 | 3 | 是 | 机械维修工 | 3 | 是 |
| 汽车式吊车驾驶员 | 2 | 是 | 测量 | 1 | 是 |
| 挖掘机驾驶员 | 3 | 是 | 信号工 | 2 | 是 |
| 钻机辅助工 | 3 | 是 | 起重工 | 2 | 是 |
| 土方清理工 | 5 | | 合计： | 60 人 | |

通过劳动力工效分析，审核完成 52 根旋挖桩工程量所需的劳动力（表 7-98）。

**基础分部工程（土方及旋挖桩施工）劳动力投入表**　　　　表 7-98

| 工程名称 | 重庆朝天门国际商贸城项目一期工程（二标段） | | | | 施工部位 | 门厅流水段 1-旋挖桩 | 编制日期 | 2014.4 |
|---|---|---|---|---|---|---|---|---|
| 计划工期 | 材料及工程量 | | | | 每班组配劳动力 | | | 每班组配机具及设备 |
| | 材料 | 工程量 | 材料准备计划 | 计划每天材料用量 | 工种 | 人数 | 工种 | 人数 | 机具名称 | 数量 |
| 45 天 | 模板 | 占地：0.9 万 m²；建面 4.8 万 m²，桩数：130 根 | 模板 4000m² | 500m²/ 天 | 木工 | 10 | 水电工 | 1 | 塔吊 | 2 台 |
| | 钢筋 | | 钢筋 200t | 20t/ 天 | 钢筋工 | 15 | 焊工 | 1 | 焊接机 | 1 台 |
| | 混凝土 | | 混凝土 1000m | 100/ 天 | 混凝土工 | 8 | 放线工 | 1 | 圆盘锯 | 1 台 |
| | | | | | 架子工 | 10（地下室用） | 试验员 | 1 | 振动棒 | 10 根 |

| 功效分析 | 根据类似工程经验：一个施工队伍约100～130人，划分三个施工区，每个施工区各流水段工人约50～65人 | 木＋架工：钢筋工：混凝土工比例，1.39：1：0.83 |
|---|---|---|
| | 木工市场行情：平均每个工人可以做约25m²/天，拆模约200地m²。4000m²/15天＝266m²/天，266（m²/天）/10人≈26（m²/天/人），基本基础及地下室施工需要 | 劳动效率-按照每组工人/天：模板150～250m²；钢筋0.7t；混凝土100m³进行计算 |
| | 钢筋工市场行情：综合工况下0.75t/天/人，2人（后台加工），13人（前台绑扎）；200t/20天＝10t/天，10（t/天）/15人＝0.67（t/天/人），＜0.75t/天/人 | 工期为45天（其中桩：下钢筋笼、浇筑混凝土、测量放线、桩检测等共需5天） |
| | 混凝土工：1000方/20天＝100（方/天），100（方/天）/8个混凝土工＝6.25［方/天·人］ | 普工均按施工要求进行配置 |

审核机械、设备资源投入见表7-99。

基础分部工程（土方及旋挖桩施工）机械、设备资源投入审核表　　　　表7-99

| 序号 | 设备名称 | 型号规格 | 数量 | 国别产地 | 制造年份 | 额定功率（kW） | 生产能力 | 用于施工部位 | 是/否检验合格 |
|---|---|---|---|---|---|---|---|---|---|
| 1 | 挖掘机 | CLG935D | 4 | 中国 | 2010 | 98 | 1.3m³ | 土石方 | 是 |
| 2 | 挖掘机 | WY100 | 4 | 中国 | 2011 | 87 | 1.0m³ | | 是 |
| 3 | 装载机 | CLG856 | 2 | 中国 | 2009 | 160 | | | 是 |
| 4 | 履带式岩石破碎机 | HB20G | 8 | 中国 | 2013 | 105kW | | | 是 |
| 5 | 混凝土喷射机 | PZ-5B | 2 | 中国 | 2013 | 3 | | | 是 |
| 6 | 自卸汽车 | WH341 | 10 | 中国 | 2009 | | 10t | 运输 | 是 |
| 7 | 潜水泵 | | 12 | 中国 | 2013 | 3 | | 旋挖桩（抽排水） | 是 |
| 8 | 潜水排污泵 | 50QW25 | 4 | 中国 | 2013 | 5.5 | 25m³/h | | 是 |
| 9 | 山河智能旋挖钻机 | 280C-2 成桩直径1500～2000mm | 5 | 中国 | 2012 | 200kN·m | 60m | | 是 |
| 10 | 钢制护筒 | 钢板厚度10mm，护筒内径1100mm | 10 | 中国 | 2012 | | | | 是 |
| 11 | 汽车吊 | QY25 | 2 | 中国 | 2010 | | 25t | | 是 |
| 12 | 车载泵 | SY5120HBC60 | 2 | 中国 | 2011 | 柴油 | 100m³/h | 混凝土输送 | 是 |
| 13 | 混凝土拖泵 | HBT60 | 6 | 中国 | 2011 | 柴油 | 60m³/h | | 是 |
| 14 | 混凝土布料机 | HBY18 | 6 | 中国 | 2012 | 4 | 18m | | 是 |
| 15 | 插入式振动器 | ZN50 | 30 | 中国 | 2013 | 1.1 | 200Hz | 混凝土振捣 | 是 |
| 16 | 平板振动器 | ZW10A | 10 | 中国 | 2013 | 1.5 | 48Hz | | 是 |
| 17 | 钢筋切断机 | GQ40D | 3 | 中国 | 2013 | 2.5 | φ6～40 | 钢筋加工 | 是 |
| 18 | 钢筋弯曲机 | GW40D | 3 | 中国 | 2013 | 2.5 | φ6～40 | | 是 |
| 19 | 钢筋调直机 | GT6/12 | 3 | 中国 | 2013 | 7.5 | φ6～12 | | 是 |
| 20 | 液压冷镦机 | LD800 | 2 | 中国 | 2013 | | φ18～40 | 钢筋连接 | 是 |
| 21 | 直螺纹套丝机 | TS-40 | 2 | 中国 | 2013 | 3 | φ18～40 | | 是 |
| 22 | 高压油泵 | | 6 | 中国 | 2013 | 4 | | | 是 |
| 23 | 电焊机 | BX3-300 | 10 | 中国 | 2012 | 23.4 | | 焊接 | 是 |
| 24 | 泥浆测量仪器 | 1002型比重称 | 1 | 中国 | 2013 | | | 基础 | 是 |
| | | 1006型泥浆黏度计 | 1 | 中国 | 2013 | | | | 是 |

续表

| 序号 | 设备名称 | 型号规格 | 数量 | 国别产地 | 制造年份 | 额定功率（kW） | 生产能力 | 用于施工部位 | 是/否检验合格 |
|---|---|---|---|---|---|---|---|---|---|
| 25 | 泥浆测量仪器 | ZNN 型旋转黏度计 | 1 | 中国 | 2013 | | | 基础 | 是 |
| | | ZNS 型泥浆失水测定仪 | 1 | 中国 | 2013 | | | | 是 |
| | | LNH 型泥浆含砂量测定器 | 1 | 中国 | 2013 | | | | 是 |
| | | 胶体率测定瓶 | 1 | 中国 | 2013 | | | | 是 |
| 26 | 全站仪 | Leica TS09 | 1 台 | 瑞士 | 2011 | | | | 是 |
| 27 | 激光经纬仪 | TDJ2 | 2 台 | 中国 | 2012 | | | | 是 |
| 28 | 水准仪 | NA728 | 4 台 | 瑞士 | 2012 | | | | 是 |

旋挖钻机常用配套设施和辅料：① 泥浆池，沉淀池；② 搅浆筒 1 个（制泥浆用）；③ 膨润土、纯碱、纤维素；④ 泥浆检测三件套；⑤ 清水泵、泥浆泵；⑥ 清洗机；⑦ 泥浆管；⑧ 护筒；⑨ 导管、导管扳手、导管绳套、灌浆平台；⑩ 料斗；⑪ 电焊机 1 台；⑫ 氧气，乙炔一套；⑬ 配电箱、电缆线，照明设施；⑭ 测绳、施工线绳、钢卷尺；⑮ 扁担（吊钢筋笼）；⑯ 钢丝绳；⑰ 吊车；⑱ 装载机；⑲ 钻头，钻齿。

对前述表进行综合分析后，判断出承包商资源投入计划是合理的，能够满足工期需要。

### 7.9.5 工程质量控制

**1. 规划放线坐标测量复核**

（1）控制网复测实施：采用测回法进行观测，使用同一台仪器的正倒镜观测，消除视准轴误差，同时对仪器进行棱镜常数改正，对气温、气压及大气折光等参数改正，严格按照测量技术规范要求操作，以确保测量精度。

（2）数据整理：对测量数据做平差处理，对复测与原测的成果分析比较，如表 7-100 所示。

**平面位置复测记录表**　　　　　　　　　　表 7-100

| 测量范围 | 重庆朝天门国际商贸城一组团一期工程控制成果点 | | | | | | |
|---|---|---|---|---|---|---|---|
| 点 号 | 设计值 | | 实测值 | | 偏 差 | | |
| | $X$ | $Y$ | $X$ | $Y$ | $\triangle X$ | $\triangle Y$ | $\triangle X^2 + \triangle Y^2$ |
| 0Q7075 | 63717.36 | 77585.626 | | | | | |
| 0Q7074 | 63606.449 | 77989.597 | 63606.423 | 77989.580 | −26 | −17 | 31 |
| 0Q7076 | 64430.926 | 77868.324 | 64430.873 | 77868.318 | −53 | −6 | 53 |
| 0Q7077 | 63995.436 | 78507.667 | 63995.407 | 78507.629 | −29 | −38 | 48 |
| N02908 | 63656.254 | 77533.43 | 63656.253 | 77533.431 | −1 | 1 | 1 |

水准测量复测记录表

| 检 查 点 号 | 重庆市勘测院控制点 | | | | | | |
|---|---|---|---|---|---|---|---|
| 工 程 名 称 | 重庆朝天门国际商贸城一组团一期工程 | | | | | | |
| 点号 | 水准尺读数 | | 实测高程（m） | 设计高程（m） | 差值（mm） | 点号 | 水准尺读数 | |
| | 后视 | 前视 | | | | | 后视 | 前视 |
| 0Q0705 | | | | 239.489 | | | | |
| 0Q0704 | | | 247.543 | 247.492 | 51 | | | |
| 0Q0706 | | | 261.184 | 261.175 | 9 | | | |
| 0Q0707 | | | 255.602 | 255.597 | 5 | | | |
| N02908 | | | 241.539 | 241.591 | −51 | | | |

（3）结论和建议

① 通过对控制点平面位置及标高的复测，误差基本控制在 50mm 以内，超出了四等平面、三等水准的规范要求，但根据现场施工情况，可以基本满足施工要求；

② 建议承包商采取有效防护，加强落实对控制点位的保护措施，预防施工机械和人为破坏；

③ 对首级控制点和加密控制点进行定期复测和不定期检查，预防点位发生位移和沉降，影响工程质量（图 7-33）；

④ 由于本工程的整体性，强制要求各承包商采用统一的首级控制点来进行平面控制点和高点的加密，以避免误差。

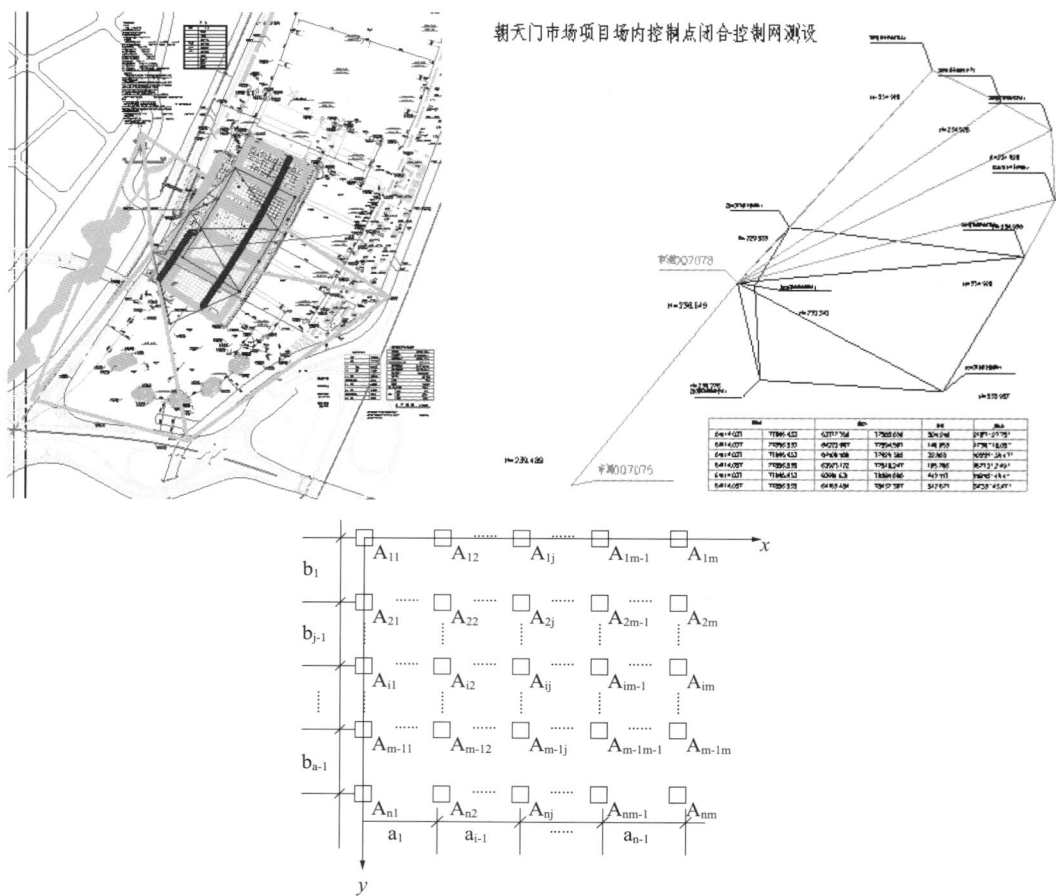

图 7-33 测量控制网建立，放线复测

### 2. 平面轴线网建立

对设计值坐标／实测值坐标进行检查对比，误差在相关规范允许范围内。参见表 7-101。

设计值坐标／实测值坐标检查记录表　　表 7-101

| 列号 j<br>行号 i | | B 轴 | | | C 轴 | | | …… | N 轴 |
|---|---|---|---|---|---|---|---|---|---|
| M1～5 轴 | A51 | x | y | | x | y | | | …… |
| | A51 | …… | | | | | | | …… |
| M1～6 轴 | A61 | 84553.259 | 86864.925 | A62 | 84555.043 | 86862.097 | A63 | | 设计坐标 |
| | A61 | 84553.26 | 86864.925 | A62 | 84555.044 | 86862.098 | A63 | | 实测坐标 |
| M1～7 轴 | A71 | 84554.79 | 86853.504 | A72 | 84555.886 | 86848.47 | A73 | | 设计坐标 |

| 列号 $j$<br>行号 $i$ | | B 轴 | | | C 轴 | | | …… | | N 轴 |
|---|---|---|---|---|---|---|---|---|---|---|
| M1～7 轴 | $A_{71}$ | 84554.791 | 86853.505 | $A_{72}$ | 84555.887 | 86848.471 | $A_{73}$ | | | 实测坐标 |
| M1～8 轴 | $A_{81}$ | 84558.07 | 86842.446 | $A_{82}$ | 84558.447 | 86840.684 | $A_{83}$ | | | 设计坐标 |
| | $A_{81}$ | 84558.071 | 86842.445 | $A_{82}$ | 84558.445 | 86840.685 | $A_{83}$ | | | 实测坐标 |
| M1～9 轴 | $A_{91}$ | 84560.636 | 86834.864 | $A_{92}$ | 84559.977 | 86829.252 | $A_{93}$ | | | 设计坐标 |
| | $A_{91}$ | 84560.635 | 86834.863 | $A_{92}$ | 84559.978 | 86829.253 | $A_{93}$ | | | 实测坐标 |
| …… | …… | | | | | | | | | |

## 3. 钻孔土层厚度、进尺深度与地勘报告中的地质剖面进行对比（图7-34、图7-35、表7-102、图7-36）

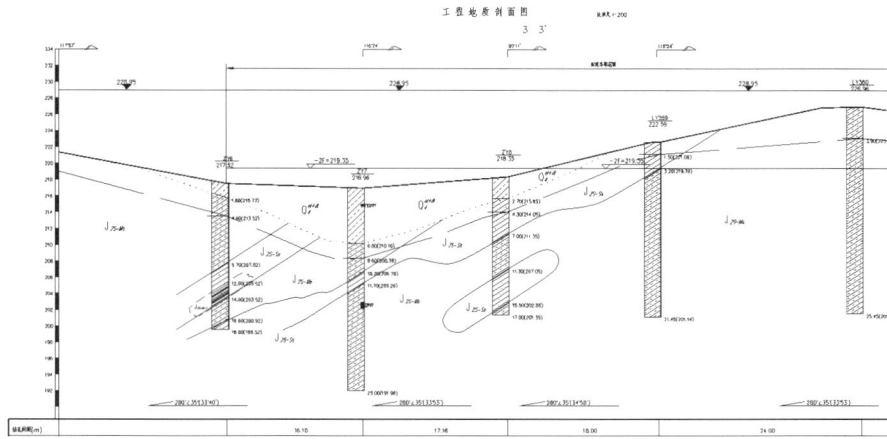

图 7-34　地勘剖面图

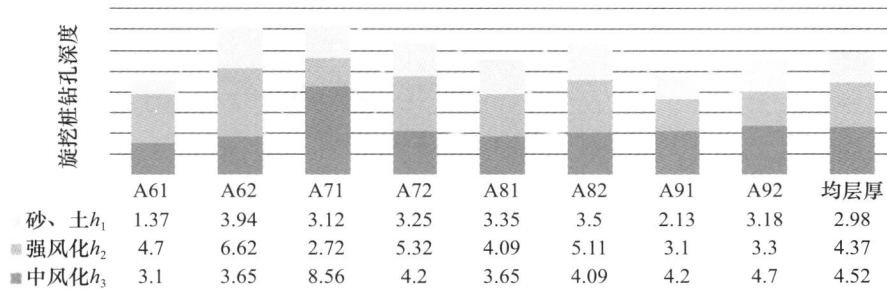

| | A61 | A62 | A71 | A72 | A81 | A82 | A91 | A92 | 均层厚 |
|---|---|---|---|---|---|---|---|---|---|
| 砂、土$h_1$ | 1.37 | 3.94 | 3.12 | 3.25 | 3.35 | 3.5 | 2.13 | 3.18 | 2.98 |
| 强风化$h_2$ | 4.7 | 6.62 | 2.72 | 5.32 | 4.09 | 5.11 | 3.1 | 3.3 | 4.37 |
| 中风化$h_3$ | 3.1 | 3.65 | 8.56 | 4.2 | 3.65 | 4.09 | 4.2 | 4.7 | 4.52 |

图 7-35　旋挖桩施工控制图（单位：m）

### 机械旋挖灌注桩（进尺深度）收方表（二标段）　　　　　　表 7-102

$H$：总长度　　　$h_1$：土层厚度　　　$h_2$：强风化厚度　　　$h_3$：中风化厚度

| 纵轴线<br>桩长度<br>横轴线 | B 轴 | | | | | C 轴 | | | | | ……轴 | | | | | N 轴 |
|---|---|---|---|---|---|---|---|---|---|---|---|---|---|---|---|---|
| | 桩自编号 | $H$ | $h_1$ | $h_2$ | $h_3$ | 桩自编号 | $H$ | $h_1$ | $h_2$ | $h_3$ | 桩自编号 | $H$ | $h_1$ | $h_2$ | $h_3$ | $H$ |
| M1～6 轴 | $A_{61}$ | 10.55 | 1.20 | 4.35 | 5.00 | $A_{62}$ | 15.73 | 3.24 | 7.49 | 5.00 | $A_{63}$ | | | | | 地勘值 |
| | | 9.17 | 1.37 | 4.70 | 3.10 | | 14.50 | 3.94 | 6.62 | 3.94 | | | | | | 实际值 |
| M1～7 轴 | $A_{71}$ | 14.30 | 6.80 | 2.50 | 5.00 | $A_{72}$ | 14.52 | 5.20 | 4.32 | 5.00 | $A_{73}$ | | | | | 地勘值 |
| | | 14.40 | 3.12 | 2.72 | 8.56 | | 12.77 | 3.25 | 5.32 | 4.20 | | | | | | 实际值 |
| M1～8 轴 | $A_{81}$ | 12.00 | 2.70 | 4.30 | 5.00 | $A_{82}$ | 13.94 | 3.09 | 5.85 | 5.00 | $A_{83}$ | | | | | 地勘值 |
| | | 11.09 | 3.35 | 4.09 | 3.65 | | 12.70 | 3.50 | 5.11 | 4.09 | | | | | | 实际值 |

| 纵轴线<br>桩长度<br>横轴线 | B轴 | | | | C轴 | | | | ……轴 | | | | | N轴 |
|---|---|---|---|---|---|---|---|---|---|---|---|---|---|---|
| | 桩自编号 | $H$ | $h_1$ | $h_2$ | $h_3$ | 桩自编号 | $H$ | $h_1$ | $h_2$ | $h_3$ | 桩自编号 | $H$ | $h_1$ | $h_2$ | $h_3$ | $H$ |
| M1～9 轴 | $A_{91}$ | 8.70 | 1.50 | 2.20 | 5.00 | $A_{92}$ | 12.10 | 3.30 | 3.80 | 5.00 | $A_{93}$ | | | | | 地勘值 |
| | | 9.43 | 2.13 | 3.10 | 4.20 | | 11.18 | 3.18 | 3.30 | 4.70 | | | | | | 实际值 |
| ……轴 | …… | | | | | …… | | | | | …… | | | | | 地勘值 |
| | | | | | | | | | | | | | | | | 实际值 |
| 累计桩长 | | 44.09 | 9.97 | 14.61 | 19.51 | | 51.15 | 13.87 | 20.35 | 16.93 | | | | | | |
| 桩理论混凝土总量 | | 28.03 | | | | | 32.52 | | | | | | | | | |
| 桩实际总混凝土量 | | 32.24 | | | | | 38.70 | | | | | | | | | |

备注：混凝土量实际值以现场实际收方为准，不得大于理论混凝土量乘以充盈系数；地勘值（中风化 $h_3$）均为大于 5m。

土质分界线 $\sum\limits_{i=1}^{i=m} a_i$

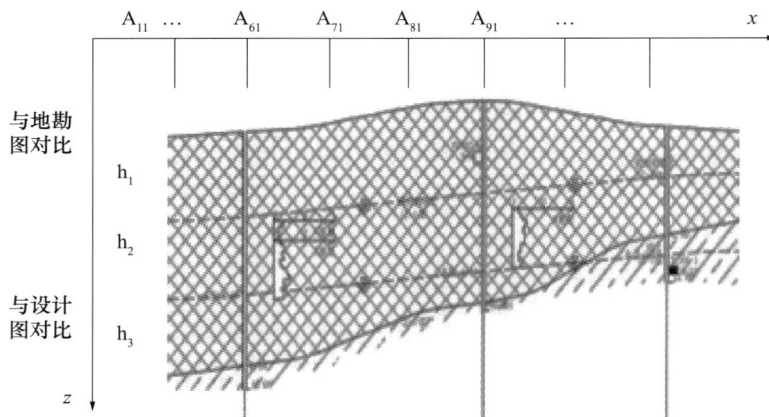

图 7-36　土质分界线示意图

对比后得出结论：该设计桩型为端承桩，嵌岩深度为 2000～6000mm。通过以上桩施工控制图、收方对比图分析，每个孔桩土层、岩层厚度、嵌岩深度与地勘报告中对应的地质剖面描述吻合，旋挖桩嵌岩深度及桩端持力层（岩芯报告）满足设计要求。

**4. 灌注桩检验试验计划及检验批划分**

（1）超声波检测管埋设：声测管布置数量及示意图桩径 $D$，800mm≤$D$<2000mm，每桩需埋设 3 根检测管。

声测管材料：声测管选用 50mm 内径的钢管，壁厚 1.0mm，接头采用焊接。声测管埋设工艺要求：声测管必须从桩顶埋设至桩底，且应下端封闭（焊接密封），上端加盖，管内无异物，检测管超出桩顶 800mm（图 7-37）。

（2）检验计划（表 7-103）

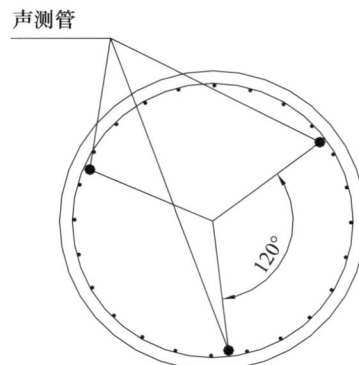

图 7-37　声测管预埋位置示意图

余桩 28 根，长约 430m），主要原因是工人数量不足；钻机缺维修备件，设备运转不正常；钻孔中遇到塌孔、流沙等情况（图 7-39、表 7-112）。

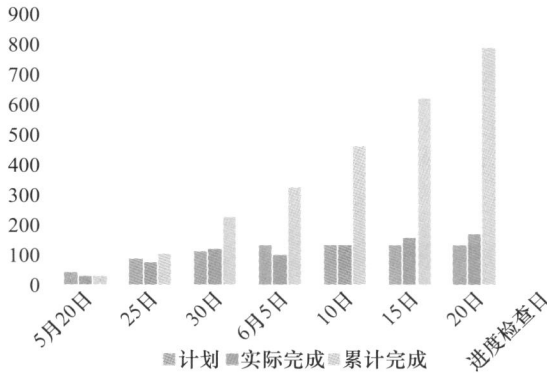

图 7-38　实际进度与计划比较图

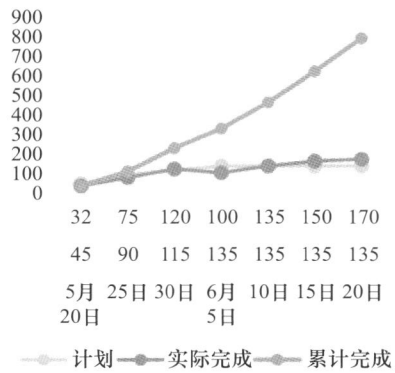

图 7-39　进度曲线图

施工进度检查表　　　　　　　　　　　　　　　　　表 7-112

| | 西区：A6（10-27 轴） | | | | 进度判定 | 东区：B6、B7 | | | | 进度判定 | 门厅：M1 区 | | | | 进度判定 |
|---|---|---|---|---|---|---|---|---|---|---|---|---|---|---|---|
| | 设计 | 累计实施 | 累计成孔 | 累计浇筑 | | 设计 | 累计实施 | 累计成孔 | 累计浇筑 | | 设计 | 累计实施 | 累计成孔 | 累计浇筑 | |
| 旋挖桩 | 263 | 251 | 251 | 229（91%） | 滞后 | 141 | 137 | 137 | 132（96%） | 略有滞后 | 130 | 71 | 58 | 32（55%） | 严重滞后 |
| 独基 | 14 | 12 | 12 | 12（100%） | 符合 | 0 | 0 | 0 | 0 | | 0 | | | | |
| 主要工种人数 | 木工 | 钢筋 | 混凝土 | 其他 | | 木工 | 钢筋 | 混凝土 | 其他 | | 木工 | 钢筋 | 混凝土 | 其他 | 人数不足 |
| | 40 | 33 | 18 | 30 | | 45 | 40 | 28 | 30 | | 12 | 15 | 10 | 7 | |

注：今日检查结果：门厅 M1 区进度滞后严重

7 月 25 日检查（M1-6 ～ 9 轴）施工区与西区、东区进度。对比照片，门厅（M1-6 ～ 9 轴）基础进度滞后，有一台旋挖机未退场（图 7-40）。

图 7-40　对比照片

**2. 进度纠偏**

（1）通过动态跟踪施工进度情况，记录工程施工效率，对比进度计划完成情况，及时发现影响门厅（M1-6 ～ 9 轴）进度的各种因素，项目部于 6 月 10 日以专题报告的形式上报业主。影响进度的各种因素分析如表 7-113 所示。

影响进度的因素分析 表 7-113

| 序号 | 因素<br><br>分部工程 | 设计单位（技术交底、设计变更等） | 造价单位（核价、现场收方等） | 毗邻承包商的影响 | 总包（工作面移交、总分包间配合等） | 与其他专业分包交叉施工影响 | 设备供货（已到／差额） | 劳动力缺口（已到／差额） | | 材料缺口（已到／差额） | 其他干扰因素 |
|---|---|---|---|---|---|---|---|---|---|---|---|
| 1 | 基础结构（含地下室结构） | 钢结构深化图未确认 | 旋挖桩塌孔、混凝土充盈量于 6.10 日未及时计量 | 污水厂搬迁已滞后 10 天 | 交叉施工，道路交通组织、水电接口、垂直和水平运输等协调不力 | 预留预埋、管线统一标高等问题未得到设计确认 | 已到 3 台旋挖机，缺维修备件 | 44 | 20 | 钢筋笼加工滞后 | 纵七路、河道、广场结构、生化池、主体结构等 5 家设计单位相互需对接施工图相互碰撞问题，此项工作未完成 |
| | …… | | | | | | | | | | |

（2）关键线路与进度计划比较出现较大偏差，总监立即组织召开了进度专题会议，提出具体的处理意见，并形成专题会议纪要。

（3）通过参建各方共同努力，门厅（M1-6～9 轴）基础分部工程的进度按期于 2014 年 7 月 30 完工，未对总进度计划造成影响。

### 7.9.7 工序完工验收

（1）坚持工序交接检查制度。坚持上道工序未经检查不准进行下道工序的原则，上道工序完成后，先由该作业班组自检，质量员专职检查，认为合格后通知现场监理单位到场会同检验，质监部门检验合格后验证认可，方能进行下道工序。

（2）因业主原因提出设计变更或技术核定，必须由监理下达通知书，书面修改或变更技术参数。

### 7.9.8 分项完工验收

严格按《建筑桩基技术规范》和《建筑地基基础工程施工质量验收规范》及当地《工程质量管理备案》有关钻孔灌注桩要求，进行灌注桩基础工程验收。

**1. 分项工程质量控制的基本程序**

承包商自检合格后向专业监理工程师报验；专业监理工程师审核资料、现场验收；检验合格专业监理工程师签认后，承包单位可进入下道工序施工。

**2. 桩基竣工验收应该提交资料**

① 工程勘察报告、桩基施工图、图纸会审纪要、设计变更单及材料代用通知书等；经审定的施工组织设计、施工方案及执行中的变更单；② 桩位测量放线图、包括工程桩位线复核签证单；③ 材料试验记录与合格证、施工日志、桩施工隐蔽验收文件；基坑挖至设计标高的基桩竣工平面图及桩顶标高图；④ 成桩质量检查报告；单桩承载力检测报告；采用超声波探伤法检验桩的质量报告、分项工程质量检验评定表、同时提交桩基工程验收记录档案表及桩基工程竣工验收证明书；⑤ 其他必须要提供的文件和记录。

**3. 基础分部工程的主要质量资料**

地基载荷试验报告及其他地基质量检验报告；柱基轴线及样桩放线定位及复核测量记录；桩身混凝土动测报告（桩身完整性、承载力检测报告）；混凝土试块报告及评定结果；轴线偏差和标高验收记录；防雷接地、安装预埋验收记录；钢结构预埋地脚螺栓进场验收记录；分项工程质量检验评定资料；隐蔽工程验收记录；基础竣工图及竣工验收资料。

### 7.9.9　工程安全控制

安全措施

（1）基坑周边安全防护措施

土方及地下室施工时沿基坑四周搭设 1.3m 高定型化围挡钢丝网片护栏，基坑附近挂警示牌、责任牌。

（2）安全通道防护措施

为保证地下室结构施工期间的安全，避免质量和安全事故发生，消除施工危险因素，方便施工人员交通，本工程采取以下安全技术措施来确保施工安全：① 在基坑支撑上两侧搭设临边防护及安全通道，满足人员的水平交通需要；② 搭设人行钢楼梯上下通道，与支撑上水平通道连成一体，满足人员的垂直交通需要。

（3）基坑内外排水措施

① 防止明水进入基坑措施：围檩圈梁完成之后，在梁顶砌 240mm 厚挡土墙，墙顶标高高出基坑周边自然路面 50mm，并从挡土墙边至排水沟的路面，修建 1.5% 坡向排水沟，以便地表明水从现场排水系统排出。

② 基坑内排明水：若因雨水天气或其他原因导致基坑内出现明水，先将基坑内明水通过浅明沟引流，引流至临时积水坑，通过水泵就近排入围墙四周的现场排水沟，通过排水系统排出。

（4）为防止物体坠落伤人，地面人员误入孔中，在每个孔口设安全围栏。在基坑四周及相邻位置有高差较大等部位，凡是没有防护的作业面，均须按规定安装两道围栏和挡脚板确保临边作业的安全。

（5）严格控制保证施工场地平整，稳固钻机平台，保证足够的承载力，对有隐患的场地，及时填筑并压实，保证钻机、吊车的平稳性和安全性。

（6）旋挖钻孔施工时，已完桩孔安排专人对孔口加盖板，在桩孔周围设立警示标志和围警示带，并派专人看守，作业区域设围挡，夜间加设红灯。

（7）钢筋笼吊装应编制专项施工方案。为了防止钢筋笼起吊时变形，发生安全事故，采取以下技术措施：

① 钢筋笼上设置 6 个起吊点，使钢筋笼起吊时有足够的刚度防止钢筋笼产生不可复原的变形。

② 钢筋笼整幅起吊采用一辆 20t 汽车吊和一辆 15t 汽车吊的双机抬吊法。两车同时起吊，以保证钢筋笼起吊过程中不受弯曲，并准确定位；

③ 特种作业人员，除经承包商安全审查，还需按规定参加安全操作考核，取得监察部门核发的《安全操作合格证》，坚持持证上岗。

（8）施工现场的用电线路、用电设施的安装和使用要符合安装规范和安全操作规程，高低压架空线路采用绝缘导线时，其架空高度不得低于 3m，跨越主要道路、线路与路面中心垂直高度不得小于 6m。

### 7.9.10　投资（成本）控制要点

**1. 零星收方计量（表 7-114）**

零星收方计量表　　　　　　　　　　　　　　　　　　　　　　　表 7-114

| 编号 | 轴线位置 | 处理方案依据 | 规格、厚度及部位 | 土方量（混凝土方量） | 处理时间（年 月 日） |
|---|---|---|---|---|---|
| 1 | 5、6 轴 | 将 5、6 轴的土方开挖，以降低切坡高度，分阶平场，为旋挖机械提供施工平台 | 长 × 宽 × 高 50×20×2.0（m³） | 2000（m³） | 2014.5.14 - |

续表

| 编号 | 轴线位置 | 处理方案依据 | 规格、厚度及部位 | 土方量（混凝土方量） | 处理时间（年月日） |
|---|---|---|---|---|---|
| 2 | 1～6轴 | 转运5、6轴已开挖土石方到1～4轴区域回填、碾压 | 长×宽 50×40（m²） | 2000（m²） | 2014.5.15 - |
| 3 | 桩号A83 | 设计文件、地勘文件、现场照片 | 孔深度3.5～5.1m处塌孔1.6×1×1（m³） | 1.6（m³） | 2014.6.12 |

注：钻孔灌注桩要写明钻机名称，规格型号，成孔方法，套管类型，并绘制断面图，标注清楚土石成分，混凝土灌注量按实收方。

## 2. 旋挖桩收方计量

旋挖桩收方计量表案例　　　　　　　　　　　　　　　表 7-115

| 深度＼桩号 | | A₁₁ | A₁₂ | A₁₃ | A₁₄ | A₁₅ | A₁₆ | A₁₇ | A₁₈ | A₁₉ | …… | A₆₁ | A₆₂ | A₆₃ | A₆₄ | A₆₅ | A₆₆ | A₆₇ | A₆₈ | A₆₉ | A_{ij} | | |
|---|---|---|---|---|---|---|---|---|---|---|---|---|---|---|---|---|---|---|---|---|---|---|---|
| 土层 | $h_1$ | 3.87 | 4.75 | 4.74 | 5 | 1.97 | 3.27 | 1.7 | 1.8 | 0 | …… | 1.37 | 3.94 | 4.12 | 5.25 | 4.35 | 5.5 | 6.41 | 2.94 | 4.25 | …… | $\mu_1$ | $\sum_{j=1}^{m} h_{1j}^1$ |
| 软质石 | $h_2$ | 3 | 4 | 3.7 | 4 | 3.76 | 2.4 | 3.2 | 2.9 | 3.45 | …… | 4.7 | 6.62 | 4.72 | 5.32 | 5.09 | 6.11 | 7.01 | 5.62 | 4.32 | …… | $\mu_2$ | $\sum_{j=1}^{m} h_{2j}^2$ |
| 硬质石 | $h_3$ | 3.8 | 3.35 | 3.35 | 4.5 | 3.84 | 3.7 | 3.8 | 3.6 | 3.9 | …… | 3.1 | 3.65 | 5.56 | 7.2 | 4.65 | 4.09 | 5.32 | 4.65 | 5.2 | …… | $\mu_3$ | $\sum_{j=1}^{m} h_{3j}^3$ |
| $H = \sum_{k=1}^{3} h_k$ | | 10.67 | 12.1 | 11.79 | 13.5 | 9.57 | 9.37 | 8.7 | 8.3 | 7.35 | …… | 9.17 | 14.21 | 14.4 | 17.77 | 14.09 | 15.7 | 18.74 | 13.21 | 13.77 | …… | $\mu$ | $\sum_{i=1}^{3} \mu_1$ |
| 收方用图示或颜色区分（根据上表数据画示意图） | | H1 | H2 | H3 | H4 | H5 | H6 | H7 | H8 | H9 | | H61 | H62 | H63 | H64 | H65 | H66 | H67 | H68 | H69 | Hij | $\mu$ 等于 $\dfrac{\pi D^2}{4}$ | |

## 3.《完成工程量月报》，上报截止时间为每月 25 日

每月阶段性检查、统计已完成的工程量，并与计划量进行比较，月度实际完成工程量与计划完成工程量比较，见表7-116、表7-117、图7-41～图7-43。

桩孔、独立基坑成形数据统计表　　　　　　　　　　　表 7-116

| 序号 | 标段名称 | 桩孔成形数据 | | | 独立基坑成形数据 | | |
|---|---|---|---|---|---|---|---|
| | | 桩孔收方总数（个） | 桩孔收方总深度（m） | 桩孔成形平均深度（m） | 独立基坑收方总数（个） | 独立基坑收方总深度（m） | 独立基坑成形平均深度（m） |
| 1 | 一标段 | 659 | 5941.33 | 9.02 | 391 | 872.4 | 2.23 |
| 2 | 二标段 | 284 | 3628.05 | 12.78 | 12 | 37.05 | 3.09 |
| 3 | 三标段 | 136 | 1072.45 | 7.89 | 515 | 1491.05 | 2.9 |

注：以上数据为7、8月各标段收方数据汇总所得。

各标段月计划与完成量对比表　　　　　　　　　　　　　　　　　表 7-117

| | 一标 | | 二标 | | 三标 | |
|---|---|---|---|---|---|---|
| 模板安装（m²） | 月计划 | 完成量 | 月计划 | 完成量 | 月计划 | 完成量 |
| | 390056 | 173575 | 103429 | 44991 | 184778 | 100704 |
| 钢筋制作安装（t） | 月计划 | 完成量 | 月计划 | 完成量 | 月计划 | 完成量 |
| | 12943 | 5436 | 3065 | 1272 | 6365 | 3083 |
| 混凝土浇筑（m³） | 月计划 | 完成量 | 月计划 | 完成量 | 月计划 | 完成量 |
| | 78591 | 25542 | 19927 | 5995 | 35555 | 14490 |

图 7-41　2014 年 7 月模板安装工作完成情况

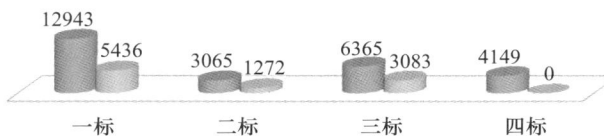

图 7-42　2014 年 7 月钢筋制作安装工作完成情况

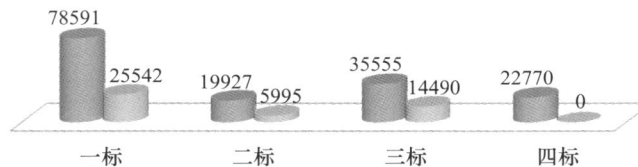

图 7-43　2014 年 7 月混凝土浇筑工作完成情况

**4. 重大变更必须有《专题会议纪要》支撑（表 7-118）**

重大变更台账　　　　　　　　　　　　　　　　　　　　　　　表 7-118

| 序号 | 变更或新增项目 | 变更金额（万元） | 原合同清单金额（万元） | 变更原因分析 | 变更前设计内容 | 变更后设计内容 | 变更发起单位及时间 | 变更单号（变更时间） | 变更施工完成时间 | 资料完整性 | 朝天门公司决策情况 | 上报集团情况 | 备注 |
|---|---|---|---|---|---|---|---|---|---|---|---|---|---|
| 1 | 新增钢结构连廊 | 362.99 | 0 | 原设计图有钢结构连廊但无具体做法，招标清单未包含连廊等相关内容，为连通 M 区内部新增钢结构连廊 | 无 | 钢结构连廊 | 浙江省建筑设计研究院 2015.7.1 | 结字第 18、19、20 号 | 2015.7.2-2015.10.12 | | | | 第 65 期专题会议 2015.6.4 |
| …… | …… | …… | …… | …… | …… | …… | …… | …… | …… | …… | …… | …… | …… |

**5. 项目资金计划与实际比较（图7-44）**

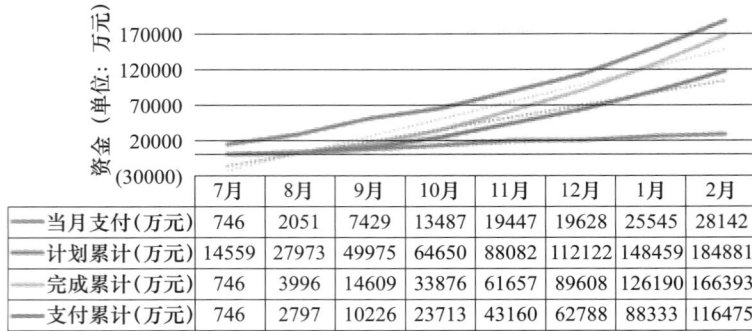

| | 7月 | 8月 | 9月 | 10月 | 11月 | 12月 | 1月 | 2月 |
|---|---|---|---|---|---|---|---|---|
| 当月支付（万元） | 746 | 2051 | 7429 | 13487 | 19447 | 19628 | 25545 | 28142 |
| 计划累计（万元） | 14559 | 27973 | 49975 | 64650 | 88082 | 112122 | 148459 | 184881 |
| 完成累计（万元） | 746 | 3996 | 14609 | 33876 | 61657 | 89608 | 126190 | 166393 |
| 支付累计（万元） | 746 | 2797 | 10226 | 23713 | 43160 | 62788 | 88333 | 116475 |

时间段：2014.6—2015.1

资金计划由项管单位提出

图7-44　朝天门国际商贸城资金计划（2014年6—12月项目资金计划与实际比较）

春节前提前3个月以上向业主预警项目所需资金情况，有关进度资金问题及时提前报告。资金报告示例：

截至9月25日本工程累计完成投资3.39亿元（10月25日需要支付9月的进度款1.35亿元）；

预计实际完成投资：10月约3.3亿元、11月约3.3亿元，12月约3.6亿元（预计今年11月～明年1月期间还需要分批支付10、11、12月的进度款合计约7亿元）。

**6. 基础结算**

基础施工完成后及时按施工合同的有关规定进行基础竣工结算。

### 7.9.11　注意事项

（1）对项目地勘资料的及时性、准确性、完整性要求特高；读图时应知晓本工程桩基设计等级和桩端持力层情况；应注意提醒设计考虑桩基不均匀沉降问题，并应共同明确桩基不均匀沉降观测点的布置问题。

（2）施工准备要求高；旋挖成桩速度快，对原材料及半成品供应要求高。

（3）对项目施工组织协调能力要求高；做好协调工作，积极协调所有参建专业承包单位。

（4）收方签证的及时性显得尤为重要。做好收方计量工作，确保原始数据真实、有效、合理、依据充分、程序合法合规。特别要及时把专项施工方案、设计文件资料、业主/政府的相关文件、工作程序文件和过程资料（照片）等收集齐全。

（5）对项目质量技术管理能力、预判能力要求高，如桩端沉渣厚度检测等。

（6）采用过程管理、旁站监督等手段对施工质量控制尤为重要。

# 7.10　精装修专业工程案例

### 7.10.1　精装修专业工程概况（表7-119）

看台楼、多功能厅——经济技术指标（一览表）　　　　表7-119

| 分部工程 | 装饰面积（m²） | 合同造价（万元） | 计划开工 | 计划完工 | 合同工期（天） | 实际开工 | 实际完工 | 实际工期（天） | 提前合同工期（天） | 楼层分布 | 楼层面积（m²） |
|---|---|---|---|---|---|---|---|---|---|---|---|
| 看台楼 | 9771 | 2332 | 2016.12.18 | 2017.5.30 | 164 | 2016.12.23 | 2017.5.30 | 159 | 5 | 3F | 3149 |
| | | | | | | | | | | 4F | 3210 |

| 分部工程 | 装饰面积（m²） | 合同造价（万元） | 计划开工 | 计划完工 | 合同工期（天） | 实际开工 | 实际完工 | 实际工期（天） | 提前合同工期（天） | 楼层分布 | 楼层面积（m²） |
|---|---|---|---|---|---|---|---|---|---|---|---|
| 看台楼 | 装饰施工内容及范围（招标范围） | 3F～6F 室内精装含：接待、综合会议、酒店客房、公共区域、电梯前室等全部装饰内容 | | | | | | | | 5F | 2523 |
| | | | | | | | | | | 6F | 920 |
| 多功能厅 | 7230 | 2013 | 2017.2.25 | 2017.5.15 | 80 | 2017.2.20 | 2017.5.8 | 78 | 2 | −1F | 1767 |
| | | | | | | | | | | 1F | 2613 |
| | 装饰施工内容及范围（招标范围） | −1F～3F 多功能楼中庭及附近公共区域室内全部装饰装修 | | | | | | | | 2F | 1491 |
| | | | | | | | | | | 3F | 1401 |
| 特别说明 | （1）工作总结：主要以看台楼三层室内精装为例，三层楼中又以墙面子分部工程为主线。<br>（2）原计划工期提前 25 天，后因建设方及其他原因：① 新增房间；② 新增观光梯；③ 调整设备功能性用房；④ 三层楼吊顶标高拆改等，最后提前 5 天时间顺利完成，并交付使用 | | | | | | | | | | |

### 7.10.2　目标及目标分解（表 7-120）

**（看台楼）装饰工程——"投资、进度、质量"三大目标分解**　　表 7-120

| 序号 | 分解类别 | 目标·分解 | 目标 |
|---|---|---|---|
| 1 | 造价控制目标 | 以三层楼施工标段为例：总合同金额 2332 万元，装饰总面积 9771m²，单方造价为 2332÷9771 ＝ 2386.65（元/m²），按单方造价折算到看台楼三层的装饰造价为：3149m²×2386.65 元/m² ＝ 751.56 万元。详见后面：整个看台楼墙面子分部工程仅直接费约 314.84 万，竟占了整个三层楼装饰工程总造价：314.84÷751.56 ＝ 41.89% | 41.89% |
| 2 | 进度控制目标 | 以三层楼施工标段墙面分项工程为例：<br>（1）墙面子分部工程：看台楼三层施工标段墙面子分部工程，施工周期最长，从 2016.12.18 开始施工～2017.5.30 施工完成，整个 164 天合同工期近占了 149 天，为关键线路。详见后面：整个看台楼实际工期 159 天，而墙面工程近花了 149 天，占了整个合同工期的 149÷164 ＝ 90.8%。<br>（2）其他子分部工程：分别为天棚吊顶 121 天，地面工程 147 天，卫生间 72 天，活动家具及门安装 100 天，收尾工程 15 天 | 90.8% |
| 3 | 质量控制目标 | （1）按本合同约定，达到国家：验评标准，并一次性验收合格。<br>（2）主要按《建筑工程施工质量验收统一标准》GB 50300、《建筑装饰装修工程质量验收标准》GB 50210《建筑装饰装修工程质量验收规范》GB 50210 及其他相关的施工质量验收规范进行过程质量控制和检查验收 | 达到国家验评标准 |

### 7.10.3　装饰工程前期技术准备

**1. 前期主要技术管理工作及计划（表 7-121）**

**前期主要技术管理工作计划表**　　表 7-121

| 技术准备·管理工作 | 组织单位 | 参与单位·责任矩阵 | 完成情况 | 工作描述 | 完成时限 |
|---|---|---|---|---|---|
| 装饰设计二次深化 | 项管 | 监理/施工/甲方/设计 | × | 深度不够 | 2016.11.28 |
| 项目重点/难点梳理 | 项管/监理 | 监理/施工/甲方 | √ | 已梳理 | 2016.12.18 |
| 装饰项目管控交底 | 项管/监理 | 监理/施工/甲方/设计/跟审 | √ | 已实施 | 2016.12.15 |
| 施工技术/方案交底 | 施工 | 项管/监理/施工 | √ | 已提前实施 | 2016.12.18 |
| 专业合图/协解/对接 | 项管/监理 | 总包/专业分包/装饰 | × | 部分未对接 | 2016.11.10 |
| 节点细化/施工图固化 | 项管 | 总包/专业分包/装饰 | × | 后续继续善 | 2016.11.10 |
| 梳理合同/工作界面 | 项管/监理 | 装饰/总包/分包 | √ | 已梳理 | 2016.11.10 |
| 进度计划讨论/审签 | 项管 | 监理/施工/甲方/总包/分包 | √ | 已审定签认 | 2016.11.10 |
| 特别说明 | 以上所述技术准备全部完善后，并经相关单位的负责人进行了签字确认 | | | | |

**2. 施工图二次设计审核（表 7-122）**

各专业施工图审查：项管单位牵头组织监理人员和管理团队，对看台楼装饰设计图纸进行了二次审查，对设计二次审查中发现的问题、设计不足和不完善的地方及时与设计单位进行了衔接，并形成了正式的设计变更。

看台楼——"图纸二次审查"问题汇总表　　　　　表 7-122

| 序号 | 审查的具体内容 | 符合性 | 不符性 | 问题描述 |
|---|---|---|---|---|
| 1 | 设计图纸和设计文件在装饰、消防、节能、环保等方面，各主管部门提出的审查意见是否有针对性的回复，对本工程的审批文件得到落实 | □ | | √ |
| 2 | 装饰设计图纸是否经审图合格并该有审图章，是否交原设计单位签章 | □ | | √ |
| 3 | 装饰设计是否有违强制性条文及现行规范地方 | □ | | √ |
| 4 | 设计采用的规范、规程是否为国家和地方现行的有关本工程的版本，版本是否过期、有效 | × | ■ | 《建筑装饰装修工程施工质量验收规范》GB 50210—2001 已废止 |
| 5 | 装饰设计及荷载是否存在设计超限、超规、超标，且是否经原主体设计单位结构验算并签字确认 | □ | | √ |
| 6 | 是否满足功能需求、人性化设计、公众安全 | × | ■ | 出看台楼入户门口缺踏步且踏步存在安全隐患 |
| 7 | 重点关注装饰在绿建、生态、环保、防火、防水、防潮、节能、人工智能等方面的设计内容 | □ | | 但门锁未配备智能系统 |
| 8 | 装饰设计是否存在重大的结构和设计变更 | × | ■ | 原设计直梯数量不足，需新增观光梯，后完善了设计变更手续 |
| 9 | 是否存在结构上的硬伤，包括原土建结构的硬伤未作处理等。如净高、净宽、标高、功能房分区等 | × | ■ | 大型会议室、接待室净高受限，需调整装饰造型 |
| 10 | 有无违反和擅自改变了防火分区、防火封堵及隔离、疏散通道、路径、长度，消防设施设备、报警装置、应急疏散指示、防排烟、送排风等 | × | ■ | （1）新增功能性用房，将改变了原防火分区；（2）部分疏散指示设置部位不妥 |
| 11 | 二次装饰设计的消防设施及配置是否满足消防要求，如：消火栓／箱／门、防火门、风口、检查口…… | □ | | √ |
| 12 | 装饰工程的防雷设计、等电位连接 | □ | | √ |
| 13 | 装饰针对大跨度、超空高、极端气候、温湿度变化等因素影响下的防止变形、开裂、位移的设计和用材（包括刚性支撑、反向支撑、转换层设计） | × | ■ | （1）超大空间刚性支撑、反向支撑设计点位不够；（2）两端超大空间及高度辅助用房未设置反向支撑 |
| 14 | 是否按强制性标准和新的验收规范设置了应该设置的抗震支架 | □ | | 2017 强制性标准未出来 |
| 15 | 针对西北地区（内蒙古）极端气候、温湿度变化等因素影响下的防止变形、开裂、位移的设计和用材 | × | ■ | 天棚与墙面衔接处，设计未采用刚性金属压条 |

**3. 装饰与各专业碰撞／叠加／合图（表 7-123）**

专业合图：组织专业团队，审图、读图、合图。通过专业合图，利用矩阵法、叠加法和BIM碰撞技术，找出相关专业与本装饰工程之间的错、漏、碰、缺、重，以及出现冲突、矛盾、打架的地方，并形成固化。

装饰与各安装专业设计图纸——合图、碰撞、叠加　　　　　　表 7-123

| 序号 | 专业衔接 | 找出的错、漏、碰、缺、重 | 冲突、矛盾 | 采取的解决方案、措施 |
|---|---|---|---|---|
| 1 | 装饰与土建 | 大厅门洞口、总包各层幕墙与室内精装在土建门窗洞口上安装的缝隙超宽、超大 | 出现合同界面纠纷、扯皮 | 组织总包、装饰、门窗分包专题协调，后来指定总包完成 |
| 2 | | 总包与装饰在三层会议、接待大厅的专业图纸标高不符、净高不够、标高降不了 | 影响了室内造型、楼层标高统一、洁具和管道安装、石材地面铺贴，出现结构硬伤 | 经会同设计、甲方调整了装饰的设计造型 |
| 3 | | 楼层室内边缘踢脚反坎、护窗栏杆、竖向封堵等专业图纸相互漏项 | 造成后续补救施工困难，工序倒置 | 重新按合同界面进行了清理并指定了责任单位补充施工完成 |
| 4 | | 土建结构施工定位放线出错、结构偏移 | 无法补救或剔打造成结构硬伤、影响装饰效果 | 因工期紧、结构反工难度大，后来通过采取调整装饰效果的方式进行弥补 |
| 5 | | 看台楼各层扶梯上下平台位置出现缺结构、缺平台及不锈钢玻璃栏杆缺安全阻挡装置 | 究竟由谁实施？界面不清，衔接脱档 | 后采取以甲方指令形式及合同增项交由装饰单位完成 |
| 6 | | 几家单位清单、合同、设计彼此漏项 | 各专业图纸遗漏、空缺，设计图纸未反映 | 项管（监理）立即组织相关单位进行清标、图纸叠加和问题矩阵 |
| 7 | 装饰与安装 | 户内电箱 | 要么影响装饰效果，要么又不满足防火要求 | 以装饰效果为准，实施防火处理 |
| 8 | | 装饰安装与专业安装，在作业面、工序、吊顶内未自成体系 | 随意敷设、跨接、穿越，出现标高重叠、打架 | 项管（监理）专项进行了责任、界面清理，须自成体系 |
| 9 | | 安装的强弱电、管道井未封堵、井壁未抹灰是通病 | 消防验收通不过不说，常常影响送排风的风压及通风量 | 为确保风压及通风量，项管（监理）有针对地提前进行了工序施工专项质量检查 |
| 10 | 装饰与暖通 | 天棚吊顶上的各种送、排风口、检修口 | 大小、位置、数量、形状，几家配合单位常常不一致，出现造型、功能性使用、售后维护等矛盾 | 提前深化、固化各专业图纸 |
| 11 | | 室内装饰效果设计深化后新风口与排风口距离太近 | 出现送、排风短路 | 按规范调整送、排风口距离 |
| 12 | | 再如卫生间排风出现重叠、不符 | 各专业设计图上不一样，有些是排风扇，有些是风机 | 对此按清单、合同、图纸进行清理，最后以甲方变更指令的形式进行了确认 |
| 13 | 装饰与弱电 | 精装设计图经常错、漏弱电部分的 LED 显示屏、信息发布、开关、照明、插座等点位和取电位置 | 不满足功能性使用要求，取电位置有误 | 要求按功能性使用要求调整、补齐、完善，装饰必须无条件进行配合 |
| 14 | | 安装的配电箱设备，招标和对配电箱内各回路的元器件进行深化时，常常漏掉了弱电的回路 | 致使弱电无强电取电回路和接口 | 详查设备清单和技术参数，追究和查找原因及责任归属 |
| 15 | 装饰与消防 | 防火卷帘轨道外露，土建、装饰均未进行实体包裹、装饰 | 耐火极限达不到 3 小时 | 如土建结构包裹和封堵受限，则要求装饰单位采用 A 级不燃材料进行装饰包裹 |
| 16 | | 装饰因造型需要深化后改变、取消了喷淋头、烟感、风口的数量或位置 | 致使消防不达标，验收通不过，有些影响了装饰效果 | 要求必须满足强规，采取：侧喷或调整位置、大小、风口形状等处理形式 |
| 17 | | 又如室内装饰墙面上的消火栓、电箱、防火门、应急疏散指示等经常发生改变、冲突、矛盾 | 要么不满足装饰效果，要么不满足消防要求 | 须专题深化，调整构造做法或材质以满足各专业要求 |

续表

| 序号 | 专业衔接 | 找出的错、漏、碰、缺、重 | 冲突、矛盾 | 采取的解决方案、措施 |
|---|---|---|---|---|
| 18 | 装饰与消防 | 出现缺隔墙、构造柱等二次结构 | 精装改变了原来的防火区、路径、净空 | 组织专题技术讨论涉及重大变更需重报消防审查备案 |
| 19 | | 甚至装饰工程涉及的一些特殊房间如：油料库房／燃气室／锅炉房／厨房／特殊设备用房／易燃易爆品仓库等出现错漏碰缺 | 不满足强制性规范要求 | （1）提前重点梳理；<br>（2）必须满足强规；<br>（3）咨询行业主管 |
| 20 | | 装饰完成后的配电箱／开关／插座／灯具等用电设施出现错、漏、缺 | 用电设施未安装和配备特殊的防爆装置及儿童防火设施 | 须按强规配置，寻求行业、专业技术支撑 |
| 21 | 装饰与幕墙 | 竖向、层间的封堵和装饰包裹 | 出现重、漏、界面不清、做法不明、设计漏项 | （1）层间封堵划定：基层归幕墙单位，装饰表面归精装；<br>（2）竖向（隔墙封堵）全部归精装承包商一家完成 |
| 22 | | 防雷接地、等电位连接 | 未预留或错留防雷接地引下线或未形成可靠等电位连接 | 须按规范连接，对已经隐蔽的必须重新剥离、打开 |
| 23 | | 室内装饰在幕墙外墙面防火窗开启的防火窗 | 部位错、漏，开启的位置、大小、数量有误 | 须按强规执行 |

### 4. 施工图二次深化设计（表 7-124～表 7-126）

（1）施工图深化设计的顺利及时与否，将直接影响本工程能否顺利推进，装饰的图纸深化是保证工程顺利进行按时完工和确保工程质量的关键所在。设计图纸质量的好坏及深度将直接影响设计的质量特性，即功能性、安全性、经济性、可用性、可实施性、符合性、时间性。由于目前业主所提供的图纸部分还达不到施工图的深度，后期图纸的深化工作量较大。对此，项管监理主要抓了以下管控工作。

深化设计工作管控——汇总表　　　　　　　表 7-124

| 序号 | 管控重点 | 责任矩阵 | 具体工作内容 | 完成情况 | |
|---|---|---|---|---|---|
| | | | | √　× | 备注 |
| 1 | 团队组建 | 项管／业主 | 深化前组织总包／业主／设计院／及专业承包商共同进行图纸会审 | √ | |
| 2 | 总体要求 | 设计／施工／项管 | 针对各专业系统进行纵向到底、横向到边的深化，力保各专业系统的全面性与完整性。结合现场实际测量放线结果，对平面、立面、节点图进行深化设计，确保深化设计图纸能达到指导现场施工要求 | √ | |
| 3 | 深化范围 | 项管／设计／施工 | 对深化的基准图纸进行确认，确认各专业承包商深化设计范围，并将各专业系统在楼层平面中反映出来，以便楼层安装前消除可能存在的问题或不足之处 | × | 不彻底 |
| 4 | 方案审查 | 项管／监理 | 严格、认真、仔细审查施工方的深化设计及节点优化方案 | | |
| 5 | 现场踏勘 | 施工／监理 | 组织现场踏勘和测量放线，为深化提供现场尺寸；根据设计图纸和现场测量放线情况绘制立面、平面分格图、施工节点及材料加工图 | √ | |
| 6 | 协调配合 | 项管／设计／施工 | 负责协调设计院、建设方工程技术部、总包技术部门、分包及各专业单位的沟通协调，并对各交叉部位进行协调。确保装饰、给水排水、电气照明、空调通风、消防、智能化各专业深化设计相互吻合 | √ | |
| 7 | 图纸交底 | 施工／监理 | 同时，要求施工方对施工班组进行深化设计图纸交底 | √ | |
| 8 | 审核报批 | 项管／业主 | 牵头组织对深化设计的审核工作，并提出合理化的建议。对重新设计图纸及深化设计图纸进行报审、报批。深化完成后预留合理的审核时间报设计单位审核。同时，跟踪深化设计的报审报批推进工作 | × | 不及时 |
| 9 | 资料管理 | 项管／施工 | 会审签认后注意资料收集归档，以备竣工图绘制 | × | 后期 |

深化设计工作管控工作要点——明细表　　　　　　表 7-125

| 序号 | 工作要点 | 责任单位 | 深化监管·具体工作内容·要求 | 备注 |
|---|---|---|---|---|
| 1 | 深化会审 | 项管／施工／业主 | 组织参建各方进行会审，对深化设计的基准图纸进行确认，确认各专业承包商深化设计范围 | 深化前图纸会审 |
| 2 | 深化读图 | 项管／监理／施工 | （1）是否符合设计规范要求；（2）查看图纸是否完整，是否存在缺图少图现象；（3）图纸中的工艺做法是否合理；（4）理出大面上的重点难点清单 | 重点记录设计方案未体现的结构（包括：影响设计效果的结构） |
| 3 | 深化重点 | 设计／施工／监理 | （1）空间布局是否一致；（2）图纸是否完全反映空间结构；（3）建筑结构是否满足设计要求 | 结合重点难点清单，查看现场是否能够实现或存在什么解构隐患 |
| 4 | 深化收集 | 设计／施工 | 收集有关的：机电、消防、通风设备安装资料；悬挂、壁挂设备和灯具详图 | 如通风管道布置图，风机盘管型号图，各种洞口开口尺寸等 |
| 5 | 参与放线 | 施工／监理 | 监理参与现场放线了解土建误差和特殊立管、检修门位置是否与内装设计矛盾，对放线质量进行监督 | 深化设计前我司派出了现场监理对现场情况进行了认真细致的勘查，为深化设计工作提供了可靠依据 |
| 6 | 现场确定 | 设计／施工／监理 | 与各机电、消防专业现场会审图纸，协调吊顶标高和布局；<br>结合放线和现场实情确定主要墙面定位尺寸 | |
| 7 | 深化绘制 | 设计／施工 | 综合地面、立面、吊顶施工图；针对不同材料之间的衔接部位、收边收口部位、转角拼缝部位、细部节点等处的施工图设计进行深化设计节点图绘制 | 包括各种建材和部件的安装节点详图 |
| 8 | 推进程序 | 施工／监理 | 原方案→调整位置→二次调整方案→最终效果→材料分析→深化确认报审→资料归档 | |
| 9 | 其他要求 | 项管／监理／施工 | 对施工和加工厂家提出必要的质量要求；复查木制品厂深化加工家具详图；针对本工程特点，对施工提出质量要求和施工工序先后 | 加强深化设计与现场情况的互动 |

深化设计——成果表　　　　　　表 7-126

| 序号 | 深化项目 | 深化部位及做法 | 具体要求 |
|---|---|---|---|
| 1 | 空间效果 1 | 以效果图的形式真实地表现设计效果，让向业更好地了解工程的整体效果，了解业主的想法和想要的设计效果，有利于跟深化设计师进行沟通、探讨、方案的确定 | 便于深化设计更好地了解设计风格和空间效果，从而发现不合理的设计造型、材质、色调问题；效果图更好地给施工条线人员进行交底和工艺的探讨 |
| 2 | 空间效果 2 | 采用手绘及草图大师体现造型体量、比例关系。通过草图大师体现石材阳角和横缝的不同关系 | 采用手绘形式，即能很好地、快速地表达设计空间效果，又能短、平、快地体现问题和给予合适的建议，确定方案进行细部深化 |
| 3 | 天花吊顶平面布置图 | 标出各种天花吊顶、吊顶交接处、吊顶造型等节点索引 | 须标注各部位天花吊顶标高，各部位材料做法，灯具、烟感、检修口、通风口位置等以及其他相关专业的空间位置 |
| 4 | 地面铺装图 | 标注出各种材料做法节点、不同材料交接处节点索引 | 须标注各部位地面标高，各部位材料做法，确定地面分格尺寸及分格方法 |
| 5 | 墙面立面图 | 标注出各种材料做法节点、不同材料交接处节点索引，标注出墙面标示牌／开关插座位置 | 标注出墙面各部位材料做法，主要材料部分尺寸，不同材料部位空间关系 |
| 6 | 施工节点图 | 标注出各种配件的规格尺寸，不同材料的厚度，各种材料之间的空间关系及连接方法 | 画出不同施工节点的具体做法 |
| 7 | 中庭共享圆柱间消防卷帘包饰收口 | 现场消防卷帘为双轨道，图纸上为单轨道 | 考虑到美观，卷帘中间顶面需装饰包裹 |

续表

| 序号 | 深化项目 | 深化部位及做法 | 具体要求 |
|---|---|---|---|
| 8 | 各方顶面综合点位布置深化 | 为了保证顶面最终效果美观，前期需对各安装单位空调风口、烟感、喷淋、灯具等点位进行综合深化排布 | 各单位必须严格按照深化图纸施工 |
| 9 | 石材方柱子包饰阳角处理 | 据以往施工经验，方柱阳角不应大于90° | 拼角，建议深化后变为5×5倒角处理 |

（2）节点深化、优化、固化：

项管监理组织各参建单位，通过此项工作，找出了各专业设计图中的设计不足、设计缺陷、错、漏、碰、缺、重等环节和部位以及设计上可优化的地方，经收集、整理、处理、销项等管控，最终达到了较为完美的使用功能和装饰效果。

### 7.10.4 装饰工程前期现场准备（表7-127）

现场准备工作完成表 　　　　表7-127

| 序号 | 现场准备工作·开工前置条件 | 组织单位 | 具体工作内容 | 已完善 | 未完善 | 备注 |
|---|---|---|---|---|---|---|
| 1 | 土建结构实体复测 | 项管 | 组织并参与了装饰与总包对原土建实体测量、复核 | √ | | |
| 2 | 二次结构工程量签审 | 项管 | 组织相关方对二次结构需修改、补充、调整、完善部位工程量签认 | √ | | 需报跟审最终核签 |
| 3 | 合同工作界面移交 | 项管 | 督促合同施工方实施了合同工作界面移交（含质量、工序、安全），并签认 | | × | 部分存在争议，需后续协解 |
| 4 | 二次结构/基层处理 | 项管 | 安排装饰单位实施了二次结构和基层处理（如砌体轻质隔墙、构造柱、层间及竖向封堵、防水挡坎、反坎、台阶、扶梯平台等） | √ | | |
| 5 | 材料选样/确样/封样 | 项管/监理 | 2016.11.18图纸深化后，立即着手组织设计、甲方、项管、监理、跟审、装饰、材料供货商等单位，对看台楼所用材料进行了选样、确样、封样 | | × | 此项工作未完，后续设计变更还有 |
| 6 | 大宗材料订货加工 | 项管/监理 | 催促装饰承包商完成了首批材料的场外订货加工（主要指地砖、石材、各种板材、铝合金、木饰面、实木门等大宗材料及软硬包、壁画、墙纸、地毯、灯具、洁具、家具等） | √ | | 督促装饰承包商指派专人进行后场跟踪 |
| 特别说明 | 重点对总分包管理的办法、制度、协议、费用分摊以及协调配合等一系列事项逐一进行了明确，并落实了以下协调、配合工作，包括临时水电、临时消防、临时设施、现场布置、材料堆场、道路、架体搭设、垂直运输、设施设备、人员管理、责任界面、总分包协议、费用分摊等工作 | | | | | |

### 7.10.5 进度管控

**1. 装饰关键节点控制（表7-128）**

（看台楼）装饰工程——"关键节点"控制计划 　　　　表7-128

| 工作名称 ＼ 时间节点 | 2016年12月 | 2017年1月 | 2月 | 3月 | 4月 | 5月 |
|---|---|---|---|---|---|---|
| 工作界面移交·进场测量放线节点 | 2016.12.25　▲ | | | | | |

续表

| 时间节点<br>工作名称 | 2016 年 12 月 | 2017 年 1 月 | 2 月 | 3 月 | 4 月 | 5 月 |
|---|---|---|---|---|---|---|
| 二次结构节点 | | 2017.1.5<br>▲ | | | | |
| 隐蔽封板验收节点 | | | 2017.2.28<br>▲ | | | |
| 装饰大面完成节点 | | | | | 2017.4.30<br>▲ | 2017.5.10<br>▲ |
| 各专项验收节点 | | | | | | 2017.5.15<br>▲　▲18 |
| 开荒保洁节点 | | | | | | 2017.5.22<br>▲ |
| 预验收节点 | | | | | | 2017.5.25<br>▲ |
| 竣工·试运行节点 | | | | | | 2017.5.30<br>▲ |

## 2. 首先对主／辅材配置和工程量及计划进行统计、分析、汇总（表7-129）

"主、辅材配置、工程量"统计、分析、计划、汇总表　　　表 7-129

| 序号 | 主材、辅材、特征简述 | | 单位 | 清单量 | 综合单价 | 合价（元） |
|---|---|---|---|---|---|---|
| 1 | 200 厚 75 型轻钢龙骨隔墙 | 5 层石膏板、双层隔音棉 | m² | 1615 | 270.89 | 437598 |
| 2 | 石膏砌块墙刮 828 腻子墙面 | 20mm 厚水泥砂浆抹灰 | m² | 5528 | 22.47 | 124214 |
| 3 | PT-01 白色乳胶漆墙面 | | m² | 492.26 | 25.46 | 12533 |
| 4 | PT-02 防潮白色乳胶漆 | | m² | 25.62 | 29.22 | 749 |
| 5 | 墙面防水·聚合物水泥基 | | m² | 289.78 | 62.14 | 21988 |
| 6 | 300×600 卫生间墙面砖 | | m² | 373.99 | 169.69 | 63462 |
| 7 | 50 ～ 230mm 接待室墙粘接石材 | 3 号镀锌方钢·12mm 阻燃板基层 | m² | 438.64 | 1813.96 | 795675 |
| 8 | 20mm 厚柱面石材干挂 | 5 号镀锌槽钢·5 号镀锌角钢 | m² | 452.67 | 1202.04 | 544218 |
| 9 | 135mm 宽柱面石材线条干挂 | 5 号镀锌槽钢·5 号镀锌角钢 78×5 | m | 24.38 | 237.69 | 5795 |
| 10 | 20mm 厚电梯厅大理石干挂 | 8 号槽钢·5 号角钢·8 号穿墙螺栓 | m² | 108.2 | 1162.01 | 125729 |
| 11 | 石材柱面雕花浮雕·基层类型石材面 | | 个 | 12 | 3045 | 36540 |
| 12 | 大理石电梯门套石材干挂 | 基层辅材同 | m² | 13.06 | 1162.01 | 15176 |
| 13 | 20 厚 100 宽大理石干挂线条 | 基层辅材同 10 项 | m | 32.96 | 188.48 | 6212 |
| 14 | 20 厚 50 宽大理石干挂折边 | 基层辅材同 10 项 | m | 27.6 | 167.39 | 4612 |
| 15 | 20 厚电梯顶面大理石 | 基层辅材同 10 项·粘接层铺贴面层安装 | m² | 3.12 | 932.44 | 2909 |
| 16 | 260 宽墙面大理石花纹线条 | 3 号镀锌方钢·12Mm 双层阻燃胶合板 | m | 105.89 | 920.75 | 97498 |
| 17 | 400 高 ×50 石材踢脚线 | 底层抹灰·12mm 双层阻燃胶合板基层 | m | 110.34 | 694.46 | 76626 |
| 18 | 150 高 ×20 石材踢脚线 | 水泥砂浆结合层 | m | 20.52 | 245.34 | 5034 |
| 19 | 350 高 ×20 干挂石材踢脚线 | 150×150×5 锚固板 8 号槽钢·5 号角钢 | m | 179.95 | 631.5 | 113638 |

续表

| 序号 | 主材、辅材、特征简述 | | 单位 | 清单量 | 综合单价 | 合价（元） |
|---|---|---|---|---|---|---|
| 20 | 350 宽 ×20 干挂石材顶角线 | 150×150×5 锚固板 8 号槽钢·5 号角钢 | m | 179.95 | 693 | 124705 |
| 21 | WC-03 墙纸 | | m² | 1376.5 | 122.88 | 147108 |
| 22 | PU-02 防火硬包 | 3 号镀锌方钢·双层 12 阻燃胶合板 | m² | 154.32 | 748.11 | 115448 |
| 23 | 硬包造型背景墙墙面画 | 3 号方钢·12 阻燃板基层 | m² | 61.27 | 1178.13 | 72184 |
| 24 | 12mm 厚樱桃木木饰面 | 3 号方钢龙骨 12 厚阻燃胶合板基层 | m² | 19.26 | 589.54 | 11354 |
| 25 | 385 宽樱桃木木饰面 | 防火防腐木龙骨 15 厚阻燃板基层 | m² | 37.91 | 656.06 | 24871 |
| 26 | WD04·12mm 厚樱桃木木饰面 | 防火防腐木龙骨 12 厚阻燃板基层 | m² | 3 | 560.74 | 1682 |
| 27 | 16×12mm 樱桃木线条 | | m | 149.28 | 16.36 | 2442 |
| 28 | WD-04·20 厚成品樱桃木色木质踢脚线 100 | | m | 104.9 | 36.1 | 3787 |
| 29 | 面板 50·侧板 260 樱桃木木饰面垭口套线 | | m | 13.58 | 239.03 | 3246 |
| 30 | 侧出风口·铝百叶 4000×200 开孔加固 | | 个 | 22 | 20.93 | 460.32 |
| 31 | 单扇成品实木复合套装门 | 900×2400×6·950×2200×2·1000×2400×2·1000×3000×24·1100×3000×18 | 樘 | 52 | 2211.32 | 114988 |
| 32 | 双扇成品实木复合套装门 | 1500×2800×2·1500×3000×2 | 樘 | 4 | 6162.64 | 24650 |
| 33 | MR-01 超白镜 6mm 厚 | 12 厚木工板刷防火漆基层板 | m² | 23.84 | 165.38 | 3953 |
| 34 | 60mm 宽金箔镜框 | 15mm 阻燃胶合板基层 | m² | 40.84 | 67.8 | 2769 |
| 35 | 80mm 宽金箔镜框 | 15mm 阻燃胶合板基层 | m² | 51.76 | 87.5 | 4529 |
| 合计： | | | | 3148382 元 | | |

### 3. 关键线路工作统计表（表 7-130）

**（看台楼）——关键线路上的工作统计表**　　　　表 7-130

| 序号 | 主要关键工作名称（工作内容） | 总工作量 | 单位 | 计划完成天数 | 实际完成天数（总工作量/实际日完成量） | 人数 [实际日完成量/（人·日完成定额数）] | 需要资源 | | | 主/辅材料 | 计划开始日期（年月日） | 计划完成日期（年月日） |
|---|---|---|---|---|---|---|---|---|---|---|---|---|
| | | | | | | | 塔式起重机 | 提升机 | 专用工具 | | | |
| 1 | 顶面轻钢龙骨基层制作 | 9572 | m² | 34 | 9572/300＝32 天 | 300/15＝20 人 | 2 | 1 | 10 | 全丝吊杆 19200m 轻钢龙骨 23950m | 2016.12.23 | 2017.1.25 |
| 2 | 墙面造型基层制作 | 6468 | m² | 60 | 6468/100＝65 天 | 100/10＝10 人 | 2 | 1 | 5 | 基层木龙骨 19500m 基层钢龙骨 2950m | 2016.12.23 | 2017.2.20 |
| 3 | 顶面石膏板封板 | 9572 | m² | 43 | 9572/240＝40 天 | 240/20＝12 人 | 2 | 1 | 12 | 防火阻燃板 6500m² 1.2 石膏板 1200mm² 0.9 石膏板 14850mm² | 2017.1.2 | 2017.2.13 |
| 4 | 墙、顶面涂料制作 | 9572/4196 | m² | 75 | 13768/180＝76 天 | 180/5＝45 人 | / | 1 | 6 | 饰面涂料 1200 桶 防水涂料 180 桶 | 2017.2.6 | 2017.4.19 |
| 5 | 卫生间防水制作/贴砖 | 1156 | m² | 108 | 1156/10＝115.5 天 | 10/0.5＝20 人 | 2 | 1 | 20 | 涂膜防水 120 桶 墙地面砖 1200m² | 2016.12.23 | 2017.4.8 |
| 6 | 墙、地面石材铺贴 | 480/1200 | m² | 83 | 1680/20＝84 天 | 20/2＝10 人 | 2 | 1 | 10 | 型钢 1200m，螺栓 960 颗，挂件 1920 个，石材 1680m²，线条 995m | 2017.1.9 | 2017.4.1 |
| 7 | 楼地面地砖/墙砖铺贴 | 652/1960 | m² | 51 | 2612/50＝52 天 | 50/6＝9 人 | 2 | 1 | 9 | 地板砖 680m² 墙面砖 2050m² | 2017.1.25 | 2017.3.17 |

续表

| 序号 | 主要关键工作名称（工作内容） | 总工作量 | 单位 | 计划完成天数 | 实际完成天数（总工作量/实际日完成量） | 需要资源 | | | | | 计划开始日期（年月日） | 计划完成日期（年月日） |
|---|---|---|---|---|---|---|---|---|---|---|---|---|
| | | | | | | 人数［实际日完成量/（人·日完成定额数）］ | 机具（台套） | | | 主/辅材料 | | |
| | | | | | | | 塔式起重机 | 提升机 | 专用工具 | | | |
| 8 | 木饰面基层/面层/套线安装 | 202.95 | m² | 55 | 202.95/3.5＝58 天 | 3.5/0.5＝7 人 | 2 | 1 | 4 | 木龙骨 800m 型钢 500m 阻燃胶合板 210m²，木饰面 210m²，木饰面线条 300m | 2017.1.20 | 2017.3.16 |
| 9 | 玻璃/金箔/不锈钢/隔断安装 | 154/72 230/160 | m² | 60 | 616/10＝62 天 | 10/0.5＝20 人 | 2 | 1 | 8 | 玻璃 154m²，金箔 72m² 不锈钢 230m²，隔断 160m² | 2017.3.10 | 2017.5.12 |
| 10 | 墙面软硬包制安 | 754.6 | m² | 45 | 754.6/15＝50 天 | 15/2＝8 人 | 2 | 1 | 4 | 阻燃胶合板 760m² 皮革 800m² | 2017.3.15 | 2017.4.30 |
| 11 | 墙面墙纸铺贴 | 4129.5 | m² | 25 | 4129.5/150＝28 天 | 150/25＝6 人 | 2 | 1 | 6 | 墙纸 4500m² 基膜 200 桶 | 2017.4.16 | 2017.5.10 |
| 12 | 实木套装门安装 | 241 | 樘 | 34 | 241/8＝30 天 | 8/2＝4 人 | 2 | 1 | 4 | 套装门 241 樘，门锁 241 把，铰链 760 个 | 2017.4.17 | 2017.5.20 |
| 13 | 开关插座面板/洁具/五金安装 | 241 | 套 | 42 | 241/6＝40 天 | 6/1＝6 人 | / | 1 | 6 | 241 套 | 2017.4.13 | 2017.5.25 |
| 14 | 地毯铺贴 | 6961 | m² | 19 | 9691/500＝19 天 | 500/10＝50 人 | 2 | 1 | 25 | 聚酯纤维毛毡地毯/防火衬垫各 7000m² | 2017.4.22 | 2017.5.10 |
| 15 | 软装物件摆放及安装 | 241 | 套 | 43 | 241/6＝40 天 | 6/1＝6 人 | 2 | 1 | 6 | 若干 | 2017.4.28 | 2017.5.30 |

**4. 承包商提交的施工进度计划，分析人、机、料资源配置（图 7-45）**

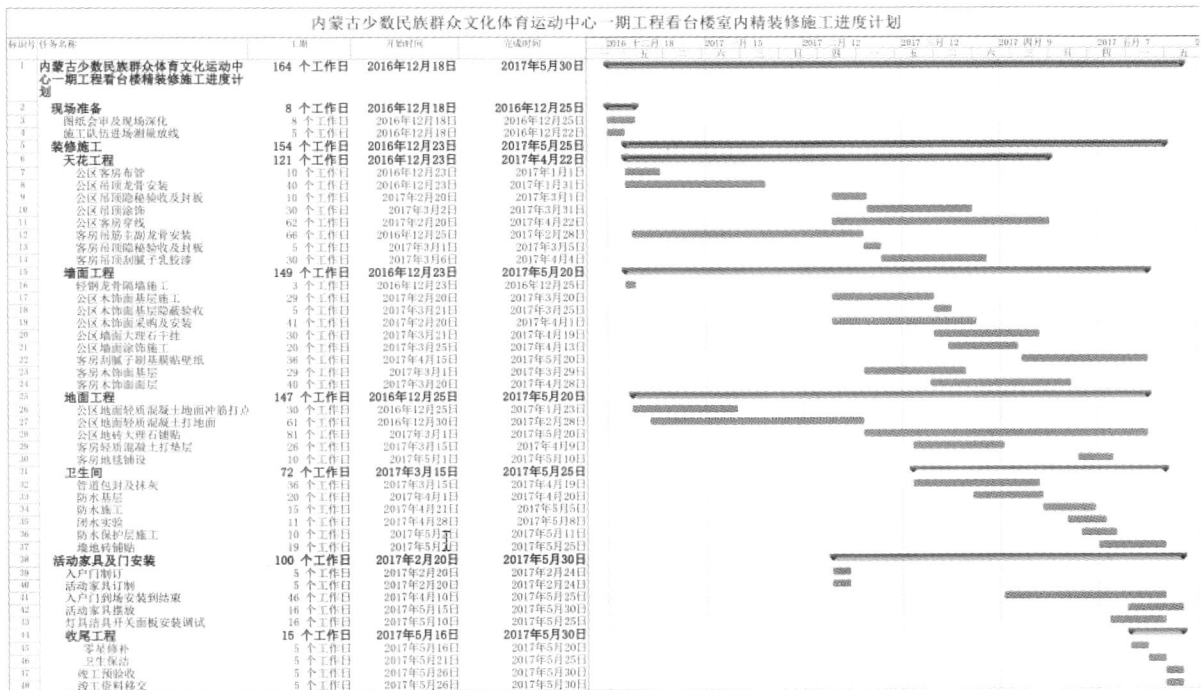

图 7-45　总控制计划

审承包商编制的进度计划对计划中质量与资源（人、材、机）配置进行分析判断是否满足进度要求。

**5. 现场管理工作计划（图 7-47）**

2016 年 7 月提前编制了：① 询价核价计划；② 订货和加工计划；③ 对分包的管理计划；④ 材料设备进场计划；⑤ 检测与试验计划；⑥ 验收计划（略）（详后）。

**6. 三层墙面劳动力配置**

该标段、该时段的需求计划如图 7-46 及表 7-131 所示。

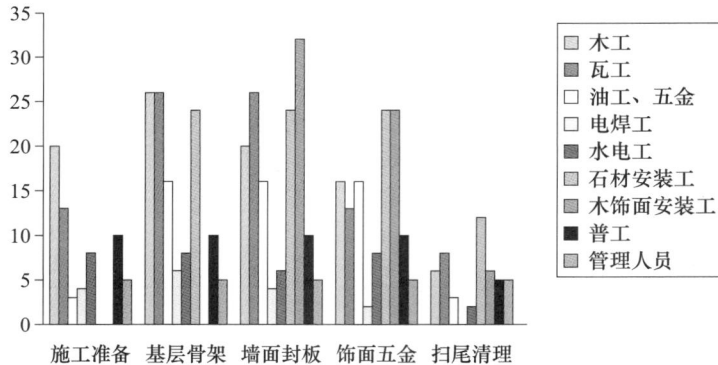

图 7-46 劳动力计划分析柱状图

**看台楼三层墙面工程——"劳动力配置"统计、分析、计划表** 表 7-131

| 施工部位工种 | 专业工种 | | | | | 辅助工 | | | | 管理人员 | | | |
|---|---|---|---|---|---|---|---|---|---|---|---|---|---|
| 三层标段墙面工程 | 木工 | 瓦工 | 油工·五金 | 石材安装工 | 木饰面安装 | 水电工 | 电焊工 | 普工 | 收尾清理 | 生产经理 | 施工人员 | 质检人员 | 安全管理 |
| 人员数 | 26 | 26 | 16 | 24 | 32 | 8 | 6 | 10 | 6 | 1 | 2 | 1 | 1 |
| 备 注 | （1）承包商管理人员：5 名（2 名施工员独自分管三层楼公区、客房两个流水施工段）。<br>（2）墙面工程：专业工 118 人，辅助工 30 人（水电工 8 人、电焊工 6 人、普工 10 人、收尾清理 6 人，专门负责三层楼施工标段，即三层楼施工标段各分项工程共享）。<br>（3）根据项管（监理）复核、检查情况：劳动力人员配置基本满足作业面所需和施工进度要求，对个别流水施工段进度约为滞后的，过程中及时作了局部调整 | | | | | | | | | | | | |

（1）项管／监理按施工阶段，每两天排查一次现场劳动力是否按计划进行配置，发现不足，要求施工方项目部立即进行增补，检查情况如表 7-132 所示。

（2）各专业工种在各施阶段投入劳动力的计划统计及检查（表 7-132）。

**各施工阶段劳动力投入计划统计及检查情况表** 表 7-132

| 阶段配置 工种级别 | 按施工阶段·计划投入劳动力情况 | | | | | 实际检查：日·劳动力配置情况 |
|---|---|---|---|---|---|---|
| | 施工准备 | 基层骨架 | 顶板封面 | 油漆五金 | 扫尾清理 | |
| 木工 | 20 | 26 | 20 | | 6 | 2017.1.2 基层骨架、2017.1.17 封板饰面 2 次检查发现：木工分别少了 5 人、3 人，要求立即进行了木工工人增补 |
| 泥（瓦）工 | 13 | 26 | 26 | 8 | 8 | 2016.12.19 施工准备、2017.1.11 基层骨架、2017.1.19 封板饰面 3 次检查发现：泥工分别少了 3 人、5 人、2 人 |
| 油漆、五金工 | 3 | 16 | 16 | 16 | 3 | 2017.1.17 封板饰面、2017.4.15 油漆五金 2 次检查发现：涂料五金工分别少了 2 人、3 人，后要求进行了增补 |

续表

| 阶段配置<br>工种级别 | 按施工阶段·计划投入劳动力情况 | | | | | 实际检查：日·劳动力配置情况 |
|---|---|---|---|---|---|---|
| | 施工准备 | 基层骨架 | 顶板封面 | 油漆五金 | 扫尾清理 | |
| 电焊工 | 4 | 6 | 4 | 2 | 0 | √每次检查：各施工阶段均按计划要求进行了配置 |
| 水电工 | 8 | 8 | 6 | 8 | 8 | 前三个阶段按计划配置，后两个阶段2017.4.19、2017.5.21检查发现分别少了1人、3人，要求立即进行了增补 |
| 石材安装工 | 0 | 24 | 24 | 24 | 12 | 基层骨架、封板饰面2017.1.29和2017.2.17两次检查发现：分别少了4人、2人，项管部给予经济处罚400元和200元 |
| 木饰面安装工 | 10 | 8 | 6 | 8 | 2 | 2017.3.13油漆五金施工阶段检查发现：木饰面封板及收口施工时，计划人数8人不足，要求另外加补了4名专业人员 |
| 架子工 | 45 | 20 | 20 | 15 | 2 | 每次检查：各施工阶段均按计划要求进行了配置 |
| 普工 | 10 | 10 | 10 | 10 | 5 | 每次检查：各施工阶段均按计划要求配置，扫尾清理阶段另增派了5人 |
| 管理人员 | 5 | 5 | 5 | 5 | 5 | 各施工阶段检查，只有油漆五金施工阶段2017.4.11检查发现：其中有1名管理人员因家中私事请假2天 |
| 计划配置合计 | 118 | 133 | 137 | 114 | 47 | |
| 实际检查合计 | 115 | 119 | 125 | 111 | 49 | |

（3）对各施工阶段：专业班组·人员数量·进场时间的计划与实际动态情况检查（图7-47）

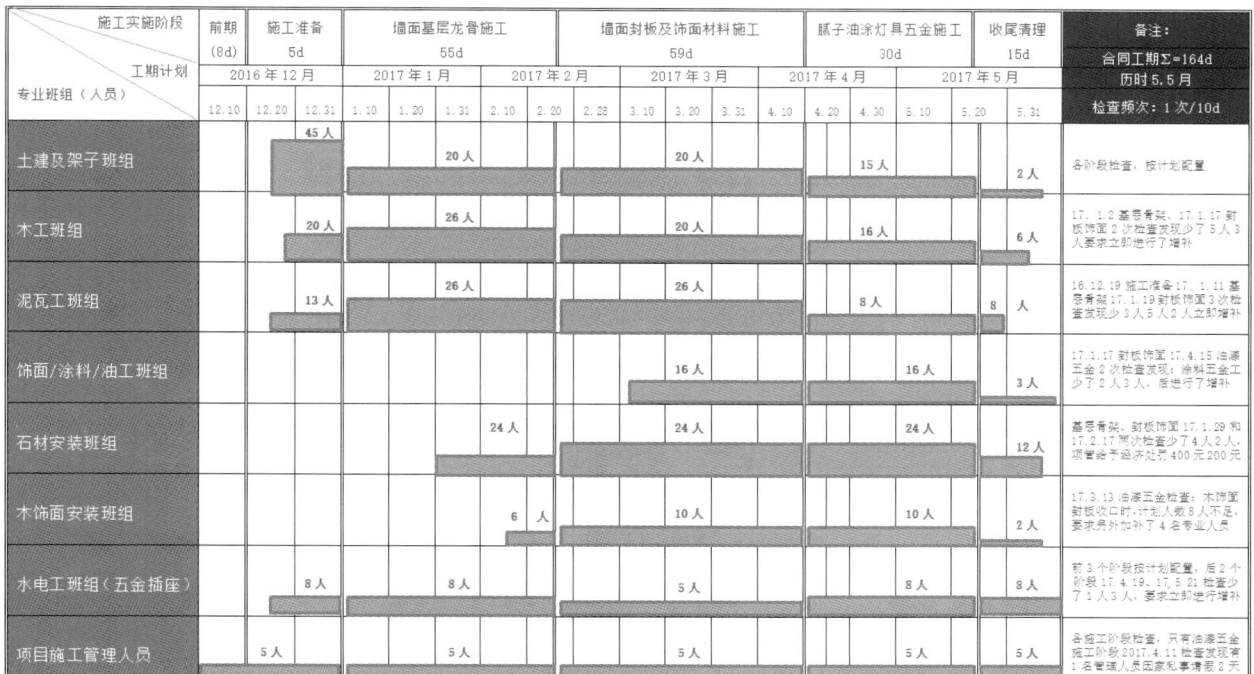

图 7-47 看台楼三层墙面工程——各施工阶段·专业班组·人员数量·进场时间——计划动态检查表

（4）对各施工阶段：主材进场时间的计划与实际动态情况检查（图7-48）

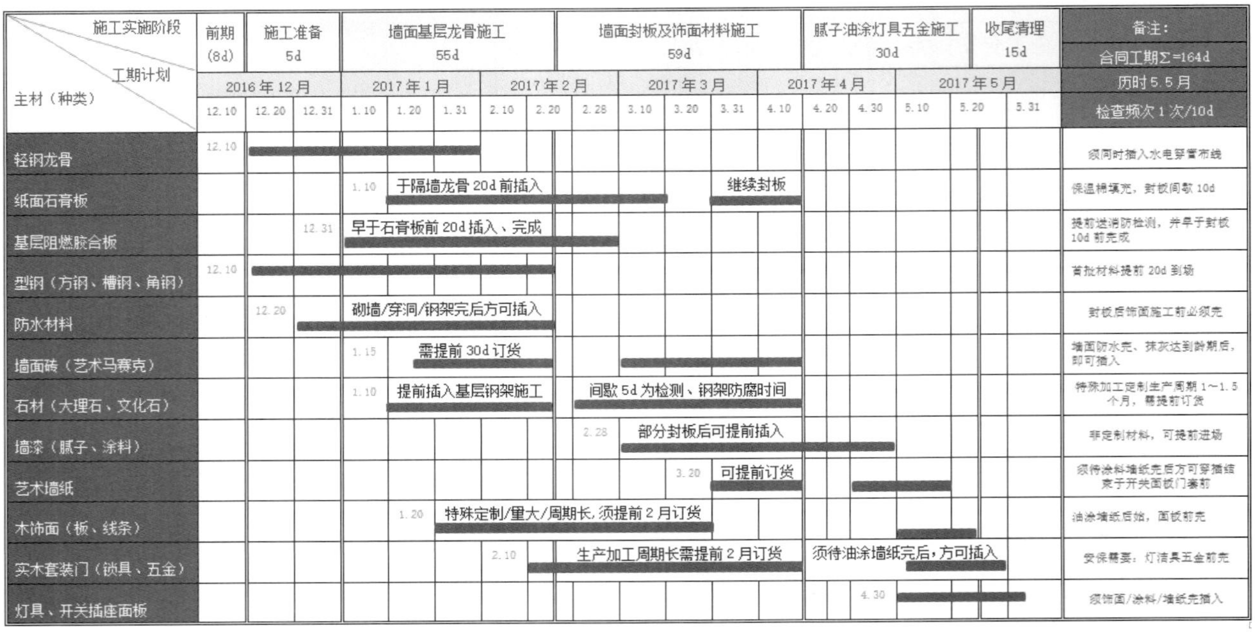

注：（1）表中前段数据系该主材订货下单加工时间，末端为最后一批材料进场时间；

（2）同一种类主材如有两条横道：前者为材料订货进场时段，后者为施工时间，中间间隔为该工序与前工序间隔时间。

图7-48　看台楼三层墙面工程——【各施工阶段·主材·进场时间】——计划动态检查表

（5）对公区·客房两个标段推进情况作对比分析（图7-49）

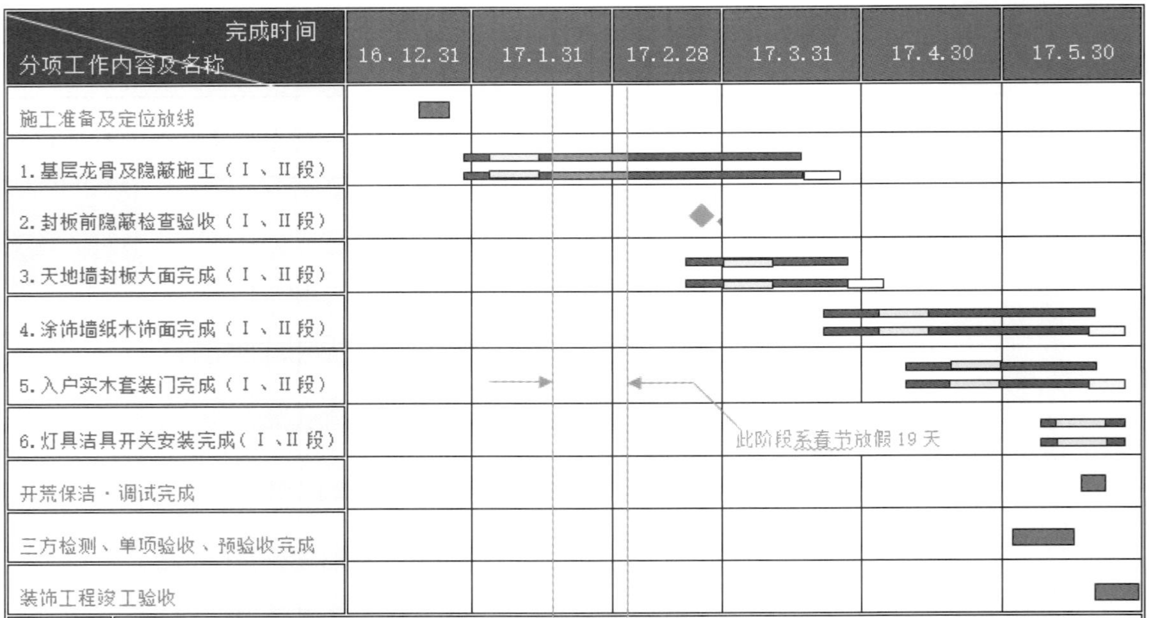

| | 完成时间 分项工作内容及名称 | 16.12.31 | 17.1.31 | 17.2.28 | 17.3.31 | 17.4.30 | 17.5.30 |
|---|---|---|---|---|---|---|---|
| | 施工准备及定位放线 | | | | | | |
| | 1.基层龙骨及隐蔽施工（Ⅰ、Ⅱ段） | | | | | | |
| | 2.封板前隐蔽检查验收（Ⅰ、Ⅱ段） | | | | | | |
| | 3.天地墙封板大面完成（Ⅰ、Ⅱ段） | | | | | | |
| | 4.涂饰墙纸木饰面完成（Ⅰ、Ⅱ段） | | | | | | |
| | 5.入户实木套装门完成（Ⅰ、Ⅱ段） | | | | | | |
| | 6.灯具洁具开关安装完成（Ⅰ、Ⅱ段） | | | | | | |
| | 开荒保洁·调试完成 | | | | | | |
| | 三方检测、单项验收、预验收完成 | | | | | | |
| | 装饰工程竣工验收 | | | | | | |
| 特别 说明 | （1）"■"表示是属于整个装饰分部工程的工作内容；"■"表示同一分项工程（即同一专业多个队伍）在不同的施工段及作业面上插入的施工时间及进度情况；"□"表示不同分项工程（即后续不同专业的多个队伍）在不同的施工段及作业面上插入的施工时间及进度情况；"◆"表示"停止""检查""验收"的节点；"■"表示春节放假；"□"表示标段（主要指客房施工段）进度带后。 （2）2017.1.18～2017.2.5为春节放假时间共19天，实际施工时间为140工作日。 （3）整个工期提前了：19+5=24天（工作日）。 | | | | | | |

图7-49　公区、客房：两个标段施工进度推进对比检查情况表

（6）对各分项工程实施进度进行检查（图 7-50）

| | 工期（天） | 开 始 时 间 | 完 成 时 间 | 2016.12.23 | 2017.01.20 | 2017.02.20 | 2017.03.25 | 2017.04.20 | 2017.05.25 | 前 置 条 件 |
|---|---|---|---|---|---|---|---|---|---|---|
| 整个墙面工程 工期：149天 | 149 | 2016.12.23 | 2017.5.20 | | | | | | | 界面已移交 已定位放线 |
| 公区轻钢龙骨隔墙 | 3 | 2016.12.23 | 2016.12.25 | 01.27-02.02 为工地春节放假时间 | | | | | | 公区/客房：隔墙、通道吊顶内综合管网、穿管布线及深化固化已完 |
| 公区木饰面基层 | 29 | 2017.02.06 | 2017.03.06 | | | | | | | |
| 公区木饰面基层隐蔽验收 | 5 | 2017.03.21 | 2017.03.25 | 为墙面封板检查验收节点 | | | 此线为3.25进度检查节点考核节点 | | | 安装、隐蔽、功能性试验结束 |
| 公区/客房：石材、木饰面采购及安装 | 41 | 2017.02.11 | 2017.03.23 | | | 客房、公区木饰面量大，生产加工至少1.5月实际滞后10天 | | | | 厂家已考察、采供合同已签订下单 |
| 公区墙面大理石干挂 | 30 | 2017.03.21 | 2017.04.19 | | | | | | | 石材基层钢架已完前期材料已到场 |
| 公区墙面涂饰 | 20 | 2017.03.25 | 2017.04.13 | | | | | | | 天棚吊顶工程主要工作已完成 |
| 客房轻钢龙骨隔墙 | 52 | 2016.12.26 | 2017.02.15 | | 本项工作因春节放假19天，实际施工只有33天 | | | | | 奖同上述相关项 |
| 客房木饰面基层 | 29 | 2017.02.16 | 2017.03.16 | | | | | | | 奖同上述相关项 |
| 客房木饰面面层 | 40 | 2017.03.07 | 2017.04.15 | | 因之工序较慢，基层施工至60%就提前插入进去 | | | | | 奖同上述相关项 |
| 客房刮腻子刷基膜贴墙纸 | 36 | 2017.04.15 | 2017.05.20 | | | | | | | 奖同上述相关项 |

图 7-50　看台楼三层墙面子分部——"各分项工程"进度实施对比检查情况表

（7）对各施工阶段：计划完成量与实际完成量情况检查（图 7-51）

| 实施阶段 | 前期 | 施工准备 5d | | 墙面基层龙骨施工 55d | | | 墙面封板及铺贴施工 59d | | | | | | 油涂灯具五金 30d | | | 收尾 15d | | | 备注 |
|---|---|---|---|---|---|---|---|---|---|---|---|---|---|---|---|---|---|---|---|
| 检查时段 | 2016年12月 | | | 2017年1月 | | | 2017年2月 | | | 2017年3月 | | | 2017年4月 | | | 2017年5月 | | | 合同工期Σ=164d |
| 计划与实际量对比 | 12.10 | 12.20 | 12.31 | 1.10 | 1.20 | 1.31 | 2.10 | 2.20 | 2.28 | 3.10 | 3.20 | 3.31 | 4.10 | 4.20 | 4.30 | 5.10 | 5.20 | 5.31 | 历时 5.5月 |
| 计划完成量（%） | 0 | 2 | 5 | 10 | 13 | 16 | 18 | 20 | 30 | 35 | 45 | 60 | 75 | 80 | 85 | 90 | 95 | 100 | 检查频次 1次/10d |
| 实际完成量（%） | 0 | 1.5 | 3 | 6 | 9 | 15 | 17 | 25 | 25 | 30 | 50 | 70 | 80 | 85 | 85 | 92 | 98 | 100 | |

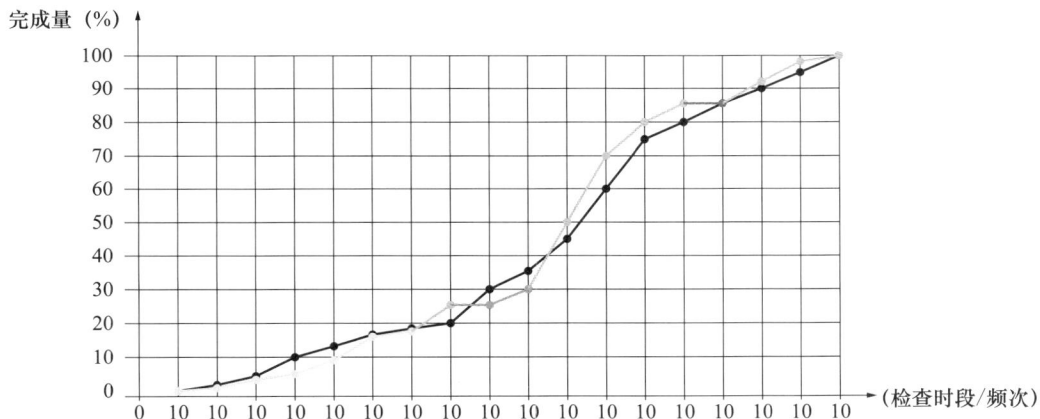

说明及图解：

1. ━ 计划完成量曲线
2. ━ 实际进度延迟曲线
3. ━ 实际进度严重迟后曲线
4. ━ 实际进度提前完成曲线
5. ━ 工程停工待料曲线
6. 前期因准备不足，加之与总包施工穿插，前两个阶段进度均有滞后。尤其是第三阶段因墙面石材未按计划到场及专业工人不足造成进度严重滞后，项管第一时间组织业主约谈厂家和装饰单位法人，责令连夜生产、加派人手，第三阶段后期才将进度追赶上来。
7. 第四阶段一度出现套装门停工待料，但最后仍按计划完成。

图 7-51　看台楼三层墙面工程——计划完成量·与·实际完成量——对比检查情况表

### 7. 装饰施工机具（表 7-133）

**装饰工程——"机具设备配置"统计、分析、计划表**  表 7-133

| 部位机具 | 三层墙面装饰：配置的机具设备 | | | | | | | | | | | | | | | | |
|---|---|---|---|---|---|---|---|---|---|---|---|---|---|---|---|---|---|
| 三层标段墙面工程 | 二维三维红外测试仪 | 电动圆锯 | 电动刨 | 射钉枪 | 轻型手电钻 | 电动自攻螺钉钻 | 木工修边机 | 手提电动砂轮机 | 电动石材切割机 ① | 电动修整磨光机 ② | 管子切断机 ③ | 煨弯机·弯管器 ④ | 金属切断锯 ⑤ | 电动喷枪 ⑥ | 手提电焊机 ⑦ | 交流电焊机 ⑧ | 空气压缩机 ⑨ |
| 数量 | 15 | 15 | 15 | 15 | 15 | 15 | 15 | 15 | 8 | 8 | 2 | 3 | 3 | 8 | 2 | 1 | 3 |

### 7.10.6　质量控制

#### 1. 材料检验

（1）看台楼装饰工程检验批划分，见表 7-134。

**看台楼装饰工程——检验批划分表**  表 7-134

| 分部工程 | 子分部工程 | 分项工程 | 检验批名称 | 检验批段 | 划分依据 |
|---|---|---|---|---|---|
| 建筑装饰装修 | 建筑地面 | 基层铺设 | 基层铺设检验批质量验收记录 | 按每楼层、相同材料和施工工艺，每一层次、每一施工段划分一个检验批 | 《建筑装饰装修工程质量验收标准》GB 50210 |
| | | 整体面层铺设 | 整体面层铺设检验批质量验收记录 | | |
| | | 板块面层铺设 | 板块面层铺设检验批质量验收记录 | | |
| | | 地毯铺设 | 地毯、木、竹面层铺设检验批质量验收记录 | | |
| | 抹灰 | 室内抹灰 | 室内一般抹灰工程检验批 | 每 50 个房间划一个检验批，或按楼层划分 | |
| | 门窗 | 木门窗制作与安装 | 木门窗制作工程检验批 | 按每 100 樘为一个检验批，不足 100 樘也划分一个检验批 | |
| | | | 木门窗安装工程检验批 | | |
| | | 特种门安装 | 特种门安装工程检验批 | 同品种、规格每 50 樘为一个检验批，不足 50 樘应划分为一个检验批 | |
| | 吊顶 | 整体面层吊顶 | 暗（明）龙骨吊顶工程检验批（做法详室内装修图） | 同品种的吊顶每 50 间（大面积房间和走廊按吊顶面积 30m² 为一间）划分一个检验批，不足 50 间划分一个检验批 | |
| | | 板块面层吊顶 | | | |
| | | 格栅吊顶 | | | |
| | 轻质隔墙 | 轻钢龙骨 | 详装修详图、做法表 | 同品种的轻质隔墙每 50 间（大面积房间和走廊按轻质隔墙的墙面 30m² 为一间）划分一个检验批，不足 50 间应划分一个检验批 | |

续表

| 分部工程 | 子分部工程 | 分项工程 | 检验批名称 | 检验批段 | 划分依据 |
|---|---|---|---|---|---|
| 建筑装饰装修 | 饰面板（砖） | 内墙 | 详装修详图、做法表 | 相同材料、工艺和施工条件的室内饰面板（砖）工程每 50 间为一个检验批，不足 50 间也为一个检验批，大面积房间和走廊按饰面板（砖）面积每 30m² 为一间 | 《建筑装饰装修工程质量验收规范》GB 50210 |
| | | 外墙 | | | |
| | 涂饰 | 室内 | 详装修详图、做法表 | 同类涂料每 50 间（大面积房间和走廊每 30m² 为一间）划分一个检验批，不足 50 间也划分一个检验批 | |
| | 细部 | 护栏/扶手/柜体/花饰/小品等制作安装 | 详装修详图、做法表 | 同类制品每 50 间（处）划分一个检验批，不足 50 间也划分为一个检验批，或按楼层划分 | |
| | 裱糊与软包 | 裱糊与软包 | 裱糊、软包制作工程检验批裱糊、软包安装工程检验批 | 同一品种的裱糊与软包工程每 50 间为一个检验批，不足 50 间也为一个检验批，大面积房间和走廊按裱糊与软包面积每 30m² 为一间 | |
| | 防水与密封 | 防水 | 防水工程检验批 | 按同一楼层施工面积 500～1000m² 划分一个检验批不足 500m² 也划分一个检验批 | |

（2）看台楼装饰工程材料、功能性、安全性检测，见表 7-135。

**看台楼装饰工程：检验批检测——汇总表**　　　　　　表 7-135

| 序号 | 类别 | 检验项目 | 采用标准 | 检测频率 | 取样或检查方法 | 检测结果 |
|---|---|---|---|---|---|---|
| 1 | 水泥 | 密度、细度、标准稠度用水量、凝结时间、安定性等 | GB 50204 | 袋装 200t，散装 500t 以内一批 | 取样：12kg，另检查产品合格证、质量证明书、水泥性能检测报告 | 2 批合格 |
| 2 | 砂、石 | 含泥量/级配/粒径 | JGJ 52 | 600t 或 400m³ 为一批 | 取样：天然砂 22kg、人工砂 52kg，碎石 40kg | 2 批合格 |
| 3 | 防水涂料防水卷材 | 不透水性/拉伸强度/断裂伸长率 | GB 18582 / 设计图纸（对照设计图纸检查） | 按进场批次抽检（防水涂料 200 桶以内 10kg、卷材 3000m² 为一批、水泥基 10T 为一批） | 取样：涂料 2kg，卷材 1m；检查产品合格证、质量证明书、产品性能检测报告。涂料：固体含量/潮湿基面粘接强度；卷材：耐热度/撕裂强度/尺寸变化/厚度/可用物含量 | 3 批合格 |
| 4 | 防腐涂料 | 耐水/耐久耐酸碱/耐腐蚀/耐候/耐热及有害物质限量 | GB/T 25258 | 按进场批次抽检（防腐涂料 5t 为一批） | 取样：2～3kg；检查产品合格证、质量证明书、产品性能检测报告 | 1 批合格 |
| 5 | 室内装饰材料胶粘剂 | 粘结的剥离、拉伸试验，有害物质限量 | GB 50325 / GB 18581 / GB 18582 | 同批次 1.5kg | 取样：1.5kg；乳白胶、903、801 建筑胶、大理石胶 | 1 批合格 |
| 6 | 内、外装饰涂料、木器涂料 | 耐碱性、拉伸强度检测；产品游离甲醛、苯、TVOC 含量限量检测 | GB 50325 / GB 18581 / GB 18582 | 200 桶以内 10kg | 取样：2kg；检查产品合格证、质量证明书、产品性能检测报告 | 3 批合格 |

| 序号 | 类别 | 检验项目 | 采用标准 | 检测频率 | 取样或检查方法 | 检测结果 |
|---|---|---|---|---|---|---|
| 7 | 防火涂料 | 遮盖力、使用量、消耗量、干燥时间、漆膜厚度、有害物质、防火极限性能检测 | GB 12441<br>设计图纸 | 200桶以内10kg | 取样：5kg；<br>检查产品合格证、质量证明书、产品性能检测报告；<br>对照设计图纸检查 | 1批合格 |
| 8 | 防火板 | 性能、外观、防火耐久极限检测 | GB/T 7911/<br>GB/T 4879/<br>GB/T 3324/<br>GB/T 18884 | 500m² 或 2000张同批次取一组 | 卷尺、游标卡尺；取样：分别取三种规格：①整张防火板；②防火板1500×1200；③ 1200×800 | 6批合格 |
| 9 | 建筑石膏 | 细度/凝结时间/抗折强度、标准稠度用水量 | GB 9776—88 | 200t 为一验收批 | 样品经四分法缩分至0.2kg送试 | 2批合格 |
| 10 | 保温/吸音隔热材料厚度3～25mm宽度100～2000mm | 力学/声学/热学/老化/耐候性检测；耐火极限、防火性能检测 | GB/T 5464/<br>GB/T 18696.2/<br>GB/T 10295/<br>GB/T 11835 | 500m² 或 2000张同批次取一组 | 取样：9～10m²；及其副材、配件材质证明资料；最高耐热度≤710℃，常温下导热系数0.035，降噪系数0.7，吸湿率＜5%，密度110～220kg/m³ 标准中密度公差＋15%～10% | 2批合格 |
| 11 | 铝塑板<br>铝塑复合板 | 平整度/厚度/色差/外观，剥离强度/附着力等性能检测 | GB/T 17748<br>GB/T 1774 | 500m² 或 2000张同批次取一组 | 人工检测/仪器检测：不允许有波纹/斜纹/焦边/鼓泡/凹凸，表面麻点不明显；划伤＜0.2m，擦伤＜0.2mm²，长度±3mm，宽度±2mm，对角线差≤5mm，边缘不直度≤1mm，翘曲度≤5mm | 3批合格 |
| 12 | 纸面石膏板其他人造板（基层、吸音板、饰面板） | 断裂荷载、吸水率、护面纸与石青芯粘结等性能、防火极限、甲醛含量检测 | GB 50325/<br>GB 18580/<br>GB/T 17748<br>JG 670 | 500m² 或 2000张同批次取一组。<br>（包括：密度板/胶合板/竹地板/实木复合地板）<br>矿棉装饰吸音板1500m² 为一批 | ①纸面石膏板：1000mm×190mm 12块；②其他板材，当厚度≤80mm时为原厚，厚度＞80mm时，取试样厚度（80±5）mm，1000mm×190mm 16块 | 8批合格 |
| 13 | 吊顶、墙面饰面金属板材料（氟碳铝板/镜面板等） | 喷涂型材料的成分、材质及涂层厚度的检测 | GB/T 8651 | 500m² 或 2000张同批次取一组 | 取样：板材600mm×600mm（厚度为原厚）2块。<br>检查：板材品种/规格、颜色以及防火、防腐处理应符合设计要求，应具有产品合格证和材料检测报告 | 4批合格 |
| 14 | 铺地材料：木地板/地毯/高分子材料铺地板 | B1级防火性能检测 | GB 50325/<br>GB 18586 | 5000m² 一批 | 取样：① 2m²（整块）或1050×250（mm）纵、横各4块；②距端头0.5切取1m长全幅 | 2批合格 |
| 15 | 聚氯乙烯卷材地板 | 性能、可溶性重金属、挥发性有机化合物含量 | GB 50325/<br>GB 18586 | 同一配方/工艺/规格/花色型号5000m² 一批 | 每年至少进行一次型式检验；距端头0.5切取1m长全幅；若其中一项未达标则判定为不合格 | 1批合格 |
| 16 | 装饰玻璃安全玻璃 | 规格、性能检测 | JGJ 113/<br>JGJ 214/<br>JGJ 103/<br>GB 50210 | 按照进场批次逐批检查 | 普通平板玻璃质量检测：弯曲强度、尺寸偏斜及缺角的测定 | 1批合格 |

续表

| 序号 | 类别 | 检验项目 | 采用标准 | 检测频率 | 取样或检查方法 | 检测结果 |
|------|------|----------|----------|----------|----------------|----------|
| 17 | 吊顶吊筋膨胀螺栓 | 吊杆膨胀螺栓拉拔试验 | 按设计图纸分上人/不上人 | 按划分检验批数量抽取30%检查 | 提供吊顶吊筋、膨胀螺栓材质证明资料或现场拉拔试验报告 | 4批合格 |
| 18 | 轻钢龙骨 | 抗冲击/静载/双面镀锌量 | GB/T 1198 | 2000m长为一验收批 | 每一验收批，取一组试样3根用于外观质量，形状尺寸的检测，经外观检测的3根试件上切取900mm²的样品用于镀锌量测量 | 4批合格 |
| 19 | 门、窗（木质、金属玻璃、塑料等门窗） | 外观、品种、规格、容重、性能 | JGJ 113/JGJ 103/GB 50210 | 按照进场批次逐批检查；每检验批至少抽查5%，并不得少于3樘，不足3樘全数检查 | 检查材料的产品合格证、性能检验报告及进场验收记录、复试报告、生产许可证 | 3批合格 |
| | | 含水率导热系数 | 设计图纸 | | 检查现场抽样检测报告 | 3批合格 |
| | | 甲醛释放量 | | | 铝合金门窗三性试验检测 | |
| 20 | 地砖、墙砖 | 人造板材抗压强度、弯曲强度和吸水率、粘结强度等检测 | GB/T 41002及装修规范 | 同批次一组（按照进场批次逐批检查） | 检查产品合格证、性能检验报告、质量证明文件 | 12批合格 |
| | | | | 按每批进场数量抽取10%检查 | 观察检查，板材表面平整、无翘曲变形，无明显划痕 | 12批合格 |
| | | 外观质量/加工形状 | 设计图纸 | 全数检查 | 对照设计要求观察检查 | 12批合格 |
| 21 | 大理石石材花岗岩石材 | 外观质量、几何尺寸、有害物质放射性及抗压强度、弯曲强度和吸水率检测 | GB 50325/GB 6566/GB/T 19766/GB/T 18601 | 同批次一组按进场批次逐批检查　同批次6kg，按每批进场数量抽取10%检查 | 按放射性高低被分为A、B、C三类，按规定，只有A类可用于家居室内装修。进口石材的报关单、商检证明、性能检测报告。进口材料应有中文标志和中文说明书 | 12批合格 |
| 22 | 木器具木家具 | 翘曲度/底脚平衡性/平整度/邻边垂直度/位查度；耐湿热/耐干燥/附着力/耐磨/耐冷热温差； | GB/T 15102/GB 50325/GB 18584 | 同品牌、同批10个试件 | 外观/光泽/强度/耐久；目视、感官检验：应在自然光或光照度300～600LX范围内的近似自然光（例如40W日光灯）下，视距为700～1000mm，由三人共同检验，以多数相同结论为判定值 | 2批合格 |
| 23 | 墙纸墙纸胶 | 有害物质限量/有害气体挥发限量检测/B1级防火性能检测 | GB 50325/GB 18585 | 5000m²一批 | 取样：①距端头0.5切取1m长全幅；②墙纸4m²；板材1000mm×190mm共16块；厚度均为原厚 | 3批合格 |
| 24 | 地毯地毯衬垫地毯胶粘剂 | 有害物质限量及有害气体挥发限量检测 | GB 50325/GB 18587 | 地毯同品牌同配方同工艺为一批，每批抽取1m² | 地毯、地毯衬垫、地毯胶粘剂，地毯同品牌同配方同工艺取1m²、块毯随机抽1箱、地毯胶粘剂随机抽1桶、块毯随机抽1箱 | 2批合格 |
| 25 | 给水排水管件管材电工套管 | 颜色/外观/尺寸极限偏差及形位公差/物理性能/卫生指标/管材允许工作压力 | GB 50242《建筑给排水及采暖工程施工质量验收规范》及其他检测规范和标准 | 同一原料、配方和工艺生产的同一规格的管材为一批。每批数量不超过10t，生产期6d不足10t，则以6d产量为一批 | 在批量产品中随机抽取样品，以同品种、同等级的产品每200～1000件为一批，不足200件以一批计；提供合格证、检测报告，无近期检测报告的必须复试　品种有：PEX/PP/PVC-U | 1批合格 |

续表

| 序号 | 类别 | 检验项目 | 采用标准 | 检测频率 | 取样或检查方法 | 检测结果 |
|---|---|---|---|---|---|---|
| 26 | 电线、电缆 | 截面/电阻值/防火性能检测 | GB 50411 | 同厂家不少于2个规格 | 检测截面和电阻值 | 1批合格 |
| 27 | 灯具开关插座 | 外观及手动操作试验/防触电保护/接地措施检验/介电强度/升温/通断能力/接触载流部件的绝缘材料的球压试验/爬电距离/电气间隙/耐非常热和耐燃/耐漏电起痕试验 | GB 50303 | 从同一工程、同一企业、同一规格型号中随机抽取；试样应在交货状态下，并且在正常使用条件下抽取；试样应与实际使用相符 | 随机抽取法取样：（1）标有一种额定电压和一种额定电流开关，9个试样；（2）标有两种额定电压和相应的额定电流开关，15个试样 | 1批合格 |
| 28 | 卫生陶瓷 | 冲击功能 | GB/T 6952 | 500～3000件为一批 | 每批随机抽取3件用于冲洗功能试验，3件用于污水排放试验，其他试验项目各取1件 | 2批合格 |
| 29 | 铝型材及连接件 | 材质、规格、性能 | GB 10711/GB/T 3880/JGT 133/YS/T 431 | 按照进场批次逐批检查 | 检查出厂合格证、性能检验报告 | 2批合格 |
| | | 加工尺寸 | | 按照每批进场数量抽取10%检查 | 对照设计文件尺量检查 | 2批合格 |
| | | 外观质量 | | 按照每批进场数量抽取10%检查 | 观察检查，表面平整光滑，无裂纹、损伤 | 2批合格 |
| 30 | 焊接材料 | 规格、性能 | GB/T 5118 | 全数检查 | 检查质量合格证明文件、检验报告及复试报告 | 2批合格 |
| | | 外观质量 | | 按量抽查1%，且不得少于10包 | 观察检查，不应有药皮脱落、焊芯生锈等缺陷 | 2批合格 |
| 31 | 密封胶条密封胶 | 材质、性能 | GB 10711 | 全数检查 | 检查产品合格证、性能检验报告 | 1批合格 |
| | | 外观质量 | | 每批进场数量抽取10%检查 | 观察检查，无色差、紧密、无缺损、断裂 | 1批合格 |
| 32 | 淋水试验 | 有水房间与细部构造 | GB 50210/GB 50210 | 全数进行，淋水时间不得小于2小时 | 监理平行检验：旁站、见证、全数检查；有水房间及部位、细部构造 | 全数检测6批合格 |
| 33 | 蓄水试验 | 有水房间与细部构造 | GB 50210/GB 50210 | 蓄水时间24小时，最低蓄水深度不得小于15cm | 监理平行检验：旁站、见证、全数检查；有水房间及部位、细部构造 | 全数检测6批合格 |
| 34 | 安全性检测及检查验收 | 室内环保空气质量：甲醛、有害物质、污染物浓度等检测 | GB 50325/GB 50303/GB 50242 | 抽检5%，并不得少于3间，样板间检测合格的抽检数量减半但不得少于3间 | 监理见证：房间使用面积＜50m²设1个检测点、50～100m²设2个检测点、100～500m²设3个检测点、500～1000m²设5个检测点 | 抽3批/层共12批合格 |
| | | 饮用水质检测 | | 按检验批划分实施 | 监理见证专业机构检测；3～6层共4个标段，每个标段检测一批，共计4个批次 | 4批合格 |

续表

| 序号 | 类别 | 检验项目 | 采用标准 | 检测频率 | 取样或检查方法 | 检测结果 |
|---|---|---|---|---|---|---|
| 35 | 功能性检测验收 | 给水管：水压试验；排水管：灌水通球试验；线路绝缘：绝缘电阻测试；防雷接地：防雷接地电阻测试 | GB 50325/GB 50303/GB 50242 | 每个标段1个批次；3～6层共4个标段，四个批次；每个标段全数检测 | ①监理平行检验：旁站、见证；②另：地下室防水效果检查记录表；有防水要求的地面—闭水试验记录；卫生器具满水和通水试验记录；室内消火栓试射记录 | 4批合格 |

（3）看台楼装饰工程材料送消防专项检测，见表7-136。

**必须送消防专项检测的材料明细表**　　　　　　　　　表 7-136

| 产品大类 | 产品细项 | 性能要求 | 材料名称 | 样品大小及数量 |
|---|---|---|---|---|
| 不然材料 | 匀质材料 | A级 | 吊顶板、护墙板、装饰板、玻璃棉板、矿棉板、岩棉板、硅钙板、不燃玻璃钢瓦、不燃无机复合板、玻镁风管、不燃墙板等 | 板材 600mm×600mm（厚度为原厚）2块 |
| | 复合（夹芯）材料 | A级 | 纸面石膏板、浸渍有机树脂的无机板材、铝塑复合管、板、泡沫夹芯板材等 | ①纸面石膏板：1000mm×190mm 12块；②其他板材，当厚度≤80mm时为原厚，厚度＞80mm时，取试样厚度（80±5）mm，1000mm×190mm 16块 |
| 难燃材料 | 难燃板材等 | B₁级 | B₁级要求的护墙板、装饰板、复合风管、固定家具面板、纸面石膏板、经阻燃处理的板材等（地板除外） | ①纸面石膏板：1000mm×190mm 12块；②其他板材，当厚度≤80mm时为原厚，厚度＞80mm时，取试样厚度（80±5）mm，1000mm×190mm 16块 |
| 可燃材料 | 可燃板材等 | B₂级 | B₂级要求的护墙板、装饰板、固定家具面板等 | 90mm×230mm 10块，厚度小于80mm |
| 铺地材料 | | B₁级 | 木地板、地毯、高分子材料铺地板等 | 2m²（整块）或1050×250（mm）纵、横各4块 |
| | | B₂级 | | |
| 窗帘幕布类纺织物 | | B₁级 | 窗帘布、幕布、沙发布、装饰布、墙布等 | 2m²（整块） |
| | | B₂级 | | |

## 2. 质量控制停止点（表 7-137）

**质量控制停止点检查表**　　　　　　　　　表 7-137

| 序号 | 停止点 | 停止点检查质量控制内容 | 前置条件 | 相关配合·后续施工准备 |
|---|---|---|---|---|
| 1 | 施工定位放线 | 施工点、线、面投放后，监理方按施工图进行复测、复核；审核通过形成文字记录 | 界面已移交；基层已处理 | 各专业点位已确定；为后续基层施工、材料下单做准备 |
| 2 | 各工序样板点评 | 每道工序插入大面积施工前，监理组织相关方样板点评，形成点评意见和记录 | 工序做法已确定；样板施工完成 | 各专业、人员共同参与、配合；为大面积展开施工准备；统一做法 |
| 3 | 各种基层·龙骨施工检查 | 检查各种基层、龙骨、隔墙施工质量 | 工序做法已确定；安装管、线、洞、口已插入配合 | 各安装专业的管、线已提前预留预理；为面层及封板施工做准备 |
| 4 | 隐蔽·板检查 | 装饰工程所有隐蔽工序，隐蔽前工序质量检查验收 | 安装专业施工完，通水/通电/试水/试压/绝缘接地检测合格；缺陷修复/强度/荷重/防腐/防火工作全部完 | 各相关专业全部配合；功能性/试验性/安全性全部检查合格；为面层饰面施工做准备 |

| 序号 | 停止点 | 停止点检查质量控制内容 | 前置条件 | 相关配合·后续施工准备 |
|---|---|---|---|---|
| 5 | 功能性、使用性、安全性检查 | 防水、防火、保温、节能、室温/声学测试、给水管水压、排水管灌水/通球、线路绝缘/通电、防雷接地、饮用水质、消防烟感/喷淋/水炮等联动、空调通风量/制冷热量、现场拉拔、吊重试验 | 全部施工完成；材料/工序/隐蔽已通过检查验收合格 | 各专业、总分包、材料分供商等共同参加；为试运行、预验收提前做好准备 |
| 6 | 细部处理、收边收口 | 细部的缺陷整改/修复/处理；本专业及与各专业搭接的界面/边口收尾处理质量检查 | 大面已完成；界面已落实；专业已协调；做法已确定；问题已排查 | 参建各方、各专业及班组；为开荒保洁/完工交验/交付使用做准备 |
| 7 | 室内空气质量检测 | 室内甲醛、污染物、有害气体等空气质量环保检测 | 装饰施工内容完成；开荒保洁工作完成；软装家具尚未进场 | 甲方组织专业检测机构，监理见证并参与；为软装进场/甲方后期开办/竣工交付做准备 |

特别说明：（1）需重点关注装饰工程送消防检测机构专项检测的材料，哪些是必检必送，哪些是抽检选送。（2）对类似于室内空气质量的第三方检测，建议业主：一定不要找市场上的中介机构，必须委托行政机构或专业的检测机构，后者更具有公正性、真实性、权威性。

### 3. 样板带路

（1）样板施工管控要点（表7-138）

**样板施工管控要点汇总表**　　　　　　　　　　　　　　　　　　　　表7-138

| 序号 | 管控要点 | 实施内容 | 备注 |
|---|---|---|---|
| 1 | 跟样原则 | 坚持跟样施工的原则，任何工序、分项、子分部、分部工程均须先做样板 | 制度文件签字确认 |
| 2 | 单元标准 | 合理划分样板单元，按设计深化图、固化图、规范等共同确定样板标准 | 按单元标准点评 |
| 3 | 样板点评 | 须按照材料封样样板、装饰工程样板、展板、样板房、样板间设计的深化图、施工固化图等实施，形成点评意见后，方可进入大面积施工 | 形成点评会议纪要 |
| 4 | 重点检查 | 重点检查各分项工程的材质、节点构造、设计做法 | 不合格返工重做 |

（2）部分样板点评模板图片（图7-52）

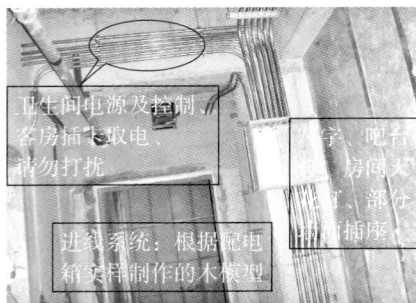

看台楼客房：管线排布施工样板点评

房间墙面基层龙骨施工、防腐及防火处理、电气配管、开关线盒基层龙骨加固

混水器预埋模板，作为安装定位和安装检验工具

图7-52　样板点评

（3）实体强制定位样板

① 地墙面定位样板：在地面强制限位策划中，要求施工方通过木工板制作地面与墙面之间点限位，控制地面与墙面完成面位置，达到保证对角无墙面完成面差、保证地面材质整体平整、拒绝打胶的目的（图 7-53）。

② 顶墙面定位样板：在顶面强制限位施工策划中，通过"L"形延边龙骨与木工板制作墙面限位，控制顶面与墙面的顶面完成面完成面位置，达到保证对角无误墙面差、保证地面材质的整体平整、拒绝打胶的目的（图 7-54）。

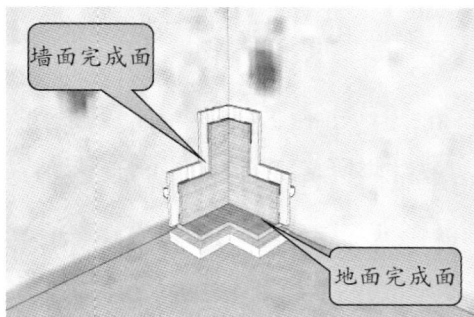

图 7-53　地、墙面定位　　　　　　　　图 7-54　顶、墙面定位

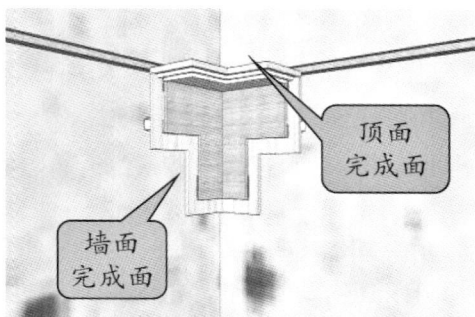

③ 水电强制性限位样板：要求施工方提前将水电做成三维图纸，使施工人员一目了然所有的水电布线方法，位置定准，便于大面积施工与排版（图 7-55）。

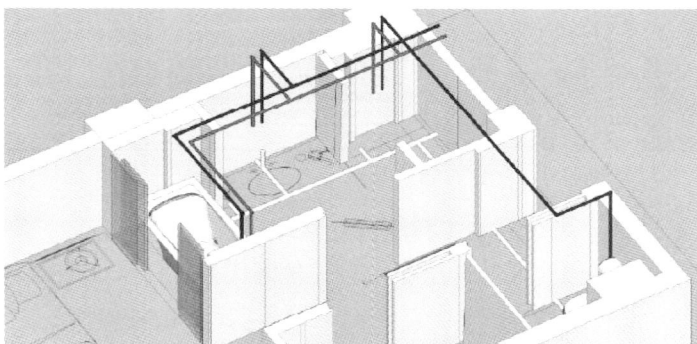

图 7-55　水电强制性限位样板

④ 水电、机电工程的强制定位：通过对吊顶内管线的合理排版，完成吊顶龙骨与给水排水管、风管整合。使用木工板开孔定位（图 7-56）。

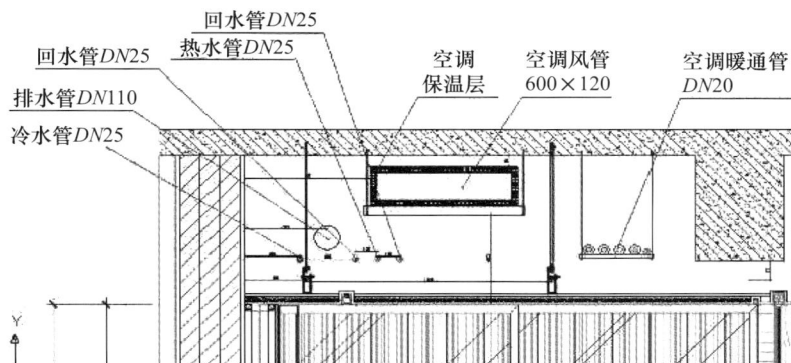

图 7-56　水电、机电工程强制定位

⑤ 对控制完成面的样板点评：立面强制限位中，地面和顶面强制限位已好，结合两者，保证一个

空间的每个阴阳角上下做两个强制限位点，通过棉线进行连接，保证每个面的尺寸和施工图立面尺寸完全相同，保证按施工图下单的材料的正确率（图7-57）。

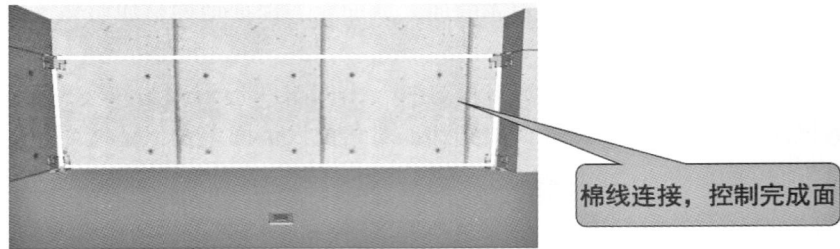

图 7-57　控制完成面样板

⑥ 与相关专业协调配合样板点评：要求施工方进场后主动与土建改造、消防、空调机电单位进行对接，建立沟通渠道，协调配合及沟通综合布点定位、管线走向及标高、施工先后顺序、质量要求及时间节点等。

在项管监理主导下，与业主、设计、装饰、各专业分包确定天棚、墙面综合布点图，为确保最终施工的准确性，要求施工方对消防箱、喷淋、喇叭末端进行强制定位，以便各专业分包单位插入施工（图7-58）。

图 7-58　与相关专业协调

⑦ 吊顶内隐蔽工程的点评：考虑到本工程电梯厅区域吊顶因机电管线过于密集而无法以吊筋方式固定，根据以往施工经验，在电梯厅区域采用5号镀锌角钢代替丝杆来加强固定（图7-59）。

图 7-59　吊顶内隐蔽工程

#### 4. 主要分项工程的施工工艺、工序质量控制要点

（1）精确测量放线以提升深化设计（特点分析）

深化设计的前提是设计院、深化设计人员要掌握现场的基本数据（各空间的尺寸）。设计师要对各材料的界面必须横向和纵向都贯通，而如何在装修完成前直观地反映整个工程的装饰面的风格，就必须通过放线来实现，而本工程部分区域等设计相对复杂、特殊，如多功能厅中庭共享区域，为保证美观和达到合计效果，首先必须做好放线测量的工作，通过施工放线反映各材料之间的差距以及材料接缝的处理方式等。为了保证各个精装修施工位置严格按照设计图纸的位置进行安装，就必须严格控

制好定位放线的工作。也为本工程工厂化、标准化的加工提供主要依据，不允许现场再加工，这样既能充分地保证设计效果，又能提升建筑整体品质。

（2）施工定位放线检查

① 点、线、面施工定位放线复查、复核质量控制。

② 监理检查施工方是否进行综合、统一测量放线。

③ 测量放线的精度是否满足设计、施工规范要求。

④ 安装预留、预埋以及定位放线的排布是否合理。

（3）施工定位放线复测

① 楼层建筑标高；

② 墙面材料分割；

③ 定作物的位置；

④ 天墙龙骨定位；

⑤ 门洞口的位置；

⑥ 地面铺装分割。

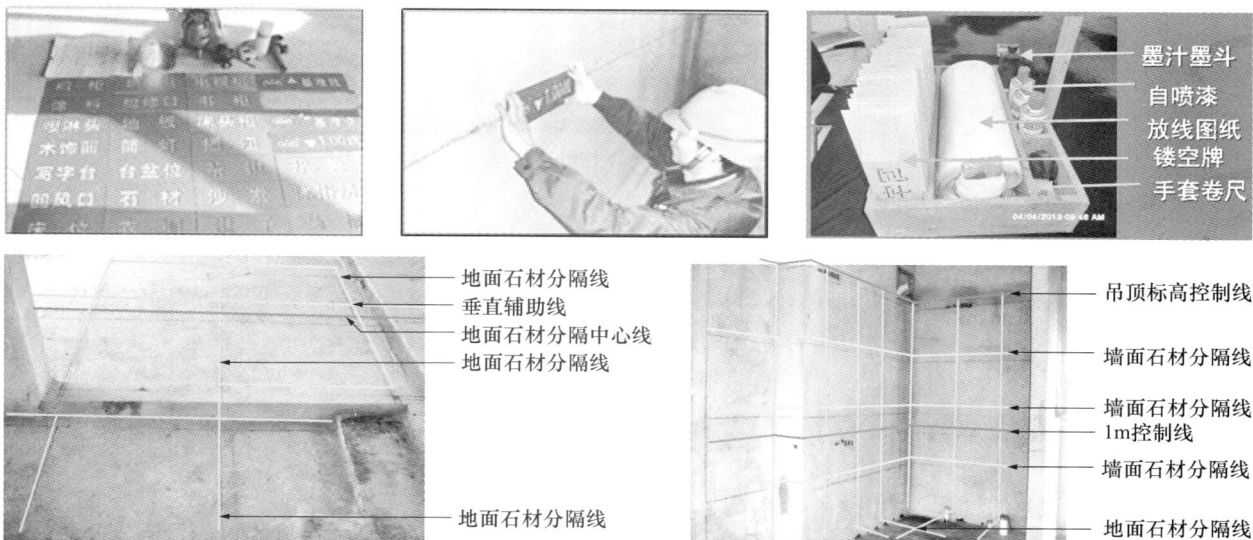

图 7-60　其他控制要点

（4）要求各专业分包派专人配合放线及强制性定位

① 要求精装单位必须协调消防、空调、电梯等分包单位，拿到图后，立即组织人员对现场进行了实际考察。将现场的施工区域进行了第一时间的隔墙布置平面放线定位，尺寸核对全部用红外测距仪，以保证尺寸无误差，对有问题的空间布局及时反映给了设计单位，以保证空间布局的准确性，避免以后进场返工，影响进度。

② 在电子图纸上放出施工控制线，配合放线。

（5）协调各专业单位进行强制性限位

① 结合施工图中墙面不同的材料及造型等，要求施工方项目部管理人员提前策划墙体基层做法，以保证基层到完成面的尺寸，从而保证立面图纸和现场实际的完成面真正的准确性。

② 结合顶面机电图纸，要求施工方项目部管理人员策划吊顶完成面的尺寸，保证立面图纸的标高真正的准确性；然后配合设计院，做出能满足直接排版下单的施工图，后期现场放线，立面的完成面的总尺寸不能改变，就是施工图的尺寸。

③ 深化提前融入，便于各方量价分离、进场后施工需要的图纸等的制作；可以提前对主要材料的

量及工艺了解；并可以在纸上模拟施工，及早发现质量隐患等。

④进场后，要求将根据施工图纸及结合前期深化策划的基层做法，基层到完成面的尺寸控制对放线班组进行实际有效的技术交底，根据"五步放线法"进行放线。如发现尺寸有问题，及时反馈、及时调整，保证下单图纸的正确率。在后期强制限位，要注重"规""矩"的使用，加强项目部的执行力，一个空间强制限位没有结束，不许班组进行现场的基层正式施工。

**5. 赛马场装饰工程：几项典型有针对性的质量管控重点、质量通病防治**

（1）轻钢龙骨吊顶质量控制要点

① 通病现象

鉴于多功能主楼大厅及看台楼的超大空间，吊顶造型转角极易发生由于转角处刚度不够等，造成局部下坠变形、面层开裂（图7-61）。

图7-61 超大型空间主次轻钢龙骨的质量通病防治

② 原因分析

a. 副龙骨做基层，封石膏板，造型拼装，长度过长，侧面板容易变形；b. 整体造型只靠顶面主龙骨吊挂，侧面板无支撑点；c. 轻钢龙骨之间的连接不牢固，转角部位刚度不够未进行加固，造成骨架变形，导致顶板不平、开裂；d. 吊顶上管路、设备未独立固定而是固定在吊顶龙骨吊筋上，引起骨架晃动；e. 吊顶面积过大，未设置伸缩缝；f. 吊顶内吊筋高长度大于1.5m，未设置反支撑，造成吊顶整体不稳定。

③ 预防、解决措施

a. 用主龙骨对顶板基层进行加固；

b. 造型侧板上加主龙骨，增加强度以免造成骨架变形，导致顶板不平、开裂；

c. 轻钢龙骨之间的连接必须牢固可靠，造型转角处要进行加固处理，封石膏板时，转角处可先封一层L形0.5mm厚镀锌薄钢板，再封石膏板（图7-62）；

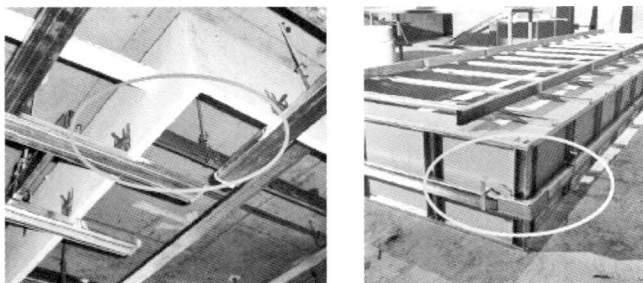

(a) 问题做法　　　　　　(b) 正确做法

图7-62 轻钢龙骨吊顶质量问题

d. 吊顶内管路、设备要独立固定在建筑承重结构上和吊筋保持一定的距离；

e. 吊顶空间长度超过15m，或超大房间应设置伸缩缝；

f. 吊筋长度>1.5m时，应设反支撑。

（2）饰面板工程质量控制要点（图 7-63）

扶梯下口与饰面板收口留缝不顺直

① 通病现象

自动扶梯下口与饰面板收口留缝不顺直，宽度不一致，影响观感质量。

② 原因分析

a. 自动扶梯下口与三角形墙面饰面直接对接，需要极高的加工精度和安装精度。通常很难做到顺致、宽度一致，达到高质量外观效；

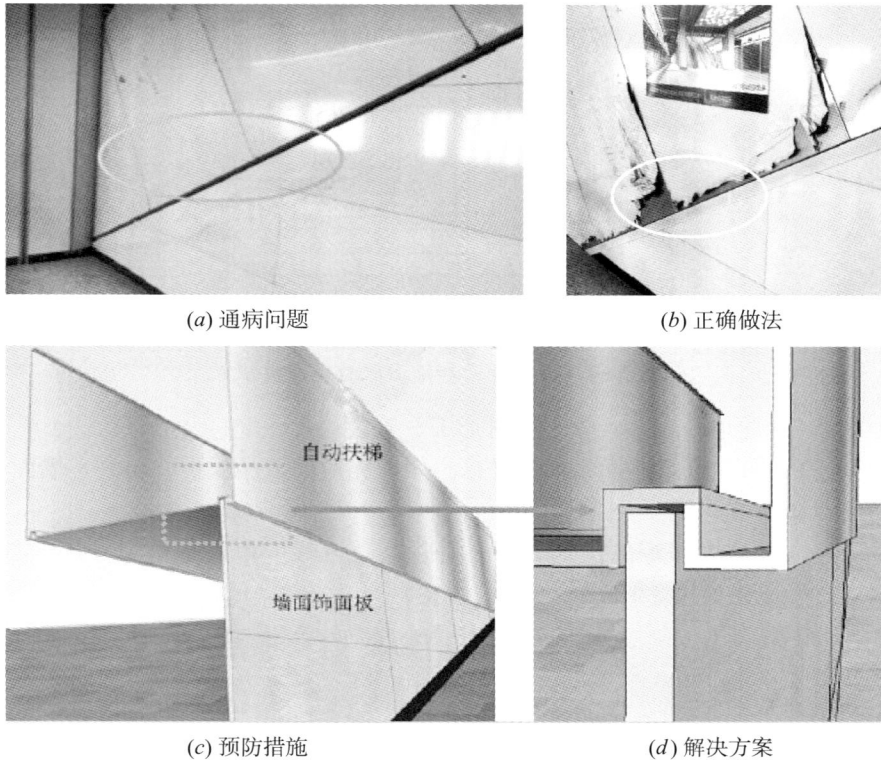

(a) 通病问题　　　　　　　　　(b) 正确做法

(c) 预防措施　　　　　　　　　(d) 解决方案

图 7-63　饰面板质量要点

b. 没有采取遮盖或弱化不顺直、宽度一致技术措施，自动扶梯下口与三角形墙面饰面交界面容易出现外观缺陷。

③ 预防、解决措施

a. 积极和扶梯安装单位沟通扶梯安装数据；

b. 扶梯下口饰面板两侧边缘预留 3cm（宽）×2cm（深）凹槽，墙面饰面板安装时将板面嵌入凹槽内，避免出现缝隙。

（3）石材地面和墙面收口出现的朝天缝质量通病处理（图 7-64）：

① 通病现象

墙面石材与地面石材交接处呈现朝天缝，影响观感。

② 原因分析

a. 没有进行"墙压地"方式的深化设计；

b. 按照"地冲墙"方式进行加工和安装，形成朝天缝现象。

③ 预防、解决措施

a. 深化设计前期对现场进行精确测量、复核，进行面层的预排版的深化，确保"墙压地"的安装方式（详图）；

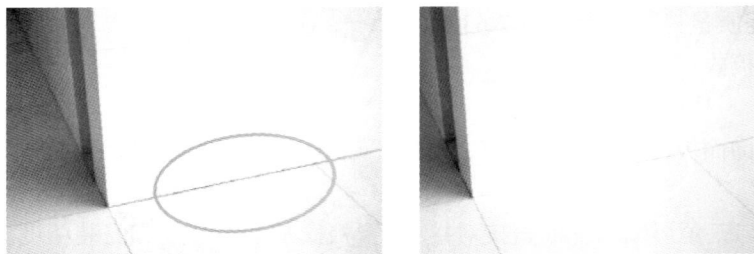

(a) 通病问题　　　　　　　　　　　(b) 正确做法

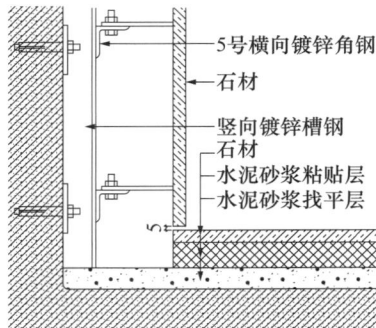

5号横向镀锌角钢
石材
竖向镀锌槽钢
石材
水泥砂浆粘贴层
水泥砂浆找平层

(c) 预防措施·解决方案

图 7-64　石材地面和墙面收口质量要点

b. 严格按照深化"墙压地"方式，进行石材加工、安装；

c. 如现场条件允许，可先进行地面石材的铺贴，做好相应的成品保护，再施工墙面石材。

（4）防水细部处理措施（图 7-65）

在所有的阴阳角、管道根部等部位 1：1 水泥砂浆做弧形护角进行密封处理、必要时增加铺贴 300mm 宽玻纤网格布做增强处理。

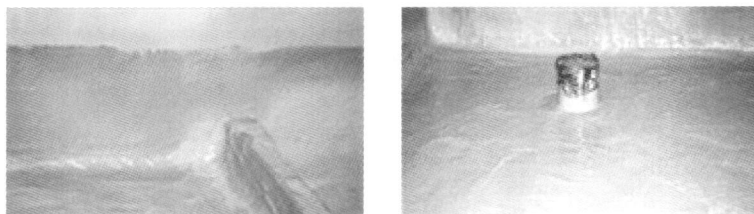

(a) 墙根、阴阳角细部处理　　　　　(b) 管道根部细部处理

图 7-65　防水细部处理

## 6. 成品保护计划（表 7-139、表 7-140）

本工程成品保护管理办法及制度——工作表　　　　　　　表 7-139

| 序号 | 办法·制度 | 工　作　内　容 |
| --- | --- | --- |
| 1 | 配合制度 | 要求各相关配合单位均必须加强自身管理，强化成品保护意识，该打包、该保护的必须进行二次打包，二次保护；严格移交程序和手续，坚持了责任界定，督促相关方并达成了"谁施工，谁负责"的共识；本工程在项管（监理）的管控下，所有的消防上下水系统及电气在装修前，封板装饰实施前，均完成了试水试压等调试工作 |
| 2 | 交接签认 | 本工程根据施工程序、施工工序，绘制了施工流程表，此表标有工作内容和完成时间。如不符合流程时间的工种一律不准进入他人施工区，并建立了"工序交接卡"；工作完毕由成品保护人员检查签认 |
| 3 | 专人巡查 | 要求分时、分段设置了专人负责成品保护、治安消防和巡视检查专项工作 |
| 4 | 准入许可 | 操作人员必须凭许可证，方可进入施工区作业，并在入口处办理登记手续；对已完成的区域，派专人负责保管钥匙和开门工作，凡未经许可一概不得进入已完成的施工区域；预验收后需要修整的项目及部位，须持有特殊许可证方可进入 |

续表

| 序号 | 办法·制度 | 工 作 内 容 |
|---|---|---|
| 5 | 责任整改 | 发现问题立即查明责任者，指定限时整改；对已经封板后的再次打开，规定要求由责任单位负责恢复或委托恢复 |
| 6 | 保护方法 | 坚持"护、包、盖、封"常见的四种成品、半成品保护方法 |
| 7 | 警示标志 | 统一全场成品保护标志，如挂"油漆未干……"等警示牌加以保护 |
| 8 | 进场四验 | 对于购买的成品，进场前要求做好"四验"工作，既检验规格、品种、质量、数量，凡不合格的一律不得进场 |
| 特别说明 | | （1）装饰工程的成品保护工作尤为重要，本装饰工程在工期紧、任务重、工作量大、各专业、各工序穿插作业极度频繁的情况下，成品保护工作质量的好坏、观感质量的优劣、装饰成果的成败将起到决定性的作用。特别是与各安装专业工作界面的搭接、工序的穿插是成品保护关键、难点、重点。<br>（2）因自身和相互间的成品保护工作不善，工作缺失而引发相关单位的冲突和矛盾、纠纷和扯皮，甚至处理索赔问题比比皆是 |

**本工程实施的成品保护工作——方法表**　　表 7-140

| 序号 | 方法 | 工作内容及具体做法 |
|---|---|---|
| 1 | 护 | 保护：提前保护，如烧面干挂石墙面完成后，要求施工方在进行顶棚和地面施工时，为防止受污染，应全部贴上塑料薄膜纸，保护起来；在门口位置及转角等交通道口，为预防受碰，要求多贴几层薄膜纸后，再贴上小块木条加以保护 |
| 2 | 包 | 包裹：如不锈钢扶手，栏板玻璃顶部，要求施工方进行了包裹，电气开关、插座、灯具也进行了包裹，防止油漆时污染 |
| 3 | 盖 | 覆盖：表面覆盖，如地面工程完成后，要求施工方用地毯胶垫进行表面覆盖，在通道位置上还遮盖了木夹板 |
| 4 | 封 | 封闭：如洗手间、主楼梯完后均应封闭起来，达到保洁、保护目的 |
| 5 | 防 | 防止：成品保护的几个关键环节及工作：防"尘、霉、水、火、碰、撞、压、划伤、污染、变形"等 |

要求采取的具体保护措施：

（1）装饰吊顶保护措施

① 装修吊顶用吊杆严禁挪做机电管道、线路吊挂用，吊顶龙骨上禁止铺设机电管道、线路。

② 机电管道、线路如与吊顶吊杆位置矛盾，须经过项目技术人员同意后更改，不得随意改动、甚至挪用吊杆。

③ 轻钢骨架及罩面板安装需注意保护顶棚内各种管线、轻钢骨架的吊杆、龙骨不准固定在通风管道及其他设备件上。

④ 为了保护成品，罩面板安装必须在顶棚内管道、试水、保温等一切工序全部验收后进行，反吊装施工中除外。

⑤ 在吊顶施工过程需采用保护膜和纸板保护在已安装好的门窗、已施工完毕的地面、墙面、窗台做防护，防止污损。

⑥ 轻钢骨架不得上人踩踏，其他工种的吊件不得吊于轻钢骨架上。

（2）墙地面砖、石材保护措施（图 7-66）

图 7-66　墙地面砖、石材保护（一）

图 7-66　墙地面砖、石材保护（二）

（3）木饰面饰面板、条保护措施（图 7-67）

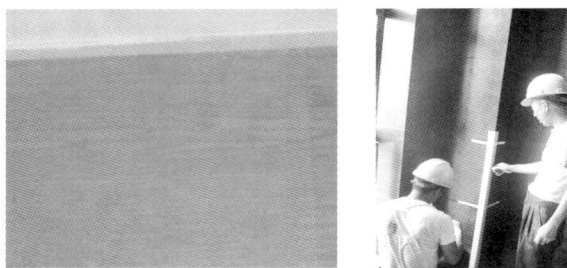

图 7-67　木饰面饰面板、条保护

（4）抹灰、涂料工程保护措施（图 7-68）

① 涂料墙面；

② 抹灰工程。

图 7-68　抹灰、涂料保护

（5）地板保护方案及措施（图 7-69）

图 7-69　地板保护

（6）洁具及五金保护措施（图 7-70）

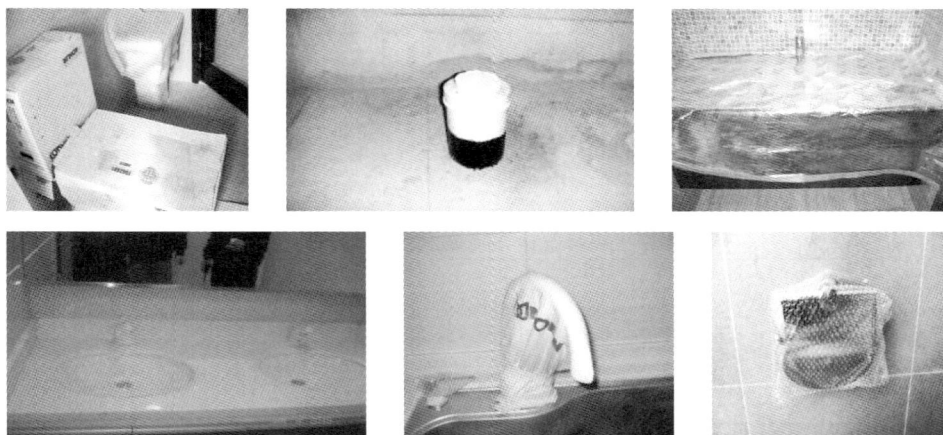

图 7-70　洁具及五金保护

（7）电气安装保护措施（图 7-71）

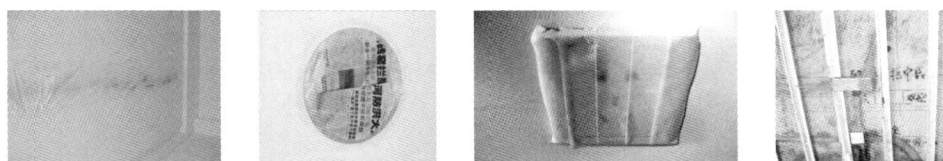

图 7-71　电气安装保护

（8）电梯、扶梯保护措施（图 7-72）

图 7-72　电梯、扶梯保护

## 7. 工序质量"平行检查验收"（表 7-141）

监理平行检查——验收表　　　　表 7-141

| 序号 | 检查项目 | 质　量　标　准 | 检查频次 | 平行检查验收结果 |
|---|---|---|---|---|
| 1 | 墙面抹灰 | （1）抹灰总厚度大于或等于 35 mm 时，应采取加强措施；粘结牢固，抹灰层应无脱层、空鼓，面层应无爆灰和裂缝。<br>（2）立面垂直度、表面平整度、阴阳角方正、分隔条（缝）直线度、墙裙、勒脚上口直线度误差均≤3mm，加强网搭接宽度≥100mm | 每个检验批应至少抽查 10%，不得少于 3 间 | 5528mm² 计 6 个批次共检查 185 处，检查发现偏离超标问题 26 处，记录并现场督促施工方进行了整改 |
| 2 | 吊顶龙骨及封板 | 木龙骨须防火、防腐处理；龙骨表面平整度、接缝直线度≤3mm，接缝高低差≤1mm；吊杆距主龙骨端部距离不得大于 300mm；主龙骨间距 800～1200mm，次龙骨间距 400×600 | 每个检验批应至少抽查 10%，不得少于 3 间 | 共检查9771mm²/1500mm²/批=3 批次，发现龙骨间距、平整度、高低差等问题共 35 处，记录并督促进行了整改 |
| 3 | 轻质隔墙 | 隔墙板材安装应垂直、平整、位置正确，板材不应有裂缝或缺损，面应平整光滑、色泽一致、洁净，接缝应均匀、顺直；隔墙上的孔洞、槽、盒应位置正确，套割方正、边缘整齐；立面直线度≤4mm；表面平整度、阴阳角方正、接缝直线度、压条直线度均≤3mm；接缝高低差≤1mm | 每个检验批应至少抽查 10%，并不得少于 3 间 | 1615mm²/1500mm²/批＝2 批次检查 140 点，发现 17 点龙骨间距、垂直度、隔墙上孔洞、槽、盒应位置不正确，现场记录后督促承包商进行了整改 |

433

续表

| 序号 | 检查项目 | 质量标准 | 检查频次 | 平行检查验收结果 |
|---|---|---|---|---|
| 4 | 饰面板（砖） | 表面应平整、洁净、色泽一致，无裂痕和缺损；石材表面应无泛碱等污染；饰面板嵌缝应密实、平直，宽度和深度应符合设计要求，嵌填材料色泽应一致；立面垂直度、表面平整度、阴阳角方正、分隔条（缝）直线度、墙裙、勒脚上口直线度误差均≤3mm，接缝高低差≤0.5mm，接缝宽度≤1mm | 每个检验批应至少抽查10%，并不得少于3间 | 1个批次共抽查了130点，发现平整度、直线度、接缝高低差、接缝宽度问题16点，现场记录并督促调整到合格 |
| 5 | 涂饰 | 应涂饰均匀，粘结牢固，不得漏涂、透底、起皮和掉粉；颜色均匀一致，不允许有返碱、咬色、流坠、疙瘩，无砂眼，无刷纹；装饰线、分色线直线度允许偏差≤1mm | 每个检验批应至少抽查10%，并不得少于3间 | 492mm²/1500＝1批次，检查16处，发现4处外观质量问题，现场记录并督促承包商进行了整改 |
| 6 | 裱糊与软包 | 壁纸、墙布表面应平整，色泽一致，不得有波纹起伏、气泡、裂缝、皱折及斑污，斜视时应无胶痕，与各种装饰线、设备线盒应交接严密；边缘应平直整齐，不得有纸毛、飞刺；阴角处搭接应顺光，阳角处应无接缝。软包工程表面应平整、洁净，无凹凸不平及皱折；图案应清晰、无色差，整体应协调美观；软包边框表面应平整、顺直、接缝吻合；垂直度≤3mm，边框宽度、高度为0或−2mm，对角线长度差≤3mm，裁口、线条接缝高低差≤1mm | 裱糊工程每个检验批应至少抽查10%，并不得少于3间；软包工程每个检验批应至少抽查20%，并不得少于6间 | （1376＋154）mm²/1500＝2个批次，检查发现6处出现色差、接缝、波纹起伏、气泡、不顺光、边缘不平齐等质量问题，现场记录后督促承包商进行了整改 |
| 7 | 门窗 | 预埋件、锚固件、隐蔽部位的防火、防虫、防腐、填嵌处理、洞口尺寸等检查；门窗框和厚度大于50mm的门窗扇须用双榫8连接；安装必须牢固。预埋木砖的防腐处理、木门窗框固定点的数量、位置及固定方法应符合设计要求；扇必须安装牢固，并应开关灵活，关闭严密，无倒翘；门窗与墙体间缝隙的填嵌材料应符合设计要求，填嵌应饱满；门窗批水、盖口条、压缝条、密封条安装应顺直，与门窗结合应牢固、严密 | 每个检验批应至少抽查5%，并不得少于3樘（备注：此工程为全数检查） | 共检查52＋4＝56樘，检查发现4樘现场安装时固定方式及点位有误，门扇开启不灵活，关闭不严密等质量问题，监理现场记录后督促承包商整改 |
| 8 | 细部 | （1）定作物（柜体）：外型尺寸≤3mm，立面垂直度≤2mm，门与框架的平等度≤2mm；（2）窗帘盒、窗台板和散热器罩：水平度≤2mm，上口、下口直线度≤3mm，两端距窗洞口长度差≤2mm，两端出墙厚度差≤3mm；（3）护栏、扶手制安：护栏垂直度≤3mm，栏杆间距≤3mm，扶手直线度≤4mm，扶手高度≤3mm；（4）花饰制作与安装：条型花饰的水平度或垂直度每米≤1mm、全长≤3mm，单独花饰中心位置偏移≤10mm | 同类制品每50间（处）应划分为一个检验批；每个检验批应至少抽查3间（处）；每部楼梯应划分为一个检验批 | 共检查105点，检查发现11个点位不符合设计及规范要求，个别部位严重超标，监理现场记录后督促承包商进行了整改 |
| 9 | 防水 | （1）卫生间涂膜JS500mm高，坡度≥3%；（2）管道安装：止水圈、用吊模两次灌浆，5d后24h蓄水试验合格后做找平层；（3）找平层：周圈墙角抹R＝30mm圆弧，管道周全留凹槽内嵌油膏，2次抹平压光；（4）防水层：玻纤布附加层管道周圈300mm，墙角150mm，涂膜防水层根部卷起200mm高，门洞口铺出300mm宽，厚度满足设计要求；（5）闭水试验24h，检查管道周边、墙角无渗水、湿润 | 全数检查 | 三层13间＋四层46间＋五层38间＋六层7间＝104间的卫生间、淋浴房、茶水间全数检查，共发现4处下部管道周边有水迹、墙角有湿润，记录后立即督促施工方进行了整改 |
| 备注 | | 检查频率说明：针对大面积施工部位和工序，凡相同材料、工艺和施工条件的室内工序施工，每50个自然间（大面积房间和走廊按施工面积30㎡为一间）划分为一个检验批，不足50间也应划分为一个检验批 | | |

## 8. 看台楼："平行检验"主要质量问题汇总（图 7-73）

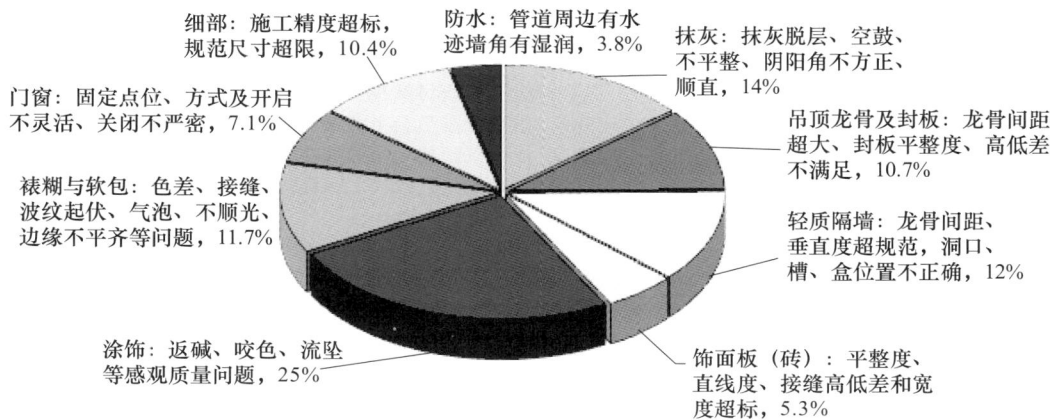

图 7-73　主要质量问题汇总

## 7.10.7　投资控制（表 7-142）

完成的投资控制——汇总表　　　表 7-142

| 控制类别 | 情况描述 | 解决方案 | 案例 |
|---|---|---|---|
| 针对施工所用材料与投标文件报价材料不一致的管控 | （1）本工程也遇到了施工方为了降低成本或追求利润，在材料上拟做文章。以市场缺货、断货、买不到、生产不过来，甚至停产等理由，致使原来订的包子而实际来的是馒头现象。<br>（2）针对清单漏项、合同增项、设计变更、暂定价等，为了增大预算和造价，本身可订购"馒头"，却又非要订"包子" | 查明不一致的原因：<br>（1）属业主调整、设计变更，则可调。<br>（2）属市场因素、施工原因，则不可调 | 赛马场多功能厅一层大厅的地面拼花石材，施工方只有替代采取进口天然石材才可满足业主方的装饰需求 |
| 对材料代换及工程量、价格差异较大问题的处理 | （1）施工方投标时有意不平衡报价；<br>（2）该子项工程的工程量相对较大 | （1）清单报价内的：按投标文件及合同执行。<br>（2）清单报价外的：须综合考虑施工方的报价，结合市场价，参考政府信息指导价，综合后按一定比率进行调价（包括材料代换和有价格差异或较大的）。<br>（3）工程量按时进入结算 | 如看台楼室外观光电梯，各楼层电梯前室的天棚防火抗裂板，我司承担的项目管理就是按此实施的 |
| 对新增部分的调价与核价该执行的原则 | 因设计调整、材料变更、合同增项、清单漏项、合同外等因素的材料、设备价格及造价管理 | （1）按本合同 10.2.1 变更估价原则的约定条款，结合《费用定额》《计价依据》《造价信息》等执行。<br>（2）《造价信息》中也没有信息价的按业主、项目管理公司、监理单位共同核定的价格执行 | 如看台楼 3～6 层如下涉及变更：（1）甲方新增房间；（2）调增设备及功能性用房；（3）各层因增加室外观光电梯引起的室内装饰材料及做法的设计变更等 |
| 对装饰工程超出暂定金额以外的价格控制 | 如：特种材料、特殊造型、艺术品（包括：雕塑、壁画、挂画、饰品、饰件、情景摆设等），特殊订制产品（包括：专用灯具、GRG 板、QRD 板） | （1）设计变更。<br>（2）材料替代。<br>（3）厂商竞价。<br>（4）市场比选。<br>（5）参照类似工程作横向比较 | 如看台楼三层大型会议室的柱面石材雕花浮雕的设计变更，就是按这种方式解决的 |
| 对无定额、参照物、可比性价格的管控 | 特殊材料的特殊工艺、特殊做法（如 GRG 吊挂、仿木纹金属板的铺设……）<br>上述这些材料的工艺和做法无定额、无参照物、无可比性价格 | （1）几方共同协商解决，参照类似材料、类似工艺、做法，综合考虑。<br>（2）如仍不能达成共识，最后采取了走访定额站寻求参考建议指导价 | 内蒙古赛马场多功能厅的大厅和穹顶就是采用这种形式的方案解决的 |

435

| 控制类别 | 情况描述 | 解决方案 | 案例 |
|---|---|---|---|
| 针对造价超预算和设计超概算问题和实际价格超出暂估价外问题处理 | 对于政府投资项目，项目管理单位应建议业主单位组织各方询价，并成立两个分别有甲方、设计、项管、监理、跟审、施工等参建各方共同参与的造价委员会和技术委员会 | （1）涉及技术问题的由技术委员会上会研讨解决，涉及造价问题的由造价委员会上会研讨解决。并形成会议纪要上报政府主管部门（如发改委、财政局、审计局等进行财评给出指导价）。<br>（2）上报市政府开会形成红头文件的会议决议，打开绿色通道 | 赛马场看台楼项目超大面积的装饰地砖、石材装饰工程预算超概算就是采取这种种方式解决的 |
| 对非承包商原因引起返工、受阻导致窝工、延期费用的处理 | 是否在法定时间内提出了索赔意向和索赔通知，索赔的依据是否充分、真实、有效，过程中是否及时办理了签证等 | 项管（监理）及时搜集、整理有关的施工和监理资料，为处理索赔提供证据；每月或定期须做动态投资控制表。力争结算金额不超过合同金额10% | 因本工程工期提前（比合同工期提前19天，实际工期提前24天），所以不存在工期及费用索赔 |
| 针对现场实际平面布置发生了改变，或线管走向设计表达不明确，或设计根本无法表达准确的造价问题的处理 | （1）现场常见此类情况，主要是针对大的管线和接驳点，一旦出现则费用较大。<br>（2）往往设计又未考虑如此细致和深度，加之现场经常发生改变和出现与设计不符的地方 | （1）如施工前：①首先应作设计图纸深化和施工图固化；②需要事先按图复核现场、丈量后作设计变更和调整。<br>（2）如施工后，则需要现场作收方计量和办理签证，完善手续，并绘入竣工图。<br>（3）如上述1、2两条均未完善，则不予计量 | 看台楼各层楼两端的天棚，其造型为异形，吊顶天棚内装饰工程强弱电及给水排水线和管就存在这种情况，图上根本无法准确描述和反映现场实际，只有到现场进行实体测绘、丈量才解决的 |

## 7.10.8 装饰工程的重难点概述

### 1. 重点难点

（1）设计、施工重点

① 设计方案的论证、评审；

② 装饰设计图纸、节点的优化、深化；

③ 产品封样、确样、认质核价；

④ 架体的转换、调整、甚至二次搭设；

⑤ 施工前的技术准备、施工现场准备；

⑥ 装饰重在：定位、放线、抄测；

⑦ 分格、放样、尺寸、大小、精度；

⑧ 材料菜单式、编码、下单；

⑨ 产品化、批量化、后场加工；

⑩ 生产加工的精度、误差；

⑪ 产品供货的周期、时间；

⑫ 总分包协调、配合；

⑬ 工序穿插、交接、搭接。

（2）实体、成果重点

① 防雷（防雷、接地、体系、等电位联结）；

② 消防（检测、层间竖向封堵、防火卷帘）；

③ 安全（受力、受压、变形、防火、抗震）；

④ 污染（光、噪音、空气、水质等污染）；

⑤ 检测（环保、消防、节能、防水、防火）；

⑥ 结构（荷载、自重、受力、变形、性能）；

⑦ 验收（缺陷、整改、回复、检查、验收）；

⑧ 绿色（绿色、环保、清洁、能源）；

⑨ 环保（用材、用料、材质、环境及协调）；

⑩ 节能（保温、节能、再生资源开发利用）；

⑪ 成品（保护、措施）；

⑫ 后期（移交、质保、维护）。

**2. 装饰工程最关键、最核心、最重要的工作**

（1）最关键的工作

装饰成果是否真正达到并实现或吻合了业主想要的装饰效果和装饰需求，是否将装修的遗憾和瑕疵尽可能地降低到了最小的程度。

（2）最核心的工作

业主的需求和装饰风格、档次选择的定位，包括设计的深度、材质品牌的选型，以及性价比和工期质量的控制及保证，还包括装饰污染物、污染空气对人体的伤害程度及保护程度。

（3）最重要的工作

业主的需求定位，方案的选型，设计的深度；材料品牌和选型及组织供应，材质用料和材料的认质核价工作，以及施工中的工艺做法、细节处理等精细化的程度高低；可靠的成品保护等工作，等等。

# 7.11　现场验收管理

## 7.11.1　现场验收的组织者与参与单位（表 7-143）

现场验收的组织者与参与单位表　　　　　　　　　　表 7-143

| 序号 | 验收内容 | 组织者 | 参与单位及人员 |
|---|---|---|---|
| 1 | 首批基坑槽、桩验收 | 总监理工程师 | 业主项目负责人或总咨询师；专业监理工程师；设计单位；施工技术负责人（分包技术负责人）；施工项目经理（分包单位项目经理）；质监站；地勘单位 |
| 2 | 基础工程验收（或转序） | 总监理工程师 | 业主项目负责人或总咨询师；专业监理工程师；设计单位；施工技术负责人（分包技术负责人）；施工项目经理（分包单位项目经理）；质监站；地勘单位 |
| 3 | 首次钢筋验收 | 总监理工程师 | 专业监理工程师；设计单位；施工技术负责人（分包技术负责人）；施工项目经理（分包单位项目经理）；质监站 |
| 4 | 中间层钢筋验收 | 总监理工程师 | 专业监理工程师；设计单位；施工技术负责人（分包技术负责人）；施工项目经理（分包单位项目经理）；质监站 |
| 5 | 屋面钢筋验收 | 总监理工程师 | 专业监理工程师；设计单位；施工技术负责人（分包技术负责人）；施工项目经理（分包单位项目经理）；质监站 |
| 6 | 主体结构（或转序）验收 | 总监理工程师 | 业主项目负责人或总咨询师；专业监理工程师；设计单位；施工技术负责人（分包技术负责人）；施工项目经理（分包单位项目经理）；质监站 |
| 7 | 节能专项验收 | 总监理工程师 | 业主项目负责人或总咨询师；专业监理工程师；设计单位；施工技术负责人（分包技术负责人）；施工项目经理（分包单位项目经理）；质监站 |

| 序号 | 验收内容 | 组织者 | 参与单位及人员 |
|---|---|---|---|
| 8 | 防雷专项验收 | 总监理工程师 | 专业监理工程师；设计单位；施工技术负责人（分包技术负责人）；施工项目经理（分包单位项目经理）；质监站 |
| 9 | 档案专项验收 | 业主项目负责人或总咨询师 | 总监理工程师；专业监理工程师；设计单位；施工技术负责人（分包技术负责人）；施工项目经理（分包单位项目经理）；档案馆 |
| 10 | 消防专项验收 | 业主项目负责人或总咨询师 | 总监理工程师；专业监理工程师；设计单位；施工技术负责人（分包技术负责人）；施工项目经理（分包单位项目经理）；质监站；项目业主 |
| 11 | 规划验收 | 业主项目负责人或总咨询师 | 总监理工程师；专业监理工程师；设计单位；施工技术负责人（分包技术负责人）；施工项目经理（分包单位项目经理）；规划单位 |
| 12 | 环保验收 | 业主项目负责人或总咨询师 | 总监理工程师；专业监理工程师；设计单位；施工技术负责人（分包技术负责人）；施工项目经理（分包单位项目经理） |
| 13 | 竣工预验收 | 总监理工程师 | 业主项目负责人或总咨询师；专业监理工程师；设计单位；施工技术负责人（分包技术负责人）；施工项目经理（分包单位项目经理）；质监站；项目业主 |
| 14 | 竣工验收 | 业主项目负责人或总咨询师 | 业主项目负责人或总咨询师；总监理工程师；专业监理工程师；设计单位；施工技术负责人（分包技术负责人）；施工项目经理（分包单位项目经理）；质监站 |

### 7.11.2 验收的主要任务

（1）配合业主组织竣工验收；

（2）组织好资料归档和接收；

（3）安排有关单位的竣工结算；

（4）在竣工后应进行绿色建造设计或施工评价、环境管理绩效评价；

（5）组织试运行；

（6）办理工程接收手续；

（7）协助明确项目运营后各参建单位的关系和作用。

（8）协助组织有关管理与技术人员的培训；

（9）协助物业单位及时接管工程物业维护；

（10）根据业主委托开展项目中间评价或项目后评价工作，对项目全过程进行回顾和总结，并分析原因，总结经验并提出对策建议；

（11）及时妥善处理项目施工过程中遗留的有关问题。为工程投产运营做好准备工作。

### 7.11.3 验收制度体系

组织编制验收计划；层层制订具体实施计划；

执行过程中，应结合本地区实际情况，经常与业主进行必要的沟通后，及时进行补充和完善，并报公司后台进行备案。

承包商按照施工计划完成工程实体后应自行检查合格后，再按照规定在监理机构组织下进行预验收，合格后再向发包人提交竣工验收申请。

施工合同验收合格后，承包商与业主进行工程结算，之后明确缺陷责任期的时长，办理工程质量保证金预留工作。

### 7.11.4　工程验收程序

### 7.11.5　验收前各项准备工作（表 7-144）

验收前各项准备工作表

表 7-144

| 序号 | 工作内容 | 要　求 |
|------|----------|--------|
| 1 | 实体质量及文明准备 | （1）实体质量准备要求：<br>① 承包商自检完成，并报监理单位进行了复查，具备验收条件；现场准备工作；<br>② 技术人员带设计施工图说，质检人员带钢卷尺、"检测包"、水电检测仪等检测工具。<br>（2）文明迎检准备要求：<br>① 现场安全文明标识及验收行进路线准备，各标区在验收各单体工程下有专门人员负责接待；做好施工标牌，（在入口处标明验收工程名称、验收时间、欢迎横幅）；<br>② 准备好运行电梯及专职司机。安排专人准备好房间、强弱电井、管道井等房门钥匙。电梯前室、楼梯间等公用部分照明处于送电状态（承包商准备）；<br>③ 对于重大的验收，各单体在入口大堂由承包商准备好鞋套，入楼人员每人发放一双 |
| 2 | 资料及工具准备 | 将工程档案资料在验收开会前 2 小时全部存放在验收会场，具体如下：<br>（1）与验收有关的施工蓝图及检测工具；<br>（2）质量保证资料齐全，并经监理核查；<br>（3）功能性试验检测资料齐全，并经监理核查；<br>（4）验收相关的施工及隐蔽资料齐全，并经监理核查；<br>（5）承包商、监理单位、项目咨询机构、业主工程验收发言稿准备并汇总成册（各家发言稿须盖单位公章）汇报资料若干份，PPT 汇报资料（项管、监理、施工）；<br>（6）单位工程验收还需要：① 各分部工程验收总表；② 建筑工程施工强制性条文检查记录；③ 单位工程竣工报告（竣工通知书）；④ 单位工程质量竣工验收记录表汇总表、单位工程质量控制资料核查记录、单位工程安全和功能检验资料核查及主要功能抽查记录、单位工程观感质量检查记录 |
| 3 | 会场准备 | （1）会议横幅；<br>（2）会议用投影仪；<br>（3）会议座签牌 |
| 4 | 验收路线准备 | 对于重大的验收（消防验收、竣工验收等）宜事前组织预演练，确定验收的线路，确定验收的分组检查单位及人员 |
| 5 | 会议通知 | （1）承包商准备完成后，经监理核查后通知项管及业主；<br>（2）对于外部单位的通知，须由项管或业主来通知，禁止承包商自行通知；<br>（3）一般验收须提前一天通知，重大验收必须提前一天以上通知，避免仓促，保证一次性验收通过 |

### 7.11.6　重要的验收计划

（1）工程质量验收（地基与基础、主体工程、防水工程、装饰工程、单位工程验收实体条件、资料要求、验收程序、验收内容和结论）；

（2）工程进度验收（分析进度偏差、采取的纠偏措施及经验教训）；

（3）工程投资验收（挣得值法分析投资偏差、采取的纠偏措施及经验教训）；

（4）绿色施工验收（对照绿色设计和施工指标，对实施前后的效果进行自评估，之后成立专家评估小组，进行综合评估验收）；

（5）环境健康验收（进行绩效评价，内容包括内部评价、管理评审和纠偏及持续改进）。

### 7.11.7　验收处理遗留问题（表 7-145）

（1）当验收过程中的业主、设计、地勘、监理、承包商各方不能形成一致意见时，应当协商提出

439

解决的办法，待意见一致后，重新组织工程验收；

（2）如果验收不合格或未经验收，承包商擅自进行下一道工序施工的，应责令立即整改签发局部停工通知书，并按照有关规定进行处理；

（3）验收处理遗留问题：及时办理基础结算，解决争议；

（4）认真处理专业设计与二次设计之间存在的问题；

（5）履约合同责任，严格按合同支付，滞后支付与承包方及时沟通。经济签证资料不详实，证据不全，依据不充分，给结算带来困难，引发审计问题；

（6）管理手段落后，信息化管理力度不够。管理制度不健全，不成体系，执行制度不力。

验收纪要要求
表 7-145

| 序号 | 内容 | 要　求 |
| --- | --- | --- |
| 1 | 验收会议纪要组成 | （1）会议签到表；<br>（2）会议纪要内容（有整改时，附整改回执）；<br>（3）会议纪要会签表 |
| 2 | 验收会议纪要内容 | （1）时间、地点、参与单位及人员、主持人；<br>（2）各单位会议发言内容意见明确，整改问题须逐条列出。<br>（3）对于有整改的要求，在整改回执时须要附照片，并由监理单位核查后签字盖章 |
| 3 | 验收会议纪要资料 | （1）验收会议纪要资料份数原件一般须 7 份（实际可以根据项目具体情况）；<br>（2）验收会议纪要盖章应为公章；<br>（3）签字、盖章完善的会议纪要由项目管理部文员负责分发 |

### 7.11.8　××项目专项验收条件及程序（表 7-146）

专项验收条件及程序表
表 7-146

| 序号 | 验收名称 | 验收条件 | 验收程序 |
| --- | --- | --- | --- |
| 1 | 规划验线 | 工程所在场地达到"七通一平"条件，业主委托有资质测绘机构放线，并出具《建设工程测量成果报告书》 | （1）业主在施工前向规划行政主管部门提交填写完整的《建设工程验线申请表》；<br>（2）规划监督检查人员在施工现场进行查验，获得许可后，才能进行后续施工 |
| 2 | 规划验收 | （1）建设工程主体和外立面完成，业主委托有资质测绘机构测绘，出具《建设工程竣工测量成果报告书》；<br>（2）室外道路、管网、园林绿化已完成 | （1）业主或者个人按照建设工程规划许可证证件批准的内容，全面完成各项建设和环境建设之后，填写《建设工程规划验收申报表》，按规定向规划行政主管部门申请规划验收；<br>（2）规划监督检查人员在施工现场进行查验，经验收合格的，规划行政主管部门在规划许可证件附件上签章 |
| 3 | 电梯验收 | 电梯安装、改造、重大维修完毕并经承包商自检合格 | （1）电梯使用单位持核准的开工报告和有关资料向检验机构提出验收申请检验。电梯检验检测机构应当自接到检验申请之日起 10 个工作日内安排检验；<br>（2）电梯安装、改造完毕并经检验合格后，由安全监察机构办理注册登记手续，发给电梯安全检验合格标志 |
| 4 | 消防验收 | 室内防火分区（含封堵）、防火（卷帘）门、消火栓、喷淋（气体）灭火、消防指示灯、消防报警、电气等系统完成联动调试，室外幕墙防火构造、庭院环形路、室外接合器等完成，并自检合格。业主委托有资质消防检测机构检测，并出具消防检测报告书 | （1）业主申请消防验收应当提供下列材料：<br>①建设工程消防验收申报表；<br>②工程竣工验收报告；<br>③消防产品质量合格证明文件；<br>④有防火性能要求的建筑构件、建筑材料、室内装修装饰材料符合国家标准或者行业标准的证明文件、出厂合格证； |

| 序号 | 验收名称 | 验收条件 | 验收程序 |
|---|---|---|---|
| 4 | 消防验收 | 室内防火分区（含封堵）、防火（卷帘）门、消火栓、喷淋（气体）灭火、消防指示灯、消防报警、电气等系统完成联动调试，室外幕墙防火构造、庭院环形路、室外接合器等完成，并自检合格。业主委托有资质消防检测机构检测，并出具消防检测报告书 | ⑤ 消防设施、电气防火技术检测合格证明文件；<br>⑥ 施工、工程监理、检测单位的合法身份证明和资质等级证明文件；<br>⑦ 其他依法需要提供的材料。<br>（2）当地消防验收机构进行现场消防验收，验收合格的，出具消防认可文件 |
| 5 | 人防验收 | 地下人防工程已完成通风、灯具、人防门安装，并自检合格，如：人防工程室外口及"三防设备"不具备条件，可出具缓建证明及暂不安装证明 | 业主组织竣工验收，提前 7 天书面通知当地人防工程质量监督机构或人民防空主管部门参与监督，验收合格后 15 天内向工程所在地的县级以上人民防空主管部门备案 |
| 6 | 室内环境验收 | （1）室内装饰完成设计内容，业主委托有资质环境检测机构，并签定合同；<br>（2）民用建筑工程室内环境中游离甲醛、苯、氨、总挥发性有机化合物（TVOC）浓度检测时，对采用集中空调的民用建筑工程，应在空调正常运转的条件下进行；对采用自然通风的民用建筑工程，检测应在对外门窗关闭 1h 后进行；<br>（3）民用建筑工程室内环境中氡浓度检测时，对采用集中空调的民用建筑工程，应在空调正常运转的条件下进行；对采用自然通风的民用建筑工程，检测应在对外门窗关 24h 后进行 | 业主委托有资质环境检测机构现场检测，并出具《室内环境污染物浓度检测报告》 |
| 7 | 建筑节能验收 | （1）承包商已完成施工合同内容，且各分部工程验收合格；<br>（2）外窗气密性现场实体检测应在监理（建设）人员见证下取样，委托有资质的检测机构实施；<br>（3）采暖、通风与空调、配电与照明工程安装完成后，应进行系统节能性能的检测，且应有业主委托具有相应检测资质的检测机构检测并出具检测报告 | （1）民用建筑工程竣工验收前，业主应组织设计、施工、监理单位对节能工程进行专项验收，并对验收结果负责，提前 3 天通知市墙革节能办到场监督；<br>（2）验收合格后 10 个工作日内办理备案，备案时业主需提交下列材料：<br>① 《民用建筑节能备案表》；<br>② 民用建筑节能专项验收报告；<br>③ 新型墙体材料专项基金缴纳凭证；<br>④ 新型墙体材料认定证书复印件 |
| 8 | 无障碍设施验收 | 完成设计图纸无障碍设施内容，并自检合格 | 新建、扩建和改建建设项目的业主在组织建设工程竣工验收时，应当同时对无障碍设施进行验收。未按规定进行验收或者验收不合格的，建设行政主管部门不得办理竣工验收备案手续 |
| 9 | 供电验收 | 施工、供货单位按照供电企业审核受送电装置设计图纸内容完成，并自检合格；签定《供电用电合同》 | 竣工后要进行"通电负载"验收。在接到竣工验收通知后，在正式验收前 10 小时将全部用电打开，待正式验收时查看有无断、短线、跳闸等现象，并将所有开关开、关次数，检查有无异常情况，最后再测试一下总的电流量 |
| 10 | 燃气验收 | 施工、供货单位按照供燃气设计图纸内容完成，并自检合格；签定《供气用气合同》 | （1）由提供燃气的供应商进行验收；<br>（2）承包商必须提交设计图、竣工图以及相关必要的竣工验收资料，验收人员还必须要带齐开启设备的钥匙和工具提供燃气的供应商进行验收；<br>（3）供应商的验收人员给管道内部打压静置 20 分钟，测试管道的密闭性能是否良好，检验完密闭性后，要注入氮气进行检验，无误后通过验收 |

续表

| 序号 | 验收名称 | 验收条件 | 验收程序 |
|------|---------|---------|---------|
| 11 | 供水验收 | 经批准的中水设施已联合调试、运转正常，生产给水系统管道已安装完成，并已冲洗和消毒；业主委托有资质水样检测部门取样检验，并出具《水质检测报告》；签定《供水用水合同》 | （1）承包商向工程所在地自来水供应商提供相关资料，同时申请专项验收；<br>（2）自来水供应商组织相关单位进行验收，验收合格后，工移交相关资料，供水公司与开发单位协商接管事宜 |
| 12 | 防雷验收 | 接地、屋面、幕墙、金属门窗避雷系统完成设计内容，并自检合格；业主委托相应资质的防雷检测单位出具的检测报告 | （1）防雷装置竣工验收应当提交以下材料：<br>①《防雷装置竣工验收申请书》；<br>②《防雷装置设计核准书》；<br>③防雷工程专业和人员的资质证和资格证书；<br>④由省、自治区、直辖市气象主管机构认定防雷装置检测资质的检测机构出具的《防雷装置检测报告》；<br>⑤防雷装置竣工图等技术资料；<br>⑥防雷产品出厂合格证、安装记录和由国家认可防雷产品测试机构出具的测试报告。<br>（2）许可机构办结有关验收手续，防雷装置经验收合格的，颁发《防雷装置验收合格证》 |
| 13 | 绿化验收 | 根据规划要求的绿化率并按绿化施工图施工完成后 | 邀请项目所在地市政绿化管理处工作人员查看现场，确认绿化种植满足要求后出具单项专业验收证明 |
| 14 | 环卫验收 | 根据规划要求建设垃圾房后 | 邀请项目所在地市政绿化管理处工作人员查看现场，确认垃圾收集房建设满足要求后出具单项专业验收证明 |
| 15 | 城管验收 | 现场建筑垃圾清理情况及户外广告的设置完成后 | 邀请项目所在地城市管理办公室工作人员查看是否符合要求，确认合格后出具单项专业验收证明 |
| 16 | 工程档案预验收 | 承包商已完成图纸和施工合同内容，且各分部工程验收合格，按照暂行办法要求工程资料（含竣工图）准确、完整 | （1）业主、监理单位、承包商按照归档分工分别编制《基建文件卷》《监理文件卷》及《施工文件卷》，各分包单位编制各自合同范围内工程内容的《施工文件卷》，提交总包单位汇总；其中：竣工图由承包商绘制，或业主另行委托其他单位完成；<br>（2）业主汇总各单位资料，形成初步《建设工程竣工档案》，在组织工程竣工验收前，提请城建档案馆对工程档案进行预验收，并出具《建设工程竣工档案预验收意见》 |
| 17 | 竣工资料验收 | （1）监理资料；<br>（2）施工资料（土建工程，电气、给水排水、消防、采暖、通风、空调、燃气、建筑智能化、电梯工程）；<br>（3）竣工图（综合竣工图，室外专业图）；<br>（4）其他资料（桩基竣工验收资料，幕墙竣工验收资料，钢结构竣工验收资料，中央空调竣工验收资料，人防工程竣工验收资料，电梯资料等） | 业主组织竣工验收确定验收日期并通知各参建单位及各专项部门的有关人员参加，填写《单位工程竣工验收通知书》提前7日通知质监站参加监督 |
| 18 | 办理雨污水管道接纳手续 | 排水管理处到现场进行闭水试验合格后，方可进行雨污水管道接纳施工 | 领取并填写雨污水管线接纳表，附雨污水管线施工图、建设项目立项批复、建设项目环境影响审批表、建设项目环境影响报告书（表），到项目所在地行政审批中心建设局办理雨污水管道接纳手续 |

| 序号 | 验收名称 | 验收条件 | 验收程序 |
|---|---|---|---|
| 19 | 办理竣工验收备案表 | 各专项验收完成及资料完善后 | （1）领取并填写工程竣工验收备案表，由勘察单位、设计单位、承包商、监理单位、业主签署意见并盖章；<br>（2）准备工程竣工验收备案表、施工许可证、施工图设计文件审查意见、业主项目法人代表的身份证、单位工程竣工质量验收意见书、竣工验收报告、建设项目竣工规划验收合格证、建筑工程竣工消防验收意见书、建设项目设计卫生审查认可书、环保部门认可批准文件、建设工程档案接收证明书及验收意见书、城管验收单、环卫项目验收单、绿化验收单、单位工程质量保修书、商品房住宅质量保证书和住宅使用说明书到项目所在地工程质量监督机构办理竣工验收备案表 |

### 7.11.9　验收案例

**内蒙古少数民族群众文化体育运动中心**

**安装工程专项调试方案**

本项目专项安装工程包括：变配电安装工程、防雷与接地安装工程、电气照明安装工程、电气动力安装工程、智能化系统。

1. 调试要求

测试用仪器、仪表必须经法定检测机构检测合格，并在有效期内。

调试前，项目技术负责人应对各施工员进行调试技术与安全交底。

组织机构：

组长：项目经理；

副组长：总监代表、机电工程专监；

组员：暖通工程师、项管工程师、项管弱电工程师、项管安全专监、项管机电、水暖工程师、总包安装部经理、总包机电工程师等。

2. 电气调试的组织与准备

为了保证调试能够顺利而安全地进行，在调试前需要进行精心的组织与准备，本工程调试组织与准备需进行如表 7-147 中的各项工作。

调试的组织与准备表　　　　　　　　　　　　　　　表 7-147

| 序号 | 名称 | 内　　容 |
|---|---|---|
| 调试组织 | 调试人员组织机构 | （1）成立调试领导小组，该小组由项目经理、项目总工程师、专业工长、质安员等组成，负责领导与组织调试工作。<br>（2）成立调试班组，班组人员全部由熟练的电工组成，负责具体的调试工作 |
| | 调试计划 | 制订详细的送电与调试计划，包括人员计划、工具与仪具计划、送电与调试日程安排等 |
| 调试准备 | 施工准备 | 1. 电气各项工作安装完毕：<br>（1）配电柜（箱）等变配电设备安装完毕。<br>（2）供电干线敷设及其与设备连接完毕。<br>（3）线路标识及保护工作完成。<br>（4）终端设备与照明器具安装完毕。<br>2. 建筑要具备的如下条件：<br>（1）各层强电井、设备房装修完成。<br>（2）门、窗安装完成且能锁门。<br>（3）各层强电井、设备房室内干燥。<br>（4）冷冻泵房、水泵房排水畅通 |

| 序号 | 名称 | 内　容 |
|---|---|---|
| 调试准备 | 技术准备 | 组织调试人员进行学习与培训，让调试人员熟悉以下几个方面的工作：<br>（1）熟悉施工图纸、配电箱（柜）二次接线图。<br>（2）熟悉与电气调试有关的规范、规程、地方标准。<br>（3）熟悉各种工具与仪具的使用方法，能熟练地使用各种工具与仪具。<br>（4）熟悉安全送电、停电的顺序以及火灾、触电事故的急救处理方法。<br>在调试前，配电箱（柜）厂商提供其产品的技术资料，在调试过程中，配电箱（柜）厂商需要派技术人员参与配合调试 |
| | 工具与仪具准备 | 准备调试用的工具与仪具，如兆欧表、变压器直流电阻测试仪、电流表、绝缘手套、绝缘鞋、扳手、塞尺等 |

3. 调试程序

防雷接地→照明分系统临电调试→小容量动力设备单体调试→变配电设备调试→送电→大容量设备调试与系统联调

4. 调试用仪器、仪表

（1）电气调试用设备及仪表（表 7-148）

电气调试用设备及仪表　　　　　　　　　表 7-148

| 序号 | 名称 | 型号 | 单位 | 数量 | 用途 |
|---|---|---|---|---|---|
| 1 | 接地摇表 | ZC-8　100Ω | 台 | 10 | 接地电阻测试 |
| 2 | 导通测试仪 | IDI 9133 | 台 | 1 | 等电位测试 |
| 3 | 兆欧表 | 2500V/1000V/500V | 台 | 3/6/10 | 绝缘电阻测试 |
| 4 | 支流电阻测试仪 | ZRT | 台 | 1 | 直流电阻测试 |
| 5 | 手枪式温度计 | | 台 | 1 | 温度测试 |
| 6 | 照度表 | TF2006 | 台 | 1 | 照度测试 |
| 7 | 数字光电转速表 | DT-2234B | 个 | 3 | 转速测试 |
| 8 | 漏电保护器测试仪 | M9000 | 台 | 1 | 漏电开关动作试验 |
| 9 | 开关特性测试仪 | KJTC-IV | 台 | 1 | |
| 10 | 继电保护测试仪 | P30 | 台 | 1 | |
| 11 | 互感器校验仪 | DS9608 | 台 | 2 | |
| 12 | 精密电压互感器 | HJS2 | 台 | 4 | |
| 13 | 标准电流互感器 | HL23-2000/5 | 台 | 4 | |
| 14 | 钳形万用表 | MG24 | 台 | 15 | |
| 15 | 瓦特表 | D26-W | 个 | 6 | |
| 16 | 单相自耦调压器 | TDGS-5 5KVA | 台 | 2 | |
| 17 | 高压发生器及控制盘 | ZGF-120 | 台 | 1 | 容量 5KVA，最高电压 50kV |
| 18 | 交直流稳压电源 | YSJ-1A | 台 | 2 | |
| 19 | 分压器 | FRC-100 | 台 | 1 | |
| 20 | 大电流发生器 | SLQ-82　2000A | 台 | 1 | |
| 21 | 交直流电压表 | T24-V /T26-V | 台 | 2/2 | |

| 序号 | 名　称 | 型　号 | 单位 | 数量 | 用　途 |
|---|---|---|---|---|---|
| 22 | 交直流电流表 | D26-A | 台 | 4 | |
| 23 | 交直流毫安表 | C21-MA115～30A | 台 | 4 | |
| 24 | 电脑变比相位测试仪 | KP-1 | 台 | 1 | |
| 25 | 氧化锌避雷器校验仪 | GCBL-2 | 台 | 2 | |
| 26 | 其他高压试验设备 | 球隙、放电棒、对讲机、验电器、开关等 | | | |
| 27 | 电能质量监测仪 | EG4000 | 台 | 1 | |

（2）通风与空调调试用仪器、仪表（表 7-149）

**通风与空调调试用仪器、仪表表**　　　　　　　　　　**表 7-149**

| 序号 | 名　称 | 型　号 | 单位 | 数量 | 用　途 |
|---|---|---|---|---|---|
| 1 | 兆欧表 | 500～1000V | 台 | 1 | 测绝缘电阻 |
| 2 | 万用表 | 普通型 | 台 | 2 | 测电流、电压、电阻 |
| 3 | 钳形电流表 | 0～20A | 台 | 1 | 测电流 |
| 4 | 钳形万用表 | MG24 | 台 | 6 | |
| 5 | 电流表 | 0～10A | 台 | 3 | 测大电流 |
| 6 | 水银温度计 | −30～50℃ | 只 | 15 | 测温度 |
| 7 | 热电风速仪 | 0.05～30m/s | 台 | 2 | 测风速 |
| 8 | 数字温度计 | 温度：−20～＋60℃<br>湿度：10%～95% | 台 | 1 | 测空气温度、相对湿度 |
| 9 | 干湿球温度计 | −20～＋45℃ | 台 | 2 | 测空气干湿球温度 |
| 10 | 倾斜式温压计 | 普通 | 台 | 3 | 测压力与压差 |
| 11 | 毕托管 | 普通 | 根 | 3 | 测压力与压差 |
| 12 | 机械式转速表 | 普通 | 只 | 1 | 测风机、电机转速 |
| 13 | 大气压力表 | 普通 | 只 | 1 | 测大气压力 |
| 14 | 压力表 | 0～2.4MPa | 只 | 3 | R22 制冷系统试压 |
| 15 | 卤素检漏表 | | 只 | 1 | R22 检漏 |

（3）给水排水调试用仪器、仪表（表 7-150）

**给水排水调试用仪器、仪表表**　　　　　　　　　　**表 7-150**

| 序号 | 名　称 | 型　号 | 单位 | 数量 | 用　途 |
|---|---|---|---|---|---|
| 1 | 接地摇表 | ZC-8　100Ω | 台 | 5 | 接地电阻测试 |
| 2 | 手枪式温度计 | | 台 | 2 | 温度测试 |
| 3 | 倾斜式温压计 | 普通 | 台 | 3 | 测压力与压差 |
| 4 | 钳形万用表 | MG24 | 台 | 6 | |
| 5 | 超声波流量计 | | 台 | 1 | 测管道水流量 |

5. 各系统调试工艺（略）

6. 试验调整的安全注意事项

（1）电气试验调整工作应由持证、并有丰富经验的电工在工程技术人员指导下进行，且各司其职；

（2）电气工作业人员进行电气操作时，应配备监护人，对操作和监护人员必须进行安全教育并熟悉方案。

（3）高压调试时，比较设置警戒线，非工作人员严禁入内。

（4）若断路器一次合闸失败，必须找出原因，并处理后才能再次合闸。

（5）送电前所有单项调试和系统调试全部完成并检查合格。

（6）送电后，需挂上警告牌，变压器室要上锁，配电室应有人值班。

（7）所有操作人员需听从领导小组的统一指挥，发现异常情况应及时报告。

（8）管道试压时，系统试压时，压力应缓慢上升，如发现问题，立即泄压，不得带压修理。同时试压前应做好排水措施，保证泄水有组织排放。

内蒙古少数民族群众文化体育运动中心暖通及消防系统调试计划见表 7-151。

内蒙古少数民族群众文化体育运动中心暖通及消防系统调试计划　　　表 7-151

| 序号 | 工作内容 | 开始时间 | 完成时间 | 工期（天） | 2017 年 5 月 | | | | | |
|---|---|---|---|---|---|---|---|---|---|---|
| | | | | | 5 | 10 | 15 | 20 | 25 | 31 |
| 一 | 通风空调系统 | 2017.5.6 | 2017.5.25 | 20 | ----- | ----- | ----- | ----- | | |
| 1 | 看台楼水冷螺杆机组调试 | 2017.5.11 | 2017.5.20 | 10 | | ----- | ----- | | | |
| 2 | 看台楼冷冻及冷却泵调试 | 2017.5.11 | 2017.5.20 | 10 | | ----- | ----- | | | |
| 3 | 看台楼冷却塔调试 | 2017.5.11 | 2017.5.20 | 10 | | ----- | ----- | | | |
| 4 | 看台楼通风机调试 | 2017.5.6 | 2017.5.10 | 5 | ----- | | | | | |
| 5 | 看台楼空调机组调试 | 2017.5.11 | 2017.5.15 | 5 | | ----- | | | | |
| 6 | 看台楼风机盘管调试 | 2017.5.6 | 2017.5.15 | 10 | ----- | ----- | | | | |
| 7 | 看台楼通风空调系统联动调试 | 2017.5.16 | 2017.5.25 | 10 | | | | ----- | ----- | |
| 二 | 防排烟系统 | 2017.5.6 | 2017.5.25 | 20 | ----- | ----- | ----- | ----- | | |
| 1 | 看台楼消防风机调试 | 2017.5.6 | 2017.5.15 | 10 | ----- | ----- | | | | |
| 2 | 看台楼防排烟系统联动调试 | 2017.5.6 | 2017.5.15 | 10 | ----- | ----- | | | | |
| 3 | 多功能主楼消防风机调试 | 2017.5.11 | 2017.5.20 | 10 | | ----- | ----- | | | |
| 4 | 多功能主楼防排烟系统联动调试 | 2017.5.11 | 2017.5.20 | 10 | | ----- | ----- | | | |
| 5 | 亮马圈消防风机调试 | 2017.5.16 | 2017.5.25 | 10 | | | | ----- | ----- | |
| 6 | 亮马圈防排烟系统联动调试 | 2017.5.16 | 2017.5.25 | 10 | | | | ----- | ----- | |
| 7 | 马厩防排烟系统联动调试 | 2017.5.1 | 2017.5.10 | 10 | ----- | ----- | | | | |
| 三 | 消火栓系统 | 2017.5.6 | 2017.5.25 | 20 | ----- | ----- | ----- | ----- | | |
| 1 | 消防水泵调试 | 2017.5.6 | 2017.5.8 | 3 | --- | | | | | |
| 2 | 稳压泵调试 | 2017.5.6 | 2017.5.8 | 3 | --- | | | | | |
| 3 | 看台楼室内消火栓调试 | 2017.5.6 | 2017.5.13 | 8 | ----- | --- | | | | |

续表

| 序号 | 工作内容 | 开始时间 | 完成时间 | 工期（天） | 2017 年 5 月 | | | | | |
|---|---|---|---|---|---|---|---|---|---|---|
| | | | | | 5 | 10 | 15 | 20 | 25 | 31 |
| 4 | 看台楼排水设施调试 | 2017.5.6 | 2017.5.7 | 2 | | - - | | | | |
| 5 | 看台楼室内消火栓系统联动调试 | 2017.5.11 | 2017.5.20 | 10 | | | - - - - - | - - - - - | | |
| 6 | 多功能主楼室内消火栓调试 | 2017.5.6 | 2017.5.13 | 8 | | - - - - - | - - - | | | |
| 7 | 多功能主楼排水设施调试 | 2017.5.6 | 2017.5.7 | 2 | | - - | | | | |
| 8 | 多功能主楼室内消火栓系统联动调试 | 2017.5.11 | 2017.5.20 | 10 | | | - - - - - | - - - - - | | |
| 9 | 亮马圈室内消火栓调试 | 2017.5.6 | 2017.5.13 | 8 | | - - - - - | - - - | | | |
| 10 | 亮马圈排水设施调试 | 2017.5.6 | 2017.5.7 | 2 | | - - | | | | |
| 11 | 亮马圈室内消火栓系统联动调试 | 2017.5.11 | 2017.5.20 | 10 | | | - - - - - | - - - - - | | |
| 12 | 马厩室内消火栓调试 | 2017.5.3 | 2017.5.10 | 8 | - - - | | | | | |
| 13 | 马厩排水设施调试 | 2017.5.5 | 2017.5.9 | 5 | - | - - - - | | | | |
| 14 | 马厩室内消火栓系统联动调试 | 2017.5.7 | 2017.5.11 | 5 | | - - - | - - | | | |
| 15 | 室外消火栓调试 | 2017.5.11 | 2017.5.20 | 10 | | | - - - - - | - - - - - | | |
| 16 | 室外消火栓系统联动调试 | 2017.5.21 | 2017.5.25 | 5 | | | | | - - - - - | |
| 四 | 自动喷水灭火系统 | 2017.5.6 | 2017.5.25 | 20 | | - - - - - | - - - - - | - - - - - | - - - - - | |
| 1 | 消防水泵调试 | 2017.5.6 | 2017.5.7 | 2 | | - - | | | | |
| 2 | 稳压泵调试 | 2017.5.6 | 2017.5.7 | 2 | | - - | | | | |
| 3 | 看台楼报警阀调试 | 2017.5.11 | 2017.5.20 | 5 | | | - - - - - | - - - - - | | |
| 4 | 看台楼排水设施调试 | 2017.5.11 | 2017.5.15 | 3 | | | - - - - - | | | |
| 5 | 看台楼自动喷水灭火系统联动调试 | 2017.5.16 | 2017.5.20 | 5 | | | | - - - - - | | |
| 6 | 多功能主楼报警阀调试 | 2017.5.10 | 2017.5.17 | 5 | | | - - - - - | - - | | |
| 7 | 多功能主楼排水设施调试 | 2017.5.15 | 2017.5.18 | 3 | | | | - - - | | |
| 8 | 多功能主楼自动喷水灭火系统联动调试 | 2017.5.20 | 2017.5.25 | 5 | | | | | - - - - - | |
| 9 | 亮马圈报警阀调试 | 2017.5.15 | 2017.5.22 | 5 | | | | - - - - - | - - | |
| 10 | 亮马圈排水设施调试 | 2017.5.20 | 2017.5.25 | 3 | | | | | - - - - - | |
| 11 | 亮马圈自动喷水灭火系统联动调试 | 2017.5.20 | 2017.5.25 | 6 | | | | | - - - - - | |
| 五 | 火灾自动报警系统 | 2017.5.6 | 2017.5.25 | 20 | | - - - - - | - - - - - | - - - - - | - - - - - | |
| 1 | 火灾报警控制器调试 | 2017.5.6 | 2017.5.8 | 3 | | - - - | | | | |
| 2 | 感温感烟火灾探测器调试 | 2017.5.6 | 2017.5.8 | 3 | | - - - | | | | |
| 3 | 手动火灾报警按钮调试 | 2017.5.6 | 2017.5.8 | 3 | | - - - | | | | |
| 4 | 消防联动控制器调试 | 2017.5.11 | 2017.5.13 | 3 | | | - - - | | | |
| 5 | 区域显示器调试 | 2017.5.11 | 2017.5.13 | 3 | | | - - - | | | |

续表

| 序号 | 工作内容 | 开始时间 | 完成时间 | 工期（天） | 2017 年 5 月 | | | | | |
|---|---|---|---|---|---|---|---|---|---|---|
| | | | | | 5 | 10 | 15 | 20 | 25 | 31 |
| 6 | 消防电话调试 | 2017.5.11 | 2017.5.13 | 3 | | | - - - | | | |
| 7 | 消防应急广播设备调试 | 2017.5.16 | 2017.5.18 | 3 | | | | - - - | | |
| 8 | 系统备用电源调试 | 2017.5.16 | 2017.5.18 | 3 | | | | - - - | | |
| 9 | 消防设备应急电源调试 | 2017.5.16 | 2017.5.18 | 3 | | | | - - - | | |
| 10 | 消防控制中心图形显示装置调试 | 2017.5.21 | 2017.5.23 | 3 | | | | | - - - | |
| 11 | 气体灭火控制器调试 | 2017.5.21 | 2017.5.23 | 3 | | | | | - - - | |
| 12 | 防火卷帘控制器调试 | 2017.5.21 | 2017.5.23 | 3 | | | | | - - - | |
| 13 | 火灾自动报警系统联动调试 | 2017.5.16 | 2017.5.25 | 10 | | | | - - - - - | - - - - - | |
| 六 | 生活热水系统 | 2017.5.16 | 2017.5.25 | 10 | | | | - - - - - | - - - - - | |
| 1 | 热水锅炉调试 | 2017.5.16 | 2017.5.20 | 5 | | | | - - - - - | | |
| 2 | 循环水泵调试 | 2017.5.16 | 2017.5.20 | 5 | | | | - - - - - | | |
| 3 | 系统联动调试 | 2017.5.21 | 2017.5.25 | 5 | | | | | - - - - - | |

续表

# 第8章 项目管理的国际评价标准

《关于推进全过程工程咨询服务发展的指导意见》（发改投资规〔2019〕515号）第五条第四款"加强咨询人才队伍建设和国际交流"中指出"鼓励咨询单位与国际著名的工程顾问公司开展各种形式的合作"，提高业务水平，提升咨询单位的国际竞争力。本章通过"内蒙古少数民族文化体育运动中心"案例阐述国际项目管理的评价标准，使从事全过程咨询服务的企业与从业人员了解国际项目管理的情况，从而为逐步走向国际、参与竞争打下基础。

目前，有很多中国的施工企业已在国际竞争中崭露头角，取得了骄人的成绩，但是除本国在国外投资的项目以外，中国的咨询企业在国际上提供咨询服务的还鲜为人知。

## 8.1 国际项目管理协会

国际项目管理协会（International Project Management Association，IPMA）成立于1965年，共约有70个国家或地区会员单位，总部设在瑞士洛桑。国际项目管理协会是国际上成立最早，影响力最大的全球项目管理非政府权威组织。最初IPMA只是一个交流项目管理经验的国际网络平台，20世纪70年代发展成为全球性协会，组织课程和活动。1996年更名为IPMA，即国际项目管理协会，并开始进行项目管理认证活动。IPMA成员协会在其影响区域内发展项目管理能力，与数以千计的实践者合作，并与企业、政府机构、大学及培训机构和咨询公司发展合作关系。目前IPMA的影响力已从欧洲传播到亚洲、非洲、中东、澳大利亚和南北美洲。

### 8.1.1 项目的知识体系（表8-1）

**项目的知识体系表**　　　　　　　　　　　　　　　　　　　　　　表8-1

| 项目与项目管理<br>1 项目　2 项目管理 | | | |
|---|---|---|---|
| **概念阶段** | **规划阶段** | **实施阶段** | **收尾阶段** |
| 1 一般机会研究 | 1 项目背景描述 | 1 采购规划 | 1 范围确认 |
| 2 特定项目机会研究 | 2 目标确定 | 2 招标采购的实施 | 2 质量验收 |
| 3 方案策划 | 3 范围规划 | 3 合同管理基础 | 3 费用决算与审计 |
| 4 初步可行性研究 | 4 范围定义 | 4 合同履行和收尾 | 4 项目资料与验收 |
| 5 详细可行性研究 | 5 工作分解 | 5 实施计划 | 5 项目交接与清算 |
| 6 项目平评估 | 6 工作排序 | 6 安全计划 | 6 项目审计 |
| 7 商业计划书的编写 | 7 工作延续时间估计 | 7 项目进展报告 | 7 项目后评价 |
| | 8 进度安排 | 8 进度控制 | |
| | 9 资源计划 | 9 费用控制 | |
| | 10 费用估计 | 10 质量控制 | |
| | 11 费用预算 | 11 安全控制 | |

| 项目与项目管理<br>1 项目　2 项目管理 | | | |
|---|---|---|---|
| 概念阶段 | 规划阶段 | 实施阶段 | 收尾阶段 |
| | 12 质量计划 | 12 范围变更控制 | |
| | 13 质量保证 | 13 生产要素管理 | |
| | | 14 现场管理与环境保护 | |

### 8.1.2　项目管理的方法与工具（表8-2）

**项目管理的方法与工具表**　　　　　　　　　　　　　　表8-2

| 序号 | 方法和工具 | 序号 | 方法和工具 |
|---|---|---|---|
| 1 | 要素分层法 | 12 | 工作结构分解 |
| 2 | 方案比较法 | 13 | 责任矩阵 |
| 3 | 资金的时间价值 | 14 | 网络计划技术 |
| 4 | 评价指标体系 | 15 | 甘特图 |
| 5 | 项目财务评价 | 16 | 资源费用曲线 |
| 6 | 国民经济评价方法 | 17 | 质量技术文件 |
| 7 | 不确定性分析 | 18 | 并行工程 |
| 8 | 环境影响评价 | 19 | 质量控制的数理统计方法 |
| 9 | 项目融资 | 20 | 挣值法 |
| 10 | 模拟技术 | 21 | 有无比较法 |
| 11 | 里程碑计划 | | |

### 8.1.3　项目管理的主要内容（表8-3）

**项目管理主要内容表**　　　　　　　　　　　　　　表8-3

| 1 | 一个理念 | 项目成功的唯一标准是"项目利益相关方都满意" |
|---|---|---|
| 2 | 项目管理两个层次 | 企业层次与项目层次 |
| 3 | 项目的三大主体 | 业主，承包商（设计、施工、供应），咨询机构 |
| 4 | 项目生命周期四个阶段 | 概念，规划，实施，收尾 |
| 5 | 五个基本过程 | 启动，计划，执行，控制，结束 |
| 6 | 九大职能领域 | 范围管理，时间管理，费用管理，质量管理，人力资源管理，风险管理，沟通管理，采购管理，综合管理 |

### 8.1.4　国际项目管理卓越大奖

国际项目管理卓越大奖影响广泛，被国际项目管理界称为国际项目管理领域的"奥斯卡奖"，是业界最高荣誉奖。国际项目管理大奖的宗旨是为了鼓励和表彰那些通过专业的项目管理而取得卓越成果的项目团队，在全球树立重要而具有创新精神的项目管理典范。

#### 8.1.5　IPMA 国际卓越项目管理模型

"卓越项目管理模型"是在著名的 EFQM 模型的基础上创建的"卓越项目管理模型"，共有 9 个评估标准，分为"项目管理"和"项目结果"两个部分（图 8-1）。

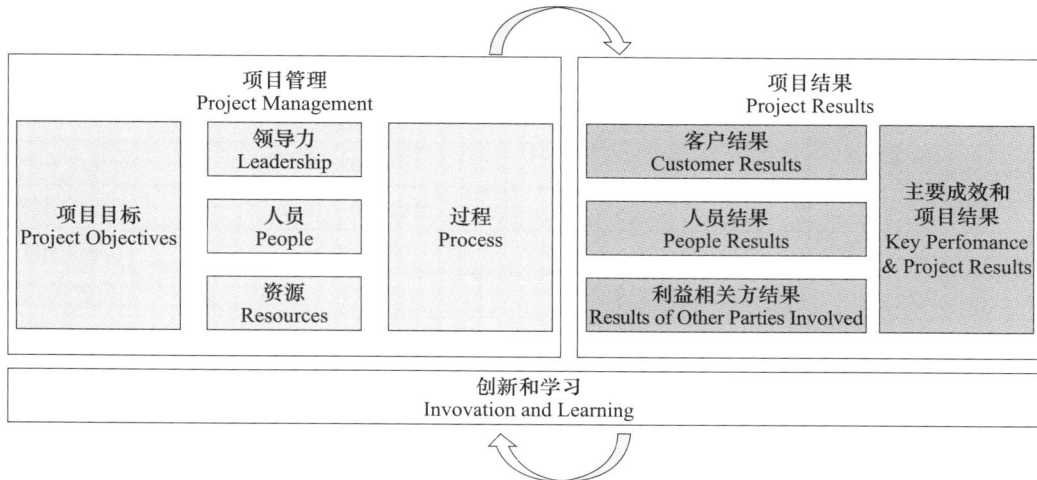

图 8-1　项目管理与结果

在"项目目标"中，需要展示如何基于项目利益相关方的需求，开发检查并实现项目目标的情况；还必须展示出如何识别并确定项目利益相关方的期望值和需求，如何检验、调整并实现项目目标。

在"领导力"中，需展示领导者如何激励、支持和促进"卓越项目管理"的情况，提供领导者追求卓越，并积极有效推进的实证，提供领导如何关心客户、供应商和其他机构的例证。

在评估标准"人员"中，需展示项目团队成员如何参与项目中，他们的潜力、能力和积极性是如何被识别、开发、维护和发展，以及项目团队成员如何被授权及独立开展工作的情况。

在"资源"项中，需展示如何充分、合理、高效率利用现有资源的情况，需说明项目是如何计划并使用财政资源、信息资源、供应商及他们所提供的服务，以及其他必要资源的情况。

在"过程"中，主要评估如何确定审核项目过程的情况。说明项目成功所需的过程是如何被系统化地确定和优化的；项目管理的方法和体系如何将经验教训积累并使其他项目受益。

在"客户结果"中，须展示项目在这方面达到的成果，包含客户的期望值和满意度情况，需展示出客户是如何评价项目所取得的绩效和成果的。要有直接和间接的度量。

在"人员结果"中，须表明项目所达到的成果，包括参与员工的期望值和满意度情况，展示出员工和项目经理如何评价该项目、项目过程中的团队合作以及项目绩效和项目结果。也要有直接和间接的度量。

在"利益相关方结果"项中，需展示项目对各利益相关者达到的成果，包含各利益相关方的期望值和满意度情况，说明该项目对其他利益相关方所产生的直接影响和间接影响。

在"主要成就和项目结果"中，须证明项目所取得的预期成果，这包括项目目标的实现情况、完成的程度（占 75%）以及其他绩效情况（占 25%）。

#### 8.1.6　卓越大奖申报与评审

**1. 申请流程**

5 月——网络研讨会 & 提交申请表格；

6 月——提交申请报告 & 现场评审；

9 月——收到评委的决定通知；

10 月——举行颁奖典礼；

11 月——获得项目评审反馈报告。

**2. 申请项目与申请报告的要求（表 8-4 ～表 8-5）**

申请项目要求表 表 8-4

| 项目准则 | 一般型项目 | 大型项目 | 特大型项目 |
|---|---|---|---|
| 计划时间 | / | 至少 1 年 | 至少 2 年 |
| 完成时间 | 已经完成 | 已经完成 | 已经完成 |
| 计划配置时间（项目完成之后） | 至少 3 个月 | 至少 3 个月 | 至少 6 个月 |
| 预算 | / | 至少 500 万欧元 | 至少 1 亿欧元 |
| 项目涉及人数 | / | 至少 50 人 | 超过 100 人 |
| 项目利益相关方 | 至少 1 方 | 至少 1 方 | 至少 3 方 |
| 多元化特性 | 优势 | 优势 | 优势 |

申请报告要求表 表 8-5

| 一般型项目 | 大型和特大型项目 |
|---|---|
| 报告需要根据国际卓越项目管理模型的结构，从准则 1.1 到 9.2 | 报告需要根据国际卓越项目管理模型的结构，从准则 1.1 到 9.2 |
| 申请报告要求：打印英文版本，打印字体至少 10PT；包括表格、图片及其他说明在内的项目报告需控制在 15 页内（A4）；允许根据项目报告内容所编制的摘抄材料对外公开 | 申请报告要求：打印英文版本，打印字体至少 10PT；包括表格、图片及其他说明在内的项目报告需控制在 35 页内（A4）；允许根据项目报告内容所编制的摘抄材料对外公开 |
| 申请报告细节：首页注明项目名称、机构职权、地址和申请日期、内容梗概；用 1 页的梗概来说明申请项目公司的信息，包括：项目背景、关键特征、项目目标、里程碑。 | 申请报告细节：首页注明项目名称、机构职权、地址和申请日期、内容梗概；用 2 页的梗概来说明申报项目公司的信息，包括：项目背景、关键特征、项目目标、里程碑。 |
| 报告要求：数据要求根据卓越模型的准则和子准则，对项目真实内容进行完备的描述 | 报告要求：数据要求根据卓越模型的准则和子准则，对项目真实内容进行完备的描述 |

**3. 现场评审**

（1）评审工作计划（表 8-6 ～表 8-7、图 8-2）

时间：2018 年 6 月 25 日—29 日

IPMA 现场评审工作计划（重庆联盛——内蒙古跑马场） 表 8-6

| 事件 | 内 容 | 责任人 |
|---|---|---|
| 项目进行概要介绍 | PPT（中英文） | 雷×× |
| | 翻译：翻译 A | 诗×× |
| 现场参观 | 线路确定：主楼入口—亮马圈—看台楼—马厩 | 李×× |
| | 配同人员：雷开贵、肖福民、李永双等 | 李×× |
| | 翻译：翻译 A/B | 诗×× |
| 面谈 | BIM 概念为导向的一体化 PM 的方式展示 | 李×× |
| | 翻译：翻译 A | 诗×× |
| 面谈 | 业主代表：赵永强／李铮 | 肖×× |
| | 项目中心现在的经理 | 肖×× |
| | 负责维修和运行建筑的人 | 肖×× |
| | 翻译：翻译 A | 诗×× |

| 事件 | 内　　容 | 责任人 |
|---|---|---|
| 评估师内部会议 | 评估师 | ××公司 |
| 当日内容交流 | 评估师＋项目经理 | 李×× |
| 面谈 | 项目经理：肖福民 | 肖×× |
| | 翻译：翻译 B | 王×× |
| BIM 技术支撑展示 | BIM 系统工程 | 李×× |
| | 翻译：翻译 A | 诗×× |
| 文件审阅部分 | 评估师 | 栗×× |
| | 陪同人员：项目经理 | 李×× |
| | 翻译：翻译 A/B | 诗××、王×× |
| 评估师内部会议 | 评估师 | 李×× |
| 当日内容交流 | 评估师＋项目经理 | 李×× |
| 面谈（第一组） | 中国上海建筑设计研究院的 PM | 冯×× |
| | 翻译：翻译 A | |
| 面谈（第二组） | HSE 经理 | 田××、王×× |
| | 翻译：翻译 B | |
| 面谈（第一组） | 建筑设计师（景观规划设计师） | 李××、诗×× |
| | 翻译：翻译 A | |
| 面谈（第二组） | 总承包 HSE 领导之一 | 田××、王×× |
| | 翻译：翻译 B | |
| 面谈（第一组） | 核心 PMT 代表 | 李××、诗×× |
| | 翻译：翻译 A | |
| 面谈（第二组） | 审核和评估团体（公司内部监察）代表 | 肖××、王×× |
| | 翻译：翻译 B | |
| 面谈（第一组） | 内蒙古牵引电化装置的主工程师 | 肖××、诗×× |
| | 翻译：翻译 A | |
| 面谈（第二组） | 建筑工人代表（至少 2 个） | 肖××、诗×× |
| | 翻译：翻译 A | |
| 面谈（第一组） | 对当地经济非常了解的政府代表 | ××公司、诗×× |
| | 翻译：翻译 A | |
| 面谈（第二组） | 负责建筑方面管理的政府代表（办理许可证的机构等） | ××公司、诗×× |
| | 翻译：翻译 A | |
| 面谈（第一组） | 中国建筑第八工程部的 PM | 肖××、诗×× |
| | 翻译：翻译 A | |
| 面谈（第二组） | 浙江精工钢建筑集团的工程师 | 肖××、王×× |
| | 翻译：翻译 B | |

续表

| 事件 | 内　容 | 责任人 |
|---|---|---|
| 面谈（第一组） | 邻近社区代表 | 肖××、诗×× |
| | 翻译：翻译 A | |
| 面谈（第二组） | 专业赛马人员（赛马骑师） | 肖××、王×× |
| | 翻译：翻译 B | |
| 评估总结会议 | 评估师总结 | 李×× |
| | 翻译：翻译 A | 李××、诗×× |
| 评估师内部工作 | 全体评估师 | ××公司 |
| 评估师内部工作 | 全体评估师 | ××公司 |
| 评估师内部工作 | 全体评估师 | ××公司 |

**采访人员名单**　　　　　　　　　　　　　　　　　　　　　　　　表 8-7

| 序号 | 采 访 内 容 | 被采访人员 | 备注 |
|---|---|---|---|
| 1 | 项目主要领导 | 雷×× | |
| 2 | 项目经理 | 肖×× | |
| 3 | 项目副经理、技术指导、BIM 经理 | 李×× | |
| 4 | 客户代表、客户方的主办方 | 赵××、李×× | |
| 5、6 | BIM 系统供应商主要代表 | 赵×× | |
| 7、8 | 项目中心现在的经理（运维负责人） | 于×× | |
| 9、10 | 建筑设计师代表 | 商×× | |
| 11 | 中国上海建筑设计研究院项目经理 | 冯×× | |
| 12 | HSE 经理 | 田×× | |
| 13 | 总承包 HSE 领导之一 | 谢×× | |
| 14 | 核心 PMT 代表 | 胡××、黄×× | |
| 15 | 审核和评估团队（公司内部监察）代表 | 肖×× | |
| 16 | 对当地经济非常了解的政府代表 | 巍×× | |
| 17 | 负责建筑方面管理的政府代表（办理许可证的机构等） | 陈×× | |
| 18 | 中建八局项目经理 | 催×× | |
| 19 | 浙江精工钢建筑工程师 | 张×× | |
| 20 | 内蒙古牵引电化装置主工程师 | 李×× | |
| 21 | 建筑工人代表 | 杨××、董××、杨×× | |
| 22 | 邻近社区代表 | 王×× | |
| 23 | 专业赛马人员（例如：赛马骑师） | 杨×× | |

现场评审留影

图 8-2　评审会

# 8.2　项目报告

## 8.2.1　项目主题报告与答辩（PPT）

艺术家创意
The Artist's Creation
+
建筑师创作
The Architect's Creation
+
建造师创建
The Engineer's Creation
+
咨询师管理创新
The Consultants's Management Innovation

建筑
艺术
精品

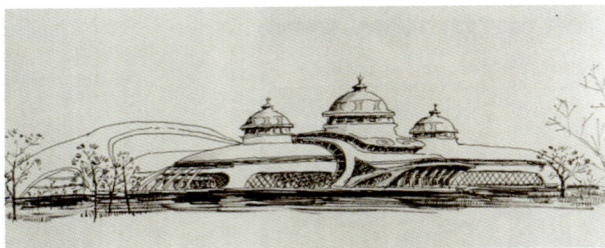

传统的、古老的蒙元文化与现代建筑技术、信息技术完美结合
Traditional and ancient Mongolian culture are perfectly combined with modern architectural technology and information technology.

这个建筑群在我心中是美轮美奂的建筑艺术精品
In my mind, this building is a splendid masterpiece of architecture and art.

该项目的蒙元文化与造型美深深地吸引和感染了我
I was deeply attracted and impressed by the Mongolian culture and the aesthetic beauty of this project.

文化，技术，建筑，艺术的结晶
Perfect Combination of Culture, Technology, Architecture and Art.

# 02 合同约定目标与CQLS的愿景
Contract Objectives & CQLS's Vision

## 合同约定目标
## Contract Objectives

整合各种资源为项目创造价值（功能和经济价值）
Integrate various resources to create value for the project (functional and economic value)

**1** 投资控制在批准的概算内
Investment is controlled within the approved budget estimates

**2** 工期科学合理，满足合同要求
The schedule is scientific and meets the requirements of the contact.

**3** 工程实体质量合格
Project entity quality qualified.

## 重庆联盛的愿景
## CQLS'S VISION

实现凤愿 The Achievement of My Dream
通过这个项目可以实现接十几年以前在IPMA作评估师时产生的夙愿，是承自带团队做一个项目获得国际项目管理卓越奖
Through this project, I can fulfill my long-cherished wish I had when I worked as an assessor for IPMA more than ten years ago: that is to lead a team to do a project in person and win the international project management excellence award.

梦想 The Achievement of CQLS's Dream
可以把CQLS引向中国项目管理一体化制高点，成为最具品牌的知名企业，成为行业的领军者，从而实现CQLS成中国一流的项目管理企业的梦想。
In addition to that, by this project, CQLS can be guided to the high ground of China's project management integration, so as to be the most famous enterprise with excellent brand ;the leading role of construction industry; China's first-class integrated project management enterprise.

小白鼠 To Function as a Guigea Rat
为中国建设管理模式的改革提供成功的案例，当"小白鼠"
Meanwhile, the accomplishment of this project can provide a successful case for China's construction management mode. This project, to some extent, serves as a laboratory rat for China's construction management mode.

# 03 项目的特点与难点
Project Features and Difficulties

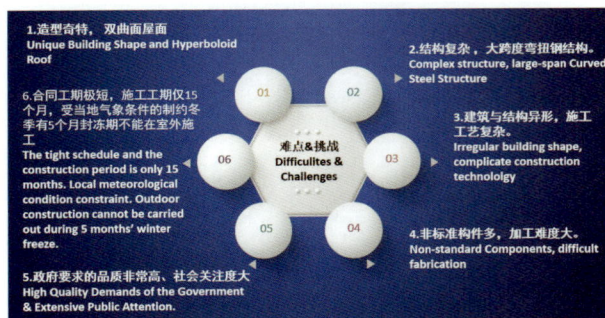

1.造型奇特，双曲面屋面
Unique Building Shape and Hyperboloid Roof

2.结构复杂，大跨度弯扭钢结构.
Complex structure, large-span Curved Steel Structure

6.合同工期极短，施工工期仅15个月，受当地气象条件的制约的冬季有5个月封冻期不能在室外施工
The tight schedule and the construction period is only 15 months. Local meteorological condition constraint. Outdoor construction cannot be carried out during 5 months' winter freeze.

3.建筑与结构异形，施工工艺复杂.
Irregular building shape, complicate construction technology

难点&挑战
Difficulites & Challenges
01 02 03 04 05 06

4.非标准构件多，加工难度大.
Non-standard Components, difficult fabrication

5.政府要求的品质非常高、社会关注度大
High Quality Demands of the Government & Extensive Public Attention.

**1** 敢于迎接这一挑战需要勇气、信心和实力。这一挑战与我潜在的企业家精神产生了共振，引发了我的激情和动力。
Courage, confidence and Competency are required to overcome the technical difficulty and tight schedule of this project , etc, which struck a chord with my entrepreneurial spirit and inspired my passion and motivation.

**2** 信心是我有一支优秀或杰出的团队，对这个团队我经常误是CQLS的梦之队。
Confidence comes from my excellent and outstanding team, which is CQLS's dream team as I always considered.

**3** 实力基于CQLS对一体化项目管理已经准备了20多年，践行了10多年，10年乃至20年磨一剑。在此项目是我们拔剑亮剑的最佳机会。
Competence comes for the long preparation of integrated project management for over 20 years, and accumulated actual practice experience for more than 10 years, decades of sword grinding. This project is our best chance to draw the sword.

**04** 创新与创优

Innovation and Striving for Excellence

两个创新
TWO INNOVATIONS

管理模式创新：
一体化项目管理
Innovation of Management Mode:
Integrated Project Management

技术创新：
BIM
Innovation of Technology：
BIM

一体化管理+BIM：以BIM为主导的一体化管理
Integrated Project Management + BIM： BIM-Oriented Integrated Project Management

什么是一体化项目管理？

What is integrated project management?

为什么项目管理一体化是创新?

The reason why integrated project management is considered as innovation?

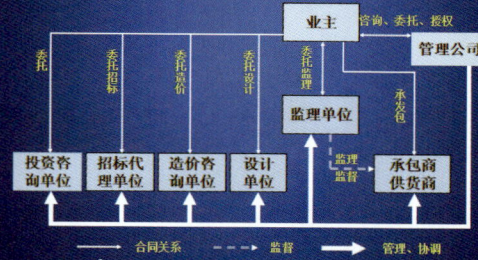

目前的项目管理模式：碎片化管理

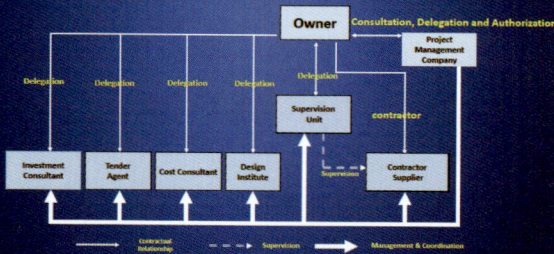

Current Project Management Mode： Fragmented Management

累计近4.8万个企业
Total 48,000 Enterprises

2.6万个
投资咨询、招标代理、监理、造价咨询企业
26,000 Enterprises(investment consultation, tender agency, supervision and cost consultation)

2.2万个
设计勘察企业
22,000 Design and Geological Survey Enterprises

The industry is fragmented by government policies, each enterprise is developing in its own service field with narrow market space.

由于制度的原因子行业之间犹如
被若干个纵向的高墙或鸿沟隔断了行业的横向发展，
所属特定行业内的每个企业，只有很小的生存空间。

一体化项目管理的提出背景
The Background of Integrated Project Management

一体化项目管理
Integrated Project Management

工程建设实施组织方式变革的需求
The Requirement from Construction Organization Change of Engineering Construction

实施国际化发展战略的需求
The Requirement from the implementation of International Development Strategy

工程咨询类企业转型升级的需求
The Requirement from Transformation and Upgrading for Engineering Consulting Enterprises

**BIM**

BIM技术无疑是
工程建设领域的一次革命
BIM technology is undoubtedly a revolution in engineering construction.

目前BIM技术在中国项目管理中的应用大多数处于概念化阶段或局部管理阶段
At present, the application of BIM technology is mostly at the conceptual stage or partial management stage in China' s project management.

要在这一大型复杂的建筑中集设计、施工、材料加工、管理全过程位发应用BIM，是一次大胆的尝试和创新。
It is a bold attempt and innovation to comprehensively apply BIM in this large and complex building, including design, construction, material processing and management.

创优
Striving for Excellence
鲁班奖
Lu Ban
Prize
IPMA
卓越奖
IPMA PE
Award

05
项目管理要素
Key factors of project management implementation

Management Philosophy and Governance Mechanism
管理理念与治理机制

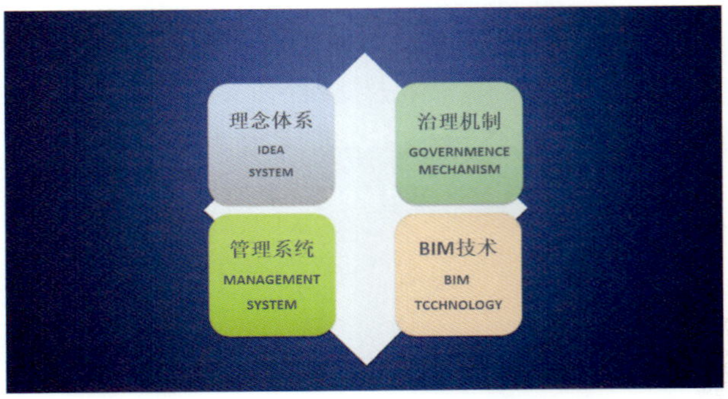
理念体系
IDEA
SYSTEM
治理机制
GOVERNMENCE
MECHANISM
管理系统
MANAGEMENT
SYSTEM
BIM技术
BIM
TCCHNOLOGY

理念体系
Management Philosophy
利益相关方满意
管家、
智囊、
协调人
Steward、
Consultant、
Coordinator
节约价值分享
Share the
value of
saving
管理融合技术
技术改变管理
Integration of
management and
technology, technology
change the way of
management
Stakeholder satisfaction

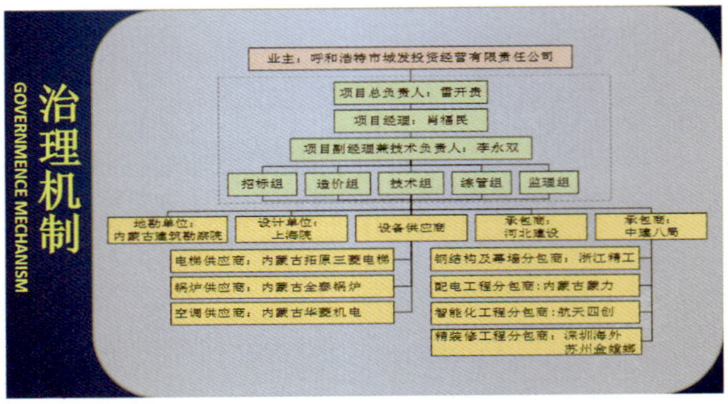
治理机制
GOVERNMENCE MECHANISM
业主：呼和浩特市城发投资经营有限责任公司
项目总负责人：雷开贵
项目经理：肖福民
项目副经理兼技术负责人：李永双
招标组
造价组
技术组
综管组
监理组
地勘单位：
内蒙古建筑勘察院
设计单位：
上海院
设备供应商
承包商：
河北建设
承包商：
中建八局
电梯供应商：内蒙古拓原三菱电梯
锅炉供应商：内蒙古全泰锅炉
空调供应商：内蒙古华菱机电
钢结构及幕墙分包商：浙江精工
配电工程分包商：内蒙古蒙力
智能化工程分包商：航天四创
精装修工程分包商：深圳海外
苏州金螳螂

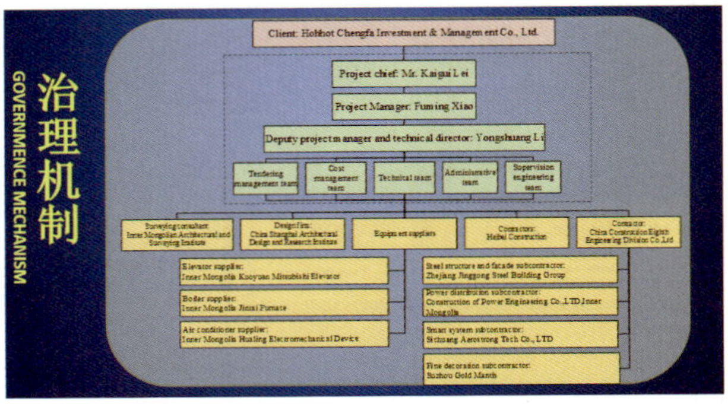
治理机制
GOVERNMENCE MECHANISM
Client: Hohhot Chengfa Investment & Management Co., Ltd.
Project chief: Mr. Kaigui Lei
Project Manager: Fuming Xiao
Deputy project manager and technical director: Yongshuang Li
Tendering management team
Cost management team
Technical team
Administrative team
Supervision engineering team
Equipment suppliers
Elevator supplier:
Inner Mongolia Kuoyuan Mitsubishi Elevator
Boiler supplier:
Air conditioner supplier:
Inner Mongolia Hualing Electromechanical Device
Steel structure and facade subcontractor:
Zhejiang Jinggong Steel Building Group
Power distribution subcontractor:
Smart system subcontractor:
Sichuang Aerostrong Tech Co., LTD
Fine decoration subcontractor:
Suzhou Gold Mantis

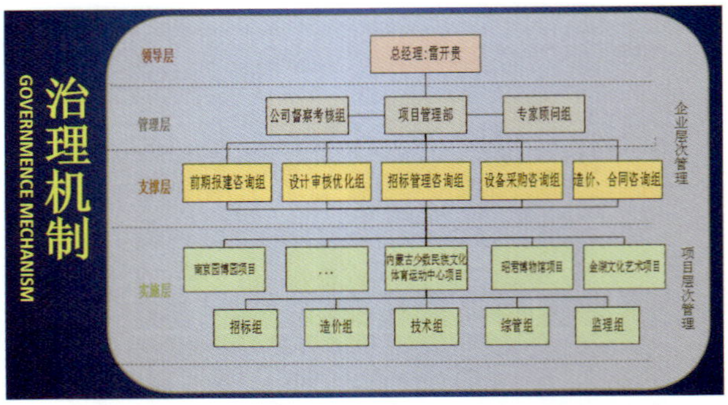
治理机制
GOVERNMENCE MECHANISM
领导层
总经理：雷开贵
管理层
公司督察考核组
项目管理部
专家顾问组
支撑层
前期报建咨询组
设计审核优化组
招标管理咨询组
设备采购咨询组
造价、合同咨询组
实施层
南京园博园项目
...
内蒙古少数民族文化体育运动中心项目
昭君博物馆项目
金湖文化艺术项目
招标组
造价组
技术组
综管组
监理组
企业层次管理
项目层次管理

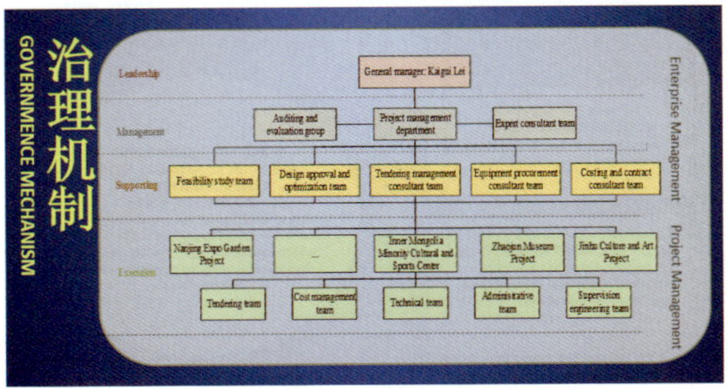
治理机制
GOVERNMENCE MECHANISM
Leadership
General manager: Kaigui Lei
Management
Auditing and evaluation group
Project management department
Expert consultant team
Supporting
Feasibility study team
Design approval and optimization team
Tendering management consultant team
Equipment procurement consultant team
Costing and contract consultant team
Execution
Nanjing Expo Garden Project
...
Inner Mongolia Minority Cultural and Sports Center
Zhaojun Museum Project
Jinhu Culture and Art Project
Tendering team
Cost management team
Technical team
Administrative team
Supervision engineering team
Enterprise Management
Project Management

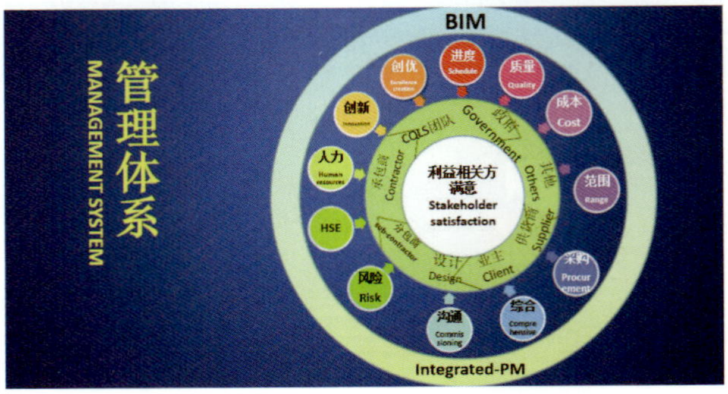
管理体系
MANAGEMENT SYSTEM
BIM
创优
进度
Schedule
质量
Quality
成本
Cost
创新
人力
范围
Range
HSE
采购
Procurement
风险
Risk
沟通
综合
利益相关方满意
Stakeholder satisfaction
Government
Others
Supplier
Client
Design
Contractor
Integrated-PM

MANAGEMENT THOUGHTS AND METHODS
管理思路与方法

用哲学与数学思维、系统论的方法，以BIM为支撑，采用技术、经济、管理、组织等措施对项目全方位、全过程、多维度、整体、系统进行管理。
实现投资咨询、设计管理咨询、招标代理咨询、造价咨询、监理、项目管理一体化管理。

We manage the overall process of projects comprehensively and integrally via philosophy and mathematics thinking, the method of system theory and the application of technology, economy and management organizations based on BIM, so as to achieve the integrated management combined with investment consultation, design management consultation, bidding agency consultation, cost consultation, supervision, project management.

在此所说的哲学是强调逻辑关系、整体与局部、分与合的关系。
The philosophy mentioned is to emphasize the relations of logic ;the relation between whole and part; division and combination.

在此所说的数学是指定量化、数字化、精确化。
Mathematics is specified quantification, digitization, precision.

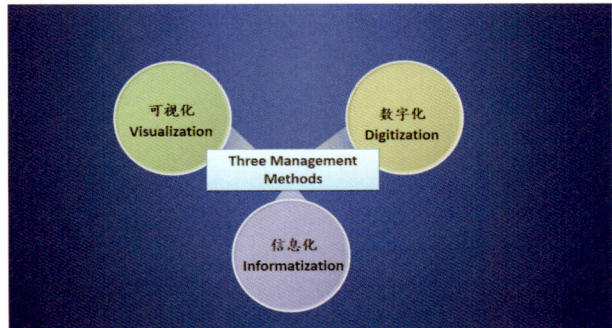

可视化
Visualization
数字化
Digitization
Three Management Methods
信息化
Informatization

06 项目成果
PROJECT ACHIEVEMENTS

项目两个亮点：
Two Highlights of This Project:

项管一体化
Integrated Project Management

BIM应用
Application of BIM

成就一个经典：
One Classic Masterpiece

全过程项管一体化咨询经典案例！
It is the typical showcase of integrated project management for project overall process.

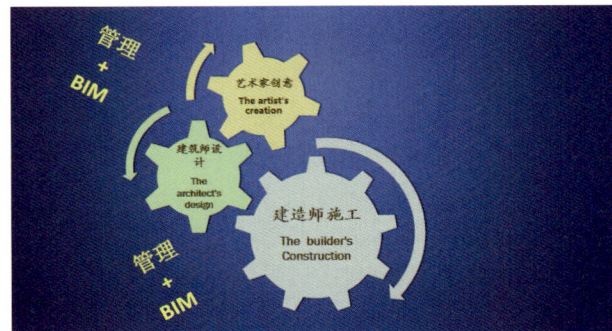

利益相关者都满意
各方追求的目标全部得以实现
Obtain Satisfaction from all Project Stakeholders.
Meet all Project Objectives.

管理 + BIM
艺术家创意
The artist's creation
建筑师设计
The architect's design
建造师施工
The builder's Construction
管理 + BIM

节省费用3800万
Cost Saving 38M RMB
项目总投资控制在概算范围内
Total investment controlled within budget
超复杂公共建筑，15个月建设完成
Complete this complicated project within 15 months.

内蒙古70周年大庆主会场
The main venue for Inner Mongolia Autonomous Region's 70th anniversary celebrating ceremony

带动内蒙古旅游业的发展、促进经济发展、成为呼和浩特的标志性建筑、也是当地年轻人结婚照的最佳背景，是游客必去的景点
Facilitate development of local tourism industry , promote development of Inner Mongolia economy. To be a landmark of Hohhot and a best place for wedding photos. It's a must-see for tourists.

成为当地居民休闲娱乐新场所
A new place for local residents to relax and entertain.

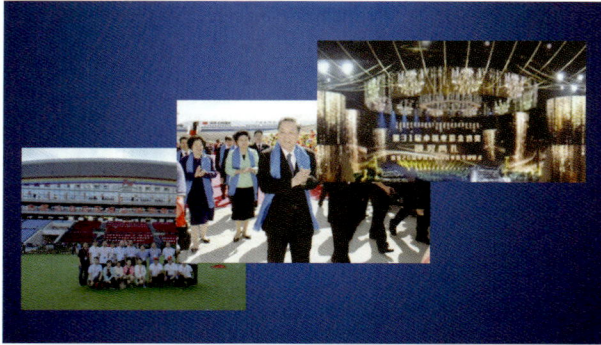

已获得：
1、钢结构金奖
2、屋面防水金禹奖
3、呼和浩特及内蒙古的青城杯、草原杯
4、BIM技术获得奔特利全球大奖
5、中国监理咨询杂志优秀论文一等奖第一名
6、鲁班奖正在申报中
中国建设报2017年7月11日第二版专题报告
"重庆联盛把BIM技术用于项目管理全过程"
Achievements:
1.Steel Structure Gold Prize
2. Roof waterproof Jin Yu Award
3.Qingcheng Cup & Prairie Cup of Hohhot and Inner Mongolia
4. BIM technology won the Bentley global award
5. First prize of excellent paper of China supervision consulting magazine
6. Lu ban prize is being declared.
Special report of China construction daily on July 11, 2017 "CQLS applies BIM technology to the whole process of project management"

重庆联盛基于BIM的一体化项目管理引爆了内蒙古的市场需求，目前垄断了政府投资建设的所有一体化管理项目，分别有以下项目：
The BIM-oriented integrated project management of CQLS has triggered the market demand of Inner Mongolia. At present, it monopolizes all integrated management projects invested and constructed by the government, which include the following projects:

**07** 经验及体会分享
LESSON LEARN AND EXPERIENCE SHARING

超前思维
Proactive thinking
人才培养 Talents cultivation
信心与激情 Confidence and Passion
价值分享 Values sharing

项目管理＝
PROJECT MANAGEMENT
管理＋技术＝
MANAGEMENT&TECHNOLOGY
一体化＋BIM
INTEGRATED PROJECT MANAGEMENT+BIM

感谢 APPRECIATION
感谢IPMA的PM的理念、方法与工具使得CQLS获得了提升和发展
Thanks for IPMA's PM ideas, methods and tools for the promotion and development of CQLS.

感谢评估师们的精心指导和帮助
Thanks for all assessors' elaborate guidance and support.

感谢我的祖国和时代赋予我们的机遇
Thanks for the opportunity that my country and this era gave us.

## 8.2.2 BIM技术报告

基于BIM的一体化项目管理实施
Implementation of BIM-oriented Integrated PM
重庆联盛内蒙古文体中心项目
Inner Mongolia Minority Cultural and Sports Center
二〇一八年六月
JUNE 25th, 2018
李永双
Yongshuang Li
重庆联盛副总经理
Deputy GM of CQLS

Contents
1. Project difficulties and main implementation milestones
2. BIM adding another wing to PM
3. Brief Summary

一、项目难点及主要实施节点
二、BIM为项管插上另一只翅膀
三、小结

一、项目难点及主要实施节点
1. Project difficulties and main implementation milestones

项目三个难点
Three difficulties in the project：

➢ 异形曲面+建筑细节
Special-shaped surface + architectural details
➢ 结构体系非常复杂
The structure system is very complex
➢ 工期要求十分苛刻
The construction schedule is very tight

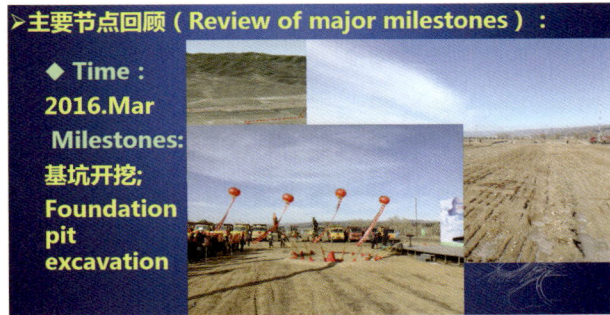

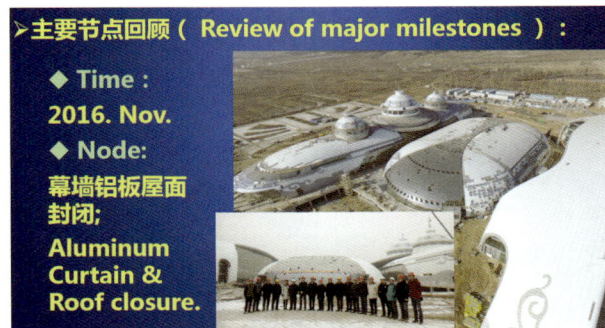

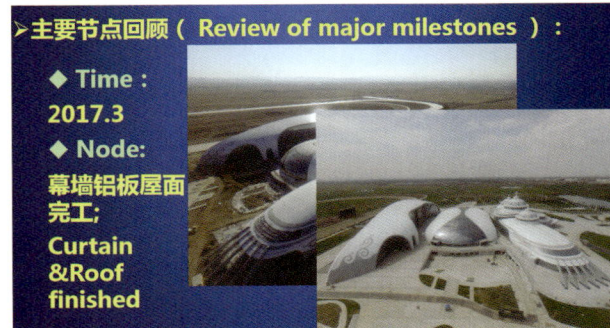

➢ 异形曲面+建筑细节
Special-shaped surface + architectural details

➢ 结构体系非常复杂
The structure system is very complex

➢ 工期要求十分苛刻
The construction schedule is very tight.

2016年3月开工、2017年6月全部完工；2017年8月竣工并交付使用；
Commencement in March 2016 and completed in June 2017; Delivery and hand-over in August 2017.

➢主要节点回顾（Review of major milestones）：

◆ Time：
2016.Mar
Milestones:
基坑开挖；
Foundation pit excavation

➢主要节点回顾（Review of major milestones）：

◆ Time：
2016. June
◆ Milestone:
主体封顶；
Main body capping

➢主要节点回顾（Review of major milestones）：

◆ Time：
2016. August
◆ Milestone:
钢结构完工;
Steel structure finished

➢主要节点回顾（Review of major milestones）：

◆ Time：
2016. Nov.
◆ Node:
幕墙铝板屋面封闭;
Aluminum Curtain & Roof closure.

➢主要节点回顾（Review of major milestones）：

◆ Time：
2017.3
◆ Node:
幕墙铝板屋面完工;
Curtain &Roof finished

**主要节点回顾（Review of major milestones）：**
◆ Time: 2017. May
◆ Milestone: 夜景照明调试；Night scene lighting commission

**主要节点回顾（Review of major milestones）**
◆ Time：2017. May
◆ Node: 广场绿化完工；Square greening completion

**主要节点回顾（Review of major milestones）**
◆ Time：2017. June
◆ Milestone: 室内精装修完工；The interior fit-out completed.

**主要节点回顾（Review of major milestones）：**
◆ Time：2017. July
◆ Milestone: 大庆彩排；Celebration rehearsal

二、BIM为项管插上另一只翅膀
2. BIM adding another wing to PM

➤ **PM Leading the introduction of BIM Tech：**

基于本项目的工程特点及难点，重庆联盛在本项目管理过程中积极引入BIM技术，主导实施了BIM技术在全过程管理中的应用！

Based upon the characteristics and difficulties of the project, CQLS actively introduces BIM-oriented integrated in the PM, and leading to the implementation of the application of BIM in the whole process management.

**The point of BIM：**

➤**The point of BIM in this project：**

1. Reviewing and optimization of design results.
2. Detail design of equipment and steel construction.
3. Steel structure and sub-project progress control..

1. 设计成果的审核与优化。
2. 机电及钢构工程深化设计。
3. 钢结构及分部工程的进度控制。

**BIM implementation results：**

节约工程混凝土量4000余方，节约工程用钢量2000余吨；节约土石方三十八万方；减少设计变更1000余处；初稿估计节约土建成本3800多万元，占项目土建成本10%左右。

Saving quantity of: concrete by 4000 m³, steel materials by 2000 tons; earthwork by 380 thousands m³; More than 1000 design changes reduced; The civil cost saved by 38 million RMB, accounting for 10% of the total investment.

2.1 BIM实施-组织架构

2.1 BIM implementation - organization

**Organizational structure for BIM implementation：**

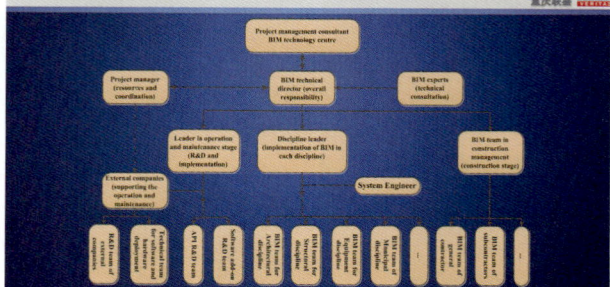

**Responsibility matrix for BIM implementation :**

| No. | Project stage | Client | Design firm | CQLS | Main contractor |
|---|---|---|---|---|---|
| 1 | Design | —— | Support | Main responsibility | —— |
| 2 | Construction | —— | Support | Management | Main responsibility |
| 3 | Completion | —— | —— | Management | Main responsibility |
| 4 | Operation and maintenance | Support | —— | Main responsibility | —— |
| 5 | Promotion and exhibitions | Management | Support | Main responsibility | Support |

**Responsibility matrix for BIM implementation :**

| No | Project Team | Leaders | Civil | Equipment | Steel | Roof | Curtain | Total |
|---|---|---|---|---|---|---|---|---|
| 1 | CQLS-BIM | 1 | 5 | 3 | 1 | 1 | 1 | 12 |
| 2 | General Construction-BIM | 1 | 2 | 3 | —— | —— | —— | 6 |
| 3 | JiongGong Steel-BIM | 1 | —— | —— | 3 | 2 | 1 | 7 |
| 4 | HeBei Construction-BIM | 1 | 2 | 1 | —— | —— | —— | 4 |

**Project BIM Technical application Plan :**

**2.2、BIM实施-模型及立面深化**
**2.2 BIM - Modeling and Facade deepening**

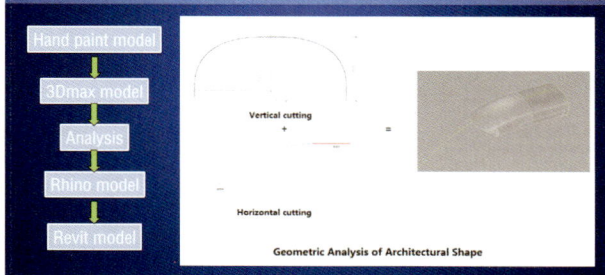

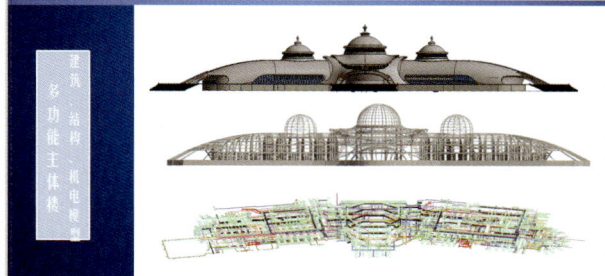

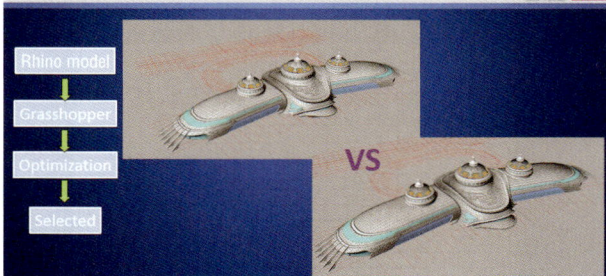

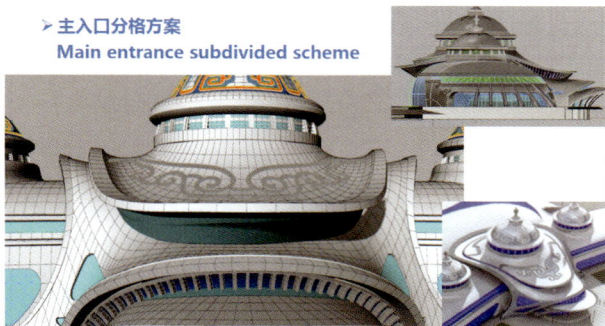

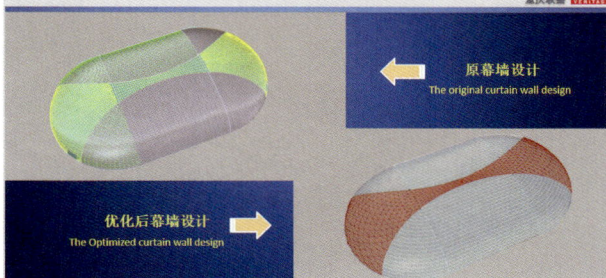

**2.2 Modeling and Facade deepening**

**2.2 Modeling and Facade deepening**

**2.2 Modeling and Facade deepening**

**2.2 Modeling and Facade deepening**

➤ 主入口分格方案
**Main entrance subdivided scheme**

**2.2 Modeling and Facade deepening**

463

幕墙嵌板自动编号，曲率分析
Curtain wall panels automatically numbered, curvature analysis

对前幕墙板自动编号，统计每块板块参数及面积，并且可以分别统计不同曲率的幕墙板的面积，加入不同板块顶部造价和可得幕墙体造价。

The curtain wall panels are numbered automatically, the parameters and area of each panel are counted, and the area of the curtain wall panels with different curvatures can be counted respectively. The total curtain wall cost can be obtained by adding the cost of different panel materials.

## 2.3、BIM实施-土方及设计优化
## 2.3 BIM - Earthwork and Design Optimization

## 2.3 Earthwork and Design Optimization

Site Slope Direction
场地坡度方向

## 2.3 Earthwork and Design Optimization

现状地形高程分析
Site contour map

设计地形高程分析
Design contour map

## 2.3 Earthwork and Design Optimization

➤ Preliminary Earthwork Calculation
➤ 初始土方计算

| Analysis of earthworks for main buildings | | | | | |
|---|---|---|---|---|---|
| Elevation (m) | | | Quantities of earthworks （m³） | | |
| Main building (m) | Exhibition circle (m) | Stands (m) | Backfill (m³) | Excavation (m³) | Net value (m³) |
| 1152 | 1152 | 1152 | 392034 | 9209 | 382824.41 |

Elevation reduction 3.5m

VS

➤ CQLS-Plan2:
➤ Base on BIM;
➤ AD:
① Balance earthwork土方平衡
② Simple construction结构简单
③ Protect the environment保护环境
➤ DE:
① Need design modification
    需要设计变更

VS

➤ SHADRI-Plan1:
➤ Analysis;
➤ AD:
① No design modification
    不需要设计变更
➤ DE:
① Difficulties in construction
    施工难度
① Destroy the environment
    对环境的负面影响

## 2.3 Earthwork and Design Optimization

➤ After careful study, plan 2 was selected

| Table B-1 Optimization analysis pf earthworks in main | | | | | | |
|---|---|---|---|---|---|---|
| Analysis of earthworks for main buildings （m³） | | | | | | |
| No. | Elevation (m) | | | Quantities of earthworks （m³） | | |
| | Main building (m) | Exhibition circle (m) | Stands (m) | Backfill (m³) | Excavation (m³) | Net value (m³) |
| 1 | 1152 | 1152 | 1152 | 392034 | 9209 | 382824.41 |
| 2 | 1151 | 1151 | 1151 | 302084 | 20360 | 281723.94 |
| 3 | 1150 | 1150 | 1150 | 214460 | 40123 | 174337.31 |
| 4 | 1150 | 1150 | 1151 | 230446 | 31340 | 199105.38 |
| 5 | 1150 | 1151 | 1151.5 | 258315 | 19606 | 238708.24 |
| 6 | 1149.5 | 1149.5 | 1150.5 | 186120 | 43955 | 142165.44 |
| 7~18 | | | ...... | | | |
| 19 | 1147 | 1148 | 1150 | 70408 | 93858 | -23450.55 |
| 20 | 1147 | 1148.5 | 1150 | 72344 | 84198 | -11854.19 |
| Final | | | ...... | 83570 | 83570 | 0 |

## 2.3 Earthwork and Design Optimization

➤ The project has been completed and the earthwork of the project has been completely self balanced.工程已经完成，土方工程已经完全平衡。

✓ Reduce the cost of the project (about RMB:29 million)节约成本（大约2900万元）

✓ The time limit was reduced (about 2 months)工期缩短（大约2个月）

✓ Protect the surrounding ecological environment对周边生态环境没有负面影响。

## 2.3 Earthwork and Design Optimization

Pipeline conflict in curved surface architecture

## 2.3 Earthwork and Design Optimization

内蒙古少数民族群众文化体育运动中心设计BIM校审卡

BIM Check Card

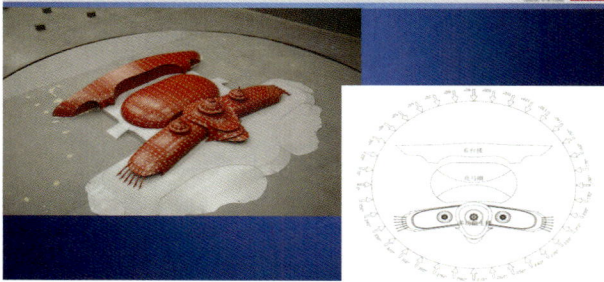

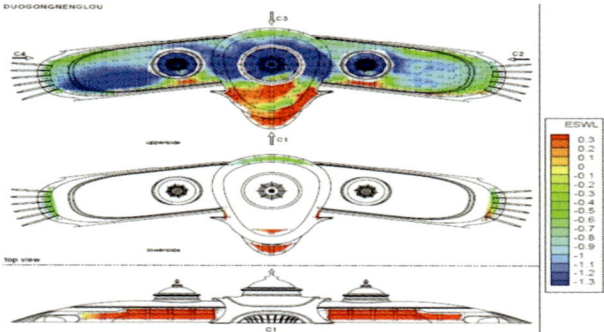

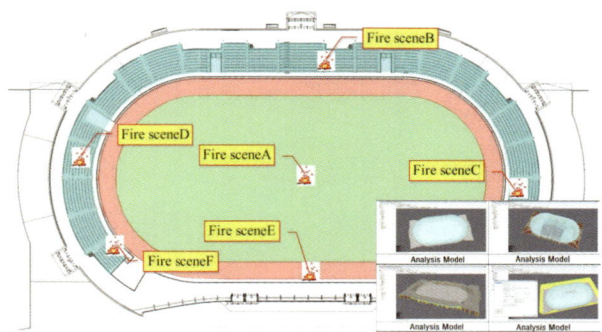

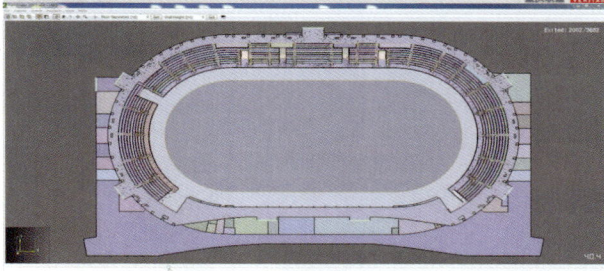

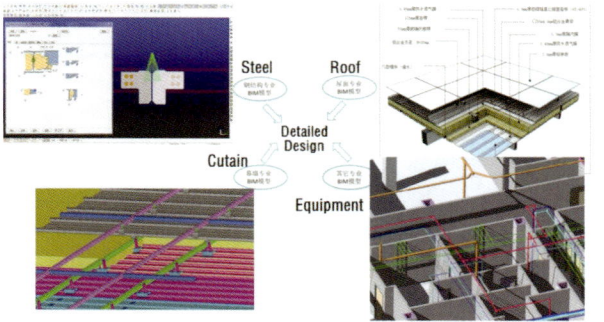

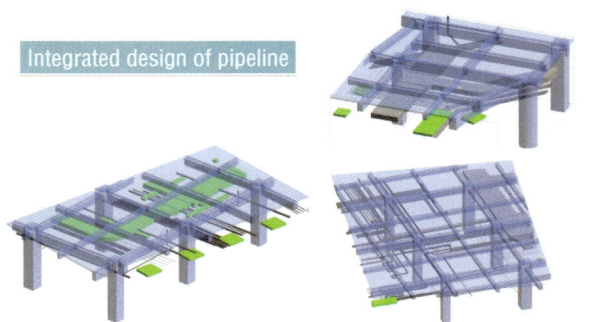

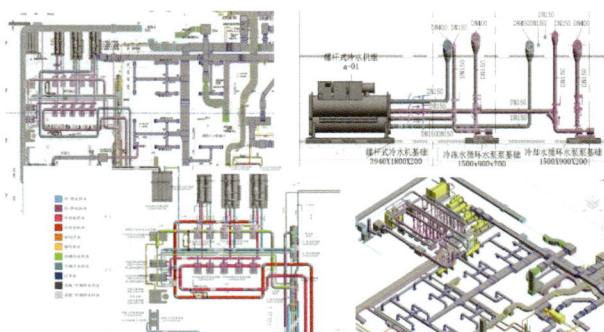

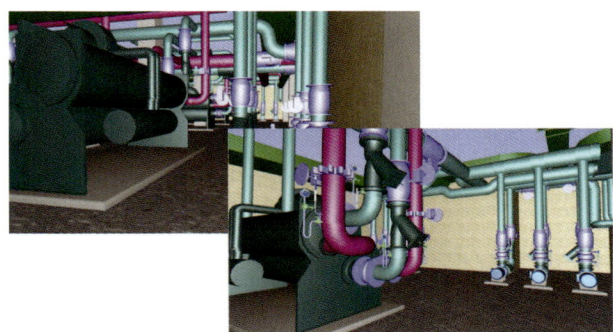

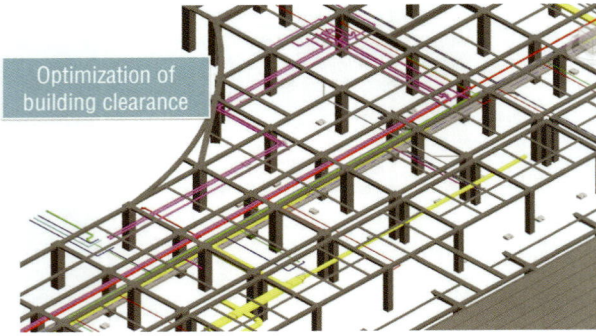

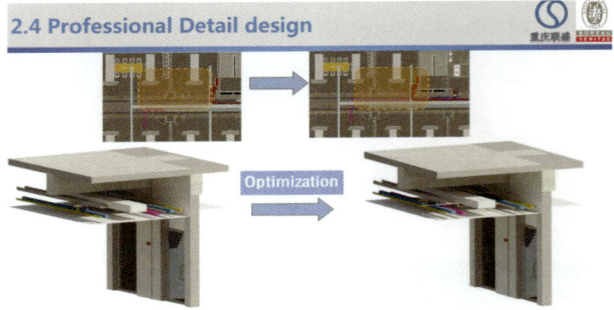

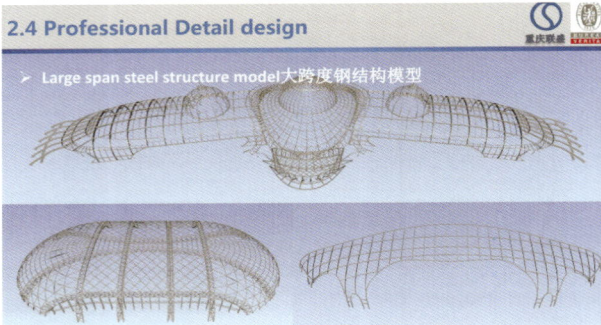

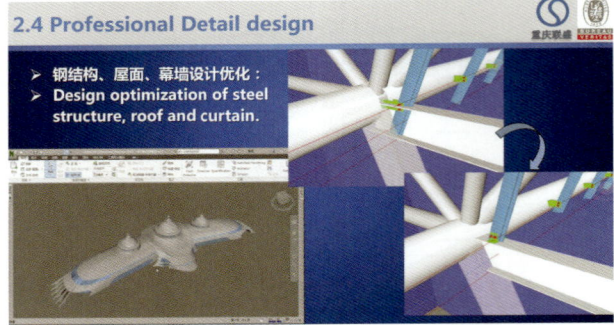

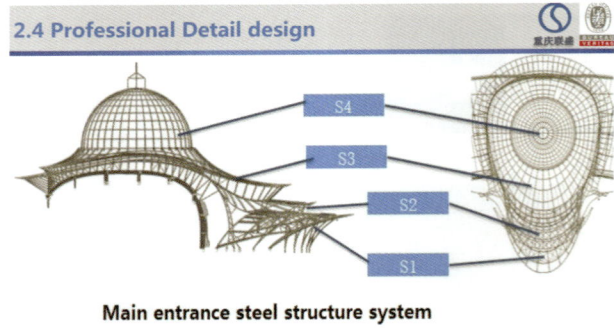

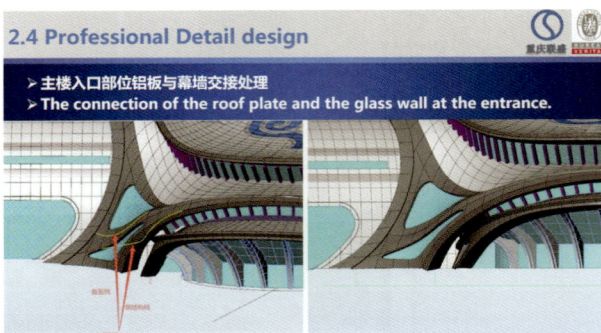

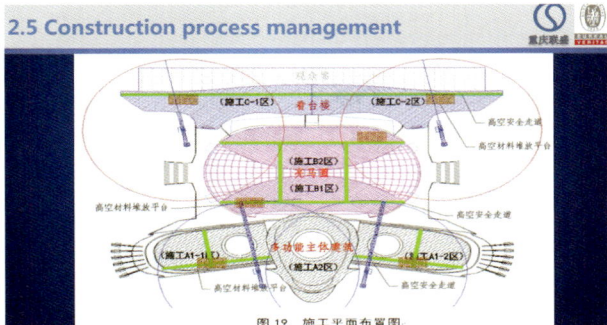

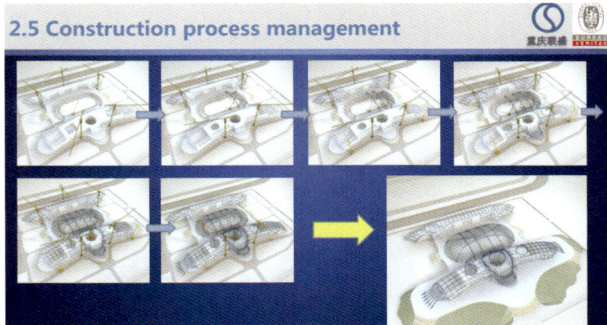

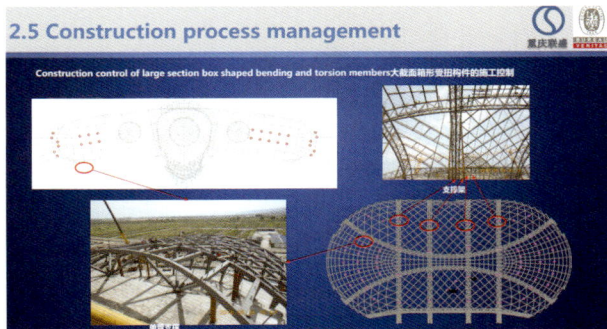

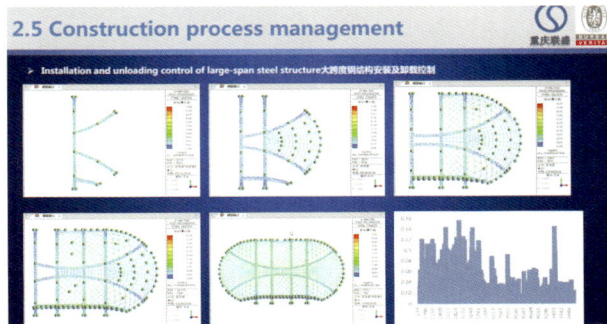

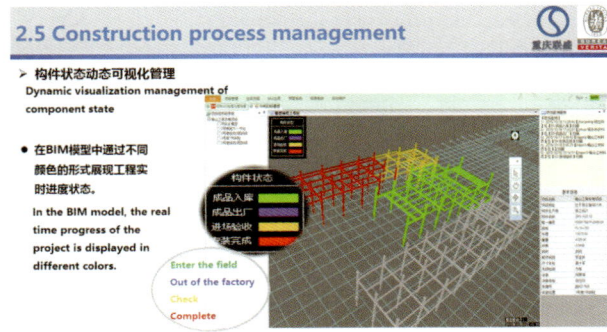

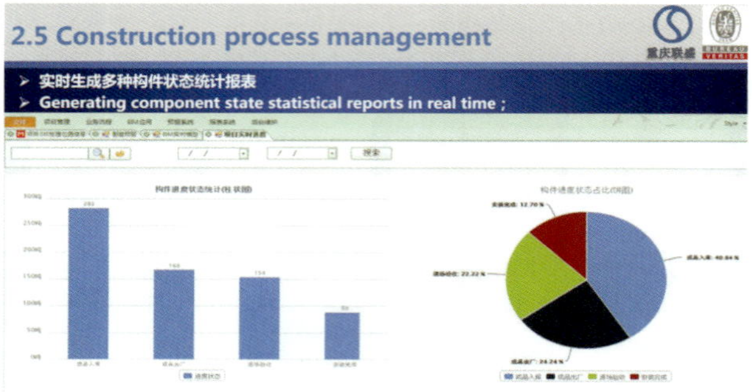


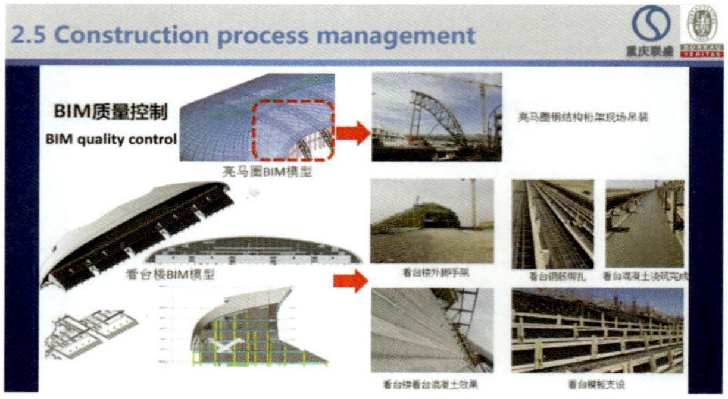

主体楼Revit模型 Revit model of the main building

主体楼施工现场 Main building construction site

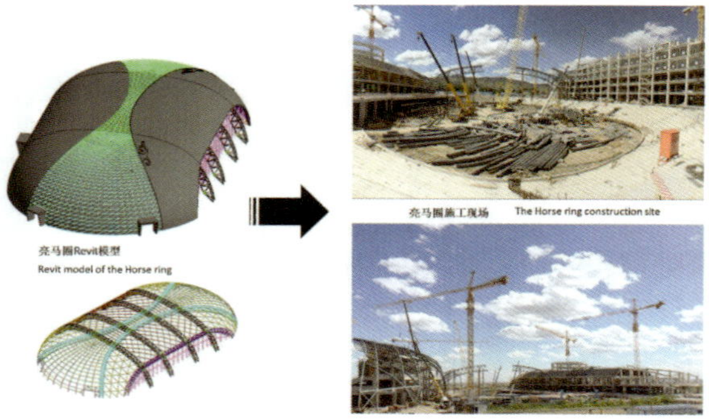

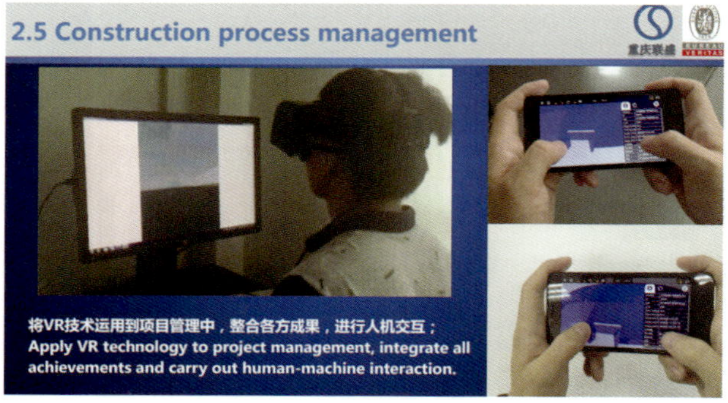

# 8.3　颁奖

### 8.3.1　决赛入围通知

**1. 参会通知**

2018 年 10 月 30 日在芬兰赫尔辛基举行颁奖典礼。

**2. 决赛入围名单（表 8-8）**

决赛入围名单表 表 8-8

| 项目类型<br>Project Type | 项目名称<br>Project Name | 图标<br>Logo | 国家<br>Country | 项目管理单位<br>Project Management Unit |
|---|---|---|---|---|
| 中型<br>Middle<br>Project | 哈萨克斯坦减少监狱人口的 10 点<br>10 points of reducing the prison population Kazakhstan | | 哈萨克斯坦<br>Kazakhstan | 哈萨克斯坦共和国总检察官办公室<br>The General Prosecutor's office of the Republic of Kazakhstan, Kazakhstan |
| 大型<br>Big Project | 马来西亚 MING DUA 再生 EPCC（钻油平台供应链管理）<br>EPCC of MING DUA Rejuvenation (MDR), Malaysia | | 意大利<br>Italy | 意大利贝壳休斯 GE 公司<br>Baker Hughers a GE Company, Italy |

| 项目类型<br>Project Type | 项目名称<br>Project Name | 图标<br>Logo | 国家<br>Country | 项目管理单位<br>Project Management Unit |
|---|---|---|---|---|
| 大型<br>Big Project | 中国内蒙古少数民族文化体育运动中心<br>Inner Mongolia Cultural and Sports Center, China | | 中国<br>China | 重庆联盛 CQLS |
| | 俄罗斯安全操作发展中心一期<br>Security Operation Center development, Phase 1, Russia | | 俄罗斯<br>Russia | 俄罗斯联邦储蓄银行<br>Sberbank of Russia, Russia |
| | 伊朗南帕尔斯气田开发第 20 和 21 期（集成过程控制系统——在岸和离岸）& 0.4kV 常规 & 应急开关设备 & MCC<br>South pars Gas Field Development Phases 20&21(integareted Process control system-onshaore & offshore) &0.4kV Normal & Emergency switchgear & MCC, Iran | | 伊朗<br>Iran | 伊朗 KTC 公司<br>Kermantablo(KTC), Iran |
| 特大型<br>Mega-Project | 哈萨克斯坦纳扎尔巴耶夫大学科技教育综合体二期工程建设<br>Construction of sub-phase 2 phase II construction of the scientific and educational complex nazarboyev university, Kazakhstan | | 哈萨克斯坦<br>Kazakhstan | 纳扎尔巴耶夫大学设施建设理事会<br>Facility Construction Directorate.private entity of nazarbayer university, Kazakhstan |
| | 俄罗斯珠穆朗玛峰创投<br>Everest Russia | | 俄罗斯<br>Russia | 俄罗斯联邦储蓄银行<br>Sberbank of Russia, Russia |
| | 中石油云南石化 13 万吨 MMTA 炼油厂项目<br>PetroChina Yunan petrochemical 13MMTA refinery project, China | | 中国<br>China | 中石油云南石化有限公司<br>PetroChina Yunnan petrochemical company limited, China |
| | 芬兰坦佩雷市兰塔图奈尔路隧道<br>Rantatunnell-road tunnel in Tampere City, Finland | | 芬兰<br>Finland | 芬兰完成运输机构<br>Finish Transport Agency, Finlan |

### 8.3.2 参会要求准备内容

#### 1. 三分钟视频介绍项目管理的创新点

狭长的内蒙古横亘在中国北方，作为祖国北大门，它充满了传奇的色彩。生活在这里的人们，扎根在这片土地，游牧在这片草原，坚韧不拔，开拓进取，他们就是素有"马背民族"之称的内蒙古民族，世世代代传承着内蒙古马的精神！

作为祖国最早设立的民族自治区，也是唯一一个与东北、华北、西北三大区域接壤的省级区域，异样的民族风情与辽阔的疆域是对内蒙古的基本概述。作为首府城市，随着经济的发展，社会的进步、旅游开发以及人们日益增长的物质文化需求，一个集文化、体育运动等多功能的，作为首府标志性的建筑群呈现已是迫在眉睫。

一个内蒙古艺术家的创意草图提供了灵感。重庆联盛运用了最先进信息技术把传统的蒙元文化艺术与现代建筑技术完美地结合在一起，让这张草图有了新的生命，创造新的奇迹。重庆联盛抓住机遇，在该项目上实现了两个创新。其一，独家完成前期投资咨询、设计管理、招标采购管理、造价咨询、建设监理一体化的服务。其二，成功把 BIM 技术运用到设计、施工与管理全过程，实现 BIM 技术与一体化管理的高度融合，取得了非常显著成绩。

从开工到竣工，仅用了 15 个月，该项目也成了内蒙古自治区成立 70 周年大庆的献礼工程及举办地。

这座能代表首府的标志性建筑也成了当地旅游业的一个亮点。

重庆联盛用哲学与数学思维，系统的方法，采用技术、经济、管理、组织等措施对项目全方位、全过程、多维度、整体、系统地实施管理，成果非常显著，也充分体现了重庆联盛的价值，并为项目创造了价值，真正实现了项目的利益相关方都满意的目标。

### 3 minutes for introduction of Project Management Innovation

Long and narrow Inner Mongolia, served as the north gate of China, stretching across the north of China, is full of legendary colors. People living here, known as the "horseback nation" of the Mongol, taking root in this land with a nomadic life, tenacious, pioneering and enterprising. They inherit the spirit of Mongolian horses from generation to generation!

As the earliest ethnic autonomous region established by China as well as the only provincial-level region bordering three large regions including northeast, north China, northwest, Inner Mongolia features its unique national customs and vast territory. Besides, with the rapid development of economy and society, tourism as well as citizens' increasing material and cultural demands, Hohhot, as a capital city of Inner Mongolia, its multi-function of culture, sports iconic architectural complex present is urgent.

The design of this building is actually inspired by a Mongolian artist's creative sketch. The application of the most advanced information technology by CQLS perfectly combines the traditional Mongolian culture and art with modern architectural technology, therefore giving this sketch a new life and creating new miracles.

Two innovations of this project were achieved by CQLS due to the grasp of opportunity. First, CQLS exclusively completed the integrated management, including earlier stage investment consultation, design management, bidding and purchasing management, cost and construction supervision. Second, BIM technology was successfully applied to the whole process of design, construction and management, achieving a high degree of integration between BIM technology and integrated management, which reached a significant achievement.

In addition, this project has been completed within only 15 months from construction to completion due to the local meteorological condition constraint and outdoor construction. Also it was a main avenue for the 70th anniversary of Inner Mongolia autonomous region held by the government. This landmark building, representing the capital's cultural characteristics, is a locally fantastic tourism attraction.

At last, the whole process, multi-dimensional, overall, systematic project management, reached a remarkable achievement as a result of the application of philosophical and mathematical minds, systemic methods, high-tech, economy and effective organization, truly achieving the goal satisfied by the project stakeholders, fully demonstrates CQLS's advanced value, creates value for the project.

**2. 记录册问题录入（200 个字以内）**

**问题 1：你们的项目哪一点是卓越的？**

我们用哲学与数学思维，系统论的方法，采用技术、经济、管理、组织等措施对项目全方位、全过程、多维度、整体、系统地实施管理，使得项目推动得异常顺利，成效非常显著。

重庆联盛公司在项目管理过程中有两个创新。

其一，重庆联盛公司独家完成该项目的技术咨询、管理与经济咨询、质量与安全控制。

其二，以 BIM 技术为主导的设计、施工及项目管理全过程应用，成功地解决了复杂技术困难；用 BIM ＋物联网技术手段有效提升设计质量、管控工程进度及质量。重庆联盛公司创造性的用"哲学＋系统"与"管理＋技术"相结合的方法为中国项目管理咨询树立了卓越标杆！

**问题 2：对你们来说，项目卓越奖评审过程中最受益的是什么？**

过去，重庆联盛公司把技术咨询、管理与经济咨询、质量和安全控制集为一体化管理、把 BIM 技术应用于设计、施工、管理全过程，称之为 CQLS 的双翼，经过 IPMA 的评估之后，打开了我们的国际视野，犹如给 CQLS 装上了发动机，一定会引领 CQLS 飞得更高更远。

通过评审，对利益相关方有了更加深刻地理解。对体现价值与价值创造有了更深刻的理解。评估给我们提出的宝贵意见和建议将进一步改进公司的管理理念与方法，公司也将因此迈向一个更高的台阶，我们也将更加有勇气跟随 IPMA 的指引，使重庆联盛公司工程项目管理走向世界！

**IPMA Project Excellence Award Commemorative Book(a limit of 900 characters per question)**

**Question 1:** What was excellent in your project(one example in terms of Excellence Project Model)?

We manage the project with an all around, whole-process, multidimensional, holistic and systematic way by thinking in a philosophical, mathematical and systematic way and adopting technical, economic, managerial and organizational measures, which contributes to smooth and effective project implementation with gratifying results.

Two innovations created by CQLS are worth mentioning in this project management.Firstly, CQLS exclusively completed the technical consulting, management and economic consulting, quality and safety control of the project.Secondly, CQLS succeeded in dealing with technical difficulties by the application of BIM-oriented design, construction and whole process project management.Project design quality and process control are enhanced by BIM ＋ Internet of Things.Philosophy ＋ system and management ＋ technology of CQLS serve as a benchmark for excellent project management in China.

**Question2 :** What is the most important benefit for you from the PE Award assessment process?

In the past, CQLS adopted integrated project management by combining technical consulting, management and cost consulting, quality and safety control into project management and applied BIM technology to the whole process of project management including design and construction.Integrated project management and BIM are like two wings of CQLS.IPMA assessment opens up our international vision and brings us higher and further as if we are now equipped with an engine.

By the review, we have a deeper understanding of the stakeholders, the value and value creation.Our company's management philosophy and methods will be improved and our company will be uplifted to a higher level after the evaluation.We will be more confident and resolved in the future when following the IPMA's guidance, so as to make CQLS's engineering project management to reach world standards.

## 颁奖留影

图 8-3　现场留影

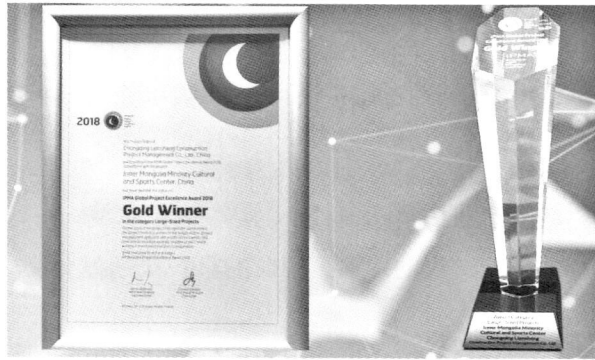

图 8-4　奖状及奖杯

# 8.4　IPMA 反馈意见

11 月 1 日（颁奖次日）评审意见反馈交流会，会后附反馈意见。

### 8.4.1　评估过程简述

#### 1. 申请

申请和评审流程从编写 2018 年 IPMA 国际卓越项目奖申请报告开始。

#### 2. 评估师

每个申请项目至少由 3 名评估员组成的团队进行评估。评估师均是经验丰富的项目管理经理，或是各个行业的专家以及私营行业或不同国家其他领域的公司组织经营专家。迄今为止，IPMA 约对 25 个国家的近 500 名评审员进行了国际项目管理卓越奖竞赛的专门培训。这些获得培训的评估师有大学教授、讲师、行业顾问、企业直线管理人员、高管或项目管理专家。所有评估师都参加了 IPMA 卓越项目模型的培训，该模型是 IPMA 卓越项目基准的一部分，用于评估 IPMA 全球卓越项目奖流程，使评估尽可能统一，从而适合国际基准。

在选择和编制评估团队时考虑了下列因素：

（1）评估师和申请方之间无利益冲突；

（2）具有项目卓越大奖评估的经验；

（3）对评估师在理解和应用卓越项目模型、能力概况、资历和处理文化多样性方面进行综合培训；

（4）非常了解申请人所在领域并具有相关行业经验，理解项目的特殊性。

每个评估团队都由一个经过特殊领导能力培训的评估师作为团队领导，主导和管理评估过程。

#### 3. 评估过程

每位评估师收到申请人提交的申请报告之后，对申请报告进行独立评估。结合对申请报告的评估，评估师参照项目评估的各个标准，鉴别出参赛项目的优点及需要改进的地方，并提出现场评估发现的问题。评估师审阅您提交的申请报告，检索项目实事陈述情况，并通过每个项目卓越模型各个方面的评估得分表反馈您的申请报告中的实事陈述是否体现或超过 IPMA 卓越项目模型的标准。若申请报告中缺少实事陈述，这些将作为今后调查的依据。

之后，评估团队进行了远程会议，分享了每个评估师对申请报告的评估结果，并对每个评估师的结果进行了讨论，获得了评估团队对申请报告的综合评分，制定了详细的现场评估计划。

#### 4. 现场评审

现场评审的目的是确认申请报告中所提供的信息，通过访谈和文件审阅，消除不明确的信息，为申请报告中可能遗漏的问题获得更多的信息。

进行现场评审之后，评估团队开会讨论现场评审的结果，并根据现场评审的发现，调整评估和得分。

### 5. 终审

2018 年 IPMA 国际项目卓越奖的评委团队由国际知名的专家组成，包括前 IPMA 获奖者、前 IPMA 主席、副主席以及其他国际知名的项目管理代表。

评委监督了整个评审过程。根据选定的评审员团队的第一次远程会议的结果，评委团队为现场评审制定了详细的问题。

根据现场评审报告和评委团的建议，通过协商一致的程序，确定哪些申请人将成为非决赛者（致力于卓越），哪些将入围决赛，再从入围者中选出铜牌得主、银牌得主和金牌得主。

### 6. 反馈报告

反馈报告概述了评审团队在现场评审期间确定的，并在现场最后协商会议上达成一致的项目优势和需要改进的方面。这些优势和不足得到了现场评审调查结果的支持。

裁判员认为该申请项目获得 2018 年 IPMA 国际大型项目卓越奖金奖。

评审过程是按照 IPMA 卓越项目基准的 IPMA 卓越项目模型进行的。团队首席评估师、评奖评委和 IPMA 奖 PMO 对此判决过程无任何重大异议。

## 8.4.2 IPMA 国际项目管理卓越奖评委陈述

### 1. 优势

（1）该项目在计划的工期内完成，未超出最初的项目预算，克服了工期短和冬季恶劣气候条件的困难。超强的领导能力、真诚的合作伙伴、共同的目标和互相信任建立了所有相关方的信心，使得各方即使在面临挑战时也能协同一致，完成目标。

（2）在项目成果的 IPMA PEM 领域，项目超出了利益相关者的预期。内蒙古体育文化中心已被视为重要的标志性建筑和旅游景点，为区域经济发展做出了重要贡献。该项目改变了当地人对环境问题的态度，提高了人们对可持续发展和改善生活质量的兴趣。

（3）评委们对项目中实施的价值观以及在项目中得到支持和加强的项目文化印象深刻。项目领导不断推进社会责任、协作、公平等价值观。双赢文化在许多项目活动中清晰可见，例如设定目标、解决冲突、分享创新、分享价值和发展知识产权等。项目负责人通过在职责范围内领导创新，以个人为榜样，大力推动创新。

（4）评委们对项目团队在项目中实施创新、引入 BIM、物联网等项目管理技术和方法，并应用于其他建设项目的方式印象深刻。在这方面，评委们认为该项目可以作为该行业其他项目的国际基准，促进项目利益相关者之间的数据交换，对利益相关者的管理、项目进度和成本有显著的积极影响。

（5）该项目文件非常优秀，包括令人印象深刻的，基于知识性的，具有大量参考资料的信息。该项目有一个完善的流程，管理所有的项目活动，并提供大量信息，显示了哪些是优点，哪些可以在将来参考使用。

（6）评委们认为该项目在保持高质量和安全标准的同时，在时间和成本控制上的卓越表现，为中国及当地的项目管理树立了新的标杆。

### 2. 需要改善的方面

（1）建议通过创造一个环境，让利益相关者可以像一个集体一样轻松地合作，解决他们之间的冲突，从而增强利益相关者的责任感。

（2）考虑所吸取的教训，特别是在将此经验运用于其他地理区域时。语言障碍可能是进一步发展的挑战，因为它限制了重庆联盛参与国际社区实践和在全球论坛上交流知识的能力。

（3）严冬影响了项目的进度计划，项目目标在高压下实现。在那些外部时间压力不那么明显的项目中，提前决定如何以合理的成本达到这样的效果可能是有益的。

（4）项目（和公司）可以从更清晰的职业规划过程中获益，从而为项目团队每个成员制定清晰的短期和长期个人发展计划。

（5）在项目成果方面，因为定期举行的蒙古艺术展未来需要 200 多匹马参与表演，而项目现场的马厩空间显然不够。此体育文化运动中心的可行性研究和观光市场趋势分析可以从设置足够多的马厩这一概念来发展。

### 8.4.3　总评委陈述

#### 1. 突出的优势

（1）重庆联盛拥有强大的领导文化，激励创新的热情，让每个人都努力实现别人认为不可能实现的目标。这种文化在项目中清晰可见，是项目成功的关键因素之一。

（2）实施综合项目管理方法的创新方式与良好的 BIM 技术相结合，给了这个项目一个强大的推动力，使它能够在超短工期内完成项目目标，而这是许多利益相关者，包括业主，都认为不可能实现的极限工期。

（3）重庆联盛的利益相关者之间的目标高度一致，业务、个人和项目目标的整合创造了一个使所有利益相关者都致力于实现项目目标、并且始终可以获得整个公司强大支持的合作环境。

（4）基于互惠互利、拥有共同目标和相互信任的真正伙伴关系使各个利益相关方能够勇于承担风险和责任，同时相信即使遇到挑战也会得到项目中每个人的支持。

（5）由于良好的管理，此项目在时间和成本方面取得了优异的成绩，同时保持了高质量和安全标准。这一成果为该行业树立了一个新的标杆。

#### 2. 着重需要提高的方面

（1）由于该项目和重庆联盛及其合作伙伴现在在该地区享有盛誉，因此应该在其他地理区域好好利用此知名度。但语言障碍可能成为进一步发展的挑战，因为它限制了重庆联盛在全球论坛（如会议等）上参与国际实践和交流知识的能力。

（2）为进一步推动各方发展，增强利益相关者责任感，重庆联盛可以考虑将项目参与者合作的重心从调解各方关系转移到营造利益相关者能够轻松愉快合作的环境上，使利益相关者自己可以解决互相之间的冲突。

（3）考虑到这个项目的特殊情况，很自然地，时间目标被大力推进，所有项目活动都面临着需要在更短的期限内完成交付的挑战。在那些外部时间压力不明显的项目中，考虑如何以合理的成本达到这种效果可能是有益的。

（4）重庆联盛可以得益于更加清晰的职业规划过程，从而为项目团队每个成员制定清晰的短期和长期个人发展计划。

（5）因为定期举行的蒙古艺术展需要 200 多匹马，未来或许更多匹马参与表演，但项目现场的马厩空间显然不足以容纳这些马。此体育文化运动中心的可行性研究和观光市场趋势分析可以做得更充足，给马厩概念设计留出足够的空间。

# 8.4　IPMA Feedback

Evaluation feedback meeting is held on Nov.1st, the day after the award presentation ceremony, then the feedback is attached after the meeting.

### 8. 4. 1　brief Overview of the Assessment Process：

#### 1. Application

The application and assessment process started with your production of the Application Report for the IPMA Global Project Excellence Awards 2018.

#### 2. Assessors

Each application was assigned to a team of at least 3 Assessors. The Assessors are experienced project managers, experts from various sectors and management disciplines from companies and organizations in private industry or any other area of activity in various countries. To date approximately 500 assessors of 25 different nationalities have been specially trained for the IPMA Global Project Excellence Award competition.

Some Assessors are university professors or lecturers, some are consultants and others are in line management, executives or project management experts. All Assessors were trained on the IPMA Project Excellence Model, part of the IPMA Project Excellence Baseline, for the IPMA Global Project Excellence Award process to make the assessments as uniform as possible and thus suitable for International Bench marking.

The following factors were taken into account when selecting and compiling the Assessment Team：

（1）No conflict of interest between the Assessor and the Applicant；

（2）Experience in the Project Excellence assessment process；

（3）Appropriate mix of training in understanding and applying the Project Excellence Model, competence profile, seniority and cultural diversity；

（4）Understanding of and experience in the sector of the applicant and regarding the specificity of the project.

For each team, one Assessor with a special leadership training was appointed Team Lead Assessor and assigned the role of leading and managing the assessment process.

#### 3. Assessment Process

Each assessor received a copy of your application for their independent assessment. Using this information, the Assessors identified strengths, areas for improvement and Site Visit issues for each criteria. The Assessors reviewed your application for proof statements reflecting or exceeding the criteria of the IPMA Project Excellence Model with its Assessment Scoring Tables for each Project Excellence Model Area. Where proof was missing from the Application, these were noted for future investigation.

Thereafter the team conducted a Team Virtual Meeting in which the individual results were presented and discussed, team scores were compiled, and a detailed plan for the Site Visit was developed.

#### 4. Site Visit

The purpose of the Site Visit is to confirm the information presented in the application, eliminate unclear points through interviews and document reviews, possibly gathering further information of quality evidence for the project application which may have been missed in the application process.After the Site Visit the assessment team meets, discusses Site Visit findings, and adjusts its assessment and scoring depending on the findings of the Site Visit.

#### 5. Judges

The Judges Panel for the IPMA Global Project Excellence Awards 2018 consists of internationally highly reputed experts such as past IPMA Award Winners, former IPMA President, Vice President and other leading internationally recognized Project Management Representatives.The Awards Judges monitored the complete assessment process. Based on the results of the first virtual meeting of the selected Assessor Team the Award

Judges formulated additional questions for the Site Visits.

On the basis of the Site Visit reports and recommendation by the Assessor Team, the Judges determined through a consensus process, which Applicants were to become non–Finalists (Committed to Excellence) or Finalists from which Bronze Winner(s), Silver Winner (s) and the Gold Winner are selected.

**6. Feedback Report**

The Feedback Report outlines strengths and areas for improvement that were ascertained during the Site Visit and agreed upon after the Site Visit by the Assessor Team during its final consensus meeting. This is supported by the additional findings that were made on the occasion of the on Site Visit.

The Judges consider this application to be a Gold Winner of the IPMA Global Project Excellence Award 2018 in large-sized projects category.

The assessment process was undertaken in accordance with the IPMA Project Excellence Model part of the IPMA Project Excellence Baseline. No significant variations to that process were reported by the Team Lead Assessor, nor by the Awards Judges, nor by the IPMA Awards PMO.

## 8. 4. 2　IPMA Global Project Excellence Judges Statement

### 1.　Strengths

（1）The project has been completed within the planned duration and the initial project budget as a fast track project with hard deadlines and hard climatic conditions during the winter. The strong leadership, the true partnerships, the shared objectives and trust built the confidence in all involved parties to deliver even in case of challenges.

（2）In the IPMA PEM area of project results, the project over-exceeded the expectations of the stakeholders. The Inner Mongolia sports and cultural center is already perceived as great landmark and a touristic attraction with a significant contribution to the regional economic development. The project has changed the attitude of the local population towards environmental issues and has increased the interest for sustainable development and the life quality improvement.

（3）The judges are impressed by the values implemented in the project as well as the project culture that was supported and reinforced during the project. Values such as social responsibility, collaboration and fairness were constantly promoted by the project leadership. A win-win culture was clearly visible in a number of project activities such as setting objectives, conflict resolution, innovation sharing, value sharing and intellectual property development. The project leaders strongly promote innovations by giving a personal example by leading innovation in their areas of responsibility.

（4）The judges are impressed by the way the project team implemented innovations in the project, introducing project management technologies and methods such as BIM and IoT that can be applied in other construction projects. In this area, the judges feel the project can serve as an international benchmark to other projects in the sector. facilitated the data exchange between project stakeholders, with a significant positive impact on the stakeholder management, project schedule and cost.

（5）The project documentation was excellent consisting of impressive knowledge-based information with numerous references. There is a well-established process in the back that monitors all activities and provides extensive information what was good and what can be reused in the future.

（6）The judges feel that the project set a new benchmark for project management in the industry in China and in this region thanks to the excellent management, exceptional performance in terms of time and cost, while keeping high quality and safety standards.

**2. Area for Improvement**

（1）Increase the sense of responsibility of the stakeholders by creating an environment where stakeholders can comfortably cooperate as one team and resolve conflicts among themselves.

（2）Consider lessons learned especially when leveraging the experience in other geographical areas. The language barrier may be a challenge in further development as it limits the CQLS ability to participate in international communities of practice and to exchange knowledge throughout global forums.

（3）The hard winter conditions impacted the project planning and the timely objectives were strongly pushed. It could be beneficial to decide early in advance how to achieve such an effect at a reasonable cost in those projects where external pressure on time is not so evident.

（4）The project (and company) could benefit from more visible process for career planning, resulting in clear short- and long-term individual development plans for each of the project team members.

（5）With respect to project results, the stable space for horses was not sufficient. The regular Mongolian art show requires more than 200 horses in the future. The Center feasibility study and the sightseeing market trend analysis could be develop in a way to allow enough space in stable concept design.

### 8.4.3　General Assessors Statement

**1. Key Strengths**

（1）CQLS has a strong leadership culture that drives that drives passion to innovate and makes everyone strive to achieve what others deem impossible. That culture was clearly visible in the project and was one of its key success factors.

（2）Innovative way of implementing integrated project management approach combined with well implemented BIM gave this project a strong boost that enabled it to achieve a deadline that was initially perceived as impossible by many stakeholders, including the Customer.

（3）Strong coherence of objectives among stakeholders and integration of business, personal and project objectives at CQLS created an environment where all stakeholders were focused on achieving the project objectives, and where strong support from the entire CQLS organization was always available.

（4）True partnerships based on the mutual benefits, shared objectives and trust enabled stakeholders to take significant risks while being confident that they will be supported by everyone to deliver even in case of challenges.

（5）Due to excellent management, exceptional performance was achieved in terms of time and cost, while keeping high quality and safety standards. The results have established a new benchmark in the industry.

**2. Key Areas for Improvement**

（1）As the project and CQLS together with its partners are now highly recognizable in the region, the most likely step is leveraging that fact in other geographical areas. In such case, a language barrier might become a challenge in further development as it limits the CQLS ability to participate in international communities of practice and exchanging knowledge throughout global forums (e.g. conferences etc.).

（2）As a way to further push the development of all parties and increase stakeholders sense of responsibility, CQLS could consider shifting their focus from mediation into creation of environment where stakeholders comfortably cooperate as one team and resolve conflicts among themselves.

（3）Given the extraordinary conditions of this project, it's natural that time objectives were strongly pushed and all project activities were challenged to be delivered faster. It could be beneficial to consider how to achieve such an effect at reasonable cost in those projects where external pressure on time is not so evident.

（4）The CQLS could benefit from more visible process of career planning, resulting in clear short- and long-term individual development plans for each of the project team members.

（5）There is a lack of sufficient stable space for horses as the regular Mongolian art show requires over 200 horses and more in the future. The Center feasibility study and the sightseeing market trend analysis could be done more sufficiently to allow for enough space in stable concept design.

# 8.5　体会与感受

（1）首先关注项目是否有创新点，并对创新点进行认真评估，内蒙古少数民族文化体育运动中心有以下几点创新得到评审组的认可。

其一，集项目管理、投资咨询服务、设计管理、造价管理、招标管理、建设监理为一体化咨询的服务模式。

其二，BIM 几乎运用于设计、施工及管理全过程。

其三，利用矩阵管理法，审阅图纸中各专业的错、漏、碰、缺问题以及划分各合同包的工作界面。

其四，中介咨询机构的价值创造理念，即通过咨询工程师的智慧劳动为项目创造附加值，附加值是指通过整合管理资源为项目创造功能价值和经济价值，投资控制在批准的概算内，工期科学合理，满足合同要求，工程实体质量合格。

其五，咨询工程师作为"管家、智囊、协调人"，工作到位，不错位，不缺位，不越位的角色定位。

其六，施工企业在本项目创新了 1 个新工法。

（2）评估评价内容除了项目的投资、质量、工期以外，重点关注项目的利益相关方是否满意，利益相关方的范围很广。

其一，参建各方企业的经济效益和社会效益。

其二，各管理团队及每一个员工的价值是否得到充分体现。价值体现不只是薪资待遇，还要强调通过项目的实施获得的技能提高与晋升，相关权益是否得到了保护。

其三，与项目相关联的所有人群与周边的单位的利益是否造成某些方面的干扰。

其四，项目对所在地的社会功能以及经济发展是否有积极作用。

（3）项目是否达到预期目标，是否可行性研究报告形成环闭合。

（4）非常考究申请报告的真实性，追溯性特别强。

（5）尤其强调劳动保护，安全，生活环境条件。

（6）极度重视企业文化与项目文化。

（7）采访的人数多、宽、广，从多角度证实取证。

# 8.6　内蒙古少数民族体育文化运动中心项目申请报告

内蒙古少数民族文化体育运动中心申请报告（汉语版）[①]　　　　　　　表 8-9

| 2 | 目录： |
|---|---|
| 3 | 项目的简单描述 |
| 4 | A. 人和目标 |
| 5 | A.1. 项目管理层的领导力与价值的发挥 |
| 6 | A.2. 项目目标及其实施策略的确定 |

---

① 提交至 IPMA 的申请报告为全英文版。

| 7 | A.3.项目团队，合作伙伴及供应商的管理 |
|---|---|
| 8 | B. 过程和资源 |
| 9 | B.1. 对项目关键实施过程和资源的管理 |
| 10 | B.2. 对关键辅助过程和资源的管理 |
| 11 | C. 项目成果 |
| 12 | C.1. 客户满意方面 |
| 13 | C.2. 项目团队满意方面 |
| 14 | C.3. 其他利益相关方满意方面 |
| 15 | C.4. 项目目标结果及其对环境的影响 |
| 16 | 本报告参照的项目主要文档目录 |
| 17 | 缩略语 |

相关释义　　　　　　　　　　　　　　　　　　　　　表 8-10

| 缩写 | 释　义 |
|---|---|
| CQLS | 重庆联盛建设项目管理有限公司 |
| PMT | 项目管理团队 |
| BIM | 建筑信息系统 |
| IoT | 物联网 |

## 8.6.1 项目总体信息介绍（表 8-11）

总体信息　　　　　　　　　　　　　　　　　　　　　表 8-11

| 项目名称 | 内蒙古少数民族文化和体育中心 | | |
|---|---|---|---|
| 项目发起方 | 呼和浩特市城发投资经营有限公司 | | |
| 项目申请奖项类别 | 大型项目奖 | | |
| 核心团队成员数量 | 10 | 项目使用的内部工作人员数量 | 30 |
| 项目现场数量 | 1 | 项目使用的外部工作人员数量 | ＞1500 |
| 项目的关键目标和期望收益 | **期望收益：**<br>➤ 建成展示蒙元文化的代表性作品，为世界人民了解和体验蒙元文化提供综合性载体。<br>➤ 作为内蒙古经济由资源开发向旅游服务转型的示范性项目，带动内蒙古自治区经济发展。<br>➤ 打造建筑艺术精品工程，成为内蒙古自治区标志性建筑群。<br>创造以 BIM 为技术主线的项目管理一体化服务模式，塑造联盛设想的"技术＋管理"业务模式的成功案例，为中国项目管理企业树立行业新标杆。<br>**关键项目目标：**<br>➤ **进度目标：** 项目管理服务期为 22 个月，其中项目施工工期严格控制在 15 个月内。<br>➤ **质量目标：** 总体质量优于国家验收标准，专项工程争创国家优质奖。<br>➤ **成本目标：** 控制项目成本在概算范围内，其中管理成本控制在总投资的 2% 内。<br>➤ **HSE 目标：** 无重大安全事故发生，建立安全标准化示范工地；不发生因食品卫生等引发的影响员工健康的问题；严格遵守国家环保标准，不发生任何环境污染事件；不产生不良社会舆情，建立多民族文化共存共荣的和谐工程环境。<br>➤ **创新目标：** 实现项目管理、招标代理、造价管理及工程监理的一体化管理，实现 BIM 技术和物联网信息技术在项目全生命周期的综合应用，形成若干复杂工程施工技术及工法创新成果，争创国际项目管理卓越大奖。<br>➤ **利益相关方满意目标：** 关键利益相关方满意度在项目各里程碑阶段均达到 90% 以上 | | |
| 项目的主要成果/产品？（例如：建筑物、工厂、软件等） | 建成少数民族群众文化体育运动中心，包括符合国际赛事水平要求的赛马场、多功能主楼、亮马圈、多功能看台楼、马厩、国际标准赛道、大型休闲室外广场、供热系统、室外景观、建筑泛光照明、符合赛事标准要求的智能化系统及相关配套设施 | | |

续表

| 开始日期 | 2015-11-03 | **项目的主要里程碑有哪些?** | |
|---|---|---|---|
| 结束日期 | 2017-09-03 | M1：项目计划、管理手册编制完成 | 2015-11-30 |
| | | M2：施工图审查完成 | 2016-02-20 |
| | | M3：总承包单位合同签订 | 2016-02-29 |
| | | M4：工程建设开工 | 2016-03-01 |
| 总工期（月） | 22 | M5：混凝土结构、钢结构工程完工 | 2016-08-30 |
| | | M6：建筑屋面及幕墙工程完工 | 2016-11-10 |
| | | M7：室外景观、广场完工 | 2017-05-25 |
| | | M8：项目预验收 | 2017-05-30 |
| | | M9：竣工验收 | 2017-07-30 |
| 总预算 | 大约 8.39 亿元 | 项目总预算是如何分配到项目的不同阶段或构成部分中去的？<br>该项目总预算为 83943 万元。总预算包括建筑工程费（65%）、安装工程费（18%）、设备购置费（2%）、工程建设其他费用（8%）、预备费 7% 等五部分。由费用工程师将总预算进行分解，分设计版块、采购板块、现场施工管理板块，以任务书的形式下发到相关部门进行控制 | |

项目的组织结构图是什么？谁是项目经理？谁是项目团队成员？（图 8-5）

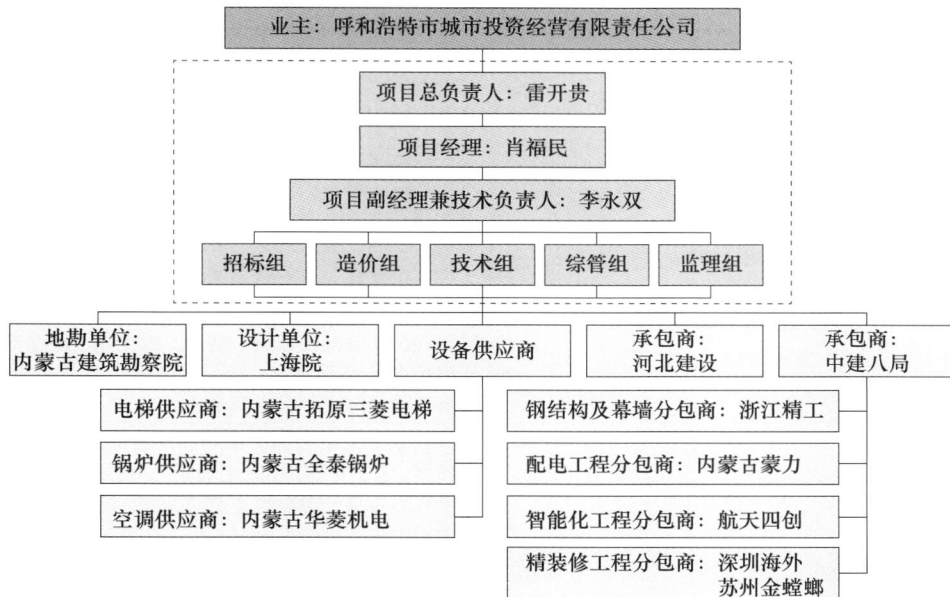

图 8-5　团队组成

项目所属公司的组织架构（组织结构图）（图 8-6）：

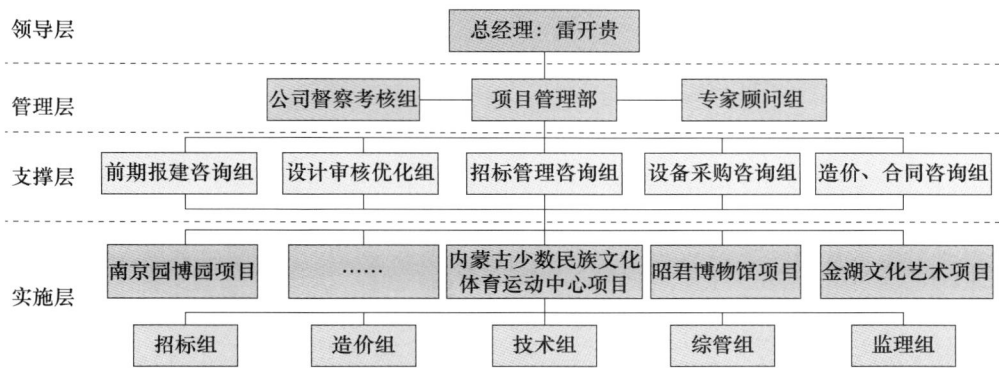

图 8-6　组织架构

主要的工作分解结构（WBS）层级（图 8-7）：

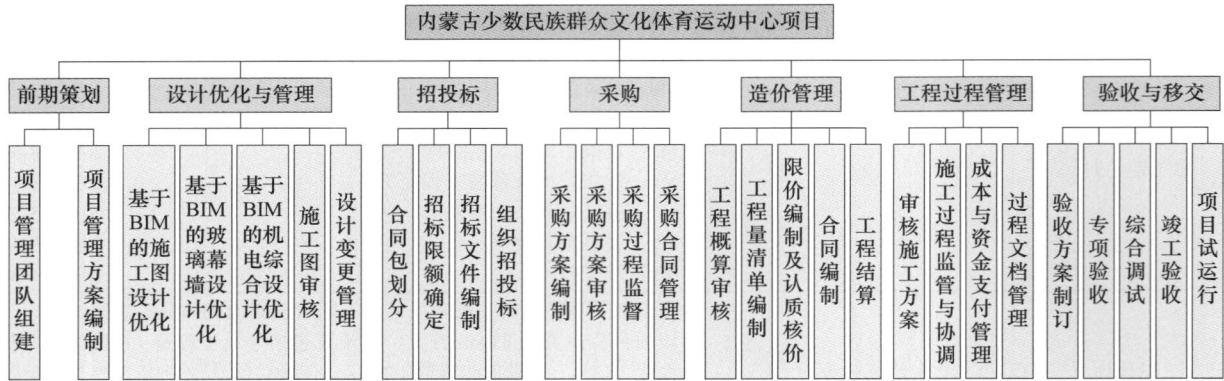

图 8-7　WBS 层级

项目的关键风险／主要挑战有哪些？它们是如何应对的？（表 8-12）

风险与挑战　　　　　　　　　　　　　　　　　　　　　　　　表 8-12

| 类别 | 风险／挑战 | 应对措施 |
|---|---|---|
| 管理角色定位方面 | 项目管理容易发生角色定位偏差，造成缺位、越位、错位的情况 | 建立有效的项目治理机制，加强项目策划和对员工的培训，严格在业主授权范围内管理项目事务，当业主未授权时为其提供多个方案并进行方案比较，为业主决策提供建议 |
| 工期控制方面 | 特殊的自然条件限制和业主对工期的严苛要求，使项目难以按常规工期管理方法来制定工期计划和控制项目进度 | 采用正排工期与倒排工期相结合的方式，实现工序更合理的衔接和对里程碑和关键路线进行优化；通过 BIM 技术优化设计成果和施工工序，尽力避免变更和返工造成的时间浪费，确保每一项工作和里程碑节点的按期实现 |
| 设计管理方面 | 艺术家创作的写意性、建筑师设计的科学性、建造师施工的合理性三者之间在表现形式和实现方式等方面存在冲突 | 以 BIM 为技术主线解决设计信息冲突：采用数值模拟技术形成建筑曲面精确描述数据；基于三维设计手段逐步获得建筑、结构、屋面及幕墙等建筑系统设计数据；借助 BIM 专业软件解决项目专业设计深化中存在的难题 |
| 工程技术方面 | 建筑造型为异形双曲面，结构和施工工艺复杂、技术难度大 | 选择高水平的承包商，引导和支持承包商基于 BIM 开展施工模拟仿真、数字化加工、基于物联网技术的构件物流及安装管理。<br>基于项目难点，对项目关键问题进行技术交底，引导承包商在施工工艺上进行创新，解决工程复杂度高的问题 |
| 管理体系方面 | 各利益相关方之间管理理念各不相同，管理水平参差不齐，管理体系各样，难以做到一致性 | 基于系统论的思想统一利益相关方认识，引导参建单位运用 IPMA 等提出的专业性项目管理工具和方法，对项目进行全方位、全过程、多维度的一体化系统管理 |

**从项目和项目组织的层面看你认为取得了哪些重要价值？**

验证了公司提出的"哲学＋系统"与"管理＋技术"相结合的项目管理思路，形成了以 BIM 为技术主线支撑的项目管理一体化服务模式，为联盛、业主及其他相关方提供了成功经验，为国家于 2017 年初开始倡导的一体化项目管理模式提供了成功案例，也为项目管理公司树立了行业新标杆。

（1）为业主创造了由合同收益到价值创造收益的新模式。验证了"管理咨询费应来自于为业主节约投资中的分享"的理念。基于价值工程的思想和方法实现了工程价值。

（2）借助现代信息技术将艺术家的艺术创意完美的转化为合理的工程设计与实物建造，完成了由艺术创意到产品实现的过程。

（3）借助 BIM 技术实现了项目建设由传统的工程建造方式向现代工业化制造方式的转变，为企业找到了"提高效率，降低风险"、实现项目管理价值的有效方式。

（4）提升了企业 HSE 管理水平，在更高层次上满足利益相关方的需求，实现了环境保护与可持续发展、安全与进度、身体健康与心理健康的有效结合。

（5）本项目的成功为公司积累了一体化项目管理的经验，促进公司完善了项目管理体系，提升了公司实施一体化项目管理的信心，也为公司培养了一批成熟的管理人才。

（6）项目有效提升了公司的知名度，促进了公司从单一咨询向一体化项目管理方向的转型，为公司后续市场开拓奠定了坚实基础，使公司在内蒙古市场占据了优势地位

### 8.6.2 项目的简单描述

本项目位于中国内蒙古自治区呼和浩特市，占地 1800 亩，建筑面积 82000m²，总预算 8.39 亿元。该项目的主要功能是举办国际少数民族运动会和大型国际赛马活动。该项目具有强烈的蒙元文化色彩，是内蒙古自治区成立 70 周年大庆的主场馆，具有重要的政治和社会影响力（图 8-8、图 8-9）。

工程中存在较多实施难度，其中包括异形钢结构、双曲型铝板屋面、幕墙、设备系统复杂等等。本项目项目一体化管理整个过程包括前期报建、设计、招标投标、造价和现场监理等内容。该项目一体化管理全过程采用了 BIM 技术，并实现设计优化和钢材深加工、物流、安装一系列管理与技术的结合创新。该项目已在 15 个月内通过 CQLS 的一体化管理成功完成，并为业主节约了约 10% 的建安成本。

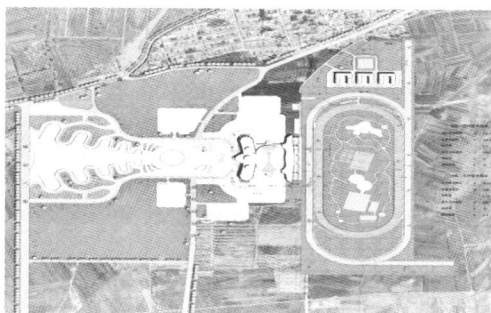

图 8-8　项目鸟瞰图　　　　　　图 8-9　项目实景图

A：人和目标

A.1. 项目管理层的领导力与价值的发挥

A.1a. 项目领导在追求卓越中的角色作用

CQLS 将"靠监理求生存，一体化项目管理求发展，打造一流的项目管理企业"作为公司的发展战略。公司从 2006 年起就确定以一体化项目管理为公司的战略发展方向，在过去的十多年间，公司在董事长雷开贵的大力推动下，靠着从高层到员工对信念的坚守，不断践行一体化项目管理的理念，业务不断转型升级，从一家业务单一的咨询公司，逐步成长为具有全过程管理能力的优秀项目管理公司。虽然 CQLS 在一体化项目管理领域做了很多探索性工作，但由于种种原因，一直没能将一体化项目管理模式在大型复杂项目中应用过，也一直没有找到一条以技术为支撑的一体化项目管理模式，因此内蒙古少数民族群众文化体育运动中心项目成为促进 CQLS 完善其设计的一体化项目管理体系，为其一体化项目管理模式提供成功案例，扩大 CQLS 的行业影响力，提升业主采用项目管理一体化的信心，促进项目管理一体化模式在中国推广的最佳机会和平台。

该项目被定位为内蒙古经济由煤炭资源开发向旅游服务转型的促进性项目，被赋予了带动内蒙古自治区经济发展，形成内蒙古自治区标志性的建筑群的使命，因此得到了当地政府的高度重视。公司充分认识到项目的特殊性和重要性，因此公司高层领导在项目开始之初就设定了"打造建筑艺术精品"的总体目标，提出了实施"以 BIM 技术为主导的项目管理一体化服务模式"的总体思路，在保证各利益相关方满意的基础上，由实现价值工程转向实现工程价值，力争树立项目管理行业新标杆。

为了顺利完成项目，CQLS 调集了精兵强将组成项目核心领导班子，任命了具有丰富项目管理经验的公司总经理助理、项目管理事业部经理肖福民为项目经理，从中国建筑科学研究院引入了工程结构和 BIM 专家李永双为项目副经理兼技术负责人，再加上具有丰富的市场和经营经验的 CQLS 内蒙古分公司的总经理栗昕的支持，形成了"一体化项目管理＋技术＋市场"的最佳组合，并配备了其他业务骨干组成了项目团队（PMT）。公司董事长雷开贵给 PMT 提出了"追求卓越，打造精品"的项目管理目标，将"追求卓越"阐释为"挖掘利益相关方需求，创造项目核心价值"，认为项目管理的价值就在于通过"技术＋管理"提高项目效率以更好地实现相关方需求，为相关方创造超出其预期的价值。

以"价值创造"理念为指导，雷开贵董事长和肖福民经理根据多年来从事项目管理的经验和感受，结合了行业专家的意见后，将 PMT 的角色定位为"管家、智囊、协调人"。"管家"是指要在业主授权范围内履行全面管理的责任，不缺位、不越位；"智囊"是指要利用自身的管理优势和技术优势积极为业主和其他相关方出主意、想办法，尽可能多地提出更好的方案供其选择；"协调人"是指要全面发挥自己的居间协调作用，及时发现项目进展过程中出现的问题和冲突，并及时采取措施予以解决，协调利益相关方朝着共同目标前进。通过恰当的角色定位和有效的管理手段，PMT 解决了困扰国内项目管理企业多年的角色不清晰、履职不到位、价值不被认可的问题，为"价值创造"奠定了坚实的基础。

为使"价值创造"能够真正得以落地实现，PMT 对本项目的特点和相关方的需求做了多次分析和讨论，认为传统的项目管理方法和工具已经不足以满足利益相关方需求，更不会赢得其信心、得到其信任，PMT 也就难以发挥应有的作用，因此必须要对技术和管理方法创新或进行创新性结合才有可能实现项目目标，为客户真正创造价值。PMT 认为必须通过 BIM 和一体化项目管理的有效结合和创新性运用才能更好地满足利益相关方需求，即必须在项目的全生命周期过程中综合应用 BIM 技术对所有可能的设计和技术环节进行优化，并以 BIM 为技术支撑真正实行一体化项目管理，才能实现各主要利益相关方之间及各个施工环节之间的无缝衔接、深度融合和集成管理，才能真正意义上实现"管理融合技术、技术改变管理"这一理念。为此，PMT 专门编制了《内蒙古少数民族群众文化体育运动中心项目 BIM 实施纲要》，包括 BIM 实施目标、组织结构、实施内容、责任矩阵、管控要点等，并在公司原有管理体系的基础上，结合 BIM 实施相关内容和本项目一体化项目管理的需要编制了《内蒙古少数民族群众文化体育运动中心一体化项目管理大纲》（以下简称《项目管理大纲》），确保把管理理念落实到实处。

为使"价值创造"的理念和"基于 BIM 的一体化项目管理"思想和管理办法真正被 PMT 以及 CQLS 各项目支持部门的员工所真正理解、接受和掌握，CQLS 开展了一体化项目管理和 BIM 技术的培训，董事长雷开贵亲自给员工授课，加深了员工对基于 BIM 的一体化项目管理的了解，统一了员工对一体化项目管理的认识；肖福民经理为员工讲解《项目管理大纲》的总体思想和管理思路，重点阐述了可以在哪些环节为利益相关方创造价值，获得相关方认可；李永双副经理为员工讲解 BIM 在一体化项目管理中的应用设计，对 BIM 在一体化项目管理中起到的作用和对利益相关方效率和价值的提升做了深入阐述。这些工作都为在后续项目管理过程中发动员工，实现项目的管理和技术创新奠定了基础。

A.1b. 项目领导对利益相关方的关心

根据项目"挖掘利益相关方需求"的管理理念，PMT 着力打造服务各方、合作共赢的管理平台，带动利益相关方共同发展并引领他们将"追求卓越"作为共同的目标。PMT 根据项目目标和任务，从项目生命周期、相关方角色和任务三个维度识别项目利益相关方，并根据各方的角色、权利和责任，对利益相关方按重要性进行排序，确定关键利益相关方。

项目领导团队最终决定将政府、业主方和团队成员作为最重要的利益相关方，其次是设计方、总承包商、专业分包商、设备供应商和当地居民。

关心政府方面。PMT 对政府领导承诺一定要实现"打造建筑艺术精品"的目标，着力打造设计艺术化、施工品质化、管理一体化、功能多样化的全方位建筑项目精品。团队就项目在生态环境、社会效益、经济发展等方面的具体定位充分与政府方沟通，最终将其定位为生态环境和谐、促进当地文化事业发展、带动区域经济转型的重点项目。PMT 在项目实施过程中积极配合政府相关部门对环境、安全、工程质量等方面的检查和管理，定期与相关政府部门沟通，征求其对项目的意见和建议，并主动根据政府法律法规的变化和调整对项目标准进行相应的调整和完善。

关心业主方面。项目经理就"追求卓越"的目标多次跟业主沟通，双方就项目愿景和实现途径达成了共识。在管理思想上，PMT 提出了"节约价值分享"的概念，即项目管理企业的经济效益应来自于为业主创造的价值和节省的费用的分享，而不是为业主增加了额外的管理成本，得到了业主方的高度欣赏和认同，从而最大限度将项目管理方和业主方的利益统一起来。业主主动提出在与 CQLS 签署的合同中加入一个条款：CQLS 可从为业主节省下来的费用中提取 15% 作为分享金。

在管理模式上，CQLS 董事长雷开贵与 PMT 负责人肖福民就项目管理的思路和一体化项目管理的思想多次与业主沟通和分享，帮业主建立起对一体化项目管理的认识和认可，培育了业主方对一体化项目管理的需求赢得了业主极大的信任，最终同意全面实施一体化项目管理。业主在工程款支付、项目的签字认可、对施工单位的奖惩等方面给予 PMT 高度的授权，PMT 也为业主编制了《项目管理大纲》等管理规范，有效提高了双方的协同程度，实现了项目的有序开工及项目后续工作的规范化。PMT 还通过重大里程碑节点评审会和定期的协调会以及经常性的座谈和非正式沟通等方式与业主沟通其需求的变化情况，以便及时对计划进行动态调整。内蒙古分公司总经理栗昕也经常去拜访业主，了解业主的需求以及在与 PMT 协作中的感受，并根据业主反馈的情况不断调整 PMT 的工作方式。

关心项目团队成员方面。CQLS 一直提倡"联盛家园"文化，致力于创造一个和谐、员工可以信任和依赖的企业，推动公司与员工之间的价值分享，将员工发展与企业发展相结合，实现二者同步发展。PMT 注重员工培训，通过各种培训，尤其先进的基于 BIM 的一体化项目管理的培训，不仅提高了员工对项目工作的适应能力，更赋予了员工长期发展的能力和实现了员工职业竞争力和自身价值的不断提升，也成为企业和项目留住员工的最有力的手段。为保持员工的家庭和谐，PMT 针对项目所在地远离总部的特点，设置了每两月一次的探亲假制度和员工家属反探亲制度，使员工能定期休假和与其家人团聚。对本项目中远离家乡的员工，PMT 专门租用当地民居作为员工宿舍，配备了电视机、洗衣机、热水器、电冰箱等齐全的生活设施，为员工提供舒适的居住环境及良好的生活条件，招聘专职厨师为员工烹饪一日三餐，为员工提供可品的饭菜，节日还在项目部食堂组织聚餐，让员工在项目部感受到了家的温暖，对项目部产生了很强的归属感。为保持员工身心健康，公司为 PMT 设置团队活动经费，由项目经理组织员工开展丰富多彩的文体活动。项目部领导定期与员工谈心，及时了解员工的生活状态，帮助员工解决困难。为了保障员工能够充分表达建议和意见，PMT 设立了邮箱、座谈会等沟通渠道，积极倾听员工的声音。

关心承包商、分包商方面。PMT 在项目招标完成后就要求设计承包、施工承包商全面介入项目管理方案的细化和审查，在承包商和分包商中大力推行基于 BIM 的一体化项目管理，并凭借强大的 BIM 技术能力积极帮助他们使用 BIM，与其分享 BIM 使用经验和成果。PMT 副经理李永双通过 BIM 设计优化，主动为设计方提出设计优化建议 1000 多条，赢得了业主和设计单位的信任。PMT 技术人员利用 BIM 技术协助设计分包单位对设计方案进行深化设计，帮助施工单位用 BIM 进行施工模拟，攻克了多个施工难点，保证了项目的顺利实施，用实力换来了分包商的尊重。在承包商和分包商认可了 BIM 的作用后，PMT 派出专业技术人员对于承包商和分包商进行培训，提升其 BIM 应用能力，为接下来各方的顺利合作、项目高效实施打下坚实的基础。为保证各分包商需求得到充分重视，PMT 定期召开联络会议和采用领导座谈的方式将项目过程中分包商产生的新的需求纳入了需求管理范围，或修改管理和技术方案以更好地满足其需求，充分发挥 PMT 的统一规划和协调作用，满足分包商的合理诉求。

关心当地居民方面。PMT 秉承可持续发展的管理理念，积极履行社会责任，关注当地的自然与社会环境，注重与当地居民建立共赢共生的和谐关系。本项目是当地居民关注的一件大事，他们非常关心项目的进展情况。PMT经常与媒体保持沟通，让居民及时了解项目的进度，同时也通过媒体和政府相关部门收集居民意见和建议，据此不断采取措施完善或调整项目方案。PMT还注意采取有效措施保护施工地草原和水源不受破坏，最大限度减少资源浪费，推行绿色施工和绿色项目管理。

A.1c. 项目领导在对项目目标建立和应变方面的引导作用

PMT在项目概念阶段充分与政府、业主方沟通，深入挖掘业主方需求，使项目目标清晰明确；在方案选择时，PMT尽力为政府、业主方提供多种详细的比选方案，从技术、经济等层面分析方案利弊，便于业主决策，使其需求进一步深化。PMT在项目前期开展的沟通、论证工作为后续细化项目目标打下了坚实的基础。

PMT用BIM技术建立了完整的虚拟建筑场景和形象的三维设计，通过各种角度的剖切可以使业主充分理解建筑的空间感觉，因此业主可以更明确地表达自己对工程的要求，如建筑物的色泽、材料、设备要求等。BIM技术的应用为项目风险预判和风险规避提供有力的支持，尤其是由设计变更引发的后续施工问题、返工及资源浪费问题，顺利推动了项目目标实现。

PMT编制了《内蒙古少数民族群众文化体育运动中心一体化项目管理手册》（以下简称《项目管理手册》），便于与业主、利益相关方高层之间充分沟通对话，使大家对本项目目标的理解和实施策略达成一致共识，并通过招标文件、合同文件和项目过程管理体系文件明确各方的责权利。

PMT在合同中规定以里程碑节点为依据来考核各方实现项目目标的程度，并灵活采用月度付款或合同节点付款的方式，确保各方工作聚焦于项目目标。依据《项目管理大纲》，定期举行协调会以持续修正各方目标，同时不定期地举办项目专题会来解决相关方遇到的突发事件，以保证各方行动与目标的一致性。

为适应项目目标的变化，项目设定了各利益相关方工作接口，通过提前策划以应对项目过程中可能出现的目标变更风险。同时，定期开展月度生产会、建设协调会及各类专题会，保证及时发现问题并采取应对措施。为保证项目具备适应项目外部变化的能力，使PMT能够及时获取外部环境信息并做出有效的反应，业主方为项目提供了充分和及时的资源与信息支持。PMT在设计、施工、采购、环境保护等各个环节严格执行国家的验收标准，例如，材料设备需采用中高档品牌，环境保护方面做到零污染、零排放等，防止因政策变化导致项目返工或增加成本。

在项目实施阶段，政府对项目的部分设备需求进行了调整，对项目目标及利益相关方的合同产生了重大影响。PMT在第一时间召集项目协调会，传达变更的原因、内容及重要性，统一相关方思想，使各方认同项目变更的必要性。对受影响较大的相关方，PMT根据《设计变更管理办法》，协同业主方对各方的合理诉求表示认可，并及时签订补充合同，保障相关方利益不受损害。

A.2. 项目目标及其实施策略的确定

A.2a. 对利益相关方需求、期望和意愿的管理

PMT在识别关键利益相关方后，有序安排管理工作，通过开展多次专题讨论会，认真研究项目合同、法律法规和行业规范等文件规定，分析利益相关方在项目各里程碑阶段参与程度、作用及利益需求等，得到了利益相关方原始需求、期望和要求。

根据初步统计结果，PMT发现政府及业主对自身的需求并不清晰，于是制定了详细的项目分析专项报告，包括《内蒙古少数民族文化娱乐体育中心专题报告》《工程设计进度计划》《招标计划（时间节点表）》《开标提供绿色通道的报告》，帮助业主理清需求，以便业主及时决策。

PMT通过协商会及走访座谈的方式与利益相关方充分沟通，对需求内容进行确认，最大限度减少各方因信息不对称而产生的歧义，并采用分类法、需求分析矩阵等工具进行需求和期望的合并归纳、设置优先级别并处理需求冲突。在项目启动大会上，项目经理正式发布《项目利益相关方关键需求与期望确认表》，对各相关方需求情况进行明确，如表8-13所示。

**项目利益相关方关键需求与期望确认表**　　　　　　　　　　　　**表 8-13**

| 利益相关方 | 名称 | 需求与期望（简介） |
|---|---|---|
| 政府 | 内蒙古省政府、呼和浩特市政府 | （1）推动当地经济结构的转型升级；<br>（2）作为内蒙古自治区成立 70 周年庆典活动主场馆；<br>（3）打造标志性建筑物，为群众提供休闲、体育运动场所；<br>（4）为政府增加税收，带动周边经济多元发展，提升当地民生活水平 |
| 项目业主 | 呼和浩特市城发投资经营有限责任公司 | （1）确保工期、质量、安全、成本、环境目标；<br>（2）满足政府的期望与需求 |
| 项目管理团队 | 重庆联盛建设项目管理有限公司 | （1）打造以 BIM 技术为主导的项目管理一体化的标杆案例；<br>（2）与业主分享项目节约带来的收益，获取经济收益；<br>（3）打造一支能够熟练应用基于 BIM 的一体化项目管理模式的团队；<br>（4）打造公司品牌，扩大市场影响；<br>（5）开拓内蒙古和周边市场，拿到更多项目；<br>（6）争创国家优质工程奖和国际卓越项目管理大奖 |
| 设计方 | 中国建筑上海设计研究院 | （1）获得预期合同利润；<br>（2）打造钢结构双曲面设计的样本工程；<br>（3）提升公司的声誉 |
| 总承包商 | 中国建筑第八工程局有限公司 | （1）培养各专业优秀人才，为长久发展提供人才支持；<br>（2）获取项目收益；<br>（3）提升公司品牌，扩大市场影响力；<br>（4）开拓内蒙古市场，拿到更多项目 |
| 专业分包商 | 施工、装饰、材料与设备 | （1）获得预期合同利润；<br>（2）开拓内蒙古市场；<br>（3）提升企业市场声誉 |
| 社会利益相关方 | 当地居民与游客 | （1）能够因项目实施而获得更多就业机会；<br>（2）项目实施过程不影响自身生产和生活，生态环境不遭到破坏；<br>（3）了解和体验蒙元文化；<br>（4）获得休闲和运动场所 |

在项目建设过程中，利益相关方的需求、期望和要求会随着项目生命周期的不同阶段而动态变化，为保证对利益相关方需求变化能够及时掌握，PMT 设置了周例会、月例会和专题会议三级沟通协调会，对各利益相关方需求进行收集、更新和管理。

政府、社会公众、环保公益组织和媒体等对项目建设过程中的安全、环保方面非常关注，PMT 非常注重这些利益相关方需求的收集和管理工作，在无条件配合政府部门监管的同时，通过定期接受媒体采访、撰写文章等方式，及时发布项目信息，切实保障公众的知情权、参与权和监督权，形成公众需求和期望的反馈机制，化解潜在社会矛盾和风险。

在项目收尾阶段，为保证利益相关方需求的实现度，PMT 采用问卷调查的方式对各利益相关方需求实现程度进行调查，然后根据需求调查结果采取相应的手段满足利益相关方未实现的合理需求，最终实现利益相关方需求和期望的 PDCA 闭环管理。

A.2b. 项目目标的开发和确定

PMT 在项目合同要求的基础上，通过对《项目利益相关方关键需求与期望确认表》进行分析整理，整合各利益相关方需求并与各方反复协商后，最终形成项目的整体目标。为使"提升项目核心价值"和"价值分享"这一理念落到实处，除了进度、成本、质量、HSE 等目标外，还增加了 BIM 实施的目标。

在项目目标体系的制定过程中，利益相关方的需求和目标冲突时有发生，严重影响了项目总体目标的实现。对此，PMT 利用其居间协调的地位和在利益相关方中的影响力，采取了两种冲突消解措施：一是"以柔性需求换刚性需求"，即两方的需求产生矛盾时，如一方的需求为必须满足的刚性需求，则另一方可作出适当让步，但会在其他需求方面得到前者的适当补偿；二是利用 PMT 强大的技术和管理能力帮助作出让步的一方创造额外价值，也算作是另一种补偿。比如业主的进度需求是刚性需求，必须得到满足，就要求施工企业在比常规工期短的时间内完成任务，这会对施工企业的进度和成本管理造成巨大压力，PMT 会说服业主在费用方面作出一些让步，或通过奖励和提前支付工程费的方式给出补偿。PMT 也借助 BIM 技术和管理能力协助承包商提高施工效率，降低施工费用，从而使施工方有信心完成工期目标并且不担心费用超支。此外，PMT 倡导的"节约价值分享"的概念也得到了利益相关方的广泛认同，对化解利益相关方目标冲突，最后达成项目目标的统一起到了积极的作用。

根据项目总体目标，PMT 对项目工作任务进行分解，制定了任务分解结构（WBS）和责任分配矩阵（RAM），明确各相关方的工作界面。为了将项目目标细化，PMT 制定了详细的项目管理制度和工作流程，通过合同、项目计划书等形式下发给各相关方，并根据《项目管理手册》制定承包商和分包商绩效考核办法。

PMT 将动态控制贯穿于项目管理活动的全过程，通过过程监控准确掌握现场信息，及时分析对比实际目标值和计划目标值，并在必要时及时采取纠偏措施以确保计划目标值实现。在建立项目目标系统时，PMT 就对项目建设中环境的不确定性、风险因素及有利和不利的条件等有超前的预判和分析，预测项目实施过程中目标偏离的可能性，并拟订预控措施。一旦项目发生目标偏离，及时启动预案即可。另外在目标实施过程中，对于项目过程中产生的临时性或突发性事件，则通过组织召开专题论证会进行相应的目标分析和控制。

A.2c. 项目实施策略的开发和确定

CQLS 基于公司三十多年发展的监理经验，再结合十几年来的项目管理实践经验，创造性地提出了"以 BIM 技术为主导的项目管理一体化"的管理思路。目前 BIM 技术在中国项目管理中的应用大多处于概念化阶段或局部管理阶段，一体化的项目管理则因为缺乏业主信任、缺少工具支撑等问题而难以实现。

CQLS 高层领导对一体化项目管理有着执着的信念，认为这必将是将来项目管理的发展趋势，并在过去的十多年中做了大量的准备性工作和在一些小型项目中做了尝试。公司董事长雷开贵通过到各地宣讲、发表文章等途径大力推广"项目管理一体化"的思想。CQLS 在详细了解项目情况及业主方的要求后，系统分析了在本项目中采用传统管理模式的弊端，认为该项目如不采用"基于 BIM 的一体化项目管理"基本不可能达到工期和成本目标，并在与业主的多次沟通过程中，详细阐述了一体化项目管理对实现项目总体目标的巨大作用，并给业主展示了 BIM 技术与项目管理相结合带来的巨大优势。相比传统的项目管理模式，"一体化项目管理"具有管理组织模式、责任分工及统筹协调等方面的明显优势。第一，项目管理组织形式简化，管理链短，工作效率高。项目的技术、经济、管理、合同等事项是相互关联、相互影响的，唯有把这些事务交给一个企业实行一体化管理才能充分体现目标一致、思想统一、政令畅通、执行力强、团队磨合期短、便于协调的优势。第二，管理责任明确，工作到位。由一家单位系统管理可以彻底避免由于多家管理单位介入而导致的关系复杂、工作界面不清楚、合同体系被肢解、容易出现纠纷和矛盾等问题。第三，一体化管理便于对项目进行全过程、全方向和系统地管理，可以统筹处理总体目标与分项目标、技术与经济方案比较、时间与空间结合、进度与质量协调等问题。

经过与业主方积极深入地沟通，CQLS 的管理理念获得了业主方高度的认可，业主确定要在本项目中采取"以 BIM 技术为主导的一体化项目管理"模式。业主在考察了几家有实力的项目管理公司后，采用了公开招标的方式选择项目管理单位，最终 CQLS 因强大的技术和管理实力、精心策划的项目管理方案而成为本项目的一体化项目管理咨询单位。

根据项目特点及"以 BIM 技术为主导的一体化项目管理"理念，项目管理团队确定了在项目准备阶段、设计阶段、施工阶段、运维阶段对项目的质量、进度、投资、人力资源、采购、沟通、风险、范围和综合等九大方面进行统筹管理。PMT 应用 BIM 进行了项目全过程的优化和统一管理，并要求设计方、施工方等相关单位全程参与并使用 BIM，增强项目计划的准确性和可操作性，减少后期的沟通成本和资源浪费。

PMT 以招标、成本和费用管理、进度管理、质量管理、安全管理五个主要方面为主线制定了一体化项目管理的实施策略，并设计了四级计划管理体系作为一体化项目管理体系的核心。其中，四级计划管理体系涵盖：一级计划体现项目管理合同要求，即面向实现业主要求的项目总目标，PMT 与业主双方高层共同参与该计划编制；二级计划为总进度控制计划，为项目整体规划，由项目经理亲自编制；三级计划为项目管理计划，为专业工作实施计划，包括招标工作计划、设计进度计划，资金计划等，由专业负责人编制；四级计划为月进度计划、重要部位、重要工序计划，由专业工程师和分包商共同编制。PMT 向各分包商发布总进度控制计划，各分包商依据该计划分别编制针对各自分包范围的具体实施计划，并提交 PMT 审核通过后方可实施。此外，PMT 还拟订了一体化项目管理的五条实施原则：① 应用先进的国际项目管理理念、方法和工具对项目全方位管理；② 每一事项均做到先计划、后论证，落实措施再执行；③ 对所有参建单位及参建人员，传递紧迫感和责任感，统一思想和意识；④ 从造价、技术、监理、合同等方面全过程进行成本控制；⑤ 技术人员、造价师、监理工程师等必须对技术、经济和管理交底。基于 BIM 的一体化项目管理策略为项目总目标的实现提供了正确且可靠的实现路径。

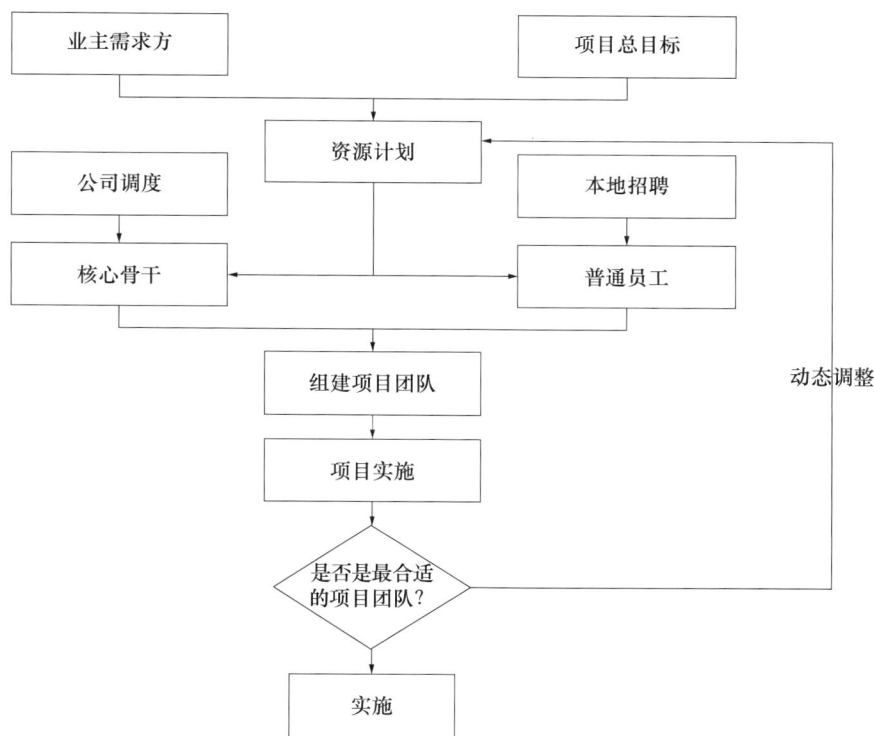

图 8-10 项目团队组建流程

A.3. 项目团队，合作伙伴及供应商的管理

A.3a. 胜任力的识别和开发

CQLS 按照"人才整合、动态调度、资源优置、重点管控"的项目资源管理原则，根据业主方需求及本项目特点，调集公司中有丰富经验的人员作为骨干员工，然后按照新老搭配、项目所在地员工优先的原则配备齐了基层管理人员，充分体现了高度融合的人才战略、灵活机动的资源调度、以人为本的管理理念及成本优化的经营策略。随着项目生命周期阶段进展和管理需求变化，PMT 还对人员进

行动态调整，以满足项目管理一体化的需求。

秉承公司"让员工在工作中成长，在成长中自我实现"的管理理念，PMT 根据《员工培训计划》的规定建立了 PMT 成员的培训体系，包括入职培训、安全培训、现场培训、专业知识培训、外部培训、轮岗培训等主要形式，持续关注员工的成长发展轨迹，根据培训效果反馈不断完善 PMT 培训体系。全过程、全方位、全要素、立体式、多元化的培训体系充分提升员工的管理能力和技术能力，调动起员工参与项目建设的积极性和主动性，建立员工专业自信和价值自信。

PMT 根据项目总体目标，运用系统论的管理思想，通过科学论证、统筹管理、协调沟通，协助业主合理划分标段，精细化编写招标文件，最大限度地清晰划分各相关方工作界面，确保各方的工作效率和项目目标的实现。

供应商的选择是物资质量控制的重要一环，根据项目的计划进度安排，PMT 合理计划供应商的招标时间及招标方式，结合设备材料的重要程度，形成了《招标工作计划》及招标文件。为总承包商选择优秀供应商提供依据，也从源头对产品质量得到有效的控制，根本上保证了项目目标的最终实现。PMT 在项目实施中，对供应商、承包商在构建加工、物流管理、预拼装等方面进行培训和指导，并利用 BIM 技术协助设计单位和施工单位进行方案优化、深化设计、虚拟模拟等，应用数字化、信息化和物联网等管理手段协助各方最大限度发挥其能力。

A.3b. 贡献的认可与授权

PMT 协助业主在对各参建方的管理中发挥了一体化统筹的重要作用，在划分标段、编写招标文件、合同文件的过程中，精细划分工作界面，精确落实各相关方的责权利，精准明确权利范围。PMT 还协助业主方建立分包商的履约情况评价制度，从资源配置、进度控制、质量控制及配合服务等方面进行量化评价，结合月度付款、里程碑节点付款的方式实现对分包商的有效激励和约束，推动项目各目标的有序实施。

PMT 在项目最初阶段就秉持节约资源、减少浪费的管理目标，不仅自身通过 BIM 技术及全过程的管理理念践行目标，还建议业主方对于主动优化改进方案的分包商给予相应的奖励，实现投资节约的价值分享。

PMT 在项目里程碑节点对优秀的分包商进行表彰，在项目实施过程中采取工程量及时签证、及时甚至提前付款等方面对分包商给以肯定，并鼓励高效完成合同任务的分包商。

PMT 依据《项目管理大纲》及项目工作分解结构（WBS）形成项目责任分配矩阵（RAM），实现对不同职责的项目管理人员的充分正式授权，使之按照职责分工完成项目管理全过程的协调、服务、监督和管理工作。在业主授权范围内，《项目管理大纲》对 PMT 的项目经理、造价工程师、技术负责人、专业管理工程师等八类核心骨干员工进行了授权，明确各类管理人员的责任分工。

PMT 建立以岗位责任制为核心的考核评价机制，加大专业考核、日常工作考核力度，让优秀员工、优秀管理者、优秀单位、优秀团体劳有所得，发挥自己的价值。为充分认可员工取得的成绩，PMT 每月开展评优评先活动树立典型，引领各员工向标杆看齐，形成一种"学习先进""比学赶帮"的积极向上的良好氛围。

PMT 根据《项目管理工程师现场考核管理办法》《项目管理员现场考核管理办法》等设置灵活的奖励机制，公司授予项目经理高度自主的考核权限，使其能根据考核绩效发放项目部成员的月度动态绩效考核工资、季度绩效薪酬、年终绩效薪酬、特殊专项奖励等，通过这些激励措施，充分调动员工的能动性。对于团队骨干成员，CQLS 实施了"项目股权制"，对在项目中表现突出的技术人员、专业管理人员等给予一定比例的项目股权—项目净利润收益权，以此作为对其贡献的认可，这些骨干人员总共可以分享到项目净利润的 30%。

PMT 还开展小建议、小发明活动，鼓励项目员工献计献策，对有效方案积极采纳并予以奖励，激发员工的工作积极性和创新能力。

A.3c. 协调与沟通

基于《内蒙古自治区本级政府投资非经营性项目代建制管理办法》，PMT 依据自身管理资源和项目特点，总结国内外先进管理方法，全面修订完善了制度文件，形成了一套涵盖项目管理全过程的管理体系《项目管理大纲》，不仅规范和明确了 PMT 的责任，更是形成了有利于各利益相关方沟通协作的工作接口体系。接口体系主要通过周例会、月度会、专题会等会议制度，以工程联系单、合同条款项目管理通知、会议纪要等形式搭建起各利益相关方沟通协作的平台，利用责任矩阵等工具厘清相关方责任、权力和利益，确保信息传递畅通、工作界面清晰。为保证利益相关方之间的 BIM 能够数据共享、互联互通，PMT 在项目开始之初就设计了 BIM 实施标准，包括信息数据接口标准和要求。此外，对于 BIM 的使用和衔接，也设计了涵盖从设计到施工过程的 BIM 使用流程，确保 BIM 信息数据的有效应用，也为 BIM 在项目全过程的应用奠定了基础。

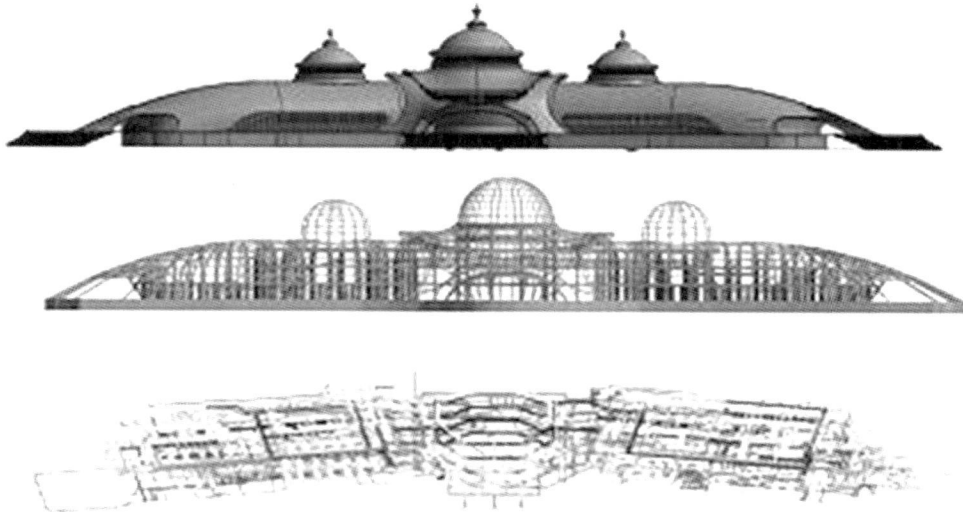

图 8-11　模型整合的 BIM 应用

在项目管理过程中往往出现大量沟通协作方面的矛盾，例如：业主、设计、采购、施工之间的矛盾；质量、安全、进度、费用之间的矛盾；业主与承包商的矛盾；后期运营与工程建设的矛盾等。为保证各相关方之间的有效协作，PMT 依据《项目管理手册》设计了协调会议机制，定期召开项目周协调例会、项目月度协调例会、项目管理专题会、分公司领导约谈会、高层恳谈会，借助当地政府的大力支持，快速协助业主方提出解决方案，有效化解利益相关方之间的各类矛盾。

在一体化项目管理过程中，由于涉及利益相关方众多，很容易因信息不畅和传递偏差等原因而导致沟通问题。为保证信息的准确传递，PMT 根据《项目管理大纲》制定了项目信息披露制度，对项目内部通过工程日报、工程周报、工程月报、项目管理周报、项目管理月报、项目例会等措施，对项目外部通过新闻媒体的采访等形式，保障项目信息传递的及时性和准确性。

B：过程和资源

CQLS 认为项目管理本质上是对项目全过程的目标管理，BIM 技术是实现这些目标的技术手段，因此"项目管理一体化＋BIM 技术"就成为 CQLS 实施项目管理的一对翅膀。项目管理一体化可以实现项目策划、勘察设计、招投标、施工安装等阶段工作的深度融合和集成管理，最大限度提高效率和降低风险；BIM 技术可以实现对各个阶段工作的专业优化与信息衔接，减少返工和资源浪费，支持一体化项目管理的有效实现。

CQLS 在本项目实施过程中，通过 BIM 技术将管理信息和数据模型进行整合，对建筑方案设计、施工图设计、机电及钢构工程（含幕墙及屋面工程）深化设计、采购及物流管理、施工过程管理、HSE 管理等项目全过程进行了优化管理。

此外，本项目参与建设方较多，为了严格管控各个分项工程的进度及质量，CQLS 建立了基于 BIM 技术的统一模型及信息标准（模型深度标准及数据交换标准），实现了各参建方之间的数据交互和 BIM 集成应用以及对各参建方的集成管理，从而实现对项目进度和成本的综合管理。

B.1. 对项目关键实施过程和资源的管理

B.1a. 进度管理

根据本项目的自然条件、施工范围和工序衔接情况，PMT 依据合同工期要求编制了项目的里程碑计划（一级控制性计划）和总进度计划（二级计划），同时基于项目总进度计划制订了相应的资金使用、设备物资供应、项目招标采购等保障性计划，以及质量、进度、投资和安全等目标控制性计划，并要求各施工单位以项目总进度计划为控制文件，编制各阶段实施计划（三级计划）。三级计划完成后由 PMT 和施工单位一起讨论修改，确保其完全与二级计划保持一致并具有可实施性。此外，对于重点工程和工序，PMT 还要求施工单位编制四级作业计划，包括每天需要的设备、材料和工人数量等，由此形成了整个项目的四级进度计划管理体系（图 8-12）。

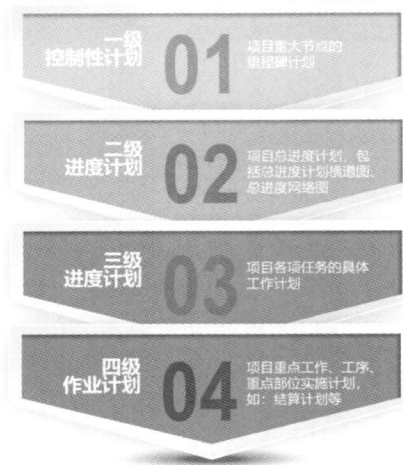

图 8-12 四级进度计划体系

A. 一级控制性计划：项目重大节点的里程碑计划；

B. 二级进度计划：项目总进度计划，包括总进度计划横道图、总进度网络图；

C. 三级进度计划：项目各项任务的具体工作计划；

D. 四级作业计划：项目重点工作、工序、重点部位实施计划，如结算计划等。

项目里程碑计划是制订其余各级计划的基础，其对于各重大节点的定义是否合理和是否具有可实施性决定了各级计划的可行性。PMT 采用了倒排工期的方式，根据各分部工程的工程量和对外界环境的要求、工程或工序之间的衔接关系，以及当地气候变化规律将合同工期分解到各个分部工程，并结合管理控制点形成里程碑，再经过和业主、施工单位反复讨论后形成里程碑计划。

在制订二级计划时，PMT 和施工单位以里程碑计划为指导，在进行 WBS 分解的基础上梳理各工作之间的关联关系并合理分配工作时间，经过优化后形成网络计划图并找出关键路线，且使用并行工程的方式缩短关键路线上的活动工期，将关键路线总时间控制在合同工期之内。鉴于本项目建筑造型由圆面、椭圆面、双曲面拼接而成，体型和整体结构复杂，施工时要尽量为技术复杂的结构工程创造条件，如钢结构、玻璃幕墙、现浇钢筋混凝土看台等，且工期要求异常严苛，因而在进行进度计划编制时考虑最大限度缩短技术上相对较易的分项工程的工期，为难度大的分项工程提供相应的时间和空间条件，做到在工序安排方面有的放矢。PMT 以关键线路的工期控制为主线，合理部署影响工期的设计工作、招标工作、采购工作和分部分项工程，采用设计并行、招标并行、主体和二次结构、主体和安装、主体和装修、装修和安装的立体交叉施工。主体及附属工程工作平面采取"化整为零"的方式，将整个工程划分区域、施工段和流水段进行施工，每个施工段的主体工程同时进行，穿插附属工程的施工。

PMT 和施工单位一起，利用 BIM 技术对建设过程中的复杂及关键环节进行模拟预施工和预拼装，提前发现施工过程中可能出现的操作难点或冲突，并采用模拟的方式优化作业顺序，通过修改作业方案和衔接方案避免冲突，从而提高作业效率和减少实际施工过程中因返工和低效造成的时间延误。本项目主体钢结构构件多，造型复杂，弯扭构件多，加工和安装难度大。为保证工程质量并尽量缩短工期，PMT 和施工单位利用激光扫描逆成模技术，采用精度达 0.085mm 的工业级光学三维扫描仪及摄影测量系统，对加工完成的构件逆向成形，并使用 BIM 技术进行预拼装模拟，不仅节约了现场拼装的成本投入，而且大大降低了传统实体预拼装对现场安装工期的制约，有效保证了施工进度。

本项目钢结构工程所包含的结构形式较多，其中包括大跨度三角拱桁架、空间曲面单层网壳、环形网架、主次梁楼面系统等，因此三个单体和不同结构形式同时施工的施工方案选择、施工顺序安排就显得尤为重要。PMT 和施工队伍一起基于 BIM 技术对施工方案和施工顺序进行了专项分析与模拟，针对不同的结构形式、工程进度要求，采用不同的施工工艺。对于有特殊要求的局部施工创建施工工艺模型，将施工工艺信息与模型关联，输出资源配置计划、施工进度计划等。这些措施对钢结构工程按期、保质完成起到了至关重要的作用。

在施工期间，PMT 合理组织各专业单位按计划施工，还与施工队伍一起制订了《施工组织设计》，充分考虑项目所在地气候条件和各分部分项工程之间的衔接关系和对施工条件的要求，制订相应的措施和预案，保证施工过程的连续性和合理性，提前做好分阶段验收安排和工序衔接规划。本项目所在地区有长达近半年的冬季，冬季室外平均温度为 $-13 \sim -3$℃，混凝土浇筑、钢结构焊接等工程根本无法施工，其他分部分项工程的施工效率和质量也会受到严重影响。PMT 考虑到气候条件的影响，针对各分项工程施工工艺及规范要求，对施工工序的进度和工序衔接进行了合理规划，要求所有室外工程必须在冬季到来之前完成施工，利用室内供暖系统已完工的有利条件进行冬季室内作业，从而保证了工程进度。此外，PMT 还与施工队伍一起制订了雨季、夏季、恶劣天气条件下和夜间施工措施，使施工队伍在遇到各种天气条件时都能从容应对，不耽误工程进度。

在项目实施过程中，PMT 对照各级进度计划每天检查施工单位的工程进度，既检查资源到位情况，也检查进度进展情况。对于资源没有按计划落实到位和进度落后于计划的承包商会根据不同情况采取口头提醒、下整改通知单、召开现场会等方式督促其制订整改措施并立即整改，整改不到位或进度滞后明显时则根据合同条款约定对其采取惩戒措施并约谈施工单位主管领导；对于严重影响项目整体进度的环节，PMT 召集业主单位和承包商高层管理人员召开进度协调会，督促承包商协调资源保证项目进度。

B.1b. 质量管理

本项目成立了由 PMT、设计单位、勘察单位、承包商、分包商组成的项目质量管理小组，就质量管理目标达成了一致，并基于全过程、全员、全方位的质量管理思想和 ISO9000 质量保证体系，建立了本项目的质量目标保证体系（图 8-13），形成了各项目参与方的质量责任矩阵。PMT 制定了本项目的《工程建设质量管理办法》，并在此基础上有针对性地制定了项目质量管理总控计划和各承包商、分包商的项目质量管理计划，用以指导项目施工过程中的质量控制。

在正式施工之前，PMT 对承包单位及各参建单位的人员资质及质量保证体系进行了审查，同时对其施工组织设计、施工方案、施工方法是否满足项目质量体系要求进行了审查，对施工单位或供货商使用的新材料、新技术、新工艺进行确认和审查，组织各相关方进行了图纸会审与交底，对测量标高轴线及放线进行复核，还审核了开工报告。

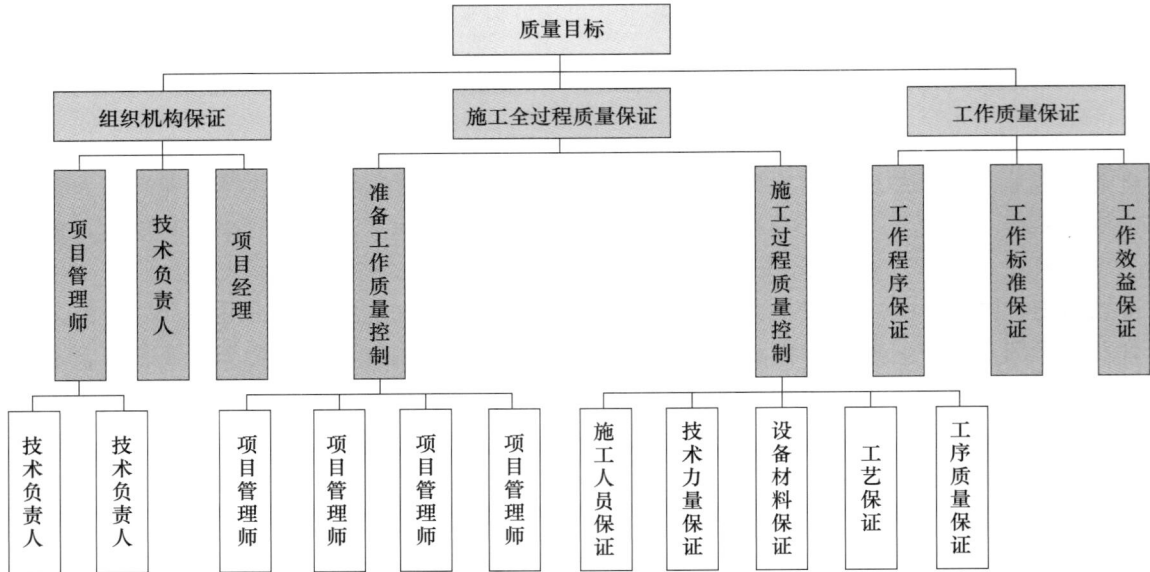

图 8-13　质量目标保证体系

为确保材料和设备质量合格，避免因材料和设备质量问题引发返工，PMT 对材料和设备供应商供应的原材料、构配件和设备进行质量检验，对重要的设备和材料的生产过程，如技术复杂程度高的钢结构和铝单板的下料和加工过程派监管人员进行驻厂监造，确保材料在出场前就满足质量要求，并通过采用物流二维码等多种措施确保钢结构在运输过程中的质量不会受到影响。

为做好施工过程中的质量管理，PMT 采取了"方案先行，样板引路"的措施，要求施工单位对重要的工序或分项工程都要先行做出施工样板，在通过质量管理小组组织的质量审查后，施工单位必须以确认过的施工样板为质量标准进行施工，确保工程质量符合要求。

为保证施工质量、避免不必要的施工浪费，PMT 采用 BIM 技术进行施工方案的模拟与分析，在正式施工开始之前协助施工单位确定合理的施工方案，及时基于 BIM 技术进行施工可视化交底，确保项目实施质量。

PMT 注重全过程的质量检查及改进。一方面督促施工单位认真落实质量保证体系和质量检验制度，另一方面严格执行旁站监督，严格控制重点和关键工序的质量。同时，PMT 还运用统计分析方法跟踪分析施工过程中工序及产品质量的变化，通过对其质量进行测量、描述、分析、解释和建立模型，及时发现施工过程中存在的问题。PMT 每周组织各相关方召开质量专题分析会议，对上一周发现的质量问题进行分析和点评，并同施工方一起提出解决措施，制定下一周质量工作计划。所有在质量分析会上提出的问题及改进措施都以周报（RefB.4）的形式下发给各施工单位进行限期整改，并接受现场监理人员的质量复核。在结构封顶、竣工验收等关键里程碑节点前还会提高会议频率，每日召开一次质量会议。此外，当出现突发的或重要质量问题时还可以随时召开专题会议，以便立即采取质量补救措施。

B.1c. 资金与成本管理

为避免因赶工及项目结构复杂造成成本大幅上升，PMT 在开展项目管理工作初期就制定了本项目工程成本控制目标，拟定了成本控制的原则、措施和工作程序，编制了《认质核价管理办法》《年度资金使用计划》等成本管理文件，对项目投资进行全过程控制。

在项目前期投资预控工作中，PMT 在使用传统工程量计算方式的基础上，结合设计阶段的 BIM 模型，大大提高了工程量计算精度，尤其是对造型奇特、结构复杂难以直接计算的钢结构部件，直接通过 BIM 模型进行工程量计算的效果更好。CQLS 在本项目中初步应用 BIM 技术进行工程量辅助计算并取得了显著成效，公司正探索 BIM 与造价软件对接的技术，成功后将对后续项目的资金管理效率提升起到显著作用。

在资金管理过程中,考虑到本项目工期紧张,供应商及施工单位资金压力大,为避免供应商和施工单位因为资金紧张而影响工程进度和质量,PMT经过与业主协商后,灵活采用了按月支付或按合同节点支付工程款的付款方式,从而缩短了工程款支付周期,缓解了承包单位的资金压力,保证了工程质量及施工安全。

本项目对施工现场平面图进行了统筹优化,根据各建筑物完成时间不同的特点,合理使用早期完成的永久性建筑物,或使用可以重复使用的材料构建临时设施,从而减少施工现场临时性建筑的数量,比如将先期完成的马厩作为项目指挥部,利用钢板铺设施工现场道路以减少临时性混凝土道路的施工及拆除,从而节省了大量临建设施和环境措施的费用。

工程设计变更是影响工程造价的重要因素,PMT认真审核设计变更的原因,严格控制设计变更。PMT基于BIM技术从各个角度审核图纸,在施工前对设计成果存在的问题进行预判和解决,从而大幅降低工程变更的数量;对于无法避免的设计变更,PMT要求提出多个方案并基于BIM技术其进行技术论证与经济分析,选择合理且经济性好的实施方案,对设计变更成本进行有效控制。

PMT的综合管理组通过月度协调会对每个月的投资情况进行跟踪、检查。本项目采用挣值法(EVM)对成本费用、工程进度进行偏差分析,绘制了资金投资计划(BCWP)、完成产值(ACWP)、计划支付资金(BCWS)、实际资金支付情况的曲线图(图8-14)。曲线图形象、直观反映出项目费用、进度偏差,综合管理组针对偏差事项进行原因分析,预测竣工时费用、进度偏差的情况,及时采取有效措施进行纠偏,以确保成本、进度控制目标的实现。

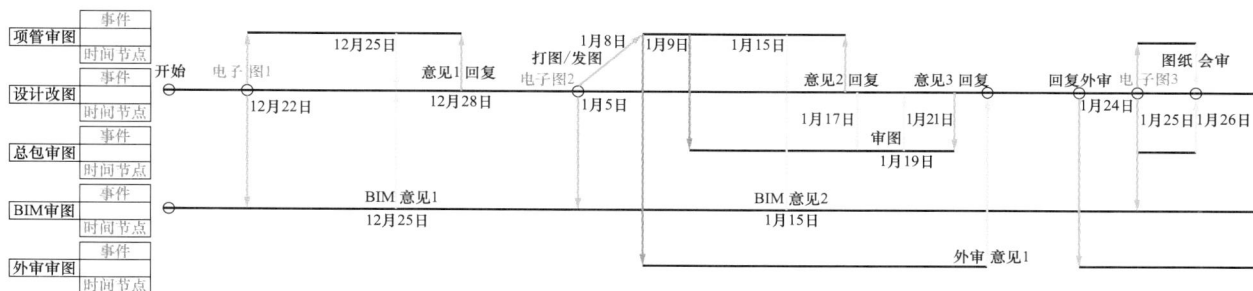

图8-14 施工图审查工作图

B.1d. 设计管理

本项目的建筑物外形复杂、结构设计难度大、施工图设计周期短,必须从国内外众多设计单位中选择优秀者来承担设计任务,同时考虑到对设计过程管理的方便和效率,本项目采用设计总承包模式。PMT在设计招标文件及合同中明确了驻地设计人员及职责、各阶段设计的时间节点及提供成果资料的要求等,最终通过公开招标选定了实力突出的中国建筑上海设计研究院有限公司作为设计总承包商。

设计工作能否及时完成及设计质量会在很大程度上影响项目工期及成本。PMT制定了项目设计管理的工作计划,包括建筑设计(含专业施工图设计、二次深化设计、外接市政工程设计等)工作界面、质量标准、阶段设计进度等,以及对设计单位的考核管理等。PMT还注重完善沟通机制,通过定期组织召开设计协调会和不定期召开专项设计协调会等方式,协调众多设计分包单位之间的工作,加之由PMT指导设计总承包单位对设计工作进行统一规划、统一管理、统一协调、统一审批,最大限度减少了设计缺陷,节约了设计时间。

为减少设计变更对工期可能造成的影响,同时确保设计进度,PMT对设计单位的设计过程进行跟踪,依靠CQLS雄厚的设计技术力量和BIM技术对设计出的图纸进行深度审查。首先,PMT制订了图纸审查的四级工作计划(图B-3),明确了图纸审查的计划节点以及参与审查的单位和人员。其次要求设计单位在设计过程中按计划节点将阶段性的设计成果提交 PMT 进行审查并反馈修改意见；第三，在审查结束后交由总包单位做进一步审查的同时进行外审，设计单位依据反馈意见修改施工图纸；第四，在整个设计过程中，PMT 持续利用 BIM 技术审查施工图，不断对设计提出优化方案和建议。图纸四级审查制度实现了图纸设计的计划、执行、检查、改进的闭环，有效提高了施工图质量。

在开始设计工作前，PMT 要求设计单位深入现场落实各专业的具体接口位置和相关参数，为设计提供可靠的基础资料，并根据现场实际和市场调查对所选主要设备、材料的性能及应用情况进行复核以保证达到合理实用的设计功能。然后在施工图设计阶段，PMT 按计划节点检查各专业图纸的质量和进度，落实各专业对其他各相关专业的具体技术要求，并组织业主、施工单位相关人员对施工图进行审查，对不满足建筑和结构布局总体要求的设计方案限期变更和调整。同时，对专项设计方案也进行审核并提出改善建议，以便尽早发现和消除设计缺陷。例如 PMT 提议对钢结构设计进行风洞试验来确定风荷载条件，从而提升设计准确度，以保证钢结构（含幕墙及屋面工程）能抵御内蒙古的大风天气。为了与设计单位更好地沟通，提高协作效率，PMT 的设计负责人还在需要时进驻设计单位进行现场工作，有力保障了项目设计进度及设计品质。

变更会给项目工期、质量和成本等带来一系列的影响，为保证变更的合理性和可控性，PMT 在项目启动之初就设计了变更管理流程，无论任何一个利益相关方提出的变更都必须通过管理流程得到批准并确定受控后才能得到实施（图 8-15）。

PMT 利用 BIM 技术对各阶段设计成果进行审核及优化，目的是尽可能消除设计矛盾与错误，全

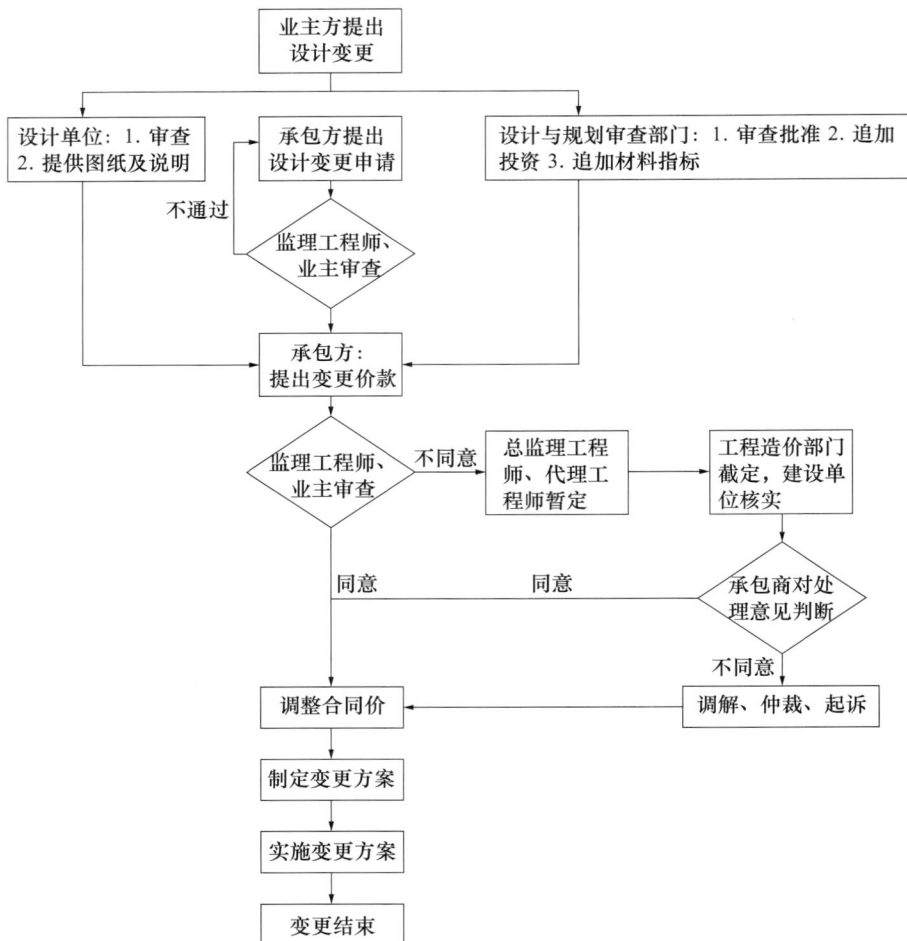

图 8-15

面提升项目的实施品质，并从根源上控制项目成本。设计成果审核及优化包括以下几个方面：专业设计规范检查、主要公共空间校核、公共空间净高优化、专业间几何及物理碰撞检查等。在初步设计阶段，PMT 指导设计单位采用 BIM 技术进行设计。为了将艺术家充满想象力的创意变为工程上可实现的设计，PMT 和设计单位一起以 BIM 为技术主线解决设计信息冲突：采用数值模拟技术形成建筑曲面精确描述数据；基于三维设计手段逐步获得建筑、结构、屋面及幕墙等建筑系统设计数据；借助 BIM 专业软件，解决项目专业深化设计难度问题。PMT 基于 BIM 技术在全三维环境下完成项目设计审查，完成了设备、管道、架构之间的碰撞检查，为设计单位提供了优化反馈意见，从而在整体上保证了设计结果的准确性。本项目机电系统和智能化要求比较复杂，PMT 和设计单位在机电系统深化设计阶段基于 BIM 技术实施了三维可视化的机电系统综合设计，优化了系统空间排布方案，检验了管线的几何碰撞和物理碰撞，有效降低了机电系统的施工风险、提升了机电施工质量、最大限度节约了建筑空间，综合提升了项目实施效果。

B.1e. 招标与合同管理

为规范项目招标、合同管理工作，使招标、合同管理工作纳入项目管理一体化框架，在《中华人民共和国合同法》《中华人民共和国招标投标法》的基础上，CQLS 结合本项目特点和要求编制了《合同管理办法》以及《招标管理办法》，制定了本项目的招标计划及合同管理工作方案。

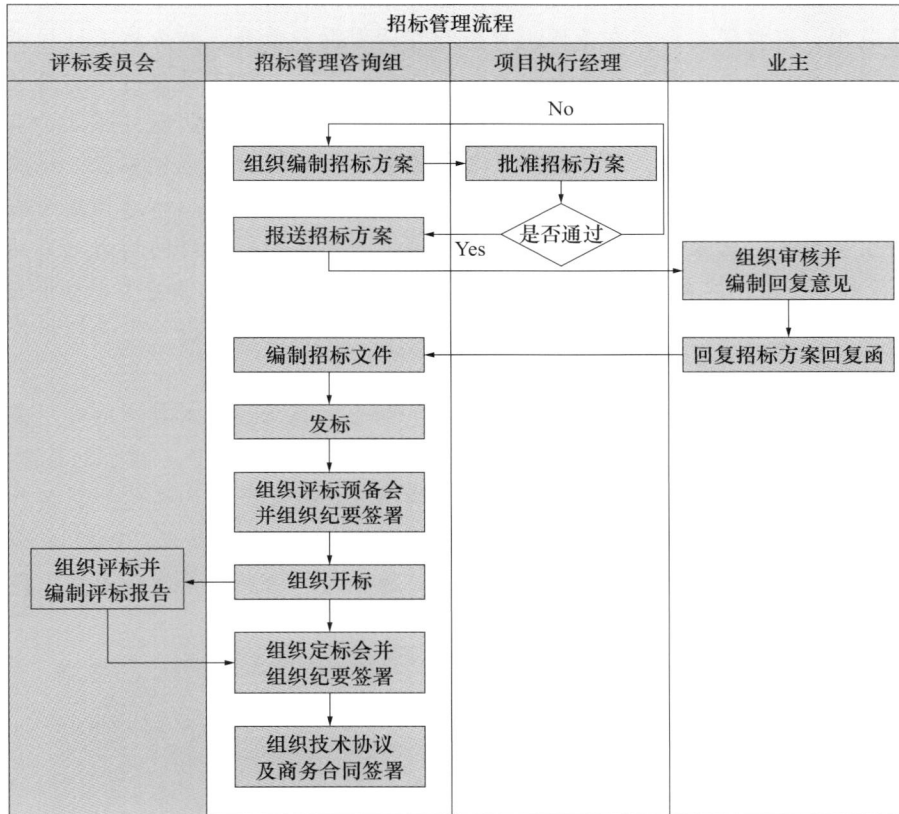

图 8-16　招标管理流程图

由于本项目工期短、建筑结构复杂、施工空间狭小，对设计单位、施工单位和材料、设备供应商的技术管理水平和协作能力要求很高，必须通过招标引入高水平的设计、施工单位和供应商。PMT 会同业主在考察了市场上施工单位和供应商情况后，结合市场供应情况和承包商的专业资质情况，并仔细分析了分部分项工程的衔接关系及空间关系后，合理地划分标段，将该项目的招标划分为服务招标、工程招标、货物招标三大类共计 22 项，并在招标计划中明确了各标段的招标方式、招标范围、估算金额，以及招标顺序和时间安排。

图 8-17 设备编码示意图

标段划分后，PMT 又列出各工程标段详细的工作量清单。在计算工程量清单时，PMT 使用 BIM 技术准确计算出了混凝土、钢结构等高价值分部分项工程的工程量，加快了算量速度和准确度。PMT 将整个项目的总概算分解后确定了相应的标段概算，为工程现场管理、协调、总工期控制以及成本控制创造了条件。同时，随着标段划分越来越详细，各专业之间合同界面也越来越清晰，便于确定单体项目的具体合同范围，避免了各合同在范围上可能存在的错漏与重叠，减少施工过程中出现界面工作的重复或空缺，同时有利于承包商准确报价和业主单位今后管理。PMT 通过合同对总包单位和各分包单位之间在现场配合、进度衔接、成品保护，运输等方面的责权利进行明确，保证了工作的整体性。由于招标策划得当，过程控制得力，成功选择了 3 个最有实力的设计和承包单位，还成功协助承包商中国建筑第八工程局有限公司招标选择了钢结构施工分包商——浙江精工钢结构集团有限公司，该公司是北京奥运会主会场——国家体育场的钢结构承包商。最终所有招标时间均满足工期计划，程序合法，没有发生一次投诉；由于在招标时采取了合理低价中标策略，很好地保持了中标价与合同价一致，且基本没有给结算留下问题，保证了招标价小于概算价、中标价（合同价）小于招标价、结算价小于概算价，确保项目费用不超过概算。

PMT 在本项目中推行合同标准化管理，采用了统一的合同范本，只对其中的专用条款结合项目特点进行补充和完善。对于没有合同范本的，单独编制合同并进行专门审查。在合同条款中，PMT 制定了详细的工期节点目标、质量目标、技术标准、清晰的结算原则、严格的违约处罚条款，并在招标文件中进做了明确约定，避免了中标后招标方和中标方再进行讨价还价的情况。PMT 充分利用本公司先进完善的合同管理系统，收集、整理、分析与工程有关的数据、信息，无偿为业主方提供与合同管理相关的决策依据。

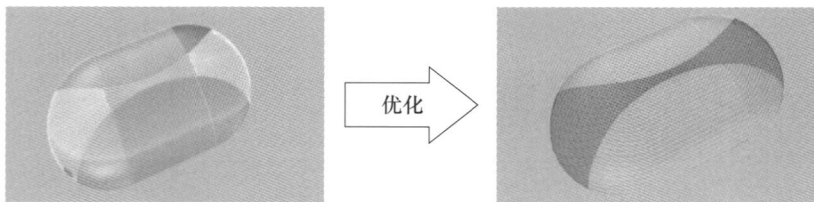

图 8-18 屋面板优化对比图

项目实施过程中，PMT 对合同定期进行清理，建立合同管理台账、对承包商合同的执行、落实，以及合同变更事项进行检查，对合同管理过程进行动态控制，对未按合同履行相应职责的承包商进行约谈并限期整改。

B.1f. 采购管理

为避免采购工作影响项目总进度，PMT 在项目启动时就与各承包单位和业主协商建立项目采购管理制度，明确采购管理的职责分工、需求计划、物资申报方式、工作时限、采购工作流程等，根据项目需求制作了《项目采购清单》，并基于此制定了项目材料、设备采购计划。

PMT 提前做好采购分析和策划，通过与业主、施工单位协商，灵活采用多种物资采购方式满足项目需要。对影响项目整体质量或对采购周期较长导致影响项目工期的大型设备，如空调、电梯、锅炉等，PMT 选择业主统一采购后交付施工单位安装使用；对于其他工程建设中常用的设备和材料，统一采用施工单位报价，业主及 PMT 核价，然后由施工单位自行组织采购的模式进行，给予施工单位充分的权限。

PMT 还基于 BIM 模型对采购过程进行计划和监控。由于本项目建筑立面不规则，导致钢结构绝大部分受力构件存在弯弧、弯扭情况，铝板屋面绝大部分为双曲面造型，这些构件及面板加工制作及质量控制均存难点。PMT 在 BIM 模型中进行了屋面板分块单元划分及出图，对钢结构进行了合理的分段，同时指导加工厂家运用 BIM 施工模型和厂家产品库数据进行工厂数字化加工，降低了材料供应商的材料加工难度，提高了工作效率和加工精度。

PTM 通过 BIM 技术与物联网技术结合，实现对构件的实时监控：通过在每个构件上粘贴包含各种信息的二维码"身份证"，实现对构件在成品入库、成品出厂、进场验收、安装完成各个关键环节的监控，保证供货质量和及时性。而且通过跟踪统计构件的状态，可在 BIM 模型中以设置不同颜色的形式实时展现工程进度状态，实现了对钢结构施工进度的监控。PMT 定期利用数据分析的方法核检项目采购、加工、物流及安装过程，对于未按时完成的采购计划，PMT 组织承包单位及供应商召开协调会，了解出现延误的原因并更新原采购计划，以满足施工进度要求。

B.1g. 工程施工管理

本项目结构复杂，涉及专业众多，承包单位施工过程中难免会遇到作业面交叉、施工工序交叉等问题。为了对本项目施工期间所有施工作业进行规范，PMT 依据国家、行业规程规范，在总结以往同类工程项目现场施工管理经验的基础上，编制了《总体施工方案》《安全文明施工实施细则》等文件，结合 BIM 技术对承包单位工程施工的顺序和场地等进行规范和管理。

本项目设计管理初期，PMT 通过对设计成果的审核发现设计标高的确定未充分考虑原始地貌高差，导致三栋主体建筑采用统一的基底设计标高，由此带来近 40 万 $m^3$ 土方工程量，并且净缺土方量达到 38 万 $m^3$。考虑到项目工期短，不具备大范围周转土方条件，且从场外运土回填不仅会造成工期至少延长两个月，还会额外增加成本 3000 余万元。况且周围是万亩草场，既不具备土方资源，也不符合环保要求，因此必须对设计标高进行优化来控制土方工程量。PMT 秉承"多为业主省一分，少从自然取一份"的理念，基于 BIM 技术建立了原始地貌模型，实现了对项目实际土方工程量的精确计算，最终通过反复进行建筑标高调整进行土方量分析，将土方工程量减到最少且实现了场内挖填方的平衡。

**土方量分析** 表 8-14

| 序号 | 主体建筑地块土方量分析 | | | | | |
| --- | --- | --- | --- | --- | --- | --- |
| | 建筑底标高 | | | 土方量计算值 | | |
| | 主体楼（m） | 亮马圈（m） | 看台楼（m） | 填方（$m^3$） | 挖方（$m^3$） | 净值（$m^3$） |
| 1 | 1152 | 1152 | 1152 | 392034 | 9209 | 382824 |
| 2 | 1151 | 1151 | 1151 | 302084 | 20360 | 281724 |
| 3 | 1150 | 1150 | 1150 | 214460 | 40123 | 174337 |
| 4 | 1150 | 1150 | 1151 | 230446 | 31340 | 199105 |
| 5 | 1150 | 1151 | 1151.5 | 258315 | 19606 | 238708 |
| 6 | 1149.5 | 1149.5 | 1150.5 | 186120 | 43955 | 142165 |

续表

| 序号 | 主体建筑地块土方量分析 | | | | | |
| --- | --- | --- | --- | --- | --- | --- |
| | 建筑底标高 | | | 土方量计算值 | | |
| | 主体楼（m） | 亮马圈（m） | 看台楼（m） | 填方（m³） | 挖方（m³） | 净值（m³） |
| 7 ~ 18 | …… | | | | | |
| 19 | 1147 | 1148 | 1150 | 70408 | 93858 | −23451 |
| 20 | 1147 | 1148.5 | 1150 | 72344 | 84198 | −11854 |
| 最终优化 | …… | | | 83570 | 83570 | 0 |

本项目三栋主体建筑相邻较近，但由于工期较紧，三栋建筑必须同时展开作业面进行平行施工才能保证项目的按时完工。PMT 基于 BIM 技术合理布置施工现场，将施工组装场地和进出通道进行了规划，优化原材料和半成品的堆放和加工地点，减少运输费用和场内二次倒运，有效利用场地的使用空间，实现了现场平行施工的同时还提高了劳动效率。

在确定施工方案时，PMT 通过整合场地布置、施工顺序、机械调度等信息结合 VR 形成可视化的施工方案，让业主及施工单位更直观明了地理解施工方案和控制工程质量。PMT 采用 BIM 技术进行施工方案的模拟与分析，在正式施工开始之前确定合理的施工方案，及时基于 BIM 技术进行施工可视化交底，确保项目质量并避免不必要的施工浪费。

本项目钢结构工程所包含的结构形式较多，其中包括大跨度三角拱桁架、平面单层网壳、环形网架、主次梁楼面系统等，因此三个单体、不同结构形式同时施工的施工方案选择、施工顺序安排就显得尤为重要。PMT 基于 BIM 技术对施工方案和施工顺序进行了专项分析与模拟，最终得到了最合理的施工方案和施工顺序。

PMT 根据施工阶段的转换及承包单位的需求不断对施工现场管理工作进行自查和改进，保证 PMT 所采取的各项措施能够保障现场施工的顺利进行，使施工单位可以严格按照进度、质量和安全等计划开展自己的施工作业。

B.1h. 调试与移交管理

在完成建设工程设计和施工合同约定的各项内容后，PMT 根据建设主管部门颁发的《建设工程竣工验收暂行规定》和《建设工程竣工验收备案管理暂行办法》等文件的规定和合同的规定，制定了本项目的《竣工验收管理办法》，组织进行建设工程竣工验收。由 PMT 负责组织，建设行政主理部门、设计单位和施工单位一起对建设工程进行竣工验收。

PMT 充分发挥项目管理单位的资源整合能力，协调设计单位、设备供应商来配合施工单位先进行了自检，严格按照验收标准进行缺陷消除工作。依据合同约定和业主方确定的性能需求，PMT 编制了综合调试方案，并对大型装置如空调、配电等编制了专项调试计划。在调试过程中，PMT 全过程跟进，及时沟通，同业主、施工单位共同对调试结果进行确认。

PMT 利用 BIM 技术在调试与试运行阶段对项目各子系统进行实时监控，并根据项目设备的运行状态向施工单位或设备供应商进行反馈，并要求相关单位在规定期限内对缺陷进行整改，在调试阶段同步完成各装置的优化和改进工作。

为保证验收过程的顺畅，PMT 提前与政府消防、环保等部门和业主单位交流，深入理解了解各方的具体验收标准和要求，然后召集各承包单位召开验收协调会，要求其提前准备相关资料和文件并对照标准和要求再次进行自检，对不合规的部分要立即进行整改。最终项目顺利通过试运行阶段，一次通过了竣工验收，大大节约了项目工期。

在项目收尾阶段，PMT 一方面与业主办理移交手续，向业主移交竣工资料、档案以及专用工具，另一方面审核验收施工单位移交的施工文件，根据项目文件管理体系将项目资料汇总后与业主单位办理移交手续，同时组织人员评价、撰写项目管理工作总结，将剩余物资与业主单位办理移交手续。项目移交后，在质量保证期内由施工单位负第一责任，出现质量问题由业主或 PMT 联系施工单位进行改进。

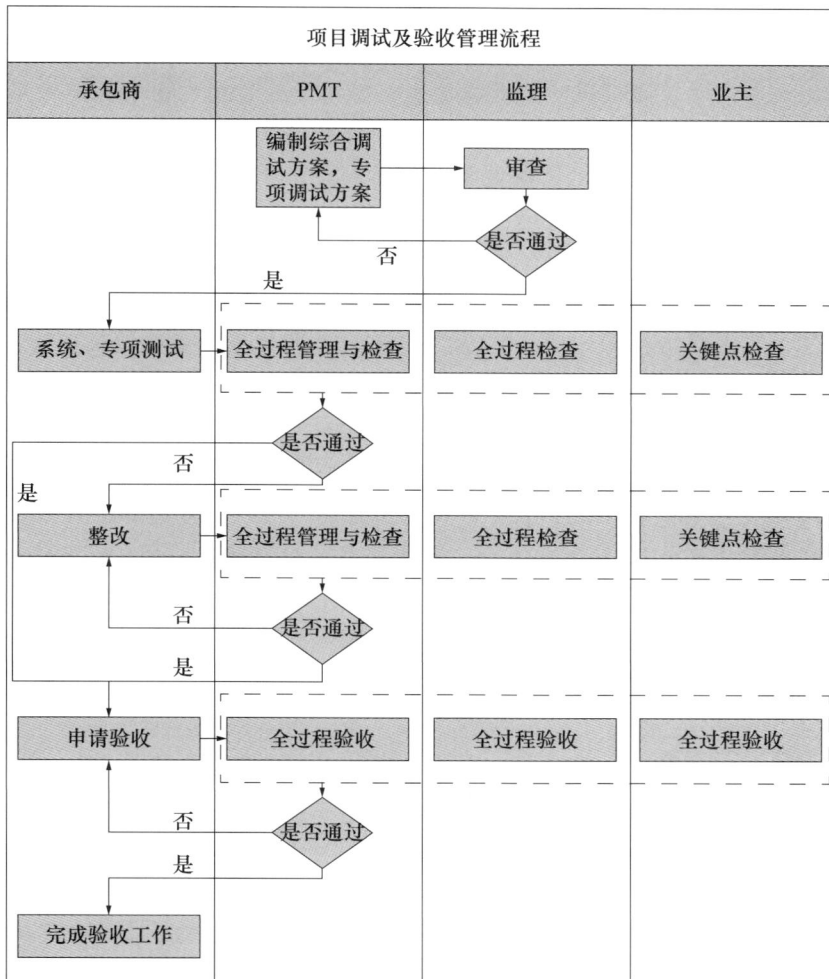

图 8-19　调试及验收流程图

B.1i. 风险管理

为持续识别项目建设期间的风险因素，实施必要的风险控制和规避措施，预防各类事故、风险的发生，PMT 在 CQLS 的《风险管控管理办法》的基础上，结合本项目实际情况编制了《风险管理程序文件》，拟定了风险管理计划。

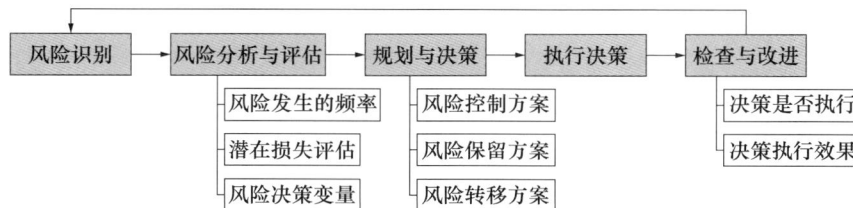

图 8-20　项目风险管理过程

项目策划阶段，PMT 充分发挥项目管理协调人的作用，迅速组织业主单位、承包单位和材料供应商对项目中可能出现的风险因素进行识别，制作了《主要风险控制关键点及措施表》，从风险类型、风险发生的原因、风险可能产生的阶段对项目风险进行初步的识别工作，并对每一个识别出的风险制定风险应对措施。在此基础上，各利益相关方对风险因素做了进一步分析和细化，列举出了各类风险因素可能诱发的风险事件，并评估其发生的概率大小和对质量、工期和成本等的影响程度，基于分析的结果制定了《项目风险因素分析与评估表》。

依据本项目风险管理计划以及识别的风险因素清单和风险因素评估结果，PMT 制定了本项目的风险应对计划，同时要求各承包单位根据自身承担的工程特点制定专项风险应对计划，针对不同的风险制定相应的应对措施，制定了《项目风险应对措施表》。对建设过程中出现的突发风险事件，PMT 制定了《特殊情况处理方案》进行应急处理。PMT 在项目全生命周期内进行风险跟踪并定期对风险因素监控情况填写《项目风险动态跟踪表》。在重要里程碑节点，项目经理还根据风险应对效果组织更新风险应对计划。

本项目结构复杂、施工难度大，因此面临较高的技术风险，但 BIM 技术的应用成功降低了设计、施工过程中技术难度。根据风险评估结果，本项目最大的风险是项目工期风险，除了制定完善的进度计划，并在项目建设过程中严格执行计划外，PMT 也利用合同约束和规范承包商的行为，要求各承包商无条件满足项目工期要求，并对承包商延误工期的行为进行处罚，实现各相关方风险共担。对承包商施工过程中面临的技术难题，PMT 提供技术支持，保证施工工期不受影响。

### B.1j. HSE 管理

PMT 梳理国家和当地现行的安全生产法规，借鉴法国 BV 国际检验集团的 HSE 管理理念和体系方法，结合一般大型公用建筑项目 HSE 管理经验，充分考虑了本项目工期紧、交叉作业多以及施工活动频繁的特点，提出了本项目"以人为本、方案先行、过程跟踪、强化验收"的 HSE 管理理念并编制了《内蒙古文化体育中心项目 HSE 管理计划文件》《项目安全文明施工总体策划》等程序文件，建立了涵盖各利益相关方的 HSE 管理体系，保证了整个项目 HSE 管理的规范化。

PMT 将"安全生产，重于泰山"的安全管理理念贯穿于项目始终，成立以项目经理为首的安全生产管理小组，按施工区域分别确定专职安全员，各生产班组则设立兼职安全员，形成了安全管理责任矩阵作为安全管理的组织保障。PMT 根据《项目安全文明施工总体策划》设计了施工现场的安全管理流程，从制度上保证施工现场安全有序。

为更好地提高管理人员和施工人员的安全意识，PMT 制定了严格的安全教育培训制度，安全教育和培训按管理等级、层次和工作性质由相应的责任人分别组织落实。PMT 要求施工单位在各自企业的安全、教育、劳动、技术等部门配合下对员工进行"三级教育"，即公司级、事业部级和项目级安全教育，并记录在职工劳动保护教育卡中。PMT 每周开展安全管理会议，组织各施工单位开展每日班前的两分钟安全讲话活动，并设置"安全示范区"供各参建单位效仿和学习。PMT 要求承包商配备专职的安全管理人员，对于施工难度大的专项工程则要求编制专项安全方案，实行安全自检、互检、专检的三级检查制度，并派专人负责检查、落实和整改。针对突发事故，PMT 编制了《项目重大事故处理应急预案》，建立了两级应急反应组织，定期组织演练。PMT 严格执行施工现场的日检、周检和月检，及时排查施工现场的安全隐患，按"定人、定时、定措施"的原则监督整改，并做好书面记录存档。

PMT 对安全事故诱发因素进行了系统识别和排查，对于安全事故高危工序要求施工单位编制专项施工方案，由 PMT 审查后给施工技术负责人、主要施工人员和项目管理人员进行交底，使所有现场人员对安全管理了然于胸。在施工过程中，PMT 的现场管理人员对存在重大危险源的工程施工过程进行旁站监督，并对重要结构的变形情况进行实时监测，有效地保证了施工安全。

项目所在地气候条件对施工影响较大，在建设过程中会面临雨季、冬季、强风等不利天气情况的影响，为保证作业安全，PMT 与施工单位充分沟通，一方面调整施工作业顺序，尽量避免在复杂天气条件下室外施工，另一方面针对不同的天气状况制定《雨季施工措施及方案》《冬季施工措施及方案》等专项措施方案，保证施工人员的作业安 PMT 对来自南方地区的员工进行冬季车辆驾驶技术培训，同时专门为员工配备了冬季防滑靴，有效避免了工伤事故。

现场安全管理是不容忽视的重要管理内容。通过 BIM 技术的辅助，管理人员对现场实际情况提前预控，在现场可能发生安全事故的作业区域设置明显的警示牌，同时对施工现场发现的问题与设计情况进行及时的比对，及时发现问题并及时解决问题，降低施工过程中的安全事故发生概率。

PMT 非常重视管理人员和施工人员的健康保障工作，除必备的劳防用品外，统一配备了护目镜、防寒服以及安全靴、防滑靴等个人健康用品。项目施工现场设有医疗卫生室以应对突发的健康安全事故。项目食堂为来自全国各地的员工提供不同口味的饭菜，不断改善员工伙食状况，保证了员工工作状态。此外，为保障项目成员野外施工的饮食安全，项目统一采购食品，并采购了食品留样柜每天对食品留样，保证发生食品安全问题时可追溯原因。为保证员工有一个干净卫生的生活环境和保护生态环境，办公区食堂的生活垃圾实行袋装，专人集中运送至垃圾堆放场所，并及时组织外运。办公垃圾按可回收、有毒有害等分类存放，严禁任意丢弃，并由安全环境管理小组负责同环卫等部门联系处理。

在环境友好方面，PMT 秉持着"可持续发展"原则，从采购环节开始就选择满足环保标准的优质设备和材料。由于项目地点偏僻，缺乏完善的市政配套设施，PMT 主动采用化粪池处理施工污水并定期抽送外运至市政排污管道，对现场施工垃圾严格进行分类堆放并定时清理。针对施工现场的扬尘问题，采取了洒水降尘、裸土覆盖等手段有效控制了扬尘对空气的污染。项目部统一安排堆料场地，施工现场建立专项垃圾站，存放建筑施工垃圾。废建材堆料场设置围挡，并设立标识，明确责任人。对于危险废弃物，PMT 安排施工单位统一存放并进行专业处理。由于项目所在地是国家二级水源地，为防止马粪渗漏污染地下水，PMT 还专门要求施工单位对马厩地面做了防渗漏处理。

B.2. 对关键辅助过程和资源的管理

B.2a. 人力资源管理

本项目技术难度高，工期时间紧，对参与项目的人员能力提出了较高要求。为使员工素质与项目技术特点相匹配，保证项目顺利实施，PMT 依据《CQLS 培训管理制度》等人力资源管理制度，结合本项目的特点制定了《项目部培训管理办法》等体系文件，在人员选派、人员培训和考核等方面制定了人力资源计划。

在核心团队成员选择上，CQLS 选派了具有丰富项目管理经验的项目经理、工程师及监理师等，组建了本项目的核心项目管理团队。在项目管理人员配备时，按专业契合，老、中、青年龄结合，高、中级职称结合的原则配齐了管理人员。所有项目管理人员均持证上岗，具有良好的职业道德与严谨的工作作风，确保项目管理工作优质高效。

本项目充分利用 CQLS 的内部和外部资源来对所有项目参与人员组织培训。为了使员工尽快适应岗位职责的要求，CQLS 按照"全员参与、因岗施教"的原则对每一个新入职员工进行培训。首先，所有员工需要接受统一培训，除了解公司组织架构企业文化及公司品牌等内容外还需要进行安全培训提高员工安全意识。其次，根据员工所属专业版块，对员工进行分类培训，提高专业技能。最后，在施工过程中，CQLS 也为团队成员及承包单位人员提供职业资格及从业人员资格的培训，不仅提高员工为项目服务的能力，也为员工职业发展奠定基础。对于项目骨干员工及高层管理人员，项目经理根据项目阶段需求对其进行管理理念和管理方法的培训，并针对重点人员设置轮岗制度，快速提高其把握全局的能力和意识。

依据《人员考核管理办法》，PMT 按照分层考核的办法对不同级别的进行考评，以绩效目标、岗位职责、任职资格要求以及平时考察纪录（工作完成情况、客户满意度、出勤率）等作为参考依据，同时考虑其对新员工的指导和带动效果。对于考核不合格的员工及主动离职的员工，PMT 要求其在一周内列出其所担任岗位各项工作内对接清单及所执行的工作程序，完成与接替人员的工作交接，保证人员更替不影响项目进度。

图 8-21　项目执行经理为员工培训

在员工薪酬奖励方面，CQLS 实行"静态工资＋动态绩效考核工资"的方式进行员工激励，其中动态绩效考核工资由项目经理在公司下发的动态工资额度内根据员工的绩效考核情况进行二次分配，对作出重大贡献的人员还会向公司申请特别奖励。CQLS 还创造性地提出了"项目股权"制度，对参与项目的骨干员工分配一定比例的虚拟项目股份，在项目结束后根据项目股权比例参与项目收益的分红，这种方式实现了项目收益与员工利益统一，充分体现了 CQLS 高层领导所提倡的"价值分享"的理念，极大提高了员工承担项目工作的主动性和积极性。

B.2b. 创新管理

本项目面临建筑结构复杂、施工难度大以及工期紧张的压力，采用传统的施工工艺及管理模式已经很难实现本项目的目标，因此要求 PMT 在项目实施过程中积极创新项目管理模式和办法，另辟蹊径保证项目目标的完成。CQLS 创新传统项目管理模式，结合以往项目经验以及本公司的技术能力，制定了创新计划及创新目标，欲探索创造一种以 BIM 为技术主线支撑的项目管理一体化新模式，并将其应用在本项目中，检验其管理效果。

在项目策划阶段，PMT 在《项目管理大纲》中明确了一体化的管理模式，建立了一体化项目管理的组织架构。在项目实施过程中为了充分探索一体化项目管理的规律，PMT 对核心关键人员实行轮岗制，通过岗位轮换使其对各专业的项目管理进行整体把握，同时指导不同部门、不同专业及不同单位之间的合作创新，从而促进一体化项目管理模式的完善。

BIM 作为近十几年来建筑行业发展的核心技术之一，是集中解决复杂项目技术问题的一把钥匙。在 CQLS 本项目策划阶段，就成立了以总工程师李永双为核心的 BIM 技术团队，负责解决 BIM 在项目全过程应用的技术难题。在传统 BIM 技术应用中，设计单位、施工单位或专业咨询单位都是阶段性参与项目工作，很难将 BIM 价值扩展到项目全过程。PMT 对项目实施全过程进行统筹计划与管理，建立了 BIM 实施的组织结构（图 8-22），设置了 BIM 实施责任矩阵以明确各利益相关方在项目实施过程的各个阶段的责任与角色（表 8-15），协调利益相关方对 BIM 的统一应用。PMT 邀请软件工程师及行业专家为项目进行技术培训，解决在应用 BIM 技术时本身存在的技术难度，同时，PMT 的 BIM 团队在关键工序成立应急小组，解决各相关方的工作过程中出现的 BIM 技术与实际施工结合时面临的困难。作为全过程项目管理咨询单位，CQLS 在本项目的 BIM 与一体化项目管理结合和应用方面实现了创新与突破。

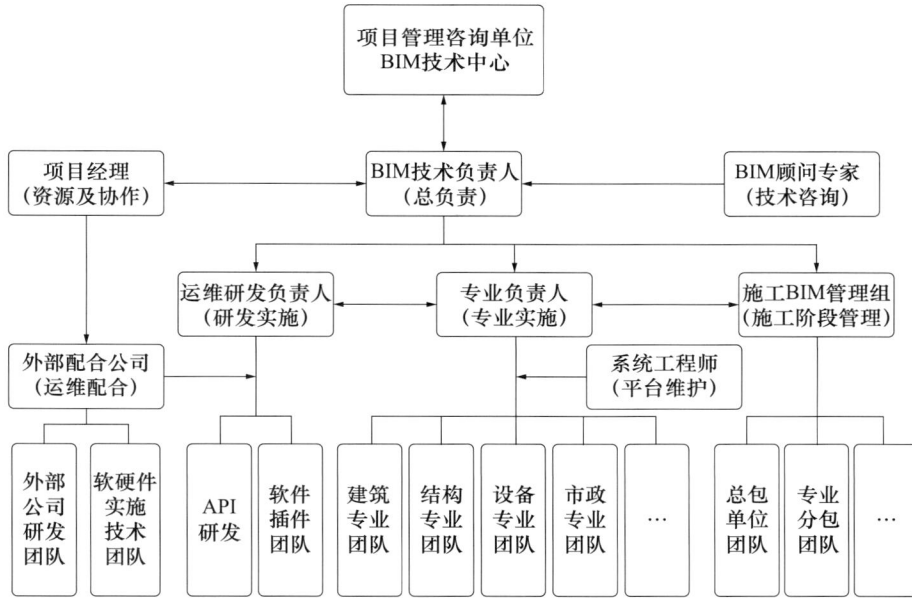

图 8-22　BIM 实施组织机构图

**BIM 实施责任矩阵**　　　　　　　　　　　　　　表 8-15

| 序号 | 阶段 | 利益相关方及责任 | | | |
|---|---|---|---|---|---|
| | | 业主 | 设计单位 | 项管单位 | 总承包单位 |
| 1 | 设计阶段 | — | 辅助 | 主体 | — |
| 2 | 施工阶段 | — | 辅助 | 管理 | 主体 |
| 3 | 竣工阶段 | — | — | 管理 | 主体 |
| 4 | 运维阶段 | 辅助 | — | 主体 | — |
| 5 | 推广展示 | 管理 | 辅助 | 主体 | 辅助 |

PMT 基于"管理＋技术"的理念，在进行合同招标时即明确各总包单位需要具有 BIM 应用的能力，并将要求落实在合同条款内，确保实施过程中各方能力匹配，便于协调。施工单位需要配备专职的 BIM 人员，负责与 PMT 技术部门的对接与交流，落实 PMT 关于 BIM 模型的要求，提高 BIM 应用效率。PMT 落实各方参与机制，定期组织施工单位管理人员与项目业主等相关方举行会谈，对一体化项目管理的实施及 BIM 技术的应用提出合理化建议，同时不断明确各参与方在这一过程中的角色和定位，配合 PMT 进行 BIM ＋一体化项目管理的实施。

在新模式应用过程中，PMT 不断对其实施效果进行检验，总结项目过程中产生的经验与教训，同时针对其中出现的问题不断修正和完善，并在新的项目阶段进行应用、检验，形成闭环。因此在项目结束时，该模式的创新成果已经基本完善并可被应用到其他项目。

B.2c. 创优管理

在项目策划阶段，CQLS 希望通过树立高标准来带动各利益相关方高质量地达成项目目标。按照公司"追求卓越、创造精品"的理念，CQLS 将创建优质工程作为本项目的目标之一，并制定了本项目创优计划。

为了使承包单位与 PMT 在创优工作中思想和行动保持一致，在与承包单位签订合同时，PMT 与业主在合同中加入与创优相关的条款，要求承包商在施工过程中严格按照国家优质工程的标准来规范自己的作业，以制度的形式对承包商的行为进行约束。为提高施工单位创优积极性，PMT 说服业主在合同中加入创优奖励条款，若项目获国家最高质量奖——鲁班奖，将给予施工单位 100 万元的奖励。

在施工过程中，PMT 说服业主增加了 300 万预算，使各承包单位在投资额允许的范围内，尽可能采用中高端品牌的设备和材料，保证工程质量，为实现创优目标。

由于 PMT 在项目全生命周期内采用 BIM 技术支撑项目管理工作，因此在项目建设过程中可以创新性地引用大量传统项目所不敢使用的新工法和新工艺，从而保证了本项目能在合同规定的严苛工期内高质量地完成项目建设，完成了项目基本目标。

在项目建设过程中，PMT 严格按照创优管理的目标对承包商的施工质量进行检查，对不满足创优要求的承包商则约谈其主要负责人，要求其立即制订措施进行整改，并不得在今后再发生类似问题。

C. 项目成果

C.1. 客户满意方面

C.1a. 认知性成果

本项目时间紧、任务重，CQLS 投入了公司优质管理资源，精心策划、创新管理，实现了技术和管理的完美结合，确保了项目能够如期全面交付使用。

业主领导张瑞平视察项目时，对 PMT 的管理能力给予了充分认可（图 8-23），认为 PMT 通过事先策划，制定项目管理方案和思路，精心组织、集成创新、注重细节，提升了项目管理效率，造价管理、合同管理效果尤为明显，使项目得以保质保量地按时竣工。

图 8-23 业主领导现场调研

PMT 对于 BIM 技术的成功应用，解决了设计优化问题和项目上复杂的钢结构、金属屋面及幕墙的施工难题，缩短了工期，节省了造价，业主对此表示十分肯定："BIM 技术的应用，是本项目顺利开展的前提保障，更是项目顺利竣工的首要功臣。"

为了及时了解业主的需求并作出反馈，CQLS 制定了完善的沟通机制，通过会议、报告、联系单、文件等方式向业主汇报项目进展、项目管理工作及后续工作计划，解决业主提出的问题，协调利益相关方之间的工作配合。截至项目结束，共编制项目管理周报 85 期，报市政府周报 72 期，项目管理月报 19 期，实现了与业主的有效沟通。

业主对 PMT 的工作能力和服务态度表示十分认可，给予了 PMT 高度授权，比如，PMT 对业主选择工程设计单位、施工总承包商、专业分包商有相当大的建议权，有对施工方案与工程施工进度的检查、监督权，以及工程变更的签证权。在媒体对项目进行采访时，业主总是推荐 PMT 经理肖福民率先接受采访。在各地方政府、企业和项目负责人来考察交流时，业主经常主动推介 CQLS 基于 BIM 的一体化项目管理模式，并让 PMT 负责人分享项目管理经验。

项目竣工后，业主在竣工意见中对 CQLS 的管理能力表示认可："CQLS 的项目管理团队经受住了项目工序复杂、工期紧张、质量要求高的重重考验，建立了'四控制、四管理、三协调'的工程管理创新体系，有力地保证了整个项目的顺利实施，该项目建成得到了社会各界的广泛好评和关注。CQLS 对本项目的全过程一体化管理，充分体现了国内一流项目管理公司的综合能力和专业素养。"

PMT 与业主建立了良好的合作关系，工作之余与业主共同组织了"云冈石窟一日游""温泉旅行"等休闲活动、2016 年新春晚会等文化活动。项目结束后，业主还邀请项目管理团队全体成员共进晚餐，以表示对 PMT 的感谢。

项目竣工后，业主表达了与 CQLS 继续合作的意愿，在业主的推荐下，CQLS 又接到内蒙古凉城县卧佛山生态综合治理项目、内蒙古包头一中新校建设等多个新订单，并在新项目中继续推行"项目管理一体化"模式。

C.1b. 指标性成果

本项目正常情况下的定额工期应为 3 年左右，业主为了使项目早建成、早发挥经济和社会效益，将项目施工工期定为 18 个月，经过 CQLS 的现场管理，仅用 15 个月就将项目顺利建成并投入使用，且在施工过程中未出现任何重大安全、质量事故，业主对项目目标的实现程度表示满意。

CQLS 在项目初期、项目中期、项目竣工三个关键时间节点对业主进行了满意度调查，调查结果（表 8-16）表明业主满意度始终处于较高水平，且优于以往 CQLS 项目的满意度结果，说明项目采用的"基于 BIM 的一体化项目管理"模式及 PMT 的表现得到了业主的高度认可。

项目建设期间，业主共提出两项重大变更，CQLS 根据《设计变更管理办法》，第一时间进行响应，通过召开项目协调会使项目各相关方认同变更，并通知设计单位、承包商、供应商等根据变更要求进行调整，以最快的速度、最佳的质量实现了业主提出的变更响应率 100%。

业主单位因项目的优秀成果多次获得其集团公司奖励，荣获"集团公司特殊贡献奖""先进集体"等荣誉称号。项目负责人李铮荣获集团"先进个人"荣誉称号并由公司副总经理晋升为总经理。

**业主满意度调查**　　　　　　　　　　　　　　　　　　　　　　　表 8-16

| 指　标 | 2016 年 2 月 | 2016 年 9 月 | 2018 年 1 月 |
| --- | --- | --- | --- |
| 工程质量管理（20 分） | 20 | 20 | 20 |
| 工程进度管理（5 分） | 5 | 5 | 5 |
| 计量支付审查（10 分） | 10 | 10 | 10 |
| 工程变更、索赔审查（5 分） | 5 | 5 | 5 |
| 文档资料管理（10 分） | 9 | 10 | 9 |
| 管理队伍廉政建设（20 分） | 20 | 20 | 20 |
| 服务及时性（10 分） | 10 | 10 | 10 |
| 服务有效性（10 分） | 9 | 10 | 10 |
| 服务态度（10 分） | 10 | 10 | 10 |
| 总分 | 98 | 100 | 99 |

C.2. 项目团队满意方面

C.2a. 认知性成果

公司十分重视员工的个人发展，帮助员工制定职业生涯规划，鼓励项目团队成员抓住成长机遇。PMT 通过举办经验交流会、实行轮岗制度、开展培训讲座，改善了员工的知识结构，提高了员工履职能力。项目完成后，员工的个人素质和能力得到显著提升，4 人因在项目中表现突出获得了职位晋升，其中项目经理肖福民晋升为公司副总经理，项目技术负责人李永双破格晋升为公司副总经理。

PMT 成员对 CQLS 的文化和管理理念十分认同，项目管理工程师黄小斌认为"CQLS 是一个高标准、高效率、人性化的公司，同时也是一个可以包容员工、让员工感到温暖的大家庭。"

PMT 设立了电子邮箱、座谈会、视频会、个人面谈等多种沟通渠道，方便 PMT 成员的意见与建议及时反馈给项目经理与公司高层领导。项目实施过程中，共收到住宿条件、工作环境、文化活动等方面员工意见或建议 20 余条，所有意见或建议均在 3 天内得到了反馈，其中的合理意见或建议均得到了采纳。

PMT 成员来自全国各地，生活习惯和民族背景不尽相同，为给员工提供良好的生活保障，使他们能全身心地投入工作中去，CQLS 为员工配备了洗衣机、热水器、地暖等生活设施，专门聘请厨师为员工烹饪不同种类的菜品。因项目所在地离重庆较远，员工短期内回家不便，PMT 推出了集中休假制度，每两个月安排一次 7 天的集中休假，并为员工报销往返机票。部分员工因项目工作繁忙不便休假，PMT 便鼓励员工家属"反探亲"，即邀请家属到项目所在地与员工团聚，并享受往返费用报销待遇。公司领导也多次到现场慰问项目团队成员，为员工送上节假日礼品与祝福。员工和家属从中感受到了浓厚的人文关怀。

PMT 鼓励员工在工作之余积极参加团队建设活动，每月为员工提供 200 元活动经费。PMT 还与利益相关方一起在春节时举办团拜会，组织员工春游、聚餐，共同开展了篮球赛、乒乓球赛等多项体育活动，丰富了员工的业余生活，密切了员工和利益相关方之间的关系。

C.2b. 指标性成果

在项目建设期间，项目经理与其他项目领导不定期与员工进行座谈，以薪资福利待遇、职业发展前景、工作环境、培训机会、管理制度、内部沟通水平、人际关系为指标，对员工进行满意度调查，及时了解员工需求、解决员工提出的问题。座谈结果表明，员工对福利政策、个人晋升机会、绩效考核体系表示满意，对项目的理念、价值观表示认可，对公司的未来发展充满信心。

PMT 为提升员工的专业技能和素质，在项目建设期间累计开展各类员工培训 37 次，其中，新员工入职培训 3 次，企业文化培训 3 次，BIM 技术培训 5 次，监理知识培训 2 次，项目管理实务培训 4 次，档案管理培训 3 次，现场安全培训 11 次，专项知识培训 4 次，职业资格培训 2 次，PMT 成员培训参与率为 100%，员工对此表示十分满意。

PMT 对员工采取固定薪酬与绩效薪酬相结合的激励方式，极大地激发了员工积极性，增强了员工对项目的归属感。由于项目绩效出色，本项目员工的薪酬比 QCLS 其他项目高 30% 左右，因此员工满意度也较高，员工离职率仅有 2.5% 左右，PMT 成员病假率一直低于 1%，意外事故率为 0。

PMT 成员积极进取、事必躬亲，凭借卓越的业绩得到了业主、政府和各相关方的认可，获得了各类荣誉表彰。PMT 荣获集团公司"先进集体""先进项目部"等多项荣誉称号，PMT 成员蒋昌兵荣获集团公司"十佳个人"，张鹏娟荣获集团公司"先进个人"（图 8-24）项目结束后，CQLS 内蒙古分公司总经理、项目经理、BIM 小组等骨干成员都受到基于项目股权的分成奖励，真正实现了企业与员工的价值共享。

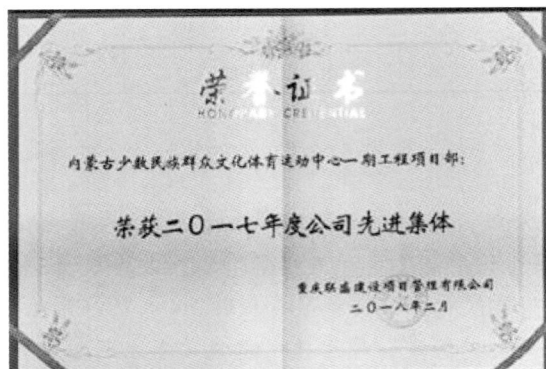

图 8-24　获奖证书

C.3. 其他利益相关方满意方面

C3a. 认知性成果

本项目是内蒙古自治区近几年建设规模最大、施工难度最高的大型会场建筑，项目自筹建以来，受到了自治区领导的高度关注。内蒙古自治区党委副书记，自治区主席布小林视察项目现场时，充分肯定了项目在工程建设阶段所取得的成绩，称赞 PMT 具有一流的技术应用能力和管理能力。

本项目建筑群是国内近几年极具代表性的具备鲜明民族特色、设计及施工难度很高的综合性建筑，承包商和供应商对 PMT 的项目管理工作给予了高度评价：PMT 管理到位，专业性强，团队领导亲力亲为，待人和善，服务态度好。认为 PMT 开展了卓有成效的管理工作，保证了工程建设的顺利进行。

PMT 在项目建设过程中十分重视与利益向相关方的沟通，针对关键路线的重要施工节点，定期召集业主和承包商高层领导来施工现场会谈，通过高层领导的协调及时解决了施工过程中存在的各类问题，缩短了办事流程，提高了办事效率，承包商现场管理团队对此深表感谢。CQLS 及时与业主沟通，按合同规定的付款时间节点，足额将工程款支付给承包商和设备、材料供应商，使项目建设得到了资金保障，承包商和供应商对 PMT 的协调能力表示十分认可。

通过本项目的施工，中建八局在高复杂度体育场馆建设方面积累了丰富的经验，在 PMT 的帮助下提升了 BIM 在施工优化和设计方面的应用能力，自身的能力得到极大提升，培育出了一批建设施工、技术方面的管理人才。钢结构工程分包商浙江精工钢结构集团有限公司也通过本项目积累了对大跨度、复杂曲面钢结构工程快速施工的经验，更重要的是收获了使用 BIM 技术深化施工组织设计和进行施工模拟、预安装的技能和人才，使公司在钢结构工程领域的发展如虎添翼。

为保证工程进度的实现，项目有时会在夜间进行施工。为防止对周边环境尤其是居民区造成影响，PMT 和施工单位合理规划，夜间尽量避免产生噪声的工程或工序，并在施工场地外围进行噪声检测，对一些产生噪声的施工机械，通过搭设工棚等措施减少了噪声；探照灯选用既满足照明要求又不刺眼的新型灯具，并对施工区进行作业封闭，尽量降低光污染。为及时听取居民意见，项目开工后设立了群众来访接待处，接受并处理关于施工扰民的意见，并于 3 日内给予答复。在项目建设期间，政府主管部门或业主未收到一例对夜间施工的投诉。

C3b. 指标性成果

PMT 基于自身强大的 BIM 技术能力，给各利益相关方提供了大量技术支持。比如，帮助设计单位发现工程设计专业间碰撞错误及专业设计错漏问题 1000 余处，降低了工程变更的数量；基于 BIM 进行虚拟建造，对施工工法及进度计划进行检查和优化，实现了快速可视化交底，提升了承包商的工作效率，相关方对此表示了高度赞扬。通过为利益相关方创造大量价值，PMT 赢得了业主、施工单位和供应商的高度信任，他们均对 PMT 的管理工作予以认可和支持。

PMT 与利益相关方建立了良好的合作关系，通过不定期的座谈会及时了解相关方的意见和需求，项目建设期间，采纳相关方关于施工环境、进度安排、材料选用、工艺施工方法等方面建议 50 余条，有效满足了利益相关方的合理需求，实现了利益相关方之间的良性互动和有效沟通。项目结束后，CQLS 对设计单位、承包商、供应商进行了满意度调查，调查结果显示，满意度得分均在 95 分以上，各相关方对 CQLS 的组织协调、沟通管理，计划管理，进度、质量、安全管理，服务态度等方面表示满意，并表达了与 CQLS 继续合作的意愿。

PMT 对整个项目管理的规范性得到了所有相关方的一致认可，从项目招标投标至项目结束，政府未收到一例关于项目涉嫌违规、违法的投诉或举报。同时项目的廉政建设也颇见成效，政府未收到一例贪污举报，未有一人因涉嫌腐败问题或财务违规、违法而被追责。

中建八局在项目建设过程中积极推广新技术、新工艺，实现了 44 项新技术的应用（表 8-17），取得了良好的经济效益和社会效益。截至项目结束，共获得 2 项国家级 QC 成果奖，3 项省级 QC 成果奖，

1 项科学成果奖，质量指标合格率处于行业领先水平。中建八局对与 CQLS 的合作非常满意，双方约定继续联手拓展市场，分享市场信息。在项目结束不到 1 年时间内，两者又联手获得内蒙古青山文投文化客厅、青山文投历史博物馆等多个新项目。

**新技术应用统计表**  表 8-17

| 新技术类别 | 拟推广数量 | 未实施数量 | 新增数量 | 实际实施数量 |
|---|---|---|---|---|
| 建筑业十项新技术 | 25 | 3 | 4 | 26 |
| 局十项新技术 | 10 | 3 | 3 | 10 |
| 自主创新技术 | 4 | 0 | 4 | 8 |

承包商的员工通过本项目得到提升和锻炼，获得了多项荣誉和职位晋升。其中，中建八局项目经理晋升为内蒙古地区公司副经理，专业分包单位浙江精工项目经理晋升为公司副总经理。

PMT 一直对现场安全管理给予高度重视，项目建设期间，实现了全员安全培训率 100%，特殊岗位持证率 100%，安全生产事故 0 起，新增职业病 0 起，参与项目的人员安全得到了有效保障。

本项目环保措施周全，施工期间未发生任何环境污染事故，没有接到任何环境投诉，当地居民对项目建设表示支持。项目建成后成为内蒙古地区的著名文化旅游景点，参观的游客络绎不绝，并对项目建设成果赞不绝口："乳白色的建筑主体恰似一颗镶嵌在草原上的明珠！"

C.4. 项目目标结果及其对环境的影响

C.4a. 项目目标中所定义内容的实现程度

本项目在预定工期内圆满实现了项目目标，打造了一项向世界人民展示蒙元文化的代表作，充分满足了利益相关方的期望和需求，具体实现情况如下：

**进度目标：** 工程自 2016 年 3 月 1 日开工，在 −20℃ 寒冷气温下，仅用 10 天就完成了 8 万 m³ 土方开挖，仅用 90 天（比合同要求提前 3 天）完成 7 万 m³ 钢筋混凝土结构施工，仅用 83 天（比合同要求节点提前 2 天）完成 6200t 钢结构吊装施工，2017 年 5 月 30 日完成项目竣工预验收，项目施工工期比合同工期提前 3 个月。项目里程碑按时完成率 100%。

**质量目标：** 项目竣工验收一次通过，分部分项工程验收合格率 100%（RefC.13），建设期间未发生任何质量事故，工程施工质量得到各方的一致好评，项目荣获"中国钢结构金奖""中国金属围护系统工程金禹奖"。

**成本目标：** 计划投资 8.39 亿元，实际结算金额为 8.3 亿元，完成了预定的项目成本控制目标，其中管理成本控制在了总投资的 2% 内。

**HSE 目标：** 项目实现安全生产 561 天，死亡率 0，重伤率 0，损失工时 0，未发生重大机械设备事故、重大食品安全事故、重大交通事故和重大火灾事故，未发生污染和环境破坏事件，符合《职业健康安全管理标准》GB/T 28001 的要求。被评为"全国建设工程项目施工安全生产标准化建设工地""内蒙古自治区安全文明标准化工地"，实现了"零事故、零职业病、零环境污染"的目标。

**创新目标：** PMT 在本项目管理过程中全面应用了 BIM 技术，将 BIM 价值扩展到项目全程，真正实现了基于 BIM 的全过程一体化项目管理，项目产生了 2 项省级工法，1 项局级工法（RefC.15），是"BIM ＋一体化项目管理"模式的一次实践与创新。

**利益相关方满意目标：** 项目结束时，业主、承包商、供应商满意度均达到 95 分以上，全面实现了利益相关方满意的目标。

C.4b. 超出项目目标要求的成果，包括对环境的影响

施工过程中各电视台对本项目建设过程进行了多次采访，北方新报、人民网、呼和浩特新闻网、西安网、内蒙古晨报、呼和浩特日报等二十多家媒体于头版头条进行了报道，扩大了 CQLS 的知名度，

帮助公司有效拓展了西北市场。

项目建设正值内蒙古自治区 70 周年大庆筹备期，建筑物由于造型独特，曲线优美，具有浓厚的蒙元文化底蕴，被选做大庆主会场，向世界人民展示了蒙古游牧民族传统文化的精髓。习主席特发"建设亮丽内蒙古，共圆伟大中国梦"祝词及寄托，中央代表团俞正声团长现场发表祝贺致辞，全国各大媒体集中对此盛会进行了实况直播。参加大庆的国家领导对场馆建设表示了高度赞扬。

2017 年 9 月 15 日，全国著名影视艺术家、导演及演员云聚于此，隆重召开了第三十一届中国金鸡百花电影节闭幕式及红毯仪式，中央电视台对此盛会全程直播，再次向世界展示了中国建筑的魅力身影（图 8-25）。

图 8-25　电影节闭幕

项目建设过程中，PMT 全体成员主动作为，敢于创新，截至目前，共发表论文 11 篇，其中，论文《内蒙古少数民族群众文化体育运动中心钢结构工程施工技术》刊登于《城市建设理论》，论文《BIM 技术在内蒙古少数民族群众文化体育运动中心全过程项目管理中的应用解析》获得首届"中国建设监理与咨询"征文比赛活动一等奖（图 8-26）2017 年 7 月 11 日《中国建设报》第二版刊登了本项目主题文章"重庆联盛：将 BIM 引入项目管理全过程"。项目申报专利 11 项，其中授权 1 项发明专利，受理 3 项发明专利，授权 3 项实用新型专利；项目获得"Bentley 建筑领域创新奖""全国安装之星 BIM大赛二等奖""陕西省 BIM 大赛一等奖"，目前已通过全国第六批绿色施工示范工程验收，内蒙古自治区新技术应用示范工程验收。通过新技术的推广应用，本工程新技术推广应用效益率达 2.36%，新技术推广应用产生的经济效益 871.44 万元。

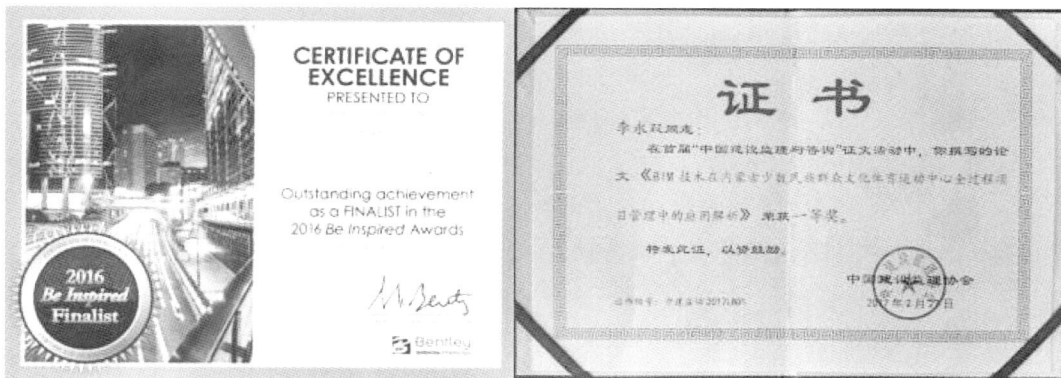

图 8-26　BIM 获奖

CQLS 在项目中积累了丰富的经验，形成了自己的一体化项目管理标准化体系，并作为主编单位编制了重庆市地方标准《建设工程监理工作规程》DBJ 50/T 232—2016，参与编制了重庆市地方标准《成品住宅装修工程监理技术导则》。

项目始终坚持"预防为主,防治结合,综合治理,化害为利"的环境保护方针,采取多项环境保护措施,比如,施工现场主要道路采用硬化路面,降低扬尘污染;现场禁止加热、融化、焚烧有毒有害物质等;最大限度降低了对环境的影响,为保持内蒙古的绿水青山做了一份贡献。

作为呼和浩特市标志性工程,项目的建设对发展地方经济、促进文化传播具有重要意义。项目创造就业岗位300多个,促进了当地旅游业的发展,向世界人民展示了蒙元文化的独特魅力。

C.4c. 项目执行效率和成效

CQLS主导的"基于BIM技术的一体化项目管理"取得了良好的管理效果。在项目实施过程中,PMT充分运用了项目一体化管理的协作优势、积极发挥了BIM等先进技术手段的作用,为项目按计划进度实施提供了双重保障,项目实际竣工时间比项目管理招标文件中规定的计划竣工日期提前了3个月,比国家定额工期提前了一年零八个月。

此外,为实现对项目成本的有效控制,CQLS主导了项目设计、施工过程中的一系列成本优化工作,取得了非常显著的效果,主要包括:节约土石方量38万 $m^3$、工程混凝土用量4000余 $m^3$;节约工程用钢量(钢筋＋钢材)2000余t;发现工程设计专业间碰撞错误及专业设计错漏问题1000余处;据初步统计,为本项目节约了直接土建成本约3800万元,占整个土建工程投资的10%左右,以上成果已经得到设计单位和业主确认。业主对此表示了高度赞扬,给予CQLS 570万元作为节约成本的价值分享(RefC.19)。

项目现场设有雨水管网,利用收集的雨水冲洗车辆,冲洗车辆的水收集到沉淀池内沉淀,沉淀后的水被用来进行现场洒水降尘工作,实现了对水资源的有效利用;施工过程中对产生的废弃物进行分类,废钢材、废纸等可回收废弃物得到了循环利用,提高了资源的使用效率。本项目坐落于大青山脚下,周边区域是呼和浩特市生态保护区,也是国家二级水源保护地,为了不对水源产生污染,所有污水池都进行了防渗漏处理,并由项目环保管理员与当地环卫部门联络,定期将污水外运,最大限度减少了对环境的影响,承担了企业的社会责任。

项目建成后带动了当地餐饮、住宿、文化、旅游产业的发展,高峰期月接待游客5万人次,促进了内蒙古地区经济转型,成为世界人民了解中国传统文化的窗口。